This work had its origins many years ago, when the philosophy and practicality of establishing a pioneering Law with French degree course at Leicester University was being established. An important feature of the success of that degree course has been a course called Introduction to French Legal Studies, specially designed to prepare students about to undertake a full year studying French law at a French University and based on an understanding over many years of what subjects, concepts and methodology of French law the common lawyer may find difficult. Law teaching involves an examination of primary materials on which and through which the legal rules and principles are based and analysed and it is desirable to have those primary materials available both when the teacher is describing or discussing them for the first time and thereafter. Consequently, it was decided to compile a course-book of primary French legal source materials to give to the student a portable library. The unfortunate modern facts of Law School life are now that these primary materials are either not available in sufficient quantities for each student to have ready and full access to them or not available to the student at all. Very few Law Schools can afford to establish (and maintain) even a basic Law Library of French materials (the Official Journal, statutes, subordinate legislation, cases, periodicals and monographs). This work attempts to remedy that situation. The source materials include the Constitution and related documents, extracts from codes, statutes and subordinate legislation, decisions of the courts (ranging from classic leading cases of the superior courts to ordinary everyday cases before the lower courts and occasionally with a complete saga from the lower court to the superior court), together with notes and commentaries by leading academics and practitioners. The primary reason for including any individual material is that its value as a teaching tool has been proven by the experience of so many years of teaching students.

The work commences with a General Introduction to certain basic features of the French legal system which appear strange to the common lawyer and describes the structure of the system of courts and the sources of law. There are five chapters on substantive law, two on public law and three on private law. Together these cover the basic core of French law and contain source materials which particularly illustrate specific features of French legal vocabulary and methodology (the respective rôles of written law and case law, the varied methods of statutory drafting, the interpretation of statutes, the features of a court decision) and which, it is hoped, will initiate a comparative approach to law and a realisation that there may be alternative reactions to problems posed to societies and legal systems, particularly within the communities of Europe. The chosen subjects complement the common law subjects which the average student will study during his or her first years, or might reasonably be expected to study in later years, and are those most likely to be studied during a study period abroad. Within each subject selected topics are highlighted: the wide powers of the President and the development of a Charter of Rights; judicial review of administrative action, but what action and on what grounds; the presumption of freedom of contract, what must be established before there can be a valid contract and what happens if a contract is based on mistake or misrepresentation; civil liability for traffic accidents and the need for a special statute containing elements of no-fault liability; the grounds for divorce and the consequences of divorce for the parties and children. Each chapter commences with an introduction which places the subject matter of the chapter in its French context. The chapters are then divided into heads, which commence with an explanatory text, cross referenced to the materials, and continue with the materials. Legislative materials precede case law materials and materials are presented in chronological order. Each material is identified by a letter (corresponding to the chapter) and a number (corresponding to its position in the chapter) (eg, [A.1] [A.2] and so on). The materials are reproduced in French only. However, given the fact that even readers with a good knowledge of the French language will not normally have a sufficiently comprehensive vocabulary to understand primary legal materials without any help, the work seeks to encourage the growth of such a vocabulary by including materials containing the appropriate (and sometimes highly technical) vocabulary but with the meaning of specific words being given to the reader in advance (either in the explanatory text or by way of introduction to specific materials). By using this method, it is hoped that the conveyance of ideas and reasoning will not be too often interrupted by having to delve into a dictionary. At the end of the work there is a list of suggested Further Reading for those with access to a good library. The Further Reading is cross referenced to the chapters and heads of chapters and also to specific source materials of especial significance.

David Pollard,
Mothering Sunday, 1996

ACKNOWLEDGMENTS

This work could not have been created without the generosity of copyright owners of certain of the doctrinal notes extracted in giving their kind permission to reproduce those extracts. Consequently, the sincere thanks of the author and publisher are extended to the publishers of the Recueil Dalloz-Sirey and the Revue trimestrielle de Droit civil and to the authors of those notes, namely: Jean-Luc Aubert, Pierre Couvrat, Françoise Dekeuwer-Defossez, Hubert Groutel, Jean Hauser, Michel Massé, Francis Mallol and Anne Penneau.

This work could not have been created without the support of family and the help given by so many friends and colleagues. Thank you Lorna, Elizabeth and Michael. Thank you Frédéric Marx, Pascale Lorber, Marie-France Papandreou, Vlad Constantinesco, Olivier Moréteau and the Law Librarians of the University of Leicester and the Université Robert Schuman, Strasbourg.

CONTENTS

Contents

GENERAL INTRODUCTION

1 INTRODUCTION

This work introduces those versed in varying degrees in the common law to the principal civil law system of France, through the study of original source materials which relate to primary branches of French law. The branches of law chosen to perform this task are what one may call the basic building blocks of law, public and private, and chosen aspects of those branches are contained in five chapters. In studying the substantive law contained in those chapters, the common lawyer may notice a number of basic features which appear strange and which are explained by historical events rather than by a philosophically derived divergence of approach. There are three such features, each stemming from the eventful period in French history which comprises the last years of the ancien régime, the 1789 Revolution, and the legacy of the Emperor Napoléon. These features are outlined in head 2 and then follows an introduction to the principal courts of the French legal system (head 3) and to the sources of law (head 4).

2 THE REVOLUTIONARY SETTLEMENT

The first feature of the Revolutionary Settlement was the desire that law, both public and private, should be uniform throughout the nation and should be readily accessible, in written form, to all. The age of reason declared that if the people created the law, then that law must be just. As a reaction against feudalism all people had natural rights and not just the privileged few. French republicanism talked of 'La souveraineté nationale qui appartient au peuple qui l'exerce par ses représentants'. Fundamental rights, at least those pertaining to the society of the time, were written down in the Déclaration des Droits de l'Homme in 1789 and principles of government were enacted in 1791 in the first of a series of written Constitutions. Both these documents emphasised the principle of the separation of powers. 'Toute société dans laquelle la garantie des droits n'est pas assurée, ni la séparation des pouvoirs déterminée, n'a point de constitution' (Déclaration des Droits de l'Homme et du Citoyen, 1791, article 16 [A.7]). With regard to private law, the Revolutionary Assemblies wanted to establish a law that was unified and clear and which stated the law free from technicalities, free from the need to consult an expensive lawyer on matters relating to the recently granted property rights, and which would be, perhaps, a 'reader-friendly' popular encyclopaedia of what every citizen should know. After some unsuccessful attempts, Napoléon, who had come to power in 1799, appointed in 1800 a commission of four practising lawyers to draft a Civil code and the famous Code was promulgated in 1804. The Code was not simply a compilation of existing law. The desire was for a comprehensive re-statement, presented according to subject matter, which would leave as little room as possible for conflict and interpretation. Much of the law was the same as had existed before (eg, rules relating to succession, property ownership and methods of acquiring property). However, this Code was the act of the legislator as the representative of the people, the new rules derived their legitimacy from the general will, the rule of reason and the freedom of equal men and women to organise their own lives, and any previous law, any still existing Roman law, decrees of princes, general and local customs, which related to the same subject matter now covered by the Code, was abrogated. It was a new start and a new legal order. The Code civil was followed by the Code de procédure civile (1806), the Code de commerce (1807) and the Code pénal and the Code de procédure pénale (1810). These great Codes were an important feature of the new legal order following the Revolution and for a considerable part of the 19th century governed a large part of the law that was needed for the everyday lives of those members of society engaged in rural matters, land-owning matters, property settlements, small-time business and commerce (and criminal activity).

The emphasis on the separation of powers led to the logical conclusion that since the legislative function was derived from the sovereignty of the people who then entrusted their representatives to carry out their will, no other organ of the state could possess that function. A second feature of the Revolutionary Settlement was that there was, therefore, a logical repudiation of judge made law. The courts had a judicial function, namely, to adjudicate on cases brought before them and judicial decisions were binding on those parties who had taken part in the case. However, 'Il est défendu aux juges de prononcer par voie de disposition générale et réglementaire sur les causes qui leur sont soumises' (code civil of 1804, article 5, and still in force). Consequently, it was accepted, as a matter of constitutional formality, and it is still frequently stated that case law (*jurisprudence*) is not a source of law. In the face of such important statements, one can see a fundamental difference between the rôle allowed to the common law courts of England and the rôle ostensibly forbidden to the courts of the civil law of France by Constitution, statute and academic opinion. The rule is taken to its logical conclusion that if one court states that it has based its decision on the decision of another court relating to other litigation (even if the two situations are identical), then the decision will be quashed. However, there was, following the Revolution, a practical need for the law to be interpreted and applied to individual situations in a uniform manner. At first, it was sought to resolve the paradox posed by referring questions arising from the need for a binding interpretative ruling to the legislature itself and there was established in 1790 a 'Tribunal de cassation', composed of elected judges, with the function of annulling incorrect interpretations of the law by the lower courts before which cases were brought. It is significant that the Tribunal de cassation was originally referred to as 'auprès du corps législatif' but that one year later it was enacted that if a lower court refused to follow the decision of the Tribunal de cassation and the case was referred to that Tribunal a second time, the second decision of the Tribunal had to be followed by the lower court. In 1804, the Tribunal was renamed the 'Cour de cassation'. A statute of 1810 enjoined the Cour de cassation to give reasons for the decisions it made and those reasons gradually became definitive statements of interpretation of legislation. The question as to whether the formal repudiation of judge made law still holds good today will be examined in head 4.

A third feature of the Revolutionary Settlement was the establishment of a separate system of administrative courts and a division of the legal system into the 'administrative courts' (the *ordre administratif*) and the 'ordinary courts' (the *ordre judiciaire*), again stemming from the constitutional principle of the separation of powers. The new régime had many grievances against the old régime and desired that bad practices which had led to the malfunctioning of the state in the past should be abolished. It was considered that one bad practice had been the excessive interference by certain courts of the ancien régime (known as 'Parlements' and whose judges were members of the nobility) in matters of government and public administration. One of the first actions of the Revolution was to abolish the Parlements and to ensure that the judges should also not encroach on the administrative function. 'Les fonctions judiciaires sont distinctes et demeureront toujours séparées des fonctions administratives. Les juges ne pourront, à peine de forfaiture, troubler, de quelque manière que ce soit, les opérations des corps administratifs, ni citer devant eux les administrateurs par raison de leur fonction' (Loi des 16 - 24 août 1790, Titre II, article 13). The principal practical implication of this statement of principle was that, since the ordinary courts were prohibited from entertaining suits against administrative authorities, a means had to be found for the citizen to seek redress of grievances committed by the administrative and military authorities. The principle meant that such complaints should be heard by the administration itself and the practicalities of the time, when Napoléon came to power in 1799, meant that grievances against his administration should not be a source of discontent. The Constitution of 1799, *inter alia*, established a '*Conseil d'État*' with two principal functions: to be the government's legal adviser with regard to drafting legislation and to 'résoudre les difficultés qui s'élèvent en matière administrative'. A person might petition the Head of State who would send the matter to the Conseil d'État for advice. As the Head of State was very busy it became the practice to accept most of the advice given. In 1806 there was established a '*commission du contentieux*' to examine administrative litigation. In 1831, rules of procedure governing proceedings before the commission du contentieux were established, including the rules that the proceedings should be in public, there should be an adversarial procedure and the commission should give reasons for its decisions. After the fall of the second empire and the commencement of the third republic in 1870, the separation of jurisdictions was continued as it was considered that the Conseil d'État had a good track record. A statute of 1872 enshrined a significant development. Prior to this the Conseil d'État had exercised an advisory power only. However, in 1872 the Conseil d'État was granted a '*justice déléguée*' in that its decisions became binding on the administration in their own right and in this way the Conseil became something akin to a court.

3 THE PRINCIPAL COURTS OF THE FRENCH LEGAL SYSTEM

As has been seen, there are two separate systems of courts and it is necessary to describe those courts which operate the substantive law introduced in the following chapters, namely the administrative courts which determine an action for judicial review of administrative action discussed in Chapter 2 and the ordinary courts which determine the civil, commercial and social matters discussed in Chapters 3, 4 and 5 (and also to make a brief mention of other courts which deal with civil, commercial and social matters but not the courts which deal with what, in English, would be termed criminal matters, as this is outside the scope of this work).

(a) The administrative courts

The Conseil d'État has continued its dual role as Government legal adviser and administrative court to this day. The Conseil d'État is composed of five administrative sections (*sections de l'intérieur, des finances, des travaux publics, sociale,* and *du rapport et des études*) which have as their principal task that of advising on the drafting of Government legislation and of certain '*décrets*' for which statute makes prior consultation with the Conseil d'État obligatory (especially to ensure that they conform with the Constitution and with European Community law). The judicial rôle of the Conseil d'État is performed by the 'Section du Contentieux', which, in turn, is divided into 10 'sous-sections'. In the normal situation of a relatively simple case, the case will be prepared before and judged by a single sous-section. In more complicated cases, the case will be prepared by one sous-section which will then be joined by another sous-section to determine the case together. It is obvious that in entertaining cases against the higher members of the administration, especially Ministers and the President, there may be more overt political implications. Such cases, as well as those which may raise more difficult matters of law or where there is a demand for a particularly important development in administrative law, are heard by the *Section du contentieux*, which is composed for this purpose of senior members of the Section, the Presidents of the sous-sections and two '*conseillers*' from the administrative sections. Finally, the most important cases will be judged by the '*Assemblée du contentieux*', which is composed of the Head of the Conseil d'État (the vice-président), the most senior members of the Section du contentieux and the Presidents of each of the five administrative sections. The importance of a case may result from the political nature of the subject concerned (eg, [B.9] [B.16] [B.30] [B.31]), from the fact that the Conseil d'État is entering into new territory (eg, [B.66] [B.69]), or both (eg, [B.12] [B.54] [B.56]).

In the years before 1953, the Conseil d'État was seen to be hopelessly inundated with cases and in that year there were created administrative courts which were granted, in principle at least, a first instance jurisdiction in administrative litigation. These courts are called '*tribunaux administratifs*'. There are thirty-three such tribunaux, each one having a territorial jurisdiction over a number of départements and between them they hear some 70,000 cases per year. It is to the local tribunal administratif that the ordinary citizen first brings his or her complaint and in Chapter 2, which concentrates on the equivalent of an action for judicial review (the *recours pour excès de pouvoir*), there will be seen many examples of ordinary simple cases which commence in and are finally determined by that tribunal. If either party wished to appeal against the decision, there was a right of appeal to the Conseil d'État. However, such were the numbers of such appeals that in 1987 it was decided to create five '*cours administratives d'appel*'. The cours administratives d'appel were, in effect, regional appellate courts with each cour administrative d'appel having an appellate jurisdiction over certain categories of case determined by the tribunaux administratifs and with the Conseil d'État retaining an appellate jurisdiction over certain matters deemed of greatest importance. Since 1987, a series of statutes, including a statute of 1995 which is in the course of being implemented, has granted further powers to the cours administratives d'appel in order, once again, to relieve pressure on the Conseil d'État and to allow that body to concentrate on matters of fundamental principle and the preservation of a coherent system of administrative law.

It has been seen that the ordinary courts' decisions are not considered to be a source of law, even those of the highest such court. With regard to the Conseil d'État, that body was not subject to the constitutional principles referred to above (there being no '*Code administratif*' comparable to the other great Codes (above)). The Conseil d'État did not feel constrained or restricted to making a decision on the instant case only, but commenced to develop substantive rules of law relating to the liability of the administration in tort, the operation of contracts in which the administration had an interest, the grounds for exercising a judicial review jurisdiction and the general principles of law to which acts of the administration must conform (such as equality before the law and the right to a proper procedure). The administrative law developed by the Conseil d'État is followed by the lower administrative courts and for examples of the adoption of the phraseology and reasoning of the Conseil d'État by the tribunaux administratifs, see [B.36] [B.37] [B.40] and [B.46] [B.75]. The Conseil d'État has, in recent years, considerably extended its jurisdiction (eg, compare [B.6] [B.11] and [B.8] [B.15]). In this task of creating an administrative law, the Conseil d'État (and later the tribunaux administratifs and the cours administratives d'appel) have been greatly aided by the rôle of the '*commissaire du gouvernement*'. Despite the name, the commissaire du gouvernement is not a representative of the government or administrative authorities. The commissaire du gouvernement is a member of the administrative court, usually of some seniority, who is appointed by the court to perform the functions for a specific period. The commissaire du gouvernement does not have power to initiate proceedings. The rôle is that of presenting arguments (*conclusions*) to the court which is deciding a case, in order to propose to the court a solution to that case which the commissaire du gouvernement considers appropriate, and he or she does not take part in the court's deliberations or judgment. The rôle of the commissaire du gouvernement cannot be underestimated in the development of administrative law and examples of conclusions, sometimes of great political sensitivity, are given in [B.12] [B.29]. For those who have studied European Community law and the proceedings before the European Court of Justice, the almost exactly parallel rôle of the Advocate-General should be noted. There is a statement of the facts of the case, the issues involved, considerable citation of previous decisions of the courts and a suggested solution. The conclusions of the commissaire du gouvernement are often published and these are important because of the very brief nature of the decision of the court (below).

(b) The Tribunal des Conflits

One of the consequences of the retention of the dual system of courts was that there was a need to settle boundary disputes between the respective jurisdictions. In other words, what matters should be judged by what courts. This has arisen particularly with regard to the liability for acts of the administration which cause harm resulting in an action for damages and to contracts of a commercial nature or commercial activity to which the administration is a party and where the administration acts rather like a private person. There were two solutions. First, and this came later, such matters are often placed within the jurisdiction of the ordinary courts by statute because it is considered that the issues should be determined under one coherent régime, rather than run the risk that the ordinary courts and the administrative courts would develop along divergent lines (eg, actions for damages for industrial accidents, accidents occurring on the premises of state-run schools and traffic accidents). Second, in 1872 there was established a 'Tribunal des Conflits'. If there is a boundary dispute which is not settled by statute, the matter is determined by this Tribunal, which is composed of four judges of the Conseil d'État and four judges of the Cour de cassation (below). In the very rare case of the members being equally divided, the Tribunal des Conflits is joined by the Minister of Justice (the *garde des sceaux*), who has a casting vote. The Tribunal des Conflits has no power except that of deciding matters of competence. In this, it is superior to the Conseil d'État and the Cour de cassation. However, once it has decided that a particular subject matter is within the jurisdiction of one or other of the two orders, the Tribunal des Conflits cannot supervise or criticise the decision reached by whichever court is entrusted with the matter.

(c) The ordinary courts

In considering the courts which deal with civil, commercial and social matters, it is normal to divide these into courts which hear cases at first instance (*juridictions du premier degré* or *juridictions de première instance*) and the '*juridiction du second degré*', which is the Cour d'appel (below).

The first instance courts include the '*tribunaux d'instance*', the '*tribunaux de grande instance*', the '*tribunaux de commerce*', and the '*conseils de prud'hommes*'. The tribunal d'instance has jurisdiction to deal with civil cases where the amount of money involved is relatively small and because of this the court is often referred to as the court '*des petites affaires civiles*'. Because of the desire to have such small matters determined quickly and at little expense to the parties, cases before the tribunal d'instance are, exceptionally, heard by a single judge. There are some 500 tribunaux d'instance hearing some 500,000 small claims each year. The tribunal de grande instance, of which there are some 180, has what is known as a '*juridiction de droit commun*', in that it has jurisdiction to hear at first instance all cases of a private nature (including the contract, civil liability and divorce cases which form the subject matter of Chapters 3, 4 and 5), unless those cases have been specially reserved to other courts by reason of either the specialised subject matter (eg, cases relating to commerce go to the tribunal de commerce and labour disputes go to the conseil de prud'hommes) or because the financial interest involved is low enough to be within the jurisdiction of the tribunal d'instance. Even so, the tribunaux de grande instance hear some 500,000 cases per year. There is at least one tribunal de grande instance in each département but some départements may have several such courts. Each tribunal de grande instance is presided over by a '*Président*', who in addition to being the senior judge, organises the operation of the tribunal. The Président also has power to make provisional judgments in cases where an immediate action is required before the court itself can determine a particular case. The basic rule is that the tribunal de grande instance is composed of three judges, in order to form a collegiate and odd-numbered court. However, the tribunal de grande instance of certain large cities (eg, Paris or Lyon) may be composed of many judges (eg, some 300 at Paris and some 80 at Lyon). In most cases, the tribunal de grande instance will be divided into sections (*chambres*), each one presided over by a '*vice-président*' and each one tending to specialise in certain matters. The tribunal de commerce deals with commercial matters (sale of goods, financial and banking matters, bankruptcy and company law). The tribunal is the oldest French jurisdiction and originated from the desire to have a court dealing with the affairs of merchants, many of whom would be from other countries. Each tribunal de commerce is established in a commercial centre (those towns and cities where commercial activity is such as to demand such a court, to the exclusion of predominantly rural areas). An interesting feature of the tribunal de commerce is that the court is composed not of professional judges but of elected members who serve for a particular period of time. The elected members are either engaged in commerce or industry and must have undertaken some form of commercial activity for at least five years. They are elected by an electoral college composed of persons directly elected by persons engaged in industry or commerce. The elected judges then choose the '*Président*' of the tribunal from their ranks, provided that the person concerned has acted as a judge for at least six years. In turn the Président appoints the 'vice-président'. The larger tribunaux de commerce are divided into chambres and function under their respective '*président de chambre*'. Together they hear nearly 300,000 cases per year. The conseils de prud'hommes are labour courts dealing with actions relating to a contract of employment, such as compensation for unlawful dismissal. They only deal with individual labour law litigation and such collective matters as strikes are not within their jurisdiction. There must be such a conseil within the area of jurisdiction of each tribunal d'instance and, of course, in the larger urban areas there may be several such conseils. There are some 280 conseils de prud'hommes dealing with some 150,000 cases per year. Each conseil is divided into sections, dealing with such matters as industry, commerce or agriculture. An important feature of their activity (and this is reflected in the name of the tribunal) is that their principal role is one of conciliation and cases are dealt with in two stages: first an obligatory attempt at reconciling the two parties and, second, if there is no reconciliation or agreed compromise, a formal hearing before the tribunal. The tribunal is composed of an equal number of members representing employers and employees. The members are elected by electoral colleges, each college representing the two sides of industry, for a period of five years. There is sometimes an element of rivalry amongst the trade unions to have elected as employee 'conseillers' members of their particular trade union. When the conseil sits, whether as a conciliating body or as a court, equality of both sides is an absolute rule. One year there will be an employer 'président' and an employee 'vice-président'; the next year there will be en employee président and an employer vice-président. When the conseil sits as a court, each judgment must be determined by four members, two from each side – should there be an irreconcilable stale-mate, the court will then, exceptionally, sit with a judge from the local tribunal d'instance.

A right of appeal is given, as a rule of general application (below), from decisions of first instance courts to the '*Cour d'appel*' within whose territorial jurisdiction lies the particular court of first instance. However, the general right of appeal is subject to the rule that if the particular case relates to a monetary sum of less than a specified amount (below), there is no right of appeal. In such a situation the court of first instance is both a court of first and last instance (*en premier et dernier ressort*), there is no right of appeal and the only method by which a dissatisfied party can question the legality of the court's decision is to apply to the Cour de cassation for that court to quash the lower court's decision (below). The financial limits vary according to the court and the subject matter of the case, and the limits are regularly revised to take account of inflation. If the particular case relates to a monetary sum equal to or more than the appropriate limit, the lower court sits as a court of first instance (*en premier ressort*) and there is a right of appeal. As a matter of practice, the appropriate limit is always well below that of the normal limit of monetary competence of the court with which we are most concerned in this work, namely the tribunal de grande instance, and therefore, the tribunal de grande instance will in cases of contracts, traffic accidents and divorce sit en premier ressort with a right of appeal from its decisions. Within metropolitan France there are some 30 Cours d'appel, each one usually having a jurisdiction extending over two to four départements. Generally, the Cour d'appel will be situated in the most important town or city of the area, but because of historical reasons some Cours d'appel are situated in the town or city where once sat the Parlement of the ancien régime (eg, in Alsace the Cour d'appel sits at Colmar, rather than Strasbourg). The Cour d'appel takes its name from the town or city where it sits (eg, Versailles, Lyon, Bordeaux). The Cours d'appel together hear some 180,000 appeals each year. The judges of the Cours d'appel are professional judges who have served as judges of lower courts and who have thence been promoted. They are called '*conseillers*' (because their predecessors of the ancien régime advised the King how the King should administer justice) and their judgments are termed '*arrêts*'. Each Cour d'appel is presided over by a 'premier-président', who directs the operation of the court and who also keeps a watching brief to supervise and report to the Minister of Justice on the workings of the tribunaux de grande instance in the area. Because of the wide diversity of cases which may be brought on appeal, each Cour d'appel is divided into 'chambres', the number depending on the amount of cases coming before the court, and each chambre is presided over by a 'président'. An appeal takes the form of a complete re-hearing of the case, both facts and law (eg, [E.15] [E.17]) but thereafter there is no further right of appeal. If a party wishes to challenge the decision of a Cour d'appel, the only remedy is by way of 'cassation' to the Cour de cassation (below). It is noticeable that so many of the cases extracted in Chapter 5 are those emanating from a Cour d'appel (the parties having had their two opportunities to have the facts determined in their favour).

The 'Cour de cassation' is the highest court of the ordre judiciaire. The rôle of the Cour de Cassation is to supervise the legality of the decisions of lower courts in the interest of drawing the law together to form a coherent entity and if such a decision is contrary to law, it will simply quash (*casse*) that decision. This function was initiated at the time of the Revolutionary settlement (above). It must, therefore, be emphasised that the Cour de cassation is not an appellate court with power to rehear a case and cannot substitute its decision for that of a lower court. The Cour de cassation does not hold a rehearing of the facts of cases (*le fond des affaires*) and will not normally interfere with the findings of the facts of the case (eg, relating to the formation of a contract, a traffic accident or a divorce), which are left exclusively in the hands of the *'juges du fond'*, whether these are judges at first instance (*juges du premier degré*) or on appeal (*juges d'appel*). The lowers courts have, therefore a *'souveraine appréciation'* of the facts (eg, [C.11] [C.18] [C.19] [C.31] [D.7] [D.31] [E.14] [E.16] [E.47]), unless their conclusions are so unreasonable that these are a complete distortion (*dénaturation*) of the true position (cf. [C.8] [D.5]). The Cour de cassation has jurisdiction over all courts from which there is no right of appeal (*juridictions en dernier ressort*) either where no such right is granted because the monetary value of the subject matter of the case is below a prescribed limit or, more usual, because the case has been decided by a Cour d'appel. There may have been a decision of a Cour d'appel which confirmed a judgment of a lower court (*arrêt confirmatif*) or which overruled a judgment of a lower court (*arrêt infirmatif*). The Cour de cassation hears some 20,000 cases each year. The Cour de cassation is composed of one division dealing with criminal law cases (*chambre criminelle*) and five *'chambres civiles'*, two of which specialise in commercial matters (*chambre commerciale*) and employment and social security matters (*chambre sociale*). Sometimes a case may be decided by a *'chambre mixte'*, composed of judges belonging to at least three of the six chambres. A case will come before a chambre mixte if the case presents a question of law which could belong to more than one chambre or which has or might receive different answers from different chambres (eg, the chambre criminelle has taken one line and a chambre civile has taken another).

A person wishing to challenge the judgment of a lower court will bring a request to have that decision quashed (*pourvoi en cassation*). The pourvoi must state the grounds (*moyen*) on which he or she bases the challenge. There may be one moyen (*moyen unique*) (eg, [C.26] [C.28]) or more than one moyen (eg, [E.13]) and a moyen may be sub-divided into headings (*branches*) (eg, [D.19]). The moyen must relate to a false application of the law (*violation de la loi*) by the lower court, which may be a violation of a specific article of the Code civil (eg, [C.75] [C.76] [E.19] [E.40] [E.41]), of another code (eg, [E.24]), or of a statute (eg, [D.25]) or there may be a violation of the general statutory rule (article 7 of the loi of 20 avril 1810), in that the lower court's decision is insufficiently or wrongly reasoned (eg, [C.32] [C.33] [C.44]) or has been based on mere hypothesis (eg, [D.13]). If the Cour de cassation agrees with the judgment of the lower court, it declares the pourvoi to be rejected (*rejette*). If the Cour de cassation holds that the lower court's judgment is a violation de la loi it declares that judgment to be quashed (*casse*). Sometimes only one part of a judgment will be quashed (eg, [D.16]). If a judgment is quashed, the case is (normally, below) transferred (*renvoi*) for decision to a court of the same standing as that which made the quashed judgment. For example, if the Cour de cassation quashes a judgment of a Cour d'appel, there will be a renvoi to another Cour d'appel (eg, [C.45] [D.2]). Sometimes it appears that the Cour de cassation has deliberately designated as the *'cour de renvoi'* a Cour d'appel which has consistently not followed the Cour de cassation in order for the matter to be definitively resolved by the *'Assemblée plénière'* (below) (eg, [D.2] [D.3] [D.4]). Occasionally, the Cour de cassation will quash a decision without a renvoi to another court if the Cour de cassation is satisfied that this puts an end to the matter and there will be no subsequent proceedings (eg, [C.58]). The cour de renvoi is under no formal legal obligation to follow the legal reasoning of the Cour de cassation and, because of this, there is provision for a case to be decided not by one of the chambres of the Cour de cassation but by a specially constituted sitting of the full court (*assemblée plénière*), composed of the senior judges and two other judges of each of the six chambres. A case may be heard by the assemblée plénière if it is deemed to relate to an important matter of principle (eg, [C.58]), especially where differing judgments have been given on a matter by differing courts (eg, two Cours d'appel have decided two seemingly identical cases differently). A case must be heard by the assemblée plénière if, after a renvoi to a Cour d'appel, that court does not follow the legal reasoning of the Cour de cassation but follows the reasoning of the original court and the decision of the cour de renvoi is subsequently challenged on the same grounds as before. In addition, the procureur général (below) may request that an important case be heard before the assemblée plénière (eg, [C.58]). If the assemblée plénière quashes a judgment and orders a second renvoi, the second juridiction de renvoi must follow the legal reasoning behind the decision of the assemblée plénière.

It must be emphasised that in the ordre judiciaire, in particular, it is usual to refer to judicial personnel as '*magistrats*' and to divide these into those who decide cases in the courts (the '*magistrats du siège*' or the '*magistrature assise*', who are so called because when they determine cases they do so sitting down) and those who have a more general function to ensure that the law is operated in a proper manner (the '*ministère public*' or the '*magistrature debout*', who are so called because when they perform their functions in court they do so standing up). The ministère public is often known as the '*parquet*'. The ministère public functions within the tribunaux de grande instance, the Cours d'appel and the Cour de cassation (with a varying degree of nomenclature: before the tribunal de grande instance there is a '*procureur de la République*' assisted by '*substituts*', before a Cour d'appel there is a '*procureur général*', assisted by '*avocats généraux*' and '*substituts généraux*', and before the Cour de cassation there is a '*procureur général près la Cour de cassation*', assisted by '*avocats généraux*'). In civil matters the ministère public has a number of functions which are divided into those where the ministère public intervenes in a case already commenced by private parties (the ministère public acts as a '*partie jointe*') and those where the ministère public initiates a civil process (the ministère public acts as a '*partie principale*'). The latter situations are principally concerned with the public interest of protecting vulnerable persons and statute law grants the ministère public important powers with regard, *inter alia*, to the validity of a marriage or to the guardianship or custody of children (Civil code, article 289 [E.55]). Furthermore, there is a general rule (article 423 of the code of civil procedure) whereby the ministère public can initiate cases or bring an action for cassation in the public interest (eg, [C.58]). In both cases, the principal rôle is to present arguments (*conclusions*) to the court, especially where there is a serious question of principle involved and where there is a divergence of approach in the attitudes of the Cours d'appel which needs the definitive judgment of the Cour de cassation. Often the conclusions are published in the leading legal periodicals and examples may be found in [D.4] [D.49] [D.51].

4 THE SOURCES OF LAW

(a) Written law (*droit écrit*)

The highest source of law in France is the Constitution. As has been seen, a traditional feature of French Republicanism since the 1789 Revolution is that of a written Constitution because the political scientists of that era believed in the written statement of the fundamental principles of government and that the rights and duties of the citizen would be best protected if they were written down. The present Constitution of France is that of 1958, of the fifth Republic [A.6], and this is discussed in Chapter 1, together with other documents of constitutional significance, namely, the Declaration of the Rights of Man of 1789 [A.7] and the Preamble to the 1946 Constitution [A.8]. The 1958 Constitution, as did its predecessors, embodies the republican philosophy of the sovereignty of the people and it will be seen that the 1958 Constitution achieved its political legitimacy by reason of being submitted to the will of the people by way of a referendum in which all qualified electors could take part. The Constitution lays down the fundamental rules relating to the form of the French state, the institutions of government, and the basis according to which other sources of law have constitutional and, therefore, legal validity.

In particular, the Constitution makes provision for the creation of statute law or '*loi*'. Loi is legislation which is enacted by the Parliament, which consists of two Houses, the National Assembly (*Assemblée nationale*) and the Senate (*Sénat*), and which is then promulgated by the President and published in the Official Journal (*Journal officiel*) of the French Republic. Loi is of particular constitutional significance because French republicanism refers to loi as the expression of the will of the people either directly by way of referendum or, more usually, by way of their elected representatives in Parliament. The Constitution lays down the legislative procedure whereby a proposed loi is introduced and voted upon. A loi must not conflict with the Constitution and it will be seen in Chapter 1, head 3, that there is an mechanism whereby the conformity of a loi to the Constitution may be maintained. The only authority which may judge the constitutionality of a loi is the Conseil constitutionnel and the administrative and ordinary courts have no power to entertain a constitutionality jurisdiction. It will be seen that this constitutionality jurisdiction has led to the creation and development of other norms of constitutional status (*valeur constitutionnelle*) not expressly stated in the Constitution, but derived from principles contained in other constitutional documents and developed by the Conseil constitutionnel in accordance with the perceived values of contemporary French society. The Constitution lays down that a loi which relates to certain matters of constitutional importance must be made in the form of a '*loi organique*'. A loi organique is in effect a constitutional law (eg, the rules relating to the election of the President and to the status of judges must be made by a loi organique: articles 6 and 64, respectively) and because of their importance lois organiques have to be enacted in accordance with a special procedure and must be submitted to the Conseil constitutionnel for a declaration as to their conformity to the Constitution. Finally, mention must be made of a *'loi référendaire'*, which is a loi which is created following a referendum (see Chapter 1, head 5).

As in other countries, statute law is not the only source of legislation and persons and authorities other than Parliament exercise what is called *'le pouvoir réglementaire'*. For the same reasons that delegated legislation is a feature of the United Kingdom system of government, so too, in France, a variety of administrative authorities have the power to make delegated legislation. The reasons for delegating legislative power are the same as those which pertain in England: that in the modern state and an increasingly governed state, Parliament does not have the necessary time to enact the kind and quantity of legislation needed; that much of the subject matter of modern legislation is best dealt with by expert administrators rather than by ordinary legislation; that there is a need to govern by local decrees as well as by central government. The Constitution (article 21) grants to the Prime Minister, as head of the Government, the power and duty of carrying out the provisions of lois and Ministers will be charged with carrying out the provisions of lois for which they have Departmental responsibility. The French Parliament is content to allow administrators, central and local, to fill in the detailed rules applying the general principles enacted in lois. The President and the Prime Minister make *'décrets'* (eg, [B.18] [B.27]), Ministers make *'arrêtés'* (eg, [B.17] [B.27] [B.43]), the 'Préfets' (the chief administrators in the départements and now technically entitled 'Commissaires de la République') make *'arrêtés préfectoraux'* (eg, [B.21]), and the 'maires' make *'arrêtés municipaux'* for their 'communes' (eg, [B.23] [B.24]). There must be an enabling clause in a loi which permits the making of subordinate legislation (eg, [B.59]) and the subordinate legislation must be *intra vires* that enabling clause, otherwise the règlement may be annulled (see Chapter 2). One feature of rule-making power which is peculiar to France is that the Government is given power to make rules not only under the authority of a loi but under the direct authority of the Constitution itself. Whereas most systems of government under a written constitution have what may be described as a vertical system, in that there is a Constitution above a legislature which in turn is above the various recipients of delegated legislative power, France's Constitution grants the Parliament power to make lois which relate to certain matters specified in article 34 of the Constitution (matters relating to taxation, civil liberties and the status of individuals) and by article 37 grants to the Government power to make rules for all other circumstances and situations. Rules thus made by the Government are usually termed 'règlements autonomes', because the authority for their creation is that of the Constitution and not of loi. This will be explained in Chapter One. The Government may seek the approval of Parliament to legislate, by means of 'ordonnances', with regard to matters normally within the sole power of Parliament. Parliament must authorise the use by the Government of such power by an enabling statute (*loi d'habilitation*). An ordonnance has legally binding effect from the date it is published but the loi d'habilitation will specify a period (*délai*) after which the ordonnance loses its legal force unless a loi subsequently ratifies the ordonnance, and upon that ratification, the ordonnance acquires the legal status of a loi. Finally it must be noted that in very exceptional circumstances, where government by normal Parliamentary legislative methods is, for a number of reasons, unobtainable, the Constitution gives to the President the power to declare a state of emergency and in effect to impose direct rule. This will be explained in Chapter 1, head 4.

As mentioned above, the great codes provided for much of the law deemed necessary during the early part of the 19th century. In certain areas of private law, the Code civil has remained virtually unaltered and provisions enacted in 1804 still govern much of the law relating to the formation of contracts and to civil liability. Extracts from the Code civil pertaining to such matters will be found in [C.1] and [D.1], respectively. However, the adaptation of legal rules to meet the ever-changing attitudes of contemporary society and the inevitable increase in regulation of everyday activities of the modern state with regard to such matters as protection of the individual (the consumer, the accident victim and those deemed incapable of exercising complete control over their affairs) has necessitated the enactment of both statute law and regulations which either have been substituted for the original provisions of the Code civil or exist alongside those provisions. In Chapter 3, it will be seen that a 'Code de consommation' [C.2] exists to provide an element of consumer protection and that special forms of contract are governed by Codes relating to employment or insurance. In Chapter 4 it will be seen that a special statute was enacted in 1985 to deal with traffic accidents [D.21] and that this statute co-exists with the Code civil. The law of personal status (nationality, marriage and the rights and duties of parents and children) has been dramatically altered in the last few decades and in Chapter 5 it will be seen that the provisions of the Code civil relating to divorce were substituted by a statute of 1975. (It may be noted that the other great codes are constantly being amended.) In addition to the original great codes, other codes or compilations of statute law and regulations have been created. The legal system is governed, *inter alia*, by the 'Code de l'organisation judiciaire' and the 'Code des tribunaux administratifs et des cours administratives d'appel'. Of particular importance is the work of the 'Commission supérieure de codification', established in 1989 (and superceding a Commission established in 1948). This consists of members of Parliament concerned with the legislative procedure, representatives of the courts and civil servants. The Commission's role is to consider the presentation of the law rather than the substance and it seeks to improve the presentation of the great codes and the creation of new codes (eg, the 'Code de la communication', the 'Code général des impôts', the 'Code de la propriété intellectuelle', the 'Code de la santé publique' and the 'Code de l'environnement'), many of which are referred to in cases extracted in this work. It must be emphasised that the Commission will gather together both statutory sources and rules emanating from implementing regulations in such a Code (eg, the 'Code des assurances' relating to compensation for traffic accidents incorporates both the 1985 statute and an implementing decree [C.52] [C.53]).

(b) Jurisprudence

'Jurisprudence' is the name given to the case law of the courts in France. One fundamental matter is to consider to what extent the jurisprudence of the ordinary courts is a true source of law, in view of the formal repudiation of jurisprudence by the Revolutionary Settlement (above). At that time, judges had a function, namely to deliver judgments binding on the parties to an action but not to make declarations of general import which bound all persons. The Codes and other legislation would, it was considered, perform the legislative function and provide rules applicable to all persons. However, in performing their function, the judges were bound to follow two other principles. *'Le juge qui refusera de juger, sous prétexte du silence, de l'obscurité ou de l'insuffisance de la loi, pourra être poursuivi comme coupable de déni de justice'* (now the Code civil, article 4). *'Les arrêts ... qui ne contiennent pas les motifs sont déclarés nuls'* (Loi du 20 avril 1810, article 7). As it became more and more apparent that the Codes and other legislative enactment were often obscure and insufficient, the judges had to make decisions ostensibly based upon the words of a legislative enactment (*texte*) but where the texte did not provide the exact solution because there was a gap in the law in that the texte did not provide for all eventualities or because the texte was vague and used single words or brief phrases which needed interpretation. Examples in this work relate to the concepts of *'cause'* in the law of contract (see Chapter 3, head 8), *'garde'* and *'faute inexcusable'* in relation to traffic accidents (see Chapter 4, heads 2 and 5, respectively) and *'violation particulièrement grave et renouvelée des devoirs et obligations du mariage'* and *'intérêt particulier'* in the law of divorce (see Chapter 5, heads 4 and 5, respectively), and there are many others. Indeed, there are cases where the courts have 'created' something akin to general principles of civil law (eg, [C.69] [C.70]). The courts and the ministère public may make use of the background documents to the enactment of a statute (the *'travaux préparatoires'*), especially the explanatory memorandum of the sponsoring Government Department and the reports of the Parliamentary Committee which supervises the passage of the bill though Parliament (eg, [D.51] [E.38]). By making a judgment binding on the parties to an action and making a ruling where no ruling had previously existed, the judges, in effect if not in law, performed a legislative function. Sometimes, the lower courts will refer to the existence of 'jurisprudence' as a collective term (eg, [C.24(A)]) but not to the individual decisions. When, in interpreting a texte, the judges changed their previous rulings in line with contemporary public opinion, it became obvious that the theory of the Revolutionary Settlement could no longer hold good in relation to what was actually going on in the courts.

In considering the law of the formation of contract, of traffic accidents and of divorce, in Chapters 3, 4 and 5, respectively, it will be seen that the Cour de cassation has often, in the guise of interpreting legislative enactments, laid down its interpretation in a way that provides a legislative gloss on the obscurity or insufficiency of the relevant texte and, in addition, has imposed this legislative gloss on inferior courts. Very often the first sentence of a decision of the Cour de cassation will be repeated word for word by that court in subsequent cases (*jurisprudence constante*) (eg, [D.4] [D.46] [D.51]) and if a lower court purports to deviate from that jurisprudence constante, its decision will be subsequently quashed (eg, [D.51]). If the Cour de cassation continues to repeat its formula and this is then repeated and applied by the Cours d'appel and the lower courts, a jurisprudence constante become in effect something akin to a precedent as understood by common lawyers. It is for the Cour de cassation to decide on the repudiation of earlier decisions in order to permit the development of legal principles (although in many cases this will have been prompted by the decisions of non-conforming Cours d'appel). In the course of the last 50 years or so, there have been numerous examples of earlier decisions being no longer followed and new doctrines being developed by the courts. When this happens, this is termed a *'revirement'* but, in keeping with the formal rules, the Cour de cassation does not expressly state that it is overruling previous case-law (as would happen with the House of Lords in similar circumstances) and simply cites the appropriate legislative provision and baldly states the new interpretative proposition as if that had always been the situation (eg, [D.19] [D.20]).

The method of presentation of a case by the Conseil d'État and the Cour de cassation seems strange to the student of the common law, who is used to the decisions of the High Court, the Court of Appeal and the House of Lords as being long decisions, giving the facts, discussing in detail the appropriate case law and often containing a dissenting judgment. In France the decision is that of the court, rather than a collective decision of individual judges. The court is a collegiate body and there is no place for dissenting judgments. Because of the fact that, at least in theory, the court is determining one case, namely that which is the subject matter of litigation and not making a binding decree of general application, the Conseil d'État and the Cour de cassation have the tendency to make very brief judgments (eg, [B.16] [C.61(B)]). The lower courts (such as the tribunal de grande instance or the Cour d'appel), which are in both theory and reality making a decision which is confined to the litigation in the instance case before the court, will often give much longer judgments (eg, [C.24(C)] [D.3] [D.8] [E.59]).

(c) Doctrine

The manner and form of the decisions of the Conseil d'État and Cour de cassation in particular has resulted in the necessity for some form of legal writing to analyse the many, many decisions which are of utmost importance to the French legal practitioner and the student of French law. Because of this, great emphasis is placed in France on the writings of learned commentators (*la doctrine*). Doctrine is not a formal source of law but can be highly influential. Very often a case decided by a court will be published in one of the journals referred to in the suggestions for Further Reading which is placed at the end of this work, with a commentary (a *'note'* or *'observation'*) which uses the report of the judge who is charged with the preparation of the case before the court (*the juge rapporteur*) or the conclusions of the commissaire du gouvernement or ministère public (eg, [D.37]) to give an analysis of the facts, the issues involved and the relative importance of the decision to other decisions. The doctrinal writings apply to both public law (eg, [B.76]) and to private law (eg, [C.25] [D.27] [E.57] [E.58]) and are of particular importance where a new statute has been enacted and there is some time needed before a jurisprudence constante emerges (see, in particular, the doctrine relating to the 1985 statute on traffic accidents in Chapter 4, head 4, where the Cour de cassation tried out several formulae in working out the meaning of the word *'impliqué'*). In turn, it often happens that the commissaire du gouvernement or ministère public refers to academic writings either in textbooks or in notes (eg, [B.12] [D.4] [D.49]) and, very exceptionally, a court may also refer to doctrinal writings (eg, [C.38]).

CHAPTER 1

CONSTITUTIONAL LAW

1 THE EVENTS OF 1958

The current French Constitution is that of the Fifth Republic and dates from 1958. Constitutions are created by societies at particular times in history and in particular circumstances (eg, after a revolution, on the granting of independence, or as a response to a political cataclysm) and are created by those in power at the time. The Constitution of the Fifth Republic is no exception. The times were the last days of the Fourth Republic established at the end of the Second World War. In May 1958 there was an alarming political and economic situation resulting from the crisis of Algerian independence and the heavy drain on resources which the wars in Indo-China and Algeria had imposed on the country's finances. The bloody civil war between Algerian settlers and the independence movement was not susceptible to peace moves; there were fears that the Algerian settlers would declare independence and would be supported by the army; and there were fears of an extremist coup from both right and left (with the existence of both a military party and a strong communist party). The previous Government had fallen in April and there appeared to be no prospect of a majority Government. This resulted in a call from the President, René Coty, a man of the centre, to General de Gaulle to rescue the situation and Coty threatened to resign if the National Assembly would not give a vote of confidence to de Gaulle. Politically speaking, the Fifth Republic dates from the decision of the National Assembly when de Gaulle was invested with power (on 1 June 1958). His Government was immediately authorised to create a constitutional committee to prepare a new instrument of government based on five principles [A.1].

The problems faced by those charged with producing a new instrument of government may be simply summed up as, first, what had gone wrong with the practical implementation of the traditional French republicanism and, second, on what constitutional mechanisms should the Republic survive and meet the challenges of the future. French republicanism, dating from the time of the 1789 revolution, emphasised key elements: a written constitution available for all to see; the separation of powers (as a reaction against concentration of power in the hands of one monarch); an elected assembly or parliament resulting from the age of enlightenment which had demanded that sovereignty belongs to the people; the Government should be responsible and accountable to that Parliament, which should be able to dismiss or overthrow the Government. Since the revolution, France had experienced 15 written Constitutions (and some 20 or so provisional régimes). The emphasis on a written Constitution meant that a document had to achieve the correct balance of powers, in particular between the executive and legislature, and in this the constitutional committee was dominated in the elaboration of the 'grand design' by de Gaulle, and in the method by which the grand ideals were to be translated into a concrete and working mechanism by Michel Debré.

De Gaulle's ideas of what was needed for France had been based on what he saw as the political and institutional breakdown and failure to deal with the

1

crisis and military failure of 1940. He elaborated these in June 1946 (during the transition between his provisional post-war Government and the creation of the Fourth Republic) in his famous Discours de Bayeux [A.2]. He re-elaborated these in June 1958 and wished to apply them to the measures needed to deal with the crises then facing France. In the Discours de Bayeux, de Gaulle had emphasised the French republican tradition of a bicameral legislature composed of the people's elected representatives charged with the duty to enact statutes and to exercise control over the Government, and his views did not change in 1958. However, in any constitution based on the concept of separation of power, a fundamental (and probably insoluble) problem arises in the balance to be drawn between the executive power and the legislative power, and the history of French republicanism from the revolution to the 1958 Constitution has shown regular swings between constitutions where the Government was dominant and where Parliament was dominant. To de Gaulle and Debré, parliamentary dominance had contributed to failures of the past and the problems of the present. Therefore, executive dominance would ensure the future. This would be achieved by a strong head of state and a strong Government. Parliament would have a rôle to play but a limited one in comparison with the Third and Fourth Republics. This was called *'le "Parlementarisme rationalisé"'*, which involved fundamental rôles for Parliament but 'rationalisation' meant that parliamentary dominance over government would henceforth be limited [A.3].

The work of the Constitutional Committee was quickly completed: the initial proposals were published on 29 July; the final proposals were published on 4 September and highly commended by de Gaulle [A.4]; a referendum voted overwhelmingly in favour; and the Constitution of the Fifth Republic came into force on 4 October. This Constitution appears to have created a stable instrument of government since, after the Third Republic, it has lasted longer than any constitution since the 1789 revolution, a factor emphasised by the current President [A.5]. It provides for its own amendment should minor changes be necessary and it has been amended several times. However, the basic principles of a strong head of state and a rationalised Parliament (discussed in head 2) remain its cornerstones and a testimonial to its founders.

Materials

[A.1] Loi constitutionnelle du 3 juin 1958

L'Assemblée nationale et le Conseil de la République ont délibéré, L'Assemblée nationale a adopté, Le Président de la République promulgue la loi dont la teneur suit:

Article unique – [La] Constitution sera révisée par le Gouvernement investi le 1er juin 1958 et ce, dans les formes suivantes: Le Gouvernement de la République établit un projet de loi constitutionnelle mettant en oeuvre les principes ci-après:

1. Seul le suffrage universel est la source du pouvoir. C'est du suffrage universel ou des instances élues par lui que dérivent le pouvoir législatif et le pouvoir exécutif;

2. Le pouvoir exécutif et le pouvoir législatif doivent être effectivement séparés de façon que le Gouvernement et le Parlement assument chacun pour sa part et sous sa responsabilité la plénitude de leurs attributions;

3. Le Gouvernement doit être responsable devant le Parlement;

4. L'autorité judiciaire doit demeurer indépendante pour être à même d'assurer le respect des libertés essentielles telles qu'elles sont définies par le préambule de la Constitution de 1946 et par la Déclaration des droits de l'homme à laquelle elle se réfère;

5. La Constitution doit permettre d'organiser les rapports de la République avec les peuples qui lui sont associés.

Pour établir le projet, le Gouvernement recueille l'avis d'un comité consultatif où siègent notamment des membres du Parlement désignés par les commissions compétentes de l'Assemblée nationale et du Conseil de la République. Le nombre des membres du comité consultatif désignés par chacune des commissions est au moins égal au tiers du nombre des membres de ces commissions; le nombre total des membres du comité consultatif désignés par les commissions est égal aux deux tiers des membres du comité.

Le projet de loi arrêté en conseil des ministres, après avis du Conseil d'État, est soumis au référendum. La loi constitutionnelle portant révision de la Constitution est promulguée par le Président de la République dans les huit jours de son adoption.

[A.2] De Gaulle, discours prononcé à Bayeux le 16 juin 1946

Dans notre Normandie, glorieuse et mutilée, Bayeux et ses environs furent témoins d'un des plus grands événements de l'Histoire. Nous attestons qu'ils en furent dignes. C'est ici que quatre années après le désastre initial de la France et des Alliés débuta la victoire finale des Alliés et de la France. C'est ici que l'effort de ceux qui n'avaient jamais cédé et autour desquels s'étaient à partir du 18 juin 1940, rassemblé l'instinct national et reformée la puissance française tira des événements sa décisive justification. En même temps, c'est ici que sur le sol des ancêtres réapparut l'État, l'État légitime, parce qu'il reposait sur l'intérêt et le sentiment de la nation; l'État dont la souveraineté réelle avait été transportée du côté de la guerre, de la liberté et de la victoire tandis que la servitude n'en conservait que l'apparence; l'État sauvegardé dans ses droits, sa dignité, son autorité, au milieu des vicissitudes du dénuement et de l'intrigue; l'État préservé des ingérences de l'étranger; l'État capable de rétablir autour de lui l'unité nationale et l'unité impériale, d'assembler toutes les forces de la [patrie], de porter la victoire à son terme, en commun avec les Alliés de traiter d'égal à égal avec les autres grandes nations du monde, de préserver l'ordre public, de faire rendre la justice et de commencer notre reconstruction.

Si cette grande oeuvre fut réalisée en dehors du cadre antérieur de nos institutions, c'est parce que celles-ci n'avaient pas répondu aux nécessités nationales et qu'elles avaient, d'elles-mêmes, abdiqué dans la tourmente. Le salut devait venir d'ailleurs. Il vint, d'abord, d'une élite, spontanément jaillie des profondeurs de la nation et qui, bien au-dessus de toute préoccupation de parti ou de classe se dévoua au combat pour la libération, la grandeur et la rénovation de la France. Sentiment de sa supériorité morale, conscience d'exercer une sorte de sacerdoce du sacrifice et de l'exemple, passion du risque et de l'entreprise, mépris des agitations, prétentions, surenchères, confiance souveraine en la force et en la ruse de sa puissante conjuration aussi bien qu'en la victoire et en l'avenir de la patrie, telle fut la psychologie de cette élite partie de rien et qui, malgré de lourdes pertes, devait entraîner derrière elle tout l'Empire et toute la France.

Elle n'y eût point, cependant, réussi sans l'assentiment de l'immense masse française. Celle-ci, en effet, dans sa volonté instinctive de survivre et de triompher, n'avait jamais vu dans le désastre de 1940 qu'une péripétie de la guerre mondiale où la France servait d'avant-garde. Si beaucoup se plièrent, par force, aux circonstances, le nombre de ceux qui les acceptèrent dans leur esprit et dans leur coeur fut littéralement infime. Jamais la France ne crut que l'ennemi ne fût point l'ennemi et que le salut fût ailleurs que du côté des armes de la liberté. A mesure que se déchiraient les voiles, le sentiment profond du pays se faisait jour dans sa réalité. Partout où paraissait la croix de Lorraine s'écroulait l'échafaudage d'une autorité qui n'était que fictive, bien qu'elle fût, en apparence, constitutionnellement fondée. Tant il est vrai que les pouvoirs publics ne valent en fait et en droit que s'ils s'accordent avec l'intérêt supérieur du pays, s'ils reposent sur l'adhésion confiante des citoyens. En matière d'institutions, bâtir sur autre chose, ce serait bâtir sur du sable. Ce serait risquer de voir l'édifice crouler une fois de plus à l'occasion d'une de ces crises auxquelles, par la nature des choses, notre pays se trouve si souvent exposé.

Voilà pourquoi, une fois assuré le salut de l'État, dans la victoire remportée et l'unité nationale maintenue, la tâche par-dessus tout urgente et essentielle était l'établissement des nouvelles institutions françaises. Dès que cela fut possible, le peuple français fut donc invité à élire ses constituants tout en fixant à leur mandat des limites déterminées et en se réservant à lui-même la décision définitive. Puis, une fois le train mis sur les rails, nous-même nous sommes retirés de la scène, non seulement pour ne point engager dans la lutte des partis ce qu'en vertu des événements nous pouvons symboliser et qui appartient à la nation tout entière, mais encore pour qu'aucune considération relative à un homme, tandis qu'il dirigeait l'État ne pût fausser dans aucun sens l'oeuvre des [législateurs].

Au cours d'une période de temps qui ne dépasse pas deux fois la vie d'un homme, la France fut envahie sept fois et a pratiqué treize régimes, car tout se tient dans les malheurs d'un peuple. Tant de secousses ont accumulé dans notre vie publique des poisons dont s'intoxique notre vieille propension gauloise aux divisions et aux querelles. Les épreuves inouïes que nous venons de traverser n'ont fait, naturellement, qu'aggraver cet état de choses. La situation actuelle du monde où derrière des idéologies opposées se confrontent des puissances entre lesquelles nous sommes placés, ne laisse pas d'introduire dans nos luttes politiques un facteur de trouble passionné. Bref, la rivalité des partis revêt chez nous un caractère fondamental, qui met toujours tout en question et sous lequel s'estompent trop souvent les intérêts supérieurs du pays. Il y a là un fait patent, qui tient au tempérament national, aux péripéties de l'Histoire et aux ébranlements du présent, mais dont il est indispensable à l'avenir du pays et de la démocratie que nos institutions tiennent compte et se gardent, afin de préserver le crédit des lois, la cohésion des gouvernements, l'efficience des administrations, le prestige et l'autorité de l'État.

C'est qu'en effet, le trouble dans l'État a pour conséquence inéluctable la désaffection des citoyens à l'égard des institutions. Il suffit alors d'une occasion pour faire apparaître la menace de la dictature. D'autant plus que l'organisation en quelque sorte mécanique de la société moderne rend chaque jour plus nécessaires et plus désirés le bon ordre dans la direction et le fonctionnement régulier des rouages. Comment et pourquoi donc ont fini chez nous la première, la deuxième et la troisième Républiques? Comment et pourquoi donc la démocratie italienne, la République allemande de Weimar, la République espagnole firent-elles place aux régimes que l'on sait? Et pourtant, qu'est la dictature, sinon une grande aventure? Sans doute, ses débuts semblent avantageux. Au milieu de l'enthousiasme des uns et de la résignation des autres, dans la rigueur de l'ordre qu'elle impose, à la faveur d'un décor éclatant et d'une propagande à sens unique, elle prend d'abord un tour de dynamisme qui fait contraste avec l'anarchie qui l'avait précédée. Mais c'est le destin de la dictature d'exagérer ses entreprises. A mesure que se font jour parmi les citoyens l'impatience des contraintes et la nostalgie de la liberté, il lui faut à tout prix leur offrir en compensation des réussites sans cesse plus étendues. La nation devient une machine à laquelle le maître imprime une accélération effrénée. Qu'il s'agisse de desseins intérieurs ou extérieurs, les buts, les risques, les efforts dépassent peu à peu toute mesure. A chaque pas se dressent, au-dehors et au-dedans, des obstacles multipliés. A la fin, le ressort se brise. L'édifice grandiose s'écroule dans le malheur et dans le sang. La nation se retrouve rompue, plus bas qu'elle n'était avant que l'aventure commençât.

Il suffit d'évoquer cela pour comprendre à quel point il est nécessaire que nos institutions démocratiques nouvelles compensent, par elles-mêmes, les effets de notre perpétuelle effervescence politique. Il y a là, au surplus, pour nous une question de vie ou de mort, dans le monde et au siècle où nous sommes, où la position, l'indépendance et jusqu'à l'existence de notre pays et de notre Union française se trouvent bel et bien en jeu. Certes, il est de l'essence même de la démocratie que les opinions s'expriment et qu'elles s'efforcent, par le suffrage, d'orienter suivant leurs conceptions l'action publique et la législation. Mais aussi tous les principes et toutes les expériences exigent que les pouvoirs publics: législatif, exécutif, judiciaire, soient nettement séparés et fortement équilibrés et qu'au-dessus des contingences politiques soit établi un arbitrage national qui fasse valoir la continuité au milieu des combinaisons.

Il est clair et il est entendu que le vote définitif des lois et des budgets revient à une Assemblée élue au suffrage universel et direct. Mais le premier mouvement d'une telle Assemblée ne comporte pas nécessairement une clairvoyance et une sérénité entières. Il faut donc attribuer à une deuxième Assemblée, élue et composée d'une autre manière la fonction d'examiner publiquement ce que la première a pris en considération, de formuler des amendements, de proposer des projets. Or, si les grands courants de politique générale sont naturellement reproduits dans le sein de la Chambre des Députés, la vie locale, elle aussi, a ses tendances et ses [droits]. Tout nous conduit donc à instituer une deuxième Chambre dont, pour l'essentiel, nos Conseils généraux et municipaux éliront les membres. Cette Chambre complétera la première en ramenant, s'il y a lieu, soit à réviser ses propres projets, soit à en examiner d'autres, et en faisant valoir dans la confection des lois ce facteur d'ordre administratif qu'un collège purement politique a forcément tendance à négliger. Il sera normal d'y introduire, d'autre part, des représentants des organisations économiques, familiales, intellectuelles, pour que se fasse entendre, au-dedans même de l'État, la voix des grandes activités du [pays].

Du Parlement, composé de deux Chambres et exerçant le pouvoir législatif il va de soi que le pouvoir exécutif ne saurait procéder, sous peine d'aboutir à cette confusion des pouvoirs dans laquelle le Gouvernement ne serait bientôt plus rien qu'un assemblage de délégations. Sans doute aura-t-il fallu, pendant la période transitoire où nous sommes, faire élire par l'Assemblé nationale constituante le Président du Gouvernement provisoire, puisque, sur la table rase, il n'y avait aucun autre procédé acceptable de désignation. Mais il ne peut y avoir là qu'une disposition du moment. En vérité, l'unité, la cohésion, la discipline intérieure du Gouvernement de la France doivent être des choses sacrées, sous peine de voir rapidement la direction même du pays impuissante et disqualifiée. Or, comment cette unité, cette cohésion, cette discipline, seraient-elles maintenues à la longue si le pouvoir exécutif émanait de l'autre pouvoir auquel il doit faire équilibre, et si chacun des membres du Gouvernement, lequel est collectivement responsable devant la représentation nationale tout entière, n'était à son poste, que le mandataire d'un parti?

C'est donc du chef de l'État, placé au-dessus des partis, élu par un collège qui englobe le Parlement mais beaucoup plus [large], que doit procéder le pouvoir exécutif. Au chef de l'État la charge d'accorder l'intérêt général quant au choix des hommes avec l'orientation qui se dégage du Parlement. A lui la mission de nommer les ministres et, d'abord bien entendu, le Premier, qui devra diriger la politique et le travail du Gouvernement. Au chef de l'État la fonction de promulguer les lois et de prendre les décrets, car c'est envers l'État tout entier que ceux-ci et celles-là engagent les citoyens. A lui la tâche de présider les Conseils du Gouvernement et d'y exercer cette influence de la continuité dont une nation ne se passe pas. A lui l'attribution de servir d'arbitre au-dessus des contingences politiques, soit normalement par le Conseil, soit, dans les moments de grave confusion, en invitant le pays à faire connaître par des élections sa décision souveraine. A lui, s'il devait arriver que la patrie fût en péril, le devoir d'être le garant de l'indépendance nationale et des traités conclus par la France.

Des Grecs, jadis, demandaient au sage Solon: 'Quelle est la meilleure Constitution?' Il répondait: 'Dites-moi, d'abord, pour quel peuple et à quelle époque?' Aujourd'hui, c'est du peuple [français] qu'il s'agit, et à une époque bien dure et bien dangereuse! Prenons-nous tels que nous sommes. Prenons le siècle comme il est. Nous avons à mener à bien, malgré d'immenses difficultés une rénovation profonde qui conduise chaque homme et chaque femme de chez nous à plus d'aisance, de sécurité, de joie, et qui nous fasse plus nombreux, plus puissants, plus fraternels. Nous avons à conserver la liberté sauvée avec tant et tant de peine. Nous avons à assurer le destin de la France au milieu de tous les obstacles qui se dressent sur sa route et sur celle de la paix. Nous avons à déployer, parmi nos frères les hommes, ce dont nous sommes capables pour aider notre pauvre et vieille mère, la Terre. Soyons assez lucides et assez forts pour nous donner et pour observer des règles de vie nationale qui tendent à nous rassembler quand, sans relâche, nous sommes portés à nous diviser contre nous-mêmes! Toute notre Histoire, c'est l'alternance des immenses douleurs d'un peuple dispersé et des fécondes grandeurs d'une nation libre groupée sous l'égide d'un État fort.

[A.3] M. Debré, discours devant le Conseil d'État le 27 août 1958

Avec une rapidité inouïe au cours des dernières années, l'unité et la force de la France se sont dégradées, nos intérêts essentiels ont été gravement menacés, notre existence en tant que nation indépendante et libre mise en cause. A cette crise politique majeure, bien des causes ont contribué. La défaillance de nos institutions est, doublement, une de ces causes, nos institutions n'étaient plus adaptées, c'est le moins qu'on puisse dire, et leur inadaptation était aggravée par de mauvaises mœurs politiques qu'elles n'arrivaient point à corriger. L'objet de la réforme constitutionnelle est donc clair. Il est [avant] tout, d'essayer de reconstruire un pouvoir sans lequel il n'est ni État, ni démocratie, c'est-à-dire en ce qui nous concerne, ni France, ni [République]. La raison de ce choix est simple. Le régime d'assemblée, ou régime conventionnel, est impraticable et dangereux. Le régime présidentiel est présentement hors d'état de fonctionner en France.

L'impossible régime d'Assemblée

Le régime d'assemblée, ou conventionnel, est celui où la totalité du pouvoir, en droit et en fait, appartient à un Parlement, et plus précisément à une Assemblée. L'Assemblée n'est pas seulement le pouvoir législatif et le contrôle budgétaire. Elle est la politique et le gouvernement, qui tient d'elle l'origine de son autorité et qui dépendant de son arbitraire, n'est que son commis. Ses décisions ne peuvent être critiquées par personne, fussent-elles contraires à la Constitution. Leur domaine est illimité et l'ensemble des pouvoirs publics est à leur [discrétion].

Donner à la France un régime parlementaire

Le gouvernement a voulu rénover le régime parlementaire. Je serai tenté de dire qu'il veut l'établir, car pour de nombreuses raisons la République n'a jamais réussi à l'instaurer. Ai-je besoin de continuer la description? Ce régime est celui que nous avons connu. On a tenté de corriger ses défauts en modifiant le règlement de l'Assemblée. Peine perdue! Celles des modifications du règlement contraires au fonctionnement du régime conventionnel ne sont pas appliquées, ou elles sont impuissantes. On a tenté un nouveau remède en augmentant les pouvoirs de la deuxième assemblée. Peine également perdue! La division en deux Chambres est une bonne règle du régime parlementaire, car elle permet à un gouvernement indépendant de trouver, par la deuxième assemblée un secours utile contre la première: en régime conventionnel on neutralise ou plutôt on diminue l'arbitraire d'une Assemblée par l'autre sans créer l'autorité. On a tenté enfin un remède par des coalitions ou contrats entre partis. Peine toujours perdue! L'entente entre factions ne résiste pas au sentiment d'irresponsabilité que donne à chacune d'entre elles et à ses membres le fonctionnement du régime d'assemblée.

Les difficultés majeures de régime présidentiel

Le régime présidentiel est la forme de régime démocratique qui est à l'opposé du régime d'assemblée. Sa marque est faite de l'importance du pouvoir donné en droit et en fait à un chef d'État élu au suffrage universel. Les pouvoirs, dans un tel régime, ne sont pas confondus. Ils sont au contraire fort rigoureusement séparés. Les Assemblées législatives sont dépourvues de toute influence gouvernementale: leur domaine est celui de la loi, et c'est un domaine bien défini. Elles approuvent également le budget et, normalement, les traités. En cas de conflit le président, pour le résoudre, dispose d'armes telles que le veto ou la promulgation d'office. La justice occupe une place à part et d'ordinaire privilégiée afin d'assurer la défense des individus contre ce chef très puissant et contre les conséquences d'une entente entre ce chef et les Assemblées. Les qualités du régime présidentiel sont évidentes. L'État a un chef, la démocratie un pouvoir et la tentation est grande, après avoir pâti de l'anarchie et de l'impuissance, résultats d'un régime conventionnel, de chercher refuge dans l'ordre et l'autorité du régime présidentiel. Ni le Parlement dans sa volonté de réforme manifestée par la loi du 3 juin [A.1], ni le gouvernement lorsqu'il a présenté, puis appliqué, cette loi, n'ont succombé à cette tentation, et c'est, je crois sagesse. La démocratie en France suppose un Parlement doté de pouvoirs politiques. On peut imaginer deux assemblées législatives et budgétaires uniquement, c'est-à-dire subordonnées. Mais nous devons constater que cette conception ne coïncide pas avec l'image traditionnelle, et, à bien des égards, légitime, de la [République].

Les conditions du régime parlementaire

Pas de régime conventionnel, pas de régime présidentiel: la voie devant nous est étroite, c'est celle du régime parlementaire. A la confusion des pouvoirs dans une seule assemblée, à la stricte séparation des pouvoirs avec priorité au chef de l'État, il convient de préférer la collaboration des pouvoirs – un chef de l'État et un Parlement séparés, encadrant un gouvernement issu du premier et responsable devant le second, entre eux un partage des attributions donnant à chacun une semblable importance dans la marche de l'État et assurant les moyens de résoudre les conflits qui sont, dans tout système démocratique, la rançon de la liberté. Le projet de Constitution, tel qu'il vous est soumis, a l'ambition de créer un régime [parlementaire].

[L'article] où l'on a tenté de définir le domaine de la loi est de ceux qui ont provoqué le plus d'étonnement. Cette réaction est surprenante. Du point de vue des principes, la définition est normale et c'est la confusion de la loi, du règlement, voire de la mesure individuelle qui est une absurdité. Du point de vue des faits, notre système juridique était arrivé à un tel point de confusion et d'engorgement qu'un des efforts les plus constants, mais tenté en vain au cours des dernières années était de 'désencombrer' un ordre du jour parlementaire accablé par l'excès des lois passées depuis tant d'années en des domaines où le Parlement n'a pas normalement compétence législative. Un observateur de notre vie parlementaire aurait pu, entre les deux guerres, mais davantage encore depuis la Libération noter cette double déviation de notre organisation politique; un Parlement accablé de textes et courant en désordre vers la multiplication des interventions de détail, mais un gouvernement traitant sans intervention parlementaire des plus graves problèmes nationaux. Le résultat de ces deux observations conduisait à une double crise: l'impuissance de l'État du fait que l'administration était ligotée par des textes inadmissibles, la colère de la nation, du fait qu'une coalition partisane placée au gouvernement la mettait devant de graves mesures décidées sans avoir été préalablement soumises à un examen sérieux. Définir le domaine de la loi, ou plutôt du Parlement, ce n'est pas réduire la vie parlementaire, c'est également, par détermination des responsabilités du gouvernement, assurer entre le Ministère et les Assemblées une répartition nécessaire des tâches. Tout ce qui touche aux libertés publiques et aux droits individuels ne peut être réglementé que par la loi. Tout ce qui touche aux pouvoirs publics et aux structures fondamentales de l'État ne peut être réglementé que par la loi. En d'autres domaines – attributions de l'État dans la vie économique et sociale notamment – la loi fixe les principes. Le budget, les traités importants sont du domaine de la loi. Le Parlement doit ratifier l'état de siège. Il est seul compétent pour déclarer la [guerre]. La définition du domaine de la loi rend au règlement, c'est-à-dire à la responsabilité du gouvernement, un domaine étendu. Il faut en outre qu'une arme soit donnée au gouvernement pour éviter les empiétements à venir; c'est l'exception d'irrecevabilité qui peut être contestée parl Assemblée auquel cas le Conseil constitutionnel, dont nous parlerons tout à l'heure, a mission [d'arbitrer].

La création du Conseil constitutionnel manifeste la volonté de subordonner la loi, c'est-à-dire la décision du Parlement, à la règle supérieure édictée par la Constitution. Il n'est ni dans l'esprit du régime parlementaire, ni dans la tradition française, de donner à la justice, c'est-à-dire à chaque justiciable, le droit d'examiner la valeur de la Loi. Le projet a donc imaginé une institution particulière que peuvent seules saisir quatre autorités: le président de la République, le Premier ministre, les deux présidents d'Assemblées. A ce Conseil d'autres attributions ont été données, notamment l'examen du règlement des assemblées et le jugement des élections contestées, afin de faire disparaître le scandale des invalidations partisanes. L'existence de ce Conseil, l'autorité qui doit être la sienne représentent une grande et nécessaire innovation. La Constitution crée ainsi une arme contre la déviation du régime parlementaire.

La difficile procédure de la motion de censure doit tempérer le défaut que nous connaissons bien et depuis trop longtemps. La question de confiance est l'arme du gouvernement, et de lui seul. Les députés ne peuvent user que de la motion de censure, et celle-ci est entourée de conditions qui ne sont discutées que par ceux qui ne veulent pas se souvenir. L'expérience a conduit à prévoir en outre une disposition quelque peu exceptionnelle pour assurer, malgré les manœuvres, le vote d'un texte [indispensable].

Le Président de la République

Si vous me permettez une image empruntée à l'architecture, je dirai qu'à ce régime parlementaire neuf, [il] faut une clef de voûte. Cette clef de voûte, c'est le Président de la République. [Chaque] fois, vous le savez, qu'il est question, dans notre histoire constitutionnelle, des pouvoirs du Président de la République, un curieux mouvement a pu être observé; une certaine conception de la démocratie voit, a priori, dans tout Président de la République, chef de l'État, un danger et une menace pour la République. Ce mouvement existe encore de nos jours. N'épiloguons pas et admirons plutôt la permanence des idéologies constitutionnelles. Le président de la République doit être la clef de voûte de notre régime parlementaire.

Faute d'un vrai chef d'État, le gouvernement, en l'état de notre opinion, en fonction de nos querelles historiques, manque d'un soutien qui lui est normalement nécessaire. C'est dire que le Président de notre République ne peut être seulement, comme en tout régime parlementaire, le chef d'État qui désigne le Premier ministre voire les autres ministres au nom de qui les négociations internationales sont conduites et les traités signés, sous l'autorité duquel sont placées l'armée et l'administration. Il est, dans notre France où les divisions intestines ont un tel pouvoir sur la scène politique, le juge supérieur de l'intérêt national. A ce titre, il demande, s'il l'estime utile, une deuxième lecture des lois dans le délai de leur promulgation (disposition déjà prévue et qui est désormais classique); il peut également (et ces pouvoirs nouveaux sont d'un intérêt considérable) saisir le Comité constitutionnel s'il a des doutes sur la valeur de la loi au regard de la Constitution. Il peut apprécier si le référendum, qui doit lui être demandé par le Premier ministre ou les présidents des Assemblées, correspond à une exigence nationale. Enfin il dispose de cette arme capitale de tout régime parlementaire qui est la dissolution. Est-il besoin d'insister sur ce que représente la dissolution? Elle est l'instrument de la stabilité gouvernementale. Elle peut être la récompense d'un gouvernement qui paraît avoir réussi, la sanction d'un gouvernement qui paraît avoir échoué. Elle permet entre le chef de l'État et la nation un bref dialogue qui peut régler un conflit ou faire entendre la voix du peuple à une heure décisive. Ce tableau rapidement esquissé montre que le Président de la République, comme il se doit, n'a pas d'autre pouvoir que celui de solliciter un autre pouvoir: il sollicite le Parlement, il sollicite le Comité constitutionnel, il sollicite le suffrage universel. Mais cette possibilité de solliciter est [fondamentale].

A ces pouvoirs normaux du chef de l'État [le] projet de Constitution ajoute des pouvoirs exceptionnels. On en a tant parlé qu'on n'en parle plus, car, sans doute, certains esprits s'étaient un peu hâtés de critiquer avant de lire attentivement. Quand des circonstances graves, intérieures ou extérieures, et nettement définies par un texte précis, empêchent le fonctionnement des pouvoirs publics il est normal à notre époque dramatique, de chercher à donner une base légitime à l'action de celui qui représente la légitimité. Il est également normal, il est même indispensable, de fixer à l'avance certaines responsabilités fondamentales. A propos de cet article on a beaucoup parlé du passé. On a moins parlé de l'avenir, et c'est pourtant pour l'avenir qu'il est fait. Doit-on, en 1958, faire abstraction des formes modernes de guerre? A cette question la réponse est claire: on n'a pas le droit, ni pour ce cas ni pour d'autres, d'éliminer l'hypothèse de troubles profonds dans notre vie constitutionnelle. C'est pour l'hypothèse de ces troubles profonds qu'il faut solennellement marquer où sont les responsabilités, c'est-à-dire les possibilités [d'action].

Conclusion

Réforme du régime parlementaire, [définition] des nouvelles fonctions du Président de la [République], ai-je besoin de vous dire en terminant que cette tâche a été entreprise dans le respect des principes fixés d'un commun accord entre le gouvernement du général de Gaulle et les Assemblées parlementaires, accord qui s'est manifesté par la loi du 3 juin dernier [A.1].

Seul le suffrage universel est la source du pouvoir. – Qu'il s'agisse du législatif et de l'exécutif, cette règle a été respectée. [En] ce qui concerne les Assemblées, nous sommes demeurés dans la tradition républicaine: la loi électorale de l'une et de l'autre est extérieure à la Constitution. Il est simplement entendu que les députés sont élus au suffrage universel direct, et que le Sénat assure la représentation des collectivités territoriales. Les règles fondamentales de la démocratie française sont donc maintenues.

Le pouvoir exécutif et le pouvoir législatif doivent être effectivement séparés. – De bons esprits ont fait remarquer que la séparation des pouvoirs était un dogme caduc. [Mais] ce que ces bons esprits ne disent pas, c'est que faute de séparation dans la nomination et l'organisation des différentes fonctions suivies d'un partage dans les tâches, le régime vire à la dictature: tout caduc qu'est le dogme de la séparation des pouvoirs, il faut cependant que les fonctions essentielles du pouvoir soient divisées, si l'on veut éviter l'arbitraire, et tenter d'associer à la fois autorité et liberté. Le texte qui vous est présenté établit, pour la première fois dans notre histoire constitutionnelle d'une manière aussi nette, la séparation des autorités à l'origine de leur pouvoir et leur collaboration pour réaliser l'unité de pensée et d'action.

Le gouvernement doit être responsable devant le Parlement. – Ce principe est la ligne directe du régime parlementaire que le projet a l'ambition d'instituer. Ce principe ne signifie pas que la responsabilité doit être égale devant les deux Chambres. Le Parlement de la République comprend, comme il se doit, selon notre tradition, une Assemblée nationale et un Sénat, mais cette seconde Chambre (qui reprend son nom ancien) ne doit pas sortir du rôle éminent qui est le sien, rôle législatif, rôle budgétaire: les attributions politiques sont le fait de l'Assemblée nationale, et ce n'est qu'à titre exceptionnel que le Sénat peut, à la demande du gouvernement, sortir de son rôle normal. La responsabilité du gouvernement ne signifie pas davantage qu'elle soit mise en cause d'une manière quotidienne et illimitée: sur ce point les meilleurs raisonnements ne valent rien et c'est l'expérience qui l'emporte. La responsabilité du gouvernement est établie selon des procédures qui doivent éviter le risque d'instabilité.

L'autorité judiciaire doit demeurer indépendante. – Un titre spécial affirme l'indépendance de la justice, maintient l'inamovibilité des magistrats du siège, reconstitue un Conseil supérieur de la magistrature et fait du Président de la République le garant des qualités éminentes du pouvoir judiciaire. Des lois organiques vous seront prochainement soumises qui appliqueront, d'une manière plus claire et plus nette qu'il ne le fut jamais, ces principes nécessaires à l'équilibre du pouvoir [démocratique].

Après ce rappel des principes de la loi du 3 juin [A.1], et avant de conclure, j'évoquerai trois articles du projet qui, du point de vue de la liberté présentent un intérêt majeur: l'article sur les partis politiques; l'article sur la liberté de questionner le gouvernement reconnue à l'opposition; l'article sur l'autorité du pouvoir judiciaire au regard de la liberté individuelle.

On a voulu voir dans l'article qui traite des partis politiques une dangereuse machine de guerre. Où en sommes-nous arrivés qu'une affirmation telle que 'les partis doivent respecter le principe de la souveraineté nationale et la démocratie' fasse crier à l'arbitraire? Nous vivons dans un monde où la fourberie est reine. De quel droit ceux qui ont mission de fortifier la France et de consolider la République pourraient-ils accepter d'ouvrir à deux battants les institutions de l'État à des formations qui ne respecteraient point le principe sans lequel il n'y a ni France ni République? Le silence de la Constitution eût été grave et les critiques alors auraient été justifiées!

Il n'a pas été assez dit que cette affirmation est la conséquence d'une autre. Le projet déclare: 'Les partis et groupements politiques concourent à l'expression du suffrage. Ils se forment et exercent leur activité librement'. Ces deux phrases sont capitales. Elles sont, du point de vue constitutionnel, la négation de tout système totalitaire qui postule un seul parti. De la manière la plus catégorique, et en même temps la plus solennelle, notre future Constitution proclame sa foi démocratique et fonde les institutions sur cette expression fondamentale de la liberté politique qui est la pluralité des partis.

Un article du projet, après avoir, par un premier paragraphe, donné au gouvernement une responsabilité majeure dans la fixation de l'ordre du jour des Assemblées précise ensuite: 'Une séance par semaine est réservée, par priorité, aux questions des membres du Parlement et aux réponses du gouvernement'. Cette disposition est la marque décisive du régime parlementaire et des droits reconnus, dans le régime, à l'opposition. Le gouvernement responsable de l'État, donc de la législation est normalement maître de l'ordre du jour des Assemblées. Aucun retard ne doit être toléré à l'examen d'un projet gouvernemental, si ce n'est celui qui résulte de son étude. La loi, le budget, et toutes les affaires qui sont de la compétence du Parlement ne sont pas, pour le Parlement, un monopole. L'intervention des Assemblées est un contrôle et une garantie. Il ne faut pas, cependant, qu'un gouvernement accapare les travaux des Assemblées au point que l'opposition ne puisse plus manifester sa présence si elle ne doit pas pouvoir faire obstruction, elle doit pouvoir interroger. C'est l'objet de ce 'jour par semaine' réservé aux questions. Il est bien entendu que ces questions ne peuvent, à la volonté de l'interpellateur, se terminer par une motion de confiance ni de censure. Seul le gouvernement peut poser la question de confiance et la motion de censure est soumise à une procédure pour laquelle le nouveau texte constitutionnel s'inspire des projets qui étaient en cours d'approbation devant l'Assemblée nationale. Mais l'existence constitutionnelle au droit d'interpeller est une pierre de touche de la liberté parlementaire.

A la fin du titre réservé à l'autorité judiciaire, un article est demeuré à l'abri de la critique comme de l'éloge. Il paraît ne pas avoir été compris. C'est celui qui dit: 'Nul ne peut être arbitrairement détenu. L'autorité judiciaire, gardienne de la liberté individuelle, assure le respect de ce principe dans les conditions prévues par la loi'. On sait que la disposition du droit anglo-saxon dite 'habeas corpus' est souvent citée en modèle. C'est se rendre coupable d'injure à la justice de ne pas lui déférer un citoyen dans le jour qui suit son arrestation. La garantie est grande et elle est la clef de voûte de tout régime qui prétend respecter la liberté individuelle. La souplesse des règles constitutionnelles anglaises permet de combiner cet impératif avec un autre impératif, celui de la sécurité de l'État. En temps de guerre, en cas de troubles, un acte du Parlement suspend l'application de 'l'habeas corpus'. Notre système rigide empêche une si heureuse combinaison. Affirmer dans un article le principe de la compétence judiciaire immédiate et totale, puis donner au gouvernement le droit, par décret, fût-il soumis à ratification, ce n'est pas, ce ne peut être d'un heureux effet. Cependant le gouvernement du général de Gaulle a voulu, pour affirmer la légitimité libérale de la France, aller plus loin qu'on ne l'a fait jusqu'à présent. Après le rappel du principe – nul ne peut être arbitrairement détenu – il donne compétence à la seule justice pour l'appliquer, et renvoie à la loi. Cette loi sera préparée et promulguée en des termes qui essaieront de combiner les exigences fondamentales des droits individuels et les droits de l'État et d'assurer la sécurité de la nation comme celle des citoyens. Nous pourrons, à cet égard, faire mieux encore que le droit anglo-saxon.

Libertés des partis politiques (liberté essentielle de la démocratie), liberté d'interpeller le gouvernement (liberté essentielle du régime parlementaire), liberté de chaque citoyen garantie par le pouvoir judiciaire (liberté essentielle de l'individu) le projet de Constitution est inspiré par le plus généreux respect de la liberté. Cette réforme constitutionnelle est la dernière chance donnée aux hommes et aux partis qui pensent que la France peut à la fois demeurer une des fortes nations du monde, et une démocratie. La dernière chance: c'est le général de Gaulle qui a prononcé ces mots et il avait le droit de les prononcer, lui sans qui cette chance ne pourrait être saisie, lui sans qui notre État et notre liberté courraient présentement les plus graves périls.

Naturellement, les textes sont les textes et ils ne sont que cela. Que seront, demain, les mouvements du monde? Que seront demain, les forces politiques intérieures? Nul ne peut avec assurance répondre à ces questions qui dominent notre destin. Notre tâche cependant doit être influencée par le fait que ces mouvements seront profonds et brutaux, que ces forces politiques seront passionnées. Notre tâche doit également être influencée par ce fait que nous sommes déjà arrivés aux échéances de mille difficultés. Notre époque est celle du déséquilibre, de l'instabilité, des problèmes sans cesse remis en cause.

Si nous ne voulons pas que la France dérive, si nous ne voulons pas que la France soit condamnée, une première condition est nécessaire: un pouvoir. Nous voulons donner un pouvoir à la [République].

Notre ambition ne peut aller plus loin. Une Constitution ne peut rien faire d'autre que d'apporter des chances aux hommes politiques de bonne foi qui, pour la nation et la liberté, veulent un État, c'est-à-dire, avant toute autre chose, un gouvernement.

[A.4] De Gaulle, discours de la Place de la République, le 4 septembre 1958

C'est en un temps où il lui fallait se réformer ou se briser que notre peuple, pour la première fois, recourut à la République. Jusqu'alors, au long des siècles, l'Ancien Régime avait réalisé l'unité et maintenu l'intégrité de la France. Mais, tandis qu'une immense vague de fond se formait dans les profondeurs, il se montrait hors d'état de s'adapter à un monde nouveau. C'est alors qu'au milieu de la tourmente nationale et de la guerre étrangère apparut la République! Elle était la souveraineté du peuple, l'appel de la liberté, l'espérance de la justice. Elle devait rester cela à travers les péripéties agitées de son histoire. Aujourd'hui, autant que jamais, nous voulons qu'elle le demeure.

Certes la République a revêtu des formes diverses au cours de ses règnes successifs. En 1792, on la vit, révolutionnaire et guerrière, renverser trônes et privilèges, pour succomber, huit ans plus tard, dans les abus et les troubles qu'elle n'avait pu maîtriser. En 1848, on la vit s'élever au-dessus des barricades, se refuser à l'anarchie, se montrer sociale au-dedans et fraternelle au-dehors, mais bientôt s'effacer encore, faute d'avoir accordé l'ordre avec l'élan du renouveau. Le 4 septembre 1870, au lendemain de Sedan, on la vit s'offrir au pays pour réparer le [désastre].

Si bien qu'elle eût la gloire d'assurer pendant la première guerre mondiale notre salut et notre victoire. Le 11 novembre, quand le peuple s'assemble et que les drapeaux s'inclinent pour la commémoration, l'hommage que la patrie décerne à ceux qui l'ont bien servie, s'adresse aussi à la République.

Cependant le régime comportait des vices de fonctionnement qui avaient pu sembler supportables à une époque assez statique, mais n'étaient plus compatibles avec les mouvements humains, les changements économiques, les périls extérieurs, qui précédaient la deuxième guerre mondiale. Faute qu'on y eût remédié, les événements terribles de 1940 emportèrent tout. Mais quand, le 18 juin, commença le combat pour la libération de la France, il fut aussitôt proclamé que la République à refaire serait une République nouvelle. La Résistance tout entière ne cessa pas de l'affirmer.

On sait, on ne sait que trop, ce qu'il advint de ces espoirs. On sait, on ne sait que trop, qu'une fois le péril passé, tout fut livré et confondu à la discrétion des partis. On sait, on ne sait que trop, quelles en furent les conséquences. A force d'inconsistance et d'instabilité et quelles que puissent être les intentions, souvent la valeur des hommes, le régime se trouva privé de l'autorité intérieure et de l'assurance extérieure sans lesquelles il ne pouvait agir. Il était inévitable que la paralysie de l'État amenât une grave crise nationale et qu'aussitôt la République fût menacée d'effondrement.

Le nécessaire a été fait pour obvier à l'irrémédiable à l'instant même où il était sur le point de se produire. Le déchirement de la nation fut de justesse empêché. On a pu sauvegarder la chance ultime de la République. C'est dans la légalité que moi-même et mon Gouvernement avons assumé le mandat exceptionnel d'établir un projet de nouvelle Constitution et de le soumettre à la décision du peuple. Nous l'avons fait sur la base des principes posés lors de notre investiture. Nous l'avons fait avec la collaboration du Conseil consultatif institué par la loi. Nous l'avons fait, compte tenu de l'avis solennel du Conseil d'État. Nous l'avons fait après délibérations très libres et très approfondies de nos propres conseils de ministres: ceux-ci, formés d'hommes aussi divers que possible d'origine et de tendances, mais résolument solidaires. Nous l'avons fait sans avoir entre-temps attenté à aucun droit du peuple ni à aucune liberté publique. La nation, qui seule est juge, approuvera ou repoussera notre oeuvre, mais c'est en toute conscience que nous la lui [proposons].

La nécessité de rénover l'agriculture et l'industrie, de procurer les moyens de vivre, de travailler, de s'instruire, de se loger, à notre population rajeunie, d'associer les travailleurs à la marche des entreprises, nous pousse à être, dans les affaires publiques, dynamiques et expéditifs. Le devoir de ramener la paix en Algérie, ensuite celui de la mettre en valeur, enfin celui de régler la question de son statut et de sa place dans notre ensemble, nous imposent des efforts difficiles et [prolongés]. L'univers est traversé de courants qui mettent en cause l'avenir de l'espèce humaine et portent la France à se garder, tout en jouant le rôle de mesure, de paix, de fraternité, que lui dicte sa vocation. Bref, la nation française refleurira ou périra suivant que l'État aura ou n'aura pas assez de force, de constance, de prestige, pour la conduire là où elle doit aller.

C'est donc pour le peuple que nous sommes, au siècle et dans le monde où nous sommes, qu'a été établi le projet de Constitution. Que le pays puisse être effectivement dirigé par ceux qu'il mandate et leur accorde la confiance qui anime la légitimité. Qu'il existe, au-dessus des luttes politiques, un arbitre national, élu par les citoyens qui détiennent un mandat public, chargé d'assurer le fonctionnement régulier des institutions, ayant le droit de recourir au jugement du peuple souverain, répondant, en cas d'extrême péril, de l'indépendance, de l'honneur, de l'intégrité de la France et du salut de la République. Qu'il existe un Gouvernement qui soit fait pour gouverner, à qui on en laisse le temps et la possibilité, qui ne se détourne pas vers autre chose que sa tâche, et qui, par là, mérite l'adhésion du pays. Qu'il existe un Parlement destiné à représenter la volonté politique de la nation, à voter les lois, à contrôler l'exécutif, sans prétendre sortir de son rôle. Que Gouvernement et Parlement collaborent, mais demeurent séparés quant à leurs responsabilités et qu'aucun membre de l'un ne puisse, en même temps, être membre de l'autre. Telle est la structure équilibrée que doit revêtir le pouvoir. Le reste dépendra des hommes. Qu'un Conseil économique et social, désigné en dehors de la politique par les organisations professionnelles et syndicales du pays et de l'outre-mer, fournisse ses avis au Parlement et au Gouvernement. Qu'un [Conseil] constitutionnel, dégagé de toute attache, ait qualité pour apprécier si les lois votées sont conformes à la Constitution et si les élections diverses ont eu lieu régulièrement. Que l'autorité judiciaire soit assurée de son indépendance et demeure la gardienne de la liberté de chacun. La compétence, la dignité, l'impartialité de l'État en seront mieux [garanties].

Voilà, Français, Françaises, de quoi s'inspire et en quoi consiste la Constitution qui sera le 28 septembre soumise à vos suffrages. De tout mon cœur, au nom de la France, je vous demande de répondre 'oui'. Si vous ne le faites pas, nous en reviendrons le jour même aux errements que vous savez. Si vous le faites, le résultat sera de rendre la République forte et efficace, pourvu que les responsables sachent désormais le vouloir! Mais il y aura aussi, dans cette manifestation positive de la volonté nationale, la preuve que notre pays retrouve son unité et, du coup, les chances de sa grandeur. Le monde, qui discerne fort bien quelle importance notre décision va revêtir pour lui-même, en tirera la conclusion. Peut-être l'a-t-il, dès à présent, tirée. Un grand espoir se lèvera sur la France. Je crois qu'il s'est déjà levé! Vive la République! Vive la France!

[A.5] *Président Jacques Chirac, Message au Parlement, le 19 mai 1995*

A l'heure où je vais assumer le mandat que le peuple français m'a confié, je souhaite m'adresser à la représentation nationale. Qu'elle y voie la marque de ma confiance dans le Parlement auquel je m'honore d'avoir appartenu pendant de longues années. Qu'elle y trouve l'illustration de la haute idée que je me fais de son rôle au sein d'une démocratie toujours plus vivante et toujours plus forte. A mes yeux, chacune et chacun d'entre vous, qui représentez notre peuple, avez une mission et une responsabilité éminentes dans l'oeuvre que nous avons à accomplir et tout particulièrement dans la lutte contre ce cancer de notre société qu'est le chômage.

La Constitution de la Ve République, après presque trente-sept ans d'existence, a témoigné de ses vertus. Si l'on excepte la IIIe République, c'est le dispositif institutionnel qui, depuis 1789, a offert le cadre le plus long à notre vie publique. Cette durée, cette permanence, l'adhésion qu'elles suscitent auprès des Français, nos institutions les doivent à l'organisation originale et équilibrée des pouvoirs, voulue par le général de Gaulle. Le Président de la République incarne la continuité du pays, le Gouvernement conduit la politique de la nation, le Parlement, expression politique du suffrage universel, légifère, contrôle et débat des grandes orientations de la nation.

Contrairement aux craintes qui se sont parfois manifestées, nos institutions ont fait la preuve qu'elles étaient à même d'assurer la continuité de l'action politique, et, à travers celle-ci, celle de l'État, sans laquelle rien de grand n'est possible. Permettant l'alternance, quand le peuple l'a voulue, elles ont créé les conditions de la stabilité et favorisé un apaisement progressif de notre vie [politique].

2 PRESIDENT, GOVERNMENT AND PARLIAMENT

De Gaulle's views [A.2] [A.4] and those of Debré [A.3] were that a strong head of state was necessary (as had been lacking in 1940). There was a need for the President to be an arbitrator, above the everyday battles of political life, whose purpose would be to ensure the proper working of the constitutional institutions, to respond to any crises which might imperil the independence, honour and safety of the Republic and to give respect to the Constitution. The rôle of the President is principally described in the Constitution, Articles 5 to 19 and 52 [A.6]. The President is elected for seven years by direct universal suffrage and on an absolute majority of the votes cast. If no one candidate obtains an absolute majority in the first round, there is a second round in which there are only two candidates. The President appoints the Prime Minister and, although the wording of the Constitution only permits the President to accept the resignation of the Prime Minister, a convention has arisen whereby the President may 'ask' the Prime Minister to resign office. On the advice of the Prime Minister the President appoints and dismisses the other members of the Government. The President chairs meetings of the Government ministers (whether the Government is of the same political persuasion as the President or not). It is the President who, after consulting with the Prime Minister and the Presidents of the two Houses of Parliament, has the power to dissolve the National Assembly and force a general election. This power can be used to particular effect immediately after a President has been elected with a majority in order to create a National Assembly of the same political persuasion as the President. However, no further dissolution of the National Assembly may take place within a year following that general election. The President appoints important officers of state and has tremendous powers of patronage. The President is commander in chief of the armed forces and has the power to pardon those convicted of criminal offences. The President has the power to negotiate and conclude treaties with other states and international organisations. The President has two powers of particular significance to the concept of the *parlementarisme rationalisé*. First, the President can, on the proposal of the Government or at the request of the two Houses, submit a proposal for legislation to a referendum, and if the proposal is approved it becomes law without having to go through the normal legislative procedures (see head 5). Second, in times of grave emergency the President may, after consulting with the Prime Minister, the Presidents of the two Houses and the Constitutional Council, exercise emergency powers (see head 4).

A stable system of government accountability was considered necessary and it was considered essential to move away from the instability of earlier times. From the Third Republic onwards, France had lived under a system of Parliamentary supremacy which involved complete legislative competence, the power to dismiss any government and a legitimacy, based on being directly elected, which was superior to both ministers and the President, who were not (then) directly elected. However, the emergence of the modern and welfare state, the ever-growing state control of economic and social affairs, and the need for constant legislative change rendered this parliamentary tradition not the most effective constitutional mechanism. In particular, during the Third and Fourth Republics the Parliamentary tradition resulted in an instability of government and often an inability for a government to enact the legislation which its policies deemed necessary. Elections during the Fourth Republic rarely resulted in Governments having a firm base of majority representation. Elections were based on proportional representation and there were a large number of political parties (some small groups, some large blocks) which would not be reconciled with other parties. Governments were overthrown with alarming regularity. The men of 1958 had, as their principal role, that of instituting a mechanism which would ensure government stability in the ordinary course of government and limiting the mechanism for government overthrow to clear matters of confidence in the government. The Government is accountable in wide terms to Parliament in that Parliament may pass a censure motion and Government can ask for a vote of confidence. If the Government is defeated it could be obliged to resign (Article 49). However, it must be emphasised that the Fifth Republic's Governments have been stable for two reasons. First, although there are still many party groups in Parliament, they have tended to coalesce into two main groups (with some commentators speaking of government groups and opposition groups) composed of the Socialist party (forged by M Mitterrand) and the (small) Communist party, and the three main parties of the right. Elections have tended to give one or other of the groups a clear majority and, consequently, the group in power has managed to defeat any censure motion. Second, under the Fifth Republic the Government is not forced to resign simply because it cannot enact its legislative programme because, under the Constitution, it has other means to perform this task.

What was new with regard to legislative authority was the deliberate insertion into the Constitution of a mechanism designed to limit the legislative role of Parliament (the *domaine de la loi*) and to increase the legislative role of the Government (the *domaine du règlement*) in order to achieve stable implementation of government policies. With regard to both European Community and domestic legislation there was a need for government rule-making in the sense of the Government actually making the rules rather than using a Parliamentary majority to ensure that Parliament made the rules. To Michel Debré [A.3], the constitutional mechanisms deemed necessary involved demarcating the respective powers of the President, Parliament and a Government, appointed by the former and accountable to the latter, either in the Constitution itself or in a special series of statutes which implemented in greater detail the principles laid down in the Constitution (entitled *lois organiques* and which were to be the subject of a special legislative procedure). Furthermore, since the constitutional provisions demarcating the balance of power were deliberately weighted towards the Government, the Constitution had to include a mechanism designed to prevent Parliament from circumventing those provisions. There was a need for an *'arme contre la déviation du régime parlementaire'*. The first mechanism was that of demarcating the respective legislative powers of Parliament and Government.

Article 34 of the Constitution [A.6] lists specified matters where legislation must be enacted by Parliament in the form of statutes (lois) (the *domaine de la loi*). If the Government wishes to turn its policies on such matters into rules it must submit a Government Bill (*projet de loi*) for the approval of Parliament. The principal matters specified relate to civil liberties, civil status, criminal law and punishments, and to the 'fundamental principles' relating to national defence, education, the law of commerce and social legislation. The legislative procedure whereby a Bill becomes a *loi* are governed by Articles 39 to 47 of the Constitution and the standing orders of the two Houses. Certain special forms of *loi* follow a special form of Parliamentary procedure, namely, a *loi organique*, a constitutional law which implements and expands on the principles established in the Constitution (eg, relating to the election of the President), and a *loi de finances*. Having defined the *domaine de la loi*, Article 37 of the Constitution states that all matters not so specified belong to the *domaine du règlement*. In other words, any matter which is not expressly listed in Article 34 belongs to the exclusive legislative competence of the Government, which does not need to involve Parliament in enacting such legislation. If it appears during the legislative procedure before either House that a Private Member's Bill (*proposition de loi*) or an amendment to any Bill is not within the legislative competence of Parliament, the Government can oppose the measure on this ground (*opposer l'irrecevabilité*). If there is disagreement between the Government and the President of the appropriate House, the matter may be referred by either Government or President to the *Conseil constitutionnel* for a binding decision (Article 41). Finally, the Government may ask Parliament to authorise the Government to legislate, by means of *ordonnances*, on matters which are normally reserved to Parliament's competence. This authorisation must be for a limited period and an ordonnance will cease to have validity if it is not ratified by Parliament (Article 38).

Materials

[A.6] *Constitution du 4 octobre 1958*

Le Gouvernement de la République, conformément à la loi constitutionnelle du 3 juin 1958 a proposé, Le peuple français a adopté, Le Président de la République promulgue la loi constitutionnelle dont la teneur suit:

PRÉAMBULE

Le peuple français proclame solennellement son attachement aux Droits de l'homme et aux principes de la souveraineté nationale tels qu'ils ont été définis par la Déclaration de 1789 [[A.7]], confirmée et complétée par le préambule de la Constitution de 1946 [[A.8]].

En vertu de ces principes et de celui de la libre détermination des peuples, la République offre aux territoires d'outre-mer qui manifestent la volonté d'y adhérer des institutions nouvelles fondées sur l'idéal commun de liberté, d'égalité et de fraternité et conçues en vue de leur évolution démocratique.

Article 1er – La France est une République indivisible, laïque, démocratique et sociale. Elle assure l'égalité devant la loi de tous les citoyens sans distinction d'origine, de race ou de religion. Elle respecte toutes les croyances.

TITRE PREMIER – DE LA SOUVERAINETÉ

Article 2 – La langue de la République est le français.

L'emblème national est le drapeau tricolore, bleu, blanc, rouge.

L'hymne national est *La Marseillaise.*

La devise de la République est 'Liberté, Egalité, Fraternité'.

Son principe est: gouvernement du peuple, par le peuple et pour le peuple.

Article 3 – La souveraineté nationale appartient au peuple qui l'exerce par ses représentants et par la voie du référendum.

Aucune section du peuple ni aucun individu ne peut s'en attribuer l'exercice.

Le suffrage peut être direct ou indirect dans les conditions prévues par la Constitution. Il est toujours universel, égal et secret.

Sont électeurs, dans les conditions déterminées par la loi, tous les nationaux français majeurs, des deux sexes, jouissant de leurs droits civils et politiques.

Article 4 – Les partis et groupements politiques concourent à l'expression du suffrage. Ils se forment et exercent leur activité librement. Ils doivent respecter les principes de la souveraineté nationale et de la démocratie.

TITRE II – LE PRÉSIDENT DE LA RÉPUBLIQUE

Article 5 – Le Président de la République veille au respect de la Constitution. Il assure, par son arbitrage, le fonctionnement régulier des pouvoirs publics ainsi que la continuité de l'État. Il est le garant de l'indépendance nationale, de l'intégrité du territoire, du respect des traités.

Article 6 – Le Président de la République est élu pour sept ans au suffrage universel direct. Les modalités d'application du présent article sont fixées par une loi organique.

Article 7 – Le Président de la République est élu à la majorité absolue des suffrages exprimés. Si celle-ci n'est pas obtenue au premier tour de scrutin, il est procédé, le deuxième dimanche suivant, à un second tour.

Seuls peuvent s'y présenter les deux candidats qui, le cas échéant après retrait de candidats plus favorisés, se trouvent avoir recueilli le plus grand nombre de suffrages au premier tour.

Le scrutin est ouvert sur convocation du Gouvernement.

L'élection du nouveau Président a lieu vingt jours au moins et trente-cinq jours au plus avant l'expiration des pouvoirs du Président en exercice.

En cas de vacance de la Présidence de la République pour quelque cause que ce soit, ou d'empêchement constaté par le Conseil constitutionnel saisi par le Gouvernement et statuant à la majorité absolue de ses membres, les fonctions du Président de la République, à l'exception de celles prévues aux articles 11 et 12 ci-dessous, sont provisoirement exercées par le président du Sénat et, si celui-ci est à son tour empêché d'exercer ces fonctions, par le Gouvernement.

En cas de vacance ou lorsque l'empêchement est déclaré définitif par le Conseil constitutionnel, le scrutin pour l'élection du nouveau Président a lieu, sauf cas de force majeure constaté par le Conseil constitutionnel, vingt jours au moins et trente-cinq jours au plus après l'ouverture de la vacance ou de la déclaration du caractère définitif de l'empêchement.

Si, dans les sept jours précédant la date limite du dépôt des présentations de candidatures, une des personnes ayant, moins de trente jours avant cette date, annoncé publiquement sa décision d'être candidate décède ou se trouve empêchée, le Conseil constitutionnel peut décider de reporter l'élection.

Si, avant le premier tour, un des candidats décède ou se trouve empêché, le Conseil constitutionnel prononce le report de l'élection.

En cas de décès ou d'empêchement de l'un des deux candidats les plus favorisés au premier tour avant les retraits éventuels, le Conseil constitutionnel déclare qu'il doit être procédé de nouveau à l'ensemble des opérations électorales; il en est de même en cas de décès ou d'empêchement de l'un des deux candidats restés en présence en vue du second tour.

Dans tous les cas, le Conseil constitutionnel est saisi dans les conditions fixées au deuxième alinéa de l'article 61 ci-dessous ou dans celles déterminées pour la présentation d'un candidat par la loi organique prévue à l'article 6 ci-dessus.

Le Conseil constitutionnel peut proroger les délais prévus aux troisième et cinquième alinéas sans que le scrutin puisse avoir lieu plus de trente-cinq jours après la date de la décision du Conseil constitutionnel. Si l'application des dispositions du présent alinéa a eu pour effet de reporter l'élection à une date postérieure à l'expiration des pouvoirs du Président en exercice, celui-ci demeure en fonction jusqu'à la proclamation de son successeur.

Il ne peut être fait application ni des articles 49 et 50 ni de l'article 89 de la Constitution durant la vacance de la Présidence de la République ou durant la période qui s'écoule entre la déclaration du caractère définitif de l'empêchement du Président de la République et l'élection de son successeur.

Article 8 – Le Président de la République nomme le Premier ministre. Il met fin à ses fonctions sur la présentation par celui-ci de la démission du Gouvernement.

Sur la proposition du Premier ministre, il nomme les autres membres du Gouvernement et met fin à leurs fonctions.

Article 9 – Le Président de la République préside le Conseil des ministres.

Article 10 – Le Président de la République promulgue les lois dans les quinze jours qui suivent la transmission au Gouvernement de la loi définitivement adoptée.

Il peut, avant l'expiration de ce délai, demander au Parlement une nouvelle délibération de la loi ou de certains de ses articles. Cette nouvelle délibération ne peut être refusée.

Article 11 – Le Président de la République, sur proposition du Gouvernement pendant la durée des sessions ou sur proposition conjointe des deux assemblées, publiées au Journal officiel, peut soumettre au référendum tout projet de loi portant sur l'organisation des pouvoirs publics, sur des réformes relatives à la politique économique ou sociale de la nation et aux services publics qui y concourent, ou tendant à autoriser la ratification d'un traité qui, sans être contraire à la Constitution, aurait des incidences sur le fonctionnement des institutions.

Lorsque le référendum est organisé sur proposition du Gouvernement, celui-ci fait, devant chaque assemblée, une déclaration qui est suivie d'un débat.

Lorsque le référendum a conclu à l'adoption du projet de loi, le Président de la République promulgue la loi dans les quinze jours qui suivent la proclamation des résultats de la consultation.

Article 12 – Le Président de la République peut, après consultation du Premier ministre et des présidents des assemblées, prononcer la dissolution de l'Assemblée nationale.

Les élections générales ont lieu vingt jours au moins et quarante jours au plus après la dissolution.

L'Assemblée nationale se réunit de plein droit le deuxième jeudi qui suit son élection. Si cette réunion a lieu en dehors de la période prévue pour la session ordinaire, une session est ouverte de droit pour une durée de quinze jours.

Il ne peut être procédé à une nouvelle dissolution dans l'année qui suit ces élections.

Article 13 – Le Président de la République signe les ordonnances et les décrets délibérés en conseil des ministres.

Il nomme aux emplois civils et militaires de l'État.

Les conseillers d'État, le grand chancelier de la Légion d'honneur, les ambassadeurs et envoyés extraordinaires, les conseillers maîtres à la Cour des comptes, les préfets, les représentants du Gouvernement dans les territoires d'outre-mer, les officiers généraux, les recteurs des académies, les directeurs des administrations centrales sont nommés en conseil des ministres.

Une loi organique détermine les autres emplois auxquels il est pourvu en conseil des ministres ainsi que les conditions dans lesquelles le pouvoir de nomination du Président de la République peut être par lui délégué pour être exercé en son nom.

Article 14 – Le Président de la République accrédite les ambassadeurs et les envoyés extraordinaires auprès des puissances étrangères; les ambassadeurs et les envoyés extraordinaires étrangers sont accrédités auprès de lui.

Article 15 – Le Président de la République est le chef des armées. Il préside les conseils et comités supérieurs de la défense nationale.

Article 16 – Lorsque les institutions de la République, l'indépendance de la Nation, l'intégrité de son territoire ou l'exécution de ses engagements internationaux sont menacés d'une manière grave et immédiate et que le fonctionnement régulier des pouvoirs publics constitutionnels est interrompu, le Président de la République prend les mesures exigées par ces circonstances, après consultation officielle du Premier ministre, des présidents des assemblées ainsi que du Conseil constitutionnel.

Il en informe la Nation par un message.

Ces mesures doivent être inspirées par la volonté d'assurer aux pouvoirs publics constitutionnels, dans les moindres délais, les moyens d'accomplir leur mission. Le Conseil constitutionnel est consulté à leur sujet.

Le Parlement se réunit de plein droit.

L'Assemblée nationale ne peut être dissoute pendant l'exercice des pouvoirs exceptionnels.

Article 17 – Le Président de la République a le droit de faire grâce.

Article 18 – Le Président de la République communique avec les deux assemblées du Parlement par des messages qu'il fait lire et qui ne donnent lieu à aucun débat.

Hors session, le Parlement est réuni spécialement à cet effet.

Article 19 – Les actes du Président de la République autres que ceux prévus aux articles 8 (1er alinéa), 11, 12, 16, 18, 54, 56 et 61 sont contresignés par le Premier ministre et, le cas échéant, par les ministres responsables.

TITRE III – LE GOUVERNEMENT

Article 20 – Le Gouvernement détermine et conduit la politique de la Nation.

Il dispose de l'administration et de la force armée.

Il est responsable devant le Parlement dans les conditions et suivant les procédures prévues aux articles 49 et 50.

Article 21 – Le Premier ministre dirige l'action du Gouvernement. Il est responsable de la défense nationale. Il assure l'exécution des lois. Sous réserve des dispositions de l'article 13, il exerce le pouvoir réglementaire et nomme aux emplois civils et militaires.

Il peut déléguer certains de ses pouvoirs aux ministres.

Il supplée, le cas échéant, le Président de la République dans la présidence des conseils et comités prévus à l'article 15.

Il peut, à titre exceptionnel, le suppléer pour la présidence d'un conseil des ministres en vertu d'une délégation expresse et pour un ordre du jour déterminé.

Article 22 – Les actes du Premier ministre sont contresignés, le cas échéant, par les ministres chargés de leur exécution.

Article 23 – Les fonctions de membre du Gouvernement sont incompatibles avec l'exercice de tout mandat parlementaire, de toute fonction de représentation professionnelle à caractère national et de tout emploi public ou de toute activité professionnelle.

Une loi organique fixe les conditions dans lesquelles il est pourvu au remplacement des titulaires de tels mandats, fonctions ou emplois.

Le remplacement des membres du Parlement a lieu conformément aux dispositions de l'article 25.

TITRE IV – LE PARLEMENT

Article 24 – Le Parlement comprend l'Assemblée nationale et le Sénat.

Les députés à l'Assemblée nationale sont élus au suffrage direct.

Le Sénat est élu au suffrage indirect. Il assure la représentation des collectivités territoriales de la République. Les Français établis hors de France sont représentés au Sénat.

Article 25 – Une loi organique fixe la durée des pouvoirs de chaque assemblée, le nombre de ses membres, leur indemnité, les conditions d'éligibilité, le régime des inéligibilités et des incompatibilités.

Elle fixe également les conditions dans lesquelles sont élues les personnes appelées à assurer, en cas de vacance du siège, le remplacement des députés ou des sénateurs jusqu'au renouvellement général ou partiel de l'assemblée à laquelle ils appartenaient.

Article 26 – Aucun membre du Parlement ne peut être poursuivi, recherché, arrêté, détenu ou jugé à l'occasion des opinions ou votes émis par lui dans l'exercice de ses fonctions.

Aucun membre du Parlement ne peut faire l'objet, en matière criminelle ou correctionnelle, d'une arrestation ou de toute autre mesure privative ou restrictive de liberté qu'avec l'autorisation du Bureau de l'assemblée dont il fait partie. Cette autorisation n'est pas requise en cas de crime ou délit flagrant ou de condamnation définitive.

La détention, les mesures privatives ou restrictives de liberté ou la poursuite d'un membre du Parlement sont suspendues pour la durée de la session si l'assemblée dont il fait partie le requiert.

L'assemblée intéressée est réunie de plein droit pour des séances supplémentaires pour permettre, le cas échéant, l'application de l'alinéa ci-dessus.

Article 27 – Tout mandat impératif est nul.

Le droit de vote des membres du Parlement est personnel.

La loi organique peut autoriser exceptionnellement la délégation de vote. Dans ce cas, nul ne peut recevoir délégation de plus d'un mandat.

Article 28 – Le Parlement se réunit de plein droit en une session ordinaire qui commence le premier jour ouvrable d'octobre et prend fin le dernier jour ouvrable de juin.

Le nombre de jours de séance que chaque assemblée peut tenir au cours de la sesssion ordinaire ne peut excéder cent vingt. Les semaines de séance sont fixées par chaque assemblée.

Le Premier ministre, après consultation du président de l'assemblée concernée, ou la majorité des membres de chaque assemblée, peut décider la tenue de jours supplémentaires de séance.

Les jours et les horaires des séances sont déterminés par le règlement de chaque assemblée.

Article 29 – Le Parlement est réuni en session extraordinaire à la demande du Premier ministre ou de la majorité des membres composant l'Assemblée nationale sur un ordre du jour déterminé.

Lorsque la session extraordinaire est tenue à la demande des membres de l'Assemblée nationale, le décret de clôture intervient dès que le Parlement a épuisé l'ordre du jour pour lequel il a été convoqué et au plus tard douze jours à compter de sa réunion.

Le Premier ministre peut seul demander une nouvelle session avant l'expiration du mois qui suit le décret de clôture.

Article 30 – Hors les cas dans lesquels le Parlement se réunit de plein droit, les sessions extraordinaires sont ouvertes et closes par décret du Président de la République.

Article 31 – Les membres du Gouvernement ont accès aux deux assemblées. Ils sont entendus quand ils le demandent.

Ils peuvent se faire assister par des commissaires du Gouvernement.

Article 32 – Le président de l'Assemblée nationale est élu pour la durée de la législature. Le président du Sénat est élu après chaque renouvellement partiel.

Article 33 – Les séances des deux assemblées sont publiques. Le compte rendu intégral des débats est publié au Journal officiel.

Chaque assemblée peut siéger en comité secret à la demande du Premier ministre ou d'un dixième de ses membres.

TITRE V – DES RAPPORTS ENTRE LE PARLEMENT ET LE GOUVERNEMENT

Article 34 – La loi est votée par le Parlement.

La loi fixe les règles concernant:

- les droits civiques et les garanties fondamentales accordées aux citoyens pour l'exercice des libertés publiques; les sujétions imposées par la Défense nationale aux citoyens en leur personne et en leurs biens;
- la nationalité, l'état et la capacité des personnes, les régimes matrimoniaux, les successions et libéralités;
- la détermination des crimes et délits ainsi que les peines qui leur sont applicables; la procédure pénale; l'amnistie; la création de nouveaux ordres de juridiction et le statut des magistrats;
- l'assiette, le taux et les modalités de recouvrement des impositions de toutes natures; le régime d'émission de la monnaie.

La loi fixe également les règles concernant:

- le régime électoral des assemblées parlementaires et des assemblées locales;
- la création de catégories d'établissements publics;
- les garanties fondamentales accordées aux fonctionnaires civils et militaires de l'État;
- les nationalisations d'entreprises et les transferts de propriété d'entreprises du secteur public au secteur privé.

La loi détermine les principes fondamentaux:

- de l'organisation générale de la Défense nationale;
- de la libre administration des collectivités locales, de leurs compétences et de leurs ressources;
- de l'enseignement;
- du régime de la propriété, des droits réels et des obligations civiles et commerciales;
- du droit du travail, du droit syndical et de la sécurité sociale.

Les lois de finances déterminent les ressources et les charges de l'État dans les conditions et sous les réserves prévues par une loi organique.

Des lois de programme déterminent les objectifs de l'action économique et sociale de l'État.

Les dispositions du présent article pourront être précisées et complétées par une loi organique.

Article 35 – La déclaration de guerre est autorisée par le Parlement.

Article 36 – L'état de siège est décrété en conseil des ministres.

Sa prorogation au delà de douze jours ne peut être autorisée que par le Parlement.

Article 37 – Les matières autres que celles qui sont du domaine de la loi ont un caractère réglementaire.

Les textes de forme législative intervenus en ces matières peuvent être modifiés par décrets pris après avis du Conseil d'État. Ceux de ces textes qui interviendraient après l'entrée en vigueur de la présente Constitution ne pourront être modifiés par décret que si le Conseil constitutionnel a déclaré qu'ils ont un caractère réglementaire en vertu de l'alinéa précédent.

Article 38 – Le Gouvernement peut, pour l'exécution de son programme, demander au Parlement l'autorisation de prendre par ordonnances, pendant un délai limité, des mesures qui sont normalement du domaine de la loi.

Les ordonnances sont prises en conseil des ministres après avis du Conseil d'État. Elles entrent en vigueur dès leur publication, mais deviennent caduques si le projet de loi de ratification n'est pas déposé devant le Parlement avant la date fixée par la loi d'habilitation.

A l'expiration du délai mentionné au premier alinéa du présent article, les ordonnances ne peuvent plus être modifiées que par la loi dans les matières qui sont du domaine législatif.

Article 39 – L'initiative des lois appartient concurremment au Premier ministre et aux membres du Parlement.

Les projets de loi sont délibérés en conseil des ministres après avis du Conseil d'État et déposés sur le bureau de l'une des deux assemblées. Les projets de loi de finances sont soumis en premier lieu à l'Assemblée nationale.

Article 40 – Les propositions et amendements formulés par les membres du Parlement ne sont pas recevables lorsque leur adoption aurait pour conséquence soit une diminution des ressources publiques, soit la création ou l'aggravation d'une charge publique.

Article 41 – S'il apparaît au cours de la procédure législative qu'une proposition ou un amendement n'est pas du domaine de la loi ou est contraire à une délégation accordée en vertu de l'article 38, le Gouvernement peut opposer l'irrecevabilité.

En cas de désaccord entre le Gouvernement et le président de l'assemblée intéressée, le Conseil constitutionnel, à la demande de l'un ou de l'autre, statue dans un délai de huit jours.

Article 42 – La discussion des projets de loi porte, devant la première assemblée saisie, sur le texte présenté par le Gouvernement.

Une assemblée saisie d'un texte voté par l'autre assemblée délibère sur le texte qui lui est transmis.

Article 43 – Les projets et propositions de loi sont, à la demande du Gouvernement ou de l'assemblée qui en est saisie, envoyés pour examen à des commissions spécialement désignées à cet effet.

Les projets et propositions pour lesquels une telle demande n'a pas été faite sont envoyés à l'une des commissions permanentes dont le nombre est limité à six dans chaque assemblée.

Article 44 – Les membres du Parlement et le Gouvernement ont le droit d'amendement.

Après l'ouverture du débat, le Gouvernement peut s'opposer à l'examen de tout amendement qui n'a pas été antérieurement soumis à la commission.

Si le Gouvernement le demande, l'assemblée saisie se prononce par un seul vote sur tout ou partie du texte en discussion en ne retenant que les amendements proposés ou acceptés par le Gouvernement.

Article 45 – Tout projet ou proposition de loi est examiné successivement dans les deux assemblées du Parlement en vue de l'adoption d'un texte identique.

Lorsque, par suite d'un désaccord entre les deux assemblées, un projet ou une proposition de loi n'a pu être adopté après deux lectures par chaque assemblée ou, si le Gouvernement a déclaré l'urgence, après une seule lecture par chacune d'entre elles, le Premier ministre a la faculté de provoquer la réunion d'une commission mixte paritaire chargée de proposer un texte sur les dispositions restant en discussion.

Le texte élaboré par la commission mixte peut être soumis par le Gouvernement pour approbation aux deux assemblées. Aucun amendement n'est recevable sauf accord du Gouvernement.

Si la commission mixte ne parvient pas à l'adoption d'un texte commun ou si ce texte n'est pas adopté dans les conditions prévues à l'alinéa précédent, le Gouvernement peut, après une nouvelle lecture par l'Assemblée nationale et par le Sénat, demander à l'Assemblée nationale de statuer définitivement. En ce cas, l'Assemblée nationale peut reprendre soit le texte élaboré par la commission mixte, soit le dernier texte voté par elle, modifié le cas échéant par un ou plusieurs des amendements adoptés par le Sénat.

Article 46 – Les lois auxquelles la Constitution confère le caractère de lois organiques sont votées et modifiées dans les conditions suivantes:

Le projet ou la proposition n'est soumis à la délibération et au vote de la première assemblée saisie qu'à l'expiration d'un délai de quinze jours après son dépôt.

La procédure de l'article 45 est applicable. Toutefois, faute d'accord entre les deux assemblées, le texte ne peut être adopté par l'Assemblée nationale en dernière lecture qu'à la majorité absolue de ses membres.

Les lois organiques relatives au Sénat doivent être votées dans les mêmes termes par les deux assemblées.

Les lois organiques ne peuvent être promulguées qu'après déclaration par le Conseil constitutionnel de leur conformité à la Constitution.

Article 47 – Le Parlement vote les projets de loi de finances dans les conditions prévues par une loi organique.

Si l'Assemblée nationale ne s'est pas prononcée en première lecture dans le délai de quarante jours après le dépôt d'un projet, le Gouvernement saisit le Sénat qui doit statuer dans un délai de quinze jours. Il est ensuite procédé dans les conditions prévues à l'article 45.

Si le Parlement ne s'est pas prononcé dans un délai de soixante-dix jours, les dispositions du projet peuvent être mises en vigueur par ordonnance.

Si la loi de finances fixant les ressources et les charges d'un exercice n'a pas été déposée en temps utile pour être promulguée avant le début de cet exercice, le Gouvernement demande d'urgence au Parlement l'autorisation de percevoir les impôts et ouvre par décret les crédits se rapportant aux services votés.

Les délais prévus au présent article sont suspendus lorsque le Parlement n'est pas en session.

La Cour des comptes assiste le Parlement et le Gouvernement dans le contrôle de l'exécution des lois de finances.

Article 48 – Sans préjudice de l'application des trois derniers alinéas de l'article 28, l'ordre du jour des assemblées comporte, par priorité et dans l'ordre que le Gouvernement a fixé, la discussion des projets de loi déposés par le Gouvernement et des propositions de loi acceptées par lui.

Une séance par semaine au moins est réservée par priorité aux questions des membres du Parlement et aux réponses du Gouvernement.

Une séance par mois est réservée par priorité à l'ordre du jour fixé par chaque assemblée.

Article 49 – Le Premier ministre, après délibération du conseil des ministres, engage devant l'Assemblée nationale la responsabilité du Gouvernement sur son programme ou éventuellement sur une déclaration de politique générale.

L'Assemblée nationale met en cause la responsabilité du Gouvernement par le vote d'une motion de censure. Une telle motion n'est recevable que si elle est signée par un dixième au moins des membres de l'Assemblée nationale. Le vote ne peut avoir lieu que quarante-huit heures après son dépôt. Seuls sont recensés les votes favorables à la motion de censure qui ne peut être adoptée qu'à la majorité des membres composant l'Assemblée. Sauf dans le cas prévu à l'alinéa ci-dessous, un député ne peut être signataire de plus de trois motions de censure au cours d'une même session ordinaire et de plus d'une au cours d'une même session extraordinaire.

Le Premier ministre peut, après délibération du conseil des ministres, engager la responsabilité du Gouvernement devant l'Assemblée nationale sur le vote d'un texte. Dans ce cas, ce texte est considéré comme adopté, sauf si une motion de censure, déposée dans les vingt-quatre heures qui suivent, est votée dans les conditions prévues à l'alinéa précédent.

Le Premier ministre a la faculté de demander au Sénat l'approbation d'une déclaration de politique générale.

Article 50 – Lorsque l'Assemblée nationale adopte une motion de censure ou lorsqu'elle désapprouve le programme ou une déclaration de politique générale du Gouvernement, le Premier ministre doit remettre au Président de la République la démission du Gouvernement.

Article 51 – La clôture de la session ordinaire ou des sessions extraordinaires est de droit retardée pour permettre, le cas échéant, l'application de l'article 49. A cette même fin, des séances supplémentaires sont de droit.

TITRE VI – DES TRAITÉS ET ACCORDS INTERNATIONAUX

Article 52 – Le Président de la République négocie et ratifie les traités.

Il est informé de toute négociation tendant à la conclusion d'un accord international non soumis à ratification.

Article 53 – Les traités de paix, les traités de commerce, les traités ou accords relatifs à l'organisation internationale, ceux qui engagent les finances de l'État, ceux qui modifient les dispositions de nature législative, ceux qui sont relatifs à l'état des personnes, ceux qui comportent cession, échange ou adjonction de territoire, ne peuvent être ratifiés ou approuvés qu'en vertu d'une loi.

Ils ne prennent effet qu'après avoir été ratifiés ou approuvés.

Nulle cession, nul échange, nulle adjonction de territoire n'est valable sans le consentement des populations intéressées.

Article 53-1 – La République peut conclure avec les États européens qui sont liés par des engagements identiques aux siens en matière d'asile et de protection des droits de l'homme et des libertés fondamentales des accords déterminant leurs compétences respectives pour l'examen des demandes d'asile qui leur sont présentées.

Toutefois, même si la demande n'entre pas dans leur compétence en vertu de ces accords, les autorités de la République ont toujours le droit de donner asile à tout étranger persécuté en raison de son action en faveur de la liberté ou qui sollicite la protection de la France pour un autre motif.

Article 54 – Si le Conseil constitutionnel, saisi par le Président de la République, par le Premier ministre, par le président de l'une ou l'autre assemblée ou par soixante députés ou soixante sénateurs, a déclaré qu'un engagement international comporte une clause contraire à la Constitution, l'autorisation de ratifier ou d'approuver l'engagement international en cause ne peut intervenir qu'après la révision de la Constitution.

Article 55 – Les traités ou accords régulièrement ratifiés ou approuvés ont, dès leur publication, une autorité supérieure à celle des lois, sous réserve, pour chaque accord ou traité, de son application par l'autre partie.

TITRE VII – LE CONSEIL CONSTITUTIONNEL

Article 56 – Le Conseil constitutionnel comprend neuf membres, dont le mandat dure neuf ans et n'est pas renouvelable. Le Conseil constitutionnel se renouvelle par tiers tous les trois ans. Trois des membres sont nommés par le Président de la République, trois par le président de l'Assemblée nationale, trois par le président du Sénat.

En sus des neuf membres prévus ci-dessus, font de droit partie à vie du Conseil constitutionnel les anciens Présidents de la République.

Le président est nommé par le Président de la République. Il a voix prépondérante en cas de partage.

Article 57 – Les fonctions de membre du Conseil constitutionnel sont incompatibles avec celle de ministre ou de membre du Parlement. Les autres incompatibilités sont fixées par une loi organique.

Article 58 – Le Conseil constitutionnel veille à la régularité de l'élection du Président de la République.

Il examine les réclamations et proclame les résultats du scrutin.

Article 59 – Le Conseil constitutionnel statue, en cas de contestation, sur la régularité de l'élection des députés et des sénateurs.

Article 60 – Le Conseil constitutionnel veille à la régularité des opérations de référendum et en proclame les résultats.

Article 61 – Les lois organiques, avant leur promulgation, et les règlements des assemblées parlementaires, avant leur mise en application, doivent être soumis au Conseil constitutionnel qui se prononce sur leur conformité à la Constitution.

Aux mêmes fins, les lois peuvent être déférées au Conseil constitutionnel, avant leur promulgation, par le Président de la République, le Premier ministre, le président de l'Assemblée nationale, le président du Sénat ou soixante députés ou soixante sénateurs.

Dans les cas prévus aux deux alinéas précédents, le Conseil constitutionnel doit statuer dans le délai d'un mois. Toutefois, à la demande du Gouvernement, s'il y a urgence, ce délai est ramené à huit jours.

Dans ces mêmes cas, la saisine du Conseil constitutionnel suspend le délai de promulgation.

Article 62 – Une disposition déclarée inconstitutionnelle ne peut être promulguée ni mise en application.

Les décisions du Conseil constitutionnel ne sont susceptibles d'aucun recours. Elles s'imposent aux pouvoirs publics et à toutes les autorités administratives et juridictionnelles.

Article 63 – Une loi organique détermine les règles d'organisation et de fonctionnement du Conseil constitutionnel, la procédure qui est suivie devant lui, et notamment les délais ouverts pour le saisir de contestations.

TITRE VIII – DE L'AUTORITÉ JUDICIAIRE

Article 64 – Le Président de la République est garant de l'indépendance de l'autorité judiciaire. Il est assisté par le Conseil supérieur de la magistrature. Une loi organique porte statut des magistrats. Les magistrats du siège sont inamovibles.

Article 65 – Le Conseil supérieur de la magistrature est présidé par le Président de la République. Le ministre de la justice en est le vice-président de droit. Il peut suppléer le Président de la République.

Le Conseil supérieur de la magistrature comprend deux formations, l'une compétente à l'égard des magistrats du siège, l'autre à l'égard des magistrats du parquet.

La formation compétente à l'égard des magistrats du siège comprend, outre le Président de la République et le garde des sceaux, cinq magistrats du siège et un magistrat du parquet, un conseiller d'État, désigné par le Conseil d'État, et trois personnalités n'appartenant ni au Parlement ni à l'ordre judiciaire, désignées respectivement par le Président de la République, le président de l'Assemblée nationale et le président du Sénat.

La formation compétente à l'égard des magistrats du parquet comprend, outre le Président de la République et le garde des sceaux, cinq magistrats du parquet et un magistrat du siège, le conseiller d'État et les trois personnalités mentionnées à l'alinéa précédent.

La formation du Conseil supérieur de la magistrature compétente à l'égard des magistrats du siège fait des propositions pour les nominations des magistrats du siège à la Cour de cassation, pour celles de premier président de cour d'appel et pour celles de président de tribunal de grande instance. Les autres magistrats du siège sont nommés sur son avis conforme.

Elle statue comme conseil de discipline des magistrats du siège. Elle est alors présidée par le premier président de la Cour de cassation.

La formation du Conseil supérieur de la magistrature compétente à l'égard des magistrats du parquet donne son avis pour les nominations concernant les magistrats du parquet, à l'exception des emplois auxquels il est pourvu en conseil des ministres.

Elle donne son avis sur les sanctions disciplinaires concernant les magistrats du parquet. Elle est alors présidée par le procureur général près la Cour de cassation.

Une loi organique détermine les conditions d'application du présent article.

Article 66 – Nul ne peut être arbitrairement détenu.

L'autorité judiciaire, gardienne de la liberté individuelle, assure le respect de ce principe dans les conditions prévues par la loi.

TITRE IX – LA HAUTE COUR DE JUSTICE

Article 67 – Il est institué une Haute Cour de justice.

Elle est composée de membres élus, en leur sein et en nombre égal, par l'Assemblée nationale et par le Sénat après chaque renouvellement général ou partiel de ces assemblées. Elle élit son président parmi ses membres.

Une loi organique fixe la composition de la Haute Cour, les règles de son fonctionnement ainsi que la procédure applicable devant elle.

Article 68 – Le Président de la République n'est responsable des actes accomplis dans l'exercice de ses fonctions qu'en cas de haute trahison. Il ne peut être mis en accusation que par les deux assemblées statuant par un vote identique au scrutin public et à la majorité absolue des membres les composant; il est jugé par la Haute Cour de justice.

TITRE X – DE LA RESPONSABILITÉ PÉNALE DES MEMBRES DU GOUVERNEMENT

Article 68-1 – Les membres du Gouvernement sont pénalement responsables des actes accomplis dans l'exercice de leurs fonctions et qualifiés crimes et délits au moment où ils ont été commis.

Ils sont jugés par la Cour de justice de la République.

La Cour de justice de la République est liée par la définition des crimes et délits ainsi que par la détermination des peines telles qu'elles résultent de la loi.

Article 68-2 – La Cour de justice de la République comprend quinze juges: douze parlementaires élus, en leur sein et en nombre égal, par l'Assemblée nationale et par le Sénat après chaque renouvellement général ou partiel de ces assemblées et trois magistrats du siège à la Cour de cassation, dont l'un préside la Cour de justice de la République.

Toute personne qui se prétend lésée par un crime ou un délit commis par un membre du Gouvernement dans l'exercice de ses fonctions peut porter plainte auprès d'une commission des requêtes.

Cette commission ordonne soit le classement de la procédure, soit sa transmission au procureur général près la Cour de cassation aux fins de saisine de la Cour de justice de la République.

Le procureur général près la Cour de cassation peut aussi saisir d'office la Cour de justice de la République sur avis conforme de la commission des requêtes.

Une loi organique détermine les conditions d'application du présent article.

Article 68-3 – Les dispositions du présent titre sont applicables aux faits commis avant son entrée en vigueur.

TITRE XI – LE CONSEIL ÉCONOMIQUE ET SOCIAL

Article 69 – Le Conseil économique et social, saisi par le Gouvernement, donne son avis sur les projets de loi, d'ordonnance ou de décret ainsi que sur les propositions de loi qui lui sont soumis.

Un membre du Conseil économique et social peut être désigné par celui-ci pour exposer devant les assemblées parlementaires l'avis du Conseil sur les projets ou propositions de loi qui lui ont été soumis.

Article 70 – Le Conseil économique et social peut être également consulté par le Gouvernement sur tout problème de caractère économique ou social. Tout plan ou tout projet de loi de programme à caractère économique ou social lui est soumis pour avis.

Article 71 – La composition du Conseil économique et social et ses règles de fonctionnement sont fixées par une loi organique.

TITRE XII – DES COLLECTIVITÉS TERRITORIALES

Article 72 – Les collectivités territoriales de la République sont les communes, les départements, les territoires d'outre-mer. Toute autre collectivité territoriale est créée par la loi.

Ces collectivités s'administrent librement par des conseils élus et dans les conditions prévues par la loi.

Dans les départements et les territoires, le délégué du Gouvernement a la charge des intérêts nationaux, du contrôle administratif et du respect des lois.

Article 73 – Le régime législatif et l'organisation administrative des départements d'outre-mer peuvent faire l'objet de mesures d'adaptation nécessitées par leur situation particulière.

Article 74 – Les territoires d'outre-mer de la République ont une organisation particulière tenant compte de leurs intérêts propres dans l'ensemble des intérêts de la République.

Les statuts des territoires d'outre-mer sont fixés par des lois organiques qui définissent, notamment, les compétences de leurs institutions propres, et modifiés, dans la même forme, après consultation de l'assemblée territoriale intéressée.

Les autres modalités de leur organisation particulière sont définies et modifiées par la loi après consultation de l'assemblée territoriale intéressée.

Article 75 – Les citoyens de la République qui n'ont pas le statut civil de droit commun, seul visé à l'article 34, conservent leur statut personnel tant qu'ils n'y ont pas renoncé.

TITRE XIII – DE LA COMMUNAUTÉ

[Abrogé]

TITRE XIV – DES ACCORDS D'ASSOCIATION

Article 88 – La République peut conclure des accords avec des États qui désirent s'associer à elle pour développer leurs civilisations.

TITRE XV – DES COMMUNAUTÉS EUROPÉENNES ET DE L'UNION EUROPÉENNE

Article 88-1 – La République participe aux Communautés européennes et à l'Union européenne, constituées d'États qui ont choisi librement, en vertu des traités qui les ont instituées, d'exercer en commun certaines de leurs compétences.

Article 88-2 – Sous réserve de réciprocité, et selon les modalités prévues par le Traité sur l'Union européenne signé le 7 février 1992, la France consent aux transferts de compétences nécessaires à l'établissement de l'union économique et monétaire européenne ainsi qu'à la détermination des règles relatives au franchissement des frontières extérieures des États membres de la Communauté européenne.

Article 88-3 – Sous réserve de réciprocité et selon les modalités prévues par le Traité sur l'Union européenne signé le 7 février 1992, le droit de vote et d'éligibilité aux élections municipales peut être accordé aux seuls citoyens de l'Union résidant en France. Ces citoyens ne peuvent exercer les fonctions de maire ou d'adjoint ni participer à la désignation des électeurs sénatoriaux et à l'élection des sénateurs. Une loi organique votée dans les mêmes termes par les deux assemblées détermine les conditions d'application du présent article.

Article 88-4 – Le Gouvernement soumet à l'Assemblée nationale et au Sénat, dès leur transmission au Conseil des Communautés, les propositions d'actes communautaires comportant des dispositions de nature législative.

Pendant les sessions ou en dehors d'elles, des résolutions peuvent être votées dans le cadre du présent article, selon des modalités déterminées par le règlement de chaque assemblée.

TITRE XVI – DE LA RÉVISION

Article 89 – L'initiative de la révision de la Constitution appartient concurremment au Président de la République sur proposition du Premier ministre et aux membres du Parlement.

Le projet ou la proposition de révision doit être voté par les deux assemblées en termes identiques. La révision est définitive après avoir été approuvée par référendum.

Toutefois, le projet de révision n'est pas présenté au référendum lorsque le Président de la République décide de le soumettre au Parlement convoqué en Congrès; dans ce cas, le projet de révision n'est approuvé que s'il réunit la majorité des trois cinquièmes des suffrages exprimés. Le bureau du Congrès est celui de l'Assemblée nationale.

Aucune procédure de révision ne peut être engagée ou poursuivie lorsqu'il est porté atteinte à l'intégrité du territoire.

La forme républicaine du Gouvernement ne peut faire l'objet d'une révision.

3 THE CONSTITUTIONAL COUNCIL

Once the principle of the relative legislative domains was determined (see head 2), a further question arose, namely, what would happen in the event of a demarcation dispute? This was answered by mechanisms designed to prevent Parliament from trespassing on the Government's legislative province. If there is a non-Government Bill (a *proposition de loi*) or a proposed amendment to a *projet de loi*, the Government can argue that the proposition or amendment is outside the *domaine de la loi* (Article 41, head 2 [A.6]). If Parliament persists and adopts a Bill (or clause) which the Government claims is outside the *domaine de la loi*, the Government can allege that this is contrary to the Constitution, and thus was inserted into the constitutional scheme of things the concept of unconstitutionality. Further mechanisms were deemed necessary to deal with perceived fears that Parliament might seek to enlarge its influence and to alter the balance between President, Government and Parliament, as laid down by the Constitution, by enacting *lois organiques* and *lois* and by making standing orders relating to the business of the National Assembly or the Senate in ways contrary to the Constitution. In some constitutions arguments as to constitutionality are determined by a supreme or constitutional court. However, one feature of French republicanism, dating from the revolutionary reaction to the practices of the courts of the *ancien régime* lead to a distrust of the role of courts and non-elected judges both in the creation of legal rules and in the operation of restraints on the institutional balances of the Constitution. The distrust of giving such jurisdiction to non-elected judges ran strong even in 1958 and an arbitrator for such disputes was established, not by the creation of a court, but by a council (the *Conseil constitutionnel*). Once the idea of an independent but non-judicial arbitrator had been accepted for this principal arbitration role of the new Constitution, other instances of constitutional arbitration were logically and inexorably to be referred to the *Conseil*. Among these were the need for the President to consult the Council when the President contemplated using the special emergency powers under Article 16 (see head 4), the supervision and control of Presidential elections and the supervision of disputed Parliamentary elections and the supervision of referenda (see head 5) (all aspects of *'le parlementarisme rationalisé'* which diminished the traditional supremacy of Parliament). Therefore, the *Conseil* plays a pivotal role in the Constitution of 1958 with regard to the matters already discussed and, with regard to the constitutionality of *lois* (to be discussed below), has developed to such an extent that many new deem it to be a constitutional court.

The 1958 Constitution limits the control of constitutionality to the *Conseil* and specifies the grounds under which that jurisdiction can be exercised (Articles 54, 61 and 62 [A.6]). All *lois organiques* must be submitted to the *Conseil* as must the standing orders of either House and international treaties may be submitted to the *Conseil*. However, this head concentrates on the constitutionality of 'ordinary *lois*' (ie, a *loi* which is neither a *loi organique* nor a *loi référendaire*), which may be submitted to the *Conseil*. The form of control is limited to an *a priori* control and it is not possible to refer a statute to the *Conseil* before the statute has been enacted. A statute can only be challenged before its promulgation and from then on it cannot be challenged. A key feature of the development of the control of constitutionality has been the extension of the facility to refer a statute to the *Conseil* as a result of an amendment to the Constitution in 1974. Before this, the only persons with the right to refer statutes to the *Conseil* were the President of the Republic, the Prime Minister and the Presidents of the two Houses. This meant that statutes were referred almost always only by those who had presented the Bill to Parliament or who had taken part in approving the legislation, and therefore this considerably reduced the effectiveness of constitutional control. Since the political persuasion of the President, the Prime Minister and the majority in each of the Houses was the same, there was no real 'opposition' involvement.

However, in 1974, matters changed radically. President Giscard d'Estaing realised the growing strength of the left to centre-left and its unification, under

François Mitterrand, into a strong Socialist party, which would take over the mantle of the rapidly diminishing Communist party. It is suggested that Giscard d'Estaing foresaw the real probability of a socialist dominated Parliament and a socialist President, committed to fundamental programmes of reform. He wanted to develop the notion of 'opposition' and one of the reforms of the Giscard d'Estaing Government was to ensure the amendment to the Constitution permitting references to be made by 60 Senators or 60 Deputies. In one sense, all that happened was the simple addition of six words to Article 61.2. However, the *'reformette'* was to become a counterbalance used by the opposition against a Parliamentary majority, and this reform meant that groups of opposition Members could play one final card, that of reference. From 1974 onwards, the vast majority of references to the *Conseil* relating to the alleged unconstitutionality of statutes have been made by such opposition groups in attempts to restrict the legislative programme of the Government, and, in particular, in attempts to restrict alleged interference with fundamental rights and freedoms.

What, therefore, is meant by unconstitutionality and what is meant by 'the Constitution', since Article 61 states that the *Conseil constitutionnel* determines the conformity of statutes *'à la Constitution'*. From its earliest decisions, the *Conseil* has taken a broad view of this phrase and has held that *'la Constitution'* means more than simply the articles of the 1958 Constitution and includes the preamble to the 1958 Constitution [A.6], which expressly refers to the Declaration of the Rights of Man and to the preamble to the 1946 Constitution. Of course, the *Conseil* has referred to articles of the Constitution [A.21] and if a statutory provision is contrary to a provision of the Constitution itself, the *Conseil* will declare that provision to be unconstitutional [A.11]. According to French constitutional tradition, the preamble to a Constitution did not have constitutional status (*valeur juridique*) but this tradition was changed in 1971 in a far-reaching decision [A.9]. From then on, it has been accepted that a *loi* must defer not only to the different articles of the Constitution, but equally to the principles contained in the preambles to the 1946 [A.8] Constitution and the 1958 [A.6] Constitution [A.13] [A.17]. Foremost among such principles are those fundamental principles recognised by the laws of the Republic. The *Conseil* has been mindful of the development over the ages of 'general principles of law' by the *Conseil d'État* (discussed in chapter two) and has adopted such principles in its search for the meaning of *la Constitution*. Examples include the right to defend oneself before the law [A.12] and the principle of freedom of education and of thought [A.14]. In 1973, the *Conseil* referred expressly for the first time to a principle contained in the Declaration of the Rights of Man of 1789 [A.7], the principle of equality before the law, to which the preamble of the 1958 Constitution made reference [A.10]. Later decisions have been based on the Declaration [A.11] [A.14] [A.19] [A.20] [A.21]. If there are two or more principles, of equal constitutional status, the *Conseil*, in preferring one to the exclusion of the other(s), is exercising something at the very least akin to legislative power [A.17] [A.21] but the *Conseil* often points out that it cannot substitute its views for those of Parliament if there is no such choice [A.19] [A.20].

It must be emphasised that the French Constitution does not contain a section entitled 'Bill of Rights' or 'Freedoms of the citizen', although references to such rights may be found in Article 66 and the preambles. The protection of fundamental rights by the control of constitutionality has depended on the meaning given by the *Conseil* to the 'Constitution', and, in one sense, the *Conseil* has created a Bill of Rights. It has been seen that the foundation of constitutional control and the protection of fundamental liberties was laid by the decisions of 1971 [A.9] (freedom of association) and of 1973 [A.10] (principle of equality). Further traditional rights which can be found in many written Bills of Rights have been consecrated and constitutionalised. These include the fundamental principles of criminal law and criminal procedure [A.11], rights of defence [A.12], individual liberty [A.13], freedom of education [A.14], the right to strike [A.17], the protection of human dignity [A.20], freedom of communication [A.21], and proportionality of punishments [A.21]. The principle of equality has been applied many times by the *Conseil* and has resulted in many decisions invalidating legislative provisions. 'Equality' was one of the political and social slogans of the revolution and was enshrined in the Declaration of the Rights of Man and the Constitutions of 1946 and 1958 – but, not unnaturally, in vague terms. It has been left to the *Conseil* to concretise the concept by applying the case to a well-established formula [A.16] [A.19]. The principle of equality has taken on various forms, in particular equality before the law [A.10] [A.11] [A.18], equality before *'les charges publiques'* [A.16], and equality of suffrage and eligibility for elections [A.15] [A.19].

Materials

[A.7] Déclaration des droits de l'homme et du citoyen du 26 août 1789

Les représentants du peuple français, constitués en Assemblée nationale, considérant que l'ignorance, l'oubli ou le mépris des droits de l'homme sont les seules causes des malheurs publics et de la corruption des gouvernements, ont résolu d'exposer, dans une déclaration solennelle, les droits naturels, inaliénables et sacrés de l'homme, afin que cette déclaration, constamment présente à tous les membres du corps social, leur rappelle sans cesse leurs droits et leurs devoirs; afin que les actes du pouvoir législatif et ceux du pouvoir exécutif, pouvant être à chaque instant comparés avec le but de toute institution politique, en soient plus respectés; afin que les réclamations des citoyens, fondées désormais sur des principes simples et incontestables, tournent toujours au maintien de la Constitution et au bonheur de tous. En conséquence, l'Assemblée nationale reconnaît et déclare, en présence et sous les auspices de l'Être suprême, les droits suivants de l'homme et du citoyen.

Article 1er – Les hommes naissent et demeurent libres et égaux en droits. Les distinctions sociales ne peuvent être fondées que sur l'utilité commune.

Article 2 – Le but de toute association politique est la conservation des droits naturels et imprescriptibles de l'homme. Ces droits sont la liberté, la propriété, la sûreté et la résistance à l'oppression.

Article 3 – Le principe de toute souveraineté réside essentiellement dans la nation. Nul corps, nul individu ne peut exercer d'autorité qui n'en émane expressément.

Article 4 – La liberté consiste à pouvoir faire tout ce qui ne nuit pas à autrui. Ainsi, l'exercice des droits naturels de chaque homme n'a de bornes que celles qui assurent aux autres membres de la société la jouissance de ces mêmes droits. Ces bornes ne peuvent être déterminées que par la loi.

Article 5 – La loi n'a le droit de défendre que les actions nuisibles à la société. Tout ce qui n'est pas défendu par la loi ne peut être empêché, et nul ne peut être contraint à faire ce qu'elle n'ordonne pas.

Article 6 – La loi est l'expression de la volonté générale. Tous les citoyens ont droit de concourir personnellement, ou par leurs représentants, à sa formation. Elle doit être la même pour tous, soit qu'elle protège, soit qu'elle punisse. Tous les citoyens étant égaux à ses yeux sont également admissibles à toutes dignités, places et emplois publics, selon leur capacité et sans autre distinction que celle de leurs vertus et de leurs talents.

Article 7 – Nul homme ne peut être accusé, arrêté ni détenu que dans les cas déterminés par la loi, et selon les formes qu'elle a prescrites. Ceux qui sollicitent, expédient, exécutent ou font exécuter des ordres arbitraires doivent être punis; mais tout citoyen appelé ou saisi en vertu de la loi doit obéir à l'instant: il se rend coupable par la résistance.

Article 8 – La loi ne doit établir que des peines strictement et évidemment nécessaires, et nul ne peut être puni qu'en vertu d'une loi établie et promulguée antérieurement au délit, et légalement appliquée.

Article 9 – Tout homme étant présumé innocent jusqu'à ce qu'il ait été déclaré coupable, s'il est jugé indispensable de l'arrêter, toute rigueur qui ne serait pas nécessaire pour s'assurer de sa personne doit être sévèrement réprimée par la loi.

Article 10 – Nul ne doit être inquiété pour ses opinions, même religieuses, pourvu que leur manifestation ne trouble pas l'ordre public établi par la loi.

Article 11 – La libre communication des pensées et des opinions est un des droits les plus précieux de l'homme: tout citoyen peut donc parler, écrire, imprimer librement, sauf à répondre de l'abus de cette liberté dans les cas déterminés par la loi.

Article 12 – La garantie des droits de l'homme et du citoyen nécessite une force publique: cette force est donc instituée pour l'avantage de tous, et non pour l'utilité particulière de ceux auxquels elle est confiée.

Article 13 – Pour l'entretien de la force publique, et pour les dépenses d'administration, une contribution commune est indispensable: elle doit être également répartie entre tous les citoyens, en raison de leurs facultés.

Article 14 – Tous les citoyens ont le droit de constater, par eux-mêmes ou par leurs représentants, la nécessité de la contribution publique, de la consentir librement, d'en suivre l'emploi, et d'en déterminer la quotité, l'assiette, le recouvrement et la durée.

Article 15 – La société a le droit de demander compte à tout agent public de son administration.

Article 16 – Toute société dans laquelle la garantie des droits n'est pas assurée, ni la séparation des pouvoirs déterminée, n'a point de constitution.

Article 17 – La propriété étant un droit inviolable et sacré, nul ne peut en être privé, si ce n'est lorsque la nécessité publique, légalement constatée, l'exige évidemment, et sous la condition d'une juste et préalable indemnité.

[A.8] Constitution du 27 octobre 1946, Préambule

Au lendemain de la victoire remportée par les peuples libres sur les régimes qui ont tenté d'asservir et de dégrader la personne humaine, le peuple français proclame à nouveau que tout être humain sans distinction de race, de religion ni de croyance possède des droits inaliénables et sacrés. Il réaffirme solennellement les droits et les libertés de l'homme et du citoyen consacrés par la Déclaration des Droits de 1789 [[A.7]] et les principes fondamentaux reconnus par les lois de la République. Il proclame, en outre, comme particulièrement nécessaires à notre temps, les principes politiques, économiques et sociaux ci-après:

La loi garantit à la femme, dans tous les domaines, des droits égaux à ceux de l'homme.

Tout homme persécuté en raison de son action en faveur de la liberté a droit d'asile sur les territoires de la République.

Chacun a le devoir de travailler et le droit d'obtenir un emploi. Nul ne peut être lésé, dans son travail ou son emploi, en raison de ses origines, de ses opinions ou de ses croyances.

Tout homme peut défendre ses droits et ses intérêts par l'action syndicale et adhérer au syndicat de son choix.

Le droit de grève s'exerce dans le cadre des lois qui le réglementent.

Tout travailleur participe, par l'intermédiaire de ses délégués, à la détermination collective des conditions de travail ainsi qu'à la gestion des entreprises.

Tout bien, toute entreprise, dont l'exploitation a ou acquiert les caractères d'un service public national ou d'un monopole de fait, doit devenir la propriété de la collectivité.

La Nation assure à l'individu et à la famille les conditions nécessaires à leur développement.

Elle garantit à tous, notamment à l'enfant, à la mère et aux vieux travailleurs, la protection de la santé, la sécurité matérielle, le repos et les loisirs. Tout être humain qui, en raison de son âge, de son état physique ou mental, de la situation économique, se trouve dans l'incapacité de travailler a le droit d'obtenir de la collectivité des moyens convenables d'existence.

La Nation proclame la solidarité et l'égalité de tous les Français devant les charges qui résultent des calamités nationales.

La Nation garantit l'égal accès de l'enfant et de l'adulte à l'instruction, à la formation professionnelle et à la culture. L'organisation de l'enseignement public gratuit et laïque à tous les degrés est un devoir de l'État.

La République française, fidèle a ses traditions, se conforme aux règles du droit public international. Elle n'entreprendra aucune guerre dans des vues de conquête et n'emploiera jamais ses forces contre la liberté d'aucun peuple.

Sous réserve de réciprocité, la France consent aux limitations de souveraineté nécessaires à l'organisation et à la défense de la paix.

[A.9] *Décision du 16 juillet 1971*

This decision concerned the registration of societies and associations which were under an obligation to make a declaration as to the name, object and officers of the society. By a statute of 1901, once a society had made such a declaration it would be registered automatically. The French novelist and writer, Simone de Beauvoir, was refused the official receipt of a duly made declaration and this refusal was annulled by an administrative court. It was then proposed to amend the 1901 Act by providing that in the case of a society appearing to further an unlawful purpose or to be contrary to public policy or appearing to reconstitute a society which had previously been banned, the society could be brought before a judge who had the power to ban the society. (If such an Act were to be within the Constitution, the effect of the tribunal administratif's judgment would, of course, be nullified.) The Bill was adopted by the National Assembly; the Senate considered that the Bill was unconstitutional; and the Government then used the provision in the Constitution (Article 45 [A.6]) which grants the last word on legislation to the National Assembly. The statute was referred to the *Conseil* by the President of the Senate and the Senate later made written representations to the *Conseil* claiming that the principle of freedom of association should be considered as part of the preamble to the Constitution, which in turn should be considered as an integral part of the Constitution. They admitted that such an argument was not self-evident because the principle of freedom of association was not expressly referred to in the Constitution or preamble, or, indeed, in the Declaration of the Rights of Man. However, the preamble to the 1946 Constitution [A.8] referred to 'fundamental principles recognised by the laws of the Republic'. Furthermore, since the Constitution (Article 4) recognised the free establishment of political parties, this presupposed a principle of freedom of association, to which the statute was contrary.

LE CONSEIL CONSTITUTIONNEL: [Saisi] le 1er juillet 1971 par le Président du Sénat [du] texte de la loi, délibérée par l'Assemblée nationale et le Sénat et adoptée par l'Assemblée nationale, complétant les dispositions des articles 5 et 7 de la loi du 1er juillet 1901 relative au contrat d'association: Considérant que la loi déférée à l'examen du Conseil constitutionnel a été soumise au vote des deux assemblées, dans le respect d'une des procédures prévues par la Constitution, au cours de la session du Parlement ouverte le 2 avril 1971; Considérant qu'au nombre des principes fondamentaux reconnus par les lois de la République et solennellement réaffirmés par le préambule de la Constitution il y a lieu de ranger le principe de la liberté d'association; que ce principe est à la base des dispositions générales de la loi du 1er juillet 1901 relative au contrat d'association; qu'en vertu de ce principe les associations se constituent librement et peuvent être rendues publiques sous la seule réserve du dépôt d'une déclaration préalable; qu'ainsi, à l'exception des mesures susceptibles d'être prises à l'égard de catégories particulières d'associations, la constitution d'associations, alors même qu'elles paraîtraient entachées de nullité ou auraient un objet illicite, ne peut être soumise pour sa validité à l'intervention préalable de l'autorité administrative ou même de l'autorité judiciaire; Considérant que, si rien n'est changé en ce qui concerne la constitution même des associations non déclarées, les dispositions de l'article 3 de la loi dont le texte est, avant sa promulgation, soumis au Conseil constitutionnel pour examen de sa conformité à la Constitution ont pour objet d'instituer une procédure d'après laquelle l'acquisition de la capacité juridique des associations déclarées pourra être subordonnée à un contrôle préalable par l'autorité judiciaire de leur conformité à la loi; Considérant, dès lors, qu'il y a lieu de déclarer non conformes à la Constitution les dispositions de l'article 3 de la loi soumise à l'examen du Conseil constitutionnel complétant l'article 7 de la loi du 1er juillet 1901 ainsi, par voie de conséquence, que la disposition de la dernière phrase de l'alinéa 2 de l'article 1er de la loi soumise au Conseil constitutionnel leur faisant référence; Considérant qu'il ne résulte ni du texte dont il s'agit, tel qu'il a été rédigé et adopté, ni des débats auxquels la discussion du projet de loi a donné lieu devant le Parlement, que les dispositions précitées soient inséparables de l'ensemble du texte de la loi soumise au Conseil; Considérant, enfin, que les autres dispositions de ce texte ne sont contraires à aucune disposition de la Constitution; Décide: [Sont] déclarées non conformes à la Constitution les dispositions de l'article 3 de la loi soumise à l'examen du Conseil constitutionnel complétant les dispositions de l'article 7 de la loi du 1er juillet 1901 ainsi que les dispositions de l'article 1er de la loi soumise au Conseil leur faisant [référence].

[A.10] Décision du 27 décembre 1973

Article 180 of the general tax code permitted the tax authorities to assess automatically (*taxation d'office*) the assumed income of taxpayers (*contribuables*) who claimed very high deductable expenses. An amendment sought to permit taxpayers whose income did not exceed prescribed limits to have the assessment discharged if they proved certain matters. It was argued that this was against the principle of equality in that it discriminated between taxpayers according to their financial resources.

LE CONSEIL CONSTITUTIONNEL: [Saisi] le 20 décembre 1973 par le Président du Sénat [du] texte de la loi de finances pour 1974, adoptée par le [Parlement]: Considérant que les dispositions de l'article 62 de la loi de finances pour 1974 tendent à ajouter à l'article 180 du code général des impôts des dispositions qui ont pour objet de permettre au contribuable, taxé d'office à l'impôt sur le revenu dans les conditions prévues audit article, d'obtenir la décharge de la cotisation qui lui est assignée à ce titre s'il établit, sous le contrôle du juge de l'impôt, que les circonstances ne peuvent laisser présumer 'l'existence de ressources illégales ou occultes ou de comportements tendant à éluder le paiement normal de l'impôt'; Considérant, toutefois, que la dernière disposition de l'alinéa ajouté à l'article 180 du code général des impôts par l'article 62 de la loi de finances pour 1974 tend à instituer une discrimination entre les citoyens au regard de la possibilité d'apporter une preuve contraire à une décision de taxation d'office de l'administration les concernant; qu'ainsi ladite disposition porte atteinte au principe de l'égalité devant la loi contenu dans la Déclaration des droits de l'homme de 1789 et solennellement réaffirmé par le préambule de la Constitution; Considérant, dès lors, qu'il y a lieu de déclarer non conforme à la Constitution la dernière disposition de l'alinéa ajouté à l'article 180 du code général des impôts par l'article 62 de la loi de finances pour [1974].

[A.11] Décision du 23 juillet 1975

Recours de MM. Alliès, et autres, sénateurs

Monsieur le Président, Messieurs les Conseillers, Conformément à l'article 61 de la Constitution de la République, nous avons l'honneur de vous déférer la loi modifiant et complétant certaines dispositions de procédure pénale qui vient d'être définitivement adoptée par le Parlement en ce qui concerne son article 5 (article 398-1 du code de procédure pénale). Nous estimons que ce texte a été voté en: [a] Violation des principes généraux de la Déclaration des droits de l'homme et du citoyen reprise et confirmée par le préambule de la Constitution de 1958 et notamment de son article 6: 'Les hommes naissent et demeurent libres et égaux en droit. La loi doit être la même pour tous soit qu'elle protège, soit qu'elle punisse'; [b] Violation des principes fondamentaux reconnus par les lois de la République et confirmés par le préambule de la Constitution de 1946 repris par celle de 1958 et de l'article 16 de la loi des 16-24 août 1790 sur l'organisation judiciaire, qui dispose: 'Tous les citoyens sans distinction plaident dans la même forme et devant les mêmes juges dans les mêmes cas'; [c] Violation du principe fondamental reconnu par les lois de la République et les lois d'ordre public sur l'organisation judiciaire française en ce qui concerne les juridictions de jugement sont toujours collégiales, spécialement en matière de répression des [délits].

LE CONSEIL CONSTITUTIONNEL: [Considérant] que le Conseil constitutionnel a été, conformément à l'article 61 de la Constitution, régulièrement saisi par soixante-neuf sénateurs de la loi modifiant et complétant certaines dispositions de procédure pénale, spécialement du texte modifiant les articles 398 et 398-1 du code de procédure pénale; Considérant que les dispositions nouvelles de l'article 398-1 du code de procédure pénale laissent au président du tribunal de grande instance la faculté, en toutes matières relevant de la compétence du tribunal correctionnel à l'exception des délits de presse, de décider de manière discrétionnaire et sans recours si ce tribunal sera composé de trois magistrats, conformément à la règle posée par l'article 398 du code de procédure pénale ou d'un seul de ces magistrats exerçant les pouvoirs conférés au président; Considérant que des affaires de même nature pourraient ainsi être jugées ou par un tribunal collégial ou par un juge unique, selon la décision du président de la juridiction; Considérant qu'en conférant un tel pouvoir l'article 6 de la loi déférée au Conseil constitutionnel, en ce qu'il modifie l'article 398-1 du code de procédure pénale, met en cause, alors surtout qu'il s'agit d'une loi pénale, le principe d'égalité devant la justice qui est inclus dans le principe d'égalité devant la loi proclamé dans la Déclaration des droits de l'homme de 1789 et solennellement réaffirmé par le préambule de la Constitution; Considérant, en effet, que le respect de ce principe fait obstacle à ce que des citoyens se trouvant dans des conditions semblables et poursuivis pour les mêmes infractions soient jugés par des juridictions composées selon des règles différentes; Considérant, enfin, que l'article 34 de la Constitution qui réserve à la loi le soin de fixer les règles concernant la procédure pénale s'oppose à ce que le législateur, s'agissant d'une matière aussi fondamentale que celle des droits et libertés des citoyens, confie à une autre autorité l'exercice, dans les conditions ci-dessus rappelées, des attributions définies par les dispositions en cause de l'article 6 de la loi déférée au Conseil constitutionnel; Considérant que ces dispositions doivent donc être regardées comme non conformes à la [Constitution];

[A.12] *Décision du 2 décembre 1976*

LE CONSEIL CONSTITUTIONNEL: [Saisi] le 9 novembre 1976 par [des députés] à l'Assemblée nationale [du] texte de la loi relative au développement de la prévention des accidents du travail, telle qu'elle a été adoptée par le Parlement et notamment de l'article 19 de ladite [loi]; Considérant que l'article 19 de la loi soumise à l'examen du Conseil constitutionnel a pour objet de donner au tribunal la faculté, 'compte tenu des circonstances de fait et des conditions de travail de l'intéressé', lorsque l'infraction aux règles d'hygiène ou de sécurité du travail commise par un préposé a provoqué un décès, des blessures ou une maladie, de 'decider que le paiement des amendes prononcées et des frais de justice sera mis, en totalité ou en partie, à la charge de l'employeur'; Considérant que ces dispositions, desquelles il peut résulter une mise à la charge de l'employeur du paiement, en totalité ou en partie, des amendes et des frais de justice, ne portent atteinte, sous réserve du respect des droits de la défense tels qu'ils résultent des principes fondamentaux reconnus par les lois de la République, à aucune disposition de la Constitution ni à aucun autre principe de valeur constitutionnelle applicable en matière pénale; Décide: [Sont déclarées non] contraires à la Constitution les dispositions de la loi relative au développement de la prévention des accidents du [travail].

[A.13] *Décision du 12 janvier 1977*

Recours de MM. Pierre Joxe et autres, députés

Monsieur le Président, Messieurs les Conseillers, Conformément au deuxième alinéa de l'article 61 de la Constitution, nous avons l'honneur de déférer au Conseil constitutionnel la loi autorisant la visite des véhicules en vue de la recherche et de la prévention des infractions pénales, telle qu'elle a été adoptée par le Parlement. Nous estimons en effet, que cette loi n'est pas conforme à la Constitution pour les motifs suivants.

I   Elle est contraire aux principes fondamentaux reconnus par les lois de la République et visés par le préambule de la Constitution de 1958. Le principe de l'inviolabilité du domicile a été introduit dans notre droit par l'article 76 de la Constitution du 22 frimaire an VIII et a constamment été confirmé depuis dans nos codes de sorte qu'il figure incontestablement au nombre des principes fondamentaux reconnus par les lois de la République. Et si ce principe comporte des exceptions, elles sont rares (code général des impôts, code des douanes, code des PTT), de portée limitée et ont toujours un objet très précis (fraude fiscale et douanière, trafic de stupéfiants). On peut d'ailleurs s'interroger sur la constitutionnalité de ces textes qui, en règle générale, n'ont pas été adoptés sous le régime de la Constitution de 1958 et n'ont donc pas pu être déférés au Conseil constitutionnel pour non conformité à un principe de valeur constitutionnelle. Or fonctionnellement, le véhicule particulier peut être assimilé au domicile privé. Il présente notamment tous les caractères de jouissance privative qui ont justifié le principe de l'inviolabilité du domicile: conservation de documents personnels, utilisation dans certains cas comme lieu d'habitation ou de séjour, annexe du local d'une profession couverte par le secret (médecins, avocats, etc.). Ce sont des considérations analogues qui ont conduit la jurisprudence civile et pénale à affirmer que le principe fondamental de l'inviolabilité du domicile s'applique également et d'une manière générale aux véhicules et à confirmer ce point de vue à maintes reprises. L'exposé des motifs du projet de loi qui a donné lieu au texte qui vous est soumis reconnaît d'ailleurs expressément que c'est le caractère de domicile lié au véhicule et le principe d'inviolabilité qui s'y rattache qui interdisent actuellement la fouille par l'autorité de police hors des garanties que peut seule apporter l'autorité judiciaire. Aussi le Gouvernement s'est-il efforcé d'établir une distinction parmi les véhicules entre ceux qui seraient totalement assimilés à un domicile (caravanes et roulottes à l'arrêt) et les autres (y compris les caravanes et roulottes en déplacement) qui pourraient faire l'objet de fouilles policières sans qu'il soit porté atteinte au principe de l'inviolabilité du domicile. Des parlementaires ont demandé sans succès, par voie d'amendements, la suppression de la distinction entre caravanes à l'arrêt et caravanes en déplacement. Mais l'argumentation opposée par le Gouvernement à ces amendements montre bien qu'il a craint que les distinctions ainsi établies soient largement étendues par la jurisprudence, au vu du principe fondamental d'inviolabilité auquel elle est attachée, à tout véhicule normalement utilisé par un particulier.

II   Elle est contraire aux articles 7 et 11 de la Déclaration des droits de l'homme et du citoyen du 26 août 1789 [[A.7]], également confirmée par le préambule de la Constitution de 1958 [[A.6]]. Le texte qui vous est déféré est contraire aux dispositions de l'article 7 de la Déclaration précitée selon lequel nul ne peut être arbitrairement arrêté. Or, la loi autorisant la visite des véhicules n'a prescrit aucun délai maximum pour procéder à une fouille et, dès lors, un citoyen peut se trouver retenu pendant plusieurs heures, pour quel que motif que ce soit et même sans véritable motif et sans bénéficier d'aucune des garanties et protections qu'offrent habituellement les procédures analogues conduites à la diligence de l'autorité judiciaire et placées sous son contrôle. En refusant de préciser, contrairement aux indications de l'exposé des motifs du projet, que ce texte ne serait applicable qu'à la recherche des armes, des munitions et des objets volés, le Parlement a adopté des dispositions que nous estimons contraires à l'article 11 de la Déclaration de 1789 relatif à la libre communication des pensées: en vertu de cette loi, l'autorité de police pourra, par exemple, s'emparer de publications non illicites avec pour seul objectif d'en ralentir ou d'en empêcher la diffusion ou encore prendre connaissance de correspondances ou de textes privés confidentiels émanant soit de personnes physiques, soit de personnes morales telles que des associations légalement constituées ou des organisations politiques ou [syndicales].

Lettre de M. Gaston Defferre, Président du groupe du Parti socialiste et des Radicaux de gauche

[J'ai] l'honneur de vous [soumettre] trois motifs supplémentaires qui me paraissent devoir également conduire le Conseil Constitutionnel à déclarer cette loi non conforme à la Constitution. 1. La loi qui vous est déférée porte atteinte à la liberté individuelle des citoyens. En effet, son dispositif rend possible non seulement la fouille des véhicules proprement dits, mais également celle de leur contenu et notamment celle de leurs passagers. Cette application possible, très large et très dangereuse, du texte soumis à votre charge n'a fait l'objet d'aucun démenti au cours des débats qui ont conduit à son adoption par le Parlement, ce qui signifie que la police aura toute latitude dans ce [domaine]. 2. Cette loi porte atteinte à la vie privée puisqu'elle autorise, en fait, les autorités de police à méconnaître le secret des [correspondances]. 3. Cette loi est contraire au principe de l'égalité des citoyens devant la loi, telle qu'elle est garantie par la Déclaration des droits de 1789 et par l'article [1] de la Constitution [[A.6]]. En effet, elle crée une discrimination entre les citoyens qui se déplacent dans un véhicule – qui pourront être fouillés – et ceux qui se déplacent à pied, bien que les uns et les autres puissent être également porteurs, par exemple, d'armes et de munitions détenues d'une manière illégale. Pour le même motif, elle crée une discrimination entre les citoyens à raison de la nature de leur domicile, entre ceux qui habitent d'une manière permanente ou temporaire dans une caravane ou une roulotte en déplacement – qui pourront être soumis à la fouille de la seule autorité de police – et ceux qui disposent d'une habitation fixe (maison individuelle, appartement, caravane ou roulotte à l'arrêt) qui ne sont soumis qu'aux visites domiciliaires diligentées par l'autorité [judiciaire].

LE CONSEIL CONSTITUTIONNEL: [Considérant] que la liberté individuelle constitue l'un des principes fondamentaux garantis par les lois de la République, et proclamés par le préambule de la Constitution de 1946, confirmé par le préambule de la Constitution de 1958; Considérant que l'article 66 de la Constitution en réaffirmant ce principe, en confie la garde à l'autorité judiciaire; Considérant que le texte soumis à l'examen du Conseil constitutionnel a pour objet de donner aux officiers de police judiciaire ou, sur ordre de ceux-ci, aux agents de police judiciaire, le pouvoir de procéder à la visite de tout véhicule ou de son contenu aux seules conditions que ce véhicule se trouve sur une voie ouverte à la circulation publique et que cette visite ait lieu en la présence du propriétaire ou du conducteur; Considérant que, sous réserve que soient remplies les deux conditions ci-dessus rappelées, les pouvoirs attribués par cette disposition aux officiers de police judiciaire et aux agents agissant sur l'ordre de ceux-ci pourraient s'exercer, sans restriction, dans tous les cas, en dehors de la mise en vigueur d'un régime légal de pouvoirs exceptionnels, alors même qu'aucune infraction n'aura été commise et sans que la loi subordonne ces contrôles à l'existence d'une menace d'atteinte à l'ordre public; Considérant qu'en raison de l'étendue des pouvoirs, dont la nature n'est, par ailleurs, pas définie, conférés aux officiers de police judiciaire et à leurs agents, du caractère très général des cas dans lesquels ces pouvoirs pourraient s'exercer et de l'imprécision de la portée des contrôles auxquels ils seraient susceptibles de donner lieu, ce texte porte atteinte aux principes essentiels sur lesquels repose la protection de la liberté individuelle que, par suite, il n'est pas conforme à la [Constitution].

[A.14] Décision du 23 novembre 1977

LE CONSEIL CONSTITUTIONNEL: [Considérant] qu'aux termes de l'article 1er de la loi [du] 31 décembre 1959 [relative] à la liberté de l'enseignement, les maîtres auxquels est confiée la mission d'enseigner dans un établissement privé lié à l'État par contrat d'association sont tenus de respecter le caractère propre de cet établissement; Considérant, d'une part, que la sauvegarde du caractère propre d'un établissement lié à l'État par contrat, notion reprise de l'article 1er ((4e) alinéa) de la loi du 31 décembre 1959 sur les rapports entre l'État et les établissements d'enseignement privés, n'est que la mise en oeuvre du principe de la liberté de l'enseignement; Considérant que ce principe [constitue] l'un des principes fondamentaux reconnus par les lois de la République, réaffirmés par le préambule de la Constitution de 1946 et auxquels la Constitution de 1958 a conféré valeur constitutionnelle; [Considérant], d'autre part, qu'aux termes de l'article 10 de la Déclaration des droits de l'homme et du citoyen de 1789 'nul ne doit être inquiété pour ses opinions, même religieuses, pourvu que leur manifestation ne trouble pas l'ordre public établi par la loi'; que le préambule de la Constitution de 1946 rappelle que 'nul ne peut être lésé dans son travail ou son emploi en raison de ses origines, de ses opinions ou de ses croyances'; que la liberté de conscience doit donc être regardée comme l'un des principes fondamentaux reconnus par les lois de la République; Considérant qu'il résulte du rapprochement des dispositions de l'article 4 (alinéa 2), de la loi du 31 décembre 1959, dans la rédaction nouvelle qui leur est donnée par la loi soumise à l'examen du Conseil constitutionnel, et de celles de l'article 1er de la loi du 31 décembre 1959 que l'obligation imposée aux maîtres de respecter le caractère propre de l'établissement, si elle leur fait un devoir de réserve, ne saurait être interprétée comme permettant une atteinte à leur liberté de [conscience].

[A.15] Décision du 17 janvier 1979

This case concerned the Conseils de prud'hommes which are courts which hear disputes between employers and employees. The members of the Conseil are elected by employers and employees, respectively. An amendment to the Code du travail was enacted granting plural votes to employers in accordance with the number of persons they employed.

Recours de MM Maurice Andrieux et autres, députés

Conformément au deuxième alinéa de l'article 61 de la Constitution, nous avons l'honneur de déférer au Conseil constitutionnel la loi portant modification des dispositions du titre premier du Livre V du Code du travail relatives aux Conseils de prud'hommes, telle qu'elle vient d'être adoptée par le Parlement. Nous estimons que cette loi n'est pas conforme à la Constitution. En effet les nouvelles dispositions de l'article L.513-1 du Code du travail instituent le vote plural pour le collège employeur; or cette mesure est contraire au principe selon lequel tous les citoyens sont égaux devant la loi, affirmé par l'article 6 de la Déclaration des droits de l'homme de 1789 à laquelle le préambule de la Constitution de 1958 réaffirme son attachement et que confirme l'article [1] de la Constitution de 1958. Elle introduit une discrimination entre employeurs en favorisant la représentation des entreprises les plus importantes. Cette forme de [vote] est également contraire aux principes généraux du droit qui découlent de l'article 3 de la Constitution, lequel en affirmant que le suffrage est toujours égal, prohibe toute atteinte à ce principe quelle que soit la nature de l'élection.

LE CONSEIL CONSTITUTIONNEL: [En] ce qui concerne les dispositions de l'article 1er de la loi [en] tant qu'elles introduisent dans l'article L.513-1, alinéas 4 et 5, du Code du travail un système de vote plural au bénéfice des employeurs occupant plus de cinquante salariés; Considérant que, pour contester les dispositions dont il s'agit, les auteurs de la saisine font valoir que le vote plural ainsi prévu serait contraire au principe d'égalité devant la loi, tel qu'il est formulé aux articles [1] et 3 de la Constitution et à l'article 6 de la Déclaration des droits de l'homme et du citoyen, réaffirmé par le préambule de la Constitution; Considérant que, si le principe d'égalité ne fait pas obstacle à ce qu'une loi établisse des règles non identiques à l'égard de catégories de personnes se trouvant dans des situations différentes, il n'en est ainsi que lorsque cette non-identité est justifiée par la différence des situations et n'est pas incompatible avec la finalité de cette loi; Considérant que les quatrième et cinquième alinéas de l'article L.513-1 du Code du travail, tel qu'il résulte des dispositions de l'article 1er de la loi soumise à l'examen du Conseil constitutionnel, prévoient que, pour l'élection des conseillers prud'hommes, chaque électeur employeur dispose, dans les conditions définies par ce texte et dans la limite d'un maximum de cinquante voix, d'un nombre de voix déterminé d'après le nombre de salariés qu'il emploie dans l'entreprise ou l'établissement; Considérant que, s'agissant de la désignation de membre d'une juridiction, la circonstance que des électeurs emploient un nombre de salariés plus important que d'autres ne justifie pas que leur soit attribué un droit de vote plural; qu'en effet, cette différenciation n'est pas compatible avec la finalité d'une opération électorale qui a pour seul objet la désignation de membres d'une juridiction et est dépourvue de tout lien avec les considérations qui doivent présider à cette désignation; que, dès lors l'attribution de voix supplémentaires à des électeurs employeurs en fonction du nombre des salariés qu'ils occupent est contraire au principe d'égalité devant la loi ainsi qu'à la règle de l'égalité du suffrage; que, par suite, les dispositions dont il s'agit ne sont pas conformes à la [Constitution].

[A.16] Décision du 12 juillet 1979

Recours de MM Evin et autres, députés

[Nous] avons l'honneur de déférer au Conseil constitutionnel le texte de la loi relative à certains ouvrages reliant les voies nationales ou départementales, tel qu'il a été définitivement adopté le 29 juin 1979. Nous estimons que les articles 1er, 3, et 5 de cette loi ne sont pas conformes à la Constitution pour les motifs suivants. Le texte qui vous est déféré a pour [objet] d'autoriser l'institution de 'redevances pour usages' ou péages sur certains ouvrages reliant les voies nationales ou départementales. Ce faisant, il porte atteinte à deux principes fondamentaux de notre droit constitutionnel qui sont la liberté d'aller et venir et l'égalité des citoyens devant la loi et devant les charges publiques.

Le réseau routier national, départemental et communal constitue, en effet, un ensemble unique et intégré sur lequel la gratuité, attribut de la liberté de circulation, est de règle. N'y font exception que les autoroutes mais celles-ci, d'une part, se distinguent du reste du réseau national par leurs caractéristiques propres et, d'autre part, doublent systématiquement et nécessairement celui-ci mais ne le remplacent pas. Or, dès l'instant, où est édifié un pont reliant des voies nationales ou départementales existantes, il s'incorpore automatiquement à celles-ci dont il assure la continuité et doit, comme elles, être d'utilisation gratuite. Admettre le contraire, en effet constituterait une intolérable atteinte à la liberté d'aller et venir dans la mesure où certains usagers seraient contraints, pour leurs déplacements les plus normaux, d'acquitter une redevance indue et, de surcroît, très élevée. Ainsi, s'agissant des ponts reliant une île au continent ou franchissant un estuaire profond, les intéressés n'auront de choix qu'entre ne pas se déplacer ou payer un péage élevé pour emprunter un ouvrage faisant naturellement partie du réseau routier. A titre d'exemple, les habitants de la Commune de Saint-Brévin, qui travaillent à Saint-Nazaire, ou ceux de l'île d'Oléron qui vont quotidiennement sur le continent, devront circuler sur des ponts qui sont des points de passage d'autant plus obligés que leur mise en service a entraîné la disparition des anciens bacs. Ces derniers étaient certes payants (bien qu'à prix modiques) mais ne faisaient pas partie du réseau routier. Or, l'existence et le montant des péages seront, pour les intéressés, un obstacle difficilement surmontable dans les faits et inadmissible dans le principe. Là est la différence fondamentale avec les autoroutes, dont l'utilisation procède d'un libre choix (entre facilité avec péage ou gratuité avec lenteur), tandis que les ponts reliant des îles au continent ou desservant des estuaires profonds subordonnent impérativement la circulation au paiement d'une redevance. A cet égard, il convient de rappeler que pour aller de Saint-Brévin à Saint-Nazaire sans utiliser le pont à péage, il est nécessaire de parcourir une distance de 120 km (contre 3 km sur le pont) et de traverser, en outre, l'agglomération de la ville de Nantes. L'atteinte à la liberté d'aller et venir, liberté essentielle s'il en est, se trouve ainsi nettement caractérisée.

En vain objecterait-on que l'article 3, qui permet des tarifs différentiels ou la gratuité, rétablit une certaine liberté de circulation. D'une part, il ne s'agit là que d'une faculté et non d'une obligation. D'autre part, elle est réservée aux seuls ouvrages reliant des voies départementales. Enfin, et surtout, cette modalité substituerait une nouvelle inégalité à l'ancienne au lieu de la faire disparaître. La construction des ponts a, en effet, permis que tous les intéressés puissent utiliser la partie du réseau routier qu'ils constituent pour leurs déplacements nécessaires, alors que cela leur était auparavant interdit parce qu'impossible. L'habitant de Saint-Brévin travaillant à Saint-Nazaire pourra désormais, comme celui qui réside en banlieue parisienne et occupe un emploi dans la capitale, s'y rendre normalement et sans péage. Mais en instituant des redevances préférentielles sur les ponts, l'égalité serait de nouveau rompue au détriment, cette fois, de ceux qui ne sont pas quotidiennement concernés: le Parisien se rendant à Oléron devrait acquitter un péage dont serait dispensé l'insulaire allant à Paris et empruntant le même ouvrage, alors que l'un et l'autre sont dans une situation juridique strictement identique au regard de l'objet de la réglementation, à savoir la libre utilisation du réseau routier. Dès lors, la gratuité absolue est seule admissible pour tous les ouvrages incorporés au réseau routier national ou départemental et qui constituent des points de passage obligés et uniques. Le péage prévu par le texte porte atteinte à la liberté d'aller et venir et rompt l'égalité entre le citoyens. A ce double titre, il est donc non conforme à la [Constitution].

LE CONSEIL CONSTITUTIONNEL: [Considérant] que la loi soumise à l'examen du Conseil constitutionnel a pour objet d'autoriser, à titre exceptionnel et temporaire et par dérogation à la loi du 30 juillet 1880, l'institution de redevances pour l'usage d'ouvrages d'art à classer dans la voirie nationale ou départementale, lorsque l'utilité, les dimensions et le coût de ces ouvrages ainsi que le service rendu aux usagers justifient cette opération; Considérant que selon les auteurs de la saisine, ce texte 'porte atteinte à deux principes fondamentaux de notre droit constitutionnel qui sont la liberté d'aller et venir et l'égalité des citoyens devant la loi et devant les charges publiques'; Considérant, d'une part, que, si la liberté d'aller et venir est un principe de valeur constitutionnelle, celui-ci ne saurait faire obstacle à ce que l'utilisation de certains ouvrages donne lieu au versement d'une redevance; que, si la loi du 30 juillet 1880 dispose: 'Il ne sera plus construit à l'avenir de ponts à péage sur les routes nationales ou départementales', il ne saurait en résulter que le principe de la gratuité de la circulation sur ces voies publiques doive être regardé, au sens du préambule de la Constitution de 1946, repris par celui de la Constitution de 1958, comme un principe fondamental reconnu par les lois de la République; Considérant, d'autre part, que, si le principe d'égalité devant la loi implique qu'à situations semblables il soit fait application de solutions semblables, il n'en résulte pas que des situations différentes ne puissent faire l'objet de solutions différentes; qu'en précisant dans son article 4 que l'acte administratif instituant une redevance sur un ouvrage d'art reliant des voies départementales peut prévoir des tarifs différents ou la gratuité, selon les diverses catégories d'usagers, pour tenir compte soit d'une nécessité d'intérêt général en rapport avec les conditions d'exploitation de l'ouvrage d'art, soit de la situation particulière de certains usagers, et notamment de ceux qui ont leur domicile ou leur lieu de travail dans le ou les départements concernés, la loi dont il s'agit a déterminé des critères qui ne sont contraires ni au principe de l'égalité devant la loi ni à son corollaire, celui de l'égalité devant les charges publiques; Considérant qu'il résulte de tout ce qui précède que la loi soumise à l'examen du Conseil constitutionnel n'est contraire à aucune disposition de la Constitution ni à aucun principe de valeur [constitutionnelle].

[A.17] *Décision du 25 juillet 1979*

LE CONSEIL CONSTITUTIONNEL: [Considérant] qu'aux termes du préambule de la Constitution du 27 octobre 1946, confirmé par celui de la Constitution du 4 octobre 1958: 'le droit de grève s'exerce dans le cadre des lois qui le réglementent'; qu'en édictant cette disposition les constituants ont entendu marquer que le droit de grève est un principe de valeur constitutionnelle, mais qu'il a des limites et ont habilité le législateur à tracer celles-ci en opérant la conciliation nécessaire entre la défense des intérêts professionnels, dont la grève est un moyen, et la sauvegarde de l'intérêt général auquel la grève peut être de nature à porter atteinte; que, notamment en ce qui concerne les services publics, la reconnaissance du droit de grève ne saurait avoir pour effet de faire obstacle au pouvoir du législateur d'apporter à ce droit des limitations nécessaires en vue d'assurer la continuité du service public qui, tout comme le droit de grève, a le caractère d'un principe de valeur constitutionnelle; que ces limitations peuvent aller jusqu'à l'interdiction du droit de grève aux agents dont la présence est indispensable pour assurer le fonctionnement des éléments du service dont l'interruption porterait atteinte aux besoins essentiels du pays;

Considérant que les dispositions contenues au paragraphe I de l'article 26 de la loi du 7 août 1974, tel qu'il est modifié par la loi soumise à l'examen du Conseil constitutionnel, se bornent à réglementer les conditions dans lesquelles doit être déposé le préavis de grève; que ce texte n'est contraire à aucune disposition de la Constitution ni à aucun principe de valeur [constitutionnelle];

Mais, considérant qu'en prévoyant dans la première phrase du paragraphe III de la loi que: 'lorsque les personnels des sociétés nationales de programme de télévision sont en nombre insuffisant pour assurer le service normal, le président de chaque société peut, si la situation l'exige, requérir les catégories de personnels ou les agents qui doivent demeurer en fonctions pour assurer la continuité des éléments du service nécessaires à l'accomplissement des missions définies aux articles 1er et 10', le législateur permet aux présidents des sociétés lorsqu'une cessation concertée du travail empêche l'exécution du service normal et afin de garantir que soit cependant assurée la généralité des missions dont il assigne l'accomplissement à ces sociétés, de faire obstacle à l'exercice du droit de grève dans les cas où son interdiction n'apparaît pas justifiée au regard des principes de valeur constitutionnelle ci-dessus rappelés; que, dès lors, les dispositions contenues dans cette phrase doivent être regardées comme non conformes à ces principes en tant qu'elles font référence, d'une part, à l'exécution d'un service normal et, d'autre part, à l'accomplissement des missions définies aux articles 1er et 10 de la loi du 7 août 1974; Considérant en conséquence que les termes suivants du paragraphe III de l'article 26 de la loi du 7 août 1974, tel qu'il est modifié par l'article unique de la loi soumise à l'examen du Conseil constitutionnel: 'pour assurer le service normal' et 'nécessaires à l'accomplissement des missions définies aux articles 1er et 10' doivent être regardés comme ayant été adoptés en méconnaissance de ces [principes]; Décide: [Sont] déclarés non conformes à la Constitution les termes suivants du paragraphe III de l'article 26 de la loi du 7 août 1974 tel qu'il a été modifié par la loi soumise à l'examen du Conseil constitutionnel: 'pour assurer le service normal' et 'nécessaires à l'accomplissement des missions définies aux articles 1er et 10'.

[A.18] Décision du 19 décembre 1980

Recours de MM. Forni et autres, députés

[Nous] avons l'honneur de déférer au Conseil constitutionnel le texte de la loi relative à la répression du viol et de certains attentats aux moeurs tel qu'il a été définitivement adopté par le Parlement. Nous estimons en effet que les dispositions du 2e alinéa du nouvel article 331 du Code pénal telles qu'elles résultent du III de l'article premier de la loi qui vous est soumise ne sont pas conformes à la Constitution pour les motifs [suivants].

1. *La loi rompt le principe d'égalité entre les délinquants*

   Il résulte du préambule de la Constitution et notamment des articles 1, 6 et 7 de la Déclaration des Droits de l'homme[[A.7]], ainsi que de l'article [1] de la Constitution [[A.6]], que le respect du principe d'égalité s'impose au législateur. Le Conseil constitutionnel l'a d'ailleurs confirmé et précisé en rappelant que ce principe vaut pour les personnes placées dans une situation identique au regard de l'objet de la réglementation. L'objet est ici celui de l'acte impudique ou contre nature. Or la répression de celui-ci suppose que lui soit donnée une définition strictement pénale qui n'autorise pas la distinction selon le sexe de la victime, qui fait appel à un élément extérieur, s'inspirant de préjugés moraux pour le moins discutables. Au contraire de la distinction selon l'âge, rigoureusement conforme aux principes constitutionnels qui visent séparément adultes et enfants, l'opposition entre hétéro-sexualité et homosexualité n'est nulle part reconnue, dans aucun principe de quelque nature qu'il soit, la Constitution se refusant à reconnaître l'existence d'une prétendue 'normalité', qu'elle soit philosophique, religieuse ou sexuelle. La condamnation de l'homosexualité est à l'évidence d'ordre culturel, comme l'atteste le contre-exemple brillant de l'Antiquité grecque, et l'on ne peut nommer acte 'contre nature' celui que chacun sait être au plus, un acte 'contre culture'. Aussi, ou bien le fait d'entretenir, avec mutuel consentement, des relations sexuelles avec un mineur de quinze à dix-huit ans n'est pas un délit, quelque soit le sexe des intéressés, ou bien c'est un délit. Mais on ne saurait, dans le respect de la Constitution, admettre qu'il y ait délit si la relation est homosexuelle et qu'il n'y ait pas délit si elle est hétérosexuelle. La répression de l'acte impudique ou contre nature ne peut donc être différenciée selon que l'acte en cause est hétérosexuel ou homosexuel et l'article 331, alinéa 2, résultant de l'article I-III de la présente loi, qui néglige cette évidence, méconnaît ainsi le principe d'égalité des délinquants devant la loi.

   Mais si la loi rompt l'égalité entre les délinquants, elle introduit aussi une discrimination entre les victimes.

2. La loi rompt le principe d'égalité entre les victimes

Toute loi pénale est à la fois répressive et préventive: répressive en ce qu'elle tend à sanctionner les coupables et préventive en ce que l'existence et la lourdeur des peines sont supposées dissuader les délinquants en puissance. Ainsi a-t-elle pour fonction théorique, notamment, de protéger les victimes potentielles, pour faire en sorte qu'elles ne deviennent pas victimes avérées. Et plus sont lourdes les peines prévues, mieux, en principe, est assurée cette protection. Or, il apparaît, pour des raisons aisément compréhensibles, que la totalité des poursuites engagées pour acte impudique ou contre nature avec un individu mineur du même sexe met en cause un délinquant et une victime de sexe masculin. Ainsi les auteurs de tels actes étant toujours des hommes, le fait que n'existent de sanctions particulières de l'acte impudique ou contre nature que quand il est d'ordre homosexuel les inciterait – si demeure valable le dogme selon lequel la dissuasion est proportionnelle à la peine – à ne commettre d'acte impudique ou contre nature qu'avec des mineurs, lesquels, alors ne seraient pas sanctionnés. La loi, en effet, condamne le viol, qu'il soit hétérosexuel ou homosexuel, et l'acte impudique ou contre nature seulement s'il est homosexuel. Ainsi laisse-t-on sans protection contre cette dernière catégorie les enfants de sexe féminin, sauf dans le cas, inconnu à ce jour, où l'auteur de l'infraction est une femme. Le principe n'est donc pas respecté qui veut que la loi soit 'la même pour tous, soit qu'elle protège, soit qu'elle punisse' (article 6 de la Déclaration des droits de l'homme) et que 'la loi garantit à la femme, dans tous les domaines, des droits égaux à ceux de l'homme' (préambule de la Constitution de 1946). Doit donc être déclaré non conforme à la Constitution l'article I-III de la loi qui méconnaît cette exigence.

LE CONSEIL CONSTITUTIONNEL: [Considérant] qu'en vertu du premier alinéa de l'article 331 du Code pénal, tel qu'il résulte de la loi soumise à l'examen du Conseil constitutionnel, tout attentat à la pudeur commis ou tenté sans violence ni contrainte, ni surprise sur la personne d'un mineur de quinze ans est pénalement réprimé; que le second alinéa du même article prévoit aussi une sanction pénale à l'encontre de la personne qui aura commis un acte impudique ou contre nature avec un mineur de dix-huit ans lorsqu'il appartient au même sexe; que, selon les auteurs de la saisine, les dispositions de ce second alinéa auraient pour effet de porter atteinte au principe d'égalité devant la loi tant 'entre les délinquants' qu''entre les victimes'; Considérant qu'aux termes de l'article 34 de la Constitution: 'la loi fixe les règles concernant [la] détermination des crimes et délits ainsi que les peines qui leur sont applicables'; Considérant que le principe d'égalité devant la loi pénale, tel qu'il résulte de l'article 6 de la Déclaration des Droits de l'homme et du citoyen à laquelle se réfère le préambule de la Constitution de 1958, ne fait pas obstacle à ce qu'une différenciation soit opérée par la loi entre agissements de nature différente; Considérant que la loi relative à la répression du viol et de certains attentats aux moeurs peut, sans méconnaître le principe d'égalité, distinguer pour la protection des mineurs, les actes accomplis entre personnes du même sexe de ceux accomplis entre personnes de sexe différent; Considérant qu'une sanction identique étant encourue par l'auteur du délit, qu'il soit du sexe masculin ou du sexe féminin et qu'une protection identique étant assurée aux mineurs de chaque sexe, la loi, à ce double égard, ne porte pas non plus atteinte au principe [d'égalité]; Décide: [La] loi relative à la répression du viol et de certains attentats aux moeurs est déclarée conforme à la [Constitution].

[A.19] Décision du 6 décembre 1990

LE CONSEIL CONSTITUTIONNEL: [Sur] les moyens tirés de la violation du principe d'égalité devant la loi à l'égard des élus, des électeurs et des candidats:

Considérant que les auteurs des saisines font valoir que les dispositions combinées de l'article 1er sont contraires au principe d'égalité en ce qu'elles créent une distinction entre trois catégories de conseillers généraux selon la durée de leur mandat, qui sera respectivement de sept ans, six ans et quatre ans; que les députés auteurs de la deuxième saisine estiment, en outre que la loi aboutit, eu égard aux dispositions combinées de ses articles 1er, 10 et 12, à créer deux catégories d'électeurs dont les votes vaudront, selon les cas, pour sept ans ou pour quatre ans; qu'enfin, les sénateurs auteurs de la première saisine soulignent que le regroupement de deux élections organisées suivant des modes différents de scrutin risquera, dans nombre de cas, d'introduire une grave inégalité au détriment ou à l'avantage des candidats au second tour de l'élection aux conseils généraux issus de formations politiques ayant présenté des listes au tour unique de l'élection régionale;

En ce qui concerne la situation des élus et celle des électeurs:

Considérant qu'en vertu de l'article 6 de la Déclaration des droits de l'homme et du citoyen, la loi 'doit être la même pour tous, soit qu'elle protège, soit qu'elle punisse'; que, selon l'article [1] de la Constitution, la France est une République qui 'assure l'égalité devant la loi de tous les citoyens sans distinction d'origine, de race ou de religion'; Considérant que le principe d'égalité ne s'oppose ni à ce que le législateur règle de façon différente des situations différentes, ni à ce qu'il déroge à l'égalité pour des raisons d'intérêt général pourvu que, dans l'un et l'autre cas, la différence de traitement qui en résulte soit en rapport avec l'objet de la loi qui l'établit; Considérant que les dispositions inscrites dans la loi sont destinées à assurer, en 1992, une concordance entre le renouvellement partiel des conseils généraux et le renouvellement intégral des conseils régionaux, puis, en 1998, une concordance totale dans l'organisation du renouvellement des conseils généraux et des conseils régionaux; qu'elles ont pour conséquence d'entraîner, à titre provisoire, une différence quant à la durée du mandat des conseillers généraux selon la série à laquelle ils appartiennent ou la date de leur élection et, corrélativement, une différence de traitement quant à la périodicité suivant laquelle les électeurs exerceront leur droit de vote; Mais considérant que ces différences sont limitées dans le temps et doivent se résorber à terme; qu'elles apparaissent comme la conséquence d'une réforme qui répond à la volonté du législateur d'assurer une participation accrue du corps électoral aux élections tant des conseils généraux que des conseils régionaux; que les différences de traitement qui en résultent trouvent ainsi une justification dans les considérations d'intérêt général en rapport avec l'objet de la loi déférée; qu'il n'y a donc pas violation du principe constitutionnel d'égalité;

En ce qui concerne la situation des candidats:

Considérant que les élections aux conseils généraux et les élections aux conseils régionaux constituent des élections distinctes; que le choix opéré par le législateur en faveur d'un regroupement dans le temps de ces consultations doit s'accompagner de modalités matérielles d'organisation destinées à éviter toute confusion dans l'esprit des électeurs; que si la dualité de candidatures à ces élections est susceptible d'exercer une influence sur le libre choix des électeurs concernés par chaque consultation, elle n'est en rien contraire à la [Constitution];

Sur l'argumentation mettant en cause la justification de la loi elle-même:

Considérant que les sénateurs auteurs de la première saisine mettent en cause la justification de la loi en se plaçant à un triple point de vue; qu'il est soutenu, tout d'abord, que la lutte contre l'abstentionnisme électoral n'est pas un principe ou un objectif de valeur constitutionnelle; que, de plus, les moyens retenus dans le cas présent par la loi pour lutter contre l'abstentionnisme ne procèdent d'aucun impératif constitutionnel; qu'enfin: 'le procédé même du regroupement des élections régionales et cantonales n'impose pas inévitablement l'allongement d'un mandat en cours'; Considérant que le législateur, compétent pour fixer les règles concernant le régime électoral des assemblées locales, peut légitimement rechercher les moyens de susciter une plus forte participation des citoyens aux consultations électorales; Considérant que la Constitution ne confère pas au Conseil constitutionnel un pouvoir général d'appréciation et de décision identique à celui du Parlement; qu'il ne lui appartient donc pas de rechercher si l'objectif que s'est assigné le législateur n'aurait pu être atteint par d'autres voies, dès lors que les modalités retenues par la loi ne sont pas manifestement inappropriées à l'objectif [poursuivi];

Décide: [La] loi organisant la concomitance des renouvellements des conseils généraux et des conseils régionaux n'est pas contraire à la Constitution.

[A.20] Décision du 27 juillet 1994

LE CONSEIL CONSTITUTIONNEL: [Sur] les normes de constitutionnalité applicables au contrôle des lois déférées: Considérant que le préambule de la Constitution de 1946 [[A.8]] a réaffirmé et proclamé des droits, libertés et principes constitutionnels en soulignant d'emblée que: 'Au lendemain de la victoire remportée par les peuples libres sur les régimes qui ont tenté d'asservir et de dégrader la personne humaine, le peuple français proclame à nouveau que tout être humain, sans distinction de race, de religion ni de croyance, possède des droits inaliénables et sacrés'; qu'il en ressort que la sauvegarde de la dignité de la personne humaine contre toute forme d'asservissement et de dégradation est un principe à valeur constitutionnelle; Considérant que la liberté individuelle est proclamée par les art. 1er, 2 et 4 de la Déclaration des droits de l'homme et du citoyen; qu'elle doit toutefois être conciliée avec les autres principes de valeur constitutionnelle; Considérant qu'aux termes du dixième alinéa du préambule de la Constitution de 1946 [[A.8]]: 'La nation assure à l'individu et à la famille les conditions nécessaires à leur développement' et qu'aux termes de son onzième alinéa: 'Elle garantit à tous, notamment à l'enfant, à la [mère], la protection de la [santé'];

Sur les dispositions contestées par les députés auteurs de [la] saisine:

En ce qui concerne les articles 8 et 9 de la loi relative au don et à l'utilisation des éléments et produits du corps humain, à l'assistance médicale à la procréation et au diagnostic [prénatal]:

Considérant que les députés auteurs de la [saisine] soutiennent que cette dernière disposition porte atteinte au droit à la vie des embryons qui selon eux possèdent dès la conception tous les attributs de la personne humaine; qu'elle établit une discrimination rompant le principe d'égalité entre les embryons selon qu'ils auront été conçus avant ou après la date de la promulgation de la loi; que de même la loi ne pouvait sans méconnaître le principe d'égalité entre embryons humains d'un couple autoriser les parents et le corps médical à 'sélectionner ceux des embryons qui seront réimplantés de ceux qui ne le seront pas' et 'à sélectionner ceux des embryons qui seront donnés à des couples tiers de ceux qui ne le seront pas'; que la possibilité ménagée par la loi de mener des études sur les embryons porte atteinte au respect de l'intégrité de la personne et du corps humain; que la sélection des embryons méconnaît le principe à valeur constitutionnelle de la protection du patrimoine génétique de l'humanité; que la possibilité d'avoir des enfants dont le parent naturel est un 'tiers donneur' met en cause les droits de la famille tels qu'ils ont été conçus et garantis par le préambule de la Constitution de 1946; que l'interdiction faite aux enfants qui seront nés d'une fécondation in vitro faisant intervenir un 'tiers donneur' de connaître leur identité génétique et leurs parents naturels porte atteinte au droit à la santé de l'enfant et au libre épanouissement de sa personnalité; que le législateur ne pouvait reconnaître à la commission nationale de médecine et de biologie de la reproduction et du diagnostic prénatal un pouvoir d'avis conforme sans violer le principe constitutionnel de séparation des pouvoirs d'autant plus qu'il a renvoyé au pouvoir réglementaire la détermination de la composition de cette commission;

Considérant que le législateur a assorti la conception, l'implantation et la conservation des embryons fécondés in vitro de nombreuses garanties; que, cependant, il n'a pas considéré que devait être assurée la conservation en toutes circonstances et pour une durée indéterminée, de tous les embryons déjà formés; qu'il a estimé que le principe du respect de tout être humain dès le commencement de sa vie ne leur était pas applicable; qu'il a par suite nécessairement considéré que le principe d'égalité n'était pas non plus applicable à ces embryons; Considérant qu'il n'appartient pas au Conseil constitutionnel, qui ne détient pas un pouvoir d'appréciation et de décision identique à celui du Parlement de remettre en cause, au regard de l'état des connaissances et des techniques, les dispositions ainsi prises par le législateur; Considérant que, s'agissant de la sélection des embryons, il n'existe, contrairement à ce que soutiennent les saisissants, aucune disposition ni aucun principe à valeur constitutionnelle consacrant la protection du patrimoine génétique de l'humanité; qu'aucune disposition du préambule de la Constitution de 1946 ne fait obstacle à ce que les conditions du développement de la famille soient assurées par des dons de gamètes ou d'embryons dans les conditions prévues par la loi; que l'interdiction de donner les moyens aux enfants ainsi conçus de connaître l'identité des donneurs ne saurait être regardée comme portant atteinte à la protection de la santé telle qu'elle est garantie par ce préambule; qu'enfin, s'agissant des décisions individuelles relatives à des études à finalité médicale, l'exigence de l'avis conforme d'une commission administrative, dont les règles générales de composition sont définies par l'article L.184-3 nouveau c. santé publ. et qui doit notamment s'assurer qu'il n'est pas porté atteinte à l'embryon, pouvait être prévue par le législateur sans qu'il méconnaisse par là sa propre compétence;

En ce qui concerne les articles 12 et 14 de la même loi:

Considérant que l'article 12 de la loi insère au début du chapitre IV du titre 1er du livre II c. santé publ. un article L.162-16; que celui-ci organise un diagnostic prénatal ayant pour but de détecter in utero chez l'embryon ou le foetus une affection d'une particulière gravité; que l'article 14 de la loi insère un article L.162-17 qui pose les conditions auxquelles peut être effectué un diagnostic biologique à partir de cellules prélevées sur l'embryon in vitro; Considérant que les députés auteurs de la [saisine] prétendent que ces dispositions, qui faciliteraient le recours à l'interruption volontaire de grossesse, portent atteinte au droit à la vie; Considérant que l'article L.162-16 qui concerne le diagnostic prénatal in utero n'autorise aucun cas nouveau d'interruption de grossesse; que l'article L.162-17 ne concerne que les diagnostics effectués à partir de cellules prélevées sur l'embryon in vitro; que dès lors le grief invoqué manque en fait;

En ce qui concerne l'article 10 de la loi relative au respect du corps humain:

Considérant que l'article 10 de la loi insère au chapitre 1er du titre VII du livre 1er c. civ. une section 4 intitulée 'De la procréation médicalement assistée' comprenant deux articles nouveaux 311-19 et 311-20; que l'article 311-19 dispose qu'en cas de procréation médicalement assistée avec 'tiers donneur' aucun lien de filiation ne peut être établi entre l'auteur du don et l'enfant issu de la procréation et qu'aucune action en responsabilité ne peut être exercée à l'encontre du donneur; que l'article 311-20 régit les conditions dans lesquelles les époux et concubins demandeurs doivent préalablement donner leur consentement à un juge ou un notaire qui les informe des engagements qu'ils prennent de ce fait au regard de la filiation; Considérant que les députés auteurs de la saisine mettent en cause l'anonymat des donneurs de gamètes vis-à-vis de l'enfant à naître au regard du principe de responsabilité personnelle posé par l'article 1382 c. civ.; qu'ils font valoir en outre l'existence d'un principe fondamental reconnu par les lois de la République qui procéderait des dispositions de la loi du 16 novembre 1912 permettant à l'enfant de rechercher la paternité hors mariage à certaines conditions; Considérant que les dispositions de cette loi n'ont eu ni pour objet ni pour effet de régir les conditions d'attribution de paternité en cas d'assistance médicale à la procréation; qu'aucune disposition ni aucun principe à valeur constitutionnelle ne prohibe les interdictions prescrites par le législateur d'établir un lien de filiation entre l'enfant issu de la procréation et l'auteur du don et d'exercer une action en responsabilité à l'encontre de celui-ci; que par suite les griefs des requérants ne sauraient qu'être écartés;

Sur l'ensemble des dispositions des lois soumises à l'examen du Conseil constitutionnel:

Considérant que lesdites lois énoncent un ensemble de principes au nombre desquels figurent la primauté de la personne humaine, le respect de l'être humain dès le commencement de sa vie, l'inviolabilité, l'intégrité et l'absence de caractère patrimonial du corps humain ainsi que l'intégrité de l'espèce humaine; que les principes ainsi affirmés tendent à assurer le respect du principe constitutionnel de sauvegarde de la dignité de la personne humaine; Considérant que l'ensemble des dispositions de ces lois mettent en oeuvre, en les conciliant et sans en méconnaître la portée, les normes à valeur constitutionnelle applicables;

Décide: [La] loi relative au respect du corps humain et la loi relative au don et à l'utilisation des éléments et produits du corps humain, à l'assistance médicale à la procréation et au diagnostic prénatal sont déclarées conformes à la [Constitution].

[A.21] Décision du 29 juillet 1994

This decision concerned the constitutionality of a *loi* designed to protect the French language from being corrupted by 'foreign' elements, principally English and American. France has traditionally insisted that French must be used in official and legal documents. A series of *'Commissions de terminologie'* has created and updated a *'Dictionnaire des termes officiels de la langue française'*, containing some 3,500 terms or expresssions, and in 1992 the Constitution was altered to insist that *'la langue de la République est le français'*. However this did not prevent the use of *'le Shuttle'* and *'le cheeseburger'*. In 1994, Jacques Toubon (whose name was soon translated into Jack Allgood) promoted a Bill to protect the French language. In several of its articles the following phrase occurred: *'Le recours à tout terme étranger ou à toute expression étrangère est prohibé lorsqu'il existe une expression ou un terme français de même sens approuvés dans les conditions prévues par les dispositions réglementaires relatives à l'enrichissement de la langue française'*. In other words, if an officially approved word or expression existed in the dictionary, that word or expression had to be used and the 'foreign' word was prohibited, a prohibition sanctioned by the criminal law. As will be seen, the *Conseil constitutionnel* had to balance the new constitutional norm introduced in 1992 with constitutional norms dating from the Declaration of the Rights of Man.

LE CONSEIL CONSTITUTIONNEL: [Considérant] que la loi relative à l'emploi de la langue française prescrit sous réserve de certaines exceptions l'usage obligatoire de la langue française dans les lieux ouverts au public, dans les relations commerciales, de travail, dans l'enseignement et la communication audio visuelle; qu'elle n'a toutefois pas pour objet de prohiber l'usage de traductions lorsque l'utilisation de la langue française est assurée; qu'elle comporte des dispositions destinées à garantir la présence de la langue française dans les manifestations, colloques et congrès organisés en France et dans les publications, revues et communications diffusées sur le territoire national; que les dispositions qu'elle comporte sont assorties de diverses sanctions;

Considérant que les députés, auteurs de la saisine, font valoir que sont contraires à la Constitution les articles 2, 3, 4, 6, 7, 12, 13, 14 et 17 de cette loi; qu'ils soutiennent que la loi porte atteinte au principe de libre communication des pensées et des opinions, à la liberté d'entreprendre et à la liberté du commerce et de l'industrie ainsi qu'à la liberté de l'enseignement; qu'ils affirment en outre que la loi viole le principe d'égalité ainsi que le principe de proportionnalité des peines; qu'ils allèguent que le législateur a méconnu la compétence qu'il tient de l'article 34 [[A.6]] de la Constitution en renvoyant au pouvoir réglementaire la fixation de règles concernant les garanties nécessaires au respect des libertés susmentionnées; qu'ils invoquent enfin des méconnaissances de l'article 40 de la Constitution [[A.6]];

Sur le grief tiré de l'inconstitutionnalité du renvoi par la loi à l'usage obligatoire de certains termes ou expressions définis par voie réglementaire:

Considérant que les auteurs de la saisine font grief aux articles 2, 3, 12 et 14 de la loi d'imposer, non seulement l'emploi de la langue française, mais aussi l'usage de termes ou expressions officiels approuvés par des arrêtés ministériels pris sur proposition de commissions de terminologie auprès des administrations de l'État; qu'ainsi ils mettent en cause les dispositions prohibant: 'le recours à tout terme étranger ou à toute expression [étrangère] lorsqu'il existe une expression ou un terme français de même sens approuvés dans les conditions prévues par les dispositions réglementaires relatives à l'enrichissement de la langue française'; que, selon eux, ces dispositions, en tant qu'elles s'appliquent à des particuliers ou à des organismes et services de radiodiffusion sonore ou télévisuelle portent atteinte à la liberté de communication garantie par l'article 11 de la Déclaration des droits de l'Homme et du Citoyen [[A.7]]; que s'agissant d'interdictions touchant aux relations commerciales, elles portent également atteinte à la liberté d'entreprendre et à la liberté, selon eux de valeur constitutionnelle, du commerce et de l'industrie; qu'ils soutiennent au surplus qu'en renvoyant au pouvoir réglementaire la définition des termes qu'il sera permis ou défendu aux personnes de droit privé concernées d'utiliser, même lorsque celles-ci n'assurent pas un service public, le législateur a méconnu la compétence qu'il tient de l'article 34 de la Constitution; qu'il en va de même s'agissant de l'obligation faite aux organismes et services de radiodiffusion sonore ou télévisuelle d'utiliser cette terminologie officielle, sous le contrôle du Conseil supérieur de l'audiovisuel; qu'ils allèguent des violations du principe d'égalité entre entreprises 'francophones' et celles qui ne le sont pas et [entre] secteurs d'activité selon qu'ils sont ou non concernés par des arrêtés de terminologie, et en outre entre la presse et l'édition d'une part et la communication audiovisuelle d'autre part;

Considérant que l'article 11 [[A.7]] de la Déclaration des droits de l'Homme et du Citoyen proclame: 'La libre communication des pensées et des opinions est un des droits les plus précieux de l'homme; tout citoyen peut donc parler, écrire, imprimer librement, sauf à répondre de l'abus de cette liberté dans les cas déterminés par la loi'; Considérant que s'il incombe au législateur, compétent, aux termes de l'article 34 de la Constitution, pour fixer 'les règles concernant les droits civiques et les garanties fondamentales accordées aux citoyens pour l'exercice des libertés publiques', d'édicter des règles concernant l'exercice du droit de libre communication et de la liberté de parler, d'écrire et d'imprimer, il ne saurait le faire, s'agissant d'une liberté fondamentale d'autant plus précieuse que son existence est une des garanties essentielles du respect des autres droits et libertés, qu'en vue d'en rendre l'exercice plus effectif ou de le concilier avec d'autres règles ou principes de valeur constitutionnelle; Considérant qu'au nombre de ces règles, figure celle posée par l'article 2 [[A.6]] de la Constitution qui dispose: 'La langue de la République est le français'; qu'il incombe ainsi au législateur d'opérer la conciliation nécessaire entre ces dispositions d'ordre constitutionnel et la liberté de communication et d'expression proclamée par l'article 11 de la Déclaration des droits de l'Homme et du Citoyen; que cette liberté implique le droit pour chacun de choisir les termes jugés par lui les mieux appropriés à l'expression de sa pensée; que la langue française évolue, comme toute langue vivante, en intégrant dans le vocabulaire usuel des termes de diverses sources, qu'il s'agisse d'expressions issues de langues régionales, de vocables dits populaires, ou de mots étrangers;

Considérant qu'il était loisible au législateur d'imposer dans les cas et conditions qu'il a prévus l'usage de la langue française, ce qui n'exclut pas l'utilisation de traductions; Considérant que s'agissant du contenu de la langue, il lui était également loisible de prescrire, ainsi qu'il l'a fait, aux personnes morales de droit public comme aux personnes de droit privé dans l'exercice d'une mission de service public l'usage obligatoire d'une terminologie officielle; Considérant que toutefois, eu égard à la liberté fondamentale de pensée et d'expression proclamée par l'article 11 de la Déclaration des droits de l'Homme et du Citoyen, il ne pouvait imposer, sous peine de sanctions, pareille obligation aux organismes et services de radiodiffusion sonore et télévisuelle qu'ils soient publics ou privés; Considérant par ailleurs que le législateur ne pouvait de même sans méconnaître l'article 11 précité de la Déclaration de 1789 imposer à des personnes privées, hors l'exercice d'une mission de service public, l'obligation d'user, sous peine de sanctions, de certains mots ou expressions définis par voie réglementaire sous forme d'une terminologie officielle;

Considérant qu'il résulte de ce qui précède que sont contraires à la Constitution le deuxième alinéa de l'article 2 relatif à des pratiques commerciales et la seconde phrase du premier alinéa de l'article 3 concernant la voie publique, les lieux ouverts au public et les transports en commun en tant qu'ils s'appliquent à des personnes autres que les personnes morales de droit public et les personnes privées dans l'accomplissement d'un service public; Considérant en outre que pour les mêmes motifs et dans les mêmes limites, s'agissant de dispositions concernant les relations du travail, sont contraires à la Constitution la seconde phrase du deuxième alinéa de l'article 8, la deuxième phrase du deuxième alinéa et la deuxième phrase du quatrième alinéa de l'article 9 et au huitième alinéa de ce même article les mots: 'ou contenant une expression ou un terme étrangers lorsqu'il existe une expression ou un terme français de même sens approuvés dans les conditions prévues par les dispositions réglementaires relatives à l'enrichissement de la langue française' ainsi que dans la deuxième phrase du deuxième alinéa de l'article 10 les mêmes mots: 'ou contenant une expression ou un terme étranger, lorsqu'il existe une expression ou un terme français de même sens approuvés dans les conditions prévues par les dispositions relatives à l'enrichissement de la langue française'; Considérant que les dispositions précitées des articles 2, 3, 8, 9 et 10 n'opèrent aucune distinction entre d'une part les personnes morales de droit public et les personnes privées dans l'exercice d'une mission de service public et d'autre part les autres personnes privées; que dès lors, eu égard au caractère indissociable de leur formulation, elles doivent être déclarées dans leur ensemble contraires à la Constitution; Considérant qu'il résulte également de ce qui précède que le cinquième alinéa de l'article 12 de la loi doit être déclaré contraire à la [Constitution];

Sur les griefs relatifs aux articles 6 et 7 de la loi:

En ce qui concerne l'article 6:

Considérant que les députés auteurs de la saisine soutiennent qu'en imposant l'usage du français pour les programmes des colloques ou congrès organisés sur le territoire français par des personnes de nationalité française même privées et n'assurant aucune mission de service public, l'article 6 de la loi porte atteinte à la liberté de communication; que dans leur mémoire en réplique, ils font valoir en outre une violation de la liberté de l'enseignement et invoquent une méconnaissance de l'article 40 de la Constitution [[A.6]] dès lors que la loi dans sa rédaction issue d'un amendement parlementaire fait obligation aux personnes morales de droit public ou aux personnes morales de droit privé chargées d'une mission de service public qui sont à l'initiative des manifestations visées audit article de mettre en place un dispositif de traduction;

Considérant d'une part que le Conseil constitutionnel ne peut être saisi de la conformité de la procédure aux dispositions restreignant le droit d'amendement en application de l'article 40 de la Constitution que si la question de la recevabilité de l'amendement dont il s'agit a été soulevée devant l'assemblée parlementaire concernée; qu'il ressort des travaux préparatoires de la loi qu'elle ne l'a pas été; que dès lors ce moyen ne peut qu'être écarté;

Considérant d'autre part que ledit article se borne à conférer à 'tout participant à une manifestation, un colloque ou un congrès organisé en France par des personnes physiques ou morales de nationalité [française], le droit de s'exprimer en français'; qu'il impose certes également la rédaction d'une version en français du programme distribué aux participants ainsi que l'établissement d'au moins un résumé en français de tous les autres documents afférents à ces manifestations; que toutefois ces prescriptions, y compris celle qui rend obligatoire la mise en place d'un dispositif de traduction, n'imposent pas de restrictions telles qu'elles soient de nature à porter atteinte à l'article 11 de la Déclaration des droits de l'Homme non plus qu'à aucun autre principe ou règle de valeur constitutionnelle;

En ce qui concerne l'article 7 [L'octroi par une personne publique de toute aide à des travaux d'enseignement ou de recherche est subordonné à l'engagement pris par les bénéficiaires d'assurer une publication ou une diffusion en français de leurs travaux ou d'effectuer une traduction en français des publications en langue étrangère auxquelles ils donnent lieu, sauf dérogation accordée par le ministre chargé de la recherche]:

Considérant que les députés auteurs de la saisine mettent en cause en premier lieu le premier alinéa de cet article qui impose pour certaines publications, revues et communications un résumé en français des textes rédigés en langue étrangère; qu'ils invoquent en outre l'inconstitutionnalité du second alinéa de cet article qui subordonne l'octroi par une personne publique de toute aide à des travaux d'enseignement ou de recherche à l'engagement pris par les bénéficiaires d'assurer une publication ou une diffusion en français de leurs travaux ou d'effectuer une traduction en français des publications en langue étrangère auxquelles ils donnent lieu, sauf dérogation accordée par le ministre de la Recherche; qu'ils font valoir que l'ensemble de ces dispositions de l'article 7 portent atteinte à la liberté d'expression et de communication des intéressés et conduisent à une rupture d'égalité en imposant des critères d'attribution de subventions ne prenant pas en compte la qualité des travaux concernés; qu'ils ajoutent dans leur mémoire en réplique qu'elles portent atteinte à la liberté de l'enseignement et méconnaissent l'article 40 de la Constitution;

Considérant que faute d'avoir été soulevé devant l'assemblée parlementaire concernée, le moyen tiré d'une méconnaissance de l'article 40 de la Constitution ne saurait en tout état de cause qu'être écarté;

Considérant que les dispositions précitées de l'article 11 de la Déclaration des droits de l'Homme et du Citoyen impliquent que soit garantie la liberté d'expression et de communication dans l'enseignement et la recherche; que toutefois cette liberté doit être conciliée avec les autres droits et principes à valeur constitutionnelle; Considérant que le premier alinéa de l'article 7 n'apporte pas aux principes posés par l'article 11 de la Déclaration de 1789 des restrictions de nature à en méconnaître la portée;

Considérant en revanche que même compte tenu des dispositions susévoquées de l'article 2 de la Constitution, le législateur a imposé, par le second alinéa de l'article 7, aux enseignants et chercheurs, qu'ils soient français ou étrangers, des contraintes de nature à porter atteinte à l'exercice de la liberté d'expression et de communication dans l'enseignement et la recherche; que la faculté d'accorder des dérogations conférée au ministre de la Recherche qui n'est assortie d'aucune condition relative notamment à l'appréciation de l'intérêt scientifique et pédagogique des travaux, ne constitue pas une garantie suffisante pour préserver cette liberté; que dès lors le second alinéa de l'article 7 de la loi doit être regardé comme contraire à la Constitution;

Sur l'article 17 de la loi:

Considérant que cet article réprime l'entrave à l'accomplissement des missions des agents chargés de rechercher et de constater les infractions à la loi en se référant aux peines prévues au second alinéa de l'article 433-5 du Code pénal, c'est-à-dire 50 000 F d'amende et six mois d'emprisonnement; que les auteurs de la saisine font valoir que ces punitions sont d'une sévérité excessive et qu'ainsi l'article 17 de la loi méconnaît le principe de proportionnalité des peines; Considérant que si, selon l'article 8 de la Déclaration des droits de l'Homme et du Citoyen [[A.7]], 'la loi ne doit établir que des peines strictement et évidemment nécessaires', il n'appartient pas au Conseil constitutionnel de substituer sa propre appréciation à celle du législateur en ce qui concerne la nécessité des peines attachées aux infractions dès lors qu'il n'y a pas de disproportion manifeste entre ces dernières et les sanctions infligées; Considérant que les peines prévues par cet article, qui peuvent être prononcées pour un montant ou une durée inférieurs par la juridiction compétente, ne sont pas entachées de disproportion [manifeste];

Décide: Article premier – Sont déclarés contraires à la Constitution:

- à l'article 2, le deuxième alinéa;
- à l'article 3, la deuxième phrase du premier alinéa;
- à l'article 7, le deuxième alinéa;
- à l'article 8, la deuxième phrase du deuxième alinéa;

- à l'article 9, la deuxième phrase du deuxième alinéa et la deuxième phrase du quatrième alinéa, ainsi qu'au huitième alinéa, les mots: 'ou contenant une expression ou un terme étrangers lorsqu'il existe une expression ou un terme français de même sens approuvés dans les conditions prévues par les dispositions réglementaires relatives à l'enrichissement de la langue française';
- à l'article 10, au deuxième alinéa, les mots: 'ou contenant une expression ou un terme étrangers, lorsqu'il existe une expression ou un terme français de même sens approuvés dans les conditions prévues par les dispositions réglementaires relatives à l'enrichissement de la langue française';
- à l'article 12, le cinquième alinéa.

The next day, in *Le Monde*, the cartoon of the great Plantu had the President of the Conseil constitutionnel saying to M. Toubon: 'M. Toubon, on trouve que votre loi est plutôt has been'.

4 EMERGENCY POWERS

A state may find itself threatened by such events as outbreak of war or an insurrection. In such circumstances, the state will usually provide for the state to exercise exceptional powers which derogate from those normally available and which often may necessitate a derogation from constitutional provisions guaranteeing individual liberty. French history provides several examples of exceptional powers being granted [A.22] [A.23] [A.24] [A.25]. Article 16 of the Constitution [A.6] grants exceptional powers to the President of the Republic if certain events are deemed to have occurred. These powers have only been used once during the Fifth Republic (to deal with the Algerian crisis of 1961, when there was a military rebellion), but this use of power well illustrates both the extent of the powers available to the President and the fears of some of an exercise of absolute power. The President must be convinced both that the Republic is threatened and that there is an interruption of the normal functioning of the Republic's institutions. The President must consult with the Prime Minister, the Presidents of the *Assemblée nationale* and the *Sénat*, and then seek the advice of the *Conseil constitutionnel*, and then address the Nation.

In 1961, the *Conseil constitutionnel* agreed that the conditions existed for the President to use Article 16 [A.26], the President brought Article 16 into force [A.27], spoke to the nation [A.28] and sent a message to Parliament [A.29]. While Article 16 was in force, the President took 26 decisions, declaring a state of emergency, altering the code of penal procedure, disciplining subversive soldiers and civil servants and creating a special military tribunal with wide powers [A.30]. Some of these decisions would normally have been within the prerogative of Parliament (under Article 34 [A.6]) and others would normally have been within the prerogative of the Government (under Article 37 [A.6]).

The legality of the decision to create the special military tribunal was challenged before the *Consel d'État*, which held [A.31] that it had no power to deal with the matter, since the decision to bring Article 16 into force was an *'acte de gouvernement'* (something which will be discussed in detail in Chapter 2, head 2). The decision was of a character which would normally have been within the prerogative of the legislature, and, therefore, outside all control of the *Conseil d'État*, the 1958 Constitution having granted the power to determine the constitutionality of statutes to the *Conseil constitutionnel* (see head 3). While Article 16 is in force, Parliament has the right to meet, even if it would not normally have met, and cannot be dissolved.

However, nothing is said in the Constitution as to Parliament's powers during this period and certain members wished to bring a censure motion (under Article 49 [A.6]). President de Gaulle warned against this [A.32], the President of the *Assemblée nationale* sought guidance from the *Conseil constitutionnel* [A.33], which determined that it had no jurisdiction in such a matter [A.34], and the President of the *Assemblée nationale* ruled that the censure motion could not be tabled [A.35]. Therefore, the exceptional powers of the President are exceptional indeed (and, perhaps, only subject to Article 68 [A.6]). Article 16 ceased to apply as from 29 September 1961 [A.36].

Materials

[A.22] *Constitution du 22 frimaire an VIII*

Article 92 – Dans le cas de révolte à main armée ou de troubles qui menacent la sûreté de l'État, la loi peut suspendre, dans les lieux et pour le temps qu'elle détermine, l'empire de la Constitution. Cette suspension peut être provisoirement déclarée dans les mêmes cas: par un arrêté du Gouvernement, le Corps législatif étant en vacance, pourvu que ce corps soit convoqué au plus court terme par un article du même arrêté.

[A.23] *Charte du 4 juin 1814*

Article 14 – Le Roi est le chef suprême de l'État; il commande les forces de terre et de mer, déclare la guerre, fait les traités de paix, d'alliance et de commerce, nomme à tous les emplois d'administration publique et fait les règlements et ordonnances nécessaires pour l'exécution des lois et la sûreté de l'État.

[A.24] *Loi du 15 février 1872*

Article 1er – Si l'Assemblée nationale ou celles qui lui succéderont viennent à être illégalement dissoutes ou empêchées de se réunir, les conseils généraux s'assemblent immédiatement, de plein droit et sans qu'il soit besoin de convocation spéciale, au chef-lieu de chaque département. Ils peuvent s'assembler partout ailleurs dans le département, si le lieu habituel de leurs séances ne leur paraît pas offrir de garanties suffisantes pour la liberté de leurs délibérations. Les conseils ne sont valablement constitués que par la présence de la majorité de leurs membres.

Article 2 – Jusqu'au jour où l'assemblée dont il sera parlé à l'article 3 aura fait connaître qu'elle est régulièrement constituée, le conseil général pourvoira d'urgence au maintien de la tranquillité publique et de l'ordre légal.

Article 3 – Une assemblée composée de deux délégués élus par chaque conseil général, en comité secret, se réunit dans le lieu où se seront rendus les membres du Gouvernement légal et les députés qui auront pu se soustraire à la violence. L'assemblée des délégués n'est valablement constituée qu'autant que la moitié des départements, au moins, s'y trouve représentée.

Article 4 – Cette assemblée est chargée de prendre, pour toute la France, les mesures urgentes que nécessite le maintien de l'ordre et spécialement celles qui ont pour objet de rendre à l'Assemblée nationale la plénitude de son indépendance et l'exercice de ses droits. Elle pourvoit provisoirement à l'administration générale du pays.

Article 5 – Elle doit se dissoudre aussitôt que l'Assemblée nationale se sera constituée par la réunion de la majorité de ses membres sur un point quelconque du territoire. Si cette reconstitution ne peut se réaliser dans le mois qui suit les événements, l'assemblée des délégués doit décréter un appel à la nation pour des élections générales. Ses pouvoirs cessent le jour où la nouvelle Assemblée nationale est constituée.

Article 6 – Les décisions de l'assemblée des délégués doivent être exécutées, à peine de forfaiture, par tous les fonctionnaires, agents de l'autorité et commandants de la force publique.

[A.25] Acte constitutionnel du 11 juillet 1940

Article 1er – [Le Chef de l 'État] exerce le pouvoir législatif en Conseil des ministres [jusqu'à] la formation de nouvelles assemblées [et après] cette formation en cas de tension extérieure ou de crise intérieure grave, sur sa seule décision et dans les mêmes formes. Dans les mêmes circonstances, il peut édicter toutes dispositions d'ordre budgétaire et fiscal.

[A.26] Avis du Conseil constitutionnel du 23 avril 1961

LE CONSEIL CONSTITUTIONNEL: – Vu l'article 16 de la Constitution; [Vu] la lettre du 22 avril 1961 par laquelle le Président de la République consulte le Conseil constitutionnel sur l'éventuelle application de l'article 16 de la Constitution;

Considérant qu'en Algérie, des officiers généraux sans commandement et, à leur suite, certains éléments militaires sont entrés en rébellion ouverte contre les pouvoirs publics constitutionnels dont ils usurpent l'autorité; qu'au mépris de la souveraineté nationale et de la légalité républicaine, ils édictent des mesures de la seule compétence du Parlement et du Gouvernement; qu'ils ont mis hors d'état de remplir leurs fonctions et privé de leur liberté les plus hautes autorités civiles et militaires d'Algérie dépositaires des pouvoirs qui leur ont été délégués par le Gouvernement de la République en vue d'assurer la sauvegarde des intérêts nationaux ainsi qu'un membre du Gouvernement même; que leur but avoué est de s'emparer du pouvoir dans l'ensemble du pays; Considérant qu'en raison de ces actes de subversion, d'une part, les institutions de la République se trouvent menacées d'une manière grave et immédiate, d'autre part, les pouvoirs publics constitutionnels ne peuvent fonctionner d'une façon régulière,

Est d'avis que sont réunies les conditions exigées par la Constitution pour l'application de son article 16. Délibéré par le Conseil constitutionnel dans sa séance du 23 avril 1961. Le président, Léon Noël.

[A.27] Décision du 23 avril 1961 portant application de l'article 16

Le Président de la République,
Vu la Constitution et notamment l'article 16,
Après consultation du Premier ministre, du président du Sénat et du président de l'Assemblée nationale,
Après consultation du Conseil constitutionnel et vu l'avis motivé de celui-ci en date du 23 avril 1961 [A.26],
Décide:

Article 1er – Il est fait application de l'article 16 de la Constitution.

Article 2 – La présente décision sera publiée au *Journal officiel* de la République française. Elle entre immédiatement en vigueur.

Fait à Paris, le 23 avril 1961. C. de Gaulle

[A.28] Discours radio-télévisé du Général de Gaulle, le 23 avril 1961

Un pouvoir insurrectionnel s'est établi en Algérie par un pronunciamiento militaire. Les coupables de l'usurpation ont exploité la passion des cadres de certaines unités spécialisées, l'adhésion enflammée d'une partie de la population de souche européenne qu'égarent les craintes et les mythes, l'impuissance des responsables submergés par la conjuration militaire. Ce pouvoir a une apparence: un quarteron de généraux en retraite. Il a une réalité: un groupe d'officiers, partisans, ambitieux et fanatiques. Ce groupe et ce quarteron possèdent un savoir-faire expéditif et limité. Mais ils ne voient et ne comprennent la nation et le monde que déformés à travers leur frénésie. Leur entreprise conduit tout droit à un désastre national. Car l'immense effort de redressement de la France, entamé depuis le fond de l'abîme, le 18 juin 1940; mené ensuite jusqu'à ce qu'en dépit de tout la victoire fût remportée, l'indépendance assurée, la République restaurée; repris depuis trois ans, afin de refaire l'État, de maintenir l'unité nationale, de reconstituer notre puissance, de rétablir notre rang au dehors, de poursuivre notre oeuvre outre-mer à travers une nécessaire décolonisation, tout cela risque d'être rendu vain, à la veille même de la réussite, par l'aventure odieuse et stupide des insurgés en Algérie. Voici l'État bafoué, la nation défiée, notre puissance ébranlée, notre prestige international abaissé, notre place et notre rôle en Afrique compromis. Et par qui? Hélas! hélas! hélas! par des hommes dont c'était le devoir, l'honneur, la raison d'être de servir et d'obéir. Au nom de la France, j'ordonne que tous les moyens, je dis tous les moyens, soient employés pour barrer partout la route à ces hommes-là, en attendant de les réduire. J'interdis à tout Français et, d'abord, à tout soldat d'exécuter aucun de leurs ordres. L'argument suivant lequel il pourrait être localement nécessaire d'accepter leur commandement, sous prétexte d'obligations opérationnelles ou administratives, ne saurait tromper personne. Les seuls chefs, civils et militaires, qui aient le droit d'assumer les responsabilités, sont ceux qui ont été régulièrement nommés pour cela et que, précisément, les insurgés empêchent de le faire. L'avenir des usurpateurs ne doit être que celui que leur destine la rigueur des lois. Devant le malheur qui plane sur la Patrie et la menace qui pèse sur la République, ayant pris l'avis officiel du Conseil constitutionnel, du Premier ministre, du Président du Sénat, du Président de l'Assemblée nationale, j'ai décidé de mettre en oeuvre l'article 16 de notre Constitution. A partir d'aujourd'hui, je prendrai, au besoin directement, les mesures qui me paraîtront exigées par les circonstances. Par là même, je m'affirme, pour aujourd'hui et pour demain, en la légitimité française et républicaine que la nation m'a conférée, que je maintiendrai, quoi qu'il arrive jusqu'au terme de mon mandat ou jusqu'à ce que me manquent, soit les forces, soit la vie, et dont je prendrai les moyens d'assurer qu'elle demeure après moi. Françaises, Français! Voyez où risque d'aller la France par rapport à ce qu'elle était en train de redevenir. Françaises, Français! Aidez-moi!

[A.29] Message du Général de Gaulle au Parlement du 25 avril 1961

Mesdames, Messieurs les députés. La rébellion de certains chefs et éléments militaires, provoquée en Algérie par un complot contre l'État, favorisée localement par la tension morale résultant d'épreuves prolongées et encouragée par diverses menées organisées en métropole fait peser sur les institutions de la République, l'indépendance de la nation et l'intégrité de son territoire une menace grave et immédiate. Conformément à la Constitution, j'ai, après avoir procédé aux consultations officielles qu'elle prévoit, notamment à celle de votre Président, décidé de faire application de l'article 16 et commencé à prendre les mesures nécessaires pour faire prévaloir l'autorité des pouvoirs constitutionnels. D'autre part, le Parlement se trouve réuni de plein droit. Dans les circonstances actuelles, je considère que la mise en oeuvre de l'article 16 ne saurait modifier les activités du Parlement: exercice du pouvoir législatif et contrôle. De ce fait, les rapports du gouvernement et du Parlement doivent fonctionner dans les conditions normales pour autant qu'il ne s'agisse pas de mesures prises ou à prendre en vertu de l'article 16. Le Parlement, dont s'ouvre aujourd'hui la seconde session, est donc appelé à poursuivre sa tâche. Je suis certain – et la nation souhaite à coup sûr – qu'il voudra l'accomplir comme l'exigent la sauvegarde de la Patrie et le salut de la République. Dans la dure et déplorable épreuve que la France traverse, laissez-moi vous dire, Mesdames, Messieurs les députés, que je compte sur tout votre concours pour m'aider moi-même à m'acquitter des devoirs que m'impose ma fonction.

[A.30] Décision du Président de la République du 3 mai 1961

Le Président de la République,
Vu la Constitution, et notamment son article 16,
Vu la décision en date du 23 avril 1961,
Vu le code pénal, le code de procédure pénale et les codes de justice militaire,
Le Conseil constitutionnel consulté,
Article 1er – Il est institué un tribunal militaire. [Les] auteurs et complices des crimes et délits contre la sûreté de l'État et contre la discipline des armées, ainsi que des infractions connexes, commis en relation avec les événements d'Algérie peuvent, s'ils ne sont pas déférés au Haut Tribunal militaire, être déférés par décret au tribunal militaire crée par la présente décision lorsque ces crimes et délits auront été commis avant la fin de la période d'exercice des pouvoirs [exceptionneles].

Fait à Paris, le 3 mai 1961. C. de Gaulle.

[A.31] C.E., 2 mars 1962

As has been seen [A.30], on 3 May 1961 the President made a decision to institute a *'tribunal militaire'* to which could be brought *'les auteurs et complices des crimes et délits contre la sûreté de l'État et contre la discipline des armées, commis en relation avec les événements d'Algérie'*. Rubin de Servens and nine other army officers, then in prison, asked the *Conseil d'État* to annul the President's decision. They claimed, first, that on 3 May 1961, the factors justifying recourse to article 16 did not exist in that the Republic was not threatened and the state was functioning perfectly well (ie, they asked the *Conseil d'État* to substitute its decision for the political decision of the President and approved by the *Conseil constitutionnel*) and, second, that the creation of a special court offended France's constitutional traditions in that serious crimes were to be tried by an independent court.

LE CONSEIL D'ÉTAT: [Considérant] que, par décision en date du 23 avril 1961 prise après consultation officielle du Premier Ministre et des présidents des Assemblées et après avis du Conseil constitutionnel, le Président de la République a mis en application l'article 16 de la [Constitution]; que cette décision présente le caractère d'un acte de gouvernement dont il n'appartient au Conseil d'État ni d'apprécier la légalité ni de contrôler la durée d'application; que ladite décision a eu pour effet d'habiliter le Président de la République à prendre toutes les mesures exigées par les circonstances qui l'ont motivée et, notamment, à exercer dans les matières énumérées à l'article 34 de la Constitution le pouvoir législatif et dans les matières prévues à l'article 37 le pouvoir réglementaire; Considérant qu'aux termes de l'article 34 de la Constitution 'la loi fixe les règles concernant [la] procédure pénale, [la] création de nouveaux ordres de juridiction'; que la décision attaquée en date du 3 mai 1961 [[A.30]], intervenue après consultation du Conseil constitutionnel, tend à instituer un Tribunal militaire à compétence spéciale et à créer ainsi un ordre de juridiction au sens de l'article 34 précité, et, d'autre part, à fixer les règles de procédure pénale à suivre devant ce tribunal; qu'il s'ensuit que ladite décision, qui porte sur des matières législatives et qui a été prise par le Président de la République pendant la période d'application des pouvoirs exceptionnels, présente le caractère d'un acte législatif dont il n'appartient pas au juge administratif de connaître; [les requêtes présentées] par le sieur Rubin de Servens et autres sont rejetées comme portées devant une juridiction incompétente pour en [connaître].

[A.32] *Lettre du Président de la République, le 31 août 1961*

Mon cher Premier ministre,

La réunion exceptionnelle du Sénat, le 5 septembre, et de l'Assemblée nationale, le 12 septembre, décidée par les présidents de ces assemblées sur le sujet des questions agricoles et sous couvert du texte littéral de l'article 16, met en cause, à la fois, l'application de la Constitution et le fonctionnement régulier des pouvoirs publics. La mise en vigueur de l'article 16, décidée par le Président de la République dans des circonstances où le pays et les institutions sont en péril, si elle attribue au chef de l'État la charge de prendre toutes décisions qu'il juge nécessaires, comporte pour le Parlement le droit de se réunir. Il s'agit en effet qu'à l'occasion d'événements dangereux et dramatiques la représentation nationale ait le moyen de se faire entendre. Il s'agit, en même temps, que le Président de la République et le Gouvernement puissent en appeler d'urgence à son concours. Ces dispositions pourraient permettre, le cas échéant, d'éviter au Parlement l'absence scandaleuse qui fut la sienne en juin 1940.

J'observe qu'à la date du 24 avril dernier, où j'eus à décider, pour de très graves raisons, l'application de l'article 16, le Parlement se trouvait en session et qu'ainsi ne se posait pas la question de sa réunion exceptionnelle. Il ne m'apparaît pas que la raison pour laquelle les assemblées vont se réunir en septembre, après avoir, le 22 juillet, de leur propre chef et compte tenu de la situation alors beaucoup moins tendue, suspendu le cours de leurs travaux, soit l'existence d'un péril national pressant sans qu'on puisse d'ailleurs contester la grande importance des problèmes que les assemblées comptent évoquer. Il est de fait que la Constitution assignait au travail législatif du Parlement des sessions ordinaires d'une durée et à des dates déterminées, ainsi que, exceptionnellement, des sessions extraordinaires convoquées par décret du Président de la République. A moins d'un motif tenant à des circonstances immédiatement dangereuses pour la Patrie et pour la République, motifs qui suscitaient à coup sûr des initiatives du chef de l'État et du gouvernement, il serait donc injustifié de légiférer en dehors des sessions. Si compte tenu de la lettre stricte de la Constitution, je ne fais pas actuellement obstacle au principe de la convocation ni au fait que les membres des assemblées en prennent occasion pour s'exprimer sur le sujet de l'agriculture et que le gouvernement les entende, je tiendrai pour contraire à la Constitution que la réunion annoncée du Parlement ait un aboutissement législatif.

J'approuve donc le gouvernement qui, comme vous m'en avez rendu compte, entend ne pas participer, le cas échéant, à un tel aboutissement avant l'ouverture de la prochaine session: celle-ci devant, d'ailleurs, suivre de trois semaines seulement la date prévue pour la réunion exceptionnelle de l'Assemblée nationale. Au contraire, la préparation du travail législatif prévue pour cette session parlementaire, en particulier pour ce qui concerne l'ensemble capital et cohérent des problèmes agricoles, économiques et financiers de la France, peut et doit s'effectuer dans des conditions adéquates à leur grande importance et comporter par conséquent un contact organisé entre le gouvernement, qui déposera des projets, et les commissions parlementaires compétentes. Je sais que telle est votre intention et j'exprime le souhait que cette coopération s'établisse de la meilleure manière possible.

Veuillez croire, mon cher Premier ministre, à mes sentiments cordialement dévoués.

Charles de Gaulle

[A.33] Débats de l'Assemblée nationale, le 12 septembre 1961

Le président [:] J'ai reçu [une] motion de censure revêtue des signatures réglementaires. Le débat sur cette motion de censure, sous l'empire de l'article 16, créera un précédent constitutionnel et réglementaire sur lequel – au moins pour son aspect réglementaire – je désire consulter le bureau de l'Assemblée nationale. Dans ces conditions, je crois qu'il est de meilleure méthode d'en finir [avec] ces problèmes de procédure, de règlement et de [Constitution]. Je vais donc suspendre la séance en demandant aux membres du bureau de l'Assemblée de bien vouloir se réunir immédiatement. La séance est suspendue. ... La séance est reprise. La réunion du bureau de l'Assemblée a permis de constater qu'en matière de recevabilité d'une motion de censure, lorsqu'on se trouve dans une situation constitutionnelle entièrement nouvelle comme celle dans laquelle nous nous trouvons du fait de l'application de l'article 16 et, de surcroît, en session de plein droit, la compétence appartient au président de l'Assemblée. Etant donné que deux thèses irréductibles, l'une pour la recevabilité, l'autre pour l'irrecevabilité, s'opposent l'une à l'autre à l'aide d'arguments, visiblement empreints de bonne foi de part et d'autre [mais] tels que leur prise en considération s'impose à l'attention du président de l'Assemblée, celui-ci a le devoir de s'entourer d'avis constitutionnels. Il lui est apparu qu'il était de son devoir, en une matière aussi complexe et pour une décision qui non seulement engage le présent, mais qui peut engager beaucoup pour l'avenir, de saisir le Conseil constitutionnel pour avis.

M. Georges Bidault [:] La parole est aux esclaves!

Le Président: C'est donc ainsi que je procéderai.

M. André Chandernagor [:] Je demande la parole pour un rappel au règlement.

Le Président [:] La parole est à M. Chandernagor, pour un rappel au règlement.

    M. André Chandernagor [:] Mesdames, messieurs, nous arrivons au terme de ce [débat] où tous les arguments de procédure possibles et imaginables auront été utilisés pour empêcher le Parlement de s'exprimer. Je veux faire très rapidement justice d'un certain nombre de ces arguments. M. le Premier ministre a utilisé la barrière des articles 34 et 40 de la Constitution. C'est vrai qu'il avait pour lui la lettre des textes. Mais j'observe que ces articles ne lui interdisaient nullement de faire preuve de souplesse ou de compréhension. Ils ne vous faisaient pas obligation, monsieur le Premier ministre, de refuser le dialogue et le deuxième alinéa de l'article 37 qui n'exclut pas l'intervention de textes législatifs dans le domaine réglementaire est significatif à cet égard.

En vérité, si ce dialogue a été rompu avant même d'avoir été entamé, c'est de votre propre volonté ou plus exactement de celle de M. le Président de la République. Il y a beau temps en effet que votre Gouvernement n'a plus de pensée propre et qu'il se borne à recueillir et à traduire avec plus ou moins de bonheur la pensée du Chef de l'État. Alors, pour discuter valablement, mieux vaudrait, n'est-ce pas, remonter directement aux sources, c'est-à-dire, en l'espèce, à la lettre que M. le Président de la République vous a adressée le 31 août

[[A.32]]. Je n'ai pas l'intention de le faire ici encore que cette lettre justifierait un examen complet et qui, par certains de ses éléments, serait savoureux. Je noterai simplement en passant qu'elle s'appuie sur la distinction entre sessions ordinaires et sessions de plein droit. Or je me suis référé au *Journal officiel* et je me suis aperçu qu'à la date du 25 avril nous avions bien ouvert une session de plein droit, mais que jamais, pendant trois mois nous n'avions ouvert la moindre session ordinaire. Mais par un phénomène assez inexplicable, le 22 juillet, on a clos une session ordinaire qui n'avait jamais été ouverte.

Mais je laisse pour l'avenir le soin de trancher les différents problèmes que pose sur le plan juridique la lettre de M. le Président de la République. Ce que je tiens à dire, c'est que nous n'acceptons ni le fond, ni la forme de cette lettre et que, le moment venu – car le pouvoir a l'habitude de se faire à lui-même sa propre jurisprudence, ce qui n'a pas été nécessaire aujourd'hui pouvant le devenir demain – nous ouvrirons le débat constitutionnel qui s'impose sur ce point. Le troisième argument réside, je ne dirai pas dans l'irrecevabilité opposée à la motion de censure, mais dans le fait qu'on s'interroge sur le point de savoir si elle est recevable ou irrecevable.

En réalité, mesdames, messieurs, le bureau s'est déclaré incompétent et je le conçois, car j'ai lu soigneusement le règlement [de l'Assemblée nationale. Mais] le règlement est muet sur ce point pour ce qui est de la motion de censure. J'ai le regret de dire à M. le Président de l'Assemblée nationale que je ne pense pas, non plus, que le Conseil constitutionnel soit compétent en la matière. [En] réalité, je crois qu'une application convenable des textes que nous avons à notre disposition aurait voulu que, conformément à l'article 151 de notre règlement, la conférence des présidents fixât tout simplement la date à laquelle viendrait en discussion cette motion de censure. Mais trêve, mesdames, messieurs, d'arguments juridiques! Le problème qui se pose, à cette heure, à la conscience des députés est avant tout politique. Il s'agit de savoir si, devant la montée des périls, le Parlement va se laisser imposer silence et assister en spectateur impuissant, à la dégradation dé l'État. Quelque part dans sa lettre, M. le Président de la République évoque 'l'absence scandaleuse' qui fut celle du Parlement de juin 1940. Dois-je vous rappeler, mes chers collègues, que la carence de ce Parlement de juin 1940 consista précisément à s'en remettre à un homme seul du soin de sauver l'État? Si nous ne voulons pas encourir devant l'Histoire le même reproche d'avoir été scandaleusement absents, il est temps, il est grand temps que nous manifestions notre volonté, en disant clairement que nous ne pouvons cautionner l'évolution du régime dans un sens de plus en plus personnaliste et qu'un gouvernement qui se prête à cette évolution, qui la sert, ne peut plus prétendre à la confiance des élus de la nation. J'entends les protestations de certains. Ces jours derniers ont révélé de pressants périls: gardons-nous d'ajouter, disent-ils, par des initiatives intempestives, aux difficultés du pouvoir. A ceux-là je répondrai que, mes amis et moi, nous n'avons jamais marchandé notre appui, dans les circonstances tragiques, à qui avait la responsabilité du pouvoir. Cela nous confère quelque droit, nous semble-t-il, à formuler bien haut deux observations qui nous paraissent essentielles: la première, c'est que l'État qu'il s'agit en effet de défendre est d'autant plus vulnérable et, par conséquent, d'autant plus faible, qu'il ne repose que sur un seul homme; la seconde c'est que nous ne saurions admettre que cet homme, si grand fût-il, en même temps qu'il défend la République contre les factieux, fasse payer aux républicains le prix de son concours en dénaturant la République.

Il est vrai que si les fauteurs de troubles réussissaient dans leur folle entreprise c'en serait fait de la démocratie; voilà pourquoi, contre eux, vous comptez sur le concours des démocrates. Encore faut-il que les démocrates aient quelque chose à défendre! Je vous le dis avec gravité, monsieur le Premier ministre: si l'évolution du régime devait se poursuivre dans le sens que je viens de dénoncer et si les démocrates de ce pays avaient un jour le sentiment qu'en vous soutenant aux heures difficiles ce n'est plus la démocratie qu'ils défendent mais le pouvoir pour lui-même, alors c'en serait fait peut-être, hélas! de la démocratie et, à coup sûr, du régime. Nous arrivons, mesdames, messieurs, au terme de ce débat. Maintenant va se dérouler la discussion des quelques questions orales qui ont été maintenues. Je pense qu'il ne serait pas digne de cette Assemblée, en tout cas des démocrates qui y siègent, de se prêter à cette comédie. Pour notre part mes amis du groupe socialiste et moi quitterons la salle des séances pour marquer notre protestation à l'égard de l'attitude du pouvoir en cette journée et nous invitons tous les démocrates de cette Assemblée à nous suivre. Monsieur le Premier ministre, vous pourrez rester à votre banc et dénombrer ainsi ceux qui, en cette journée, auront approuvé le [pouvoir].

[A.34] Décision du 14 septembre 1961

LE CONSEIL CONSTITUTIONNEL: [Consulté] le 14 septembre 1961 par le Président de l'Assemblée nationale sur le point de savoir si la motion de censure déposée au cours de la séance tenu le 12 septembre 1961 par cette assemblée réunie de plein droit en vertu de l'article 16, alinéa 4 de la Constitution, peut être regardée comme recevable; [Considérant] que la Constitution a strictement délimité la compétence du Conseil constitutionnel; que celui-ci ne saurait être appelé à statuer ou à émettre un avis que dans le cas et suivant les modalités qu'elle a fixés; Considérant que le Conseil constitutionnel ne peut être saisi par le Président de l'une ou de l'autre assemblée du Parlement qu'en vertu des articles 41, 54 et 61, alinéa 2, de la Constitution [[A.6]]; que ces dispositions ne le font juge que de la recevabilité, au regard des articles 34 et 38 de la Constitution, des propositions de lois ou des amendements déposés par les membres du Parlement, ainsi que de la conformité à la Constitution des engagements internationaux ou des lois ordinaires; qu'en outre l'article 61, 1er alinéa, ne lui donne mission que d'apprécier la conformité à la Constitution des lois organiques et des règlements des assemblées parlementaires après leur adoption par ces assemblées et avant leur promulgation ou leur mise en application; qu'ainsi aucune des dispositions précitées de la Constitution, non plus d'ailleurs que l'article 16 ne donne compétence au Conseil constitutionnel pour se prononcer en l'espèce; Décide: Le Conseil constitutionnel n'a pas compétence pour répondre à la consultation susvisée du Président de l'Assemblée [nationale].

[A.35] Décision du Président de l'Assemblée nationale, le 19 septembre 1961

La question de la recevabilité d'une motion de censure en période d'application de l'article 16 se pose de la façon suivante: La Constitution donne à l'Assemblée nationale le droit de renverser le gouvernement, au risque pour elle d'être dissoute. La mise en vigueur de l'article 16 excluant la dissolution de l'Assemblée nationale, celle-ci conserve-t-elle le droit sans le risque? Le règlement de l'Assemblée nationale, approuvé par le Conseil constitutionnel est muet sur ce point. La réunion du bureau de l'Assemblée nationale du 12 septembre, puis l'avis du Conseil constitutionnel, ont conduit à laisser au Président de l'Assemblée nationale le soin d'apprécier. Le sujet appelle les considérations suivantes: 1. L'article 16 de la Constitution donne au Président de la République la possibilité de concentrer dans ses mains la plénitude des pouvoirs exécutif et législatif 2. De ce fait aucun texte constitutionnel n'a prévu, pendant la période d'application de l'article 16 les conditions dans lesquelles fonctionnent le Parlement et le gouvernement, l'un par rapport à l'autre. 3. En l'absence de tels textes l'article 5 de la Constitution, aux termes duquel le Président de la

République veille au respect de la Constitution et assure, par son arbitrage, le bon fonctionnement régulier des pouvoirs publics ainsi que la continuité de l'État, donne au Président de la République compétence pour fixer les règles de fonctionnement des institutions pendant la période où, par application de l'article 16, leur jeu normal est suspendu. 4. La réponse à la question de recevabilité d'une motion de censure en une telle période ne saurait procéder que du rapprochement de deux textes émanant de M. le Président de la République et ayant leur fondement juridique dans les dispositions constitutionnelles précitées [. (a)] Le message au Parlement du 25 avril 1961 [[A.29]], dans lequel le chef de l'État considérait que, 'dans les circonstances actuelles, la mise en oeuvre de l'article 16 ne saurait modifier les activités du Parlement: exercice du pouvoir législatif et contrôle. De ce fait, les rapports du gouvernement et du Parlement doivent fonctionner dans les conditions normales pour autant qu'il ne s'agisse pas des mesures prises ou à prendre en vertu de l'article 16. Le Parlement, dont s'ouvre aujourd'hui la seconde session, est donc appelé à poursuivre sa tâche'. [(b)] La lettre du 31 août [[A.32]], adressée à M. le Premier ministre pour être communiquée aux présidents des assemblées, et qui déclare: 'Si, compte tenu de la lettre stricte de la Constitution, je ne fais pas actuellement obstacle au principe de la convocation, ni au fait que les membres des assemblées en prennent occasion pour s'exprimer sur le sujet de l'agriculture et que le gouvernement les entende, je tiendrais pour contraire à la Constitution que la réunion annoncée du Parlement ait un aboutissement législatif'. 5. Le rapprochement de ces deux textes conduit à ce que, sous l'empire de l'article 16, les rapports du gouvernement et du Parlement sont régis par des règles différentes, suivant que, la réunion de plein droit étant interrompue par définition, on se trouve dans ou hors des sessions normales du Parlement, ordinaires ou extraordinaires, prévues par la Constitution. 6. Dès lors que les travaux du Parlement ne pouvant avoir d'aboutissement législatif en dehors des sessions normales, le gouvernement se trouve privé du droit, prévu par l'alinéa 3 de l'article 49 de la Constitution, d'engager sa responsabilité sur le vote d'un texte, il apparaît que, pour assurer l'équilibre fondamental des pouvoirs, l'Assemblée ne peut user du droit qu'elle tient, en période normale, de l'alinéa 2 du même article, de mettre en cause la responsabilité du gouvernement par le vote d'une motion de censure. Il résulte de ces considérations que dans les circonstances actuelles une motion de censure déposée en dehors des sessions normales ne peut être reçue.

[A.36] Décision du Président de la République, le 29 septembre 1961

Le Président de la République,
Vu la Constitution, et notamment son article 16,
Vu la décision du 23 avril 1961 [[A.27]],
Décide:

Article unique – Il cesse d'être fait application de l'article 16 de la Constitution.

Fait à Paris, le 29 septembre 1961. C. de Gaulle.

5 REFERENDA

The President of the Republic may submit to a referendum a Bill relating to the functioning of the institutions of the state and other matters. The *Conseil constitutionnel* supervises the proper functioning of referenda, delegates its powers at grass root level to judges of the civil and administrative courts, scrutinises the results in cases of irregularity, can annul the referendum in whole or in part, and proclaims the results (Articles 11 and 60 [A.6]). Examples relate to the Government's proposals for Algerian independence [A.37] – [A.45], the election of the President of the Republic by direct universal suffrage and the consequent amendment of the Constitution, and authorising the President to ratify the Treaty of Accession enlarging the European Communities by the addition, *inter alia*, of the United Kingdom [A.47] – [A.50].

The referendum of 1962 is of importance because it illustrates the intertwining of power within the Republic. The use of emergency powers under Article 16 ceased on 29 September 1961 [A.36]. The Algerian crisis still existed in early 1961 but the conditions precedent to another resort to Article 16 were not demonstrably present and the military tribunal created in 1961 [A.30] had ceased to function. It was decided to resort to a referendum [A.37] and a *projet de loi* was submitted for the approval of the people [A.38], who overwhelmingly approved the proposal [A.40]. The *projet* was promulgated by the President of the Republic [A.41], who then, by an *'ordonnance'*, created a special military court [A.42], with draconian powers, such that the *ordonnance* was annuled by the *Conseil d'État* (in accordance with rules which will be discussed fully in chapter two) [A.43]. The Government then ensured that Parliament passed, first, a *loi* creating a *'Cour de sûreté de l'État'* [A.44] (which could not be challenged by the *Conseil d'État*) and, second, a *loi* with the retrospective effect that the *ordonnance* [A.42] had always had the same status as a *loi* [A.45]. The *Conseil constitutionnel* has held that its jurisdiction is limited to the role cast for it by the Constitution and that it has no power to hear complaints from political parties excluded from the list of parties entitled to use the state propaganda machinery [A.39] or to determine the constitutionality of a *loi référendaire*, since such a *loi* is the direct expression of national sovereignty [A.46] [A.50].

Materials

[A.37] *Lettre du Premier ministre au Président de la République*

Monsieur le Président,

Conformément aux délibérations du Conseil des ministres, j'ai l'honneur de vous proposer au nom du Gouvernement de soumettre au référendum, en vertu de l'article 11 de la Constitution, le projet de loi concernant les accords à établir et les mesures à prendre au sujet de l'Algérie sur la base des déclarations gouvernementales du 19 mars 1962.

Je vous prie d'agréer, Monsieur le Président, l'assurance de mon profond respect.

Michel Debré.

[A.38] *Décret du 20 mars 1962*

Le Président de la République,
Vu les articles 11, 19 et 60 de la Constitution [[A.6]];
Le Conseil constitutionnel [consulté];
Décrète:

Article 1er – Le projet de loi annexé au présent décret sera soumis au référendum le 8 avril 1962 conformément aux dispositions de l'article 11 de la Constitution.

Article 2 – Les électeurs auront à répondre par Oui ou par Non à la question suivante: 'Approuvez-vous le projet de loi soumis au peuple français par le Président de la République et concernant les accords à établir et les mesures à prendre au sujet de l'Algérie sur la base des déclarations gouvernementales du 19 mars [1962?'].

Fait à Paris, le 20 mars 1962. C. de Gaulle.

ANNEXE

Projet de loi concernant les accords à établir et les mesures à prendre au sujet de l'Algérie sur la base des déclarations gouvernementales du 19 mars 1962.

Article 1er – Le Président de la République peut conclure tous accords à établir conformément aux déclarations gouvernementales du 19 mars 1962, si les populations [algériennes] choisissent de constituer l'Algérie en un État indépendant coopérant avec la France.

Article 2 – Jusqu'à la mise en place de l'organisation politique nouvelle éventuellement issue de l'autodétermination des populations algériennes, le Président de la République peut arrêter, par voie d'ordonnances ou, selon le cas, de décrets pris en Conseil des ministres, toutes mesures législatives ou réglementaires relatives à l'application des déclarations gouvernementales du 19 mars 1962.

[A.39] Décision du Conseil constitutionnel du 3 avril 1962

LE CONSEIL CONSTITUTIONNEL: [Vu] le télégramme en date du 28 mars 1962 par lequel le Secrétaire du Parti communiste réunionnais a adressé au Conseil constitutionnel une protestation contre la décision par laquelle le Gouvernement a rejeté sa demande tendant à l'inscription dudit parti sur la liste des organisations habilitées à user des moyens officiels de propagande en vue du référendum; Vu la Constitution et notamment son article [60]; Vu le décret No 62-310 du 20 mars 1962 [[A.38]], décidant de soumettre un projet de loi au référendum; Vu le décret No 62-315 du 20 mars 1962, portant organisation du référendum; Vu le décret No 62-317 du 20 mars 1962, fixant les conditions dans lesquelles les partis politiques pourront participer à la campagne en vue du [référendum];

Considérant que les attributions du Conseil constitutionnel, telles qu'elles résultent des articles 46 et 47 de l'ordonnance portant loi organique du 7 novembre 1958, sont purement consultatives en ce qui concerne l'organisation des opérations de référendum et notamment l'établissement de la liste des organisations habilitées à user des moyens officiels de propagande, que par contre, conformément aux dispositions de l'article 50 de ladite ordonnance, le rôle du Conseil a un caractère juridictionnel en ce qui concerne le déroulement des opérations de référendum; Considérant que, si, à la vérité, en vertu de l'alinéa 1er dudit article 50, 'le Conseil constitutionnel examine et tranche définitivement toutes les réclamations', ce dernier terme doit être entendu dans le sens que lui donne la législation applicable en matière électorale et vise exclusivement les protestations susceptibles d'être formulées à l'issue du scrutin contre les opérations effectuées; que cette interprétation s'impose en raison notamment de la place assignée, dans le chapitre Vll de l'ordonnance, à la disposition en question ainsi que du rapprochement nécessaire entre celle-ci et le 2e alinéa du même article selon lequel 'Dans le cas où le Conseil constitutionnel constate l'existence d'irrégularités dans le déroulement des opérations, il lui appartient d'apprécier si, eu égard à la nature et à la gravité de ces irrégularités, il y a lieu soit de maintenir lesdites opérations, soit de prononcer leur annulation totale ou partielle'; Décide: La protestation susvisée n'est pas [recevable].

[A.40] Proclamation des résultats

LE CONSEIL CONSTITUTIONNEL: [Vu] le décret du Président de la République en date du 20 mars 1962 [[A.38]] décidant de soumettre un projet de loi au [référendum]; Vu le code électoral;

Vu les résultats provisoires du référendum annoncés le 9 avril 1962 par le Conseil constitutionnel et les résultats complémentaires portés à la connaissance du Conseil après cette date; Vu les procès-verbaux de recensement dressés par les commissions chargées de centraliser les résultats dans les départements de la métropole, dans les départements de la Martinique, de la Guadeloupe et de la Réunion, et dans le territoire de la Côte française des Somalis, ainsi que les procès-verbaux des opérations de vote portant mention des réclamations présentées par des électeurs et les documents y annexés; Vu les télégrammes adressés au Conseil constitutionnel par les présidents des commissions chargées de centraliser les résultats dans le département de la Guyane, dans les territoires des Comores, de Nouvelle-Calédonie, des Nouvelles-Hébrides, de Polynésie, de Saint-Pierre et Miquelon et des îles Wallis et Futuna; Vu les autres pièces et documents portés à la connaissance du Conseil pour son information ainsi que les réclamations d'électeurs qui lui ont été adressées directement; Les délégués du Conseil constitutionnel entendus; Après avoir opéré diverses rectifications d'erreurs matérielles, statué sur les réclamations, procédé aux redressements qu'ils ont jugé nécessaires et arrêté les résultats définitifs détaillés en annexe;

Proclame: La consultation du peuple français par voie de référendum le 8 avril 1962, sur le projet de loi concernant les accords à établir et les mesures à prendre au sujet de l'Algérie sur la base des déclarations gouvernementales du 19 mars 1962, a donné les résultats suivants:

Electeurs inscrits	27 582 072
Votants	20 779 303
Suffrages exprimés	19 675 497
Majorité absolue	9 837 749
Oui	17 866 423
Non	1 809 074

Fait à Paris, au siège du Conseil constitutionnel, le 13 avril 1962. Le président, Léon Noël

[A.41] Loi No 62-421 du 13 avril 1962

Le Président de la République, conformément aux dispositions de l'article 11 de la Constitution, a soumis au référendum, Le peuple français, ainsi qu'il ressort de la proclamation fait le 13 avril 1962 par le Conseil constitutionnel des résultats du référendum a adopté, Le Président de la République promulgue la loi dont la teneur suit:

Article 1er – Le Président de la République peut conclure tous accords à établir conformément aux déclarations gouvernementales du 19 mars 1962, si les populations [algériennes] choisissent de constituer l'Algérie en un État indépendant coopérant avec la France.

Article 2 – Jusqu'à la mise en place de l'organisation politique nouvelle éventuellement issue de l'autodétermination des populations algériennes, le Président de la République peut arrêter, par voie d'ordonnance ou, selon le cas, de décrets pris en Conseil des Ministres, toutes mesures législatives ou réglementaires relatives à l'application des déclarations gouvernementales du 19 mars 1962.

La présente loi sera exécutée comme loi de l'État.

Fait à Paris, le 13 avril 1962, par le Président de la République: C. de Gaulle. Le Premier Ministre, Michel Debré. Le Ministre d'État chargé du Sahara, des départements d'outre-mer, et des territoires d'outre-mer, Louis Jacquinot. Le Ministre d'État chargé des affaires algériennes, Louis Joxe.

[A.42] Ordonnance No 62-618 du 1er juin 1962

Le Président de la République,

Sur le rapport du Premier ministre, du garde des sceaux, ministre de la justice, et du ministre des armées; Vu la loi No 62-421 du 13 avril 1962 [[A.41]] concernant les accords à établir et les mesures à prendre au sujet de l'Algérie sur la base des déclarations gouvernementales du 19 mars 1962; Vu la décision du 3 mai 1961 [[A.30]] instituant un tribunal militaire; Le Conseil d'État entendu; Le Conseil des ministres entendu;

Ordonne:

Article 1er – Il est institué une Cour militaire de justice. Les auteurs et complices des infractions [commises] en relation avec les événements d'Algérie, peuvent être déférés par décret à la Cour militaire de [justice].

Article 9 – La Cour militaire de justice peut ordonner que les débats auront lieu à huis clos, interdire, en tout ou partie, le compte rendu des débats.

Article 10 – Aucun recours ne peut être reçu contre une décision quelconque de la Cour militaire de justice, de son président ou du ministère public. En conséquence, nul ne peut enregistrer ou transmettre un tel recours.

Article 11 – Les juridictions civiles ou militaires saisies de procédures concernant les infractions visées à l'article 1er et dont les auteurs sont déférés à la Cour militaire de justice sont, de plein droit, déssaisies, à l'égard de ces derniers, en faveur de cette [juridiction].

[A.43] C.E., 19 octobre 1962

LE CONSEIL D'ÉTAT: [Sur] la fin de non-recevoir opposée par le ministre de la justice et le ministre des armées: Considérant que l'article 2 de la loi du 13 avril 1962 [[A.41]] adoptée par le peuple français par la voie du référendum, autorise le Président de la République 'à arrêter, par voie d'ordonnance ou, selon le cas, de décrets en Conseil des ministres, toutes mesures législatives ou réglementaires relatives à l'application des déclarations gouvernementales du 19 mars 1962'; qu'il résulte de ses termes mêmes que ce texte a eu pour objet, non d'habiliter le Président de la République à exercer le pouvoir législatif lui-même, mais seulement de l'autoriser à user exceptionnellement dans le cadre et les limites qui y sont précisées, de son pouvoir réglementaire, pour prendre, par ordonnances, des mesures qui normalement relèvent du domaine de la loi; qu'il suit de là que l'ordonnance attaquée du 1er juin 1962 [[A.42]], qui a été prise en application de l'article 2 de la loi du 13 avril 1962, conserve le caractère d'un acte administratif et est susceptible, comme tel, d'être déférée au Conseil d'État par la voie du recours pour excès de pouvoir;

Sur les conclusions de la requête tendant à l'annulation de l'ordonnance du 1er juin 1962 instituant une Cour militaire de justice: Considérant que, si l'article 2 de la loi du 13 avril 1962 précité a donné au Président de la République de très larges pouvoirs en vue de prendre toutes mesures législatives en rapport avec les déclarations gouvernementales du 19 mars 1962 relatives à l'Algérie et si de telles mesures pouvaient comporter, notamment, l'institution d'une juridiction spéciale chargée de juger les auteurs des délits et des infractions connexes commis en relation avec les événements d'Algérie, il ressort des termes mêmes aussi bien que de l'objet de la disposition législative précitée, que l'organisation et le fonctionnement d'une telle juridiction ne pouvait légalement porter atteinte aux droits et garanties essentielles de la défense que dans la mesure où, compte tenu des circonstances de l'époque, il était indispensable de le faire pour assurer l'application des déclarations gouvernementales du 19 mars 1962; Considérant qu'il ne résulte pas de l'instruction que, eu égard à l'importance et à la gravité des atteintes que l'ordonnance attaquée apporte aux principes généraux du droit pénal, en ce qui concerne, notamment, la procédure qui y est prévue et l'exclusion de toute voie de recours, la création d'une telle juridiction d'exception fût nécessitée par l'application des déclarations gouvernementales du 19 mars 1962; que les requérants sont dès lors, fondés à soutenir que ladite ordonnance, qui excède les limites de la délégation consentie par l'article 2 de la loi du 13 avril 1962, est entachée d'illégalité; qu'il y a lieu, par suite, d'en prononcer l'annulation.

[A.44] Loi No 63-22 du 15 janvier 1963

Article 1er – Les articles [du] code de procédure pénale sont rédigés comme suit: [Article] 698: En temps de paix, les crimes et délits contre la sûreté de l'État sont déférés à une Cour de sûreté de l'État, dont le ressort s'étend sur tout le territoire de la République, et dont une loi fixe la composition, les règles de fonctionnement et la [procédure].

[A.45] Loi No 63-23 du 15 janvier 1963, fixant la composition, les règles de fonctionnement et la procédure de la Cour de sûreté de l'État

[Article] 50 – Les ordonnances prises en vertu de l'article 2 de la loi No 62-421 du 13 avril 1962 ont et conservent force de loi à compter de leur [publication].

[A.46] Décision du 6 novembre 1962

LE CONSEIL CONSTITUTIONNEL: Saisi par le Président du Sénat [du] texte de la loi relative à l'élection du Président de la République au suffrage universel direct et adoptée par le peuple par le référendum du 28 octobre 1962, aux fins d'appréciation de la conformité de ce texte à la Constitution; [Considérant] que la compétence du Conseil constitutionnel est strictement délimitée par la Constitution, ainsi que par les dispositions de la loi organique du 7 novembre 1958 sur le Conseil constitutionnel prise pour l'application du titre Vll de celle-ci; que le Conseil ne saurait donc être appelé à se prononcer sur d'autres cas que ceux qui sont limitativement prévus par ces textes; Considérant que, si l'article 61 de la Constitution donne au Conseil constitutionnel mission d'apprécier la conformité à la Constitution des lois organiques et des lois ordinaires qui, respectivement, doivent ou peuvent être soumises à son examen, sans préciser si cette compétence s'étend à l'ensemble des textes de caractère législatif, qu'ils aient été adoptés par le peuple à la suite d'un référendum ou qu'ils aient été votés par le Parlement, ou si, au contraire, elle est limitée seulement à cette dernière catégorie, il résulte de l'esprit de la Constitution qui a fait du Conseil constitutionnel un organe régulateur de l'activité des pouvoirs publics que les lois que la Constitution a entendu viser dans son article 61 [[A.6]] sont uniquement les lois votées par le Parlement et non point celles qui, adoptées par le peuple à la suite d'un référendum, constituent l'expression directe de la souveraineté nationale; Considérant que cette interprétation résulte également des dispositions expresses de la Constitution et notamment de son article 60, qui détermine le rôle du Conseil constitutionnel en matière de référendum, et de l'article 11, qui ne prévoit aucune formalité entre l'adoption d'un projet de loi par le peuple et sa promulgation par le Président de la République; Considérant, enfin, que cette même interprétation est encore expressément confirmée par les dispositions de l'article 17 de la loi organique susmentionnée du 7 novembre 1958, qui ne fait état que des 'lois adoptées par le Parlement', ainsi que par celles de l'article 23 de ladite loi qui prévoit que 'dans le cas où le Conseil constitutionnel déclare que la loi dont il est saisi contient une disposition contraire à la Constitution, sans constater en même temps qu'elle est inséparable de l'ensemble de la loi, le Président de la République peut soit promulguer la loi à l'exception de cette disposition, soit demander aux Chambres une nouvelle lecture'; Considérant qu'il résulte de ce qui précède qu'aucune des dispositions de la Constitution ni de la loi organique précitée prise en vue de son application ne donne compétence au Conseil constitutionnel pour se prononcer sur la demande susvisée par laquelle le Président du Sénat lui a déféré aux fins d'appréciation de sa conformité à la Constitution le projet adopté par le peuple français par voie de référendum le 28 octobre 1962; Décide: [Le] Conseil constitutionnel n'a pas compétence pour se prononcer sur la demande susvisée du Président du [Sénat].

[A.47] Lettre du Premier ministre au Président de la République, le 1er juillet 1992

Monsieur le Président de la République,

Conformément aux délibérations du Conseil des ministres de ce jour, j'ai l'honneur de vous proposer, au nom du Gouvernement, de soumettre au référendum, en vertu de l'article 11 de la Constitution, le projet de loi autorisant la ratification du traité sur l'Union européenne.

Je vous prie d'agréer, Monsieur le Président de la République, l'assurance de mon profond respect.

Pierre Bérégovoy.

[A.48] Décret du 1er juillet 1992

Le Président de la République,

Sur proposition du Gouvernement; Vu la Constitution, notamment ses articles 3, 11, 19, 52, 53 et 60 [[A.6]]; Le Conseil constitutionnel [consulté];

Décrète:

Article 1er – Le projet de loi annexé au présent décret, délibéré en Conseil des ministres après avis du Conseil d'État, sera soumis au référendum le 20 septembre 1992, conformément aux dispositions de l'article 11 de la Constitution.

Article 2 – Les électeurs auront à répondre par oui ou par non à la question suivante: 'Approuvez-vous le projet de loi soumis au peuple français par le Président de la République autorisant la ratification du traité sur l'Union [européenne?'].

Fait à Paris, le 1er juillet 1992. François Mitterrand.

ANNEXE

Projet de loi autorisant la ratification du traité sur l'Union européenne

Article unique – Est autorisée la ratification du traité sur l'Union européenne conclu entre le Royaume de Belgique, le Royaume du Danemark, la République fédérale d'Allemagne, la République hellénique, le Royaume d'Espagne, la République française, l'Irlande, la République italienne, le Grand-Duché de Luxembourg, le Royaume des Pays-Bas, la République du Portugal, le Royaume-Uni de Grande-Bretagne et d'Irlande du Nord, signé à Maastricht le 7 février 1992 et dont le texte est annexé à la présente [loi].

[A.49] Proclamation des résultats

LE CONSEIL CONSTITUTIONNEL: [Vu] le décret du Président de la République en date du 1er juillet 1992 [[A.48]] décidant de soumettre un projet de loi au référendum, ensemble le projet de loi annexé à ce décret autorisant la ratification du traité sur l'Union européenne; Vu le décret No 92-771 du 6 août 1992 portant organisation du référendum, ensemble les décrets et arrêtés pris pour son application; [Vu] le règlement applicable à la procédure suivie devant le Conseil constitutionnel pour les réclamations relatives aux opérations de référendum, arrêté le 5 octobre 1988; Vu pour l'ensemble des départements, la Nouvelle-Calédonie, la Polynésie française et Saint-Pierre-et-Miquelon les procès-verbaux établis par les commissions de recensement ainsi que les procès-verbaux des opérations de vote portant mention des réclamations présentées par des électeurs et les pièces jointes; Vu les résultats complets adressés au Conseil constitutionnel, par voie télégraphique, par les commissions de recensement de Wallis-et-Futuna et de Mayotte; Vu les résultats consignés dans le procès-verbal établi par la commission électorale [ainsi] que les réclamations mentionnées dans les procès-verbaux des opérations de vote;

[Vu] les autres pièces et documents portés à la connaissance du Conseil; Vu les rapports des délégués du Conseil constitutionnel;

Les rapporteurs ayant été entendus; Après avoir opéré diverses rectifications d'erreurs matérielles et procédé aux redressements qu'il a jugés nécessaires;

Considérant qu'aux termes de l'article 2 du décret No 92-771 du 6 août 1992 portant organisation du référendum 'il sera mis à la disposition des électeurs, à l'exclusion de tout autre, deux bulletins de vote imprimés sur papier blanc, dont l'un portera la réponse oui et l'autre la réponse non; que ces prescriptions sont rappelées par l'article 10 du décret précité en ce qui concerne l'approvisionnement en bulletins des bureaux de vote; qu'il est constant que dans les communes de Rivière-Pilote et de Sainte-Anne (Martinique) les présidents des bureaux de vote ont mis à la disposition des électeurs non seulement les bulletins portant respectivement les réponses oui et non, mais également des bulletins appelant à se prononcer sur une question étrangère à l'objet du référendum; qu'invité tant par le délégué du Conseil constitutionnel que par le représentant de l'État dans le département à se conformer aux exigences légales et à retirer les bulletins irréguliers le président de chacun des bureaux de vote susmentionnés a refusé délibérément de se conformer aux prescriptions du décret portant organisation du référendum; que, dans ces circonstances, il y a lieu pour le Conseil constitutionnel d'annuler l'ensemble des suffrages exprimés dans les bureaux de vote considérés;

Considérant que l'article 8 du décret No 92-771 du 6 août 1992 a rendu applicables au référendum tant les dispositions de l'article L.59 du Code électoral, qui font application du principe constitutionnel du secret du vote, que celles de l'article L.62 de ce code qui prescrivent, en conséquence, que chaque bureau de vote comprend un isoloir par 300 [électeurs]; que dans la commune de Folgensbourg (Haut-Rhin) aucun isoloir satisfaisant aux exigences légales n'a été mis en place; que cette méconnaissance de cette obligation entraîne l'annulation de l'ensemble des suffrages exprimés dans le bureau de vote de cette commune:

Considérant que dans les 1er, 2e, 8e, 9e, 10e et 11e bureaux de vote de la commune de Graulhet (Tarn), il n'a pas été procédé au contrôle d'identité des électeurs, en méconnaissance des articles L.62 et R.60 du Code électoral, applicables à l'organisation du référendum en vertu de l'article 8 du décret No 92-771 du 6 août 1992; que cette irrégularité s'est poursuivie en dépit des observations faites à ce sujet par le magistrat délégué du Conseil constitutionnel; que devant cette méconnaissance délibérée de dispositions destinées à assurer la régularité et la sincérité du scrutin il y a lieu d'annuler l'ensemble des suffrages exprimés dans les bureaux en cause:

Considérant qu'en vertu du deuxième alinéa de l'article 50 de l'ordonnance No 58-1067 du 7 novembre 1958 portant loi organique sur le Conseil constitutionnel, dans le cas où le Conseil constate l'existence d'irrégularités dans le déroulement des opérations de référendum il lui appartient d'en apprécier l'incidence sur lesdites opérations; qu'en l'espèce les irrégularités précédemment relevées sont sans influence sur l'issue du scrutin;

Considérant que, compte tenu des rectifications et annulations opérées, les résultats du scrutin doivent être arrêtés conformément au tableau annexé à la présente décision de proclamation,

Proclame:

Le référendum du 20 septembre 1992 sur le projet de loi soumis au peuple français a donné les résultats suivants:

Electeurs inscrits	38 305 534
Votants	26 695 951
Suffrages exprimés	25 786 574
Oui	13 162 992
Non	12 623 582

Délibéré par le Conseil constitutionnel dans ses séances des 22 et 23 septembre 1992, où siégeaient: MM. Robert Badinter, président; Robert Fabre, Maurice Faure, Marcel Rudloff, Georges Abadie, Jean Cabannes, Jacques Latscha, Jacques Robert et Mme Noëlle Lenoir.

[A.50] Décision du 23 septembre 1992

Le Conseil constitutionnel a été saisi, le 20 septembre 1992, par MM. Pierre Mazeaud, et autres, députés, de la conformité à la Constitution du texte de la loi autorisant la ratification du traité sur l'Union européenne, adopté par voie de référendum.

LE CONSEIL CONSTITUTIONNEL: [Considérant] que la compétence du Conseil constitutionnel est strictement délimitée par la Constitution; qu'elle n'est susceptible d'être précisée et complétée que par voie de loi organique que dans le respect des principes posés par le texte constitutionnel; que le Conseil constitutionnel ne saurait être appelé à se prononcer au titre d'autres chefs de compétence que ceux qui sont expressément prévus par la Constitution ou la loi organique; Considérant que l'article 61 [[A.6]] de la Constitution donne au Conseil constitutionnel mission d'apprécier la conformité à la Constitution des lois organiques et des lois ordinaires qui, respectivement, doivent ou peuvent être soumises à son examen, sans préciser si cette compétence s'étend à l'ensemble des textes de caractère législatif, qu'ils aient été adoptés par le peuple à la suite d'un référendum ou qu'ils aient été votés par le Parlement, ou si, au contraire, elle est limitée seulement à cette dernière catégorie; que, toutefois, au regard de l'équilibre des pouvoirs établi par la Constitution, les lois que celle-ci a entendu viser dans son article 61 sont uniquement les lois votées par le Parlement et non point celles qui, adoptées par le peuple français à la suite d'un référendum contrôlé par le Conseil constitutionnel au titre de l'article 60, constituent l'expression directe de la souveraineté nationale; Considérant, au demeurant, que ni l'article 60 de la Constitution, qui détermine le rôle du Conseil constitutionnel en matière de référendum, ni l'article 11 ne prévoient de formalité entre l'adoption d'un projet de loi par le peuple et sa promulgation par le Président de la République; Considérant, au surplus, que les dispositions de l'article 17 de l'ordonnance portant loi organique susmentionnée du 7 novembre 1958 ne font état que des 'lois adoptées par le Parlement'; que l'article 23 de la même ordonnance dispose que: 'Dans le cas où le Conseil constitutionnel déclare que la loi dont il est saisi contient une disposition contraire à la Constitution sans constater en même temps qu'elle est inséparable de l'ensemble de la loi, le Président de la République peut soit promulguer la loi à l'exception de cette disposition, soit demander aux chambres une nouvelle lecture'; Considérant qu'il résulte de ce qui précède qu'aucune disposition de la Constitution, non plus d'ailleurs que d'une loi organique prise sur son fondement, ne donne compétence au Conseil constitutionnel pour se prononcer sur la demande susvisée concernant la loi adoptée par le peuple français par voie de référendum le 20 septembre 1992; Décide: [Le] Conseil constitutionnel n'a pas compétence pour se prononcer sur la demande [susvisée].

CHAPTER 2

ADMINISTRATIVE LAW – THE *RECOURS POUR EXCES DE POUVOIR*

1 INTRODUCTION

The subject matter of this chapter forms one part of one part of administrative law in France (*droit administratif*), which is, in essence, the law relating to the administration, of which the principles relating to the control of administrative activity by the special administrative courts is but one aspect. *Droit administratif* relates to the administrative machinery or organisations which administer the state. Consequently, a textbook or annotated code will include a discussion of the central government ministries and their organisation. Particular attention is focussed on the territorial authorities which administer local government. At this level, there will be discussed the powers and duties of the *maire* of a commune (which may be a small village such as Clochemerle or a large city such as Bordeaux or Strasbourg) and the *préfet* (since 1982 called the *commissaire de la République*) of the *département*, appointed by the Government to supervise, within the *département*, the proper functioning of certain state activities and to ensure that central government policies are carried out at local level. This naturally entails consideration of the relationship between central and local administration. Then there are the specialised public agencies (*établissements publics*), such as those operating a public utility (eg, Électricité de France, SNCF) or offering a public service (eg, state run hospitals, schools and universities). In each case, *droit administratif* discusses their legal personality and capacity to act, their organisation, their methods of finance, their property and their civil service personnel (*fonctionnaires*), including nomenclature, recruitment, career structure, conditions of employment and pensions. *Droit administratif* regulates certain actions of the administration which resemble those of private persons and bodies but which are subject to rules which reflect the public interest (eg, rules relating to contracts made by the administration and rules relating to civil liability for loss or injury) and some would define *droit administratif* as all those legal rules which derogate from the operation of private law, including the substantive law (eg, the law of public utilities, public works and the control of the environment).

The existence of two separate legal régimes (the ordinary and the administrative courts, discussed in the introduction) and the logical corollary that, in order that no one be denied justice, all activity must be subject to one or other of those régimes, have resulted in there needing to be decisions as to classification and allocation between those régimes. Consequently, *droit administratif* includes the rules (legislative and judicial) which determine whether a body is subject to the jurisdiction of the administrative courts or the ordinary courts. This is of particular practical and theoretical importance because some bodies may have mixed characteristics of a public and commercial nature and may have altered in legal status because of both nationalisation and privatisation. Furthermore, some activities, undertaken by undoubtedly administrative organs, may better be judged by the ordinary courts, because of the need to have a coherent system of law (eg, traffic accidents caused by a public service vehicle or the administration of property left to a commune in a will).

Once it has been determined that a particular type of person, body and activity is subject to the jurisdiction of the administrative courts, *droit administratif* includes the organisation and procedures of those courts and the control of administrative activity by those courts when cases are brought before them (le *contentieux administratif*), principally, first, the situations where the administrative courts have complete powers (*pleine juridiction*) to judge a matter relating to the civil responsibility of the administration for injury caused by the administration and to award compensation for that injury, or to decide a matter relating to the validity of an administrative contract (*le contentieux de pleine juridiction*); and, second, the situations where the object of the litigation is to seek the annulment of an administrative act, but without amending that act or substituting a new act in place of that originally made by the administration (*le contentieux de l'annulation*). This, in turn, is divided into two. First the '*recours en cassation*', where the *Conseil d'État* supervises the legality of actions of certain specialist administrative authorities which are themselves akin to judicial bodies (such as the *Commission des recours des réfugiés* [B.48]); and, second, the '*recours pour excès de pouvoir*', where the administrative courts (principally the *tribunaux administratifs*) supervise the legality of administrative authorities 'properly so-called'. This involves a study of two principal matters, first, what acts of the administration may be challenged and, second, on what grounds?

The grounds on which the administrative courts will exercise their powers are based on the principle of legality, which means that the administrative authority must act in accordance with the legal powers granted to it by the Constitution, statute and regulation, and that, when so acting, the administration must conform to 'the law'. If it does not, there will be an excess of jurisdiction or an *ultra vires* act (*excès de pouvoir*). Therefore, the administration must not make decisions or subordinate legislation which are contrary to a superior written law (eg, although a *maire* may make rules for the good conduct of the commune, these rules must not be contrary to rules made by ministers, by Parliament or the Constitution). It is normal to follow the 19th century classification of *excès de pouvoir* and, as with English judicial review, where learned commentators and judges have attempted to give an analysis in the form of a list, so have French commentators. The traditional fourfold classification is usually expressed as '*incompétence*', '*vice de forme*', '*violation de la loi*' and '*détournement de pouvoir*'. However, the classification is in a state of flux and many would add a further category, namely, '*erreur manifeste d'appréciation*'. These terms will be explained in this chapter. One sometimes sees an analysis whereby these grounds are divided into two, namely, the control of the external legality, which encompasses *incompétence* and *vice de forme* (eg, could X grant a building permit or did X give Y six weeks notice: see head 3), and control of the internal legality of the act itself, which encompasses *violation de la loi*, *détournement de pouvoir* and *erreur manifeste* (eg, did X apply the law correctly in the instant case, for a proper purpose, and in accordance with a correct appreciation of the factual situation: see heads 4, 5 and 6, respectively). Often, of course, an administrative act will be challenged on several grounds (see head 7).

2 WHAT ACTS OF THE ADMINISTRATION MAY BE THE SUBJECT OF THE *RECOURS POUR EXCES DE POUVOIR?*

Certain decisions taken by an authority which is undoubtedly a public authority and normally subject to the administrative courts rather than to the ordinary courts have, because of their nature, been held by the *Conseil d'État* not to be within the jurisdiction of the administrative courts. There are two such categories of decisions, namely, *'actes de gouvernement'* and *'mesures d'ordre intérieur'*, and it should be noted that there are also rules relating to *locus standi*. It may be noted that should a statutory provision attempt to oust the jurisdiction of the administrative courts, such a provision will be so strictly interpreted that it will in effect be ignored [A.43] [B.30].

When the *Conseil d'État* was developing as an independent court in the nineteenth century, it would defer to the executive if the executive claimed that an act of the administration was an *'acte de gouvernement'* in that it related to the public interest of the state or was motivated by political considerations (*mobile politique*) and for that very reason should be non-justiciable as being outside the jurisdiction of the *Conseil d'État*. The executive claimed a public interest immunity. However, in 1875 the *Conseil d'État* held itself competent to investigate the claimed public interest immunity and to determine the existence and extent of *acte de gouvernement* [B.1]. Thereafter, the simple assertion that a *mobile politique* was involved is insufficient and the administrative courts now limit the operation of the concept of *acte de gouvernement* to two groups of acts which they will normally hold not to be within the ambit of the *recours pour excès de pouvoir*.

First, there are certain acts which relate to the relationship between the constitutional institutions and the exercise of supreme authority conferred by the Constitution. Here the administrative courts will leave any remedy to be a political one. Examples include whether to have recourse to article 16 [A.31], the decision to call for a referendum (but not the administrative arrangements for a referendum) [B.4], whether or not the Government should present a bill to Parliament [B.5], the decisions of the *médiateur* (the French equivalent of the Parliamentary Commissioner for Administration) [B.7] and the power of the President to dissolve Parliament [B.10]. For the attitude of the administrative courts to public interest immunity and the production of documents, see [B.3].

Second, there are acts which relate to France's relationship with other states and international bodies and which have traditionally belonged to the prerogative power of the head of state, granted now by the 1958 Constitution (see chapter one, head 2). Examples include jamming by France of foreign radio stations [B.2], negotiating Algerian independence [B.5] and the decision to hold nuclear tests [B.16] (and note the examples given by the *commissaire du gouvernement* in [B.12]). The last decade has seen a greater willingness on the part of the *Conseil d'État* to divide matters of foreign relations into those acts which genuinely concern high level diplomatic and international activity (which the administrative courts will leave to the competence of the head of state and the appropriate minister) and those acts which concern an individual which happen to have a foreign element and where the interest of the individual can be detached from diplomatic and international interests (which the administrative courts will then treat as an ordinary administrative act subject to the control of the administrative courts). At one time the *Conseil d'État* held itself unable to interpret treaties, leaving this to the Foreign Ministry [B.6], but this has recently been changed [B.11]. Extradition processes have caused certain difficulties. The actual decision to extradite a person to another state has long been held to be within the controlling jurisdiction of the administrative courts [B.9], but for an equally long time the refusal of the French authorities to extradite someone from France to another state was held to be within the exclusive province of the administration, by reason of their diplomatic nature. However, the ever increasing determination of the administrative courts to whittle down the extent of prerogative power has been extended to these matters and a refusal to extradite is now not an *acte de gouvernement* [B.12], where the submissions of the *commissaire du gouvernement* are particularly illuminating [B. 13].

It may be that the accepted self-discipline exercised by the *Conseil d'État* with regard to the prerogatives of the highest political officers of state influenced the *Conseil d'État*, at one time, not to interfere with certain actions of the administration whereby the administration took steps to regulate its own internal affairs (*mesures d'ordre intérieur*). Certainly this was the accepted justification for holding that the administrative courts would not control the first category of *mesure d'ordre intérieur*, namely, disciplinary proceedings against members of the armed forces, the maintenance of armed forces discipline and the perceived advantage of this being left to the appropriate Minister. For a long time the self-imposed rule was strictly maintained but the fact that disciplinary action can affect the rights of the member of the armed forces with regard to the future (eg, promotion prospects and the consequent financial position) has recently led to a change of attitude, and the administrative courts will assume jurisdiction to determine whether or not the disciplinary action was properly exercised [B.14]. Again it was accepted that prison authorities might need to control the internal workings of the prisons and to take action to maintain good order therein, and such actions as the imposition of punishments, loss of remission or the transfer of a prisoner from one prison to another were for a long time held to be non-justiciable [B.8], but the *Conseil d'État* has recently indicated a greater willingness to intervene in matters of prison discipline [B.15].

Schools, it is hoped, bear little resemblance to army barracks or prisons, but once again, internal organisation and the maintenance of discipline within schools was held to be the prerogative of the head teacher or director with regard to such matters as dress, allocation of pupils to classes and timetable matters, unless the punishment for breach of any school rule was severe and possessed an external character (such as expulsion). However, in recent years there has been much debate and action with regard to school discipline and the competing constitutional principles of freedom of religion and the non-religious nature of education in France. This was raised, in particular, in relation to the wearing of the veil (*foulard*) by Muslim girls in schools and the effect of Saturday morning classes on Jewish pupils. These situations are better left to head 4 (*violation de la loi*) and note [B.75] [B.76].

Even if an act of the administration is not within the jurisdiction of the ordinary courts and it is not excluded from the jurisdiction of both the ordinary and the administrative courts, the plaintiff(s) must have sufficient interest in the annulment of the administrative act for the *recours* to be accepted by the administrative courts. Administrative acts may be an exercise of the *pouvoir réglementaire* (eg, decrees and decisions of ministers or *maires*), they may affect specified groups of people (*acte collectif*) (eg, members of an association or a university), or they may affect particular individuals (*acte individuel*) (eg, a deportation order, the refusal of building regulation permission, or dismissal from office). *Locus standi* presents no difficulty with regard to those who are the subjects of *actes individuels*, as the very essence of such a decision is the interference with that person's legal rights, and he or she will naturally have an interest in seeking to annul the act [B.47]. The status of being an elector gives *locus standi* to question the administrative arrangements for a referendum [B.4]. However, difficulties have arisen with regard to actions by groups of people. In certain situations, the narrowness of the purposes of the group, their special interest in the case and the potency for individual harm (direct and individual concern) has resulted in the acceptance of something akin to a group action [B.11] [B.18] [B.21] [B.24] [B.61] [B.66] [B.69].

Materials

[B.1] C.E., 19 février 1875

In March 1854, Prince Napoléon Joseph Bonaparte had been made a major-general by his cousin Napoléon III. The army list (*Annuaire militaire*) for 1873 (the first army list to see published after the fall of the empire) omitted his name. The war minister stated that Prince Napoléon's appointment had been made under a political régime which no longer existed and that it was now void. The Prince applied to the *Conseil d'État* to quash the refusal to re-establish his name in the army list. The war minister argued that such a decisions was an '*acte de gouvernement*' and, as such, outside the jurisdiction of the *Conseil d'État*. The *Conseil d'État* took no notice of this argument, examined the whole matter, but brought no joy to the Prince.

> LE CONSEIL D'ÉTAT: [Mais] considérant que, si [la loi] du 7 novembre 1852 donnait à l'Empereur le droit de fixer les titres et la condition des membres de sa famille et de régler leurs devoirs et leurs obligations, cet article disposait en même temps que l'Empereur avait pleine autorité sur tous les membres de sa famille; que les situations qui pouvaient être faites aux princes de la famille impériale en vertu de [la loi] du 7 novembre 1852, étaient donc toujours subordonnées à la volonté de l'Empereur; que, dès lors, la situation faite au prince Napoléon-Joseph Bonaparte par le décret du 9 mars 1854, ne constituait pas le grade dont la propriété définitive et irrévocable, ne pouvant être enlevée que dans des cas spécialement déterminés, est [garantie], et qui donne à l'officier qui en est pourvu le droit de figurer sur la liste d'ancienneté publiée chaque année dans l'Annuaire militaire; que, dans ces conditions, le prince Napoléon-Joseph Bonaparte n'est pas fondé à se plaindre de ce que son nom a cessé d'être porté sur la liste de l'état-major général de [l'armée].

[B.2] T.C., 2 février 1950

The Andorran radio station had been unlawfully using radio wavelengths allotted to specific countries under international agreements. A number of those countries complained to the French Government, which ordered the Radiodiffusion Française to jam the Andorran broadcasts (*émissions*). The Andorrans sought legal action to prevent the jamming.

LE TRIBUNAL DES CONFLITS: [Considérant] que la mesure prescrite par le Gouvernement dans les conditions ci-dessus exposées à l'égard des émissions d'un poste sis dans un territoire qui n'est pas français, qui n'est pas soumis à la législation française et relève d'une double autorité distincte de celle de l'État français, échappe, à raison de sa nature, à tout contrôle [juridictionnel].

[B.3] C.E. Assemblée, 11 mars 1955

In normal circumstances, an administrative court will, during the preparatory stages of the case (*l'instruction*) request from the parties the production of all documents (*pièces*) and files (*dossiers*). In the case of a refusal by the administration, the court can draw its own conclusions from that refusal. The tribunal administratif of Caen, during the course of a case which related to national security, decided that it would request the documents from the Minister and examine them in camera (*siégeant en chambre du conseil*).

LE CONSEIL D'ÉTAT: [Sur] la communication des documents couverts par le secret de la défense nationale:

Considérant que, dans le cas où la communication envisagée par le juge comme nécessaire porte sur des dossiers contenant des documents intéressant les secrets de la défense nationale, tels qu'ils sont définis à l'article 78 du code pénal, l'interdiction édictée par ce texte [de] s'assurer la possession desdits secrets ou d'en provoquer la divulgation à des personnes non qualifiées implique nécessairement que c'est uniquement à l'autorité responsable qu'il appartient de désigner les personnes qui doivent être, à cet égard, réputées qualifiées; qu'ainsi le pouvoir ci-dessus rappelé dont le tribunal administratif dispose, dans la généralité des cas, de prescrire, pour les besoins de l'instruction, toute communication de pièces ou de dossier, comporte une exception pour tous les documents à l'égard desquels l'autorité compétente croit devoir affirmer que leur divulgation, même opérée sous les garanties et dans les formes juridictionnelles, est exclue par les nécessités de la défense nationale;

Considérant toutefois que si, dans le cas où il se trouve placé devant un tel refus de communication, qu'il ne lui appartient pas de discuter, le juge administratif [est] tenu de ne statuer qu'au vu des seules pièces du dossier dont il est saisi, rien ne s'oppose à ce que, dans la mesure où ces renseignements lui paraissent indispensables pour former sa conviction sur les points en litige, il prenne toutes mesures de nature à lui procurer, par les voies de droit, tous éclaircissements nécessaires, même sur la nature des pièces écartées et sur les raisons de leur exclusion; qu'il a ainsi la faculté, s'il y échet, de convier l'autorité responsable à lui fournir, à cet égard, toutes indications susceptibles de lui permettre, sans porter aucune atteinte, directe ou indirecte, aux secrets garantis par la loi, de se prononcer en pleine connaissance de cause; qu'il lui appartient, dans le cas où un refus serait opposé à une telle demande, de joindre cet élément de décision, en vue du jugement à prendre, à l'ensemble des données fournies par le dossier;

Considérant qu'il résulte des motifs mêmes du jugement [rendu] par le tribunal administratif de Caen [que] ledit tribunal, qui n'a pas en l'espèce fait usage de cette faculté, s'est expressément reconnu le pouvoir de 'prendre connaissance de documents couverts par le secret de la défense nationale, sous réserve' d'aménager les modalités de la communication de ces documents de façon telle que de tels secrets ne puissent être confiés à d'autres personnes que les membres du tribunal et qu'il a ordonné en [conséquence] 'la communication au tribunal des éléments du dossier de M. Coulon couverts par le secret de la défense nationale', en [spécifiant] 'que ces documents seraient communiqués, au besoin en la présence du délégué de l'administration, au président et aux membres composant le tribunal, siégeant en chambre du conseil, par un agent du ministère des forces armées, qui reprendra immédiatement possession desdits documents après qu'ils auront été consultés par le tribunal'; que c'est illégalement que le tribunal administratif a ordonné la mesure d'instruction ainsi [prescrite].

[B.4] C.E., 19 octobre 1962

LE CONSEIL D'ÉTAT: [Considérant] que les décrets attaqués, qui ont pour objet, d'une part, de fixer les conditions dans lesquelles les partis politiques pourront participer à la campagne en vue du référendum et, d'autre part, d'organiser le scrutin du référendum, sont des actes administratifs sur la légalité desquels il appartient au Conseil d'État de statuer; que le requérant, dont la qualité d'électeur n'est pas contestée, a intérêt à en demander l'annulation; que ses requêtes sont, par suite, recevables;

Sur la légalité des décrets attaqués: Considérant qu'aux termes des articles 20 et 49 de la Constitution de la République française [[A.6]], 'le Gouvernement [est] responsable devant le Parlement' et sa responsabilité est mise en cause par l'Assemblée nationale 'par le vote d'une motion de censure'; qu'aux termes de l'article 50, 'lorsque l'Assemblée nationale adopte une motion de censure [le] Premier ministre doit remettre au Président de la République la démission du Gouvernement'; qu'aux termes de l'article 8, 'le Président de la République [met] fin' aux fonctions du premier ministre 'sur la présentation par celui-ci de la démission du Gouvernement'; que, du rapprochement de ces différentes dispositions, il résulte que l'adoption par l'Assemblée nationale d'une motion de censure entraîne le retrait du Premier ministre et de son Gouvernement; que toutefois, selon un principe traditionnel du droit public, le Gouvernement démissionnaire garde compétence, jusqu'à ce que le Président de la République ait pourvu par une décision officielle à son remplacement, pour procéder à l'expédition des affaires courantes; que, dès lors, à la date du 6 octobre 1962, le Premier ministre et les membres du Gouvernement dont la responsabilité avait été mise en cause la veille par le vote d'une motion de censure, avaient compétence pour apposer leur contreseing sur des décrets pris pour le règlement d'affaires courantes;

Considérant que les décrets attaqués du 6 octobre 1962 ont pour seul objet de régler dans les formes habituelles les conditions de la propagande électorale et les détails matériels d'organisation du scrutin du 28 octobre 1962, rendu nécessaire par la consultation par la voie du référendum dont la nature et la date ont été fixées dans un décret du Président de la République sur la légalité duquel il n'appartient pas au Conseil d'État statuant au contentieux de se prononcer; qu'en raison tant de leur nature que de leur urgence, les affaires réglées dans lesdits décrets entraînent dans la catégorie des affaires courantes restées dans la compétence du Gouvernement démissionnaire; que le requérant n'est, par suite, pas fondé à soutenir que les décrets attaqués seraient entachés d'incompétence en ce qu'ils ont été contresignés par des ministres [démissionnaires].

[B.5] C.E., 29 novembre 1968

LE CONSEIL D'ÉTAT: [Considérant] d'une part, que devant le Conseil d'État le sieur Tallagrand ne conteste plus que les déclarations gouvernementales du 19 mars 1962 établies à la suite des négociations intervenues entre les représentants de la France et ceux du Front de libération nationale n'aient créé au profit des français dont les biens ont été expropriés par l'État algérien aucun droit à indemnisation à la charge de l'État français; que le préjudice dont il demande à être indemnisé par l'État résulterait du comportement des autorités françaises qui ont provoqué, négocié et contresigné les accords d'Evian; que les agissements et les décisions qui ont pu à cette occasion être à l'origine du préjudice invoqué sont indissociables de l'action menée par le gouvernement français en vue de l'accession d'un nouvel État à l'indépendance; que, dès [lors], les conclusions susanalysées soulèvent une question qui n'est pas susceptible, par sa nature, d'être portée devant la juridiction administrative; Considérant, d'autre part, que si, en vertu du préambule de la Constitution du 27 octobre 1946 [[A.8]] auquel se réfère la Constitution du 4 octobre 1958 [[A.6]], 'la nation proclame la solidarité et l'égalité de tous les Français devant les charges résultant de calamités nationales', le principe ainsi posé, en l'absence de disposition législative précise en assurant l'application, ne peut servir de base à une action contentieuse en indemnité; que d'ailleurs, le préjudice dont le requérant demande réparation trouve son origine directe dans le fait d'un État étranger qui ne peut engager la responsabilité de l'État [français].

Considérant enfin, qu'aux termes de l'article 4 [de] la loi No 61-1439 du 26 décembre, qui s'applique 'aux Français ayant dû ou estimé devoir quitter par suite d'événements politiques, un territoire où ils étaient établis et qui était antérieurement placé sous la souveraineté, le protectorat ou la tutelle de la France, une loi distincte fixera en fonction des circonstances, le montant et les modalités d'une indemnisation en cas de spoliation et de perte définitive des biens de ces personnes'; qu'il résulte de ces dispositions que le législateur a entendu différer jusqu'à l'intervention de la loi annoncée l'indemnisation dont s'agit; que, si le requérant soutient que sa demande en réparation trouve son fondement dans l'abstention du gouvernement qui n'a pas déposé le projet de loi annoncé en ce qui concerne les Français rapatriés d'Algérie, la question ainsi soulevée, qui se rattache aux rapports de pouvoir exécutif avec le Parlement, n'est pas susceptible par sa nature d'être portée devant la juridiction administrative; qu'ainsi, l'action en réparation du requérant ne saurait être fondée ni sur les dispositions de la loi précitée ni sur la non intervention de la loi distincte [prévue].

[B.6] C.E., 31 janvier 1969

LE CONSEIL D'ÉTAT: [Considérant que les sieurs Moraly demandent] à l'État français réparation des dommages qu'ils ont subis du fait des spoliations en Algérie en soutenant que l'État français se serait engagé à réparer lesdits dommages en exécution tant des prescriptions de la loi du 26 décembre 1961[[B.5]] que des déclarations gouvernementales du 19 mars 1962; que, par décision en date du 27 mars 1968, le Conseil d'État a, d'une part, décidé que la demande des requérants ne pouvait être accueillie sur le fondement de la loi du 26 décembre 1961, d'autre part, sursis à statuer sur la requête jusqu'à ce que le ministre des Affaires étrangères se soit prononcé sur l'interprétation des déclarations gouvernementales du 19 mars 1962 en ce qui concerne le point de savoir si lesdites déclarations ont le caractère de conventions internationales et, dans l'affirmative, si elles ont eu pour effet d'établir au profit des Français résidant en Algérie [le] droit d'être indemnisés par l'État français des dommages subis; Considérant qu'à la suite de la communication qui lui a été faite par le secrétariat du contentieux du Conseil d'État de la décision précitée, le ministre des Affaires étrangères à fait connaître, par observations enregistrées le 14 octobre 1968, l'interprétation qu'il convenait de donner des déclarations gouvernementales du 19 mars 1962 sur les questions posées par le Conseil d'État; que le ministre expose que lesdites déclarations constituent une convention internationale mais ne comportent 'aucune disposition visant à établir au profit des Français résidant en Algérie [le] droit d'être indemnisés par l'État français des dommages subis'; que, par suite, la demande des sieurs Moraly [ne] peut être accueillie sur le fondement des déclarations gouvernementales du 19 mars 1962; que, dès lors, les requérants ne sont pas fondés à se plaindre que le Tribunal administratif de Marseille ait rejeté leur [demande].

[B.7] *C.E., 10 juillet 1981*

M Retail asked the *Conseil d'État* to quash a decision of the *médiateur* (the French equivalent of the Parliamentary Commissioner for Administration), who had rejected Retail's complaint (*réclamation*) relating to the activities of the body (*la Commission des opérations de bourse*) which regulates the appointment and activities of company auditors (*commissaires aux comptes de sociétés*).

LE CONSEIL D'ÉTAT: [Vu] la requête [présentée] pour M. Léon Retail [tendant] à ce que le Conseil d'État annule pour excès de pouvoir une décision du médiateur en date du 23 septembre 1976 par laquelle ce dernier se déclare incompétent pour examiner une réclamation que lui a adressée le requérant le 22 juillet 1976 relative aux conditions dans lesquelles s'exerce le contrôle de la Commission des opérations de bourse sur la nomination et les activités des commissaires aux comptes de sociétés; [Vu] la loi No 73-6 du 3 janvier 1973 [sur le médiateur]; Considérant que si, en raison notamment de son mode de nomination, le médiateur a le caractère d'une autorité administrative, il ressort de l'ensemble des dispositions de la loi du 3 janvier 1973 [que] les réponses adressées par le médiateur aux parlementaires qui le saisissent de réclamations en vertu de l'article 6 de la loi précitée n'ont pas le caractère de décisions administratives susceptibles de faire l'objet de recours par la voie contentieuse; Considérant qu'en l'espèce M. Retail a saisi le médiateur, par l'intermédiaire d'un député à l'Assemblée nationale, d'une réclamation tendant à obtenir la modification des conditions dans lesquelles la Commission des opérations de bourse exerce son contrôle sur les commissaires aux comptes ainsi que le réexamen de sa situation personnelle; que par lettre du 23 septembre 1976, le médiateur a fait connaître au député qui l'avait saisi qu'il confirmait ses précédentes réponses et n'entendait pas poursuivre l'instruction de l'affaire; qu'il résulte de ce qui précède que cette réponse n'a pas le caractère d'une décision soumise au contrôle du juge de l'excès de [pouvoir].

[B.8] *C.E., 27 janvier 1984*

LE CONSEIL D'ÉTAT: [Considérant] que la mesure prise le 8 mai 1980 par le directeur de la maison d'arrêt de Fresnes, plaçant M. Alain Caillol en 'quartier de plus grande sécurité', constitue une mesure d'ordre intérieur non susceptible d'être déférée au juge administratif par la voie du recours pour excès de pouvoir; que, dès lors et sans qu'il y ait lieu d'examiner les moyens soulevés par M. Caillol à l'appui de sa demande d'annulation de ladite mesure, cette demande doit être [rejetée].

[B.9] *C.E. Assemblée, 1er avril 1988*

LE CONSEIL D'ÉTAT: [Considérant] qu'aux termes de l'article 1er [de] la Convention de Genève du 28 juillet 1951 sur le statut de réfugié, la qualité de réfugié est reconnue à 'toute [personne] qui, craignant avec raison d'être persécutée du fait de sa race, de sa religion, de sa nationalité, de son appartenance à un certain groupe social ou de ses opinions politiques se trouve hors du pays dont elle a la nationalité et qui ne peut ou, du fait de cette crainte, ne veut se réclamer de la protection de son pays'; Considérant qu'il ressort des pièces du dossier qu'à la date à laquelle a été pris le décret accordant aux autorités espagnoles l'extradition de M. Bereciartua-Echarri, ressortissant espagnol d'origine basque, pour des faits intervenus entre février 1979 et juin 1981, le requérant bénéficiait de la qualité de réfugié en vertu d'une décision du 21 juin 1973, maintenue par une décision du 30 juillet 1984 de la commission des recours des réfugiés, non contestée par le directeur de l'office français de protection des réfugiés [et] devenue définitive; Considérant que les principes généraux du droit applicables aux réfugiés résultant notamment de la définition précitée de la Convention de Genève, font obstacle à ce qu'un réfugié soit remis, de quelque manière que ce soit, par un État qui lui reconnaît cette qualité, aux autorités de son pays d'origine, sous la seule réserve des exceptions prévues pour des motifs de sécurité nationale par ladite convention; qu'en l'espèce, le garde des sceaux, ministre de la justice n'invoque aucun de ces motifs; qu'ainsi, et alors qu'il appartenait au gouvernement s'il s'y croyait fondé, de demander à l'office français de protection des réfugiés [de] cesser de reconnaître la qualité de réfugié à M. Bereciartua-Echarri, le statut de ce dernier faisait obstacle à ce que le gouvernement pût légalement décider de le livrer, sur leur demande, aux autorités espagnoles; que le décret attaqué est dès lors entaché d'excès de pouvoir; [Annulation du décret].

[B.10] C.E., 22 février 1989

Requête de M. Allain, tendant à l'annulation du décret du 14 mai 1988 par lequel le Président de la République a prononcé la dissolution de l'Assemblée nationale.

LE CONSEIL D'ÉTAT: [Considérant] qu'il n'appartient pas au Conseil d'État statuant au contentieux de se prononcer sur la légalité des actes relatifs aux rapports entre le Président de la République et l'Assemblée nationale; que, dès lors, la requête de M. Allain tendant à l'annulation du décret du 14 mai 1988 portant dissolution de l'Assemblée nationale doit être [rejetée].

[B.11] C.E., 29 juin 1990

LE CONSEIL D'ÉTAT: [Vu la requête] présentée pour le Groupe d'information et de soutien des travailleurs immigrés GISTI [et] tendant à ce que le Conseil d'État annule la circulaire du ministre de l'Intérieur et de la décentralisation et du ministre des Affaires sociales [en] date du 14 mars 1986 relative aux conditions de circulation, d'emploi et de séjour en France des ressortissants algériens et de leur famille; [Vu] la Convention européenne de sauvegarde des droits de l'homme; Vu l'accord franco-algérien du 27 décembre 1968 modifié par [le] protocole du 22 décembre [1985]; Sur les conclusions tendant à l'annulation des dispositions du 1er alinéa du paragraphe 3-1-1 [de la circulaire] en tant qu'elles incluent, parmi les membres de la famille susceptibles de bénéficier du regroupement familial, les 'enfants mineurs de dix-huit ans'; Considérant qu'aux termes du 1er alinéa de l'article 4 de l'accord franco-algérien de [1968]: 'Les membres de la famille qui s'établissent en France sont en possession d'un certificat de résidence de même durée de validité que celui de la personne qu'ils rejoignent'; qu'aux termes du 1er alinéa du titre II du protocole annexé audit [accord]: 'Les membres de la famille s'entendent du conjoint d'un ressortissant algérien, de ses enfants mineurs ainsi que des enfants de moins de dix-huit ans dont il a juridiquement la charge en vertu d'une décision de l'autorité judiciaire algérienne'; qu'il ressort des pièces du dossier que les auteurs dudit [protocole] n'ont pas entendu modifier les stipulations antérieurement en vigueur de l'accord du 27 décembre 1968 qui s'appliquaient au conjoint et aux enfants mineurs de moins de dix-huit ans; que, par suite, en indiquant qu'il fallait entendre par enfants mineurs les enfants mineurs de 18 ans, et non ceux de 19 et 21 ans conformément au droit algérien, les auteurs de la circulaire attaquée se sont bornés à interpréter exactement les termes de la Convention franco-algérienne; que la circulaire est donc sur ce point dépourvue de caractère réglementaire; que le GISTI n'est, par suite, pas recevable à en demander [l'annulation].

[B.12] C.E. Assemblée, 15 octobre 1993

Conclusions du commissaire du gouvernement Vigouroux

Le Royaume-Uni de Grande-Bretagne et d'Irlande du Nord 'en son nom propre et en tant que représentant au plan international de la colonie royale de Hong-Kong' et le gouverneur de la colonie royale de Hong-Kong, représentés par l'ambassadeur de Grande-Bretagne en France demandent l'annulation de la décision du 20 mars 1992, notifiée par le ministre des affaires étrangères français, refusant l'extradition dans la colonie de Hong-Kong de M. [Saniman].

La première question a trait à la compétence de la juridiction administrative, contestée devant vous par le garde des sceaux. Elle suppose de répondre à la question: le refus d'extrader constitue-t-il un acte de gouvernement, comme le soutient le garde des sceaux. Par votre décision GISTI (23 septembre 1992, p. 346), vous avez confirmé [que] l'acte de gouvernement est une question de compétence et non une question de recevabilité.

Vous êtes revenus sur la jurisprudence traditionnelle de l'extradition 'acte de haute administration fait en vertu d'un traité diplomatique', échappant au contrôle du juge (2 juillet 1836, Boidron, p. [330]) par les étapes de vos décisions Decerf (Ass., 28 mai 1937, p. 534), Kirkwood (Ass., 30 mai 1952, p. [291], Astudillo-Calleja (Ass., 24 juin 1977, p. 290) et Croissant (7 juillet 1978, p. 292), par lesquelles vous avez contrôlé la légalité externe et interne du décret. Dans ces étapes, c'est bien un décret accordant l'extradition et lui seul qui était contesté.

Depuis, d'autres questions se sont posées: vous y avez répondu en restreignant la portée de l'acte de gouvernement. [Tout] recours interne contre l'acte ministériel demandant une extradition à un gouvernement étranger n'est pas exclu ([21] juillet 1972, Legros, p. 554). [Ensuite], vous jugez que, saisis de deux demandes d'extradition émanant de l'Allemagne et de l'Autriche, 'le décret attaqué a pu légalement accorder l'extradition aux autorités autrichiennes', ce qui suppose qu'est légal le refus à l'Allemagne (31 janvier 1992, Sterr). Enfin, le contrôle que vous exercez sur les 'réserves' qui accompagnent les décrets accordant l'extradition vous mettent déjà en présence d'un refus partiel opposé à l'État étranger.

1. Vis-à-vis du refus d'extradition, deux thèses sont en présence: celle de l'acte souverain ou celle de l'acte administratif contrôlé. D'un côté, la thèse de l'acte de gouvernement insiste sur la liberté irréductible de l'État requis, puisque l'abstention, le refus et parfois la rupture [restent] des instruments courants de l'action diplomatique: celle de nouer, puis d'entretenir ou non, d'interrompre, de geler, de distendre des relations avec un autre [État]. Il est alors soutenu que le refus d'extrader est directement opposé d'État à État, alors que le décret accordant l'extradition est d'abord opposable à l'individu extradé. A l'opposé, la thèse de l'acte administratif détachable des relations internationales et contrôlé. Au regard des critères proposé par le président [Bacquet] 'marge de liberté et d'autonomie dans l'initiative de l'exécution' du traité, le refus toujours possible est paradoxalement plus 'détachable' que le

décret d'extradition, condition normale d'exécution de la convention. Vous pouvez vous reconnaître compétents pour apprécier ledit refus comme le décret accordant l'extradition. Cette thèse donne la primauté à l'entraide pénale internationale considérée comme le droit commun: quand les conditions légales sont satisfaites, la livraison est le principe, le refus l'exception. Il est de l'intérêt de notre pays que les délinquants ne trouvent pas l'immunité sur notre territoire. Le dispositif conventionnel mis en place permet que le droit de punir, élément central de la souveraineté, ne soit pas mis en échec à la frontière. Le refus de l'appliquer doit être contrôlé comme une anomalie par rapport aux obligations contractées par la France.

Le refus d'extrader, qui constitue bien une décision et non seulement une déclaration d'intention, est-il d'une nature juridique différente de celle du décret accordant une extradition? [Il peut être] tentant d'opposer le décret d'extradition soumis au contrôle plus approfondi du juge puisqu'il s'agit de la liberté et, éventuellement, de la vie d'un individu, et le refus d'extrader qui intéresse en principe davantage les relations entre les deux États – requérant et requis – et moins l'étranger recherché. Ainsi le consentement de l'inculpé ne rend pas l'extradition obligatoire, le Gouvernement pouvant discerner 'telles autres raisons de s'abstenir'. Mais la nature de l'extradition a profondément évolué. Comme l'écrivait le professeur Donnedieu de Vabres dès 1928, 'l'extradition, qui fut jadis un acte de souveraineté et seulement cela, tend à devenir, à mesure que la communauté internationale se resserre, un acte de juridiction' (Les principes modernes du droit pénal international, p. 251).

Cette évolution que nous vous proposons d'accompagner est symbolisée par les nouveaux devoirs de l'État requis: obligation de livrer et motivation: [a] l'État requis a de plus en plus souvent à appliquer des conventions pour lesquelles l'extradition est la solution normale et le refus [l'exception]. La convention européenne d'extradition de 1957 porte pour titre de son article 1er 'Obligation d'extrader', ce qui marque l'évolution de l'acte de souveraineté vers l'acte de juridiction et du pouvoir discrétionnaire vers la compétence encadrée par des conditions légales; [b] de plus en plus de conventions imposent à l'État requis la motivation de ses décisions et spécialement de ses refus: par l'article 18 [de] la convention européenne d'extradition de 1957, 'tout rejet complet ou partiel sera motivé'; la convention franco-allemande d'extradition [reprenait] la même expression, comme les conventions avec l'Egypte, la Hongrie, la Tunisie, le Maroc, le Gabon, la Côte-d'Ivoire, par exemple. Cette évolution vers la motivation est d'autant plus significative que les textes nationaux prennent soin d'exclure de l'obligation les documents intéressant le secret 'de la politique extérieure' et le 'déroulement des procédures engagées devant les juridictions', deux points qui valent pour un refus [d'extradition]. Aussi, vous ne pouvez plus considérer l'extradition sans tenir compte de la construction d'un ordre pénal international.

2. Vous avez jugé 'acte de gouvernement' parce que l'acte projette dans l'ordre international la manifestation de volonté des autorités françaises et par là n'a de sens que vis-à-vis des rapports entre l'État français et un organisme international ou un autre État: l'interdiction de départ d'un cargo dans le port de Nantes 'à la veille des hostilités' de 1914 [2 juin 1922, De Poorter, p. 498]; l'exercice des pouvoirs du Gouvernement dans les relations internationales pour protéger les Français à l'étranger [22 avril 1953, Dlle Buttner, p. 184]; la décision de publier ou non un accord international [4 novembre 1970, De Malglaive, p. 635]; le vote d'un ministre dans un conseil de la Communauté

européenne [23 novembre 1984, Association 'Les Verts', p. 382]; l'institution d'une zone maritime internationale interdite [Ass., 11 juillet 1975, Paris de Bollardière, p. 423].

Lors d'un refus opposé par la France à l'occasion de demandes françaises ou étrangères touchant aux relations internationales, vous retenez l'acte de gouvernement lorsqu'est exclusivement en cause une appréciation d'opportunité de politique étrangère: le refus de soumettre un litige à la Cour internationale de justice de La Haye [9 janvier 1952, Geny, p. 19]; le refus d'engager des négociations internationales avec l'Espagne et de saisir la Cour internationale de justice [25 mars 1988, Soc. SAPVIN, p. 134]; la suspension par la France d'un accord avec le Maroc sur les visas de séjour [Ass., 18 décembre 1992, Préfet de la Gironde c. Mahmedi, p. 447, concl. Lamy]; la suspension de toute coopération scientifique avec l'Irak en septembre 1990 [23 septembre 1992, GISTI, p. 346].

En sens contraire, vous écartez l'acte de gouvernement lorsque la décision s'inspire d'abord de considérations relatives à l'ordre public ou au service public interne. Il en va ainsi du retrait d'un coopérant français à l'étranger, moins acte de souveraineté qu'acte de gestion du service public de la coopération [13 juillet 1966, Ministre des finances, p. 476]; même solution pour le remboursement par la France à un agent de coopération des sommes que le Zaïre devait à cet agent en vertu d'une convention internationale [14 mai 1993, Ministre de la coopération c. Bonn]; et pour un refus de protection consulaire à un Français en Autriche [29 janvier 1993, Mme Bouillez]. Même solution de compétence nationale à propos: de l'interdiction du passage ou du stationnement dans la commune de troupes étrangères de passage en France, conformément aux stipulations du traité de l'Atlantique-Nord [13 juillet 1967, Commune d'Aubouë, p. 308]; de l'insuffisante protection de diplomates étrangers par la police française [29 avril 1987, Yener et Erez, p. 151]: la police sur le sol français ne saurait relever de l'acte de gouvernement; de la destruction par la marine nationale d'un navire abandonné en haute mer [23 octobre 1987, Soc. 'Nachfolger Navigation Company Ltd', p. 319]; du choix du site d'implantation du Synchrotron [Ass., 8 janvier 1988, Ministre chargé du plan c. communauté urbaine de Strasbourg, p. 2]: dans cette affaire, le Premier ministre demandait au ministre de la recherche de se rapprocher de son collègue d'Allemagne pour préparer la proposition conjointe des deux pays aux autres partenaires; des embargos, pourtant directement opposés à un État étranger et bien plus intimement liés à la politique étrangère que l'extradition d'une personne recherchée pour escroquerie: [29 juin 1962, Soc. 'Manufacture des machines du Haut-Rhin', p. 432], pour une cartoucherie en Syrie, [19 février 1988, Robatel, p. 75], pour une interdiction d'exportation de matériel nucléaire.

Nous pensons qu'il en va ainsi des autorités françaises qui, au service de l'ordre public national tout autant qu'international, arrêtent un délinquant en fuite sur le sol français pour le présenter à son juge naturel étranger. Comme dans le précédent GIE Vipal [2 octobre 1981, p. 347], 'les autorités chargées de participer à l'exécution des engagements internationaux de la France' sur le sol national relèvent de la juridiction administrative.

3. Si nous pensions que le contrôle juridictionnel des refus d'extradition est susceptible de gêner le Gouvernement dans l'exercice toujours exposé de l'entraide pénale internationale, nous en resterions à l'acte de gouvernement. Mais ce n'est pas le cas. [Les] motifs que vous contrôlez dans les décrets accordant l'extradition offrent au Gouvernement une large palette de refus. Quand vous décidez depuis des années de contrôler la conformité du

système judiciaire en général d'un pays [Ass., 25 septembre 1984, Lujambio Galdeano, p. 307] ou d'une juridiction au regard des droits de la personne humaine [27 octobre 1989, Tasic]; de vérifier si les modes de preuve utilisés par les enquêteurs américains [Ass., 8 mars 1985, Alvaro Garcia Henriquez] ou italiens [Ass., 8 avril 1987, Procopio] sont conformes à l'ordre public français; de contrôler le 'but politique' d'une demande d'extradition en sondant nécessairement les intentions inavouées de tel pays [Ass., 24 juin 1977, Astudillo Caleja]; d'apprécier le sérieux et la validité des 'garanties suffisantes que la peine de mort ne sera pas exécutée' [27 février 1987, Fidan], vous acceptez déjà d'intervenir dans un champ non moins délicat par ses retentissements politiques et internationaux que celui où nous vous invitons à pénétrer en contrôlant un refus d'extrader.

[L'évolution] de l'extradition va dans le sens de la soumission des décisions de refus à votre contrôle. [Le professeur Levasseur écrivait]: 'Plus l'idée se généralise que l'extradition n'est plus un instrument purement politique, mais une institution servant à des fins répressives, plus le principe de la réciprocité perd son importance primitive' (Rev. int. dt. pénal, 1968, p. 381 et 559). Ce principe de réciprocité, caractéristique de la période exclusivement 'diplomatique' de l'extradition n'a plus de sens dans l'entraide pénale automatique d'un espace judiciaire communautaire. Et même avec les États non communautaires, il n'a plus de sens s'il est reconnu que l'État requis a tout autant intérêt à livrer le délinquant en fuite que l'État requérant à le recevoir. Compte tenu de l'extension de votre contrôle sur les décrets d'extradition, nous pensons que vous ne pouvez pas en exclure les décisions de refus. En ce sens, nous ne discernons pas un seul cas, parmi vos décisions rendues depuis Astudillo Calleja, à propos de décrets accordant l'extradition qui auraient relevé de la haute diplomatie et des relations diplomatiques. Au contraire, toutes relevaient plutôt de l'entraide pénale et de la lutte contre la criminalité, le terrorisme et la grande délinquance, sujets dont vous avez la pratique à travers de nombreuses décisions relatives aux différentes mesures de police, dont les expulsions. Le présent litige illustre la nature des questions qui vous sont soumises, bien en dehors des relations diplomatiques.

[Enfin], l'évolution juridique de ces dernières années dans les rapports entre droit interne et droit international [Ass., 20 octobre 1989, Nicolo, p. 190] comme dans le domaine de l'extradition [Ass., 24 juin 1977, Astudillo Calleja, p. 290], ne fait pas obstacle à votre compétence pour un refus d'extradition, bien au contraire. En 1966, le président Bernard notait dans ses conclusions sur l'acte de gouvernement [Ass., 30 mars 1966, Compagnie générale d'énergie radio-électrique, p. 257], en citant les décisions Decerf et Kirkwood, que 'les conventions internationales, au moins lorsqu'elles ont été ratifiées et publiées, sont soumises à un régime juridique qui n'est plus celui des actes de gouvernement et qui se confond presque entièrement avec celui des lois'.

En présence de conditions légales, dont il a l'habitude de vérifier le respect, le juge administratif peut contrôler les refus [d'extradition]. Le refus d'extradition n'est pas plus un acte de gouvernement que l'extradition accordée. Si vous nous suivez, cet effort ne sera pas vain. Vous contrôlerez alors, comme pour les décrets accordant l'extradition, l'incompétence et le vice propre de la décision, le respect de la convention d'extradition et des principes généraux du droit de l'extradition, l'erreur de droit et l'erreur matérielle, par exemple sur la personne. Quant à l'appréciation des faits, nous pensons que, dans la plupart des cas, la nature des motifs invoqués vous conduit à exercer le contrôle de la qualification [juridique].

LE CONSEIL D'ÉTAT: [Sur] la compétence de la juridiction administrative: Considérant que la décision rejetant une demande d'extradition est détachable de la conduite des relations diplomatiques de la France avec l'État dont émane cette demande; que, par suite, la juridiction administrative est compétente pour connaître de la requête;

[Sur] la légalité: Considérant qu'en vertu de ses articles 27 et 28 la convention européenne d'extradition du 13 décembre 1957 ne s'applique pas au territoire de la colonie royale de Hong-Kong où demeure en vigueur la convention franco-britannique [d'extradition], applicable aux termes de son article 16 'dans les colonies et autres possessions étrangères des deux hautes parties contractantes' au nombre desquelles figure la colonie royale de Hong-Kong possédée par la Grande-Bretagne en vertu du traité modifié du 29 août 1842 signé avec la [Chine]; Considérant que, par un arrêt en date du 30 octobre 1990, la chambre d'accusation de la cour d'appel de Versailles, statuant sur la demande d'extradition de M. Saniman, a émis un avis défavorable en ce qui concerne vingt-huit des trente-trois chefs d'inculpation le concernant et un avis favorable en ce qui concerne les cinq autres chefs;

En ce qui concerne les chefs d'inculpation 5 et 9: Considérant que sous ces chefs d'inculpation il est reproché à M. Saniman d'avoir joué un rôle décisif dans la création de sociétés fictives au bénéfice desquelles des emprunts auraient été consentis en dissimulant l'identité des véritables bénéficiaires desdits emprunts, et dans le versement desdites sommes à ces sociétés; que la circonstance, à la supposer établie, que certaines des manoeuvres frauduleuses imputées à M. Saniman auraient été postérieures aux versements précités est sans influence sur la qualification juridique des faits, qui seraient constitutifs d'une entente en vue de commettre une escroquerie punissable tant en droit français qu'en droit britannique et figurant à l'article 3 de la convention d'extradition franco-britannique du 14 août 1876; qu'en refusant, en ce qui concerne lesdits chefs, l'extradition de M. Saniman, le ministre de la justice a entaché sa décision d'une erreur de droit;

En ce qui concerne les chefs d'inculpation 21, 22 et 23: Considérant que si les faits reprochés à M. Saniman, qualifiés dans une première demande d'extradition de 'vol d'un droit incorporel de créance', ont donné lieu à un avis défavorable de la chambre d'accusation de la cour d'appel de Paris en date du 4 novembre 1987, la nouvelle demande d'extradition fondée sur l'inculpation d'appropriation de biens par tromperie contenait des faits nouveaux concernant notamment la qualité de mandataire de M. Bin Saniman, et sa qualité de supérieur hiérarchique de la personne qui a concouru aux faits reprochés; qu'eu égard à l'importance de ces faits nouveaux c'est à bon droit que, par son avis précité, la chambre d'accusation de la cour d'appel de Versailles a regardé les faits reprochés à M. Saniman comme constitutifs d'un abus de confiance, et émis, en ce qui les concernait, un avis favorable à la demande d'extradition des autorités britanniques; qu'en s'estimant sur ces points lié par l'avis défavorable antérieur de la chambre d'accusation de la cour d'appel de Paris, le ministre de la justice a entaché sa décision d'une erreur de droit;

[Annulation] de la décision portant refus de la demande d'extradition de M. [Saniman].

[B.13] C.E., 14 décembre 1994

LE CONSEIL D'ÉTAT: [Considérant] qu'il ressort des pièces du dossier que par deux décrets en date du 31 août 1993 le Gouvernement a accordé aux autorités suisses l'extradition des ressortissants iraniens Sharif-Esfahani et Taheri; que par une décision portée à la connaissance des autorités suisses le 29 décembre 1993, le Gouvernement a retiré lesdits décrets et rejeté la demande d'extradition; que le Gouvernement suisse demande au Conseil d'État d'annuler cette décision;

[Sur] la compétence de la juridiction administrative: Considérant que la décision rejetant une demande d'extradition est détachable de la conduite des relations diplomatiques de la France avec l'État dont émane cette demande; qu'ainsi, contrairement à ce que soutient le Premier ministre, la juridiction administrative est compétente pour connaître de la requête du Gouvernement suisse;

Sur la légalité de la décision [attaquée]: Considérant qu'aux termes de l'article premier de la convention européenne d'extradition: 'Obligation d'extrader. – Les parties contractantes s'engagent à se livrer réciproquement, selon les règles et sous les conditions déterminées par les articles suivants, les individus qui sont poursuivis pour une infraction ou recherchés aux fins d'exécution d'une mesure de sûreté par les autorités judiciaires de la partie requérante'; Considérant qu'il ressort des pièces du dossier que l'ensemble des conditions auxquelles la convention européenne d'extradition subordonne l'obligation d'extrader prévue par les dispositions précitées de son article premier se trouvaient remplies dans le cas des ressortissants iraniens Taheri et Sharif-Esfahani recherchés pour assassinat par les autorités suisses et appréhendés le 16 novembre 1992 sur le territoire français; que cette extradition a d'ailleurs été accordée par les décrets susmentionnés du 31 août 1993; que si le Gouvernement soutient qu'à la date de la décision attaquée par laquelle il a prononcé le retrait de ses décrets des circonstances postérieures à leur signature en rendaient l'exécution illégale, il ne fournit en tout état de cause aucune précision sur la nature de ces circonstances; que, dès lors, le Gouvernement suisse est fondé à soutenir que la décision attaquée est intervenue en violation de la convention européenne d'extradition et à demander qu'elle soit annulée pour ce [motif. Décide]: Article 2. – La décision du 29 décembre 1993 par laquelle le Gouvernement a retiré les décrets du 31 août 1993 accordant aux autorités suisses l'extradition de MM. Sharif-Esfahani et Taheri est annulée. Article 3. – La présente décision sera notifiée au Gouvernement Suisse, au Premier ministre, au ministre d'État, Garde des Sceaux, ministre de la Justice et au ministre des Affaires étrangères.

[B.14] C.E., 17 février 1995

LE CONSEIL D'ÉTAT: Vu la requête sommaire et le mémoire complémentaire [présentés] pour M. Philippe Hardouin, [qui] demande au Conseil d'État [d'annuler] le jugement [par] lequel le Tribunal administratif de Rennes a rejeté sa demande tendant à l'annulation de la décision du 14 mars 1986 aux termes de laquelle le ministre de la Défense a rejeté son recours hiérarchique contre la punition de dix jours d'arrêt qui lui avait été infligée le 8 novembre 1985, ensemble à l'annulation de cette dernière décision [et] d'annuler pour excès de pouvoir les décisions des 8 novembre 1985 et 14 mars [1986]:

Considérant qu'aux termes du dernier alinéa de l'article 30 du décret No 75-675 du 28 juillet 1975 [portant] règlement de discipline générale dans les armées: 'A l'exception de l'avertissement, les sanctions disciplinaires font l'objet d'une inscription motivée au dossier [individuel]'; que l'article 31 du même décret, dans sa rédaction résultant du décret No 85-914 du 21 août 1985, dispose: 'Les arrêts sanctionnent une faute grave ou très grave ou des fautes répétées de gravité moindre. Le militaire effectue son service dans les conditions normales mais il lui est interdit, en dehors du service, de quitter son unité ou le lieu désigné par son chef de [corps]. Le nombre de jours d'arrêt susceptibles d'être infligés est de un à [quarante]'; que, tant par ses effets directs sur la liberté d'aller et venir du militaire, en dehors du service, que par ses conséquences sur l'avancement ou le renouvellement des contrats d'engagement, la punition des arrêts constitue une mesure faisant grief, susceptible d'être déférée au juge de l'excès de pouvoir; que M. Hardouin est, dès lors, fondé à demander l'annulation du jugement attaqué, par lequel le Tribunal administratif de Rennes a rejeté comme non recevables ses conclusions tendant à l'annulation de la décision du 14 mars 1986 par laquelle le ministre de la Défense a rejeté son recours contre la punition de dix jours d'arrêt qui lui a été infligée le 8 novembre 1985 par le commandant de son unité;

Considérant qu'il y a lieu d'évoquer et de statuer immédiatement sur la demande présentée par M. Hardouin devant le Tribunal administratif de Rennes; Considérant qu'il ressort des pièces du dossier que, conformément aux dispositions de l'article 33 du décret du 28 juillet [1975], M. Hardouin a été mis à même de s'expliquer devant son chef de corps avant qu'une punition ne lui soit [infligée]; Considérant qu'il est établi que, lors de son retour le 8 novembre 1985, vers 0 h 45, sur l'unité navale sur laquelle il servait, M. Hardouin, alors maître timonier, manifestait des signes d'ébriété; qu'il a refusé de se soumettre à l'épreuve d'alcootest; que ces faits étaient de nature à justifier une punition disciplinaire et qu'en infligeant une punition de dix jours d'arrêt, l'autorité militaire n'a pas commis d'erreur manifeste d'appréciation; Considérant qu'il résulte de tout ce qui précède que M. Hardouin n'est pas fondé à soutenir que la décision du ministre de la Défense, en date du 14 mars 1986, est entachée d'excès de [pouvoir].

[B.15] C.E., 17 février 1995

LE CONSEIL D'ÉTAT: Vu la requête et le mémoire [complémentaire] présentés par M. Pascal Marie [qui] demande au Conseil d'État [d'annuler] le jugement du Tribunal administratif de Versailles qui, le 29 février 1988, a rejeté comme irrecevable sa demande tendant à l'annulation pour excès de pouvoir de la décision du 29 juin 1987 par laquelle le directeur de la maison d'arrêt des hommes de Fleury-Mérogis lui a infligé la sanction de la mise en cellule de punition pour une durée de huit jours, avec sursis, ensemble la décision implicite du directeur régional des services pénitentiaires rejetant son recours contre ladite sanction [et] d'annuler ces deux décisions pour excès de pouvoir;

Considérant qu'aux termes de l'article D.167 c. pr. pén.: 'La punition de cellule consiste dans le placement du détenu dans une cellule aménagée à cet effet et qu'il doit occuper seul; sa durée ne peut excéder quarante-cinq [jours']; que l'article D.169 du même code prévoit que 'La mise en cellule de punition entraîne, pendant toute sa durée, la privation de cantine et des visites. Elle comporte aussi des restrictions à la correspondance autre que [familiale]'; qu'en vertu de l'article 721 du même code, des réductions de peine peuvent être accordées aux condamnés détenus en exécution de peines privatives de liberté 's'ils ont donné des preuves suffisantes de bonne conduite' et que les réductions ainsi octroyées peuvent être rapportées 'en cas de mauvaise conduite du condamné en détention'; que, eu égard à la nature et à la gravité de cette mesure, la punition de cellule constitue une décision faisant grief susceptible d'être déférée au juge de l'excès de pouvoir; que M. Marie est, dès lors, fondé à demander l'annulation du jugement attaqué, par lequel le Tribunal administratif de Versailles a rejeté comme non recevable sa demande tendant à l'annulation de la décision du 29 juin 1987 par laquelle le directeur de la maison d'arrêt de Fleury-Mérogis lui a infligé la sanction de mise en cellule de punition pour une durée de huit jours, avec sursis, ainsi que de la décision implicite du directeur régional des services pénitentiaires rejetant son recours hiérarchique contre cette décision;

Considérant qu'il y a lieu d'évoquer et de statuer immédiatement sur la demande présentée par M. Marie devant le Tribunal administratif de Versailles;

Considérant qu'aux termes de l'art. D.262 c. pr. pén.: 'Les détenus peuvent, à tout moment, adresser des lettres aux autorités administratives et judiciaires [françaises]. Les détenus qui mettraient à profit la faculté qui leur est ainsi accordée soit pour formuler des outrages, des menaces ou des imputations calomnieuses, soit pour multiplier des réclamations injustifiées ayant déjà fait l'objet d'une décision de rejet, encourent une sanction disciplinaire, sans préjudice de sanctions pénales éventuelles'; Considérant que, pour infliger à M. Marie la sanction de huit jours avec sursis, de cellule de punition, le directeur de la maison d'arrêt de Fleury-Mérogis s'est fondé sur ce que la lettre du 4 juin 1987 adressée par ce détenu au chef du service de l'inspection générale des affaires sociales, pour se plaindre du fonctionnement du service médical de l'établissement, avait le caractère d'une réclamation injustifiée; Considérant qu'il ne ressort pas des pièces du dossier et qu'il n'est du reste pas allégué, que cette réclamation, à la supposer injustifiée, ait fait suite à de précédentes plaintes ayant fait l'objet de décisions de rejet; que si le garde des Sceaux, ministre de la Justice, soutient que cette réclamation comportait des imputations calomnieuses, un tel grief ne figure pas dans les motifs de la décision attaquée et qu'au surplus, si la lettre de M. Marie énonce des critiques dans des termes peu mesurés, elle ne contient ni outrage, ni menace, ni imputation pouvant être qualifiés de calomnieux; que, dès lors, en prenant la décision attaquée, le directeur de la maison d'arrêt dont la décision a été implicitement confirmée par le directeur régional des services pénitentiaires, s'est fondé sur des faits qui ne sont pas de nature à justifier une sanction; que, par suite, [M.] Marie est fondé à demander l'annulation de ces [décisions].

[B.16] C.E. Assemblée, 29 septembre 1995

LE CONSEIL D'ÉTAT: [Considérant] que le Président de la République a, le 13 juin 1995, rendu publique sa décision de procéder, en préalable à la négociation d'un traité international, à la reprise d'une série d'essais nucléaires; que ces essais avaient été suspendus en avril 1992 au soutien d'une initiative diplomatique de la France portant sur le désarmement nucléaire, et que ce moratoire avait été prolongé en juillet 1993 après que les principales puissances nucléaires eurent elles-mêmes annoncé la suspension de leurs propres essais; qu'ainsi la décision attaquée n'est pas détachable de la conduite des relations internationales de la France et échappe, par suite, à tout contrôle juridictionnel; que la juridiction administrative n'est, dès lors, pas compétente pour connaître de la requête de l'association Greenpeace France tendant à l'annulation pour excès de pouvoir de cette [décision].

3 *INCOMPÉTENCE* AND *VICE DE FORME*

The administrative courts will quash an administrative act if the administrative authority or person did not have vested in him, her or them the power to make a particular type of decision (*incompétence*), or if the administrative authority or person did not follow the correct procedure laid down either generally or in the instant situation (*vice de forme* or *vice de procédure*). *Incompétence* is rarely alleged. The cases relate to situations where the Constitution, statute or regulation has vested power in one authority but the decision is taken by another and where there has been an unlawful delegation of powers [B.17] [B.18] [B.19] [B.20] [B.21] [B.23]. *Vice de forme* is more commonly alleged. If a statute or regulation lays down a rule of procedure and the administrative courts deem that rule to be fundamental, and the administration does not follow that rule, the decision can be annulled for *vice de forme* [B.22] [B.25] [B.27]. Three general statutory provisions are of particular importance. First, *loi* no 78–753 of 17 July 1978, as amended, emphasises the right of freedom of access to official documents (with exceptions relating, *inter alia*, to deliberations of the Government, national defence, personal files of civil servants and medical records). Any document not so excepted may be consulted, free of charge, and, for a fee, a person may obtain one copy of the document to take away. Freedom of access must be genuine [B.24]. Second, *loi* no 79–587 of 11 July 1979, as amended, gives people the right to be informed of the reasons for administrative decisions which adversely affect them with regard, *inter alia*, to their civil liberties, to the imposition of a sanction or to property rights. The reasons must be in writing and state the considerations of fact and law on which the decision is based [B.28] [B.75]. Third, decree no 83–1025 of 28 November 1983, Article 8, made under the authority of *loi* no 79–587, states that, unless there are exceptional circumstances, those decisions which, by virtue of the 1979 *loi*, must be reasoned, cannot take legal effect until after the interested party has been given the opportunity to give his or her written comments on the decision [B.26]. It may be noted that the administrative courts had already developed a general rule of a right to a fair hearing where an administrative decision was in the nature of a sanction [B.29] [B.30].

Materials

[B.17] C.E., 12 juillet 1969

LE CONSEIL D'ÉTAT: [Considérant] que, par l'article 1er de l'arrêté en date du 18 juin 1968 relatif aux conditions exceptionnelles d'organisation des examens du brevet de technicien supérieur pour 1968, le ministre de l'Éducation nationale a autorisé les jurys à attribuer les brevets de technicien supérieur aux candidats ayant fréquenté un établissement d'enseignement public technique ou un établissement privé placé sous le régime des contrats définis par la loi du 31 décembre 1959 soit après un simple examen du dossier, soit à l'issue d'épreuves subies avec succès; que, pour décider si les candidats de ces établissements auraient ou non à subir ces épreuves, les jurys doivent être saisis des propositions des conseils de classe des établissements en question, lesdits conseils de classe étant invités à procéder à l'examen du dossier scolaire de chaque candidat en tenant compte à la fois de l'avis émis par les différents professeurs et des notes et appréciations obtenues aux compositions et exercices dans les matières correspondant à celles de l'examen, les notes chiffrés étant affectées du coefficient correspondant au règlement d'examen; que cette disposition de l'article 1er de l'arrêté attaqué a ainsi eu pour effet d'exclure les candidats des établissements privés non placés sous le régime des contrats définis par la loi du 31 décembre 1959 de la possibilité de se voir attribuer un brevet de technicien supérieur sur simple examen du dossier, le régime habituel des examens sur épreuves leur étant seul applicable; Considérant que les articles 2 et suivants du même arrêté ont modifié pour l'année 1968 l'organisation des épreuves de l'examen en ce qui concerne notamment la nature et la forme de celles-ci, le mode de fixation de leur date et le choix des sujets;

Sur le moyen tiré de ce que l'arrêté violerait l'article 34 de la Constitution [[A.6]]: Considérant qu'en définissant les modalités d'organisation des examens du brevet de technicien supérieur et notamment en prévoyant la possibilité d'attribuer après examen du dossier un brevet de technicien supérieur à certains candidats, l'arrêté attaqué, qui n'a pas supprimé l'obligation d'un examen par un jury, n'a porté atteinte à aucun principe fondamental de l'enseignement, que, dès lors, il n'a pas été pris en une matière relevant du domaine de la loi en vertu de l'article 34 de la Constitution;

En ce qui concerne les conclusions dirigées contre l'article 1er de l'arrêté attaqué: Considérant, d'une part, qu'aucune disposition de loi ou de décret légalement intervenue ne donnait au ministre de l'Éducation nationale le pouvoir de dispenser les candidats au brevet de technicien supérieur de se soumettre aux épreuves des examens prévus pour l'obtention de ce brevet; que si, en vertu de l'article 3 du décret du 26 février [1962]: 'pour chaque brevet de technicien supérieur, les conditions d'inscription, la nature des épreuves (programme, durée, coefficient), les moyennes et notes minimales imposées sont fixées par arrêté ministériel', il résulte des termes mêmes de cette disposition qu'elle autorise seulement le ministre à réglementer les épreuves de l'examen que les candidats doivent subir mais ne lui permet pas de supprimer pour certains de ces candidats l'obligation de subir ces épreuves; qu'ainsi, en prenant les dispositions susanalysées de l'article 1er de l'arrêté attaqué, le ministre de l'Éducation nationale a excédé les limites de la compétence qu'il tenait de l'article 3 du décret du 26 février 1962; Considérant, d'autre part, que les circonstances particulières de l'époque, même si elles pouvaient dispenser l'autorité compétente de procéder aux consultations exigées par les textes eu vigueur, ne permettaient pas au ministre d'intervenir dans une matière où un décret était nécessaire; Considérant que de ce qui précède il résulte que l'article 1er de l'arrêté attaqué émane d'une autorité incompétente et est donc entaché d'excès de [pouvoir].

[B.18] C.E., 12 décembre 1969

LE CONSEIL D'ÉTAT: [Vu] la requête sommaire et le mémoire ampliatif présentés pour le Conseil national de l'ordre des [pharmaciens], représenté par son président en exercice, ladite requête et ledit [mémoire] tendant à ce qu'il plaise au Conseil d'annuler pour excès de pouvoir le décret No 64-968 du 11 septembre 1964 modifiant l'article L.580 du Code de la santé publique et relatif au remplacement des pharmaciens d'officine et à la gérance après décès des officines de pharmacie, ensemble les décisions implicites de rejet résultant du silence gardé pendant plus de quatre mois par le Premier ministre, le ministre de la Santé publique et le ministre de la Justice sur les recours gracieux, formés contre le décret attaqué; Considérant que le décret attaqué du 11 septembre 1964 a eu pour objet d'autoriser dans certaines circonstances, une prolongation des délais prévus à l'article L.580 du Code de la santé publique pendant lesquels peut être légalement assuré, par dérogation aux principes posés aux articles L.575 et L.579, la remplacement d'un pharmacien titulaire d'une officine de pharmacie empêché ou décédé; Considérant que, si les modifications ainsi apportées aux dispositions de cet article L.580 relèvent, par leur nature du domaine réglementaire en vertu de l'article 37 de la Constitution, l'article L.518 du même code en assortissant la méconnaissance des dispositions de l'article L.580 de peines notamment correctionnelles, a créé une infraction à laquelle il a conféré le caractère d'un délit; que l'article 34 de la Constitution a réservé à la loi la détermination des crimes et des délits; que, dès lors, la modification des conditions de remplacement d'un pharmacien titulaire d'une officine de pharmacie empêché ou décédé ne pouvait résulter que d'une loi: que, par suite, le Conseil national de l'ordre des pharmaciens est fondé à soutenir que le décret attaqué dont les dispositions sont indivisibles, est entaché d'excès de pouvoir; Décide: [Le] décret susvisé en date du 11 septembre 1964 et les décisions implicites de rejet résultant du silence gardé pendant plus de quatre mois par le

Premier ministre, le ministre de la Santé publique et le ministre de la Justice sont [annulés].

[B.19] C.E., 7 janvier 1983

LE CONSEIL D'ÉTAT: Vu la requête sommaire [et] le mémoire complémentaire [présentés] pour la ville d'Aix-en-Provence, représentée par son maire en exercice, [et] tendant à l'annulation du jugement, en date du 2 juin 1981, du tribunal administratif de Marseille annulant la décision du 4 février 1981 du maire de ladite commune retirant ses fonctions de conservateur en chef de la bibliothèque 'La Méjanes' à Mme [Estève]; Vu le décret du 31 décembre 1969 relatif au statut particulier du personnel scientifique des bibliothèques; Vu les articles L.341-2 et R.341-15 du code des communes; Vu la loi du 20 juillet 1931; Vu le décret du 29 avril 1933, portant classement de bibliothèques [municipales];

Considérant que le maire d'Aix-en-Provence a décidé le 4 février 1981 de remettre Mme Estève, directeur de la bibliothèque 'La Méjanes', à la disposition de son administration d'origine et l'a, en conséquence, invitée à libérer les locaux de la bibliothèque de ses objets personnels et à rendre les clés au concierge; que, par le jugement attaqué, le tribunal administratif de Marseille a annulé cette décision; [Considérant] qu'en vertu de l'article L.341-2 du code des communes et des articles 2 et 3 du décret du 31 décembre 1969 susvisé, portant statut particulier du personnel scientifique des bibliothèques dans leur rédaction en vigueur à la date de la décision attaquée, les conservateurs et conservateurs en chef de bibliothèques assurent la direction des bibliothèques municipales classées dans les conditions prévues par la loi du 20 juin 1931; que ces fonctionnaires de l'État sont nommés par arrêté ministériel et qu'aux termes de l'article 16 du même décret: 'Les titularisations, promotions, suspensions, révocations des membres du corps des conservateurs de bibliothèques sont prononcées après consultation des autorités dont dépendent les bibliothèques auxquelles ils sont affectés. Les maires sont en outre consultés pour les affectations des conservateurs dans les bibliothèques municipales classées'; Considérant que la bibliothèque 'La Méjanes' a été rangée par décret du 29 avril 1933 parmi les bibliothèques classées au sens de la loi du 20 juillet 1931; que Mme Estève a été nommée, par arrêté du ministre de l'Éducation nationale en date du 12 septembre 1973, directeur de cette bibliothèque; qu'il résulte des dispositions rappelées ci-dessus que le maire d'Aix-en-Provence n'avait pas compétence pour prendre la décision, en date du 4 février 1981, par laquelle, il a entendu mettre fin aux fonctions de Mme Estève; que par suite Mme Estève était recevable et fondée à demander au tribunal administratif l'annulation de cette décision; que l'appel de la ville doit, dès lors, être [rejeté].

[B.20] T.A. Limoges, 5 février 1987

LE TRIBUNAL: Vu la requête présentée par Mme Gueguen tendant à l'annulation de la [décision] par laquelle le Doyen de la Faculté de Médecine et de Pharmacie de Limoges a refusé d'autoriser son transfert à la Faculté de médecine de Cochin-Port Royal, à Paris; Considérant qu'aux termes de l'article 13 du décret [relatif] à l'inscription des étudiants dans les universités: 'Un étudiant régulièrement inscrit dans une université et désirant obtenir son transfert dans une autre université, doit en faire la demande au Président de son université, ainsi que, sous le couvert de celui-ci, au Président de l'Université dans laquelle il désire continuer ses études. Le transfert est subordonné à l'accord des deux Présidents intéressés'; qu'il résulte de ces dispositions que le transfert d'un étudiant d'une université dans une autre université relève de la seule compétence des Présidents des universités concernées; que par suite, la décision par laquelle le Doyen de la Faculté de Médecine et de Pharmacie de Limoges a rejeté la demande de transfert à Paris de Mme Gueguen est entachée d'incompétence, et doit, pour ce motif, être [annulée].

[B.21] T.A. Bordeaux, 24 mars 1987

This case relates to the regulation of the season for shooting birds (*la chasse*), especially the skylark (*alouette des champs*) and quail (*caille*) and migrating birds (*oiseaux de passage*), and the use of decoy-birds (*appeaux, appelants, chanterelles*) and snares (*miroirs*).

LE TRIBUNAL: [Considérant] que la requête du Rassemblement des Opposants à la chasse [tend] à l'annulation de l'arrêté du Commissaire de la République de la Dordogne en date du 30 mai 1986 relatif à l'ouverture et à la clôture de la chasse dans le Département de la Dordogne en tant seulement qu'il autorise, d'une part, l'emploi des appelants pour la chasse aux pigeons de chasse, d'autre part, l'emploi du miroir pour la chasse de l'alouette des [champs]; Considérant qu'aux termes de l'article 11 du décret No 86-571 du 14 mars 1986 fixant les modalités d'ouverture et de clôture de la chasse: 'Le Ministre chargé de la chasse fixe la nomenclature des oiseaux de passage autres que la caille et les modes et procédés de chasse pour les diverses espèces de ces oiseaux'; qu'aux termes de l'article 376 du code rural: 'seront punis d'une amende de 1 200 F à 3 000 F et pourront, en outre, l'être d'un emprisonnement de dix jours à un [mois] ceux qui auront chassé avec appeaux, appelants ou chanterelles, sauf dans les cas autorisés en application du premier alinéa de l'article 393 [infra] relatif à la destruction des animaux malfaisants ou nuisibles'; qu'aux termes dudit article 393, 1er alinéa: 'le Ministre de l'Agriculture, assisté du Conseil National de la chasse et de la faune sauvage, prend des arrêtés pour déterminer les espèces d'animaux malfaisants ou nuisibles que le propriétaire, possesseur ou fermier peut, en tout temps, détruire sur ses terres et les conditions d'exercice de ce droit'; Considérant que le Commissaire de la République du département de la Dordogne ne tenait de ces dispositions, ni d'aucune autre disposition législative ou réglementaire, le pouvoir de fixer les modes et procédés de chasse des oiseaux de passage; que, dès lors, il n'a pu légalement, par l'arrêté en date du 30 mai 1986, autoriser, d'une part, l'emploi des appelants artificiels et vivants pour la chasse des pigeons de chasse, d'autre part, l'emploi du miroir pour la chasse des alouettes des champs; que, par suite, l'association requérante est fondée à demander l'annulation pour excès de pouvoir de l'arrêté attaqué en tant qu'il autorise ces [pratiques].

[B.22] T.A. Toulouse, 22 juin 1987

This case concerns the procedural rules relating to the detention of mentally ill persons (*aliénés*).

LE TRIBUNAL: [Vu] la requête présentée pour Mme Migliore tendant à ce que le Tribunal annule: l'arrêté en date du 6 août 1985 par lequel le Préfet, Commissaire de la République du département du Tarn, a ordonné son placement à l'hôpital [psychiatrique] à compter du 24 juillet 1985; l'arrêté en date du 23 août 1985 par lequel ledit Préfet a ordonné de nouveau son placement pour une durée de quinze jours; [et] l'arrêté en date du 12 septembre 1985 par lequel le même Préfet a décidé la prolongation indéterminée de cet [internement]; Considérant qu'aux termes de l'article L.343 du code de la santé publique: 'Les préfets ordonneront d'office le placement dans un établissement d'aliénés de toute personne dont l'état d'aliénation compromettrait l'ordre public ou la sécurité des personnes. Les ordres des Préfets seront motivés et devront énoncer les circonstances qui les ont rendus nécessaires'; Considérant d'une part que les arrêtés préfectoraux attaqués en date des 6 août 1985 et 12 septembre 1985 se bornent à viser des certificats médicaux sans comporter aucune motivation ni énoncer les circonstances qui les ont rendus nécessaires; que, dès lors, ces arrêtés ne satisfont pas aux exigences des dispositions précitées de l'article L.343 du code de la santé publique; Considérant d'autre part que le troisième arrêté préfectoral attaqué en date du 23 août 1985 vise le certificat médical du docteur Doubovetzky en ajoutant que celui-ci constate 'que l'état mental de la susnommée [Mme Migliore] constitue un danger pour l'ordre public et pour la sûreté des personnes'; qu'en s'abstenant de préciser les circonstances qui en l'espèce ont rendu nécessaire l'arrêté litigieux, le Préfet n'a pas non plus satisfait aux exigences des mêmes dispositions de l'article L.343 du code de la santé publique; [Annulation].

[B.23] T.A. Nantes, 9 juillet 1987

LE TRIBUNAL: [Sur] le moyen tiré de l'incompétence du [maire]: Considérant que l'arrêté du Maire de Vigneux-de-Bretagne du 26 juin 1986, déféré par le Commissaire de la République de Loire-Atlantique à la censure du tribunal administratif, pose une règle selon laquelle ne pourront être inscrits dans les établissements scolaires de cette commune que les enfants ayant au moins 2 ans $^1/_2$ au 1er septembre de la même année; Considérant qu'en admettant que cette décision tende à adapter l'effectif des élèves aux locaux scolaires de ladite commune et à ses moyens financiers en matière d'engagement de personnel non enseignant, elle n'en constitue pas moins une mesure qui par sa nature relève de l'organisation générale de l'enseignement; que, par suite, elle ressortit à la compétence de l'Éducation nationale et non à celle de l'administration communale; qu'elle se rapporte d'ailleurs à une question qui constitue l'un des objets des dispositions de la loi du 11 juillet 1975 sur l'éducation et du décret d'application de celle-ci du 28 décembre 1976, aux termes duquel, selon son article 2: 'les enfants peuvent être admis dans les classes maternelles dès l'âge de deux ans et rester jusqu'à l'âge de six ans' et selon son article 11: 'le nombre des élèves que chaque maître prend en charge est défini par arrêté du ministre de l'Éducation en fonction des caractéristiques des classes maternelles et primaires'; que si, compte tenu des circonstances locales, des restrictions devaient être apportées à l'admission des enfants dès l'âge de deux ans elles ne pourraient être prévues que par les maîtres, sous le contrôle de leur hiérarchie; qu'il résulte donc de l'ensemble de ce qui précède que le Commissaire de la République du département de Loire-Atlantique est fondé à demander l'annulation de l'arrêté susvisé du Maire de [Vigneux-de-Bretagne].

[B.24] T.A. Poitiers, 2 décembre 1987

LE TRIBUNAL: [Considérant] que l'Association des Amis de Saint-Palais-sur-Mer demande l'annulation de l'arrêté du maire de Saint-Palais-sur-Mer en date du 19 novembre 1986 fixant les modalités de communication des documents administratifs au public; qu'elle soutient, à l'appui de cette demande, que les modalités retenues violent la loi du 17 juillet 1978 et en particulier son titre I intitulé 'de la liberté d'accès aux documents administratifs', ainsi que les dispositions de l'article A.421-8 du code de l'urbanisme organisant la consultation des dossiers de permis de [construire]; Considérant que s'il appartient au maire de régler le mode de communication aux administrés des documents administratifs et notamment de prendre les mesures nécessaires pour éviter que cette communication ne donne lieu à des agissements de nature à troubler le fonctionnement des services municipaux, ces mesures ne saurent apporter au droit de communication et au droit d'accès reconnus par la loi du 17 juillet 1978 des restrictions telles qu'elles fassent obstacle à l'exercice normal de ces droits; Considérant en l'espèce que si le maire de Saint-Palais-sur-Mer pouvait régulièrement subordonner l'exercice du droit d'accès aux documents administratifs à la présentation d'une demande écrite préalable, il a, en imposant que la consultation s'effectue les mardis et jeudis matins, de 9h à 11h, porté illégalement atteinte au droit ouvert aux administrés par les dispositions de ladite [loi et] l'article A.421-8 du code de [l'urbanisme], ces exigences n'étant pas justifiées au retard des moyens administratifs dont disposaient les services municipaux; que le caractère excessif de telles restrictions n'est pas supprimé par la possibilité de dérogation aux horaires de consultation prescrits, ouverte dans l'arrêté attaqué dans des cas exceptionnels dont l'appréciation est laissée à l'entière discrétion de l'autorité municipale; [Annulation].

[B.25] T.A. Bordeaux, 3 mars 1988

LE TRIBUNAL: Vu la requête présentée pour Mme Bellemer tendant à ce que le tribunal annule l'arrêté du 27 janvier 1987 par lequel le commissaire de la République du département de la Gironde a déclaré d'utilité publique le projet d'acquisition par la commune de Canéjan de parcelles de terrain lui appartenant en vue de la création d'un parc public; Considérant qu'aux termes de l'article 6 du décret du 14 mars 1986 [fixant] les modalités de consultation du service des [domaines]: 'Dans le cas des acquisitions poursuivies par voie d'expropriation pour cause d'utilité publique, les collectivités et les services expropriants sont tenus de demander l'avis du service des domaines [pour produire] l'estimation sommaire et globale des biens dont l'acquisition est nécessaire à la réalisation des [opérations]'; qu'en vertu de l'article 7 du décret 'l'avis du service des domaines porte sur les conditions financières de l'opération'; que cet avis, aux termes de l'article 8, 'doit être formulé dans le délai d'un mois à compter de la date de réception d'une demande d'avis en [état]. En cas de non-respect du délai [il] peut être procédé à la réalisation de l'opération'; Considérant que la consultation ainsi prévue constitue une formalité substantielle sans laquelle la procédure d'expropriation n'est pas régulière; que si la commune de Canéjan a sollicité l'avis du service des domaines, cet avis [porte] uniquement sur l'évaluation sommaire des biens dont l'expropriation est prévue par l'arrêté du 27 janvier 1987 pour la réalisation d'un projet de parc public dans cette commune; qu'il ne répond pas aux exigences des dispositions précitées du décret du 14 mars 1986, applicable en l'espèce, et dès lors ne saurait tenir lieu de la consultation dont les modalités sont organisées par ce décret; qu'à défaut d'une telle consultation l'arrêté portant déclaration d'utilité publique est entaché d'irrégularité; que, par suite, [Mme] Bellemer est fondée à demander l'annulation pour excès de pouvoir de cet [arrêté].

[B.26] T.A. Versailles, 10 mai 1988

LE TRIBUNAL: [Considérant] qu'aux termes des dispositions de l'article 8 du décret No 83-1025 du 28 novembre 1983: 'Sauf urgence ou circonstances exceptionnelles, sous réserve des nécessités de l'ordre public et de la conduite des relations internationales, et exception faite du cas où il est statué sur une demande présentée par l'intéressé lui-même, les décisions qui doivent être motivées en vertu de la loi du 11 juillet [1979] relative à la motivation des actes administratifs, ne peuvent légalement intervenir qu'après que l'intéressé ait été mis à même de présenter des observations écrites'; Considérant que les décisions intervenues [doivent] être motivées conformément aux dispositions de la loi [du] 11 juillet 1979; [que], dès lors, les dispositions précitées de l'article 8 du décret du 28 novembre 1983 doivent trouver application; Considérant qu'il ressort des pièces du dossier que la société requérante n'a pas été mise à même de présenter des observations écrites avant l'intervention de l'arrêté litigieux; qu'elle est dès lors fondée à soutenir que l'arrêté, qui est intervenu à la suite d'une procédure irrégulière, est entaché d'illégalité; [Annulation].

[B.27] C.E., 17 juin 1992

LE CONSEIL D'ÉTAT: [Considérant] qu'eu égard à la connexité existant entre les conclusions de la requête [de] M. Marcel Leclerc tendant à l'annulation du décret du Président de la République du 17 août 1988 mettant fin à ses fonctions de directeur, chef du service de l'Inspection générale de la police nationale, et de l'arrêté du ministre de l'Intérieur du 6 septembre 1988 le réintégrant dans son corps d'origine en qualité de commissaire divisionnaire et le nommant contrôleur des services actifs de la police nationale, conclusions qui [relèvent] de la compétence en premier ressort du Conseil d'État et celles de la requête [du] Tribunal administratif de Paris du 29 mai [1989] tendant à l'annulation de l'arrêté du ministre de l'Intérieur du 6 septembre 1988 le réintégrant dans son corps d'origine en qualité de commissaire divisionnaire et le nommant contrôleur des services actifs de la police nationale, le Conseil d'État est compétent [pour] connaître en premier ressort de l'ensemble de ces conclusions; qu'il y a lieu de joindre ces deux requêtes pour statuer par une seule [décision].

Considérant qu'en raison de la nature de l'emploi de directeur, chef du service de l'Inspection générale de la police nationale, qu'occupait M. Leclerc, le gouvernement pouvait à tout moment, même en l'absence de faute de nature à motiver une sanction disciplinaire, décider de mettre fin à ses fonctions; mais que le remplacement de M. Leclerc n'étant pas la conséquence d'une nouvelle réglementation applicable à son emploi, le décret attaqué a revêtu le caractère d'une mesure prise en considération de la personne; qu'il devait dans ces conditions être précédé de la formalité instituée par l'article 65 de la loi du 22 avril 1905; Considérant qu'il ne ressort pas des pièces du dossier que le requérant ait été averti par le ministre de l'Intérieur de son intention de mettre fin à ses fonctions; que le double fait que la presse se soit faite l'écho de rumeurs annonçant le remplacement de M. Leclerc et que celui-ci ait pris l'initiative d'adresser le 28 juillet au ministre de l'Intérieur une lettre démentant des insinuations relatives à son comportement dans le traitement de certaines affaires, n'était pas de nature à dispenser l'administration de mettre l'intéressé à même, en temps utile, de demander la communication de son dossier; que dans ces conditions le requérant est fondé à se prévaloir des dispositions de l'article 65 de la loi du 22 avril 1905 pour soutenir que le décret du 17 août 1988 qui a mis fin à ses fonctions sans qu'il ait été mis à même de demander la communication de son dossier, a été pris au terme d'une procédure irrégulière et à demander, par voie de conséquence, l'annulation de l'arrêté du ministre de l'Intérieur du 6 septembre 1988 qui l'a réintégré dans son corps d'origine et l'a nommé contrôleur général des services actifs de la police nationale; Décide: [Le] décret du 17 août 1988 et l'arrêté du ministre de l'Intérieur du 6 septembre 1988 sont annulés.

[B.28] C.E., 7 décembre 1994

LE CONSEIL D'ÉTAT: [Sur] le moyen tiré de l'insuffisante motivation des pénalités de mauvaise foi mises à la charge des requérants: Considérant qu'aux termes de l'article 1er de la loi du 11 juillet 1979 relative à la motivation des actes administratifs et à l'amélioration des relations entre l'administration et le public: 'Les personnes physiques ou morales ont le droit d'être informées sans délai des motifs des décisions administratives individuelles qui les concernent. A cet effet doivent être motivées les décisions [qui] infligent une sanction'; qu'aux termes [de] l'article 42 de la loi du 30 décembre 1986 portant loi de finances pour [1987]: 'Les décisions mettant à la charge des contribuables des sanctions fiscales sont motivées au sens de la loi No 79-587 du 11 juillet 1979 relative à la motivation des actes administratifs et à l'amélioration des relations entre l'administration et le public, quand un document ou une décision adressé au plus tard lors de la notification du titre exécutoire ou de son extrait en a porté la motivation à la connaissance du contribuable'; Considérant que, si ces dispositions n'exigent pas que le titre exécutoire comporte lui même l'énoncé des considérations de droit et de fait qui constituent le fondement de la décision d'appliquer des sanctions fiscales, elles impliquent toutefois que les motifs de cette décision figurent sur le document portant ces sanctions à la connaissance du contribuable ou, à défaut, sur un document auquel l'administration entend se référer; qu'il suit de là qu'en admettant que la lettre de motivation des pénalités infligées à M. et Mme Tournier avait pu légalement se référer à la notification de redressements qui leur avait été antérieurement adressée, sans rechercher si cette notification comportait en elle-même l'indication d'éléments caractérisant la mauvaise foi, la cour [administrative d'appel de Lyon] a méconnu les dispositions [précitées].

4 *VIOLATION DE LA LOI*

This ground goes further than those discussed in head 3. Logically any act which is taken by an authority which is '*incompétent*' or which is quashed for '*vice de forme*' violates 'the law'. *Incompétence* and *vice de forme* are, of course based on whether the administrative authority acted within the powers granted and according to the procedure laid down by the Constitution, statute and regulation. What makes head 4 more interesting is that the term '*loi*' is used here in a much wider capacity than the technical sense of a statute passed by Parliament and promulgated by the President. It includes the provisions stated in the preamble to the 1958 Constitution and other documents referred to therein, such as the preamble to the 1946 Constitution and the Declaration of the Rights of Man (which have been seen in chapter one, head 3, to have been used by the *Conseil constitutionnel* as a base for its constitutionality jurisdiction), together with certain international treaties. If a provision in a preamble or a referred document is sufficiently clear and precise and capable of creating rights, the administrative courts will base their decisions on that provision (eg, equality of access to public service and employment [B.31] or freedom of religion [B.46] [B.47] [B.50] [B.51]). The administrative courts have also, but somewhat belatedly, measured administrative acts against norms created by regulations and directives emanating from the European Community institutions. At first this was limited to administrative acts which did not call into question the compatibility of a '*loi*' with Community norms (as the *Conseil d'État* held itself incompetent to so act) [B.43]. However, from 1989, the *Conseil d'État* has held itself competent to determine that a *loi* is or is not compatible with Community obligations imposed on Member States and, as a consequence, that an administrative act based on a *loi* declared as so incompatible was itself taken in violation of those obligations [B.45].

In addition to these written documents, the administrative courts include in the concept of 'the law' the unwritten law consisting of those general principles of law which the judges apply without reliance on such a document. Indeed, general principles of law are sometimes looked at as rules of interpretation of the will of the power giver: unless expressly excluded, there are certain fundamental principles designed to give the citizen a fair chance. The use of general principles of law is important especially where there is no written law, a gap to be supplemented by the 'common law'. It is presumed that Parliament did not desire to curtail the rights of citizens [B.30], and if Parliament's will is so presumed, that of all inferior legislators must also be so presumed.The actual expression is of relatively recent origin but the concept preceded the terminology. The general principles of law pervade the traditionally classified grounds for review and there may be a *vice de forme*, a *violation de la loi* or a *détournement de pouvoir* because the act has offended a general principle of law – it has been measured against the principle and been found wanting.

Among the general principles of law may be found the right to a fair hearing [B.29], a case where the arguments of the *Commissaire du Gouvernement* are most important. There was previous limited case law relating to specific cases, especially disciplinary proceedings for civil servants. It was argued that this should be applied to all analogous cases of a disciplinary or penal nature and that the loss of a kiosque was an important deprivation of the right to property and the ability to earn a croissant. This was followed in subsequent cases [B.30] [B.31]. Gradually other principles were determined and applied: equality of access to public office and employment [B.31], equal treatment of those who wish to benefit from the welfare services administered by the state (such as roads [B.32], school meals [B.35], schools [B.36] [B.37], municipal cemeteries [B.41] and nursery schools [B.42]), the right to lead a normal family life [B.33] [B.34] [B.48], freedom of commerce [B.38], freedom of movement [B.39], equal treatment from parking regulations [B.40], non-retroactivity [B.44], freedom to enjoy a sporting life [B.49] and freedom of conscience and religion [B.46] [B.47] [B.50] [B.51].

Materials

[B.29] C.E., 5 mai 1944

LE CONSEIL D'ÉTAT: [Considérant] qu'il est constant que la décision attaquée, par laquelle le préfet de la Seine a retiré à la dame veuve Trompier-Gravier l'autorisation qui lui avait été accordée de vendre des journaux dans un kiosque sis boulevard Saint-Denis à Paris, a eu pour motif une faute dont la requérante se serait rendue coupable; Considérant qu'eu égard au caractère que présentait, dans les circonstances susmentionnées, le retrait de l'autorisation et à la gravité de cette sanction, une telle mesure ne pouvait légalement intervenir sans que la dame veuve Trompier-Gravier eut été mise à même de discuter les griefs formulés contre elle; que la requérante, n'ayant pas été préalablement invitée à présenter ses moyens de défense, est fondée à soutenir que la décision attaquée a été prise dans des conditions irrégulières par le préfet de la Seine et est, dès lors, entachée d'excès de pouvoir; [Annulation].

Conclusions de M. Chenot, commissaire du Gouvernement:

Le 30 mars 1925, la dame veuve Trompier-Gravier, née Tichy, a été nommée, par arrêté du préfet de la Seine, titulaire du kiosque lumineux No 69, situé sur le boulevard Saint-Denis, à Paris. Employée au ministère de l'Agriculture, elle fut autorisée à confier la gérance de son kiosque à une dame Lange. En 1939, sur une plainte du sieur Lange, époux de cette dernière et président de la fédération des marchands de journaux, l'Administration acquit la conviction que la dame veuve Trompier-Gravier avait essayé d'extorquer aux époux Lange une somme de 40 000 F, sous menace d'un retrait de gérance. Le 26 décembre 1939, le préfet informa la dame veuve Trompier-Gravier que l'autorisation d'occupation du kiosque dont elle était titulaire cesserait le 31 décembre 1939 et ne serait pas renouvelée. C'est la décision attaquée.

La requête, qui conteste les faits sur lesquels est fondée cette décision et soutient que celle-ci est entachée d'un détournement de pouvoir, relève, incidemment, que la dame veuve Trompier-Gravier n'a pas été admise à s'expliquer sur les accusations portées contre elle. Cette allégation, formulée par la requérante à l'occasion d'un moyen de fond, constitue pourtant, selon nous, son plus sérieux grief contre la décision attaquée. L'examen des faits ne laisse en effect aucun doute. Il appartiendrait à la dame Trompier-Gravier d'établir leur inexactitude. Or, il résulte au contraire du dossier, et notamment du rapport de l'inspecteur de police qui suivit, assez maladroitement, les tractations, que le maintien de la dame Lange dans sa gérance a été subordonné par la dame Trompier-Gravier au versement d'une importante somme d'argent. Ce faisant, la requérante a commis un acte immoral, sinon délictueux, et contraire en tous les cas au règlement des [kiosques]: 'l'autorisation de kiosque est en principe personnelle; elle est annuellement renouvelable; elle ne doit pas faire l'objet d'un commerce, encore moins d'un chantage'.

En retirant l'autorisation de la dame Trompier-Gravier, l'Administration ne s'est nullement, comme le soutient la requête, immiscée dans un litige privé. Elle a voulu réprimer par une juste sanction une manoeuvre coupable. La décision attaquée ne manque donc pas de base légale, elle n'est pas non plus viciée par un détournement de pouvoir. Elle soulève toutefois un problème de procédure dont la portée dépasse les démêlés entre la dame Trompier-Gravier et les époux Lange. Il est constant que la décision attaquée a été prise sans que la dame Trompier-Gravier ait été invitée à présenter sa défense. La procédure qui a abouti au retrait de l'autorisation dont la dame Trompier-Gravier était titulaire n'a donc pas eu un caractère contradictoire. Est-elle, de ce fait, irrégulière? Telle est la question que nous devons examiner. Votre jurisprudence, même en l'absence d'un texte, a plusieurs fois affirmé la nécessité d'une procédure contradictoire. Cette règle, fondée sur les principes du droit, n'est toutefois ni générale ni absolue. Certains arrêts la démentent. Quelle est donc sa portée?

Votre décision Demoiselle Sée (10 décembre 1913) en marque une limite: l'autorisation d'ouvrir un fonds de commerce avait été retirée à la demoiselle Sée sur le recours d'un syndicat; 'eu égard à la nature dudit recours ainsi qu'à son objet la demoiselle Sée n'est pas fondée à soutenir que le recours aurait dû lui être communiqué afin qu'elle pût présenter des observations en défense'. En revanche, votre jurisprudence assure dans le domaine contentieux la stricte application d'une règle qui est, selon votre arrêt Dame Neveu (6 décembre 1933), au nombre de celles 'qui s'imposent, même en l'absence d'un texte exprès, à toutes les juridictions'. Parallèlement, en matière disciplinaire, vous avez décidé qu'en dehors du champ d'application de l'article 65 de la loi du 22 avril 1905, une mesure telle que le retrait de l'honorariat ne pouvait intervenir sans que l'intéressé eut connaissance préalable des faits à lui reprochés (17 juin 1936, Gauthier). Ainsi l'Administration, dans la gestion du service public, n'est pas tenue, sauf texte exprès, de mettre les intéressés en mesure de discuter ses décisions. Une telle exigence alourdirait sans profit la marche du service et paralyserait l'action de l'Administration. Toutefois, en certains domaines, cette règle pratique cède à un principe plus élevé. Par leur nature et par leur objet, certaines décisions doivent être précédées d'un débat, ou tout au moins elles ne peuvent intervenir avant que les intéressés aient été en mesure d'en discuter les motifs. Il en est ainsi de toutes les décisions juridictionnelles et de toutes les mesures disciplinaires. Seul un texte pourrait, dans ces deux domaines, dispenser l'Administration d'une procédure contradictoire. Si ces principes sont certains et affirmés par une jurisprudence constante, il n'en est pas moins difficile de marquer pratiquement les limites de leur application. Certaines procédures ne se déroulent pas devant un juge et empruntent pourtant à leur objet la nécessité de garanties juridictionnelles. L'annulation d'opérations électorales par un ministre exige, dans l'intérêt même du service public, le soutien d'une procédure contentieuse (29 juillet 1943, Solus). Votre jurisprudence étend ainsi à des matières voisines, en dehors du domaine proprement juridictionnel, la règle de la procédure contradictoire.

On peut constater la même irradiation de cette règle en dehors du cadre traditionnel du régime disciplinaire de la fonction publique. Lorsqu'une décision administrative prend le caractère d'une sanction et qu'elle porte une atteinte assez grave à une situation individuelle, la jurisprudence exige que l'intéressé ait été mis en mesure de discuter les motifs de la mesure qui le frappe. Vous l'avez notamment jugé à propos du retrait d'une bourse d'études (17 janvier 1930, Ribeyrolles), à propos de l'exclusion d'un établissement d'enseignement ou d'un concours (8 juillet 1936, Dame Veuve Hoaran).

Or, si nous analysons la mesure prise par le préfet à l'égard de la dame Trompier-Gravier, nous pouvons nous convaincre que la décision attaquée présente le caractère d'une sanction disciplinaire.

L'Administration n'a pas procédé, dans l'intérêt du domaine, au retrait d'une permission de voirie: le kiosque subsiste. L'autorisation de l'occuper a changé de titulaire. C'est donc en réalité une révocation qui a frappé la dame Trompier-Gravier. Elle s'est montrée indigne du bénéfice de l'autorisation dont elle était titulaire, elle a contrevenu à l'esprit et à la lettre du règlement des kiosques; c'est sur ces motifs et sur ceux-là seulement que la décision attaquée est fondée. Nous sommes certes en dehors du cadre de la fonction publique. La dame Trompier-Gravier n'est à aucun degré un agent de l'Administration. Elle est dans la situation du détenteur d'une permission de voirie sur le domaine public. De telles autorisations sont révocables, et l'Administration eût pu, sans même indiquer les motifs de sa décision prononcer la suppression du kiosque. Ce n'est pas ce qu'elle a fait. Elle a entendu punir une faute. Elle s'est placée elle-même sur un terrain disciplinaire. Dans ces conditions, elle ne pouvait pas, selon nous, méconnaître un principe qui régit, même en dehors du cadre des agents publics et en l'absence d'un texte exprès, toute procédure disciplinaire. La victime d'une sanction doit en connaître les motifs et pouvoir présenter sa défense. Nous concluons donc à l'annulation de la décision attaquée.

[B.30] C.E. Assemblée, 7 février 1947

It had been decided that members of Parliament who had voted for Marshal Pétain in 1940 should be ineligible to stand for Parliament after the liberation. However, such members were permitted to present a case for the removal of their exclusion from public office by a special *'jury d'honneur'*, which could investigate a case of its own motion (*saisir d'office*) and whose decision was to be final (*n'est susceptible d'aucun recours*).

LE CONSEIL D'ÉTAT: [Sur] la compétence: Considérant qu'il résulte de l'ensemble des prescriptions législatives relatives au jury d'honneur et notamment de celles qui concernent tant sa composition et ses pouvoirs que les recours en révision dont il peut être saisi, que cet organisme a le caractère d'une juridiction qui par la nature des affaires sur lesquelles elle se prononce, appartient à l'ordre administratif et relève à ce titre du contrôle du Conseil d'État statuant au contentieux; Considérant à la vérité qu'aux termes [de l'ordonnance] la décision du jury d'honneur 'n'est susceptible d'aucun recours'; Mais considérant que l'expression dont a usé le législateur ne peut être interprétée, en l'absence d'une volonté contraire clairement manifestée par les auteurs de cette disposition, comme excluant le recours en cassation devant le Conseil d'État;

Sur la légalité de la décision attaquée: Considérant qu'en raison du caractère juridictionnel ci-dessus reconnu à ses décisions, le jury d'honneur est tenu, même en l'absence de texte, d'observer les régles de procédure dont l'application n'est pas écartée par une disposition législative formelle, ou n'est pas incompatible avec l'organisation même de cette juridiction; Considérant qu'en admettant que le jury d'honneur ait eu la faculté de se saisir d'office du cas du requérant dans les conditions prévues par [l'ordonnance], il ne pouvait, dans cette hypothèse statuer valablement sans aviser l'intéressé de la procédure suivie à son égard et sans le mettre ainsi en mesure de présenter devant le jury d'honneur telles observations que de droit; Considérant qu'il est constant que le sieur d'Aillières, qui n'avait pas présenté de demande en vue d'être relevé de l'inéligibilité, n'a à aucun moment été informé par le jury d'honneur de l'instance pendante devant cette juridiction; que, dès lors, la décision attaquée a été rendue sur une procédure irrégulière et que, par [suite] le requérant est fondé à en demander [l'annulation].

[B.31] C.E. Assemblée, 18 mai 1954

LE CONSEIL D'ÉTAT: [Considérant] qu'aux termes de l'article 1er du décret du 13 janvier 1950, modifiant le décret du 9 octobre 1945 relatif à l'École nationale d'administration: 'les conditions générales d'admission au concours, le nombre des places mises au concours, la date d'ouverture des épreuves et la liste des candidats admis à y prendre part sont fixés par arrêtés du Président du Conseil'; que, par décret du 18 juillet 1953, le secrétaire d'État à la présidence du Conseil a été chargé d'exercer les attributions conférées au Président du Conseil par les décrets susvisés des 9 octobre 1945 et 13 janvier 1950; Considérant que, s'il appartient au secrétaire d'État, chargé par les textes précités d'arrêter la liste des candidats admis à concourir, d'apprécier, dans l'intérêt du service, si les candidats présentent les garanties requises pour l'exercice des fonctions auxquelles donnent accès les études poursuivies à l'École nationale d'administration et s'il peut, à cet égard, tenir compte de faits et manifestations contraires à la réserve que doivent observer ces candidats, il ne saurait, sans méconnaître le principe de l'égalité de l'accès de tous les Français aux emplois et fonctions publics, écarter de ladite liste un candidat en se fondant exclusivement sur ses opinions politiques; Considérant que les requérants, auxquels le secrétaire d'État à la présidence du Conseil a, par les décisions attaquées, refusé l'autorisation de prendre part au concours ouvert en 1953 pour l'admission à l'École nationale d'administration, soutiennent qu'ils n'ont été éliminés de la liste des candidats arrêtée par ledit secrétaire d'État qu'à raison des opinion politiques qui leur ont été imputées; qu'ils se prévalent à l'appui de leur allégation de circonstances et de faits précis constituant des présomptions sérieuses; que, néanmoins, le secrétaire d'État, dans ses observations sur les pourvois, s'il a contesté la portée des circonstances et faits susmentionnés, s'est borné à indiquer, en outre, qu'il appartenait au Conseil d'État de rechercher parmi les pièces versées aux dossiers celles qui lui permettraient de dégager les motifs des décisions prises et s'est ainsi abstenu de faire connaître le motif de ses décisions; qu'en cet état de la procédure la Section du contentieux, chargée de l'instruction des requêtes, usant du pouvoir qui appartient au Conseil d'État d'exiger de l'administration compétente la production de tous documents susceptibles d'établir la conviction du juge et de permettre la vérification des allégations des requérants a, par délibération du 19 mars 1954, demandé au secrétaire d'État la production des dossiers constitués au sujet de la candidature de chacun des requérants; qu'en ce qui concerne les sieurs Barel et Bedjaoui, aucune suite n'a été donnée par le secrétaire d'État à cette demande; que, s'agissant des sieurs Guyader, Fortuné et Lingois, la Section du contentieux a, en réponse à une lettre du secrétaire d'État en date du 13 mai 1954 concernant ces trois candidats, précisé que les dossiers dont le Conseil d'État réclamait la communication comprennent l'ensemble des pièces, rapports et documents au vu desquels les décisions attaquées ont été prises; qu'il n'a pas été satisfait à cette dernière demande par les productions faites le 25 mai 1954; qu'il ressort de l'ensemble des circonstances susrelatées de l'affaire que le motif allégué par les auteurs des pourvois doit être regardé comme établi; que, dès lors, les requérants sont fondés à soutenir que les décisions déférées au Conseil d'État reposent sur un motif entaché d'erreur de droit et, par suite, à en demander l'annulation pour excès de [pouvoir].

[B.32] C.E., 10 mai 1974

LE CONSEIL D'ÉTAT: [Sur] les conclusions des requêtes tendant à l'annulation des décisions du préfet de la Charente-Maritime: Considérant que les sieurs Denoyez et Chorques, tous deux propriétaires dans l'île de Ré de résidences de vacances, ont demandé au préfet de la Charente-Maritime de prendre toutes dispositions pour que la régie départementale des passages d'eau, qui exploite le service de bacs reliant La Pallice à Sablanceaux (île de Ré), leur applique dorénavant non plus le tarif général mais soit le tarif réduit réservé aux habitants de l'île de Ré, soit à défaut, le tarif consenti aux habitants de la Charente-Maritime; que par deux décisions, respectivement en date des 3 juin et 27 octobre 1971, le préfet a refusé de donner satisfaction à ces demandes; que, par les jugements attaqués, le Tribunal administratif de Poitiers a rejeté les requêtes introduites contre ces décisions par les sieurs Denoyez et Chorques;

Considérant que le mérite des conclusions des requêtes est subordonné à la légalité des trois tarifs distincts institués, sur la liaison entre La Pallice et l'île de Ré, par le conseil général de la Charente-Maritime et mis en vigueur par un arrêté préfectoral du 22 mai 1970; Considérant que la fixation des tarifs différents applicables pour un même service rendu, à diverses catégories d'usagers d'un service ou d'un ouvrage public, implique, à moins qu'elle ne soit la conséquence nécessaire d'une loi, soit qu'il existe entre les usagers des différences de situation appréciables, soit qu'une nécessité d'intérêt général en rapport avec les conditions d'exploitation du service ou de l'ouvrage commande cette mesure;

Considérant, d'une part, qu'il existe, entre les personnes résidant de manière permanente à l'île de Ré et les habitants du continent dans son ensemble, une différence de situation de nature à justifier les tarifs de passage réduits applicables aux habitants de l'île; qu'en revanche les personnes qui possèdent dans l'île de Ré une simple résidence d'agrément ne sauraient être regardés comme remplissant les conditions justifiant que leur soit appliqué un régime préférentiel; que, par suite, les requérants ne sont pas fondés à revendiquer le bénéfice de ce régime:

Considérant, d'autre part, qu'il n'existe aucune nécessité d'intérêt général ni aucune différence de situation justifiant qu'un traitement particulier soit accordé aux habitants de la Charente-Maritime autres que ceux de l'île de Ré; que les charges financières supportées par le département pour l'aménagement de l'île et l'équipement du service des bacs ne sauraient, en tout état de cause, donner une base légale à l'application aux habitants de la Charente-Maritime d'un tarif de passage différent de celui applicable aux usagers qui résident hors de ce département; que par suite, le conseil général ne pouvait pas légalement édicter un tarif particulier pour les habitants de la Charente-Maritime utilisant le service des bacs pour se rendre à l'île de Ré; que, par voie de conséquence, les sieurs Denoyez et Chorques ne sauraient utilement se prévaloir des dispositions illégales du tarif des passages pour en demander le bénéfice; qu'ils ne sont, dès lors pas, sur ce point, fondés à se plaindre que, par les jugements attaqués, le tribunal administratif de Poitiers a rejeté leurs [requêtes].

[B.33] C.E. Assemblée, 8 décembre 1978

LE CONSEIL D'ÉTAT: [Sur la légalité du décret attaqué: Considérant] que le décret du 29 avril 1976, relatif aux conditions d'entrée et de séjour en France des membres des familles des étrangers autorisés à résider en France, détermine limitativement, et sous réserve des engagements internationaux de la France, les motifs pour lesquels l'accès au territoire français ou l'octroi d'un titre de séjour peut être refusé au conjoint et aux enfants de moins de 18 ans d'un ressortissant étranger bénéficiant d'un titre de séjour qui veulent s'établir auprès de ce dernier; que le décret attaqué du 10 novembre 1977 suspend, pour une période de trois ans, les admissions en France visées par ces dispositions mais précise que les dispositions du décret du 29 avril 1976 demeurent applicables aux membres de la famille qui ne demandent pas l'accès au marché de l'emploi; que le décret attaqué a ainsi pour effet d'interdire l'accès du territoire français aux membres de la famille d'un ressortissant étranger titulaire d'un titre de séjour à moins qu'ils ne renoncent à occuper un emploi; Considérant qu'il résulte des principes généraux du droit et, notamment, du préambule de la Constitution du 27 octobre 1946 [[A.8]] auquel se réfère la Constitution du 4 octobre 1958 [[A.6]], que les étrangers résidant régulièrement en France ont, comme les nationaux, le droit de mener une vie familiale normale; que ce droit comporte, en particulier, la faculté, pour ces étrangers, de faire venir auprès d'eux leur conjoint et leurs enfants mineurs; que, s'il appartient au gouvernement sous le contrôle du juge de l'excès de pouvoir, et sous réserve des engagements internationaux de la France, de définir les conditions d'exercice de ce droit pour en concilier le principe avec les nécessités tenant à l'ordre public et à la protection sociale des étrangers et de leur famille, ledit gouvernement ne peut interdire par voie de mesure générale l'occupation d'un emploi par les membres des familles des ressortissants étrangers; que le décret attaqué est ainsi illégal et doit, en conséquence, être [annulé].

[B.34] C.E., 22 mai 1992

LE CONSEIL D'ÉTAT: [Considérant] que si, par décision postérieure à l'introduction du recours, il a été délivré à Mme Halima Zine El Khalma un certificat de résidence à compter du 30 juillet 1990, cette circonstance ne rend pas sans objet l'appel du ministre de l'Intérieur contre le jugement annulant la décision du 12 novembre 1987 refusant à l'intéressée la délivrance d'un tel titre; Considérant qu'aux termes de l'article 8 de la Convention de sauvegarde des droits de l'homme et des libertés fondamentales: 'Toute personne a droit au respect de sa vie privée et familiale, de son domicile et sa correspondance. Il ne peut y avoir ingérence d'une autorité publique dans l'exercice de ce droit que pour autant que cette ingérence est prévue par la loi et qu'elle constitue une mesure qui, dans une société démocratique, est nécessaire à la sécurité nationale, à la sécurité publique, au bien-être économique du pays, à la défense de l'ordre et à la prévention des infractions pénales, à la protection de la santé ou de la morale, ou à la protection des droits et libertés d'autrui'; Considérant qu'il résulte de l'instruction que Mme Zine El Khalma se trouvait, à la date de la décision précitée, depuis cinq années en France où résident ses parents et où elle vivait avec sa fille de nationalité française née en 1982; qu'elle a résidé en France sous le couvert d'une autorisation provisoire de séjour pendant la plus grande partie de cette période; que, dans ces conditions, la décision attaquée a porté au droit de l'intéressée au respect de sa vie familiale une atteinte disproportionnée aux buts au vue desquels a été prise la mesure attaquée; qu'ainsi les dispositions précitées de l'article 8 de la Convention européenne des droits de l'homme ont été méconnues; Considérant qu'il suit de là que le ministre de l'Intérieur n'est pas fondé à soutenir que c'est à tort que, par le jugement attaqué, le Tribunal administratif de Marseille a annulé la décision susmentionnée; [Rejet].

[B.35] C.E., 5 octobre 1984

LE CONSEIL D'ÉTAT: [Considérant] que le commissaire de la République du département de l'Ariège a déféré au tribunal administratif de Toulouse une délibération du conseil municipal de la commune de Lavelanet en date du 20 juillet 1982, confirmée le 28 juillet suivant, en tant qu'elle porte à vingt francs le prix du repas à la cantine scolaire pour les élèves domiciliés hors de la commune alors qu'un tarif réduit de huit francs est maintenu pour les élèves de la commune; Considérant que la création d'une cantine scolaire présente pour la commune de Lavelanet un caractère facultatif et qu'elle n'est pas au nombre des obligations incombant à cette commune pour le fonctionnement du service public de l'enseignement; qu'il n'est pas contesté que le plus élevé des deux prix fixés par le conseil municipal n'excède pas le prix de revient du repas; que le conseil a pu sans commettre d'illégalité, et notamment sans méconnaître au profit des élèves domiciliés dans la commune le principe d'égalité devant les charges publiques, réserver à ces élèves l'application d'un tarif réduit grâce à la prise en charge partielle du prix du repas par le budget communal; que le commissaire de la République n'est par suite pas fondé à soutenir que c'est à tort que le tribunal administratif a rejeté sa [requête].

[B.36] C.E., 26 avril 1985

LE CONSEIL D'ÉTAT: [Sur] la légalité de la délibération du conseil municipal de Tarbes: Considérant que, par délibération du 8 septembre 1980, le conseil municipal de Tarbes a fixé le montant des droits d'inscription à l'École nationale de musique de Tarbes qui constitue un service public municipal de caractère administratif; que le montant de ces droits varie, notamment, en fonction d'un 'quotient familial' établi compte tenu des ressources des familles des élèves fréquentant l'école et du nombre de personnes vivant au foyer; Considérant que la fixation de tarifs différents applicables à diverses catégories d'usagers implique, à moins qu'elle ne soit la conséquence d'une loi, qu'il existe entre les usagers des différences de situations appréciables ou que cette mesure soit justifiée par une nécessité d'intérêt général en rapport avec les conditions d'exploitation du service; Considérant que, d'une part, les différences de revenus entre les familles des élèves n'étaient pas constitutives, en ce qui concerne l'accès au service public, de différences de situation justifiant des exceptions au principe d'égalité qui régit cet accès; que, d'autre part, compte tenu de l'objet du service et de son mode de financement, il n'existait aucune nécessité d'intérêt général justifiant pour la fixation des droits d'inscription, une discrimination fondée sur les seules différences de ressources entre ces usagers; que, par suite, la ville de Tarbes n'est pas fondée à soutenir que c'est à tort que, par le jugement attaqué, le tribunal administratif de Pau a, d'une part, annulé la décision du préfet des Hautes-Pyrénées en date du 28 avril 1981 refusant de déclarer nulle de droit la délibération du conseil municipal en date du 8 septembre 1980 fixant les droits d'inscription à l'École nationale de musique, et, d'autre part, déclaré nulle de droit cette [délibération].

[B.37] T.A. Poitiers, 13 mai 1987

LE TRIBUNAL: [Vu] la requête présentée pour M. Lacroix tendant à l'annulation de la délibération du 26 novembre 1985 de la commission administrative du centre communal d'action sociale de la Rochelle fixant pour l'année 1986 le barème des tarifs applicables à la crèche collective du Champ de Mars; Considérant que, par la délibération attaquée du 26 novembre 1985, la commission administrative du centre communal d'action sociale de la Rochelle a revisé le barème pour 1986 de la participation demandée aux familles des enfants admis à la crèche collective du Champ de Mars, qui constitue un service public de caractère administratif; que le montant du forfait mensuel ainsi [fixé] varie respectivement de 700,73 F, à 1523,48 F, à 1557,82 F, en fonction du 'quotient familial' établi compte tenu des revenus figurant sur leur avis d'imposition et du nombre de personnes vivant à leur foyer; Considérant que la fixation de tarifs différents applicables à diverses catégories d'usagers implique, à moins qu'elle ne soit la conséquence d'une loi, qu'il existe entre les usagers des différences de situation appréciables ou que cette mesure soit justifiée par une nécessité d'intérêt général en rapport avec les conditions d'exploitation du service; Considérant, d'une part, qu'aucune loi n'a prévu une différenciation tarifaire pour l'accès au service public constitué par les [crèches]; Considérant, d'autre part, qu'il ne ressort pas des pièces du dossier que les différences de revenus entre les familles des enfants fréquentant la crèche collective du Champ de Mars à La Rochelle étaient constitutives par elles-mêmes de différences de situation justifiant des exceptions au principe d'égalité qui régit cet accès; Considérant, enfin, que dans les circonstances de l'espèce, eu égard à l'objet et à l'organisation du service ainsi qu'à la localisation de ladite crèche et à son mode de financement caractérisé par le fait que la participation des familles ne couvre environ que le quart des dépenses de fonctionnement, il n'existait aucune nécessité d'intérêt général justifiant, pour la fixation de cette participation, une discrimination fondée sur les seules différences de ressources entre les usagers; Considérant qu'il résulte de tout ce qui précède que M. Lacroix dont la fille Carole fréquente la crèche précitée est fondé à soutenir que la discrimination tarifaire résultant de la délibération susvisée du 26 novembre 1985 est entachée [d'illégalité].

[B.38] T.A. Grenoble, 20 janvier 1988

LE TRIBUNAL: [Vu] la requête présentée pour la société Wave Hill International [et] tendant à ce que le tribunal annule la décision en date du 18 août 1987, par laquelle le maire de Les Allues a refusé de modifier les termes de la convention, proposée le 18 juin 1987, en ce qui concerne le nombre de moniteurs que la commune précitée estime nécessaire au bon fonctionnement d'une école de ski; Considérant [que] le 7 août 1987 le gérant de la société Wave Hill International contestait la convention proposée en tant qu'elle imposait un effectif minimum de 60 moniteurs pour pouvoir bénéficier des avantages accordés par la commune, notamment celui relatif au libre passage des moniteurs aux remontées mécaniques; que par la décision attaquée en date du 18 août 1987, le maire des Allues répondait que la commune n'entendait pas modifier la convention en ce qui concerne le nombre minimum de [moniteurs]; Considérant que l'exigence, contenue dans les conventions proposées aux diverses écoles de ski, d'un effectif minimum de 60 moniteurs conduit en fait à interdire toute implantation ou création dans la commune des Allues d'une école autre que l'École de ski français; qu'aucun motif d'intérêt général ne justifie, en l'espèce, une telle discrimination au profit de l'École de ski français; qu'il convient de relever à cet effet que l'école requérante a accepté, notamment, toutes les dispositions de la convention relatives aux tâches de sécurité, à l'enseignement du ski aux enfants des écoles locales, à l'organisation de compétitions sportives, et, d'une façon générale, à l'animation de la station; que, dans ces conditions, la décision attaquée par laquelle le maire des Allues a refusé de modifier les termes de la convention en ce qui concerne le nombre de moniteurs exigé, a porté une atteinte illégale à la liberté du commerce et de l'industrie, et doit être, par suite, [annulée].

[B.39] T.A. Nantes, 24 mars 1988

LE TRIBUNAL: [Considérant] qu'aux termes de l'article L.122-34 du Code du travail: 'Le règlement intérieur est un document écrit par lequel l'employeur fixe exclusivement: les mesures d'application de la réglementation en matière d'hygiène et de sécurité dans l'entreprise ou l'établissement; les règles générales et permanentes relatives à la discipline'; qu'en vertu de l'article L.122-35 du même code: 'Le règlement intérieur ne peut contenir de clause contraire aux lois et [règlements]. Il ne peut apporter aux droits du personnel et aux libertés individuelles et collectives des restrictions qui ne seraient pas justifiées par la nature de la tâche à accomplir ni proportionnées au but recherché'; qu'aux termes des articles L.122-37 et L.122-38, l'inspecteur du Travail 'peut à tout moment exiger le retrait ou la modification des dispositions contraires aux articles L.122-34 et L.122-35', et que sa décision 'peut faire l'objet [d'un] recours devant le directeur régional du travail et de l'emploi';

Considérant que la Société anonyme Bull [a] communiqué à l'inspecteur du Travail d'Angers une disposition qu'elle envisageait d'ajouter à son règlement intérieur, rédigée dans les termes suivants: 'Le port du badge, d'une manière apparente, devient obligatoire pour tout le personnel de l'Établissement d'Angers, dès lors qu'il lui aura été remis sous forme d'une [carte]. Cette carte, se substituant à la carte de pointage, devra être présentée au service de gardiennage lors de l'accès sur le site; permettant de pénétrer dans l'établissement, elle autorisera sélectivement l'entrée de certains salariés dans les ateliers où, pour des raisons techniques ou/et de sûreté, la circulation du personnel doit être limitée'; que, sur recours hiérarchique formé contre la décision de l'inspecteur du Travail, en date du 20 novembre 1986, défavorable à la société, le directeur régional du Travail et de l'Emploi des pays de la Loire a, par la décision attaquée du 7 janvier 1987, admis le maintien de la disposition en cause sous réserve de l'adjonction ci-après: 'Cette mesure ne doit pas créer de situation discriminatoire ni limiter le droit de déplacement des représentants du personnel'; Considérant [que] l'apposition sur le badge du nom et de la photographie de la personne concernée, ainsi que d'une 'puce' électronique, ne saurait être regardée, par elle-même, comme une atteinte aux libertés individuelles, remarque étant faite que les salariés seront en mesure de vérifier les informations contenues dans la 'puce' électronique; que le contrôle de la circulation dans l'entreprise au moyen du badge prévu par la disposition critiquée du règlement intérieur n'a pas, par lui-même, pour effet de limiter le droit de déplacement que les représentants du personnel tiennent de la [loi].

[B.40] T.A. Orléans, 26 avril 1988

LE TRIBUNAL: [Considérant] que la requête de M. Poirrier doit être regardée comme tendant à l'annulation de la décision du maire d'Orléans du 28 janvier 1985, refusant la suppression d'une bande jaune, matérialisant une interdiction de stationner, peinte par les services municipaux de la voirie sur les pavés délimitant la chaussée et le trottoir devant le domicile du requérant 37, rue A.-Gault; [Considérant] que par un arrêté du 29 février 1972, dont le requérant ne conteste pas la légalité, le maire d'Orléans a réglementé le stationnement dans la rue A.-Gault, en l'interdisant notamment au droit des entrées de cours et de garages, non seulement du côté où elles se trouvent, mais également du côté opposé; Considérant qu'il ressort des pièces du dossier que la bande jaune en litige a été peinte du côté opposé à l'entrée du garage de M. Jackowski, à la demande de l'intéressé qui était souvent gêné par des véhicules enfreignant l'interdiction de stationner; qu'ainsi, le maire d'Orléans s'est borné à rendre opposable aux usagers son arrêté d'interdiction, afin d'en assurer le respect en un emplacement où il était fréquemment méconnu; que s'il n'a pas fait apposer la même signalisation devant la totalité des entrées de cours et garages de la rue, cette [circonstance] ne révèle aucune méconnaissance du principe d'égalité des citoyens devant la réglementation du stationnement et n'est dès lors pas de nature à établir l'illégalité de la mesure critiquée, prise sur le fondement et en application de l'arrêté de police du 29 février [1972].

[B.41] T.A. Orléans, 31 mai 1988

LE TRIBUNAL: [Sur] les conclusions tendant à l'annulation de la délibération en date du 26 septembre 1986 du conseil municipal de Limeray: [Considérant] qu'au soutien de sa requête tendant à l'annulation de la délibération en date du 26 septembre 1986, par laquelle le conseil municipal de Limeray a décidé qu'en raison de la saturation prévisible du cimetière communal et des difficultés rencontrées pour procéder à son agrandissement, les concessions funéraires seraient réservées aux personnes domiciliées dans la commune y habitant définitivement toute l'année, Mme Cortier fait valoir que cette délibération viole le principe de l'égalité des usagers devant le service public; Considérant que si les dispositions de l'article L.361-12 du Code des communes aux termes duquel: 'Lorsque l'étendue des lieux consacrés aux inhumations le permet, il peut y être fait des concessions de terrains aux personnes qui désirent posséder une place distincte et séparée pour y fonder leur [sépulture'] autorisent le maire à refuser l'octroi de concessions funéraires, ces mêmes dispositions ne permettent pas au conseil municipal d'édicter, par voie réglementaire, une discrimination entre les usagers de ce service municipal à caractère facultatif qui ne serait pas fondée soit sur des différences de situation appréciables, soit sur une nécessité d'intérêt général en rapport avec les conditions d'exploitation du service ou de l'ouvrage; Considérant qu'à défaut pour le maire de Limeray d'avoir édicté, eu égard à l'état d'occupation du cimetière communal, l'arrêt complet de l'octroi des concessions, il ne pouvait réserver les emplacements encore disponibles à la seule partie des habitants résidant de manière permanente dans la commune dès lors qu'il n'existe, entre 'personne habitant définitivement Limeray et toute l'année' et les 'résidents secondaires' des différences justifiant, au regard de la nature du service public en cause, qu'un traitement prioritaire soit accordé aux habitants permanents; Considérant qu'il résulte de ce qui précède que la délibération du conseil municipal de Limeray est entachée d'une erreur de droit; qu'elle ne peut, par suite, qu'être annulée; Sur les conclusions tendant à l'annulation de la décision du 1er octobre 1986 refusant à Mme Cortier une concession dans le cimetière communal: Considérant que cette décision est intervenue sur le fondement de la délibération du conseil municipal de Limeray en date du 26 septembre 1986; qu'il résulte de ce qui précède que cette délibération est entachée d'erreur de droit, et doit être annulée; que, par voie de conséquence, la décision attaquée est également entachée d'illégalité; qu'il y a lieu d'en prononcer [l'annulation].

[B.42] T.A. Bordeaux, 14 juin 1988

LE TRIBUNAL: [Considérant] qu'aux termes de l'alinéa 13 du préambule de la Constitution du 27 octobre [1946 [A.8]]: 'La nation garantit l'égal accès de l'enfant et de l'adulte à l'instruction, à la formation professionnelle et à la culture. L'organisation de l'enseignement public gratuit et laïque à tous les degrés est un devoir de l'État'; qu'aux termes de l'article 1er de la loi du 11 janvier 1975: 'Tout enfant a droit à une formation scolaire qui, complétant l'action de sa famille, concourt à son éducation'; qu'il résulte de ces dispositions que la loi a entendu affirmer le principe de l'égalité d'accès de tous les enfants au service public de l'enseignement; Considérant que M. El Rhazouani et M. El Aouani demandent l'annulation des décisions implicites par lesquelles le maire de Casseneuil a refusé d'inscrire leurs enfants à l'école maternelle et primaire de la commune; qu'il résulte de l'instruction, et notamment de la délibération du conseil municipal en date du 18 octobre 1984 et du mémoire en défense présenté par le maire, que celui-ci a entendu fonder sa décision sur la circonstance que les enfants dont l'accueil était sollicité appartenaient à des familles d'"immigrés hors C.E.E.' dont il souhaitait interrompre l'afflux dans la commune; que le maire ne pouvait pour ce motif, sans méconnaître le principe d'égalité des usagers devant le service public de l'enseignement, prendre les décisions attaquées; [Annulation].

[B.43] C.E., 7 octobre 1988

LE CONSEIL D'ÉTAT: Vu la requête [présentée] par le Rassemblement des opposants à la chasse [et] tendant à ce que le Conseil d'État annule l'arrêté du 2 juillet 1987 par lequel le ministre délégué chargé de l'Environnement a fixé la période d'ouverture spécifique de la chasse au gibier d'eau [pour] la campagne 1987-1988 dans le département de la Loire du 15 août 1987 à 9 h à la date de l'ouverture générale de la chasse, les samedi, dimanche, mercredi et jours fériés uniquement, sur les fleuves, rivières et canaux lorsque leur superficie dépasse un hectare, sur les lacs, étangs, réservoirs et dans les marais non asséchés; [Vu les autres pièces du dossier; Vu la directive No 79-409 du 2 avril 1979 du Conseil des Communautés européennes];

Sur l'intervention de l'Association nationale des chasseurs de gibier d'eau: Considérant que l'Association nationale des chasseurs de gibier d'eau a intérêt au maintien de la décision attaquée; qu'ainsi son intervention est recevable;

Sur la légalité de la décision attaquée: [Considérant] qu'il ressort clairement des stipulations de l'article 189 du Traité du 25 mars 1957 que les directives du Conseil des Communautés économiques européennes lient les États membres 'quant au résultat à atteindre'; que si, pour atteindre le résultat qu'elles définissent, les autorités nationales, qui sont tenues d'adapter la législation et la réglementation des États membres aux directives qui leur sont destinées, restent seules compétentes pour décider de la forme à donner à l'exécution de ces directives et pour fixer elles-mêmes, sous le contrôle des juridictions nationales, les moyens propres à leur faire produire leurs effets en droit interne, ces autorités ne peuvent légalement édicter des dispositions réglementaires qui seraient contraires aux objectifs définis par les directives dont il s'agit; Considérant que, selon les dispositions de l'article 7-4 de la directive du Conseil No 79-409 du 2 avril 1979 concernant la conservation des oiseaux sauvages publiée au Journal officiel des Communautés européennes du 25 avril 1979, les États membres veillent à ce que les espèces auxquelles s'applique la législation de la chasse ne soient pas chassées pendant la période nidicole ni pendant les différents stades de reproduction et de dépendance. Lorsqu'il s'agit d'espèces migratrices, ils veillent en particulier à ce que les espèces auxquelles s'applique la législation de la chasse ne soient pas chassées pendant leur période de reproduction et pendant leur trajet de retour vers leur lieu de nidification; Considérant que l'arrêté pris par le ministre de l'Environnement le 2 juillet 1987 a fixé l'ouverture spécifique de la chasse au gibier d'eau [dans] le département de la Loire du samedi 15 août 1987 à 9 h à la date de l'ouverture générale sur les fleuves, rivières et canaux lorsque leur superficie dépasse un hectare, sur les réservoirs, lacs, étangs et dans les marais non asséchés, les samedi, dimanche, mercredi et jours fériés uniquement; qu'il ressort des pièces du dossier que cette ouverture de la chasse au gibier d'eau dans le département de la Loire est autorisée en une période et en des lieux où certaines des espèces concernées n'ont pas achevé leur période de reproduction et de dépendance; qu'ainsi, ces dispositions réglementaires ont été prises en méconnaissance des objectifs définis par la directive ci-dessus mentionnée et encourent dès lors [l'annulation].

[B.44] T.A. Paris, 21 décembre 1988

LE TRIBUNAL: [Considérant] que dans ses deux premiers alinéas, l'article L.18-1 du Code de la route prévoit la rétention à titre conservatoire du permis de conduire, notamment lorsqu'il peut être présumé ou lorsqu'il est établi qu'un conducteur conduisait sous l'emprise de l'état [alcoolique]; que les 4e et 5e alinéas du même article permettent au préfet de prononcer la suspension du permis pour une durée qui ne peut excéder six mois [dans] les soixante-douze heures de sa rétention, étant précisé qu'à défaut de décision dans ce délai, le permis de conduire est remis à la disposition de l'intéressé, sans préjudice de l'application ultérieure de l'article L.18; Considérant, d'une part, qu'il est constant, qu'à la suite de l'accident survenu le 6 mai [1988] au cours duquel le véhicule conduit par M. Hauser s'est trouvé immobilisé après avoir heurté une poubelle et une barrière, le degré d'imprégnation alcoolique du conducteur a été exclusivement déterminé par la mesure du taux d'alcool pur dans l'air expiré, à l'aide d'un [éthylomètre]; que, par suite, l'arrêté du 9 mai 1988 faisant mention d'une analyse de sang qui aurait révélé un taux d'alcool pur de 2,84 grammes pour mille repose sur un fait matériellement inexact; Considérant, d'autre part, que s'il appartient à l'autorité qui constate l'illégalité d'une décision qui n'a pas créé de droit de la retirer à tout moment et d'édicter pour l'avenir une décision régulière, ladite autorité ne saurait légalement tenter de régulariser sa décision en mettant fin, rétroactivement, à l'illégalité qui l'entache; Considérant qu'en décidant, par un second arrêté pris le 26 mai 1988 sur le fondement du 4e alinéa de l'article L.18-1 du Code de la route [de] suspendre pour six mois, du 9 mai 1988 au 9 novembre 1988, la validité du permis de conduire du requérant au motif que la vérification par éthylomètre de l'imprégnation alcoolique de M. Hauser avait révélé un taux d'alcoolémie de 1,39 mg par litre d'air expiré, le sous-préfet de Nogent-sur-Marne a en réalité entendu rétablir, d'une manière rétroactive et donc illégale, l'exactitude matérielle du motif de l'arrêté du 9 mai [1988. Annulation].

[B.45] C.E., 24 septembre 1990

LE CONSEIL D'ÉTAT: [Considérant qu'aux termes de l'arrêté du 28 avril 1981]: 'Les dispositions de l'arrêté du 29 mars 1978 [infra] sont prorogées pour une nouvelle période de trois ans'; que par leur arrêté en date du 29 mars 1978 le ministre délégué à l'économie et aux finances et le ministre de l'agriculture avaient étendu à l'ensemble des producteurs de pommes de table des douze départements concernés, certaines règles édictées par le comité économique agricole 'fruits et légumes' du Val de Loire; Considérant qu'aux termes de l'article 16 de la [loi] du 8 août 1962 dans sa rédaction en vigueur à la date d'intervention de l'arrêté du 29 mars 1978: 'Les comités économiques agricoles justifiant d'une expérience satisfaisante de certaines disciplines peuvent demander au ministre de l'agriculture que celles des règles acceptées par leurs membres concernant l'organisation des productions, la promotion des ventes et la mise sur le marché [soient] rendues obligatoires pour l'ensemble des producteurs de la région [considérée et] l'extension de tout ou partie de ces règles à l'ensemble des producteurs de la région est prononcée par arrêté interministériel pour des périodes triennales renouvelables et après consultation de l'ensemble des producteurs intéressés de cette région, dans des conditions fixées par décret en Conseil d'État';

Considérant que le règlement No 1035/72 du Conseil des communautés européennes en date du 18 mai 1972 a défini, en ce qui concerne notamment les pommes de table, une réglementation commune des marchés comportant des normes de qualité et des mécanismes d'intervention; qu'il résulte de l'interprétation donnée dans sa décision du 25 novembre 1986 par la Cour de justice des communautés européennes statuant sur renvoi préjudiciel que si cette réglementation n'interdit pas aux groupements de producteurs d'imposer à leurs adhérents différentes disciplines dans ces domaines, elle ne donne pas compétence aux autorités des États membres pour étendre à l'ensemble des producteurs d'une région déterminée les règles ainsi édictées; qu'il suit de là que le ministre délégué à l'économie et aux finances et le ministre de l'agriculture n'avaient pas compétence pour étendre celles des règles édictées par le comité économique agricole 'fruits et légumes' du Val de Loire qui sont mentionnées aux alinéas 5o, 6o et 7o de l'article 1er de leur arrêté du 29 mars 1978, relatives aux règles de production, de qualité, de grosseur, poids et présentation des pommes de table et aux modalités d' intervention sur les marchés et aux 8o et 9o relatives à la participation des producteurs au financement des fonds de gestion et de promotion pour des dépenses liées aux disciplines qui ne pouvaient être étendues; qu'en déclarant prorogées pour une nouvelle période de trois ans les dispositions illégales de cet arrêté le ministre de l'économie, le ministre du budget et le ministre de l'agriculture ont entaché d'illégalité leur arrêté du 28 avril 1981; que l'extension pour une nouvelle période de trois ans, des règles mentionnées aux 5o à 9o de l'arrêté du 29 mars 1978 ne saurait avoir pour base légale des dispositions de l'article 7 de la [loi] du 4 juillet 1980 qui a donné une nouvelle rédaction aux dispositions de l'article 16 de la loi du 8 août 1962, dès lors qu'en tant qu'elle autorise pour certaines matières l'extension de règles édictées par ses comités économiques agricoles, elle est incompatible avec les dispositions alors en vigueur du règlement du Conseil des communautés européennes en date du 18 mai 1972; [Considérant] qu'il résulte de tout ce qui précède, sans qu'il soit besoin d'examiner l'autre moyen de la requête, que M. Boisdet est fondé à soutenir que l'arrêté du 28 avril 1981 est, dans l'ensemble de ses dispositions, entaché [d'illégalité].

[B.46] C.E., 2 novembre 1992

LE CONSEIL D'ÉTAT: Sur les conclusions dirigées contre l'article 13 du règlement intérieur du collège Jean-Jaurès de Montfermeil:

Considérant qu'aux termes de l'article 10 de la Déclaration des Droits de l'Homme et du Citoyen du 26 août 1789 [[A.7]]: 'Nul ne doit être inquiété pour ses opinions, même religieuses, pourvu que leur manifestation ne trouble pas l'ordre public établi par la loi'; qu'aux termes de l'article [1] de la Constitution du 4 octobre 1958 [[A.6]]: 'La France est une République indivisible, laïque, démocratique et sociale. Elle assure l'égalité devant la loi de tous les citoyens sans distinction d'origine de race ou de religion. Elle respecte toutes les croyances'; qu'aux termes de l'article 10 de la loi du 10 juillet [1989]: 'Dans les collèges et lycées, les élèves disposent, dans le respect du pluralisme et du principe de neutralité, de la liberté d'information et de la liberté d'expression. L'exercice de ces libertés ne peut porter atteinte aux activités d'enseignement';

Considérant que le principe de la laïcité de l'enseignement public qui résulte notamment des dispositions précitées et qui est l'un des éléments de la laïcité de l'État et de la neutralité de l'ensemble des services publics, impose que l'enseignement soit dispensé dans le respect, d'une part, de cette neutralité par les programmes et par les enseignants et, d'autre part, de la liberté de conscience des élèves; qu'il interdit conformément aux principes rappelés par les mêmes textes et les engagements internationaux de la France toute discrimination dans l'accès à l'enseignement qui serait fondée sur les convictions ou croyances religieuses des élèves; que la liberté ainsi reconnue aux élèves comporte pour eux le droit d'exprimer et de manifester leurs croyances religieuses à l'intérieur des établissements scolaires, dans le respect du pluralisme et de la liberté d'autrui, et sans qu'il soit porté atteinte aux activités d'enseignement, au contenu des programmes et à l'obligation d'assiduité; que, dans les établissements scolaires, le port par les élèves de signes par lesquels ils entendent manifester leur appartenance à une religion n'est pas par lui-même incompatible avec le principe de laïcité, dans la mesure où il constitue l'exercice de la liberté d'expression et de manifestation de croyances religieuses, mais que cette liberté ne saurait permettre aux élèves d'arborer des signes d'appartenance religieuse qui, par leur nature, par les conditions dans lesquelles ils seraient portés individuellement ou collectivement, ou par leur caractère ostentatoire ou revendicatif, constitueraient un acte de pression, de provocation, de prosélytisme ou de propagande, porteraient atteinte à la dignité ou à la liberté de l'élève ou d'autres membres de la communauté éducative, compromettraient leur santé ou leur sécurité, perturberaient le déroulement des activités d'enseignement et le rôle éducatif des enseignements, enfin troubleraient l'ordre dans l'établissement ou le fonctionnement normal du service public;

Considérant que l'article 13 du règlement intérieur du collège Jean-Jaurès de Montfermeil, dans la rédaction qui lui a été donnée par une décision du 30 novembre 1990, dispose que 'le port de tout signe distinctif, vestimentaire ou autre, d'ordre religieux, politique ou philosophique est strictement interdit'; que, par la généralité de ses termes, ledit article institue une interdiction générale et absolue en méconnaissance des principes ci-dessus rappelés et notamment de la liberté d'expression reconnue aux élèves dans le cadre des principes de neutralité et de laïcité de l'enseignement public; que les requérants sont, par suite, fondés à en demander l'annulation;

Sur les conclusions dirigées contre les décisions du recteur de l'académie de Créteil en date du 11 mars 1991, confirmant les décisions du conseil de discipline du collège Jean-Jaurès de Montfermeil, prononçant l'exclusion définitive de Mlles Samira Kherouaa, Hatice et Ayse Balo:

[Considérant] qu'à la suite de l'entrée en vigueur des dispositions précitées de l'article 13 du règlement intérieur du collège, les filles des requérants se sont vu refuser l'accès aux salles de classe et aux cours d'éducation physique, puis ont été définitivement exclues du collège au motif que le port d'un foulard couvrant leur chevelure constituait une violation desdites dispositions; qu'ainsi, sans qu'il soit établi ni même allégué que les conditions dans lesquelles était porté en l'espèce un foulard qualifié de signe d'appartenance religieuse aient été de nature à conférer au port de ce foulard par les intéressées le caractère d'un acte de pression, de provocation, de prosélytisme ou de propagande, à porter atteinte à la dignité, à la santé ou à la sécurité des élèves, ou à perturber l'ordre dans l'établissement ou le déroulement des activités d'enseignement, les décisions d'exclusion contestées ont été prises sur le seul fondement des dispositions de l'article 13 du règlement intérieur qui sont, en raison de la généralité de leurs termes, illégales, ainsi qu'il a été dit ci-dessus; que, par suite, lesdites décisions sont elles mêmes entachées d'excès de pouvoir;

Considérant qu'il résulte de tout ce qui précède que M. Kherouaa, Mme Kachour, M. Balo et Mme Kizic sont fondés à soutenir que c'est à tort que, par le jugement attaqué, le Tribunal administratif de Paris a rejeté leurs conclusions tendant à l'annulation de l'article 13 du règlement intérieur du collège Jean-Jaurès de Montfermeil et des décisions du recteur de l'académie de Créteil confirmant les décisions d'exclusion de ce collège prises en ce qui concerne leurs filles Samira Kherouaa et Hatice et Ayse Balo;

Décide: Article premier – Le jugement du Tribunal administratif de Paris en date du 2 juillet 1991 est annulé en tant qu'il rejette les conclusions de M. Kherouaa, de Mme Kachour, de M. Balo et de Mme Kizic tendant à l'annulation de l'article 13 du règlement intérieur du collège Jean-Jaurès de Montfermeil et des décisions d'exclusion prises à l'encontre de leurs filles Samira, Hatice et Ayse. Article 2 – L'article 13 du règlement intérieur du collège Jean-Jaurès de Montfermeil dans sa rédaction adoptée le 30 novembre 1990 et les décisions du recteur de l'académie de Créteil du 11 mars 1991 confirmant les décisions du 14 décembre 1990 par lesquelles le conseil de discipline dudit collège a définitivement exclu Mlles Samira Kherouaa, Hatice et Ayse Balo de cet établissement sont annulés.

[B.47] C.E., 14 mars 1994

LE CONSEIL D'ÉTAT: [Sur] la recevabilité de la requête: Considérant que, pour prononcer l'exclusion du lycée du Bellay de Mlle Zehranur Yilmaz et refuser l'inscription de Mlle Neslinur Yilmaz, le proviseur s'est fondé sur le règlement intérieur de cet établissement; que, dès lors, les requérantes justifient d'un intérêt leur donnant qualité pour demander l'annulation de la modification dudit règlement intérieur qui leur a été opposée; Considérant que la disposition contestée du règlement intérieur, qui subordonne l'accès à certains locaux scolaires à une condition de tenue vestimentaire, présente le caractère d'une décision faisant grief; qu'ainsi, le moyen tiré de ce que la requête serait irrecevable dans la mesure où la disposition présentée ne causerait pas de préjudice à Mlles Yilmaz doit, en tout état de cause, être écarté;

Sur la légalité de la décision [attaquée]: Considérant que le conseil d'administration du lycée polyvalent Joachim du Bellay a, le 11 juin 1991, ajouté au titre 2 du règlement intérieur de cet établissement la disposition suivante: 'Aucun élève ne sera admis en salle de cours, en étude ou au réfectoire la tête couverte'; qu'il ressort des pièces du dossier que, par cette modification, le conseil d'administration a entendu également réglementer le port de signes distinctifs de caractère religieux; que cette disposition institue une interdiction permanente et dont le champ d'application recouvre la majeure partie des locaux scolaires; qu'ainsi et alors qu'il n'est pas établi que des circonstances particulières aient justifié une telle mesure, elle méconnaît les principes [énoncés à [B.46]] et notamment la liberté d'expression reconnue aux élèves dans le cadre des principes de neutralité et de laïcité de l'enseignement public; Considérant qu'il résulte de ce qui précède que Mlles Yilmaz sont fondées à soutenir que c'est à tort que, par le jugement attaqué, le tribunal administratif de Nantes a rejeté leur demande tendant à l'annulation de la disposition précitée; Décide: Article premier – Le jugement, en date du 13 février 1992 du tribunal administratif de Nantes, est annulé. Article 2 – La disposition susvisée du règlement intérieur du lycée polyvalent Joachim du Bellay à Angers aux termes de laquelle 'aucun élève ne sera admis en salle de cours, en étude ou au réfectoire la tête couverte', est [annulée].

[B.48] C.E. Assemblée, 2 décembre 1994

LE CONSEIL D'ÉTAT: [Considérant], en premier lieu, qu'en estimant, après avoir résumé les allégations de la requérante relatives aux persécutions qu'elle aurait subies au Libéria à la suite de l'évasion de son mari et d'une tentative de coup d'état en 1985, ainsi qu'aux craintes de persécutions personnelles qu'elle éprouvait en raison de ces faits, que 'ni les pièces du dossier, ni les déclarations faites en séance publique ne permettent de tenir pour établis les faits allégués et pour fondées les craintes énoncées', la Commission des recours des réfugiés a suffisamment motivé sa décision en ce qui concerne les craintes de persécutions personnelles de Mme Agyepong, et s'est livrée sans faire porter à la requérante la charge d'une preuve qui ne lui incombait pas et sans dénaturer les pièces du dossier, à une appréciation souveraine des faits qui n'est pas susceptible d'être discutée devant le juge de cassation;

Considérant, en second lieu, que Mme Agyepong faisait également valoir devant la Commission des recours des réfugiés que la qualité de réfugiée devrait lui être reconnue en tant qu'épouse de M. Agyepong; qu'aux termes de l'article 1er de la Convention de Genève du 28 juillet 1951 sur le statut des [réfugiés], la qualité de réfugié est notamment reconnue à 'toute personne [qui], craignant avec raison d'être persécutée du fait de sa race, de sa religion, de sa nationalité, de son appartenance à un certain groupe social ou de ses opinions politiques, se trouve hors du pays dont elle a la nationalité et qui ne peut, ou du fait de cette crainte, ne veut se réclamer de la protection de ce pays'; que les principes généraux du droit applicables aux réfugiés, résultant notamment des stipulations de la Convention de Genève, imposent, en vue d'assurer pleinement au réfugié la protection prévue par ladite convention, que la même qualité soit reconnue à la personne de même nationalité qui était unie par le mariage à un réfugié à la date à laquelle celui-ci a demandé son admission au statut, ainsi qu'aux enfants mineurs de ce réfugié; que, toutefois, la Commission des recours des réfugiés a estimé, au vu des pièces du dossier qui lui était soumis que le lien matrimonial de la requérante avec M. Rexfort Agyepong, titulaire du statut de réfugié, n'était pas établi; qu'elle s'est ainsi livrée à une appréciation souveraine des faits, insusceptible d'être discutée devant le juge de cassation; qu'enfin, la circonstance que Mme Agyepong est la mère d'un enfant reconnu par M. Agyepong ne suffisait pas à lui ouvrir droit au bénéfice du statut de régugié; Considérant qu'il résulte de tout ce qui précède que Mme Agyepong n'est pas fondée à demander l'annulation de la décision attaquée de la Commission des recours des [réfugiés].

[B.49] T.A. Lyon, 22 décembre 1994

LE TRIBUNAL: [Considérant] que M. Pichon qui soutient que la décision [par laquelle le président de la Fédération française de cyclisme a refusé de lui délivrer une licence professionnelle à titre individuel pour la saison 1994] porte une atteinte excessive au libre accès aux activités sportives doit être regardé comme excipant de l'illégalité du règlement administratif de la Fédération française de cyclisme sur lequel s'est fondé le refus de lui accorder une licence professionnelle; Considérant qu'aux termes de l'article 1er de la loi du 16 juillet 1984: 'Les activités physiques et sportives constituent un facteur important d'équilibre, de santé, d'épanouissement de chacun; elles sont un élément fondamental de l'éducation de la culture et de la vie sociale. Leur développement est d'intérêt général et leur pratique constitue un droit pour chacun quels que soient son sexe, son âge, ses capacités ou sa condition sociale'; qu'aux termes de l'article 2e de la même loi les fédérations agréées 'délivrent les licences'; et qu'aux termes de l'article 17 de ladite loi: 'Dans chaque discipline sportive et pour une période déterminée, une seule fédération reçoit délégation du ministre chargé des sports pour organiser les compétitions sportives';

Considérant qu'il résulte de ces dispositions qu'il appartient aux fédérations sportives habilitées d'organiser les compétitions officielles, de prendre les dispositions utiles pour assurer la promotion et le perfectionnement des adeptes d'un sport qui ont fait leurs preuves dans les compétitions locales et régionales en facilitant leur accès aux compétitions nationales de niveau élevé; que, dans l'exercice de ce pouvoir, lesdites fédérations ne peuvent porter légalement atteinte au principe du libre accès aux activités sportives pour tous et à tous les niveaux, qui résulte de l'article 1er précité de la loi susmentionnée, et au principe de l'égalité, que dans la mesure où les atteintes ne sont pas excessives au regard des objectifs poursuivis;

Considérant qu'en application de l'article 32 du règlement administratif de la Fédération française de cyclisme, qui fonde la décision attaquée, la délivrance de licence professionnelle de coureur cycliste sur route à titre individuel est exclue; Considérant que la Fédération française de cyclisme fait valoir que la restriction ainsi apportée à la délivrance des licences professionnelles de coureur cycliste sur route est motivée par la nouvelle organisation des épreuves de haut niveau qui comporte la création de groupes de division nationale amateur qui doit permettre à tous les sportifs de haut niveau de pratiquer leur discipline; que, si la Fédération française de cyclisme est habilitée pour réglementer l'accès aux épreuves sportives, notamment pour sélectionner les sportifs au niveau le plus élevé, il ne ressort toutefois pas des pièces du dossier que la limitation de l'exercice professionnel de ce sport aux seuls cyclistes engagés par une équipe est au nombre des mesures permettant d'atteindre cet objectif; qu'il n'est en effet pas établi que ce mode de recrutement, exclusif de toute référence aux performances réalisées lors des compétitions, soit seul de nature à faire émerger une élite sportive, alors qu'il n'est pas contesté que les règlements internationaux du cyclisme prévoient expressément la pratique professionnelle à titre individuel du cyclisme sur route, et que plusieurs coureurs cyclistes professionnels étrangers sont admis à participer en France à des épreuves à titre individuel, qu'il n'est pas non plus démontré que les dérogations qui avaient été précédemment admises, et dont M. Pichon avait bénéficié en 1992, mais qui n'ont pas été renouvelées en 1993, se sont révélées comme un mode de sélection de l'élite professionnelle inadéquat; Considérant que la circonstance tirée de ce que la restriction à la délivrance des licences professionnelles sur route n'empêcherait pas l'intéressé d'obtenir une licence soit à titre professionnel dans les disciplines du cycle cross ou de la piste, soit à titre amateur dans toutes les disciplines, ne saurait en elle-même justifier cette limitation à la pratique du sport professionnel;

Considérant qu'il résulte de ce qui précède que l'article 32 du règlement administratif de la Fédération française de cyclisme porte une atteinte excessive au libre accès aux activités sportives; que M. Pichon est, dès lors, fondé à soutenir que la décision lui refusant la délivrance d'une licence professionnelle a été prise sur le fondement d'une disposition illégale du règlement de la Fédération française de cyclisme; qu'il y a lieu, pour ce motif, d'en prononcer [l'annulation].

[B.50] C.E., 10 mars 1995

LE CONSEIL D'ÉTAT: Vu la requête [présentée] pour M. et Mme Aoukili [qui] demandent au Conseil d'État d'annuler un jugement du Tribunal administratif de Lyon du 10 mai 1994, rejetant leur requête tendant, d'une part, à l'annulation des arrêtés du recteur de l'Académie de Lyon des 27 décembre 1993 et 4 janvier 1994 confirmant les décisions du conseil de discipline du collège Xavier Bichat, à Nantua, excluant définitivement leurs filles et, d'autre part, à l'annulation du règlement intérieur de ce collège, dans sa rédaction instituant plusieurs interdictions générales et absolues du port de tout signe distinctif, vestimentaire ou autre, d'ordre religieux, politique ou philosophique;

[Vu la Déclaration des droits de l'homme et du citoyen du 26 août 1789, article 10; Vu la Constitution du 4 oct. 1958, article 1; Vu la loi No 89-486 du 10 juillet 1989, article 10 (tous trois cités à [B.46])];

Sur la motivation en la forme des arrêtés du 4 janvier 1994: Considérant que les arrêtés attaqués, confirmant les sanctions infligées à Fatima et Fouzia Aoukili par le conseil de discipline du collège Xavier Bichat de Nantua, précisent que l'ensemble des faits retenus à l'encontre de ces deux élèves par ledit conseil sont établis; qu'ils relèvent, en outre, que les enseignements sont très gravement perturbés par l'attitude de ces deux élèves et que les faits qui leur sont reprochés constituent des infractions à l'ordre dans l'établissement et à l'interdiction de tout prosélytisme; qu'ainsi les motifs de fait et de droit qui fondent la sanction retenue à l'encontre des deux élèves sont indiqués avec une précision suffisante;

Sur le moyen tiré de l'illégalité du paragraphe du règlement intérieur du collège Xavier Bichat, relatif aux signes d'appartenance religieuse: [Considérant] que si les requérants soutiennent que le règlement intérieur du collège Xavier Bichat de Nantua a encadré le principe de la liberté d'expression dans des limites si strictes qu'elles s'assimilent à une véritable interdiction de tout signe distinctif d'appartenance religieuse, politique ou philosophique, ledit règlement se contente de rappeler les principes exprimés par les textes précités; qu'ainsi les limites qu'il apporte au port de signes d'appartenance religieuse n'ont ni pour objet ni pour effet de l'interdire de façon générale et absolue; que les requérants ne sont, dès lors, pas fondés à soutenir que les arrêtés attaqués auraient été pris en application d'un règlement illégal;

Sur les autres moyens de la requête: Considérant qu'il ressort des pièces du dossier que Fatima et Fouzia Aoukili ont refusé, lors d'un enseignement d'éducation physique, d'ôter le foulard qu'elles portaient en signe d'appartenance religieuse; que le port de ce foulard est incompatible avec le bon déroulement des cours d'éducation physique; que la décision d'exclusion définitive de ces deux élèves a été prise en raison des troubles que leur refus a entraînés dans la vie de l'établissement, aggravés par les manifestations auxquelles participait le père des intéressées à l'entrée du collège; qu'ainsi la sanction de l'exclusion définitive dont elles ont fait l'objet était justifiée par les faits relevés à leur encontre; Considérant qu'il résulte de ce qui précède que M. et Mme Aoukili ne sont pas fondés à soutenir que c'est à tort que, par le jugement attaqué, le Tribunal administratif de Lyon a rejeté leurs demandes tendant à l'annulation des décisions d'exclusion de leurs filles du collège Xavier [Bichat].

[B.51] C.E., 14 avril 1995

LE CONSEIL D'ÉTAT: Vu la requête sommaire et le mémoire [complémentaire] présentés pour M. Yonathan Koen [qui] demande au Conseil d'État [d'annuler] un jugement du Tribunal administratif de Nice du 7 décembre 1993 rejetant sa requête tendant à l'annulation de son bulletin scolaire du 1er trimestre de l'année 1991-1992, du refus d'admission en classe préparatoire que lui a opposé le proviseur du lycée Masséna à Nice au titre de l'année scolaire 1992-1993, des dispositions du règlement intérieur de ce lycée et de différentes décisions dudit proviseur [et] d'annuler pour excès de pouvoir l'ensemble de ces [décisions]; Vu la Constitution du 4 octobre 1958; Vu la loi du 28 mars 1882 relative à l'enseignement primaire; Vu la loi du 9 décembre 1905 concernant la séparation des Églises et de l'État; Vu l'ordonnance No 59-45 du 6 janvier 1959 portant prolongation de la scolarité obligatoire; Vu la loi du 31 décembre 1973, autorisant la ratification de la Convention européenne de sauvegarde des droits de l'homme et des libertés fondamentales et le décret du 3 mai 1974, portant ratification de cette convention; Vu la loi No 89-486 du 10 juillet 1989, notamment son article 10; Vu la loi du 2 juillet 1990, autorisant la ratification de la convention relative aux droits de l'enfant et le décret du 3 octobre 1990 portant publication de cette convention; Vu le décret No 85-924 du 30 août 1985 [modifié];

[Sur] les conclusions dirigées contre la décision contenue dans la lettre du proviseur du lycée Masséna en date du 23 juin 1992: Considérant que, par cette lettre, le proviseur du lycée Masséna a fait connaître aux parents de M. Koen que leur fils ne pourrait être inscrit en classe préparatoire au cours de l'année 1992-

1993 pour le double motif que son dossier d'inscription était incomplet faute de comporter l'acceptation du règlement intérieur et qu'il n'était pas possible de dispenser M. Koen de l'assistance aux cours du samedi matin comme cela avait pu être fait pendant sa scolarité de second cycle;

Sur le moyen tiré de l'absence de disposition législative ou réglementaire imposant l'acceptation par l'élève du règlement intérieur: Considérant que l'article 3 du règlement intérieur pouvait, même en l'absence de disposition législative ou réglementaire instituant une telle procédure, soumettre la possibilité d'une admission définitive dans l'établissement à l'acceptation du règlement intérieur par l'élève, et par ses parents dans le cas d'un élève mineur;

Sur le moyen tiré de la violation des textes garantissant les libertés de conscience et de culte:

Considérant, en premier lieu, qu'aux termes de l'article 10 de la déclaration des droits de l'homme et du citoyen du 26 août 1789 [[A.7]]: 'Nul ne doit être inquiété pour ses opinions, même religieuses, pourvu que leurs manifestations ne troublent pas l'ordre public établi par la loi'; qu'aux termes de l'article 9 de la Convention européenne de sauvegarde des droits de l'homme et des libertés fondamentales: 'Toute personne a droit à la liberté de pensée, de conscience et de religion: ce droit implique [la] liberté de manifester sa religion ou sa conviction individuellement ou collectivement, en public ou en privé, par le culte, l'enseignement, les pratiques et l'accomplissement des rites'; qu'aux termes de l'article 1er de la loi du 9 décembre 1905: 'La République assure la liberté de conscience. Elle garantit le libre exercice des cultes sous les seules restrictions édictées ci-après dans l'intérêt de l'ordre public';

Considérant, en second lieu, qu'aux termes du préambule de la Constitution du 27 octobre 1946 [[A.8]]: 'La nation garantit l'égal accès de l'enfant et de l'adulte [à] l'instruction. L'organisation de l'enseignement laïque et gratuit à tous les degrés est un devoir de l'État'; et qu'aux termes de l'article 2 du protocole additionnel No 1 à la Convention européenne de sauvegarde des droits de l'homme et des libertés fondamentales: 'Nul ne peut se voir refuser le droit à l'instruction. L'État, dans l'exercice des fonctions qu'il assumera dans le domaine de l'éducation et de l'enseignement, respectera le droit des parents d'assurer cette éducation et cet enseignement conformément à leurs convictions religieuses et philosophiques';

Considérant, en troisième lieu, qu'aux termes de l'article 10 de la loi du 10 juillet 1989 susvisée: 'Les obligations des élèves consistent dans l'accomplissement des tâches inhérentes à leurs études; elles incluent l'assiduité et le respect des règles de fonctionnement et de la vie collective des établissements'; qu'aux termes de l'article 3-5 ajouté au décret du 30 août 1985 par l'article 8 du décret attaqué du 18 février 1991: 'L'obligation d'assiduité mentionnée à l'article 10 de la loi du 10 juillet 1989 susvisée consiste, pour les élèves, à se soumettre aux horaires d'enseignement définis par l'emploi du temps de l'établissement; elle s'impose pour les enseignements obligatoires et pour les enseignements facultatifs dès lors que les élèves se sont inscrits à ces derniers. Les élèves doivent accomplir les travaux écrits et oraux qui leur sont demandés par les enseignants, respecter le contenu des programmes et se soumettre aux modalités de contrôle des connaissances qui leur sont [imposées]. Le règlement intérieur de l'établissement détermine les modalités d'application du présent article'; qu'enfin aux termes de l'article 7 du règlement intérieur du lycée Masséna de Nice: 'L'assistance à tous les cours figurant à l'emploi du temps est obligatoire jusqu'à la fin de l'année scolaire. En particulier, les dates de libération des candidats aux différents examens sont à respecter scrupuleusement'; que les dispositions réglementaires précitées n'ont pas eu pour objet et ne sauraient avoir légalement pour effet d'interdire aux élèves qui en font la demande de bénéficier individuellement des autorisations d'absence nécessaires à l'exercice d'un culte ou à la célébration d'une fête religieuse dans le cas où ces absences sont compatibles avec l'accomplissement des tâches inhérentes à leurs études et avec le respect de l'ordre public dans l'établissement;

Considérant toutefois que les contraintes inhérentes au travail des élèves en classe de mathématiques supérieures font obstacle à ce qu'une scolarité normale s'accompagne d'une dérogation systématique à l'obligation de présence le samedi, dès lors que l'emploi du temps comporte un nombre important de cours et de contrôles de connaissances organisés le samedi matin; qu'ainsi le motif tiré de ce que M. Koen ne pourrait bénéficier d'une telle dérogation systématique aux prescriptions de l'article 7 du règlement intérieur du lycée Masséna pouvait légalement être opposé à sa demande d'inscription;

[Considérant] qu'il résulte de ce qui précède que M. Koen n'est pas fondé à se plaindre du rejet de ses différentes conclusions par le jugement attaqué; [Rejet].

5 DETOURNEMENT DE POUVOIR

This ground of review relates to measuring the administrative act against the purpose for which the power to act was granted. It is not that the power does not exist but to what end it was used. Putting it rather simplistically, if a power is granted for a particular purpose, the power must be used for that purpose and not for another. If a power is given to act in the interests of the general public, that power must not be used for a different or narrower purpose, such as the interests of the administration itself or the interest of a particular person or group. This involves ascertaining both the purpose of the power given (eg, by Parliament or minister) and the purposes of the administrator (eg, a minister, préfet or maire).

Détournement de pouvoir was first recognised as a separate ground of excès de pouvoir in 1875 [B.52]. Since then it has been applied in three main situations: first, where the administrative act is not in the public interest [B.55] [B.57] [B.60]; second, where the act is taken in the public interest but that public interest is not the one for which the necessary power to act has been conferred on the administrator [B.52] [B.56] [B.61]; third, where the administration is vested with two powers but is adjudged to have used the incorrect or inappropriate power [B.54] [B.58] (this is sometimes referred to as 'détournement de procédure'). Détournement de pouvoir must of course be proved, because there is a presumption that the administration has acted lawfully. A good number of cases have concerned the use to which the powers of maires have been put, and the administrative courts have used the principle of proportionality to determine whether an allegation of détournement de pouvoir has or has not been substantiated [B.53] [B.59]. Because it may be easier to prove a violation of a general principle of law (and thereby not have to substantiate the element of bad faith which forms the background to détournement de pouvoir), the trend is to rely on violation de la loi rather than on détournement de pouvoir, and, in particular, to rely on the principle of erreur manifeste, to which we turn in head 6.

Materials

[B.52] C.E., 26 novembre 1875

LE CONSEIL D'ÉTAT: [Considérant] qu'il est établi par l'instruction que le préfet, en ordonnant la fermeture de la fabrique d'allumettes du sieur Pariset, en vertu des pouvoirs de police qu'il tenait des lois et règlements sur les établissements dangereux, incommodes et insalubres, n'a pas eu pour but les intérêts que ces lois et règlements ont en vue de garantir; qu'il a agi en exécution d'instructions émanées du ministre des finances à la suite de la loi du 2 août 1872 et dans l'intérêt d'un service financier de l'État; qu'il a ainsi usé des pouvoirs de police qui lui appartenaient sur les établissements dangereux, incommodes ou insalubres pour un objet autre que celui à raison desquels ils lui étaient conférés, et que le sieur Pariset est fondé à demander l'annulation de l'arrêté [attaqué].

[B.53] C.E., 18 décembre 1959

LE CONSEIL D'ÉTAT: [Considérant] qu'en vertu de l'article 1er de l'ordonnance du 3 juillet 1945 la représentation d'un film cinématographique est subordonnée à l'obtention d'un visa délivré par le ministre chargé de l'information; qu'aux termes de l'article 6 du décret du 3 juillet 1945 portant règlement d'administration publique pour l'application de cette ordonnance: 'le visa d'exploitation vaut autorisation de représenter le film sur tout le territoire pour lequel il est délivré'; Considérant que, si l'ordonnance du 3 juillet 1945, en maintenant le contrôle préventif institué par des textes antérieurs, a, notamment, pour objet de permettre que soit interdite, la projection des films contraires aux bonnes moeurs ou de nature à avoir une influence pernicieuse sur la moralité publique, cette disposition législative n'a pas retiré aux maires l'exercice en ce qui concerne les représentations cinématographiques, des pouvoirs de police qu'ils tiennent de l'article 97 de la loi municipale du 5 avril 1884; qu'un maire, responsable du maintien de l'ordre dans sa commune, peut donc interdire sur le territoire de celle-ci la représentation d'un film auquel le visa ministériel d'exploitation a été accordé mais dont la projection est susceptible d'entraîner des troubles sérieux ou d'être, à raison du caractère immoral dudit film et de circonstances locales, préjudiciable à l'ordre public; Considérant que l'arrêté attaqué, par lequel le maire de Nice a interdit la projection du film 'Le feu dans la peau', constitue une décision individuelle; que, dès lors, le moyen tiré par les requérants de ce que le maire aurait excédé ses pouvoirs en prenant, en l'espèce, un arrêté de caractère réglementaire est, en tout état de cause, inopérant; Considérant que le caractère du film susmentionné n'est pas contesté; qu'il résulte de l'instruction que les circonstances locales invoquées par le maire de Nice étaient de nature à justifier légalement l'interdiction de la projection dudit film sur le territoire de la commune; Considérant, enfin, que le détournement de pouvoir allégué ne ressort pas des pièces du dossier; Considérant qu'il résulte de tout ce qui précède que les requérants ne sont pas fondés à soutenir que c'est à tort que, par le jugement attaqué le tribunal administratif a rejeté la demande de la Société 'Les Films Lutetia' tendant à l'annulation de l'arrêté contesté du maire de [Nice].

[B.54] C.E. Assemblée, 24 juin 1960

LE CONSIL D'ÉTAT: [Sur] la compétence: Considérant que, par les arrêtés attaqués en date des 29 décembre 1956 et 6 janvier 1957, le préfet d'Alger a ordonné la saisie des numéros en date des 30 et 31 décembre 1956 et des 6 et 7 janvier 1957 du journal 'France-Soir'; que, si lesdits arrêtés mentionnent, dans leurs visas, l'art. 80 du code pénal ainsi que l'art. 10 du code d'instruction criminelle et si, conformément à cette dernière disposition le préfet a avisé le procureur de la République de l'intervention des mesures ainsi prises et lui a transmis les pièces dans les vingt-quatre heures, il résulte manifestement de l'ensemble des circonstances de chacune de ces affaires que les saisies litigieuses ont eu pour objet, non de constater des crimes ou délits contre la sûreté intérieure ou la sûreté extérieure de l'État et d'en livrer les auteurs aux tribunaux chargés de les punir, mais d'empêcher la diffusion dans le département d'Alger d'écrits insérés dans les numéros précités du journal sus-mentionné; que dans ces conditions [les saisies] présentent, en réalité, le caractère de mesures administratives; que, par suite, il appartient à la juridiction administrative de connaître de la demande tendant à l'annulation pour excès de pouvoir des arrêtés contestés du préfet [d'Alger];

Sur la légalité des arrêtés attaqués: [Considérant] qu'il résulte de l'instruction qu'en ordonnant par les arrêtés attaqués, la saisie des deux numéros susmentionnés du journal 'France Soir', le préfet d'Alger a eu pour but de prévenir les troubles que la diffusion de ces écrits dans le département d'Alger lui paraissait de nature à provoquer; que, pour atteindre cette fin, le préfet aurait pu, s'il s'y était cru fondé, utiliser les pouvoirs qu'il détenait, par délégation du gouverneur général de l'Algérie, des dispositions [du] décret du 17 mars 1956 relatif aux mesures exceptionnelles tendant au rétablissement de l'ordre, à la protection des personnes et des biens et à la sauvegarde du territoire de l'Algérie; que, comme le soutiennent les sociétés requérantes, en écartant cette procédure pour recourir à celle qui est prévue à l'article 10 du code d'instruction criminelle et dont le champ d'application est limité, ainsi qu'il a été rappelé ci-dessus, aux actes nécessaires à l'effet de constater les crimes et délits contre la sûreté intérieure ou la sûreté extérieure de l'État et d'en livrer les auteurs aux tribunaux chargés de les punir, le préfet d'Alger a commis un excès de [pouvoir].

[B.55] C.E., 26 octobre 1960

LE CONSEIL D'ÉTAT: [Considérant] qu'aux termes de l'article 26 du décret du 3 octobre 1949 [fixant] le statut des agents sur contrat du ministère de la Défense nationale: 'le contrat de l'agent engagé définitivement sauf le cas de licenciement par mesure disciplinaire, peut être résilié par chacune des parties, après un préavis de trois mois pour les emplois de catégorie spéciale, hors catégorie, de catégorie A, de catégorie IB et de catégorie I, II et III C, deux mois pour les autres catégories'; que si ces dispositions donnent à l'Administration la faculté, en dehors du cas de licenciement par mesure disciplinaire, de mettre fin à tout moment aux fonctions des agents dont s'agit sous la seule réserve d'observer le délai de préavis prescrit, l'autorité administrative ne saurait toutefois légalement user de cette faculté que pour des motifs tirés de l'intérêt du service;

Considérant que le sieur Rioux, contremaître à la manufacture d'armes de Tulle, dont le contrat a été résilié par décision du secrétaire d'État à la Guerre en date du 26 mai 1954, soutient que cette mesure n'a été motivée que par son activité syndicale et le fait qu'il exerçait les fonctions de secrétaire administratif d'une université populaire; qu'il se prévaut à l'appui de cette allégation de circonstances et de faits précis constituant des présomptions sérieuses; que, dans ses observations présentées tant devant le Tribunal administratif que devant le Conseil d'État, le ministre se borne à affirmer que le licenciement du sieur Rioux n'a pas été prononcé pour des motifs tenant à son activité syndicale passée, ni à ses fonctions de secrétaire administratif de l'université populaire et qu'il n'est pas davantage la conséquence d'une réduction des effectifs, refusant ainsi implicitement de faire connaître à la juridiction administrative les motifs de la décision attaquée; qu'en cet état de la procédure, la première sous-section de la section du Contentieux chargée de l'instruction de la requête, usant du pouvoir qui appartient au Conseil d'État d'exiger de l'Administration compétente la production de tous documents susceptibles d'établir la conviction du juge et de permettre la vérification des allégations du requérant [a] demandé au ministre la production du dossier du sieur Rioux et de l'ensemble des pièces, rapports et documents au vu desquels la décision attaquée a été prise; que le dossier produit par le ministre des Armées, en réponse à cette demande, ne contient aucun élément précis sur les motifs du licenciement du sieur Rioux; que dans ces conditions et eu égard à l'ensemble des circonstances susrelatées de l'affaire, le motif allégué par l'auteur du pourvoi doit être regardé comme établi; que, dès lors le requérant est fondé à soutenir que son licenciement qui a été ainsi décidé pour des motifs d'ordre politique, étrangers à l'intérêt du service, est entaché de détournement de pouvoir et à en demander l'annulation, en même temps que celle du jugement attaqué, par lequel le Tribunal administratif de Limoges a refusé de prononcer ladite [annulation].

[B.56] C.E. Assemblée, 13 juillet 1962

LE CONSEIL D'ÉTAT: [Considérant] que le sieur Bréart de Boisanger, qui avait été nommé, par décret du 15 avril 1959, administrateur de la Comédie-Française pour une durée de six ans, conformément aux dispositions de l'article 14 du décret du 27 février 1946, a été révoqué de ses fonctions par décret en date du 30 janvier 1960; que, par une première décision en date du 27 octobre 1961, le Conseil d'État statuant au contentieux a annulé ladite révocation, au motif que l'intéressé ne pouvait être regardé comme ayant commis une faute de nature à justifier une sanction disciplinaire; qu'en raison du caractère unique de l'emploi d'administrateur de la Comédie-Française et de l'obligation dans laquelle se trouvait le Gouvernement d'y réintégrer le sieur de Boisanger, le Conseil d'État a également annulé, par une seconde décision en date du 1er décembre 1961, la nomination à ce poste du sieur Escande;

Considérant qu'avant d'avoir exécuté les décisions précitées du Conseil d'État, le Gouvernement a, par le décret attaqué du 10 janvier 1962, modifié l'article 14 du décret du 27 février 1946 susmentionné, relatif au statut de l'administrateur de la Comédie-Française; qu'en vertu de ces dispositions nouvelles, l'administrateur est nommé sans qu'aucune durée déterminée ne soit fixée à ses fonctions et peut être révoqué par décret non motivé pris en Conseil des ministres; que le Gouvernement a fait aussitôt application de ces dispositions en révoquant à nouveau de ses fonctions le sieur de Boisanger par décret du 29 janvier 1962 et en confiant, par décret en date du 30 janvier suivant, le poste d'administrateur de la Comédie-Française au sieur Escande qui, d'ailleurs, ne l'avait pas, en fait, quitté à la suite de la décision susmentionnée du Conseil d'État;

Considérant qu'il résulte tant de l'ensemble des pièces du dossier que des circonstances dans lesquelles est intervenu, puis a été immédiatement appliqué, le décret réglementaire attaqué, que ce dernier, en modifiant dans les conditions susindiquées, le statut de l'administrateur de la Comédie-Française, a eu pour motif déterminant de permettre au Gouvernement de prendre, en application de dispositions nouvelles, deux mesures individuelles de portée pratique semblable à celle des mesures précédemment annulées et de faire échec à l'autorité de la chose jugée par les décisions susrappelées du Conseil d'État; qu'il suit de là que ledit décret est entaché de détournement de pouvoir et encourt de ce chef l'annulation;

[Considérant] qu'il résulte de ce qui précède que le sieur de Boisanger est fondé à demander l'annulation, par voie de conséquence, du décret du 29 janvier 1962 qui met fin à ses fonctions d'administrateur de la Comédie-Française et qui, pris en application du décret du 10 janvier 1962, dont l'annulation est prononcée par la présente décision, est dépourvu de toute base [légale].

[B.57] C.E., 4 mars 1964

Recours de la dame veuve Borderie, tendant à l'annulation d'un jugement du 16 mai 1962 par lequel le Tribunal administratif de Bordeaux a rejeté sa demande en annulation d'un arrêté du 30 septembre 1961 par lequel le préfet de la Gironde a déclaré d'utilité publique l'acquisition par la commune de Saint-Médard-en-Jalles d'une propriété dénommée Château-Belfort lui appartenant, ensemble à l'annulation pour excès de pouvoir dudit arrêté.

LE CONSEIL D'ÉTAT: [Sur] la légalité de l'arrêté déclarant d'utilité publique l'acquisition du Château-Belfort: Considérant que la commune de Saint-Médard-en-Jalles soutient que l'expropriation litigieuse est destinée [à] faciliter les activités d'un centre hippique municipal qui doit non seulement accueillir le 'Centre hippique girondin', mais permettre le développement du sport équestre, rendre sa pratique accessible aux jeunes de toutes les classes sociales, organiser des manifestations folkloriques et sportives et préparer aux épreuves nationales et internationales notamment aux futurs jeux olympiques; Considérant qu'il résulte des pièces du dossier que ladite commune est dans l'incapacité, eu égard notamment à son importance et à son activité, de réaliser les objectifs ainsi allégués; que la création d'un centre hippique municipal à Saint-Médard-en-Jalles a en réalité pour unique motif de permettre l'installation sur le territoire de cette commune du cercle hippique privé dénommé 'le Centre hippique girondin' obligé de quitter les terrains dont il disposait [et] que ce but d'intérêt purement privé ne peut pas légalement justifier une expropriation pour cause d'utilité publique; que, dès lors, [la] dame veuve Borderie est fondée à soutenir que l'arrêté préfectoral attaqué du 30 septembre 1961 est entaché de détournement de pouvoir et à demander, pour ce motif, l'annulation tant de cette décision que du jugement du Tribunal administratif de Bordeaux qui a rejeté sa demande; [Annulation du jugement et de l'arrêté].

[B.58] C.E., 18 décembre 1968

LE CONSEIL D'ÉTAT: [Sur] les conclusions à fin d'annulation de la décision d'exclusion du sieur Brunne de l'École nationale supérieure d'électricité et de [mécanique]: Considérant que si, en vertu de l'article 2 du paragraphe VIII des notes de service constituant le règlement intérieur de l'École nationale supérieure d'électricité et de mécanique, le directeur de l'École a la possibilité de traduire son appréciation générale en ajoutant au total annuel des notes d'interrogation obtenues par un élève ou en retranchant de ce total un nombre de points compris entre 0 et 100, il ne saurait, en tout état de cause, être fait appel à cette disposition pour éliminer de l'École un élève dont le comportement paraîtrait de nature à justifier une sanction, en éludant ainsi l'application de la procédure disciplinaire; qu'en l'espèce, l'abattement de cinquante points qui a été appliqué par le directeur de l'École aux notes du sieur Brunne, dans la décision attaquée du 12 octobre 1966 et qui, en abaissant au-dessous de la moyenne exigée pour le passage d'une année d'études à la suivante les résultats obtenus par cet élève, a entraîné l'éviction de celui-ci, a été motivé, ainsi qu'il ressort des termes mêmes de ladite décision, par un 'comportement général envers le corps professoral [qui] aurait pu relever de la compétence du conseil de [discipline], M. le Directeur a préféré la mesure plus douce d'un abattement compensateur de cinquante points'; qu'il résulte de ce qui a été dit ci-dessus que le directeur ne pouvait frapper d'exclusion un élève par le motif susénoncé en se bornant, pour appliquer cette mesure à procéder à l'abattement de points dont est assorti son pouvoir d'appréciation générale; que ladite mesure, prise dans ces conditions, a le caractère d'une sanction disciplinaire déguisée; qu'il suit de là que le sieur Brunne est fondé à soutenir que c'est à tort que, par le jugement attaqué, le

Tribunal administratif de Nancy a rejeté sa demande tendant à l'annulation de la décision susvisée du directeur de l'École nationale supérieure d'électricité et de mécanique, prononçant son [exclusion]; [Annulation du jugement et de la décision; dépens de première instance et d'appel mis à la charge de l'Université de Nancy].

[B.59] T.A. Montpellier, 29 mars 1987

LE TRIBUNAL: [Vu] la requête présentée par Mme Rostand tendant à ce que le tribunal statue sur la régularité de l'aménagement de l'îlot piétonnier de la Place de l'Horloge décidé par le Maire et le Conseil Municipal de la commune de Lansargues afin qu'elle retrouve l'usage de ses droits antérieurs ou qu'elle soit indemnisée;

Considérant que le Maire qui tient des dispositions de l'article L.131-2 du Code des Communes des pouvoirs généraux de police municipale notamment pour faire assurer le bon ordre et la sécurité, peut plus particulièrement, selon les dispositions de l'article L.131-3 dudit Code, assurer la [police] des voies de communication à l'intérieur de l'agglomération et qu'aux termes de l'article L.131-4 du même code: 'par arrêté motivé, eu égard aux nécessités de la circulation [interdire] à certaines heures l'accès de certaines voies de l'agglomération ou de certaines portions de voie ou réserver cet accès à certaines heures, à diverses catégories d'usagers ou de véhicules';

Considérant qu'il ressort de l'instruction que le Maire de Lansargues a, au mois de juin 1982, décidé de faire exécuter des travaux d'aménagement d'une partie de la Place de l'Horloge consistant en la création d'un terre-plein surélevé de 30 cm par rapport au niveau originel du sol pour la rendre à un usage piétonnier et interdire la circulation des véhicules transitant par la rue Alexandre Langlade en obstruant son débouché sur ladite Place; que cet acte municipal qui n'a fait l'objet ni d'un arrêté du Maire ni d'une quelconque publicité préalable dans les formes légales doit être regardé comme ayant le caractère d'un décision implicite de police municipale prise notamment en application des dispositions de l'article L.131-4 du Code des Communes précitées et ordonnant la fermeture aux véhicules de l'accès de la Place de l'Horloge par la rue Alexandre Langlade et l'interruption de la circulation dans cette voie publique; que si le Maire de Lansargues a fondé sa décision sur ces considérations de sécurité et de commodités des usagers de la Place de l'Horloge et de la rue Alexandre Langlade dont les caractéristiques se prêtaient mal à la circulation automobile, il est constant que sa décision matérialisée par la création volontaire d'un obstacle à la circulation des véhicules a eu pour effet de rendre très malaisé l'accès des riverains à leurs maisons avec leurs véhicules; que le Maire qui tient, effectivement, des dispositions susrappelées du Code des Communes le pouvoir de réglementer au profit de certaines catégories d'usagers l'emprunt par les véhicules de la rue Alexandre Langlade et leur sortie sur la Place de l'Horloge, et même d'y interdire pour des raisons de sécurité et de commodités des usagers, la circulation de transit ne pouvait, cependant, prendre une mesure absolue d'interdiction de sortie de tout véhicule de ladite rue par la Place de l'Horloge; qu'il lui appartenait, au contraire, de prévoir toutes dispositions de nature à autoriser au moins à certaines heures de la journée le passage des véhicules des riverains en faisant aménager le cas échéant le terre-plein en vue d'en permettre le franchissement; que, par suite, il doit être regardé comme ayant pris au mois de juin 1982 une mesure générale implicite d'interdiction imposant aux riverains des sujétions qui excèdent celles qu'il pouvait légalement leur imposer dans l'intérêt général; que, dès lors, Mme Rostand est fondée à en critiquer la légalité; [Annulation].

[B.60] T.A. Bordeaux, 21 avril 1988

LE TRIBUNAL: [Considérant] que, par une décision du 26 septembre 1986, le président du Conseil général de la Gironde a refusé de titulariser M. Pastureau à l'issue de son stage sur un emploi d'attaché départemental; que, devant le tribunal, le département de la Gironde se borne à soutenir que cette décision a été prise en vertu du pouvoir discrétionnaire dont dispose le président en la matière; que M. Pastureau soutient sans être contredit que ses aptitudes professionnelles lui permettaient d'être titularisé; que, dans ces conditions, la décision attaquée doit être regardée comme ayant été prise dans un but autre que l'intérêt du service; que par [suite] M. Pastureau est fondé à demander l'annulation pour excès de pouvoir de cette [décision].

[B.61] C.E., 13 janvier 1995

LE CONSEIL D'ÉTAT: [Sur la requête tendant] à l'annulation du décret No 92-1455 du 31 décembre 1992: [Considérant] qu'aux termes de l'article 24 de la loi du 11 janvier [1984]: 'Les statuts particuliers de certains corps figurant sur une liste établie par décret en Conseil d'État peuvent, par dérogation aux dispositions du présent chapitre autoriser, selon des modalités qu'ils édicteront, l'accès direct de fonctionnaires de la catégorie A, ou de fonctionnaires internationaux en fonction dans une organisation internationale intergouvernementale chargés de fonctions équivalentes à celles qui sont confiées aux fonctionnaires de catégorie A, à la hiérarchie desdits corps'; et qu'aux termes du premier alinéa de l'article 8 de la loi [du] 13 septembre 1984: 'Les statuts particuliers des corps d'inspection et de contrôle doivent prévoir la possibilité de pourvoir aux vacances d'emploi dans le grade d'inspecteur général ou de contrôleur général par décret en Conseil des ministres sans conditions autres que d'âge'; Considérant que le décret attaqué, d'une part, ramène de cinquante à quarante-cinq ans l'âge minimum pour les nominations d'inspecteurs généraux de l'administration effectuées au titre de l'article 8 précité de la loi du 13 septembre 1984, d'autre part, institue un nouvel ordre des nominations, d'application immédiate, qui permet au Gouvernement de procéder à une nomination au titre de l'article 24 de la loi du 11 janvier 1984, puis à une nomination au titre de l'article 8 de la loi du 13 septembre 1984 sans avoir à procéder au préalable, comme il y aurait été tenu en vertu des dispositions antérieurement applicables, à trois nominations au tour intérieur; que si le gouvernement a justifié cette dernière réforme par la nécessité de pourvoir à trois vacances d'emplois alors qu'aucun inspecteur de l'administration ne possédait l'ancienneté requise pour être promu inspecteur général au tour intérieur, il résulte du dossier que deux inspecteurs devaient acquérir cette ancienneté dès le 1er juin 1993 et que, compte tenu des mouvements affectant les inspecteurs généraux placés en position de détachement, la persistance d'une troisième vacance devait être regardée comme purement hypothétique; que dans ces conditions et l'abaissement de l'âge minimum de cinquante à quarante-cinq ans n'ayant eu, en réalité, d'autre objet, comme les dispositions qui viennent d'être analysées, que de permettre la nomination, au titre de l'article 8 de la loi du 13 septembre 1984, d'une personne déterminée, l'ensemble du décret est entaché de détournement de pouvoir; qu'il suit de là que le syndicat requérant et l'association des anciens élèves de l'École nationale d'administration sont fondés à en demander l'annulation;

Sur la requête [tendant] à l'annulation du décret du 1er mars 1993: Considérant que la nomination de Mme Nosmas, au titre de l'article 8 de la loi du 13 septembre 1984, est intervenue sur le fondement du décret du 31 décembre 1992 annulé par la présente décision; qu'elle doit, dès lors, être annulée par voie de [conséquence].

6 *ERREUR MANIFESTE*

If the principle of legality means that the administration must comply with the law, this compliance is not simply limited to compliance with regard to competence, procedure and legality. It necessarily means that the administration must correctly apply the law to the factual situation and the circumstances in which the administration was called upon or decided to make a decision. The administration may make a mistake as to the facts (*inexactitude des faits*) or a misjudgment of inferences to be drawn from the facts (*qualification juridique des faits*). Very often, the choice of whether or not to make a decision at all, and the content of that decision, will depend not simply on the existence of facts and the inferences to be drawn from them, but on balancing the relative importance of competing factual arguments for and against the decision and its particular content. Although the administrative courts do not substitute their own decision for that of the administration when they exercise the jurisdiction to annul, the administrative courts can and do, in determining whether or not to annul a decision, substitute their own interpretation of the law and the application of that law to the given factual situation. Often, there will be situations where the administrative courts will recognise that a reasonable administration could have made the original decision, especially where the enabling power can be read as granting a wide discretion [B.68] [B.70], or will agree with and confirm the original decision on the facts [B.14] [B.72] [B.73]. If, however, the administrative courts consider that the administration has made a serious error which speaks for itself (*une erreur manifeste d'appréciation*), then they will intervene. An *erreur* may be *manifeste* as to a condition precedent if a statute states that certain factual circumstances must exist before a power is exercised and the administrative court adjudges those conditions precedent not to have existed [B.44] [B.62] [B.63] [B.64] [B.65] [B.71]. Furthermore, the court may annul a decision if it appears that the decision was based on no evidence at all [B.15] [B.75].

Perhaps the most notable development has been where it is adjudged that the administration has acted unreasonably or contrary to the principle of proportionality, where the power giving instrument enjoins the administration to take into account certain things and not to take account of others, either expressly or, more important, by implication. In the modern welfare or administrative state there has been an ever increasing control by the administration of everyday life. The administration has both a duty and a power to undertake certain activities which, by their very nature, necessitate that inconvenience and loss may be caused to other people, to their property, to their quality of life and to the environment. There is a conflict between the public interest and the private interest, and the administration must try to balance those interests as far as possible. If, as it so often is, it is alleged that the administration misjudged this balance, the administrative courts will investigate whether the action of the administration is proportionate to the ends it seeks, balancing the alleged loss or inconvenience in comparison with the expected or intended advantages. Many such cases involve developments which have to be preceded by the compulsory acquisition of property and this involves the balancing of two potentially conflicting rights, illustrated so long ago by Article 17 of the Declaration of the Rights of Man [A.7]. In compulsory acquisition procedures a preliminary condition precedent is a declaration that acquisition of land is in the public interest (*déclaration d'utilité publique*). In 1971, the *Conseil d'État* held that it was competent to assess whether a valid *déclaration d'utilité publique* had been made, taking into account the perceived or stated benefits of the development and the alleged or found detriments, a balancing act sometimes referred to as drawing up a balance sheet (*bilan coût-avantages*) [B.66]. From then onwards, the administrative courts have applied the principle and the form in which that principle is expressed to, *inter alia*, competing claims between motorway construction and the grounds of a hospital [B.67], a military firing range and the beautiful grounds surrounding an abbey [B.69], and motorway construction and noise nuisance [B.74].

Materials

[B.62] C.E., 4 avril 1914

LE CONSEIL D'ÉTAT: [Considérant] qu'aux termes de l'article 3 du décret du 26 mars 1852: 'tout constructeur de maisons, avant de se mettre à l'oeuvre, devra demander l'alignement et le nivellement de la voie publique au devant de son terrain et s'y conformer'; que l'article 4 du même décret, modifié par l'article 118 de la loi du 13 juillet 1911, porte: 'Il devra pareillement adresser à l'administration un plan et des coupes cotées des constructions qu'il projette, et se soumettre aux prescriptions qui lui seront faites dans l'intérêt de la sûreté publique, de la salubrité ainsi que de la conservation des perspectives monumentales et des [sites]'; Considérant que ce dernier article ainsi complété par la loi du 13 juillet 1911 a eu pour but de conférer au préfet le droit de refuser, par voie de décision individuelle, le permis de construire, au cas où le projet présenté porterait atteinte à une perspective monumentale; que les seules restrictions apportées au pouvoir du préfet, dont la loi n'a pas subordonné l'exercice à un classement préalable des perspectives monumentales, sont celles qui résultent de la nécessité de concilier la conservation desdites perspectives avec le respect dû au droit de propriété; Mais considérant qu'il appartient au Conseil d'État de vérifier si l'emplacement de la construction projetée est compris dans une perspective monumentale existante et, dans le cas de l'affirmative, si cette construction, telle qu'elle est proposée, serait de nature y porter atteinte; Considérant que la place Beauvau ne saurait être regardée dans son ensemble comme formant une perspective monumentale; qu'ainsi, en refusant par la décision attaquée au requérant l'autorisation de construire, le préfet de la Seine a fait une fausse application de l'article 118 de la loi précitée du 13 juillet 1911; [Annulation].

[B.63] C.E., 14 janvier 1916

LE CONSEIL D'ÉTAT: [Considérant] qu'aux termes de la loi du 8 juillet 1908 relative à la procédure de suspension et de révocation des maires: 'les arrêtés de suspension et les décrets de révocation doivent être motivés'; Considérant que si le Conseil d'État ne peut apprécier l'opportunité des mesures qui lui sont déférées par la voie du recours pour excès de pouvoir, il lui appartient, d'une part, de vérifier la matérialité des faits qui ont motivé ces mesures, et, d'autre part, dans le cas où lesdits faits sont établis, de rechercher s'ils pouvaient légalement motiver l'application des sanctions prévues par la disposition précitée;

Considérant que l'arrêté et le décret attaqués sont fondés sur deux motifs qui doivent être examinés séparément; Considérant, d'une part, que le motif tiré de ce que le maire d'Hendaye aurait méconnu les obligations qui lui sont [imposées], en ne veillant pas à la décence d'un convoi funèbre auquel il assistait, repose sur des faits et des allégations dont les pièces versées au dossier établissent l'inexactitude; Considérant, d'autre part, que le motif tiré de prétendues vexations exercées par le requérant, à l'égard d'une ambulance privée, dite ambulance de la plage, relève de faits qui, outre qu'ils sont incomplètement établis, ne constitueraient pas des fautes commises par le requérant dans l'exercice de ses attributions et qui ne seraient pas, par eux-mêmes, de nature à rendre impossible le maintien du sieur Camino à la tête de l'administration municipale; que, de tout ce qui précède, il résulte que l'arrêté et le décret attaqués sont entachés d'excès de pouvoir; [Annulation].

[B.64] C.E., 20 janvier 1922

LE CONSEIL D'ÉTAT: [Considérant] que les conclusions de la requête tendent à l'annulation du décret du 24 septembre 1918 en tant qu'il a mis le sieur Trépont en congé sur sa demande; Considérant que, d'après les éléments produits au dossier, il est constant que le requérant, loin d'avoir sollicité sa mise en congé, avait, au contraire, affirmé son intention de rester à son poste; qu'en présentant la décision de mise en congé comme prise sur la demande de l'intéressé, le ministre de l'intérieur l'a fondée sur un fait matériellement [inexact]; qu'il y a lieu dès lors de prononcer son annulation pour excès de [pouvoir].

[B.65] C.E., 9 mai 1962

LE CONSEIL D'ÉTAT: [Considérant] qu'il résulte des dispositions combinées des articles 83 et 84 de la loi du 28 avril 1952, qu'un maire ne peut prononcer légalement le licenciement pour suppression d'emploi d'un agent titulaire de la commune lorsqu'il existe dans les services communaux un emploi vacant équivalent pour lequel l'intéressé remplit les conditions d'aptitude requises; qu'il est constant qu'à la [date] à laquelle a été pris l'arrêté du maire de Montfermeil licenciant le sieur Foittier de ses fonctions d'aide ouvrier professionnel, un emploi d'ouvrier d'entretien de la voie publique se trouvait vacant dans les services de la commune, lequel emploi était manifestement équivalent à l'emploi supprimé du sieur Foittier; qu'il ne résulte pas de l'instruction que, contrairement à ce qu'a jugé le Tribunal administratif, l'état de santé du sieur Foittier le mettait dans l'impossibilité de remplir l'ensemble des fonctions que comportait l'emploi vacant; qu'il suit de là que l'arrêté du maire de Montfermeil licenciant le sieur Foittier était entaché d'excès de pouvoir; que, dès lors, la commune requérante n'est pas fondée à soutenir que c'est à tort que le Tribunal administratif de Versailles a annulé ledit [arrêté].

[B.66] C.E. Assemblée, 28 mai 1971

In 1966 it was decided to move the University of Lille from the centre of the city, to create a university campus for more than 30,000 students, which would be integrated with a new town, for some 25,000 inhabitants, to the east of Lille. There would be new road links and the development would involve the demolition of a hundred houses, some of which had been built within the past year. A local group sought to annul the *déclaration d'utilité publique*. Although they failed, the *Conseil d'État* established a strong statement of principle which has been used in many subsequent cases.

LE CONSEIL D'ÉTAT: [Sur] l'utilité de l'opération: Considérant qu'une opération ne peut être légalement déclarée d'utilité publique que si les atteintes à la propriété privée, le coût financier et éventuellement les inconvénients d'ordre social qu'elle comporte ne sont pas excessifs eu égard à l'intérêt qu'elle présente; Considérant qu'il ressort des pièces versées au dossier que l'aménagement de la zone sur laquelle porte la déclaration d'utilité publique a été conçu de telle sorte que les bâtiments universitaires qui doivent y trouver place ne soient pas séparés des secteurs réservés à l'habitation; que l'administration justifie avoir dû, pour assurer un tel aménagement, englober dans cette zone un certain nombre de parcelles comportant des constructions qui devront être démolies; que, dans ces conditions, et compte tenu de l'importance de l'ensemble du projet, la circonstance que son exécution implique que disparaissent une centaine de maisons d'habitations n'est pas de nature à retirer à l'opération son caractère d'utilité [publique].

[B.67] C.E., 20 octobre 1972

It was planned to build a motorway junction with a slip-road (*bretelle de raccordement*) which would seriously hinder (*obérerait gravement*) the functionning of a mental hospital. The *Conseil d'État* repeated its statement of principle laid down earlier [B.66] and held that the harm to the hospital outweighed the stated benefit of the motorway junction.

LE CONSEIL D'ÉTAT: [Considérant] qu'une opération ne peut légalement être déclarée d'utilité publique que si les atteintes à la propriété privée, le coût financier et éventuellement les inconvénients d'ordre social ou l'atteinte à d'autres intérêts publics qu'elle comporte ne sont pas excessifs eu égard à l'intérêt qu'elle présente;

Considérant que les ouvrages dont la déclaration d'utilité publique est contestée comportent, d'une part la liaison par une autoroute contournant au Nord l'agglomération de Nice entre l'autoroute d'accès Ouest vers Cannes et Paris et l'autoroute Est vers Menton et, d'autre part, la liaison entre la nouvelle autoroute et la voirie urbaine de Nice ainsi qu'avec les courants de circulation Sud-Nord au moyen, notamment, d'une bretelle de raccordement de l'autoroute au chemin départemental No 19 et de l'échangeur 'Nice-Est'; que cette opération entraîne l'expropriation de terrains dépendant de l'hôpital psychiatrique Sainte-Marie, établissement privé géré par la Société civile Sainte-Marie de l'Assomption, faisant fonction d'établissement public du département des Alpes-Maritimes, et a pour effet de l'entourer de voies rapides à grande circulation au Nord, à l'Est et à l'Ouest; qu'il résulte des observations du Ministre de la Santé publique et de la sécurité sociale que cet hôpital est 'l'unique établissement à vocation psychiatrique appelé à répondre, pour de longues années encore, aux besoins considérables de la totalité du département des Alpes-Maritimes';

Considérant que l'utilité publique qui s'attache à la construction de l'autoroute n'est pas sérieusement discutée par la société civile requérante; qu'il n'appartient pas au Conseil d'État statuant au contentieux d'apprécier l'opportunité du tracé choisi; que, si cet ouvrage entraîne l'expropriation de terrains dépendant de l'hôpital psychiatrique Sainte-Marie de l'Assomption et la suppression d'un bâtiment, les inconvénients en résultant pour l'hôpital ne sont pas excessifs du fait, notamment, de la construction en souterrain d'une partie de cette voie;

Considérant, en revanche, qu'il résulte de l'instruction que l'existence de la bretelle de raccordement au chemin départemental No 19 et le fonctionnement de cet ouvrage, dans les conditions où ils étaient prévus à la date du décret attaqué, nuiraient gravement aux conditions d'hospitalisation; que, d'autre part, l'édification de l'échangeur 'Nice-Est' entraînerait l'expropriation de tous les espaces verts de l'hôpital; Considérant que la Société civile 'Sainte-Marie de l'Assomption' soutient, sans être contredite, que le nombre des malades de l'hôpital excède largement sa capacité réglementaire; que le Ministre de la Santé publique et de la sécurité sociale, alors qu'il ne ressort d'ailleurs pas des pièces du dossier qu'il ait été consulté lors de la fixation du tracé de l'ouvrage, relève que l'opération envisagée 'obérerait gravement le fonctionnement et le devenir de l'hôpital';

Considérant que, dans ces conditions, malgré l'intérêt pour la circulation routière que présenteraient les deux ouvrages en cause, la société requérante est fondée à soutenir que les troubles graves qu'entraîneraient leur existence et leur fonctionnement pour le traitement des malades mentaux du département des Alpes-Maritimes porteraient à l'intérêt général une atteinte qui a pour effet d'entacher d'illégalité la déclaration d'utilité publique de la bretelle de raccordement au chemin départemental No 19 et de l'échangeur 'Nice-Est' et à en demander, pour ce motif, [l'annulation].

[B.68] C.E. Assemblée, 2 novembre 1973

LE CONSEIL D'ÉTAT: [Considérant que] l'article 14 de la loi du 29 juillet 1881 [sur la presse] a donné au ministre de l'intérieur le pouvoir d'interdire, par voie de décision individuelle, la circulation, la distribution ou la mise en vente de journaux ou écrits, périodiques ou non, rédigés soit en langue étrangère, soit en langue française, s'ils sont de provenance étrangère; [Considérant] que l'édition française de la revue Tricontinental, à l'égard de laquelle a été prise la mesure attaquée, porte le même titre que la revue éditée à Cuba et se donnant comme 'l'organe théorique du secrétariat exécutif de l'organisation de solidarité des peuples d'Afrique, d'Asie et d'Amérique latine'; que les deux publications ont une présentation semblable; que la quasi-totalité des articles parus dans l'édition française sont la traduction de textes publiés dans la revue Tricontinental éditée à Cuba, dont la diffusion a été interdite en France; que l'éditeur français a d'ailleurs expressément déclaré, dans le No 1 de l'édition française, que celle-ci reproduisait les textes les plus importants, intégraux et sans modification, de l'édition cubaine interdite; que la revue dont il s'agit se présente tantôt comme l'édition française de cette publication étrangère, tantôt comme l'édition française des textes et articles contenus dans cette publication; que dans ces conditions, et bien qu'il ne soit pas contesté que la société éditrice soit française, la revue Tricontinental éditée en France doit être regardée comme étant de provenance étrangère au sens de l'article 14 modifié de la loi du 29 juillet 1881; Considérant qu'il résulte des pièces du dossier que l'arrêté du 27 janvier 1969, par lequel le ministre interdit la circulation, la distribution et la mise en vente de cette revue, n'est pas fondé sur des faits matériellement inexacts; que dès lors qu'elle n'est pas entachée d'erreur manifeste, l'appréciation à laquelle s'est livrée le ministre de l'intérieur du danger que la revue présentait pour l'ordre public ne peut pas être discutée devant la juridiction [administrative].

[B.69] C.E. Assemblée, 7 mars 1975

The Abbaye de Fontevraud lies in the Loire valley. Founded in 1099, it was converted by Napoléon into a prison. When the prison was closed in 1963, a wonderful programme of restoration was commenced. In the abbey church lie the graves of Henry II, his wife Eleanor of Aquitaine and their son Richard the Lionheart. It was proposed to extend the training and firing range (*champ de manoeuvre et de tir*), used by an armoured division (*arme blindée*) for training purposes, and this would involve the compulsory acquisition of some of the land near to the abbey. The *Association des amis de l'Abbaye de Fontevraud* and the *Groupement de défense interdépartemental de la forêt de Fontevraud et des terrains environnants* sought the quashing of the *déclaration d'utilité publique*. They failed, but the abbey is still worth a journey.

LE CONSEIL D'ÉTAT: [Sur] le moyen tiré du défaut d'utilité publique de l'opération: Considérant qu'une opération ne peut être légalement déclarée d'utilité publique que si les atteintes à la propriété privée ou à d'autres intérêts généraux, le coût financier et éventuellement les inconvénients d'ordre social qu'elle comporte ne sont pas excessifs par rapport à l'utilité qu'elle présente; Considérant qu'il ressort des pièces du dossier que l'extension du champ de manoeuvre et de tir de Fontevraud, sis dans les environs de l'École d'application de l'arme blindée et de la cavalerie implantée à Saumur, répond à la nécessité d'adapter cet espace aux exigences nouvelles de l'instruction des cadres formés par cette école eu égard notamment aux caractéristiques des engins de combat actuellement mis en service; que, compte tenu de l'importance que présente cette opération pour la défense nationale, la circonstance que son exécution implique l'expropriation d'environ 1400 hectares de bois, de landes, de terres de culture et de prés n'est pas de nature à lui retirer son caractère d'utilité publique; que le ministre d'État chargé de la Défense nationale s'est expressément engagé à prendre diverses mesures de nature à assurer la protection écologique et touristique des sites compris dans l'extension du camp ou situés à proximité; Considérant qu'il résulte de tout ce qui précède que les requêtes de l'Association des amis de l'abbaye de Fontevraud et du Groupement de défense de la forêt de Fontevraud et des terrains environnants ne peuvent être accueillies; [Rejet].

[B.70] C.E., 10 décembre 1986

LE CONSEIL D'ÉTAT: [Sur] les conclusions tendant à l'annulation de la décision du 15 novembre 1985 refusant l'admission de M. Loredon au grade de chevalier de la Légion d'honneur: Considérant que M. Loredon soutient, à l'appui de sa requête, que sa demande d'admission au grade de chevalier de la Légion d'honneur en date du 12 avril l985 aurait dû être prise en considération en raison des graves sévices dont il affirme avoir été atteint alors qu'il était au service de la France; Considérant que l'appréciation, à laquelle se livre l'administration de l'éminence des mérites d'un postulant à la Légion d'honneur et de la Médaille militaire ne saurait, dès lors qu'elle ne repose pas sur des faits matériellement inexacts et n'est entachée ni d'erreur de droit ni de détournement de pouvoir, être utilement discutée devant le juge de l'excès de pouvoir; Considérant que M. Loredon n'est dès lors pas fondé à soutenir que c'est à tort que, par le jugement attaqué, le tribunal administratif de Paris a rejeté sa demande tendant à l'annulation de la décision du 15 novembre 1985 refusant son admission au grade de chevalier de la Légion [d'honneur].

[B.71] T.A. Toulouse, 25 février 1987

Mme Rabolini was sacked from her occupation as a nursery worker because she was in the habit of taking the baby (*nourrisson*), of whom she had the care, when she went home to give her own daughter her lunch.

LE TRIBUNAL: Vu la requête présentée par Mme Rabolini tendant à ce que le Tribunal annule une décision du 19 novembre 1985 par laquelle le Président du Bureau d'Aide Sociale de la Mairie de Colomiers a mis fin, à compter du 19 décembre 1985, à ses fonctions d'assistante maternelle à la crèche familiale de Colomiers; [Considérant] qu'il ressort des pièces du dossier que Mme Rabolini a été licenciée pour avoir persisté, malgré les observations de la directrice de la crèche familiale du Bureau d'Aide Sociale, à sortir quotidiennement entre 11h 30 et 14h, le nourrisson qui lui était confié, pour se rendre de son domicile à l'école où sa fillette est scolarisée afin de permettre à celle-ci de déjeuner au domicile familial; Considérant qu'en prononçant le licenciement de la requérante pour ce seul grief, et alors que la mère du nourrisson était pleinement d'accord sur ces sorties, le Bureau d'Aide Sociale a commis une erreur manifeste d'appréciation;

qu'il s'ensuit que Mme Rabolini est fondée à soutenir que la décision du 19 novembre 1985 est entachée d'excès de pouvoir et à en demander, pour ce motif, [l'annulation].

[B.72] T.A. Bordeaux, 1er octobre 1987

In certain circumstances, including the cases of persons with only one eye (*dont souffre le borgne*) whose eyesight (*acuité visuelle*) might be suspect, a person may be issued with a driving licence for a limited period only.

LE TRIBUNAL: Vu la requête présentée [par M. Grenier] tendant à l'annulation de la décision du Commissaire de la République du Département de la Gironde qui a refusé de lui délivrer un duplicata de son permis de conduire conforme à l'original; Considérant que l'arrêté du 24 mars 1981 du Ministre des Transport fixe la liste des affections susceptibles de donner lieu à la délivrance du permis de conduire à durée de validité limitée; qu'au nombre de ces affections figure, dans la classe II, celle dont souffre le borgne; Considérant que M. Grenier a demandé en août 1985 au Commissaire de la République du Département de la Gironde un duplicata du permis de conduire à titre permanent dont il était titulaire qui lui avait été délivré par le Commissaire de la République du Département du Gers; qu'à cette occasion, l'autorité administrative pouvait, en vertu des pouvoirs qu'elle tient de l'article R.128 du Code de la Route, mettre fin d'office à cette autorisation en raison de l'affection dont est atteint le requérant et lui délivrer un permis de conduire à validité temporaire; que l'Administration, en estimant que les conducteurs borgnes présentent plus de risques d'avoir une acuité visuelle diminuant dans le temps et nécessitent de ce fait un contrôle périodique, n'a pas commis d'erreur manifeste d'appréciation; [Rejet].

[B.73] T.A. Besançon, 2 décembre 1987

LE TRIBUNAL: Vu la requête présentée pour M. Mostafa tendant à l'annulation de la décision du 7 avril 1987 par laquelle le Préfet, Commissaire de la République du Département du Doubs, l'a invité à quitter le territoire français, dans un délai d'un mois; [Considérant que si M.] Mostafa soutient que le Préfet, Commissaire de la République du Doubs, ne pouvait se fonder sur 'l'absence de suivi sérieux' dans ses études pour refuser le renouvellement de son titre de séjour, il ressort des textes relatifs au séjour des étudiants étrangers [que] pour que les intéressés puissent être raisonnablement considérés comme poursuivant effectivement des études il est indispensable que ceux-ci suivent régulièrement les enseignements dispensés et fournissent un travail suffisant pour être en mesure d'obtenir dans un délai raisonnable les diplômes qu'ils briguent; qu'il résulte de l'instruction que [M.] Mostafa est inscrit à la faculté de médecine de Besançon depuis la rentrée universitaire 1974; qu'au cours des treize années écoulées il n'a réussi que l'examen de fin de premier cycle d'études médicales; qu'à la date à laquelle est intervenue la décision litigieuse il était inscrit pour la troisième année consécutive en première année du second cycle d'études médicales sans avoir passé d'examen avec succès; que dans ces circonstances, [M.] Mostafa ne saurait être regardé comme satisfaisant aux conditions sus-énoncées; que, dès lors, c'est à juste titre que le Préfet, Commissaire de la République du Doubs, a refusé de renouveler son titre de séjour et lui a enjoint de quitter le territoire [français].

[B.74] C.E., 9 décembre 1994

LE CONSEIL D'ÉTAT: [Sur] la légalité de l'arrêté portant déclaration d'utilité publique: Considérant que le dossier mis à la disposition du public lors de l'enquête d'utilité publique organisée du 24 septembre au 31 octobre 1989 sur le projet d'élargissement de l'autoroute A12 entre Rocquencourt et Bois-d'Arcy

(Yvelines) comportait les informations nécessaires sur les projets autoroutiers ultérieurs pouvant affecter la répartition du trafic routier dans l'Ouest de l'Ile-de-France et donc le niveau de fréquentation de la voie autoroutière concernée par cette enquête; qu'ainsi le public intéressé a été mis à même d'apprécier les conséquences du projet; Considérant que le projet d'élargissement de l'autoroute A12, mise en service en 1950, permet d'assurer l'écoulement du trafic très important de ce secteur dans des conditions améliorées de fluidité et de sécurité et tend à compléter à terme le contournement autoroutier de l'agglomération [parisienne]; que les inconvénients liés à cette voie autoroutière élargie, et notamment les nuisances sonores affectant les zones d'habitation proches, ont été substantiellement atténués par les aménagements prévus dans le projet, qui ont été définis en fonction du niveau de bruit propre à chaque zone et doivent ramener les nuisances sonores pour le plus grand nombre de logements à un niveau inférieur à celui constaté avant l'élargissement; qu'ainsi les inconvénients allégués ne sont pas de nature à retirer son caractère d'utilité publique au projet, lequel, dès lors, ne peut être utilement critiqué sur la base du principe d'égalité des citoyens devant la [loi].

[B.75] T.A. Strasbourg, 3 mai 1995

LE TRIBUNAL: [Sur] la légalité de l'arrêté rectoral du 21 décembre 1994: Considérant qu'aux termes de l'article premier de la loi du 11 juillet 1979: 'Doivent être motivées les décisions qui infligent une sanction'; qu'en vertu des dispositions de l'article 3 de cette loi, la motivation doit être écrite et comporter l'énoncé des considérations de droit et de fait qui constituent le fondement de la décision; Considérant qu'en l'espèce l'arrêté daté du 21 décembre 1994 par lequel le recteur de l'académie de Strasbourg a confirmé la sanction d'exclusion définitive de Mlle Aysel Aksirin n'est assorti d'aucune considération de fait; que par suite la requérante est fondée à en demander l'annulation;

Sur la légalité de l'arrêté rectoral du 23 janvier 1995:

Considérant qu'aux termes de l'article 9 de la Convention européenne des droits de l'Homme: 'Toute personne a droit à la liberté de pensée, de conscience et de religion; ce droit implique la liberté de changer de religion ou de conviction, ainsi que la liberté de manifester sa religion ou sa conviction individuellement ou collectivement, en public ou en privé, par le culte, l'enseignement, les pratiques et l'accomplissement des rites. La liberté de manifester sa religion ou ses convictions ne peut faire l'objet d'autres restrictions que celles qui, prévues par la loi, constituent des mesures nécessaires, dans une société démocratique, à la sécurité publique, à la protection de l'ordre, de la santé ou de la morale publiques, ou à la protection des droits et libertés d'autrui'; qu'aux termes de l'article 10 de la Déclaration des droits de l'Homme et du Citoyen du 26 août 1789 [[A.7]]: 'Nul ne doit être inquiété pour ses opinions, même religieuses, pourvu qu'elles ne troublent pas l'ordre public établi par la loi'; qu'aux termes de l'article [1] de la Constitution du 4 octobre 1958 [[A.6]]: 'La France est une République indivisible, laïque, démocratique et sociale. Elle assure l'égalité devant la loi de tous les citoyens sans distinction d'origine, de race ou de religion. Elle respecte toutes les croyances'; qu'aux termes de l'article 10 de la loi du 10 juillet [1989]: 'Dans les collèges et les lycées, les élèves disposent, dans le respect du pluralisme et du principe de neutralité, de la liberté d'information et de la liberté d'expression. L'exercice de ces libertés ne peut porter atteinte aux activités d'enseignement';

Considérant que le principe de laïcité de l'enseignement public qui résulte notamment des dispositions précitées et qui est l'un des éléments de la laïcité de l'État et de la neutralité de l'ensemble des services publics, impose que l'enseignement soit dispensé dans le respect, d'une part, de cette neutralité par les programmes et par les enseignants et, d'autre part, de liberté de conscience des élèves; qu'il interdit conformément aux principes rappelés par les mêmes textes et les engagements internationaux de la France toute discrimination dans l'accès à l'enseignement qui serait fondée sur les convictions ou les croyances religieuses des élèves; que la liberté ainsi reconnue aux élèves comporte pour eux le droit d'exprimer et de manifester leurs croyances religieuses à l'intérieur des établissements scolaires, dans le respect du pluralisme et de la liberté d'autrui, et sans qu'il soit porté atteinte aux activités d'enseignement, au contenu des programmes et à l'obligation d'assiduité; que, dans les établissements scolaires, le port par les élèves de signes par lesquels ils entendent manifester leur appartenance à une religion n'est pas par lui-même incompatible avec le principe de laïcité, dans la mesure où il constitue l'exercice de la liberté d'expression et de manifestation de croyances religieuses, mais que cette liberté ne saurait permettre aux élèves d'arborer des signes d'appartenance religieuse qui, par leur nature, par les conditions dans lesquelles ils seraient portés, individuellement ou collectivement, ou par leur caractère ostentatoire ou revendicatif, constitueraient un acte de pression, de provocation, de prosélytisme ou de propagande, porteraient atteinte à la dignité ou à la liberté de l'élève ou d'autres membres de la communauté éducative, compromettraient leur santé ou leur sécurité, perturberaient le déroulement des activités d'enseignement ou le rôle éducatif des enseignants, enfin troubleraient l'ordre dans l'établissement ou le fonctionnement normal du service public;

Considérant que par délibération en date du 13 octobre 1994, le conseil d'administration du Lycée Jean Monnet a modifié le règlement intérieur de l'établissement par adjonction de dispositions aux termes desquelles: 'le port par les élèves de signes discrets, manifestant leur attachement personnel à des convictions notamment religieuses, est admis dans l'établissement. Mais les signes ostentatoires, qui constituent en eux-mêmes des éléments de prosélytisme ou de discrimination, sont interdits. Sont interdits aussi les attitudes provocatrices, les manquements aux obligations d'assiduité et de sécurité, les comportements susceptibles de constituer des pressions sur d'autres élèves, de perturber le déroulement des activités d'enseignement ou de troubler l'ordre dans l'établissement';

Considérant que les dispositions précitées n'ont pas eu pour effet de proscrire le port de signes religieux à raison de leur seul caractère ostentatoire, mais se sont bornées à rappeler les principes susénoncés applicables en matière de laïcité; que, notamment, elles n'ont pas édicté d'interdiction générale et absolue du port du foulard islamique au sein de l'établissement, qui demeure licite dès lors qu'il ne révèle ni se s'accompagne d'actes ou de comportements notoirement prosélytes ou discriminatoires; qu'il en résulte que le moyen tiré de l'exception d'illégalité de la modification du règlement intérieur de l'établissement doit être écarté;

Considérant qu'il appartient, par voie de conséquence, à l'autorité investie du pouvoir disciplinaire d'établir en quoi le comportement de l'élève qu'elle envisage de sanctionner relève d'une des démarches susrappelées, prohibées par le règlement intérieur de l'établissement;

Considérant qu'en l'espèce, pour fonder sa décision confirmative de l'exclusion définitive de Mlle Aysel Aksirin en date du 16 novembre 1994, le recteur de l'académie de Strasbourg se borne à relever la persistance de l'élève à porter un foulard manifestant son attachement personnel à ses convictions religieuses; qu'il n'allègue pas, et qu'il ne résulte pas de l'instruction que le foulard ainsi porté par l'intéressée ait constitué ou se soit accompagné d'actes ou de comportements notoirement prosélytes ou discriminatoires; qu'il ne ressort pas plus des pièces du dossier qu'une atteinte à l'ordre public interne à l'établissement ou au bon fonctionnement du service public de l'enseignement ait été imputable à Mlle Aysel Aksirin; qu'en effet, si le procès-verbal de la commission académique d'appel mentionne que l'intéressée aurait adopté des attitudes agressives, celles-ci ne sont toutefois pas décrites avec suffisamment de précision pour permettre d'en apprécier la nature et l'ampleur; que par suite, en se fondant, pour prendre la décision attaquée, uniquement sur la circonstance que la jeune fille portait un voile islamique considéré par nature comme un signe religieux ostentatoire, le recteur a fait une inexacte application du règlement intérieur; que, dès lors, Mlle Aysel Aksirin est fondée à demander l'annulation de la décision [attaquée].

7 ENFIN ...

[B.76] T.A. Besançon, 23 février 1995

LE TRIBUNAL: [Considérant] que X, étudiant, résidait au moment des faits à la résidence universitaire de la Bouloie à Besançon; qu'à la suite d'une altercation avec le gardien de ladite résidence survenue le 2 juin vers 5 h du matin, X a été expulsé de la résidence par décision de la section permanente du conseil d'administration le 21 juin 1993; Considérant qu'il résulte de l'instruction que X a été l'auteur d'une agression à l'encontre [du] veilleur de nuit; que celui-ci a été blessé et a dû être hospitalisé d'urgence; que cette attitude fautive délibérée était d'une gravité suffisante de nature à porter atteinte à la sécurité de fonctionnement de la résidence; que, dès lors, en prononçant en application des dispositions du règlement intérieur, l'expulsion immédiate de X, la section permanente du conseil d'administration n'a pas commis une erreur manifeste d'appréciation; Considérant que contrairement à ce que soutient le requérant, le conseil de la résidence n'a pas à connaître des questions relevant du pouvoir disciplinaire des autorités gestionnaires; Considérant qu'il ne résulte pas de l'instruction que X aurait été irrégulièrement convoqué pour la réunion de la section permanente ayant à examiner son recours contre la décision du directeur; [Considérant] qu'il résulte de tout ce qui précède que la requête de X ne peut qu'être [rejetée].

Note de Francis Mallol, Conseiller de tribunal administratif

Le présent jugement statue sur une décision prononçant l'exclusion d'un étudiant de la cité universitaire où il logeait. A l'origine de cette mesure, un grave incident opposant le résident au veilleur de nuit de cette cité. L'intéressé, après avoir présenté vainement un recours administratif auprès du conseil d'administration du Centre régional des oeuvres universitaires et scolaires (CROUS), s'est pourvu devant la juridiction administrative compétente pour connaître de cette catégorie de litiges (CAA Paris, 3 mars 1992, CROUS de Créteil, [Rec., p. 1023]). Il contestait son exclusion pour les motifs de forme (I) et de fond (II).

I. Le requérant présentait [deux] arguments de procédure à l'encontre de son exclusion: le défaut de consultation préalable du conseil de résidence (1) [et] l'atteinte aux droits de la défense [(2)].

    1. Le moyen tiré du défaut de saisine du Conseil de résidence a été aisément écarté par la juridiction. En effet, les problèmes disciplinaires ne figurent pas parmi les attributions dévolues à cet organe par l'article 17 du Règlement général des résidences universitaires. Il n'intervient

qu'en matière de conditions de vie des étudiants dans les résidences universitaires. Son rôle est donc totalement étranger au litige évoqué.

2. Le demandeur soulignait ensuite qu'une atteinte avait été portée aux droits de la défense dans la mesure où une convocation ne lui aurait pas été adressée 'selon des modalités propres à garantir la bonne réception en temps voulue de ladite convocation'. Les modalités de la procédure contradictoire n'étant pas définies par les textes, et notamment par le Règlement général des résidences universitaires, le juge a fait une application des principes généraux du droit qui exigent constamment que toute personne faisant l'objet d'une sanction soit mise à même d'en discuter les motifs et, en particulier, les faits reprochés ([C.E., 5 mai 1944, Veuve Trompier-Gravier [B.29]]). En l'espèce, le juge a vérifié que l'étudiant a reçu la convocation en temps utile, ce qui a permis de présenter normalement sa [défense].

Une fois admise la régularité de la procédure ayant conduit à l'acte critiqué, le tribunal a procédé à son examen au fond.

II. Il a implicitement mais nécessairement considéré que l'exclusion d'un étudiant d'une résidence universitaire constituait un acte faisant grief (1) et, ensuite, contrôlé l'appréciation à laquelle s'était livrée l'administration concernant l'attitude de l'intéressé (2).

1. Dans les milieux scolaire et universitaire, certaines décisions qualifiées de 'mesures d'ordre intérieur' sont insusceptibles de recours contentieux en référence principalement au vieil adage de minimis non curat [praetor]; il en va ainsi de la décision affectant un élève dans une des classes correspondant à l'option d'enseignement qu'il a choisie ([C.E., 5 novembre 1982, Attard, Rec., p. 374]), du transfert d'un étudiant d'un groupe de travaux dirigés dans un autre (CE, 11 janvier 1967, Bricq, Rec. CE, tables, p. 822 et 881) ou du refus d'enquêter sur les conditions dans lesquelles a été établi ou modifié le tableau du tour de surveillance dans la cour d'une école (CE 18 juin 1971, Bordesoules, Rec. CE, tables, p. 1142). Mais une mesure d'exclusion revêt une importance plus grande que celles-ci (V. par comparaison [C.E., 2 novembre 1992, Kherouaa [B.46]]) et, de plus, la solution retenue par les premiers juges s'inscrit dans un mouvement législatif et jurisprudentiel qui rétrécit la notion de mesure d'ordre intérieur à une peau de chagrin ([C.E., 17 février 1995, Marie et Hardouin [B.14] [B.15]]). Elle apparaît donc cohérente. Il restait enfin à appréhender les circonstances ayant amené le CROUS à édicter la sanction en cause.

2. Le requérant soutenait que la mesure d'exclusion qui le frappait était entachée d'une 'erreur manifeste d'appréciation'. Il est vrai que la mesure d'exclusion définitive choisie par l'autorité administrative est la plus grave dans l'échelle des peines définies à l'article 18 du Règlement général des résidences universitaires et a de lourdes conséquences pratiques car elle interdit définitivement l'accès de l'étudiant à toutes les résidences universitaires de France. Était-elle pour autant déraisonnable? En d'autres termes, existait-il une disproportion excessive entre la gravité de la faute et la sévérité de la sanction? On peut très sérieusement en douter dans la mesure où il était démontré que l'étudiant avait commis une agression caractérisée ayant nécessité l'hospitalisation d'urgence de la victime. Il est évident qu'un tel comportement est inadmissible et justifie les sanctions les plus lourdes (par exemple la révocation dans le régime disciplinaire de la fonction

publique: CE, 2 octobre 1963, Boussard-Biller, Rec. CE, p. [470]; ou le licenciement en droit du travail: 16 mars 1990, SA Consortium de maintenance et de technologie, Rec. CE, tables p. [1015]; ou encore la suspension de deux ans infligée à un sportif agressif par la fédération française de judo: 29 juillet 1994, [Vachon]). Par suite, la requête de X ne pouvait aboutir.

CHAPTER 3

THE FORMATION OF A CONTRACT

1 CONTRACT AND THE CIVIL CODE

It is in this chapter that we make the first of three visits to the civil code. This first looking into a work which is held in great affection may well engender a wild surmise. The topic chosen, namely the way in which and the conditions under which a contract may be created, is, in the main, governed by some 30 articles of the code [C.1], many of which cannot be translated into English, if by translation one means presenting in English a statement which both reproduces the exact meaning of its French counterpart and makes complete sense to the reader. In many cases, the reader of the code is assumed to understand the meaning of legal concepts which are defined neither comprehensively nor comprehendingly, and if this assumption is incorrect the reader must rely on the analysis of the doctrinal commentators, the subsequent crystallisation of those concepts into principles and rules by the courts, and the illustrative capacity which case law can give to those principles and rules. With certain of the concepts and principles involved in the creation of a contract, the reader will have a ready familiarity because they have counterparts (with varying degrees of synonymity) in English law (eg, offer and acceptance and mistake), and this chapter starts with these before progressing to concepts which appear strange to the common lawyer but which are fundamental to the civil law of contract.

There are, of course, many different types of contract, depending on the purpose for which the parties wish to arrange their affairs. Many contracts are those which transfer the ownership of property (eg, sale of goods or land) or which allow one party to use the property of another (eg, hire of a car or lease of a house). Other contracts are those whereby one party agrees to perform a service for another (eg, a contract of employment, a contract to be transported from one place to another, or a contract for dry cleaning). A contract, therefore, is an agreement by which one or or more parties commit themselves, towards one or more other parties, to an obligation to transfer something, to do something or not to do something (*à donner, à faire ou à ne pas faire quelque chose*: Article 1101). These obligations and the remedies available for a failure to perform any obligation, together with the rules governing certain types of contract (eg, the sale of land and associated mortgage rules) form the bulk of the third book of the civil code, and more specialised provisions relating to other contracts may be found in other codes (eg, employment or insurance). A complete discussion of all the concepts, principles and rules which relate to all contractual obligations and to all types of contract is, of course, outside the scope and purpose of this work, but, since all contracts (by whatever name they are called) are subject to certain common rules and since there is only one legal method utilised – *le contrat* – this chapter will be devoted to a series of propositions which pervade (to a greater or lesser extent) those obligations and different types of contract and which determine whether or not there is a contract, and why.

Whether there is a contract at all and why there is one depend on certain fundamental rules which regulate the operation of the free will of the parties involved. An approach to commercial activity (in its widest sense) which has been dominant since the revolution has been to symbolise the freedom of mankind by emphasising that the free will (*autonomie de la volonté*) in commercial matters results in complete freedom of contract. The freedom of free and equal parties to contract has, as a corollary, the proposition that a legally formed (below) contract has a status, as between the contracting parties, equivalent to that of statute and that *prima facie* (below) the contract can only be revoked (or amended) by the mutual consent of those parties (Article 1134). This demonstrates the autonomy of an individual voluntarily to create rights and to be bound by duties. However, although the *autonomie de la volonté* and the *immutabilité des conventions* are recognised as fundamental freedoms, French law does not permit those freedoms to be absolute and does not permit the reign of an absolute monarchy of market forces. Freedom of contract can be the subject of limitations designed, on the one hand, to afford an element of protection to a party from the logical and legal consequences of the contract which he or she has prima facie made (especially of the document which he or she has signed), and, on the other hand, to safeguard other fundamental values of French society.

The *Code civil* lays down four conditions which are essential for the validity of a contract (Article 1108): '*Le consentement de la partie qui s'oblige; Sa capacité de contracter; Un objet certain qui forme la matière de l'engagement; Une cause licite dans l'obligation*'. The meaning of these terms and concepts will be discussed below: *consentement*, being so important, is discussed in head 2 (offer and acceptance) and heads 3, 4 and 5 (relating to *erreur*, *violence* and *dol*, the '*vices du consentement*', which are factors which can vitiate the consent of a contracting party); *capacité* is discussed in head 6; and *objet* and *cause* (the concepts referred to above as appearing strange to the common lawyer but fundamental to the civil law of contract) are discussed in heads 7 and 8, respectively.

Certain important types of contract must be in writing and drawn up by or with the assistance of specially designated public office holders, such as a *maire* or a *notaire*. A document drawn up in this way is termed an '*acte authentique*'. These include certain contracts whereby one person gives away property (goods or land) to another (*donation*: Article 931), marriage contracts (Article 1394) and contracts altering matrimonial property rights after the marriage (Article 1397). It may be noted, in practice, that since a party seeking to enforce a contract must prove the existence and terms of that contract (Article 1315), many parties will use the services of a *notaire* even when this is not obligatory. Commercial organisations will, of course, use in-house lawyers and standard form contracts. In addition to the *acte authentique*, a term which will often arise in this chapter is an '*acte sous seing privé*' which is a contract in writing, signed by the parties and which has, between the signatories and their heirs, the same status as an *acte authentique* (Article 1322).

In addition, although as mentioned above there is a *prima facie* rule that a legally formed contract can only be revoked (or amended) by mutual consent, the fact that a contracting party may not be of equal economic standing with the other contracting party has resulted in a legislative gloss being superimposed on the immutability of contracts to protect the weaker party, either in the code itself, in special rules relating to contracts of employment and contracts for rented accommodation, and by a more general developing law of consumer protection. In 1978, a statute provided for the establishment of a *commission* to examine standard form contracts and to investigate if such documents contained clauses which could arguably be of a '*caractère abusif*'. Decrees made following a recommendation of the *commission* may, in contracts concluded between professional people and non-professional people and consumers, forbid, limit or otherwise regulate certain clauses which appear to be imposed on non-professionals and consumers by an abuse of the economic power of a party which thereby confers an excessive advantage on that party. The aim is to protect the inexpert from the expert and the concept of a non-professional person includes a professional person making a contract in an area outside his or her expertise or normal professional activity. It must be emphasised that the 1978 statute (consolidated in the *Code de la consommation*) has recently been amended to comply with EC Directive 93/13 and now expressly stipulates a (non-exhaustive) list of clauses which may be regarded as abusive, but there has been no time to build up an interpretative case-law [C.2]. Compare the 'freedom to contract between equal parties' attitude and wording of [C.1] with the 'consumer protection' attitude and wording of [C.2].

Materials

[C.1] Code civil – Des contrats ou des obligations conventionnelles

Chapitre 1er – Des dispositions préliminaires

Article 1101 – Le contrat est une convention par laquelle une ou plusieurs personnes s'obligent, envers une ou plusieurs autres, à donner, à faire ou à ne pas faire quelque chose.

Article 1102 – Le contrat est synallagmatique ou bilatéral lorsque les contractants s'obligent réciproquement les uns envers les autres.

Article 1103 – Il est unilatéral lorsqu'une ou plusieurs personnes sont obligées envers une ou plusieurs autres sans que de la part de ces dernières il y ait d'engagement.

Article 1104 – Il est commutatif lorsque chacune des parties s'engage à donner ou à faire une chose qui est regardée comme l'équivalent de ce qu'on lui donne, ou de ce qu'on fait pour elle.

Lorsque l'équivalent consiste dans la chance de gain ou de perte pour chacune des parties, d'après un événement incertain, le contrat est aléatoire.

Article 1105 – Le contrat de bienfaisance est celui dans lequel l'une des parties procure à l'autre un avantage purement gratuit.

Article 1106 – Le contrat à titre onéreux est celui qui assujettit chacune des parties à donner ou à faire quelque chose.

Article 1107 – Les contrats, soit qu'ils aient une dénomination propre, soit qu'ils n'en aient pas, sont soumis à des règles générales qui sont l'objet du présent titre.

Les règles particulières à certains contrats sont établies sous les titres relatifs à chacun d'eux; et les règles particulières aux transactions commerciales sont établies par les lois relatives au commerce.

Chapitre II – Des conditions essentielles pour la validité des conventions

Article 1108 – Quatre conditions sont essentielles pour la validité d'une Convention: Le consentement de la partie qui s'oblige; Sa capacité de contracter; Un objet certain qui forme la matière de l'engagement; Une cause licite dans l'obligation.

Section 1ère – Du consentement

Article 1109 – Il n'y a point de consentement valable, si le consentement n'a été donné que par erreur, ou s'il a été extorqué par violence ou surpris par dol.

Article 1110 – L'erreur n'est une cause de nullité de la convention que lorsqu'elle tombe sur la substance même de la chose qui en est l'objet.

Elle n'est point une cause de nullité, lorsqu'elle ne tombe que sur la personne avec laquelle on a intention de contracter, à moins que la considération de cette personne ne soit la cause principale de la convention.

Article 1111 – La violence exercée contre celui qui a contracté l'obligation, est une cause de nullité, encore qu'elle ait été exercée par un tiers autre que celui au profit duquel la convention a été faite.

Article 1112 – Il y a violence, lorsqu'elle est de nature à faire impression sur une personne raisonnable, et qu'elle peut lui inspirer la crainte d'exposer sa personne ou sa fortune à un mal considérable et présent.

On a égard, en cette matière, à l'âge, au sexe et à la condition des personnes.

Article 1113 – La violence est une cause de nullité du contrat, non seulement lorsqu'elle a été exercée sur la partie contractante, mais encore lorsqu'elle l'a été sur son époux ou sur son épouse, sur ses descendants ou ses ascendants.

Article 1114 – La seule crainte révérencielle envers le père, la mère ou autre ascendant, sans qu'il y ait eu de violence exercée, ne suffit point pour annuler le contrat.

Article 1115 – Un contrat ne peut plus être attaqué pour cause de violence, si, depuis que la violence a cessé, ce contrat a été approuvé, soit expressément, soit tacitement, soit en laissant passer le temps de la restitution fixé par la loi.

Article 1116 – Le dol est une cause de nullité de la convention lorsque les manoeuvres pratiquées par l'une des parties sont telles, qu'il est évident que, sans ces manoeuvres, l'autre partie n'aurait pas contracté.

Il ne se présume pas, et doit être prouvé.

Article 1117 – La convention contractée par erreur, violence ou dol, n'est point nulle de plein droit; elle donne seulement lieu à une action en nullité ou en [rescision].

Section II – De la capacité des parties contractantes

Article 1123 – Toute personne peut contracter, si elle n'en est pas déclarée incapable par la loi.

Article 1124 – Sont incapables de contracter, dans la mesure définie par la loi: Les mineurs non [émancipés].

Section III – De l'objet et de la matière des contrats.

Article 1126 – Tout contrat a pour objet une chose qu'une partie s'oblige à donner, ou qu'une partie s'oblige à faire ou à ne pas faire.

Article 1127 – Le simple usage ou le simple possession d'une chose peut être, comme la chose même, l'objet du contrat.

Article 1128 – Il n'y a que les choses qui sont dans le commerce qui puissent être l'objet des conventions.

Article 1129 – Il faut que l'obligation ait pour objet une chose au moins déterminée quant à son espèce. La quotité de la chose peut être incertaine, pourvu qu'elle puisse être déterminée.

Article 1130 – Les choses futures peuvent être l'objet d'une obligation.

On ne peut cependant renoncer à une succession non ouverte, ni faire aucune stipulation sur une pareille succession, même avec le consentement de celui de la succession duquel il s'agit.

Section IV – De la cause.

Article 1131 – L'obligation sans cause, ou sur une fausse cause, ou sur une cause illicite, ne peut avoir aucun effet.

Article 1132 – La convention n'est pas moins valable, quoique la cause n'en soit pas exprimée.

Article 1133 – La cause est illicite, quand elle est prohibée par la loi, quand elle est contraire aux bonnes moeurs ou à l'ordre public.

Chapitre III – De l'effet des obligations

Section 1ère – Dispositions générales

Article 1134 – Les conventions légalement formées tiennent lieu de loi à ceux qui les ont faites.

Elles ne peuvent être révoquées que de leur consentement mutuel, ou pour les causes que la loi autorise.

Elles doivent être exécutées de bonne [foi].

[C.2] Code de la consommation

[rédigé par la loi No 95-96 du 1er février 1995, concernant les clauses abusives et la présentation des contrats et mettant en oeuvre le Directive 93/13/CEE concernant les clauses abusives dans les contrats conclus avec les consommateurs]

Article L.132-1 – Dans les contrats conclus entre professionnels et non-professionnels ou consommateurs, sont abusives les clauses qui ont pour objet ou pour effet de créer, au détriment du non-professionel ou du consommateur, un déséquilibre significatif entre les droits et obligations des parties au contrat.

Des décrets en Conseil d'État, pris après avis de la commission instituée à l'article L.132-2, peuvent déterminer des types de clauses qui doivent être regardées comme abusives au sens du premier alinéa.

Une annexe au présent code comprend une liste indicative et non exhaustive de clauses qui peuvent être regardées comme abusives si elles satisfont aux conditions posées au premier alinéa. En cas de litige concernant un contrat comportant une telle clause, le demandeur n'est pas dispensé d'apporter la preuve du caractère abusif de cette clause.

Ces dispositions sont applicables quels que soient la forme ou le support du contrat. Il en est ainsi notamment des bons de commande, factures, bons de garantie, bordereaux ou bons de livraison, billets ou tickets, contenant des stipulations négociées librement ou non ou des références à des conditions générales préétablies.

Sans préjudice des règles d'interprétation prévues aux articles 1156 à 1161, 1163 et 1164 du code civil, le caractère abusif d'une clause s'apprécie en se référant, au moment de la conclusion du contrat, à toutes les circonstances qui entourent sa conclusion, de même qu'à toutes les autres clauses du contrat. Il s'apprécie également au regard de celles contenues dans un autre contrat lorsque la conclusion ou l'exécution de ces deux contrats dépendent juridiquement l'une de l'autre.

Les clauses abusives sont réputées non écrites.

L'appréciation du caractère abusif des clauses au sens du premier alinéa ne porte ni sur la définition de l'objet principal du contrat ni sur l'adéquation du prix ou de la rémunération au bien vendu ou au service offert.

Le contrat restera applicable dans toutes ses dispositions autres que celles jugées abusives s'il peut subsister sans lesdites clauses.

Les dispositions du présent article sont d'ordre public.

Annexe – Clauses visées au troisième alinéa de [l'article L.132-1]

1. Clauses ayant pour objet ou pour effet:

    a) D'exclure ou de limiter la responsabilité légale du professionnel en cas de mort d'un consommateur ou de dommages corporels causés à celui-ci, résultant d'un acte ou d'une omission de ce professionnel;

    b) D'exclure ou de limiter de façon inappropriée les droits légaux du consommateur vis-à-vis du professionnel ou d'une autre partie en cas de non-exécution totale ou partielle ou d'exécution défectueuse par le professionnel d'une quelconque des obligations contractuelles, y compris la possibilité de compenser une dette envers le professionnel avec une créance qu'il aurait contre lui;

    c) De prévoir un engagement ferme du consommateur, alors que l'exécution des prestations du professionnel est assujettie à une condition dont la réalisation dépend de sa seule volonté;

    d) De permettre au professionnel de retenir des sommes versées par le consommateur lorsque celui-ci renonce à conclure ou à exécuter le contrat, sans prévoir le droit, pour le consommateur, de percevoir une indemnité d'un montant équivalent de la part du professionnel lorsque c'est celui-ci qui renonce;

    e) D'imposer au consommateur qui n'exécute pas ses obligations une indemnité d'un montant disproportionnellement élevé;

    f) D'autoriser le professionnel à résilier le contrat de façon discrétionnaire si la même faculté n'est pas reconnue au consommateur, ainsi que de permettre au professionnel de retenir les sommes versées au titre de prestations non encore réalisées par lui, lorsque c'est le professionnel lui-même qui résilie le contrat;

    g) D'autoriser le professionnel à mettre fin sans un préavis raisonnable à un contrat à durée indéterminée, sauf en cas de motif grave;

    h) De proroger automatiquement un contrat à durée déterminée en l'absence d'expression contraire du consommateur, alors qu'une date excessivement éloignée de la fin du contrat a été fixée comme date limite pour exprimer cette volonté de non-prorogation de la part du consommateur;

    i) De constater de manière irréfragable l'adhésion du consommateur à des clauses dont il n'a pas eu, effectivement, l'occasion de prendre connaissance avant la conclusion du contrat;

    j) D'autoriser le professionnel à modifier unilatéralement les termes du contrat sans raison valable et spécifiée dans le contrat;

k) D'autoriser les professionnels à modifier unilatéralement sans raison valable des caractéristiques du produit à livrer ou du service à fournir;

l) De prévoir que le prix des biens est déterminé au moment de la livraison, ou d'accorder au vendeur de biens ou au fournisseur de services le droit d'augmenter leurs prix sans que, dans les deux cas, le consommateur n'ait de droit correspondant lui permettant de rompre le contrat au cas où le prix final est trop élevé par rapport au prix convenu lors de la conclusion du contrat;

m) D'accorder au professionnel le droit de déterminer si la chose livrée ou le service fourni est conforme aux stipulations du contrat ou de lui conférer le droit exclusif d'interpréter une quelconque clause du contrat;

n) De restreindre l'obligation du professionnel de respecter les engagements pris par ses mandataires ou de soumettre ses engagements au respect d'une formalité particulière;

o) D'obliger le consommateur à exécuter ses obligations lors même que le professionnel n'exécuterait pas les siennes;

p) De prévoir la possibilité de cession du contrat de la part du professionnel, lorsqu'elle est susceptible d'engendrer une diminution des garanties pour le consommateur sans l'accord de celui-ci;

q) De supprimer ou d'entraver l'exercice d'actions en justice ou des voies de recours par le consommateur, notamment en obligeant le consommateur à saisir exclusivement une juridiction d'arbitrage non couverte par des dispositions légales, en limitant indûment les moyens de preuves à la disposition du consommateur ou en imposant à celui-ci une charge de preuve qui, en vertu du droit applicable, devrait revenir normalement à une autre partie au contrat.

2. Portée des points g, j et l:

a) Le point g ne fait pas obstacle à des clauses par lesquelles le fournisseur de services financiers se réserve le droit de mettre fin au contrat à durée indéterminée unilatéralement, et ce, sans préavis en cas de raison valable, pourvu que soit mise à la charge du professionnel l'obligation d'en informer la ou les autres parties contractantes immédiatement;

b) Le point j ne fait pas obstacle à des clauses selon lesquelles le fournisseur de services financiers se réserve le droit de modifier le taux d'intérêt dû par le consommateur ou dû à celui-ci, ou le montant de toutes autres charges afférentes à des services financiers, sans aucun préavis en cas de raison valable, pourvu que soit mise à la charge du professionnel l'obligation d'en informer la ou les autres parties contractantes dans les meilleurs délais et que celles-ci soient libres de réaliser immédiatement le contrat. Le point j ne fait pas non plus obstacle à des clauses selon lesquelles le professionnel se réserve le droit de modifier unilatéralement les conditions d'un contrat de durée indéterminée pourvu que soit mis à sa charge le devoir d'en informer le consommateur avec un préavis raisonnable et que celui-ci soit libre de résilier le contrat;

c) Les points g, j et l ne sont pas applicables aux: transactions concernant les valeurs mobilières, instruments financiers et autres produits ou services dont le prix est lié aux fluctuations d'un cours ou d'un indice boursier ou d'un taux de marché financier que le professionnel ne contrôle pas; contrats d'achat ou de vente de devises, de chèques de voyage ou de mandats-poste internationaux libellés en devises;

d) Le point 1 ne fait pas obstacle aux clauses d'indexation de prix pour autant qu'elles soient licites et que le mode de variation du prix y soit explicitement décrit.

2 OFFER AND ACCEPTANCE

Since a contract is an agreement whereby one or more persons commit themselves, towards one or more other persons, to transfer something or to do or not do something, there must have been an offer freely made by one party with regard to the content and purpose of the proposed contract and this content and purpose must be freely accepted by the other party. The offer must be such that all that is necessary to complete the transaction is the acceptance of the offer and this entails that the offer contains no reservations and presents to another party the essential elements of what is on offer, in particular with regard to the price to be paid, where this is relevant [C.8]. The manner in which an offer is made is not limited to the more formal commercial documentary forms. It may, of course, be verbal (as is so often the case of sales in shops and markets), it may be a letter of intention which is sufficiently clear and precise [C.10], in the form of a notice in a newspaper [C.6], or by an act signifying an intention to make an offer [C.7]. An offer may be withdrawn at any time before it is accepted, provided that there is no express or implied agreement not to retract the offer before a specified time [C.5], and if it contains a time limit within which it is to be accepted the offer will lapse at the expiry of that time limit [C.12]. For there to be a valid contract the offer must be accepted, and if the recipient of the offer indicates clearly a willingness to conclude the contract in accordance with the terms of the offer, then the offer is accepted. If the recipient of the offer wishes to amend the terms of the offer, his or her reply to the offer containing such an amendment will be a counter offer which, in turn, needs acceptance [C.9]. The acceptance can be in any form provided that it demonstrates unequivocally the clear intention of accepting all the terms of the offer. As a general rule of principle, the act of not replying to the offer is not an acceptance [C.3] unless there is other evidence to indicate otherwise [C.11] [C.13]. Unless there is a specific stipulation, the contract is formed when the acceptor sends the acceptance to the offerer [C.4].

In making the offer and in accepting that offer all parties concerned must be exercising their free will and this postulates that the parties are not acting mistakenly, or as a result of a misrepresentation or as a result of duress (to use English terms). If a party is so acting, there is a *vice du consentement* and this may (not must) result in an action to annul or rescind the contract.

There is no valid consent to the making of a contract if the consent was only given because of a mistake or misapprehension (*erreur*) or if the consent was exercised as a result of duress (*violence*) or if the contract was brought about because of a misrepresentation (*dol*). A contract which is alleged to have been based on a '*vice du consentement*' is not automatically void and the existence of a *vice du consentement* only gives rise to an action for nullity or rescission (governed by articles 1304 – 1314) (*Code civil*, articles 1109, 1117 [C.1]). The *vices du consentement* are discussed in heads 3, 4, and 5, respectively.

Materials

[C.3] Civ., 25 mai 1870

Robin and Co, bankers dealing with the investment (*chargés du placement*) of shares (*actions*) in the *Société des raffineries nantaises*, wrote to Guilloux stating that they had put him down for 20 shares, the down payment for which was 2,500F. Guilloux had not in fact asked for any shares and did nothing. The *Société des raffineries nantaises* sued him for payment of the overdue amount. The lower court held that, as Guilloux had not replied to the letter, he must be held to have accepted the transaction made in his name. Guilloux brought a *pourvoi en cassation* on the ground that, according to a correct interpretation of Articles 1101 and 1108 of the *Code civil*, the mere silence of a person could not legally bind him.

> LA COUR: [Attendu] que l'arrêt attaqué, en condamnant le demandeur comme obligé à la souscription de vingt actions prises en son nom dans la Société des raffineries nantaises, s'est uniquement fondé sur ce fait que ledit demandeur avait laissé sans réponse la lettre par laquelle Robin et comp, chargés du placement des actions, lui avaient donné avis qu'il avait été porté sur la liste des souscripteurs, et qu'ils avaient versé pour lui la somme exigée pour le premier versement sur le montant des actions; Attendu, en droit, que le silence de celui qu'on prétend obligé ne peut suffire, en l'absence de toute autre circonstance, pour faire preuve contre lui de l'obligation alléguée; Attendu qu'en jugeant le contraire, l'arrêt attaqué a violé les dispositions ci-dessus visées du code Napoléon; [Casse].

[C.4] Paris, 5 février 1910

On 10 January, an advertisement appeared in *La Bibliographie de la France* stating that M was willing to pay 180F for an 1832 copy of the *Revue des Deux-Mondes*. On 14 January, W, a bookseller, wrote to M offering him such a copy of the '*Revue*' for 180F. On 15 January M, by registered letter, acknowledged receipt of W's letter, informed W that he accepted the proposed price, and sent W 180F plus 0.95F for postage and packing. This registered letter was presented at W's shop on 16 January at 8am and, as the shop was not yet open, was taken there again and delivered to W at about 10.30am. W claimed that the contract could only be formed on 16 January at the time when he had received M's registered letter and that at that time he had already sold the copy of the '*Revue*' to a third party.

> LA COUR: [Mais] considérant que le contrat s'est trouvé formé par l'offre faite le 10 janvier par M dans 'La Bibliographie de la France', et par l'acceptation contenue dans la lettre écrite le 14 janvier par W à M; qu'à partir de cette dernière date, il y avait accord entre les parties sur la chose et sur le prix, que, par suite, il y avait vente; que le terme 'd'offre', employé par W dans sa lettre, est sans importance, alors qu'il résulte sans contestation de cette lettre, qu'il acceptait la proposition d'achat qui lui était faite par M et le prix qui lui était offert; Considérant au surplus qu'en fut-il autrement, la prétention de W n'en serait pas plus fondée, en premier lieu parce qu'ayant écrit à M une lettre personnelle pour lui offrir une certaine année de la 'Revue' à un prix déterminé, il devait lui laisser le temps matériel de répondre, en second lieu parce que, s'il résulte de ses livres qu'il aurait vendu ladite 'Revue' le 16 janvier, il n'établit en aucune manière l'avoir vendue avant dix heures du matin, heure à laquelle il est constant qu'il a reçu la lettre recommandée qui lui a été adressée par M, qu'à défaut par lui de faire cette preuve, son contrat avec M doit être réputé définitivement [conclu].

[C.5] *Civ.*, *17 décembre 1958*

LA COUR: [Attendu] qu'il ressort des énonciations de l'arrêt attaqué que, par lettre du 11 août 1954, Isler a fait savoir à Chastan qu'il était prêt à lui vendre un chalet dont il était propriétaire, moyennant le prix de 2 500 000 F; qu'ayant visité le chalet quatre jours plus tard, Chastan a télégraphiquement avisé Isler, le lendemain, qu'il acceptait cette offre; que, le 17 du même mois, il lui a confirmé par lettre cette acceptation, en se déclarant prêt à payer le prix comptant lors de la passation de l'acte, que, sur action intentée par Chastan, après mise en demeure de recevoir le prix et de remettre les clefs, vainement signifiée le 6 sept. 1954 à Isler, celui-ci a prétendu qu'il n'avait pu vendre au réclamant le chalet le 16 août précédent, pour la raison qu'à cette date il l'avait déjà vendu à Puy, lequel, intervenant en cause, a 'précisé que cette vente avait été conclue au début d'août et normalisée sous la forme d'un acte sous seing privé du 14 août 1954' avec versement d'un acompte d'un million;

Attendu que ledit arrêt infirmatif déclare non pertinent les faits articulés par Isler comme constitutifs d'une rétraction, antérieure à l'acceptation de Chastan, de l'offre du 11 août 1954 'dit et juge qu'il est d'ores et déjà établi par les éléments de la cause que l'offre de vente faite par Isler et Chastan, personnellement, n'a pas été révoquée avant le 17 août 1954, date à laquelle Isler a eu connaissance de l'acceptation expresse de cette offre par Chastan', refuse, en conséquence 'd'autoriser Isler à rapporter la preuve des faits par lui allégués' et décide 'que la vente proposée par Isler et acceptée par Chastan est devenue [parfaite]'; qu'il est fait grief à la cour d'appel [d'avoir] reconnu que l'offre du 11 août 1954 constituait une simple [pollicitation], et donné néanmoins à cette proposition les effets légaux de la promesse de vente, en décidant à tort que l'acceptation de l'acquéreur avec qui les rapports d'Isler n'auraient pas dépassé le stade des simples pourparlers, avait rendu la vente parfaite;

Mais attendu que si une offre peut en principe être rétractée tant qu'elle n'a pas été acceptée, il en est autrement au cas où celui de qui elle émane s'est expressément ou implicitement engagé à ne pas la retirer avant une certaine époque; qu'en l'espèce, après avoir admis que la lettre du 11 août 1954 constituait 'simplement une offre de vente' pouvant 'en principe être retirée tant qu'elle n'avait pas été acceptée', l'arrêt relève que 'cependant, sachant par lettre de Chastan du 9 août, que celui-ci se proposait de venir visiter le chalet le 15 ou 16 août et, l'y ayant autorisé dans sa réponse du 11 août, Isler s'était tacitement obligé à maintenir son offre pendant le temps ainsi prévu, c'est-à-dire jusqu'après la visite annoncée', et qu'il n'aurait donc pu se rétracter le 14 août sans commettre 'une faute de nature à engager sa responsabilité'; qu'analysant ensuite les circonstances de la cause, notamment la production tardive de l'unique exemplaire d'un acte sous seing privé, non enregistré, consistant en une déclaration 'd'Isler seul, datée du 14 [août] d'après laquelle il vend son chalet à Puy, lequel a apposé son acquiescement à une date qui n'est point indiquée' et, qui ne mentionne pas le versement d'un acompte d'un million, la cour d'appel constate que 'de tous ces éléments résulte un ensemble de présomptions suffisamment graves, précises et concordantes pour déterminer l'absolue conviction que l'acte de vente dont se prévaut Puy n'a pas été signé le 14 août'; que n'ayant pas vendu son chalet à Puy, Isler n'avait aucune raison de révoquer l'offre formelle qu'il avait faite à Chastan; qu'il n'a donc pas pu manifester le 14 août une volonté de révocation qu'il n'avait pas encore et qui, même dans sa lettre du 20 août, ne se 'trouvait pas nettement exprimée' et que 'la mauvaise foi de Puy et d'Isler et leur collusion résultent manifestement desdites circonstances'; que de ces constatations les juges du second degré déduisent par une appréciation souveraine de l'intention des contractants et sans se contredire, que l'offre ayant été maintenue, 'le contrat est devenu parfait dès cette notification' et la vente est acquise de 'droit à l'acheteur [par] suite de l'accord des parties sur les éléments essentiels, la chose et le prix'; d'où il suit que l'arrêt attaqué n'a pas violé les textes visés au moyen et se trouve légalement [justifié].

[C.6] Civ., 28 novembre 1968

LA COUR: [Attendu] que l'offre faite au public lie le pollicitant à l'égard du premier acceptant dans les mêmes conditions que l'offre faite à personne déterminée; Attendu qu'il résulte des énonciations de l'arrêt [que] Maltzkorn, ayant pris connaissance d'une annonce parue dans le journal L'Ardennais du 23 mai 1961, proposant la vente d'un terrain, [fit] connaître à Braquet propriétaire, qu'il acceptait son offre; que cependant Braquet prétendit n'être pas engagé par cette offre; Attendu que pour écarter la demande de Maltzkorn, tendant à la régularisation de la vente, l'arrêt relève que 'l'offre faite par la voie de la presse, d'un bien ne pouvant être acquis que par une seule personne, ne saurait être assimilée à l'offre faite à une personne déterminée; qu'elle constitue seulement un appel à des amateurs éventuels et ne peut, en conséquence, lier son auteur à l'égard d'un acceptant'; qu'en statuant par ce motif d'ordre général, alors qu'elle constatait que Braquet avait déclaré que 'la ferme n'était toujours pas vendue' lorsqu'il avait reçu notification de l'acceptation, et sans relever aucune circonstance d'où elle ait pu déduire que l'annonce constituait seulement une invitation à engager des pourparlers ou que l'offre de Braquet comportait des réserves, la cour d'appel n'a pas donné de base légale à sa [décision. Par ces motifs, casse].

[C.7] Civ., 2 décembre 1969

LA COUR: [Attendu] qu'il résulte des énonciations de l'arrêt attaqué, que dame Jean Jacques fut blessée au moment où elle montait dans un taxi de la Société des autoplaces, qui s'était mis en mouvement, entraîné par la déclivité du sol, son chauffeur ayant desserré le frein à main; Attendu qu'il est fait grief à la cour d'appel d'avoir retenu l'entière responsabilité de la Société des autoplaces, au motif qu'il s'était formé un contrat de transport dès que le voyageur avait manifesté son intention de prendre le taxi en ouvrant la portière, alors que le contrat de transport, de caractère consensuel, impliquerait accord du transporteur, que, nonobstant les règles de police qui obligent le chauffeur de taxi à charger, ce dernier [serait] libre de refuser un client, que, l'ouverture de la portière par un voyageur éventuel ne suffirait donc pas à caractériser la conclusion du contrat dès lors qu'il n'est pas constaté que le chauffeur avait eu conscience de cette ouverture et y avait acquiescé; Mais attendu que la formation du contrat de transport résulte de l'offre du transporteur et de l'acceptation du voyageur; que les juges d'appel, qui apprécient souverainement la volonté des parties de conclure une convention, relèvent, d'une part, que le simple fait de laisser une voiture de place en stationnement dans un emplacement réservé, gaine du compteur non mise et chauffeur au volant, constitue une offre, et, d'autre part, que dame Jean Jacques avait manifesté son intention de prendre place dans le taxi, en ouvrant la portière, 'geste non équivoque'; qu'ainsi, le [moyen doit être écarté].

[C.8] Civ., 21 février 1979

LA COUR: [Attendu] que, selon l'arrêt attaqué, Bernard, par lettre du 7 nov. 1973, a confirmé à Ricard son intention d'acquérir les parts de la Société civile Provenco, pour le prix de 1 800 000 F, payable 300 000 F comptant et le solde en cinq ans avec un intérêt de 8%; que Ricard répondit par lettre du 31 déc. 1973 en donnant son accord sur cette proposition; que des difficultés étant survenues quant aux garanties de paiement, les consorts Ricard assignèrent Bernard en résiliation des accords intervenus, en lui reprochant de ne pas s'être présenté chez le notaire qui devait rédiger l'acte de vente; que le tribunal les ayant déboutés de cette demande au motif que la vente était parfaite par l'accord des parties sur la chose et sur le prix, la cour d'appel, par l'arrêt infirmatif attaqué, a décidé que le contrat ne s'était pas formé à défaut d'accord des parties sur un élément essentiel du contrat, à savoir les garanties de paiement que devrait fournir l'acquéreur pour sûreté de la partie du prix payable à terme; Attendu que Bernard fait grief à l'arrêt attaqué d'avoir ainsi statué, alors que la cour d'appel aurait dénaturé une lettre du 6 sept. 1974, remise à Bernard, sur sa demande, par le notaire de Ricard et, faisant état d'un désaccord sur les garanties de paiement, en déduisant de cet écrit la reconnaissance, par Bernard, du litige concernant ces garanties, alors que, d'autre part, la cour d'appel aurait également dénaturé les lettres des 7 nov. et 31 déc. 1973, en considérant comme substantielles des exigences de garanties résultant de faits postérieurs à cet échange des consentements qui rendait la vente parfaite, et alors que la cour d'appel aurait statué par des motifs hypothétiques pour affirmer le caractère essentiel de la question des garanties de paiement; Mais attendu que, sans dénaturer l'écrit du 6 sept. 1974 dont elle a simplement déduit la preuve que Bernard qui se l'était fait remettre par le notaire, reconnaissait indirectement l'existence d'un différend sur la question des garanties de paiement, la cour d'appel a relevé que la proposition d'achat du 7 nov. 1973 faisait état de l'élaboration, en cas d'accord de Ricard, d'un projet définitif et que la réponse de Ricard faisait allusion à la mise au point de la cession de parts; qu'appréciant souverainement la portée de ces documents, sans les dénaturer, la cour d'appel a estimé que les parties avaient entendu soumettre la conclusion du contrat à un accord sur les garanties de paiement du solde du prix stipulé payable à terme; que, de ses énonciations, elle a pu déduire que la convention ne s'était pas formée, à défaut d'accord des parties sur un élément essentiel du contrat, et ainsi légalement justifié sa décision, par des motifs qui ne sont pas [hypothétiques].

[C.9] Civ., 12 mars 1985

LA COUR: [Attendu] que, le 9 octobre, la société Affichage Giraudy a fait à la société Stratège une proposition d'afficharge pour une durée de deux semaines, à compter du 16 octobre 1979, portant sur 16 panneaux publicitaires; que, d'après ce document, intitulé 'ordre d'affichage', la publicité prévue concernait le secteur commercial 'de l'immobilier'; qu'un client de la société Stratège, agent immobilier, ayant accepté de différer l'affichage qui lui était réservé, cette société a décidé de lui substituer M. Vidal, qui demandait de lui fournir des panneaux publicitaires pour sa campagne électorale; qu'à cet effet, elle a fait retour, le 12 octobre 1979, à la société Giraudy, de l'ordre d'affichage dûment signé, mais après avoir rayé la mention 'immobilier' pour y porter l'indication manuscrite 'élection'; que la société Giraudy a pris livraison des affiches le 15 octobre 1979 mais a refusé de procéder à l'affichage dès qu'elle a eu connaissance de leur contenu; que les panneaux sont demeurés libres pendant la durée du contrat litigieux; que M. Vidal a, le 1er avril 1980, assigné la société Affichage Giraudy et la société Stratège en demandant seulement la condamnation de la première au paiement de dommages-intérêts, en réparation du préjudice résultant du refus d'affichage, lequel, intervenu au dernier moment, ne lui aurait pas permis de trouver une solution de rechange; Attendu que l'arrêt attaqué a condamné la société Affichage Giraudy à payer à la société Stratège, donneur d'ordre, la somme de 3 000 F, à titre de dommages-intérêts, et à M. Vidal, client de celle-ci, la somme de 25 000 F, aux motifs 'qu'il y avait accord sur la chose et le prix; qu'en signant cet ordre, la société Stratège a accepté les stipulations qui y figuraient; que l'accord entre les parties a été parfait, sous la réserve de ce que la mention 'immobilier' a été remplacée, de son propre chef, par le donneur d'ordre, par le mot 'élection', dénué d'équivoque'; Attendu qu'en se déterminant ainsi, sans constater qu'il y avait eu accord des parties sur la contre-proposition formulée par la société Stratège pour une publicité de nature différente, la cour d'appel n'a pas donné de base légale à sa [décision].

[C.10] Com., 21 décembre 1987

LA COUR: [Attendu] que, selon les énonciations de l'arrêt attaqué, la société TV, filiale de la société de droit espagnol T, a obtenu, aux termes de contrats constatés par des actes notariés, respectivement établis au cours des mois de novembre 1973 et juin et septembre 1974, trois prêts de la société de développement régional SODLER en vue de la construction d'une usine, qu'outre le cautionnement qu'elle avait donné pour le remboursement du premier de ces prêts la société T a signé le 29 mai 1974 une lettre adressée à la SODLER par laquelle elle affirmait son intention de 'soutenir sa filiale dans ses besoins financiers et, dans le cas où cela deviendrait nécessaire, de se substituer à elle pour faire face à tous les engagements qu'elle pouvait prendre à l'égard de la SODLER', tout en exprimant son souci de veiller de façon durable à sa totale solvabilité et en confirmant son 'intention, en cas de nécessité, d'effectuer immédiatement les démarches nécessaires auprès des autorités espagnoles pour obtenir l'autorisation du transfert des fonds'; que cette lettre a été mentionnée dans l'acte notarié daté des 12 et 17 septembre 1974 relatif au troisième prêt, mais qu'elle vise également le deuxième; qu'à la suite du prononcé du règlement judiciaire de la société TV et de la conversion de celui ci en liquidation des biens, la SODLER a assigné la société T en paiement du montant en principal et intérêts des deuxième et troisième prêts, sur le fondement de la lettre d'intention;

[Attendu] que la société T fait grief à la cour d'appel d'avoir considéré que la lettre d'intention l'engageait contractuellement, et d'avoir retenu à son encontre une obligation de résultat, alors, selon le pourvoi, d'une part, que, sauf exception, une déclaration d'intention unilatérale ne fait naître aucune obligation civile; qu'il résulte des propres énonciations de l'arrêt que la société T s'est bornée à exprimer unilatéralement son intention sans qu'une convention se soit formée, faute d'accord des parties; qu'en considérant que la lettre d'intention, établie par la société T, avait pu faire naître une obligation civile à sa charge, la cour d'appel a violé les art. 1101 et s. c. civ.; et alors, d'autre part, que l'obligation de résultat de se substituer, le cas échéant, à un débiteur pour faire face aux engagements pris envers un créancier, est l'obligation de la caution; qu'elle ne peut résulter que d'un contrat de cautionnement, lequel doit être exprès et avoir un objet déterminé ou déterminable; qu'en considérant que la lettre d'intention contenait une obligation de résultat distincte d'un cautionnement, la cour d'appel a violé les art. 2011 et s. c. civ.; Mais attendu, d'une part, que, malgré son caractère unilatéral, une lettre d'intention peut, selon ses termes, lorsqu'elle a été acceptée par son destinataire et eu égard à la commune intention des parties, constituer à la charge de celui qui l'a souscrite un engagement contractuel de faire ou de ne pas faire pouvant aller jusqu'à l'obligation d'assurer un résultat, si même elle ne constitue pas un cautionnement; qu'il appartient au juge de donner ou restituer son exacte qualification à un pareil acte sans s'arrêter à la dénomination que les parties en auraient proposée; Attendu, d'autre part, que la cour d'appel relève que, dans sa lettre du 29 mai 1974, la société T avait entendu accepter de se substituer, le cas échéant, à sa filiale pour faire face aux engagements pris vis-à-vis de la SODLER et ajoute que cette lettre visait de façon certaine le deuxième et le troisième emprunts; que, si le cautionnement ne se présume point, et s'il doit être exprès, celui qui, par une manifestation non équivoque et éclairée de sa volonté, déclare se soumettre envers le créancier à satisfaire à l'obligation du débiteur si celui-ci n'y satisfait pas lui-même, se rend caution de cette obligation; que, par ce motif de pur droit, substitué a ceux qui sont critiqués, se trouve justifiée la décision de la cour d'appel en ce qu'elle a constaté que la société T s'était engagée à payer à la SODLER, en cas de défaillance de la société TV, ce qui lui resterait dû par celle-ci au titre des prêts consentis; d'où il suit que le moyen ne peut être accueilli dans aucune de ses [branches].

[C.11] Civ., 12 janvier 1988

LA COUR: [Attendu], selon l'arrêt attaqué, que par acte sous seing privé du 11 février 1981, les époux Czernik ont promis de vendre aux époux Maillard, pendant un délai de dix huit mois, une attraction foraine, pour un prix à déterminer d'un commun accord ou, à défaut, par un arbitre; que, par acte d'huissier du 22 avril 1981, M. Czernik a confirmé aux époux Maillard cette offre de vente, leur rappelant le délai dans lequel devait intervenir la levée d'option chiffrée qu'il se réservait d'accepter ou de refuser dans la quinzaine de celle-ci, et leur laissait pour saisir l'arbitre, un délai supplémentaire de quinze jours à l'expiration duquel il serait délié de la promesse; que le 5 janvier 1982, les époux Maillard ont informé les époux Czernik qu'ils levaient l'option au prix de 100 000 F; que le 11 février 1982, les époux Czernik ont notifié aux époux Maillard leur refus d'accepter le prix offert et leur intention de saisir l'arbitre; que les époux Maillard ont assigné les époux Czernik pour faire juger que la vente de l'attraction foraine pour un prix de 100 000 F était parfaite;

Attendu que les époux Czernik font grief à l'arrêt d'avoir fait droit à cette demande alors que, selon le moyen, la convention faisait obligation aux parties de déterminer le prix d'un commun accord et à défaut d'accord, de saisir un arbitre; que la cour d'appel, en l'absence d'un accord manifeste sur le prix qui ne pouvait se déduire d'un silence des époux Czernik pendant un délai de quinze jours, a méconnu la convention des parties qui prévoyait le recours à une procédure d'arbitrage, d'ailleurs mise en mouvement mais qui n'a pu aboutir, par suite d'un refus de l'arbitre de remplir sa mission, ce qui ne pouvait qu'entraîner la nullité de la vente; qu'ainsi, la cour d'appel a violé les art. 1134 et 1592 c. civ.; Mais attendu qu'après avoir justement énoncé que le silence de celui qu'on prétend obligé ne peut suffire en l'absence de toute autre circonstance à faire la preuve contre lui de l'obligation alléguée, la cour d'appel, par une appréciation souveraine des circonstances de la cause et de l'intention des parties retient qu'en s'imposant un délai pour accepter ou refuser le prix offert par les époux Maillard, les époux Czernik s'étaient obligés à manifester expressément leur désaccord si le prix proposé ne leur convenait pas, et que le silence par eux gardé pendant ce délai valait acceptation du prix; que la cour d'appel en a justement déduit, sans vicier les textes visés au moyen que la vente était parfait; que le moyen ne peut donc être [accueilli].

[C.12] Civ., 20 mai 1992

LA COUR: [Attendu], selon l'arrêt attaqué, que par lettre du 15 août 1988 M. Hamilton a fait connaître à Mme Pigeon son intention de vendre un appartement, dépendant de la communauté ayant existé entre les époux Hamilton, pour un prix déterminé, en lui donnant la priorité et en lui demandant si l'offre l'intéressait, faute de quoi il commencerait une publicité dans les journaux; qu'ayant reçu une réponse positive de Mme Pigeon par une lettre du 27 avr. 1989, il lui a fait savoir que l'appartement était vendu; que Mme Pigeon ayant signifié une opposition à cette vente, les consorts Hamilton l'ont assignée pour faire constater son absence de droit sur ce bien; Attendu que Mme Pigeon fait grief à l'arrêt d'accueillir cette demande, alors, selon le moyen, que la priorité d'achat, promise à une personne en cas de vente d'un bien, oblige le promettant à mettre la bénéficiaire en mesure de se prévaloir de son droit de préférence ou d'y renoncer s'il entend vendre son bien à la suite de l'offre qui lui est faite par un tiers déterminé; qu'ainsi, après avoir constaté que les consorts Hamilton [avaient] souscrit puis réitéré, au profit de Mme Pigeon, une promesse de priorité d'achat sur l'immeuble litigieux, lui conférant ainsi un droit préférentiel pour acquérir cet immeuble au cas où celui-ci serait effectivement vendu, la cour d'appel, qui, pour la déclarer dépourvue de ce droit à la date de la signature d'une promesse de vente, consentie, le 27 avr. 1989, aux consorts Vidaud, a retenu, sans constater l'envoi préalable d'une notification, par le promettant, de son intention, que la priorité promise ne valait que pour des propositions antérieures qui, émanant de tiers non déterminés, n'avaient pas abouti à la conclusion d'une vente ou d'un contrat lui équivalant, n'a pas tiré de ses constatations les conséquences légales qui s'en déduisaient et a violé l'art. 1134 c. civ.; Mais attendu qu'après avoir relevé qu'il résultait des termes de l'offre faite par M. Hamilton que la volonté de celui-ci était de réaliser à bref délai son projet de vente, au besoin en recherchant d'autres acquéreurs, et constaté que Mme Pigeon ne lui avait fourni aucune réponse dans un délai raisonnable et n'avait pas davantage réagi à une lettre du fils de M. Hamilton réitérant l'offre, mais à un prix plus élevé, la cour d'appel, qui a retenu qu'aucun droit général de préférence n'avait été conféré à Mme Pigeon, ce qui excluait que M. Hamilton ait été tenu de lui adresser préalablement une notification de la vente à un tiers, a pu décider que l'offre de M. Hamilton était caduque; d'où il suit que le moyen n'est pas [fondé. Par ces motifs, rejette].

[C.13] Com., 26 janvier 1993

LA COUR: [Attendu], selon l'arrêt attaqué, que Mme Brun, associée de la Sté. Typo Plus, a signé le 7 juin 1985 une promesse de cession de parts à durée indéterminée au profit de M. Herter; que le 22 mai 1987, M. Herter a fait signifier la promesse à Mme Brun en y joignant un chèque dont celle-ci a mis le montant sous séquestre tout en assignant les époux Herter et la Sté. Typo Plus [pour] voir dire qu'elle était fondée à révoquer ladite promesse; Attendu que M. Herter et la Sté. Typo Plus font grief à l'arrêt d'avoir accueilli cette demande alors, selon le pourvoi, d'une part, que l'auteur d'une promesse unilatérale de vente consentie sans limitation de temps ne peut être dégagé qu'après avoir mis le bénéficiaire en demeure d'accepter ou de refuser l'achat du bien dans un délai raisonnable; qu'en considérant que Mme Brun était en droit de résilier sa promesse sans avoir à mettre explicitement M. Herter en demeure de lever ou non l'option dans un délai fixé, car la promesse portait sur une cession de parts sociales, la cour d'appel a violé l'art. 1589 c. civ.; et alors, d'autre part, que la renonciation à un droit ne se présume pas et ne saurait s'induire d'un oubli, d'une abstention ou d'une omission qui ne caractérisent pas une volonté non équivoque de renoncer; qu'en retenant que le silence de M. Herter, après la lettre de révocation de Mme Brun du 12 févr. 1987, démontrait qu'il avait renoncé à se prévaloir de la promesse de vente à laquelle il n'avait pas donné suite depuis sa conclusion, la cour d'appel a violé l'art. 1589 c. civ.; Mais attendu que l'arrêt retient [que] Mme Brun avait manifesté clairement dès le 24 nov. 1986 son intention de ne pas donner suite à ce que par confusion elle croyait être une cession de parts en blanc sans provoquer d'autre réaction de la part de M. Herter que de lui préciser qu'il s'agissait d'une promesse de cession de parts, que M. Herter n'avait pas davantage réagi à la lettre du 16 déc. 1986 par laquelle Mme Brun lui faisait savoir qu'elle n'entendait donner aucune suite à quelque engagement que ce soit qui la priverait de ses droits dans la Sté. Typo Plus, que le 12 févr. 1987, elle lui a fait signifier qu'elle estimait la promesse litigieuse dépourvue de tout effet; qu'en l'état de ces constatations, la cour d'appel a considéré que le silence de M. Herter jusqu'au 22 mai 1987, date à laquelle il a levé l'option, démontrait qu'il avait accepté la position de Mme Brun et avait renoncé à se prévaloir de la promesse que lui avait consentie cette dernière; [que] la cour d'appel a légalement justifié sa [décision].

3 ERREUR

A contract may be annulled for mistake on two grounds, namely mistake as to the substance of the *'chose'* which is the *'objet'* of the contract (*erreur sur la substance*) and mistake as to the person with whom a party had the intention to make a contract (*erreur sur la personne*) (*Code civil*, Article 1111 [C.1]).

An *erreur sur la substance* may be an error of law in that one party is mistaken as to his or her legal rights [C.14] [C.16], or a mistake as to price or a mistake as to purpose [C.21]. In each situation, the test is a subjective one (ie, what was in the mind of the particular parties). *Erreur sur la substance* is principally applied to the nature or characteristics of the property (land or goods) which is to be sold, hired or leased. Once again the test is a subjective one in that the party seeking the annulment of the contract must prove [C.19] that he or she (and not a reasonable man or woman) was mistaken as to an essential quality or characteristic of the property (as opposed to its genus: below) and that that quality or characteristic was the reason for entering into the contract. For example there may be a contract for the sale of a chest of drawers (a genus of furniture) but the key factor in the mind of the purchaser may relate to its essential qualities or characteristics (*qualités substantielles*) such as by whom was it made, when was it made (and even by whom it was once possessed) [C.15]. In certain situations the use to which property can be put is an essential characteristic. There are many cases of contracts for the sale of land or buildings where it has been held that there has been a mistake because the land or building cannot be used as intended because of lack of planning or building permission, but such an arguement will only succeed if the intended use was an essential quality stated in the contract [C.22]. Since the purpose of the mistake rule is to determine the effect of the mistake on the formation of the contract, the existence of the mistake must occur at the moment the contract is made. The existence or not of factors which can be characterised as *qualités substantielles* is within the sole remit of the lower courts [C.18] [C.19] C.21] [C.25]. It is for the person seeking annulment to prove that at the moment the contract was made he or she had made a real mistake and this means more than just proving a doubt [C.19] [C.23]. If a party knows and accepts that there is an element of risk in the transaction, then this is not a mistake [C.25]. It will already have been seen that may cases of mistake as to essential qualities relate to the authenticity of works of art (pictures and furniture) and one cannot omit the celebrated *'affaire Poussin'* [C.24].

Erreur sur la personne can only be a ground for nullity of contract if the principal reason for contracting with a particular individual is because of characteristics believed to be possessed by that particular individual. Consequently it is rarely invoked. The types of characteristic that have been held to be both relevant and determinant include the potency of a husband [C.17], the solvency of a person [C.18], and the independence of someone called upon to act as an arbitrator [C.20].

Materials

[C.14] Civ., 17 novembre 1930

Mme Lévy, Belgian by birth, married a Frenchman and died, childless, in Paris in 1912. In 1913, Lévy made a contract with his late wife's parents, the elder Smeyers, who under the Code civil were the *héritiers de réserve* of their daughter (ie, they were entitled to a prescribed share (*part*) of their daughter's estate). Under the contract, the elder Smeyers agreed to renounce their succession rights in exchange for a lump sum and a life annuity. In the contract, it was stated that the *part héréditaire* to be renounced was a life interest (*nue propriété*) in half the assets (and this was the correct situation under the Belgian Civil Code). However, the French Civil Code, which applied to the distribution of Mme Lévy's estate, had been amended in 1900, and, under the amended Code, the *héritiers de réserve* were entitled to full legal ownership (*pleine propriété*) of half the assets. The elder Smeyers did not know of the change in the French law applicable to their rights and, therefore, had renounced succession rights of a greater value than they had realised. In an action brought by the elder Smeyers' heirs, the court of first instance held that the elder Smeyers' mistake invalidated their consent and annulled their contract with Lévy.

(A) Paris, 1 décembre 1924

LA COUR: [Mais] considérant, en droit, que l'erreur n'est une cause de la nullité de la convention que lorsqu'elle tombe sur la substance même de la chose qui en est l'objet; que la fausse indication d'ordre juridique sur la foi de laquelle ont traité les époux Smeyers ne portait pas sur la substance même de la succession, c'est-à-dire sur son existence et sa réalité, mais sur sa consistance; qu'elle avait pour unique effet de diminuer à leurs yeux l'importance de la part qui leur était due; qu'elle a pu être pour eux le principe d'une véritable lésion; mais que la lésion, moyen exceptionnel d'annulation des conventions, d'ailleurs formellement exclu en matière de cession de droits successifs (art 889 C. civ.), ne saurait être utilement invoquée par les demandeurs, comme fondement de leur action; qu'ils ne peuvent davantage se prévaloir d'un dol, alors qu'aucune manoeuvre n'est imputée à Lévy et qu'il n'est nullement démontré qu'il ait participé à la fausse indication par laquelle les époux Smeyers étaient induits en une appréciation inexacte de leur [intérêt. Par ces motifs], infirme le jugement dont appel; déboute les consorts Smeyers de leur demande; les condamne aux dépens.

(B) Civ., 17 novembre 1930

LA COUR: Vu les articles 780 et 1110 C. civ.; Attendu que la renonciation à succession faite par un héritier, moyennant une somme à lui payée ou promise par les autres personnes appelées à la succession, se ramène à une cession de la part héréditaire du renonçant en faveur de ces autres personnes; que l'opération ainsi faite à prix d'argent est susceptible d'être annulée, dans les rapports du renonçant et de ceux avec qui il a traité, lorsque le consentement des contractants ou de l'un d'eux a été vicié par une erreur portant sur la substance de la chose qui fait l'objet de la convention; qu'il y a erreur sur la substance, notamment quand le consentement de l'une des parties a été déterminé par l'idée fausse que cette partie avait de la nature des droits dont elle croyait se dépouiller ou qu'elle croyait acquérir par l'effet du contrat; Mais attendu que, sans rechercher si la nature [nue propriété ou pleine propriété] des droits dont les héritiers à réserve entendaient se démettre pour l'avantage du [Lévy] avait été, pour ces héritiers à réserve, la considération déterminante de leur consentement, la cour d'appel a jugé que la validité de l'opération ne pouvait, en aucun cas, être affectée par aucune erreur autre que celle qui aurait porté sur l'existence même et la réalité de la succession au sujet de laquelle il était traité; que pour cet unique motif, elle a rejeté la demande formée par les époux Smeyers à fin d'annulation du contrat pour cause d'erreur; d'où il suit que l'arrêt attaqué n'a pas justifié légalement sa [décision].

[C.15] Orléans, 21 janvier 1931

The defendant (Chocquel) put an advertisement in a newspaper, stating that he had a number of antiques for sale. The plaintiff (Camirel), an antique collector, visited Chocquel and Chocquel sold him a Louis XV chest of drawers (*commode*) for 7,000 F. As soon as the chest of drawers was delivered, Camirel, having doubts as to its authenticity, had it examined by an expert, who stated that it was merely a poor copy and that the signature on it of 'Dubois' (a famous artist of the mid-18th century) was a forgery. At first, Chocquel claimed that he had always believed the chest of drawers to be a genuine Louis XV, but he admitted before the court that the chest was a modern copy worth no more than 600–700F. However, Chocquel maintained that he had never guaranteed the chest to be genuine and, furthermore, he had the right to ask a sum of 7,000F for an item of furniture belonging to him.

LA COUR: [Mais] attendu qu'il résulte des éléments de la cause que la commode litigieuse a été présentée à Camirel au cours de la visite faite au domicile de Chocquel, dans des conditions et des circonstances telles qu'il ne pouvait s'agir que d'un meuble ancien du aix-huitième siècle qu'en fait l'objet vendu a été dénommé par Chocquel, dans sa correspondance et dans la quittance rédigée par lui non pas commode genre Louis XV ou style Louis XV ou même époque Louis XV, mais bien commode Louis XV; qu'il convient d'ailleurs de retenir qu'en réponse aux premières protestations de son acheteur, Chocquel a déclaré qu'il avait toujours cru à l'authenticité de ladite commode; que ce n'est que plus tard que revenant sur cette affirmation insoutenable, il a convenu que ce meuble n'avait aucun caractère ancien; qu'il est donc manifeste que Camirel qui est amateur d'antiquités et qui n'était entré en rapport avec Chocquel qu'en raison de cette qualité, entendait acheter une commode Louis XV, c'est-à-dire ancienne, et que Chocquel a mis tout en oeuvre pour lui faire croire qu'en effet cette commode était bien 'ancienne' et 'Louis XV'; Attendu que le prix de 7 000 F exigé par Chocquel et accepté par Camirel démontre encore que le marché portait sur un meuble ancien et non pas sur un meuble moderne ne pouvant avoir qu'une très faible valeur en tous cas même inférieure à 1 000 F; Attendu que toutes ces circonstances concourent à démontrer que l'ancienneté de la commode litigieuse était la qualité que Camirel acheteur avait principalement en vue et sans laquelle il n'aurait pas acheté et dont Chocquel [faisait] lui-même état, au cours de pourparlers avec son acheteur; Attendu d'ailleurs que Chocquel s'est bien garder de stipuler la non-garantie de l'ancienneté sachant bien qu'une telle clause aurait empêché la réalisation du marché; Attendu que la vente ayant porté sur un meuble ancien d'une époque déterminée Louis XV et le contrat ayant été passé entre un acquéreur qui était un amateur d'antiquités et un vendeur se prétendant lui-même amateur et se défendant d'être un marchand d'antiquités, l'authenticité de la chose vendue était incontestablement substantielle; qu'en conséquence, l'erreur qu'on relève dans l'espèce sur l'authenticité est une cause de nullité de la vente.

The court annulled the sale and ordered Chocquel to restore the 7,000F to Camirel and also to pay him damages of 500F.

[C.16] Civ., 27 janvier 1953

Constant Decrion died in 1936, leaving a brother (Émile) and two sisters (Joséphine and Émilie). These three agreed to a formal partition (*partage par devant notaire*) of the estate. After Émile's death, his heirs discovered in the family home a hand-written will by which Constant Decrion had left his entire estate to his brother Émile. On an action by Émile's heirs, the lower court declared void the partition on the ground that Émile's consent to the partition had been based on a fundamental mistake. According to Article 887 of the *Code civil*: *'Les partages peuvent être rescindés pour cause de violence ou de dol'*.

LA COUR: [Mais] attendu que, d'une part, si, d'une façon générale, en matière de partage, l'erreur se confond le plus souvent avec la lésion réglementée et sanctionnée par l'art. 887 c. civ., et n'engendre pas la nullité, il en est autrement en l'espèce, où l'erreur alléguée par le copartageant (ou ses ayants droit) porte à la fois sur la quotité des droits et la cause même du partage; que, d'autre part, la preuve d'un fait pouvant être apportée par tous moyens par celui qui l'invoque, c'est à bon droit que l'arrêt attaqué retient d'abord, – après avoir énoncé qu'il convenait d'examiner si la preuve de l'erreur, c'est-à-dire de l'ignorance où se trouvait Émile Decrion du testament l'instituant légataire universel, était ou non rapportée, – parmi les présomptions susceptibles d'établir l'erreur, celle qui résulte du caractère désavantageux de l'acte qui, sans raison apparente, lui porte préjudice; Attendu qu'au surplus, à l'appui de ce premier indice, les juges relèvent, notamment, que 'le testament ayant été remis au notaire dans une enveloppe scellée, on ne saurait soutenir qu'Émile Decrion en connaissait la substance', que l'enveloppe était 'glissée entre des papiers et des documents sans importance' dans une demeure familiale où aucun inventaire n'avait été effectué et où aucun des héritiers ne pouvait supposer l'existence de documents intéressants; qu'ils soulignent que la correspondance d'Émile Decrion en 1945, rappelant 'l'esprit de conciliation' dont elle avait fait preuve dans le partage de 1937, démontre l'erreur où elle se trouvait, ainsi qu'Émile Decrion, de l'existence d'un testament donnant à ce dernier 'tous les droits'; Attendu que de ce faisceau de présomptions graves, précises et concordantes les juges du fond, sans violer les règles générales de la preuve, ont pu déduire, en écartant comme 'hypothèses démenties' par les circonstances de la cause les arguments opposés, qu'était établie l'erreur viciant le partage [incriminé].

[C.17] Grenoble, 13 mars et 20 novembre 1958

(A) 13 mars 1958.

LA COUR: [Attendu] que Dame X, épouse du sieur X, a assigné ce dernier devant le tribunal de céans, aux fins de voir prononcer l'annulation du mariage qu'elle a contracté avec le défendeur le 8 mars [1952; qu'au] soutien de sa demande la dame X excipe de l'impuissance sexuelle et irrémédiable dont serait atteint son mari et qu'elle verse aux débats un certificat médical du docteur R, en date du 21 septembre 1957, attestant avoir depuis 1952 donné ses soins à X pour une impuissance sexuelle et déclarant stationnaire l'état de ce dernier; que si bien la demanderesse n'a point expressément visé les articles de la loi sur lesquels elle entendait fonder son action, celle-ci ne peut se réclamer utilement que des articles 146 du code, qui édicte qu'il n'y a point de mariage sans le consentement des futurs époux, et 180 et s., qui énumèrent les causes d'annulation du mariage, et font à ce dernier une application d'ailleurs restrictive de la théorie générale des vices du consentement, les restrictions qu'il lui apporte se déduisant tant de l'objet que des fins du mariage qui les différencient d'un contrat d'ordre patrimonial et lui confèrent le caractère et la portée d'une véritable institution sociale; que toutefois le mariage présentant également un caractère personnel et étant essentiellement conclu intuitu personnae, le législateur a admis qu'il pouvait être affecté de certains vices du consentement et qu'en son art. 180 il vise expressément l'erreur dans la personne; que sans doute ne définit-il pas cette notion de personne et que des interprétations restrictives l'ont réduit à la notion de l'identité physique ou civile du conjoint; mais qu'une telle notion doit être élargie pour donner à ce cas de nullité une portée en rapport avec la nature même et du mariage et de l'adaptation aux fins qu'ont dû normalement envisager les futurs conjoints; qu'en l'espèce, il est naturel et logique d'admettre que ceux-ci à la fleur de l'âge ont conclu leur union en considération de foyer qu'ils désiraient fonder et que, pour demoiselle X, cette considération a été selon toute vraisemblance déterminante du consentement qui se serait ainsi trouvé vicié en cas d'impuissance totale et irrémédiable de son conjoint; qu'il s'agit avec la transposition qu'implique nécessairement la nature même du mariage, d'une erreur sur les qualités substantielles et que l'on se trouverait ainsi, si cette impuissance est établie, en présence d'une erreur commise sur la personne, cette expression étant entendue lato sensu; que toutefois, en l'état le tribunal ne possédant pas d'éléments d'appréciation suffisants sur la réalité et le caractère irrémédiable de l'impuissance alléguée, c'est le cas de recourir avant dire droit à une expertise médicale, les dépens étant réservés; par ces motifs, dit recevable la demande; avant dire droit au fond, commet en qualité d'expert M. le docteur C, lequel aura pour mission de procéder à l'examen médical de X, de rechercher si ce dernier présente, du point de vue sexuel, une impuissance à procréer et de préciser si celle-ci tient à un état nerveux ou si elle dérive d'une absence ou d'une malformation congénitale ou acquise des organes de la reproduction et si elle a un caractère irrémédiable, condamnant toute possibilité dans l'avenir de procréation.

(B) 20 novembre 1958.

LA COUR: [Attendu] qu'il a été procédé à l'expertise médicale instituée par jugement avant dire droit du tribunal de céans du 13 mars 1958; Attendu que le rapport de l'expert C établit en toute certitude le caractère irrévocable de l'impuissance sexuelle dont est atteint X; que cette impuissance qui lui a interdit dans le passé et lui interdira dans l'avenir tous rapports conjugaux avec sa femme, constitue un obstacle définitif à la consommation normale du mariage; que l'on doit admettre que demoiselle X, si elle eut eu connaissance d'une telle affection, qui portait atteinte à l'intégrité physique même de la personne qu'elle se proposait d'épouser, la menait dans l'impossibilité de fonder un foyer et une famille, n'eut pas donné son consentement au mariage, ainsi voué et condamné à la stérilité, et que son consentement s'est trouvé ainsi vicié, et qu'ainsi que l'a relevé le jugement susvisé, il s'agit d'une erreur commise sur la personne, entendue lato sensu; que c'est le cas dès lors de faire droit à la demande et de prononcer la nullité du mariage contracté par les parties litigantes; par ces motifs, prononce par vice du consentement la nullité du mariage contracté le 8 mars 1952 [entre les époux X].

[C.18] Civ., 20 mars 1963

Laval sold a château to Liebaert, not knowing that Liebaert was insolvent and had had his property confiscated under a court order. The lower court declared the sale void because of an *erreur sur la personne* which had invalidated Laval's consent. Liebaert brought a *pourvoi en cassation* on the ground that the solvency of a buyer could not be a *vice du consentement* capable of invalidating a contract.

LA COUR: [Mais] attendu que si l'erreur sur la personne du cocontractant n'est pas en principe une cause de nullité, il peut en être autrement lorsque la considération de cette personne a été la cause principale de la convention; que la Cour d'appel a usé à cet égard de son pouvoir souverain d'appréciation lorsqu'après avoir relevé 'qu'en vendant pour l'importante somme de 47 000 000 d'anciens francs un château et un domaine, Laval [n'avait] voulu traiter qu'avec un acheteur libre de ses droits, juridiquement capable de traiter de ce prix par un paiement opposable à tous', elle a conclu que le vendeur avait été victime d'une erreur viciant son consentement; qu'ainsi le moyen n'est pas [fondé].

[C.19] Com., 20 octobre 1970

LA COUR: [Attendu] que, selon les énonciations de l'arrêt confirmatif attaqué, dame D, commerçante en ameublement et décoration, a acquis de dame M, antiquaire, un lot de 31 tableaux, dessins et reproductions, pour le prix de 55 000 F, dont 15 450 F payés comptant; qu'un expert ayant constaté que certaines de ces oeuvres étaient des faux et devant le refus de la venderesse de reprendre lesdites oeuvres, dame D, qui n'entendait pas en payer le prix, a assigné dame M devant le tribunal de commerce en résolution de la vente pour erreur sur la substance et tromperie; Attendu qu'il est fait grief à l'arrêt déféré d'avoir débouté dame D de sa demande, alors, selon le pourvoi, que, quand en la matière, des ventes de tableaux sont effectuées avec 'signature', comme le constate l'arrêt, il va de soi, sous peine de favoriser judiciairement le marché de faux tableaux, que l'authenticité de ces signatures constitue une qualité substantielle de la vente, effectuée sous la responsabilité du vendeur; Mais attendu qu'après avoir énoncé que l'erreur ne rend une vente annulable que si elle porte sur la qualité de la chose vendue, prise en considération et dont l'absence, si elle avait été connue, aurait mis obstacle à la conclusion du contrat, la Cour d'appel relève que dame D, décoratrice, a une pratique certaine du commerce des tableaux ainsi qu'elle le reconnaît elle-même dans une lettre du 27 septembre 1966 adressée à sa venderesse et qu'en raison du prix considérable que les tableaux et dessins auraient atteint s'il s'était agi d'oeuvres de maître, elle n'a pu se méprendre de bonne foi sur le défaut d'authenticité de ceux-ci, alors que, même pour un profane, le prix convenu de 55 000 F ne pouvait qu'apparaître peu élevé, compte tenu du nombre des oeuvres et de la notoriété des auteurs cités, qu'elle ajoute que dans la lettre susvisée, dame D ne soutenait pas avoir été trompée quant à l'origine des oeuvres mais déclarait que leur prix était trop élevé pour en retirer un bénéfice en les revendant; que si elle prétend avoir appris par des experts qu'il s'agissait de tableaux repeints ou faux, elle n'établit nullement qu'ils lui ont été présentés comme des oeuvres authentiques et qu'il est hors de doute qu'elle n'a eu en vue que le prix global consenti avec l'espoir de réaliser une bonne opération commerciale, ainsi qu'il ressort d'une lettre du 6 octobre 1968 adressée à dame M dans laquelle elle déclarait: 'C'est vraiment trop cher pour la qualité très moyenne de ces tableaux'; que de ces constatations et appréciations, la Cour d'appel a, dans l'exercice de son pouvoir souverain, déduit que dame D ne rapportait pas la preuve qu'elle ait entendu faire de l'authenticité des tableaux et dessins la qualité substantielle ayant déterminé son consentement et que l'erreur alléguée ne pouvait entraîner la nullité de la vente litigieuse qui n'était assortie ni d'une condition suspensive ni d'un engagement de reprise de la part de la venderesse.

[C.20] Civ.,13 avril 1972

LA COUR: [Attendu qu'il est reproché] que, saisis en application des articles 1109 et 1110 du Code civil d'une demande tendant à voir prononcer la nullité d'un contrat, les juges du fond auraient dû rechercher si l'erreur invoquée avait un caractère substantiel et si, de ce fait, L avait, en raison de la consultation antérieurement donnée, perdu l'impartialité nécessaire pour se prononcer sur le litige; Mais attendu [que] la cour d'appel observe à bon droit que l'indépendance d'esprit est indispensable à l'exercice d'un pouvoir juridictionnel, quelle qu'en soit la source, qu'elle est l'une des qualités essentielles des arbitres et que l'ignorance par l'une des parties d'une circonstance de nature à porter atteinte à cette qualité vicie le consentement donné par elle à la convention d'arbitrage et en entraîne la nullité par application de l'article 1110 du Code civil; qu'à cet égard, les juges du fond relèvent qu'il est constant que L avait, sur la demande de Ludwig Georges Ury, rédigé le 31 janvier 1964 une importante consultation qui était favorable à la thèse de ce dernier; qu'ayant estimé que L ne présentait pas de ce fait les conditions requises pour être ensuite désigné comme arbitre et à tout le moins n'aurait pu faire l'objet d'une telle désignation qu'avec l'accord de la société des Galeries Lafayette donné en connaissance de cause, ils énoncent à juste titre qu'on ne saurait présumer la connaissance par une partie à un compromis d'arbitrage de faits personnels à l'arbitre proposé et à son cocontractant et constatent que les consorts Ury n'allèguent pas avoir personnellement informé les dirigeants responsables ou les mandataires habilités de la société intimée du rôle précédemment joué par L; que les juges du fond ajoutent que la preuve n'est pas rapportée que ladite société ait connu, avant la signature du compromis, l'existence de la consultation dont s'agit et en déduisent que le consentement donné par cette société à la désignation dudit arbitre a été vicié par l'ignorance de ce fait; Attendu que, par ces constatations et énonciations souveraines, qui répondent aux conclusions déposées, les juges du fond, loin de renverser la charge de la preuve, ont caractérisé l'erreur commise par la société des Galeries Lafayette sur la qualité substantielle de l'une des personnes choisies comme [arbitre].

[C.21] Com., 4 juillet 1973

LA COUR: [Attendu] qu'il résulte des énonciations de l'arrêt attaqué, que la société 'Karim' qui exploite une entreprise de confection de vêtements féminins, a commandé, en juillet 1968, à la société 'Ten Cate France', pour fabriquer des pantalons, un tissu d'ameublement en velours, qui s'est révélé impropre à cet usage; que la société Karim a été condamnée au paiement du prix qu'elle se refusait de payer et déboutée de sa demande reconventionnelle en nullité de la convention pour erreur sur la substance de la chose; Attendu qu'il est fait grief à l'arrêt attaqué d'en avoir ainsi décidé, alors, selon le pourvoi, que l'erreur sur la substance doit s'entendre non seulement de l'erreur sur la substance proprement dite, mais aussi de celle portant sur des qualités substantielles de la chose que les parties contractantes ont eu spécialement en vue; qu'en l'espèce, ainsi que le soulignaient les conclusions d'appel de la société 'Karim', [l'erreur] alléguée ne consistait pas dans le fait que le tissu ne devait pas être apprécié 'in abstracto', en retenant que le tissu était conçu pour l'ameublement, mais 'in concreto', en considérant qu'il devait servir à la confection de pantalons, ce que savait parfaitement le vendeur et que ce tissu devait en conséquence présenter les qualités de solidité requises pour cet usage; Mais attendu que l'arrêt [retient] que la marchandise livrée par la société 'Ten Cate France' a été vendue comme tissu d'ameublement et non comme tissu d'habillement à la société 'Karim', que cette société, professionnelle de la confection et prévenue, de surcroît, de la destination normale du tissu commandé, a, en connaissance de cause, utilisé cette marchandise, à ses risques et périls, pour fabriquer des pantalons, que la Cour d'appel, qui a répondu aux conclusions d'appel de la société 'Karim' prétendument délaissées, a souverainement fait ressortir que cette société n'a été victime d'aucune [erreur].

[C.22] Civ., 11 février 1981

LA COUR: [Attendu, selon l'arrêt attaqué, que par acte notarié] les consorts Le Goff ont vendu aux époux Mouysset un terrain qu'un certificat d'urbanisme annexé à l'acte déclarait constructible; que, plusieurs demandes de permis de construire présentées par les acquéreurs ayant été rejetées faute d'une desserte du terrain par une voie carrossable, les époux Mouysset ont [assigné] les consorts Le Goff en nullité de la vente pour erreur sur la qualité substantielle de la chose, en remboursement du prix et de divers frais, et en paiement d'intérêts; Attendu que les époux Mouysset font grief à l'arrêt d'avoir déclaré irrecevable leur action, 'alors, selon le moyen, d'une part, que l'arrêt a illégalement identifié les formules des art. 1110 et 1641 c. civ. qui concernent des situations juridiques distinctes; qu'en effet le premier de ces textes s'applique exclusivement à l'erreur, vice de consentement d'une partie au contrat en tant que portant sur la qualité substantielle de la chose au moment de la convention qui ne peut donc se former, et que le second sanctionne exclusivement l'inexécution par le vendeur de son obligation de garantie des vices cachés née du contrat valablement formé par le consentement des parties, alors que, d'autre part, et dans la mesure où les conditions propres à ces deux textes sont réunies, l'acheteur bénéficie d'un cumul ou d'une option dont il ne peut être privé arbitrairement, puisque l'art. 1641 ne déroge pas à l'art. 1110, alors, enfin, que l'arrêt n'indique aucune circonstance concrète de nature à justifier la qualification d'action rédhibitoire attribuée à l'action en nullité de vente pour vice de consentement qui a été écarté exclusivement pour des raisons de droit erronées'; Mais attendu que l'arrêt retient que la constructibilité du terrain était considérée par les époux Mouysset comme une qualité substantielle de la chose vendue, mais que leur erreur était la conséquence d'un vice caché rendant la chose impropre à l'usage auquel elle était destinée; que la cour d'appel en a exactement déduit que les époux Mouysset ne pouvaient pas se soustraire à l'obligation imposée par l'art. 1648 c. civ.; d'où il suit que le moyen n'est pas [fondé].

[C.23] Civ., 2 juin 1981

LA COUR: [Attendu] que, selon l'arrêt confirmatif attaqué, M.Reza s'est, le 14 juin 1960, rendu acquéreur, au cours d'une vente aux enchères effectuée par M. Ader, commissaire-priseur, d'un tableau intitulé 'Scène d'Intérieur', indiqué au catalogue comme étant une oeuvre du peintre Andrian Van Ostade; que, le 13 avril 1971, l'Institut néerlandais d'histoire de l'art de La Haye, auquel il avait été seulement adressé une photographie de l'oeuvre, a, sans examen du tableau lui-même, fait connaître à M. Reza qu'il pouvait exister un doute sur l'authenticité de celui-ci; que M. Reza a alors assigné M. Ader et les consorts Huet, vendeurs, en nullité de la vente et en paiement de dommages-intérêts; que la cour d'appel a rejeté ces demandes; Attendu qu'il est soutenu qu'en statuant ainsi, les juges du second degré n'auraient pas déduit les conséquences juridiques qui résultaient de leurs constatations et appréciations souveraines, selon lesquelles M. Reza n'avait contracté que parce qu'il pouvait légitimement penser que le tableau était authentique et que des doutes quant à cette authenticité existaient, ce qui aurait impliqué que M. Reza avait été victime d'une erreur sur les qualités substantielles de la chose vendue, et qu'ainsi, les dispositions de l'article 1110 du Code civil auraient été méconnues; Mais attendu qu'il appartenait à M. Reza d'établir qu'il y avait eu erreur sur les qualités substantielles de la chose vendue, et que la cour d'appel, en retenant que les simples doutes qui étaient apparus sur l'auteur du tableau litigieux ne suffisaient pas à établir la non-authenticité de cette oeuvre ni que M. Reza avait contracté dans la conviction erronée que l'oeuvre était authentique, a légalement justifié sa décision au regard de l'article 1110 du Code [civil].

[C.24] L'affaire 'Poussin'

(A) Tribunal de grande instance de Paris, 13 décembre 1972

The plaintiffs, believing that they owned a painting by Poussin, showed it to M. Rheims, a well-known Parisian auctioneer (*commissaire-priseur*). M Rheims submitted the painting to M. Lebel, an art expert, who declared the painting not to be a Poussin. On the advice of M. Lebel, the painting was described in the catalogue of the Paris public sales rooms (*Hôtel des ventes*) as: 'Bacchanale', belonging to the school of Carrache. M. Rheims advised the plaintiffs that the painting could fetch about 1,500F. At the auction, in February 1968, the painting fetched 2,200F, but the actual highest bidder did not buy the painting since the Réunion des Musées nationaux exercised their right to intervene and to buy the painting for the nation (*droit de préemption*). Imagine the plaintiffs' feelings to read, in early 1969, in the '*Revue du Louvre et des Musées de France*', the announcement of the acquisition of a painting, universally accepted as a Poussin, namely, '*Olympes et Marsyras*', which had not been seen since it was last sold in 1844. The painting was exhibited at the Louvre as a work by Poussin. The plaintiffs, having, as they put it, parted with a painting by Poussin when they believed they were selling a painting of the school of Carrache, claimed that there had been a fundamental mistake as to the subject matter of the sale and that this made the sale by public auction void. Alternatively, they pleaded that, if the sale was not to be declared void, they had grounds for demanding compensation from the auctioneer and the art expert on account of the losses suffered by them because of professional negligence. They, therefore, sought damages, assessed provisionally at 250,000F, together with an expert valuation (*expertise*) to determine the true extent of their loss.

LE TRIBUNAL: [Attendu], d'une part, qu'il est de principe, et qu'il n'est d'ailleurs pas contesté par la Réunion des Musées nationaux, que l'erreur sur la substance s'entend, non seulement de celle qui porte sur la matière dont la chose est composée, mais aussi de celle qui a trait aux qualités substantielles d'authenticité et d'origine; Attendu, d'autre part, que, contrairement aux prétentions de la défenderesse, l'erreur sur la substance peut être alléguée aussi bien par le vendeur que par l'acheteur, l'art. 1100 c. civ. ne faisant aucune distinction entre les contractants; qu'en l'espèce, par l'exercice de son droit de préemption, la défenderesse se trouve substituée à l'acheteur; Attendu que, par ailleurs, pour annuler l'acte vicié par l'erreur sur la substance, la jurisprudence relève comme élément déterminant de cette situation la compétence artistique ou technique de contractant bénéficiaire de cette erreur; Attendu que la Réunion des Musées nationaux maintient son opinion déjà proclamée sur l'attribution du tableau à Poussin; Attendu que cette opinion, exprimée par une administration qui rassemble des experts particulièrement éclairés, doit être considérée comme décisive, tout au moins dans ses rapports avec les demandeurs; Attendu que par ailleurs cette haute compétence fait apparaître de façon éclatante l'infériorité technique des vendeurs par rapport à leur cocontractant; Attendu certes que, pour tenter de démontrer qu'il n'y avait pas eu erreur de la part des vendeurs, la défenderesse fait état des termes de l'assignation où il est écrit notamment:

'Propriétaires d'un tableau attribué à Nicolas Poussin, ils ont décidé, en octobre 1967, de sa mise en vente' et plus loin: 'l'expertise faite par M. Lebel, expert en tableaux anciens, précisait que le tableau n'était pas du peintre Poussin, mais de l'École des Carrache'; Mais attendu que pour apprécier si le consentement des vendeurs a été vicié par l'erreur sur la substance, c'est à leur opinion au moment de la vente, et à elle seule, qu'il convient de se référer; qu'à ce moment ils s'en sont entièrement rapportés à la décision de l'expert en mettant en vente leur tableau comme étant de l'École des Carrache et au prix correspondant à cette attribution; que s'ils avaient eu un motif sérieux de penser que l'oeuvre était un Poussin, ils n'auraient pas ainsi accepté sans recourir à des recherches complémentaires, l'avis et la mise à prix du commissaire-priseur, et de l'expert que, par son intermédiaire, ils avaient estimé nécessaire de consulter tant ils se sentaient incapables de déterminer par eux-mêmes l'origine de la toile litigieuse; Attendu que, dans ces conditions, lors de la vente de celle-ci, au prix de 2 200 F, le 21 fév. 1968, il n'y a pas eu d'accord des contractants sur la chose vendue, les vendeurs croyant céder un tableau de l'École des Carrache, tandis que la Réunion des Musées nationaux estimait acquérir une oeuvre de Poussin, que la défenderesse a bénéficiée ainsi, grâce à la grande supériorité de sa compétence artistique, de l'erreur sur la substance commise par ses cocontractants, telle qu'elle résultait des mentions portées par eux sur le catalogue de l'Hôtel des ventes, que cette erreur, parfaitement connue de la défenderesse, a vicié le consentement des vendeurs et que, par l'application de l'art. 1100 c. civ., la vente doit être déclarée [nulle].

(B) The case went on appeal to the *Cour d'appel* of Paris (2 February 1976); that decision was quashed by the *Cour de cassation* (22 February 1978); the case went to the *Cour d'appel* of Amiens (1 February 1982); that decision was quashed by the *Cour de cassation* (13 December 1983); the case was returned to the *Cour d'appel* of Versailles.

(C) Versailles, 7 janvier 1987

Les époux Saint-Arroman, faisant valoir qu'ils avaient vendu le 21 février 1968, par l'intermédiaire de Maître Rheims, commissaire-priseur à Paris, un tableau certifié sur le catalogue de la vente par M. Lebel, expert de l'officier public, comme oeuvre de l'École des Carrache, et que le Musée du Louvre, auquel le tableau avait été affecté, après exercice, à l'issue de la vente publique, par l'administration, de son droit de préemption, l'avait exposé comme un tableau peint par Nicolas Poussin, ont assigné devant le tribunal de grande instance de Paris [V. (A)] le directeur de la Réunion des Musées nationaux, MM. Maurice et Philippe Rheims et Me Laurin, ainsi que M. Lebel pour que soit prononcée la nullité de la vente du 21 février 1968 pour erreur sur la substance et subsidiairement pour obtenir réparation de leur dommage. Par jugement prononcé le 13 décembre 1972, le tribunal, retenant que lors de la vente il n'y avait pas eu accord des contractants sur la chose vendue, ceux-ci croyant céder un tableau de l'École des Carrache, tandis que la Réunion des Musées nationaux estimait acquérir une oeuvre de Poussin, que cette dernière avait ainsi bénéficié, grâce à la grande supériorité de sa compétence artistique, de l'erreur sur la substance commise par ses cocontractants et que cette erreur parfaitement connue de la Réunion des Musées nationaux, avait vicié le consentement des vendeurs, a, en application de l'article 1110, prononcé la nullité de la vente et mis hors de cause MM. Rheims, Laurin et Lebel. La direction des Musées nationaux a déclaré appel de ce jugement devant la cour d'appel de Versailles, désignée comme cour de renvoi par arrêt de la Cour de cassation en date du 13 décembre 1983. L'appelante demande à la cour d'infirmer le jugement entrepris, de dire et juger qu'il n'y a pas eu de la part des vendeurs erreur sur la substance de la chose, au sens de l'article 1110, de dire et juger en conséquence que la vente publique du tableau en cause, en date du 21 février 1968, n'est pas entachée de nullité, et de dire et juger ce que de droit sur la demande de dommages et intérêts provisionnels subsidiaire. Le ministre de la Culture, qui est intervenu en cours d'instance, demande à la cour, en infirmant la décision attaquée, de déclarer mal fondée la demande en nullité du contrat de vente litigieux et de débouter Mme Saint-Arroman de ses demandes. Les consorts Lebel, aux droits de M. Lebel, intimé décédé en cours d'instance, demandent à la cour de leur donner acte de leur reprise d'instance, de dire et juger que M. Lebel, expert, n'a commis aucune faute, de dire et juger que la demande subsidiaire de Mme Saint-Arroman en paiement de dommages et intérêts et expertise pour leur détermination est sans fondement, et de confirmer le jugement entrepris en ce qu'il a mis M. Lebel hors de cause. MM. Maurice et Philippe Rheims et Me Laurin, autres intimés, demandent la confirmation du jugement en ses dispositions les concernant. Mme Saint-Arroman, agissant tant en son nom propre qu'en qualité d'héritière de son mari, décédé en cours d'instance, intimée, demande à la cour de confirmer le jugement entrepris et d'en étendre les effets à l'État français, représenté par le Ministre de la Culture, de condamner l'État et la Réunion des Musées nationaux à lui restituer le tableau; de lui donner acte de son engagement de restituer le prix de la vente, soit 2 200 F, et, subsidiairement, de condamner MM. Maurice et Philippe Rheims, Me Laurin et les consorts Lebel à l'indemniser de son dommage, de les condamner à lui payer une somme provisionnelle de 250 000 F et d'ordonner une expertise pour évaluer ledit dommage.

LA COUR: [Considérant] qu'il est constant et non dénié que les époux Saint-Arroman propriétaires d'un tableau, ont décidé en 1968 de s'en séparer, ayant besoin d'argent à la suite de la mutation professionnelle du mari de province à Paris; qu'ils sont allés trouver M. Rheims, commissaire-priseur, pour lui confier la vente aux enchères publiques de ce tableau; que M. Lebel, expert de l'officier public, a conclu qu'il s'agissait d'une oeuvre anonyme de l'École des Carrache qui représentait une valeur de 1 500 F; que le tableau, mis en vente sous cette attribution, a été adjugé au prix de 2 200 F le 21 févr. 1968; que quelque temps après, le Musée du Louvre, auquel le tableau avait été affecté à la suite de l'exercice par l'Administration de son droit de préemption, a exposé le tableau comme une oeuvre de Nicolas Poussin; qu'en 1969, la Revue du Musée du Louvre a publié, sous la signature du conservateur Rosenberg, un article intitulé 'Un nouveau Poussin au Louvre', dans lequel se trouvaient énoncées les raisons de cette attribution confirmée par l'avis unanime d'experts tant français qu'étrangers; que c'est dans ces conditions que les époux Saint-Arroman, invoquant l'erreur qu'ils avaient commise sur l'attribution de leur tableau et précisant à cette occasion qu'une tradition familiale ancienne désignait N. Poussin comme auteur de l'oeuvre, ont engagé en 1971 la présente instance, que depuis, l'attribution faite par le Musée du Louvre a été l'objet d'une controverse, certains experts contestant que l'oeuvre ait été peinte par Nicolas Poussin;

Considérant que le ministre de la Culture, qui souligne que la vérité sur l'attribution exacte du tableau qui seule permettrait de caractériser avec certitude l'existence d'une erreur, est à ce jour inaccessible à raison tant de l'état de délabrement du tableau, agrandi, réentoilé et surtout repeint à [60%] de sa surface, que des avis contradictoires des plus éminents spécialistes et de façon plus générale de l'état de la science en la matière, fait valoir que Mme Saint-Arroman, laquelle fonde sa demande en nullité sur l'erreur subjective résidant dans le fait d'avoir aliéné un tableau qui pourrait être un Poussin alors qu'elle et son mari croyaient vendre une oeuvre qui ne pouvait être de ce peintre, ne prouve ni que son mari et elle aient eu une réelle conviction quant à l'origine du tableau, soit une opinion se caractérisant par son degré de certitude et non par simple doute, même sérieux, ni qu'ils aient été convaincus de l'impossibilité d'attribuer le tableau à Nicolas Poussin; qu'elle ne prouve pas davantage que les mandataires, notamment M. Lebel, en attribuant le tableau à l'École des Carrache, attribution prudente compte tenu notamment de l'état du tableau, aient délibérément et sans ambiguïté exclu la possibilité d'une attribution à Poussin, exclusion qui seule aurait pu engendrer la conviction alléguée; qu'il ajoute qu'en présence d'avis diamétralement opposés des experts, dont certains excluent la possibilité d'une attribution à Poussin, la preuve de l'erreur n'est pas rapportée et qu'au surplus, l'erreur invoquée ne porte nullement sur les qualités substantielles de la chose vendue qu'en l'espèce, on ignore [son attribution], mais seulement sur l'opinion que certains peuvent avoir desdites qualités, soit une conception de l'erreur qui n'est pas admissible comme permettant l'annulation d'un contrat de vente d'une oeuvre d'art sur la simple production de certains avis, même non unanimes; qu'à la vérité, l'erreur porterait sur la valeur, laquelle si elle était établie, pourrait justifier la mise en cause de la responsabilité des mandataires constitués par les vendeurs mais certainement pas l'annulation de la vente intervenue; qu'enfin, il prétend que Mme Saint-Arroman ne pouvant indiquer précisément sous quelle attribution précise elle aurait vendu le tableau il n'est pas prouvé en l'espèce une erreur déterminante et qu'aussi l'erreur alléguée est due à la propre négligence des vendeurs dont la carence ne saurait être une cause de nullité de la vente;

Considérant que la Réunion des Musées nationaux, appelante, soutient, d'une part, qu'il est démontré par les écritures mêmes des époux Saint-Arroman, contrairement à la motivation du jugement dont appel, qu'ils avaient bien un motif sérieux de penser que l'oeuvre était un Poussin et que dès lors, ou bien ils ont fait part à leurs mandataires des informations qu'ils possédaient et alors on comprend qu'ils aient demandé la condamnation de ceux-ci à les indemniser, ou bien, comme le soutiennent les commissaires-priseurs et l'expert, ils ont gardé le silence et l'on devrait alors considérer cette attitude étrange comme institutive d'une faute inexcusable de leur part, d'autre part, qu'il n'est pas exact, comme l'a énoncé le tribunal, que l'Administration avait parfaitement connu grâce à la grande supériorité de sa compétence technique l'erreur sur la substance commise par ses cocontractants, et qu'en serait-il ainsi, cela n'aurait aucune influence sur l'existence de l'erreur; enfin que l'absence de vérité objective sur l'auteur du tableau litigieux est confirmée par les divergences persistantes entre spécialistes et qu'en outre, il est exclu que la décision de préemption de la Réunion des Musées nationaux ait pour les vendeurs une influence quelconque sur le résultat de l'adjudication;

Sur la demande dirigée contre la Réunion des Musées nationaux et le ministre de la Culture: Considérant qu'en matière de ventes publiques d'oeuvres d'art sur catalogue contenant certification d'expert, l'attribution de l'oeuvre constitue tant pour le vendeur que pour l'acheteur une qualité substantielle de la chose vendue; que la conviction du vendeur quant à cette attribution s'apprécie en fonction des indications mentionnées sur le catalogue de la vente où figure la définition qu'il donne des caractéristiques substantielles et de la nature véritable de l'objet qu'il aliène; qu'en l'espèce, le tableau vendu le 21 févr. 1968 était décrit dans le catalogue: 'Carrache (École des), Bacchanale. Toile agrandie; haut. 1,03 m, larg. 0,89 m'; que dans cette description qui fixe ainsi la nature de la chose, objet du contrat, ne figure aucune allusion à l'existence d'une possible attribution de l'oeuvre à Nicolas Poussin, voire même à son école, à son style ou à sa manière, alors qu'il est pourtant d'usage, lorsqu'une incertitude subsiste sur la paternité d'une oeuvre d'art, d'employer des formules telles que 'signé de ... attribué à ... école de ... style ... genre ... manière ...'; qu'en l'absence de telles mentions, la seule indication 'École des Carrache' à laquelle il n'est pas contesté que Nicolas Poussin n'a jamais appartenu, est exclusive d'une attribution à ce dernier et ne laisse subsister aucun aléa; qu'ainsi la preuve est administrée que les vendeurs, lorsqu'ils ont contracté, avaient la conviction que le tableau n'était pas de Nicolas Poussin et l'unique certitude qu'il devait être attribué à l'École des Carrache;

Considérant qu'il importe peu que les époux Saint-Arroman aient reconnu dans leurs écritures qu'une tradition familiale ancienne attribuait l'oeuvre litigieuse à Nicolas Poussin, dès lors que, d'une part, seule leur conviction au moment de la vente doit être prise en considération; que, d'autre part, il ne peut être imputé à faute aux profanes qu'ils étaient de s'être rangés à l'opinion péremptoire émise par M. Lebel, expert réputé, et entérinée par M. Rheims, commissaire-priseur de grand renom, et de s'être laissés convaincre que leur tradition familiale était erronée et que l'oeuvre ne pouvait être de Nicolas Poussin;

Considérant que l'affirmation du commissaire-priseur et de l'expert selon laquelle les époux Saint-Arroman leur auraient tu cette tradition familiale ne saurait être tenue pour vraie comme prouvée; qu'émanant de parties intéressées à la solution du litige, elle est purement gratuite et n'est étayée par aucun élément, que de plus, il est sans vraisemblance que les époux Saint-Arroman, vendeurs au meilleur prix de leur tableau n'aient pas fait connaître à leurs mandataires l'attribution qu'en faisait leur tradition familiale, comme il est tout à fait improbable que les professionnels avisés qu'étaient ceux-ci ne les aient pas interrogés sur la connaissance qu'ils pouvaient avoir de l'auteur de l'oeuvre qu'ils leur présentaient à la vente; que le moyen tiré de la faute inexcusable commise par les époux Saint-Arroman pour n'avoir pas révélé à M. Rheims et M. Lebel ce qu'ils savaient de l'auteur de leur tableau manque en fait;

Considérant que si l'incertitude demeure sur l'authenticité de l'attribution du tableau au peintre Nicolas Poussin, en l'état d'avis aussi péremptoires que contradictoires d'experts éminents, et si la cour, en l'absence de preuves décisives, ne peut trancher sur ce point, ce partage des experts ne saurait cependant conduire à admettre, comme le soutient le ministre de la Culture, que l'erreur des époux Saint-Arroman ne serait pas admissible comme portant sur l'opinion que certains font de l'attribution et non point sur l'attribution elle-même, qu'en effet, ce partage, en ne permettant pas, précisément, d'exclure que l'oeuvre soit 'un authentique Poussin', justifie la prétention de Mme Saint-Arroman excipant de l'erreur ayant consisté pour elle et son mari à vendre le tableau dans la conviction erronée qu'il ne pouvait absolument pas s'agir d'une oeuvre de ce peintre, d'autant que dans le même temps selon ce que révèlent les éléments de la cause, la Réunion des Musées nationaux, lorsqu'elle a exercé son droit de préemption sur l'oeuvre, avait, sinon la certitude qu'il s'agissait d'un tableau de Nicolas Poussin, du moins la conviction que son origine était différente de celle mentionnée au catalogue; qu'on ne s'expliquerait pas, s'il en avait été autrement, pourquoi elle avait, selon ses propres écritures, été autorisée à préempter dans la limite de 40 000 F somme de plus de 25 fois supérieure à l'estimation de 1 500 F faite par l'expert M. Lebel; qu'en outre, quinze jours après la vente, un article de Jacques Thuillier, spécialiste de Poussin, présentait le tableau comme une oeuvre de Poussin découverte par la jeune équipe de la Conservation du Louvre, opinion que la Réunion des Musées nationaux avait partagée en première instance puis abandonnée en cause d'appel pour les besoins de sa propre cause;

Considérant que, vainement, pour s'opposer à l'action de Mme Saint-Arroman, le ministre de la Culture objecte que l'erreur invoquée par celle-ci serait en fait une erreur sur la valeur et qu'elle ne saurait dès lors entraîner la nullité de la [vente]; qu'il convient, en effet, de distinguer entre l'erreur monétaire, qui procède d'une appréciation économique erronée effectuée à partir de données exactes, et l'erreur sur la valeur qualitative de la chose, qui n'est, comme en l'espèce, que la conséquence d'une erreur sur une qualité substantielle, l'erreur devant en ce cas être retenue en tant qu'erreur sur la substance;

Considérant que sans qu'il soit nécessaire de suivre autrement les parties dans le détail de leur argumentation, il convient de retenir que les époux Saint-Arroman, en croyant qu'ils vendaient une toile de l'École des Carrache, de médiocre notoriété, soit dans la conviction erronée qu'il ne pouvait s'agir d'une oeuvre de Nicolas Poussin, alors qu'il n'est pas exclu qu'elle ait pour auteur ce peintre, ont fait une erreur portant sur la qualité substantielle de la chose aliénée et déterminante de leur consentement qu'ils n'auraient pas donné s'ils avaient connu la réalité; qu'il y a lieu en conséquence, de confirmer le jugement entrepris en ce qu'il a prononcé la nullité de la vente du 21 févr. 1968 sur le fondement de l'art. 1110 c. civ., et, y ajoutant d'ordonner la restitution du tableau à Mme Saint-Arroman et de donner acte à celle-ci de son engagement de restituer le prix perçu soit la somme de 2 200 F;

Sur la demande dirigée contre MM. Rheims et Laurin et contre les consorts Lebel: Considérant qu'en raison de son caractère subsidiaire, il n'y a point lieu de statuer sur la demande de Mme Saint-Arroman dirigée contre MM. Rheims et Laurin et les héritiers [Lebel].

Par ces motifs, [confirme] en toutes ses dispositions le jugement entrepris; y ajoutant: [ordonne] la restitution du tableau litigieux à Mme Saint-Arroman; donne acte à Mme Saint-Arroman de son engagement de restituer le prix de vente perçu, soit la somme de 2 200 F; dit n'y avoir lieu de statuer sur la demande subsidiaire dirigée par Mme Saint-Arroman à l'encontre de MM. Rheims et Laurin et des héritiers de M. [Lebel].

[C.25] *Civ., 24 mars 1987*

LA COUR: [Attendu] que, selon les juges du fond, Jean, André Vincent, depuis lors décédé, a vendu en 1933 aux enchères publiques, comme étant 'attribué à Fragonard', un tableau intitulé Le Verrou; que, l'authenticité du tableau ayant été ultérieurement reconnue, l'arrêt [attaqué] a refusé d'annuler cette vente, pour erreur à la demande des héritiers de Jean, André Vincent; Attendu que ceux-ci reprochent à la cour d'appel [Paris, 12 juin 1985] de s'être déterminée au motif essentiel que l'expression 'attribué à...' laisse planer un doute sur l'authenticité de l'oeuvre mais n'en exclut pas la possibilité; qu'ils soutiennent, d'une part, qu'en s'attachant seulement à déterminer le sens objectif de la mention 'attribué à...' et en s'abstenant de rechercher quelle était la conviction du vendeur, alors que leurs conclusions faisaient valoir qu'il était persuadé, à la suite des avis formels des experts que l'authenticité de l'oeuvre était exclue, la cour d'appel a violé [l'article 1110]; qu'il est, d'autre part, prétendu qu'en toute hypothèse le vendeur commet une erreur quand il vend sous l'empire de la conviction que l'authenticité est discutable, alors qu'elle est en réalité certaine et que tout aléa à ce sujet est inexistant; Mais attendu, en premier lieu, qu'il résulte des énonciations souveraines du jugement confirmé 'qu'en vendant ou en achetant, en 1933, une oeuvre attribuée à Fragonard les contractants ont accepté un aléa sur l'authenticité dé l'oeuvre, que les héritiers de Jean, André Vincent ne rapportent pas la preuve, qui leur incombe, que leur auteur a consenti à la vente de son tableau sous l'empire d'une conviction erronée quant à l'auteur de celui-ci'; que le moyen, en sa première branche, ne peut dès lors être accueilli; Et attendu, en second lieu, que, ainsi accepté de part et d'autre, l'aléa sur l'authenticité de l'oeuvre avait été dans le champ contractuel; qu'en conséquence, aucune des deux parties ne pouvait alléguer l'erreur en cas de dissipation ultérieure de l'incertitude commune, et notamment pas le vendeur ni ses ayants cause en cas d'authenticité devenue certaine; que le moyen doit donc être entièrement [écarté].

Note de Jean-Luc Aubert, Professeur à l'Université de Paris I

Un tableau avait été vendu aux enchères publiques en 1933, comme étant attribué à Fragonard. Cette oeuvre s'étant ultérieurement révélée authentique, les ayants droit du vendeur réclamaient l'annulation de la vente. La Cour de cassation, dans son arrêt du 24 mars 1987, après avoir relevé que les juges du fond avaient souverainement constaté, d'abord que, s'agissant d'une oeuvre 'attribuée à' Fragonard, les parties avaient accepté un aléa sur l'authenticité de l'oeuvre, et ensuite que les requérants ne rapportaient pas la preuve de ce que le vendeur avait consenti à la vente sous l'empire d'une conviction erronée les approuve d'avoir repoussé la demande d'annulation dont ils étaient saisis. Elle souligne, à ce propos, que l'aléa quant à l'authenticité de l'oeuvre ayant été inclus dans le champ contractuel par l'accord des parties, ni l'une ni l'autre n'était en droit d'alléguer 'l'erreur en cas de dissipation ultérieure de l'incertitude commune'. Cette décision, qui vient opportunément compléter la jurisprudence établie à l'occasion de l'affaire du Poussin [[C.24]], mérite, croyons-nous, une totale approbation.

La situation était, ici, très différente – à la vérité inverse – de celle du 'Poussin'. En l'occurrence, en effet, le vendeur – comme l'acheteur – avait admis, l'existence d'une incertitude quant à l'authenticité de l'oeuvre: le tableau pouvait être un Fragonard authentique, comme il pouvait ne pas en être un. L'éventualité d'une révélation ultérieure de la véracité de l'attribution – comme celle d'une révélation inverse – avait donc été prise en considération par les parties de telle sorte qu'aucune erreur ne pouvait être invoquée à ce titre. L'erreur consistant dans un défaut de conformité de la croyance du contractant à la réalité, aucune erreur n'était constituée en l'espèce puisque la réalité définitivement constatée correspondait à l'un des éléments – alternatifs – de la croyance du vendeur. Il est incontestablement heureux que la Cour de cassation ait eu l'occasion de consacrer expressément cette solution si peu de temps après l'établissement de la jurisprudence du Poussin.

Cela étant, il convient de bien prendre conscience de l'importance décisive qui s'attache, dans cette sorte de litiges, à l'appréciation des juges du fond quant à la volonté des contractants. C'est à eux qu'il revient, en effet, de rechercher si, au moment du contrat, les parties étaient dominées par une conviction précise – le tableau est l'oeuvre de tel peintre; ou, à l'inverse, il ne l'est certainement pas – ou si, au contraire, elles admettaient une incertitude quant à la paternité de l'oeuvre, chacune d'elles prenant la chance et le risque d'une révélation ultérieure et définitive de celle-ci. Or, comme le souligne l'arrêt du 24 mars 1987, l'appréciation des juges est souveraine à cet égard et, comme telle, s'impose à la Cour de cassation, ce qui est la règle en matière d'interprétation de volonté. Il ne sert donc à rien – et l'arrêt en fournit une bonne illustration avec la question du sens qu'il convient de donner à la formule 'attribué à ...' – de contester devant la Haute juridiction l'interprétation que les juges ont pu faire des diverses circonstances de l'espèce, quelque discutable qu'elle puisse éventuellement paraître. Les griefs susceptibles d'être invoqués utilement devant la Cour de cassation se résument pratiquement au défaut de constatation de l'acceptation d'un aléa (ou, selon une autre approche, au défaut de recherche de la conviction du contractant) et à la dénaturation des documents de la cause (notamment l'ignorance manifeste d'indications précises et formelles du catalogue). En l'espèce, les juges du fond échappaient certainement à toute censure dès lors qu'ils avaient effectivement constaté l'existence d'un accord des parties sur un certain aléa en se fondant sur le recours à la formule 'attribué à ...' qui figurait au catalogue de la vente, formule qui implique, selon l'usage, l'incertitude.

En guise de conclusion, et nous plaçant sur un plan de théorie générale des obligations, qui déborde sans doute l'arrêt, mais non l'espèce, il nous paraît utile de souligner de nouveau l'opportunité qu'il y aurait d'admettre qu'aucune action en nullité ne peut être accueillie au-delà de l'expiration du délai de prescription de trente ans à compter de la date du contrat. Il n'est pas raisonnable que l'on puisse encore, en 1987, discuter de la validité d'un contrat conclu en 1933, et s'il est incontestablement heureux que la jurisprudence ait consacré une conception efficace de l'erreur, au résultat notamment de l'affaire du Poussin, il serait en revanche très regrettable que cette solution engendre une insécurité juridique inadmissible: trente années de possible remise en cause du contrat ne donnent-elles pas une garantie bien suffisante?

4 VIOLENCE

Violence is a ground for seeking annulment of a contract. An act can amount to *violence* when it is of a nature to inspire in the mind of a reasonable person (taking into account his or her age, sex and other characteristics [C.35]) the fear that the person or his or her property will be exposed to an immediate and substantial harm unless he or she agrees to make the contract. It does not matter whether the act of duress is performed by another party to the contract or by a third party or whether the act of duress is performed against a contracting party or his or her immediate family. Once the act of duress has ceased to be operative, the annulment of the contract cannot be sought if, subsequent to that cessation, the contract is then confirmed either expressly or impliedly (*Code civil*, Articles 1111–1115 [C.1]). There must be some act constraining the free will of the party and the nature of the act of duress and its effect on the party must be particularised [C.33]. This can be a physical threat, a threat of eviction [C.30], the fear of loss or damage to property [C.26], a threat to take unwarranted legal action [C.27] [C.29] [C.31], the threat to withdraw care and attention [C.29] or simply a pressing need for money [C.34]. The act of duress must be unwarranted [C.31] or, as it is sometimes termed '*illégitime*' and normal economic bargaining power will often not be unwarranted [C.32]. Since the essence of violence is to ground an action for nullity for lack of consent, the act of duress must have caused the party to enter into the contract [C.28] and if the act of duress did not have that effect on that particular party, there will be no *violence* [C.29].

Materials

[C.26] Req., 27 avril 1887

The steamship *Rolfe* had run aground in the mouth of the river Seine, and was in danger of being lost. The captain of another boat agreed to re-float the *Rolfe* for a fee of 5% of the value of the ship and her cargo, some 18,150F. The captain of the *Rolfe* had to accept this in view of the imminent danger to his ship. The lower court annulled the contract but allowed a fee of 4,000F.

> LA COUR: Sur le moyen unique, pris d'un excès de pouvoir, de la violation de l'article 1134 c. civ., et de la fausse application des articles 1109, 1111 et suiv. du même code: Attendu qu'aux termes de l'article 1108 c. civ., le consentement de celui qui s'oblige est une condition essentielle de la validité d'une convention; que, lorsque le consentement n'est pas libre, qu'il n'est donné que sous l'empire de la crainte inspirée par un mal considérable et présent auquel la personne ou la fortune est exposée, le contrat intervenu dans ces circonstances est entaché d'un vice qui le rend annulable; Attendu que l'arrêt attaqué constate que le capitaine du 'Rolf' n'a souscrit l'engagement litigieux que pour sauver son navire qui, sans cela, aurait été prochainement et fatalement submergé et perdu; que ce n'est que contraint et forcé, qu'après s'être vainement débattu pour obtenir des conditions moins rigoureuses, il a dû subir comme une nécessité la convention que le capitaine de [l'Abeille], abusant de sa situation désespérée, lui a imposée; qu'en annulant par suite cette convention, la cour d'appel n'a ni commis un excès de pouvoir, ni violé, ni faussement appliqué aucun des articles [susvisés].

[C.27] Req., 6 avril 1903

During the course of proceedings relating to the settlement of matrimonial property on divorce, the husband had taken advantage of, and relied upon, a receipt (*quittance*) given to him by his wife acknowledging a debt of 13,550F. It was established that 13,550F was the amount that the wife would have received, under the divorce judgment, by way of her share of the matrimonial property. In actual fact, the wife had only borrowed 5,000F in order to meet her personal expenses on the matrimonial breakdown, the sum of 13,500F had not been paid to her, and the receipt acknowledging the debt of 13,550F had only been signed by the wife under the threat of an action for adultery, a threat which was withdrawn by the husband immediately upon delivery of the receipt.

> LA COUR: [Attendu], en droit, que les présomptions admises pour établir le dol et la fraude sont admissibles également pour établir la violence qui doit être assimilée au dol, quand elle est exercée pour arracher un consentement; qu'ainsi les juges du fait ont pu régulièrement déduire et des termes d'une lettre de la défenderesse éventuelle à son mari, produite par celui-ci, et des circonstances de la cause souverainement appréciées par eux, la preuve de la violence morale exercée sur la dame Noirot par le demandeur, pour obtenir d'elle la reconnaissance d'un payement purement fictif; qu'ils ont pu relever les caractères de cette contrainte susceptible de vicier le consentement, dans la menace d'une poursuite correctionnelle adultère, en constatant que la plainte portée par le mari, qui constitue incontestablement en elle-même, l'exercice d'un droit, mais nullement une voie légale, pour assurer au plaignant sa libération des obligations pécuniaires résultant à sa charge des conventions matrimoniales, avait été, dans l'espèce, employée par Noirot comme un moyen d'intimidation, en vue d'extorquer à sa femme la quittance fictive d'une partie de ses [reprises].

[C.28] Req., 27 janvier 1919

LA COUR: Sur le moyen unique du pourvoi, tiré de la violation ou fausse application des articles 1109, 1112, 1116, c. [civ.]; Attendu que les libéralités entre vifs ou testamentaires doivent être l'expression libre de la volonté propre et indépendante de leurs auteurs; qu'il appartient aux tribunaux de les annuler, quand le consentement du donateur a été extorqué par violence; Attendu qu'il est déclaré en fait par l'arrêt attaqué qu'Antoine Duvoisin, vieillard paralysé, affaibli par la maladie, obligé de garder le lit, abandonné par les membres de sa famille, était à la merci des époux Vigneron, ses métayers, et que la menace faite par ceux-ci de ne pas lui continuer leurs soins, s'il ne consentait pas à leur donner ses biens, était de nature à lui inspirer une telle crainte qu'il lui était impossible d'y résister; que la preuve de la contrainte résulte encore, d'après l'arrêt attaqué, de ce fait qu'Antoine Duvoisin a répondu au notaire rédacteur de l'acte, lui demandant s'il consentait à la donation: 'Il le faut bien'; qu'il est encore déclaré par ledit arrêt que la pression exercée par les époux Vigneron sur la volonté chancelante de leur maître est rendue plus manifeste par la série des actes successifs par lesquels Antoine Duvoisin, pour s'assurer les bons soins de ses métayers, leur a fait des libéralités; Attendu qu'en tirant de ces faits souverainement constatés la conséquence que la donation faite par Duvoisin aux époux Vigneron devait être annulée, comme étant le produit, non de la volonté libre du donateur, mais de la violence, la Cour d'appel de Bordeaux n'a nullement violé les articles invoqués par le pourvoi, mais en a fait à la cause une juste [application].

[C.29] Req., 17 novembre 1925

LA COUR: [Attendu] que le 24 mars, 1921, un accident a été occasionné au camion automobile de Bonaventure par le patin de frein tombé de la voiture fourragère de Leroy; que ce dernier s'est engagé par écrit à payer le coût des réparations que nécessiterait l'état du camion; Attendu que l'arrêt [ayant] condamné Leroy au paiement des réparations effectuées il lui est fait grief par le pourvoi d'avoir validé l'engagement de Leroy tout en constatant des procédés qui constituaient une violence illégitime de nature à vicier son consentement; Mais attendu que, si l'arrêt reconnaît que pour obtenir cet engagement, Bonaventure, asisté d'un huissier, s'est livré à une obsession à l'égard de Leroy, menaçant de lui réclamer un chiffre élevé de dommages-intérêts, il déclare, d'autre part, que Leroy a résisté à ces pressentes instances, et qu'il n'a cédé que parce qu'il a reconnu au vu des résultats de l'enquête de la gendarmerie, à laquelle il avait assisté, que sa responsabilité était effectivement engagée; que l'arrêt ajoute que la menace d'un procès n'était pas de nature à effrayer un homme habitué aux affaires comme Leroy, au point de lui faire perdre son libre arbitre, et que, dès lors, il a signé en pleine connaissance de cause la transaction invoquée par Bonaventure; Attendu, en l'état de ces déclarations et constatations souveraines, que l'arrêt qui n'est entaché d'aucune contradiction, n'a pas violé les textes de loi visés au [moyen].

[C.30] Civ., 3 novembre 1959

LA COUR: [Attendu] que dame Veuve Perche s'étant, le 15 mars 1947, rendue adjudicataire de la maison qu'elle avait toujours habitée, l'agent Le Nestour obtint d'elle le surlendemain une renonciation à son acquisition sous forme d'un mandat de déclarer command en sa faveur et devint ainsi adjudicataire à sa place; qu'il est fait grief à l'arrêt attaqué d'avoir annulé la déclaration de command comme entachée de violence, alors que la Cour d'appel ne justifie pas de l'existence d'une contrainte qui ne saurait résulter de la part de Le Nestour de l'indication véridique de la faculté qu'il avait de faire surenchère et que dame Perche, capable et jouissant de ses facultés, avait librement signé un accord avantageux; Mais attendu que la Cour d'appel, qui relève les démarches obstinées de Le Nestour auprès de dame Perche, et ses menaces réitérées de se porter surenchérisseur, et une fois adjudicataire de l'expulser aussitôt, si elle ne consentait pas à se désister en sa faveur de l'adjudication contre la promesse de la loger encore pendant deux ans et de lui verser 25 000 F, constate que lors d'une dernière visite, le 17 mars, au domicile de dame Perche, qu'il trouva seule, Le Nestor réussit enfin à vaincre sa résistance, et à lui faire signer le document qu'il avait apporté tout préparé, sous la pression de ces mêmes menaces, par lesquelles il avait su inspirer à cette femme inexpérimentée 'une crainte assez grave pour lui ôter sa libre volonté et emporter son consentement qu'elle n'eut pas donné sans cela' à un acte qui la dépouillait d'une maison qu'elle n'avait acquise que pour continuer à y vivre; que l'arrêt attaqué énonce d'autre part que si Le Nestour avait sans doute la faculté de surenchérir, et au cas où il deviendrait adjudicataire d'engager une procédure d'expulsion, l'existence d'une telle faculté 'ne saurait néanmoins rendre licite la contrainte exercée, puisque Le Nestour dépourvu de tout droit ou titre pouvant justifier sa prétention d'exiger à son profit la signature d'une déclaration de command ou d'un désistement, ne poursuivait pas la satisfaction d'un droit légitime'; qu'en l'état de ces constatations et appréciations souveraines, l'arrêt attaqué, qui est motivé, a légalement justifié sa [décision].

[C.31] Civ., 16 octobre 1962

LA COUR: [Attendu] que le Centre Technique des Industries de la Fonderie, pour obtenir dans une propriété lui appartenant et située sur le territoire de la Ville de Sèvres, la permission de construire et d'aménager des bâtiments nécessaires à son activité, a consenti, en contre-partie, à céder gratuitement à la ville une partie du terrain, mais par la suite, a refusé de réaliser cette cession en soutenant que son consentement avait été vicié; que le pourvoi fait grief à l'arrêt confirmatif attaqué d'avoir débouté la Ville de Sèvres de son action en réalisation de la cession précitée au motif que le Centre Technique avait contracté sous l'empire de la violence, alors, selon le moyen, que les faits sur lesquels s'appuie la Cour d'appel ne révélerait en aucune manière que le Centre avait traité dans des conditions impliquant une absence de consentement de sa [part]; Mais attendu que la Cour d'appel relève qu'il résulte de 'l'ensemble des documents de la cause que le consentement des représentants du Centre Technique n'a pas été donné librement et qu'ils ont dû subir comme une nécessité les conditions imposées par la Ville de Sèvres'; qu'en effet, les juges du second degré constatent notamment que 'la ville [a cherché à obtenir] des avantages matériels auxquels elle n'avait aucun droit, que le délibération du Conseil d'Administration du Centre Technique en date du 15 décembre 1948 traduit bien la contrainte à laquelle a dû céder cet organisme qui, depuis trois ans, se voyait refuser la possibilité de construire les bâtiments nécessaires à son activité d'intérêt national et dont le directeur faisait l'objet de procès-verbaux de saisies et de menaces de poursuites correctionnelles de la part des autorités municipales' en vue d'obtenir la cession gratuite d'un terrain 'de grande valeur' et le versement d'une somme de 500 000 F au Bureau de Bienfaisance; que les juges d'appel concluent que ces circonstances constituent la 'violence morale' alléguée par le Centre Technique; qu'en l'état de ces constatations et de ces appréciations souveraines, [l'arrêt attaqué] a légalement justifié sa [décision].

[C.32] Com., 20 mai 1980

LA COUR: Vu l'article 1112 du Code civil; Attendu que pour déclarer nulles, en ce qu'elles avaient de contraire aux clauses de la convention de 1973, les stipulations du contrat de concession exclusive de vente, à durée déterminée, de véhicules automobiles conclu pour l'année 1974 entre la société Estagence et la société Audi N.S.U. France [la société A.N.F.], l'arrêt déféré énonce que la première société a été contrainte de souscrire à ces stipulations pour échapper au mal considérable que représentait pour elle la fermeture de son entreprise, la société A.N.F. abusant de sa force économique contraignante; Attendu qu'en déduisant de ces seules énonciations l'existence des éléments caractérisant le vice de violence sans préciser en quoi les agissements de la société étaient illégitimes, la cour d'appel n'a pas donné de base légale à sa [décision].

[C.33] Civ., 7 février 1984

LA COUR: Vu l'article 1112 du Code civil: Attendu que pour débouter la société civile immobilière Campagne-Première Raspail et la Société de participations immobilières et foncières, propriétaires de locaux à usage commercial donnés en location par acte du 31 janvier 1979 à une société en cours de constitution pour laquelle Mme Malka s'était portée fort, de leurs demandes en paiement de loyers et indemnités d'occupation, l'arrêt attaqué énonce que l'analyse des documents signés par Mme Malka le 3 décembre 1979 aprés la résiliation judiciaire du bail, rapprochés des écritures des sociétés propriétaires, permet d'établir que Mme Malka, qui n'avait aucun intérêt à l'opération envisagée, s'est trouvée forcée d'apposer sa signature au bas de l'acte du 31 janvier 1979, lequel contenait des engagements financiers qu'elle ne pouvait manifestement pas assurer par elle-même, et que le rapprochement de ces éléments permet d'affirmer que c'est la crainte, c'est-à-dire la violence morale, qui l'a contrainte à signer le bail du 31 janvier 1979 qui doit ainsi être déclaré nul et ne peut produire d'effet; qu'en statuant ainsi sans préciser ni la nature de la menace subie par Mme Malka, ni son caractère déterminant du consentement obtenu, la cour d'appel n'a pas donné de base légale à sa [décision].

[C.34] Soc., 5 juillet 1965

Under a contract dated 22 January 1959, Maly was engaged as a sales representative for Frameco (a firm manufacturing concrete), being remunerated on the basis of a commission of 3% of the sales obtained by him (whether directly or indirectly). Maly resigned on 21 September 1959. On 12 October 1959 he signed a new contract with IMAC (which had taken over Frameco) again to sell concrete but this time being remunerated only on the basis of a commission of 1.5% of sales directly (but not indirectly) obtained by him. Maly brought an action against IMAC alleging that the contract of 12 October 1959 was void because of *violence* and that he was owed arrears of remuneration on the basis of the original contract of 22 January 1959. The lower court gave judgment in his favour.

LA COUR: [Mais] attendu que l'arrêt attaqué constate que, lors de sa démission, Maly, qui devait quitter Paris et s'installer avec un enfant malade, avait de pressants besoins d'argent, que son employeur refusait d'exécuter les obligations résultant du contrat initial; qu'il s'était trouvé dans l'alternative ou d'engager un procès qui pouvait être long ou d'accepter de recevoir immédiatement une somme réduite, en consentant à poursuivre son activité sous des clauses draconiennes, avec diminution considérable du taux des commissions, renonciation aux prestations sociales, etc., clauses dont l'une était illicite et dont l'ensemble était injuste; que le grief d'avoir fait des ventes pour une firme concurrente contre lequel Maly protestait en indiquant qu'il avait eu l'accord de la société pour des opérations occasionnelles, n'avait pas été invoqué lors de son départ par la société qui lui avait au contraire exprimé ses regrets de le voir s'en aller, mais seulement au cours de la procédure et qu'il n'avait eu aucune influence sur la signature de la deuxième convention; qu'en en déduisant que le consentement de Maly avait été vicié par une violence morale et que le contrat du 12 octobre 1959 était nul, l'arrêt attaqué a donné une base légale à sa [décision].

[C.35] Civ., 5 mai 1986

LA COUR: [Attendu] que M. Witzig reproche à l'arrêt attaqué d'avoir déclaré nuls les accords du 14 juin 1978 au motif que le consentement de Jean-François Pernod avait été vicié par la violence, alors que, d'une part, la cour d'appel aurait apprécié la violence par rapport à la personnalité du signataire et non pas par rapport à une personne du même âge, du même sexe et de la même condition; alors que, d'autre part, elle n'aurait pas indiqué la nature des menaces et chantage, ni recherché si ceux-ci présentaient une gravité suffisante pour caractériser la violence au sens de l'article 1112 du Code civil; alors que, de troisième part, si elle a constaté un affaiblissement de la volonté de Jean-François Pernod, elle n'aurait en aucune manière constaté une diminution des facultés mentales de celui-ci; et alors qu'enfin, elle aurait omis de rechercher en quoi les accords du 14 juin 1978 auraient été lésionnaires à l'égard de Jean-François Pernod; Mais attendu que, contrairement à ce que soutient la première branche du moyen, la violence doit être appréciée en considération de la personne qui en est victime; que l'arrêt attaqué a constaté que les menaces et le chantage, tels qu'ils étaient exprimés dans la lettre adressée le 28 mai 1978 par M. Witzig à Jean-François Pernod étaient de nature à faire impression sur ce dernier, à lui inspirer les craintes les plus vives pour sa personne et pour ses biens et à le priver de la liberté nécessaire à l'expression d'un consentement valable; que, par ces appréciations qui relèvent de leur pouvoir souverain, les juges du second degré, sans avoir à rechercher l'existence d'une lésion qui n'est pas exigée pour l'annulation d'un acte pour cause de violence, ont légalement justifié leur [décision].

5 *DOL*

If, because of some scheming or intrigue (*manoeuvres*) undertaken by one of the parties, it is evident that, without that scheming or intrigue, the other party would not have concluded the contract, that contract can be annulled because of wilful misrepresentation (*dol*) (*Code civil*, Article 1116 [C.1]). *Dol* cannot be implied and must always be proved by the party alleging it [C.38]. There must, first of all, have been a *manoeuvre*. A *manoeuvre* may be a positive act, such as forging a CV [C.45], clocking a car to make it seem that the car has done less mileage than it has actually done [C.40], or bringing pressure on an aged person [C.38]. Gradually however, the courts extended the concept to include acts of bad faith or dishonesty which produced a mistake, such as a false statement as to the value of goods [C.36] or the age of a horse [C.37], and then to include the silence of the contracting party hiding from the other party a fact which, if the other party had known it, would have stopped that other party from contracting. Consequently a *manoeuvre* can also consist of doing nothing to avert someone of a damaging fact [C.39] [C.41] [C.46]. Unlike *violence*, the *manoeuvre* must be performed by one of the contracting parties. Although not expressly stated in the *Code civil*, case law has insisted that the *manoeuvre* be intentional or deliberate and a false statement made mistakenly may not amount to *dol* [C.44] and neither may a slightly exaggerated statement as to the quality of goods, but occasionally a particularly well qualified person who remains silent and allows the other party to act to his or her peril may be presumed to have acted intentionally [C.42]. The *manoeuvre* can only be used as a basis for annulling the contract if it has caused the deceived party to make the contract [C.43] [C.45], and the decision as to whether a *manoeuvre* is sufficiently serious and had that effect is within the sovereign powers of the lower court [C.42] [C.43]. Finally it should be noted that, in addition to an action to annul the contract and because of the deliberate nature of act or silence, it is possible to bring an action for damages for civil liability based on fault [C.46].

Materials

[C.36] *Paris, 22 janvier 1953*

LA COUR: [Considérant] qu'en octobre 1946, S cédait à D, au prix de 250,000 F l'un, trois tableaux de XVIIe siècle, des écoles hollandaise et flamande; Considérant que les experts désignés par ordonnance de référée ont, le 22 juin 1948, fixé à 40,000 F, 45,000 F et 55,000 F la valeur respective de ces toiles; Considérant que D a ainsi commis une erreur considérable sur la valeur des toiles qui lui étaient proposées; que le dol est une cause de nullité des contrats quand il a déterminé une erreur sur la valeur; Considérant qu'il résulte des éléments de la cause que S, qui savait D sans aucune expérience comme il le reconnaît dans une lettre du 7 novembre 1946, a trompé l'acheteur sur la valeur des trois toiles offertes; que cette tromperie a nettement dépassé l'exagération et l'habileté permises à tout vendeur; qu'un acheteur de tableaux anciens, sauf s'il possède lui-même des connaissances spéciales, se trouve contraint de s'en remettre aux affirmations du marchand, alors surtout que celui-ci se présente comme ayant des titres garantissant une honorabilité et une formation technique particulière; qu'en l'espèce S, en faisant état de ses titres de 'critique d'art, expert en tableaux anciens, arbitre près le tribunal de commerce de la Seine, membre adhérent de la Société des gens de lettres de France, officier de l'instruction publique', s'obligeait à faire preuve de compétence et probité et s'interdisait, en tout cas, toute tromperie à l'égard de D, acheteur non averti, qui plaçait en lui, en raison même de ses titres, une confiance particulière; Considérant qu'il résulte des circonstances que S n'a usé de ces titres, et notamment de celui d'arbitre près le tribunal de commerce dont il était à l'époque titulaire, que dans le but de capter la confiance de D; que la lettre précitée de S, de quelques jours postérieure à la vente, est révélatrice des procédés utilisés par lui à l'égard de D; que, pour retenir D, ému des appréciations de spécialistes, S n'hésite pas à faire étalage de sa 'longue pratique comme expert reconnu par le Gouvernement, critique d'art et correspondant de tous les journaux des Beaux-Arts de France et de l'étranger', de sa fortune considérable, à se présenter comme 'souvent appelé à juger de fausses expertises faites par des experts ignorants qui se donnent des titres qu'ils ne possèdent pas', et à affirmer, enfin, que les tableaux vendus 'ont une valeur internationale'; qu'il est certain que ces mêmes affirmations ont été faites les jours précédents pour décider D à conclure la vente, et que D n'a consenti à payer un prix important que confiant aux titres de S et trompé par ses [mensonges. Par ces motifs, confirme] le jugement dans toutes ses dispositions; précise toutefois que D devra remettre les trois toiles vendues contre restitution du prix payé.

[C.37] *Civ., 27 avril 1953*

LA COUR: [Attendu que les juges du fond], et après l'enquête, 'tiennent pour constant' que le cultivateur Edmond a acheté à Besnier, marchand de chevaux, 'une jument de trait, d'âge moyen, pour les besoins de son exploitation agricole', pour le prix de 108 000 F; qu'avant de conclure ce marché, Besnier a déclaré à Edmond que la jument était âgée d'une douzaine d'années; Attendu que cette bête de somme ayant péri huit jours environ après sa livraison, à la suite de coliques, il est résulté de l'autopsie de l'animal que celui-ci était 'hors d'âge'; Attendu que la Cour a induit de cette constatation du vétérinaire, que 'de toute évidence si la jument avait vécu, elle n'aurait pu fournir à Edmond le travail qu'il avait envisagé pour son exploitation agricole, alors que, si elle n'avait été âgée que d'une douzaine d'années, selon la déclaration du vendeur Besnier' elle répondait ainsi aux besoins que l'acheteur Edmond avait envisagés au moment du contrat'; que dès lors le consentement d'Edmond était 'vicié par l'erreur sur la substance même de la chose, à laquelle s'ajoute une tromperie de Besnier caractérisée par le fait que celui-ci, ayant acheté la même jument, peu de temps auparavant, moyennant le prix de 48 000 F, était en raison de sa qualité professionnelle, parfaitement édifié sur l'âge de l'animal; Attendu que de ces constatations et appréciations, la Cour a pu déduire que l'erreur avait bien porté sur une qualité substantielle de l'animal vendu, et que la déclaration mensongère du vendeur, concernant l'âge réel de la jument, était constitutive d'un [dol].

[C.38] Colmar, 30 janvier 1970

An old lady of 75 had made a formal gift (*acte de donation*) of shares in the family firm to her daughter and son-in-law. This had the result in giving the overall control of the firm to the daughter. The lower court declared void the *acte de donation*.

LA COUR: Vu l'article 1116 c. civ. qui dispose: 'Le dol est une cause de nullité de la convention lorsque les manoeuvres pratiquées par l'une des parties sont telles, qu'il est évident que, sans ces manoeuvres, l'autre partie n'aurait pas contracté. Il ne se présume pas et doit être prouvé'; Attendu que le Code n'a pas défini le dol, mais seulement ses effets; qu'il vise 'des manoeuvres' sans spécifier leur consistance; que tous les agissements malhonnêtes tendant à surprendre une personne en vue de lui faire souscrire un engagement, qu'elle n'aurait pas pris si on n'avait pas usé de la sorte envers elle, peuvent être qualifiés de manoeuvres dolosives; Attendu que le droit romain 'tenait pour dol toute manoeuvre malhonnête destinée à circonvenir une personne pour obtenir d'elle un [consentement']; Attendu que Gaudemet qui cite ce texte (Théorie générale des obligations, p 70) fait connaître implicitement que cette définition est encore valable; que, selon l'analyse que fait cet auteur de la jurisprudence, le critérium du dol est la malhonnêteté qui inspire les manoeuvres et non la tromperie; qu'il en ressort que la personne victime d'un dol n'est pas nécessairement trompée, la notion de dol 'débordant l'erreur et la violence'; Attendu que 'les juges tiennent compte, comme pour la violence, de la situation personnelle de chacune des parties' et spécialement de celle qui se prétend victime d'un dol (Code civil annoté de Fuzier-Hermann sous l'article 1116, No 17); que l'incapacité de cette personne à défendre ses intérêts en raison de son âge doit être considérée (ibid); que le fait de 'chambrer' une personne âgée peut être regardé comme une manoeuvre dolosive; que la longueur exceptionnelle de la discussion qui s'est déroulée avant la passation de l'acte est, s'il s'agit d'un acte simple, une circonstance à retenir parce qu'elle laisse supposer une résistance qui a fini par fléchir en raison de la lassitude; Attendu que les manoeuvres dolosives doivent être prouvées mais que le dol fait exception à toutes les règles sur la [preuve]; Attendu que la preuve du dol peut être rapportée 'outre et contre les termes d'un écrit'; que si le dol doit être prouvé par celui qui l'invoque, cette preuve peut être faite par tous moyens, même par [présomptions]; Attendu qu'il ressort du dossier que l'acte de donation a été passé dans les conditions les plus suspectes; que dame Blum avait été manifestement 'chambrée'; que la longueur des discussions alors que l'acte était simple, trahit un grave conflit entre les parties; que l'heure tardive à laquelle l'acte fut passé, heure tout à fait inhabituelle, fait présumer que dame Blum a fini par céder par lassitude; [que] l'intervention in extremis d'un notaire résidant hors de Colmar et qui ignorait tout l'affaire est également [suspecte].

[C.39] Civ., 2 octobre 1974

Jacob agreed to buy a house and some land from Goutailler for 95,000 F. He paid a deposit of 10,000F, intending the balance to be met by a loan. The agreement contained a clause that, if the buyers should default on the sale, the sellers would have the power to insist on the sale or to retain the deposit. Jacob, unfortunately, found that the envisaged loan would not be forthcoming. However, on learning that a pig farm (for 400 pigs) was about to be built only 100 metres from the house (intended to be used as a second home during the summer months), he repudiated the agreement. Goutailler sold the house to a third party for 80,000F. The lower court ordered Goutailler to pay back the deposit on the ground of misrepresentation by silence (*réticence dolosive*).

LA COUR: [Mais] attendu que le dol peut être constitué par le silence d'une partie dissimulant à son cocontractant un fait qui, s'il avait été connu de lui, l'aurait empêché de contracter; que dès lors qu'elle a déterminé le consentement du cocontractant, l'erreur provoquée par le dol peut être prise en considération, même si elle ne porte pas sur la substance de la chose qui fait l'objet du contrat; Attendu que la Cour d'appel relève que, dès qu'il a été informé de la protestation des acquéreurs faisant état de la création de la porcherie, Goutailler, loin d'invoquer sa propre ignorance, a indiqué la date de l'arrêté préfectoral ayant autorisé cette création et s'est contenté de prétendre que Jacob 'était censé en connaître l'existence'; que connaissant le projet de création de cet établissement incommode et insalubre, qui allait nécessairement causer des troubles graves dans la jouissance d'une maison de campagne située à proximité immédiate, Goutailler a non seulement gardé le silence devant son acquéreur mais a pris soin d'imposer, lors de la conclusion de la [convention], l'insertion d'une clause de non-garantie qui prenait toute sa valeur 'dans la circonstance qu'il était le seul à connaître'; Attendu que, de ces constatations, les juges d'appel ont pu [déduire] que la réticence du vendeur présentait un caractère dolosif et qu'elle avait induit les acquéreurs, citadins à la recherche d'une maison de campagne, en erreur sur un élément déterminant de leur consentement; que ce vice du consentement affectant la validité du contrat c'est à bon droit qu'a été refusé aux vendeurs le bénéfice des clauses dudit contrat dont ils persistaient à se prévaloir pour tenter de se garantir des conséquences de leur propre réticence et pour conserver l'acompte versé par les victimes de leur comportement dolosif; d'où il suit que la Cour d'appel ayant par les seuls motifs précités légalement justifié sa décision, les moyens ne sont pas [fondés].

[C.40] Civ., 31 janvier 1979

LA COUR: [Attendu], selon les énonciations de l'arrêt confirmatif attaqué que Tetrel, qui avait acheté à Vaudouer, garagiste, un véhicule automobile d'occasion, a assigné son vendeur en nullité de la vente pour dol; que la Cour d'appel a fait droit à cette demande; Attendu qu'il est fait grief aux juges du fond d'avoir ainsi statué, alors que, selon le moyen, d'une part, il résulterait des propres constatations de l'arrêt que, si le kilométrage figurant au compteur était de 24.130 kilomètres, Tetrel n'avait pu soutenir avec vraisemblance qu'il s'était fié à cette seule indication, ayant déclaré par ailleurs que Vaudouer lui avait indiqué un kilométrage de 80.000 kilomètres; que dès lors, celui-ci n'aurait pas rapporté la preuve qui lui incombait de la dissimulation du kilométrage réel par le vendeur; que la mauvaise foi de ce dernier ne résulterait pas des constatations de faits contradictoires de l'arrêt; que d'autre part, la Cour d'appel, qui relevait que Tetrel avait évalué à 80.000 kilomètres environ ce kilométrage, ne justifierait pas de l'erreur sur la substance; Mais attendu qu'après avoir relevé que, selon l'expertise le kilométrage réel, parcouru par le véhicule, dont le compteur indiquait 24.130 kilomètres, était de 110.000 à 120.000 kilomètres environ, l'arrêt attaqué a retenu que Vaudouer, 'professionnel de l'automobile', n'avait pu ignorer cette circonstance et, qu'en admettant même qu'il ait indiqué à son acheteur, comme celui-ci l'a reconnu, que le kilométrage réel ne correspondait pas à celui figurant au compteur, mais était de 80.000 kilomètres, cette fausse déclaration était constitutive d'un dol qui affectait la validité du contrat, Tetrel n'ayant pas contracté s'il avait su que le véhicule, vendu 2.000 F de plus que le prix indiqué par l'Argus, avait, en trois ans, parcouru une distance aussi importante; que les juges du second degré ont ainsi, sans contradiction, légalement justifié leur décision; d'où il suit que le moyen ne peut être accueilli en aucun de ses [griefs].

[C.41] Civ., 21 janvier 1981

LA COUR: [Attendu] que, selon l'arrêt attaqué, par acte du 26 septembre 1972, Julien Le Duff s'est porté caution solidaire de la société à responsabilité limitée Traitement antiparasitaire du bois (T.A.B.) envers le Crédit Industriel de l'Ouest (C.I.O.) à concurrence de 150 000 F; que, la société T.A.B. a été mise en liquidation des biens le 27 octobre 1972, la date de cessation des paiements étant fixée au 18 août 1972; que le C.I.O. a assigné Le Duff en paiement de la somme de 150 000 F; que la cour d'appel, statuant sur renvoi après cassation, a déclaré l'engagement de caution nul pour cause de dol de la part du C.I.O.; Attendu qu'il est reproché aux juges du second degré d'avoir ainsi statué, au motif que la banque n'avait pas fait connaître à Le Duff l'exacte situation de la société T.A.B., plus grave qu'une difficulté passagère alléguée par l'un des associés auprès de Le Duff, alors que, selon le moyen, le dol en matière de cautionnement ne pouvant émaner que du créancier, les déclarations prétendument rassurantes d'un associé de la société garantie étaient sans incidence; que le silence du banquier ne peut caractériser une réticence constitutive de dol que si les circonstances permettent de relever à sa charge une obligation de renseignement; que tel n'est pas le cas lorsque la caution est le père de 'l'animateur' de la société garantie qu'il déclare vouloir sauver en permettant, par son engagement, que la banque reprenne ses crédits; Mais attendu que la cour d'appel ne s'est pas fondée, pour admettre l'existence d'un dol, sur les déclarations rassurantes d'un associé, mais a reproché à la banque, qui savait que la situation de la société T.A.B. était beaucoup plus grave que la difficulté passagère de trésorerie invoquée par le gérant de cette société, d'avoir caché à Le Duff la situation réelle, qui, inéluctablement, devait aboutir, à bref délai, à une liquidation des biens et de ne pas l'avoir avisé de l'existence d'une convention de compte spécial qui l'autorisait à prélever 20% des rentrées, circonstances qui, si elles avaient été connues de Le Duff, l'auraient incité à ne pas donner sa caution; qu'ainsi, l'arrêt attaqué, qui n'a pas indiqué que le fils de Le Duff était 'l'animateur' de la société T.A.B., a pu retenir l'existence d'un dol, dès lors que, par réticence, la banque avait manqué à son obligation de contracter de bonne foi; qu'en conséquence, le moyen n'est pas [fondé].

[C.42] Civ., 3 février 1981

LA COUR: [Attendu, selon l'arrêt attaqué] que la [Soc. Immores], marchand de biens, ayant acquis [le lot C 130] d'un plus grand ensemble, divisa cette parcelle en trois nouveaux [lots]; que, par acte notarié du 29 déc. 1975, la Soc. Immores, représentée par Horeczko, son gérant, vendit aux époux Bahlouli le lot [No 1] destiné à la construction de leur habitation principale; que le certificat d'urbanisme délivré le 19 déc. 1975 pour l'entière parcelle C 130 et annexé à l'acte de vente mentionnait que le terrain était constructible et que la viabilité était satisfaisante; que les acquéreurs n'ont pas obtenu le permis de construire, qui leur a été refusé par arrêtés des 4 mai et 24 sept. 1976 parce que la division parcellaire n'avait pas été autorisée par arrêté préfectoral et que le terrain n'était pas desservi par les réseaux de viabilité; qu'ils ont assigné la société et son gérant en nullité de la vente et en dommages-intérêts; Attendu que la Soc. Immores et son gérant font grief à l'arrêt d'avoir fait droit à la demande en nullité, alors, selon le moyen, 'que [le] dol ne peut être retenu qu'en présence de manoeuvres ou de réticences intentionnelles de la part du vendeur, que les vendeurs ayant obtenu et annexé à l'acte de vente un certificat d'urbanisme attestant la viabilité, ne pouvaient être déclarés responsables d'un revirement ultérieur de position de la part de l'Administration';

Mais attendu, d'une part, que, pour retenir que le terrain acquis par les époux Bahlouli a fait l'objet d'une division parcellaire exigeant une autorisation administrative, l'arrêt décide exactement que la parcelle C 130, acquise par la société Immores, constituait déjà le troisième lot de la division d'un domaine plus important, et que la nouvelle division matérielle de cette parcelle en trois lots, quelle que soit la dénomination juridique de son régime, était soumise à autorisation préfectorale; Attendu, d'autre part, que l'arrêt relève souverainement qu'en dépit d'un certificat d'urbanisme annexé à l'acte de vente lequel concernait l'intégralité de la parcelle C 130, le lot [No 1] vendu aux époux Bahlouli n'était pas constructible puisqu'il était situé à 84 mètres de la route nationale et n'était pas doté des réseaux de viabilité, notamment d'eau et d'électricité; que, sans qu'il y ait eu revirement de position de l'Administration, l'arrêt, par motifs adoptés, décide justement que la société venderesse et son gérant, professionnels des transactions immobilières, avaient, envers les acquéreurs qui manquaient d'expérience en matière d'urbanisme, le devoir de vérifier la situation de la parcelle vendue au point de vue des voies et réseaux et ont volontairement omis de préciser ce point; d'où il suit que le moyen ne peut qu'être [écarté].

[C.43] Civ., 25 février 1987

LA COUR: [Attendu] que l'Agence immobilière Henri IV fait grief à l'arrêt attaqué d'avoir annulé pour dol, à la demande des époux Demanesse, la vente d'une parcelle dans un lotissement dont l'arrêté d'autorisation était attaqué devant la juridiction administrative, alors, selon le moyen, 'que d'une part, il résulte de l'article R.96 du Code des tribunaux administratifs que la requête devant le tribunal administratif n'a pas d'effet suspensif; qu'il s'ensuit que la seule existence d'un recours en annulation dirigé contre une décision administrative n'a pas pour effet de priver d'efficacité les droits conférés par celle-ci; que, par suite, en considérant en l'espèce que la société Agence Immobilière Henri IV avait donné a ses acheteurs un renseignement inexact sur la situation administrative du terrain, en s'abstenant de les informer de la demande en annulation de l'arrêté autorisant la création du lotissement litigieux, la cour d'appel a violé [l'article 1116] alors que, d'autre part, la demande d'annulation de l'arrêté préfectoral autorisant la création du lotissement, ne mettait en cause, outre son absence de motivation, que le système d'assainissement qu'il retenait; qu'il appartenait en conséquence à la cour d'appel, ainsi qu'elle y était invitée non seulement de s'expliquer sur les mérites de ce recours, mais encore de rechercher si les acquéreurs n'avaient pas pu entreprendre la construction de leur lot, en réservant tout au plus l'équipement, indépendant de cette construction, des installations destinées à pourvoir à l'évacuation des eaux usées; qu'en s'en abstenant, la cour d'appel n'a pas justifié du dol principal dont lesdits acquéreurs avaient été victimes, et, a par la suite privé sa décision de base légale au regard de l'article 1116 du Code civil'; Mais attendu que le dol peut résulter de la simple réticence du vendeur, si elle a pour conséquence de tromper l'acquéreur sur l'étendue des droits qui lui sont transférés; qu'ayant, par motifs adoptés, souverainement retenu, sans avoir à rechercher les conditions dans lesquelles les époux Demanesse auraient éventuellement pu réaliser une construction, que l'acte de vente donnait un renseignement inexact sur la situation administrative du terrain dont la société venderesse avait eu connaissance et que si les acquéreurs avaient connu l'existence du recours et en avaient été exactement informés, ils n'auraient pas contracté, la cour d'appel a, par ces seuls motifs, légalement justifié sa [décision].

[C.44] Civ., 12 novembre 1987

LA COUR: [Attendu] que, le 4 mai 1984, M. Balon a vendu à M. Benjamin, chauffeur, un camion d'occasion mis pour la première fois en circulation en 1972, pour le prix de 135 000 F; que, n'étant pas satisfait de ce véhicule, l'acquéreur a obtenu [la] nomination d'un expert; qu'après dépôt du rapport d'expertise, M. Benjamin a [assigné] M. Balon en résolution de la vente et en paiement de dommages-intérêts, en invoquant à la fois les vices cachés et le dol; Attendu qu'après avoir déclaré non fondée l'action relative aux vices cachés, l'arrêt attaqué a retenu l'existence d'un dol en énonçant, par motifs purement et simplement adoptés des premiers juges, que de nombreuses factures relatives à d'importantes réparations effectuées sur le camion n'avaient été portées à la connaissance de M. Benjamin qu'en cours de procédure et que, d'après le rapport de l'expert, il faudra encore procéder à d'importantes réparations pour permettre au camion 'de travailler à peu près normalement'; que M. Benjamin n'aurait jamais accepté de payer 135 000 F pour l'acquisition de ce véhicule, s'il avait eu connaissance des réparations effectuées et de celles encore plus importantes qui doivent intervenir peu après la vente; qu'il y a manifestement dol en l'espèce; Attendu qu'en se déterminant ainsi, sans rechercher si le défaut de communication des factures de réparation et d'indication de réparations restant à effectuer avait été fait intentionnellement pour tromper le contractant et le déterminer à conclure la vente, la cour d'appel, faute d'avoir caractérisé la réticence dolosive, n'a pas donné de base légale à sa [décision; Par ces motifs, casse].

[C.45] Soc., 5 octobre 1994.

LA COUR: [Vu] l'art. 1116 c. civ; Attendu qu'aux termes de ce texte le dol est une cause de nullité de la convention lorsque les manoeuvres pratiquées par l'une des parties sont telles qu'il est évident que sans ces manoeuvres, l'autre partie n'aurait pas contracté; que le dol ne se présume pas, et doit être prouvé; Attendu que, selon l'arrêt attaqué, M. Dorchies est entré au service de la Sté Comptoir français d'importation et de transformation le 13 avr. 1987; que le 23 sept. 1991, la société a saisi le conseil de prud'hommes d'une demande tendant à faire prononcer la nullité du contrat de travail pour dol, faisant valoir que, lors de son engagement, M. Dorchies avait fait parvenir une lettre de demande d'embauche et un curriculum vitae écrits non de sa main mais de celle de son épouse; Attendu que, pour accueillir cette demande l'arrêt a retenu que l'analyse graphologique de la [lettre] révélait un certain nombre de traits de caractère positifs tout à fait en rapport avec le profil du poste concerné, qui avaient manifestement été déterminants dans la décision de la société d'engager M. Dorchies; qu'en statuant ainsi, alors qu'elle n'avait pas constaté que si les manoeuvres invoquées n'avaient pas existé, à savoir que si les documents en cause avaient été écrits de la main du mari, il était évident que la société n'aurait pas contracté, la cour d'appel a privé sa décision de base légale au regard du texte susvisé; Par ces motifs, casse [et] renvoie devant la Cour d'appel de [Limoges].

[C.46] Com., 18 octobre 1994

LA COUR: [Vu] l'art. 1382 c. civ.; Attendu, selon l'arrêt attaqué, [que] les époux Michel ont vendu aux époux Poulayer un fonds de commerce [à] Garancières; que les époux Poulayer ont fait opposition à une ordonnance d'injonction de payer le prix de marchandises vendues avec le fonds en invoquant la nullité de la vente pour dol pour mention inexacte du chiffre d'affaires dans l'acte de vente; que, devant la cour d'appel, à la suite de la mise en liquidation judiciaire de Mme Poulayer et la revente du fonds, les époux Poulayer ont modifié leur demande en sollicitant la réparation du préjudice causé par le dol invoqué à l'encontre des époux Michel; Attendu que, pour rejeter cette demande, l'arrêt relève que l'assertion selon laquelle les époux Michel auraient artificiellement augmenté le montant du chiffre d'affaires ne peut plus être évoquée dès lors que M. Poulayer s'est désisté de son action fondée sur le dol; Attendu qu'en statuant ainsi, alors que le droit de demander la nullité d'un contrat par application des art. 1116 et 1117 c. civ. n'exclut pas l'exercice, par la victime des manoeuvres dolosives, d'une action en responsabilité délictuelle pour obtenir de leur auteur réparation du préjudice qu'elle a subi, la cour d'appel a violé le texte [susvisé].

6 CAPACITY

The second essential condition for the validity of a contract is capacity to contract. A corollary of the principle of free will in commercial matters is a presumption that any person or body such as an organisation, company or partnership, can make a contract, unless he, she or it is deemed incapable by law. Certain natural persons do not have legal capacity to contract. These include minors (those under the age of 18) who are still under the authority of their parents (*mineurs non émancipés* – an interesting use of terminology which relates to slavery in Roman law). A person is released from parental authority on marriage or by special order of a court. A person achieves his or her majority at the age of 18 and, as a general rule (below), a person aged 18 or over (*un majeur*) (and, with certain exceptions, a *mineur émancipé*) can make contracts unless he or she is then deemed to lose full capacity to manage his or her own affairs (*un majeur protégé*) because, *inter alia*, of a diminution of mental faculty (*Code civil*, Articles 476–488, 1123–1124 [C.1]).

Special rules were introduced to protect elderly and handicapped persons in care or nursing homes. Without the approval of a court it is forbidden for anyone who manages or is employed in a care or nursing home for elderly or mentally handicapped persons (or who is a specified relative of such a manager or employee) to acquire the property (or to be conceded a right) belonging to a resident of the home or to lease the home formerly occupied by such a resident before his or her admission to the home (Article 1125-1) [C.48]. Finally, there is a rule of general application that, for an act to be valid, it is necessary for the actor to be of sound mind (*sain d'esprit*). Since the very nature of an '*acte*' (or *acte juridique*) involves the manifestation of free will (*volonté*) which is intended to have legal consequences, the absence of the ability to form that *volonté* because of mental illness may lead to the contract being annulled. However, it is on those seeking to have the contract annulled on whom the burden of proof is imposed to prove the existence of mental instability at the time the purported act was performed (Article 489). Whether there was sufficient mental instability and whether it affected the act is for the courts to determine [C.47].

Materials

[C.47] Civ., 26 août 1940

LA COUR: [Attendu] que Vermandé, assigné par la dame Amsler en payement d'une traite de 20 000 F émise par Dellinger, et acceptée par lui, a demandé la nullité de son acceptation en raison d'une affection mentale qui, à l'époque de ladite acceptation, le mettait dans l'impossibilité de contracter un engagement; Attendu que la cour d'appel ayant, comme les premiers juges, refusé de voir dans l'altération des facultés intellectuelles de Vermandé une cause de nullité de l'engagement par lui consenti, le pourvoi reproche à l'arrêt attaqué d'avoir basé sa décision sur le fait qu'il ne résulte pas des certificats médicaux produits que le consentement de Vermandé n'ait pas été libre au moment de l'apposition de sa signature sur la traite litigieuse, et sur cette circonstance qu'aucune action aux fins d'interdiction ou de dation de conseil judiciaire n'avait été introduite pour le protéger contre lui-même, alors, d'une part, que les certificats médicaux établissent que Vermandé était, à l'époque de l'acte, dans un état habituel de déficience mentale ne lui permettant pas de contracter, et alors, d'autre part, que toute altération de l'esprit susceptible de vicier le consentement peut, en dehors des cas prévus par les articles relatifs à l'interdiction, entraîner la nullité de l'obligation; Mais attendu que les juges du fond ont un pouvoir souverain pour décider si un individu est dans un état habituel d'imbécillité ou de démence, pour se prononcer sur la pertinence des faits articulés, ou encore pour apprécier l'utilité d'une expertise lorsque la loi ne leur impose pas exceptionnellement l'obligation de recourir à cette mesure d'instruction; Attendu qu'après avoir considéré que, même si on admet comme établis les troubles mentaux attestés par les deux certificats médicaux, l'arrêt attaqué a apprécié souverainement qu'il ne s'ensuit pas que le consentement de Vermandé n'ait pas été libre au temps de la souscription de la traite contestée; Attendu, d'autre part, que sans vouloir en faire découler un motif de droit justifiant le rejet par le tribunal de l'expertise sollicitée par Vermandé, l'arrêt attaqué n'a retenu la circonstance qu'aucune action en justice aux fins d'interdiction ou de dation de conseil judiciaire n'avait été introduite, à l'époque des troubles allégués, que pour préciser le considérant 'qu'aucun fait, abstraction faite des constatations médicales d'ordre scientifique, ne vient corroborer la déficience intellectuelle de [l'appelant'. Par ces motifs, rejette].

[C.48] Civ., 26 janvier 1994

LA COUR: [Attendu], selon les énonciations des juges du fond, que Joseph Lutz, né le 30 mars 1906, admis à l'hôpital de Kaysersberg en octobre 1978, a vécu dans cet établissement, d'abord dans la section 'médecine' jusqu'au 31 déc. 1979, puis, en alternance, dans les sections 'médecine', 'hospice' ou 'maison de retraite', jusqu'à son décès survenu le 3 août 1984; que, par acte du 19 sept. 1979, reçu par M. Schafar, notaire, il a vendu à M. [Gisié], directeur de l'hôpital, et à son épouse, un immeuble d'habitation; que, le 14 févr. 1981, alors qu'il séjournait dans la section 'maison de retraite' il a, par un acte passé devant le même notaire, vendu deux terrains aux époux Gisié; qu'en juillet 1988, l'hôpital de Kaysersberg, légataire universel de Joseph Lutz, a demandé, sur le fondement de l'art. 1125-1 c. civ., l'annulation de ces deux actes; que les époux Gisié ont appelé M. Schafar en garantie; que le tribunal de grande instance a estimé que le texte précité n'était pas applicable à la première vente, Joseph Lutz étant alors hospitalisé dans un service 'médecine', mais a annulé le second acte et a décidé que le notaire devrait garantir les époux Gisié des conséquences de cette annulation; que l'hôpital de Kaysersberg et M. Schafar ont relevé appel des chefs de cette décision qui leur faisaient grief; qu'infirmant partiellement la décision des premiers juges, l'arrêt attaqué a annulé l'acte du 19 sept. 1979, et a sursis à statuer sur la demande en garantie dirigée par les époux Gisié contre le notaire, afin de permettre à ce dernier de conclure au fond sur cette prétention;

[Attendu] qu'il est fait grief à l'arrêt attaqué d'avoir annulé la vente conclue le 19 sept. 1979, alors que l'art. 1125-1 c. civ., qui réserve ses dispositions aux établissements hébergeant des personnes âgées, ne saurait s'appliquer aux établissements hospitaliers qui, tel un hôpital général, reçoivent pour de courtes périodes des personnes atteintes de maladie ou devant subir une intervention chirurgicale; que, dès lors, il n'était pas interdit à M. Gisié de se rendre acquéreur, sans autorisation de justice, d'un bien appartenant à une personne admise dans le service 'médecine' de son établissement; qu'en décidant le contraire, la cour d'appel aurait violé l'art. 1125-1 c. civ.; Mais attendu que l'arrêt relève que, dans une première phase, M. Lutz a été admis à l'hôpital de Kaysersberg, non pas pour une courte période liée à un traitement médical ou à une intervention chirurgicale, mais en vue d'une observation préparatoire à son admission définitive dans la section 'maison de retraite' du même établissement, dans laquelle il a été transféré quatorze mois plus tard et où il n'a cessé d'avoir sa résidence habituelle jusqu'à son décès; [que] par ces seuls motifs, les juges du second degré ont légalement justifié leur décision de faire application de l'art. 1125-1 c. civ. à la vente [litigieuse. Par ces motifs, rejette].

7 *OBJET*

The third essential condition for the validity of a contract relates to a concept which has no direct counterpart in English law, namely, '*l'objet*'. The *Code civil* provides that '*tout contrat a pour objet une chose qu'une partie s'oblige à donner, ou qu'une partie s'oblige à faire ou à ne pas faire*' and there must be '*un objet certain qui forme la matière de l'engagement*' (*Code civil*, Articles 1126, 1108 [C.1]). The *objet* of a contract is the subject matter or content of the contract, the duty which each party has to perform, the legal activity which the parties have agreed to undertake. In one sense, the *objet* of a contract is the legal activity which the parties have agreed to undertake (eg, the sale of property as opposed to its hire) but this also includes further features emanating from the very nature of that legal activity, namely: first that the parties have to transfer something (*une chose*) or do or not do something in accordance with the duties which the contract creates for the parties (eg, to transfer ownership of the property and to pay the price); second, that where the contract involves a transfer of property the *chose* to be transferred is the *objet* of that obligation to transfer; and, third, where a contract involves the duty of doing (or nor doing) something, the *chose* to be performed (or not) is the *objet* of that obligation to act (or not). The *objet* (in whichever sense is appropriate) must be certain, either in the sense that it relates to an activity or entity which is legally capable of being the subject matter of a contract or in the sense that it is determined or determinable (or at least possible).

The obligation agreed by the parties may be impossible to perform for legal reasons in that the subject matter which purports to be the *objet* of a contract cannot in fact be transferred from one party to another because it cannot be the subject of commercial activity (Article 1128 [C.1]). There is no definition or list of matters which are *dans le commerce* and which, therefore, can be a valid *objet* of a contract. However, case law has excluded certain matters. First, a person's personal clients (eg, the patients of a doctor or the clients of an architect) because the client-practitioner relationship is a personal one. To sell one's clients is not permissible [C.54] but if an agreement is one which merges a practice or brings in a new practitioner and gives the clients a free choice between practitioners, the contract is not void for want of *objet* [C.55]. Second, the right to hold certain offices cannot be transferred [C.56]. Third, neither tombs and tombstones [C.59] nor human beings [C.57] [C.58] may be the subject of commercial activity (but it may be noted that donating organs and sperm is permissible under recently enacted statute law). In addition to matters which are *hors de commerce*, the *Code civil* forbids the renunciation of the right, at some time in the future, to inherit property and, therefore, such a renunciation cannot be an *objet* of a contract [C.53].

The draftsmen of the *Code civil* were conscious of the fact that, if a contract is to be absolutely binding, then there must be no uncertainty (or as little uncertainty as possible) as to what was decided in the contract. A contract must have an *objet* and that *objet* must be certain. The legal activity contemplated must be certain (eg, that it is a contract for sale and not a contract for hire) and the thing to be transferred or the duty to be performed must be certain (eg, what land is to be conveyed, what type and size of car is to be hired, and at what price). Problems have arisen where the contract is not sufficiently specific as to the amount or quantity of any subject matter involved. The *Code civil* provides that the amount or quantity of the *chose* (eg, the goods to be transferred and, especially, the price to be paid or the wages to be paid) may be specified in the contract without absolute precision provided that the *chose* is able to be quantified (Article 1129 [C.1]). Case law permits the courts to define the quantity of the *chose*, provided that they do so by referring to a sufficiently precise method of calculation based on objective criteria [C.49]. References to 'the current market price' or other similar phrases will often be too vague, resulting in the annulment of the contract because, if the *objet* is undefinable, this is tantamount to there being no *objet* [C.50] [C.51]. If the performance of a contractual obligation is left to the complete discretion (*une condition potestative*) of the party committed to perform the obligation, that obligation is void (Article 1174) [C.52]. However, it is not necessary that the subject matter which is the *objet* of the obligation exists at the time the contract is made (eg, a contract to build a house or a ship will have an *objet certain* because the contract will have contained detailed specifications of the house or ship to be built) (Article 1131-1 [C.1]).

Materials

[C.49] Civ., 19 décembre 1973

LA COUR: [Attendu] qu'il résulte des énonciations du jugement attaqué que la dame Pilarek, qui avait effectué en 1970 des travaux de secrétariat pour l'École supérieure d'attachés commerciaux (E.S.A.C.), a réclamé à celle-ci 800 F à titre d'honoraires; qu'à la suite de cette demande, un huissier a été commis par une première décision avec la mission de renseigner le tribunal d'instance sur les prétentions respectives des parties; que pour condamner l'École à payer à la réclamante la somme de 757 F, le jugement attaqué a énoncé que 'contrairement aux affirmations de [l'École], il ne s'agissait nullement d'un travail bénévole ou à l'essai, étant donné que la dame Pilarek était déjà connue de Dauchez, directeur de l'E.S.A.C., pour le compte duquel elle avait effectué des travaux rémunérés au cours des années 1966, 1967, 1968 et 1969'; Attendu qu'il est fait grief au tribunal d'avoir ainsi statué, alors que, selon le moyen, il ne pouvait déduire le caractère nécessairement onéreux du concours de la dame Pilarek de la simple réalisation antérieure de travaux rémunérés, l'existence de relations personnelles antérieures pouvant laisser présumer, à l'inverse, le caractère bénévole du travail et alors que le jugement ne donnerait aucune indication concernant le calcul et le montant de la condamnation, privant ainsi de base légale sa décision; Mais attendu qu'après avoir, par une appréciation souveraine des faits et circonstances de la cause, admis que la dame Pilarek n'avait pas effectué les travaux litigieux à titre gracieux, le jugement attaqué, en se référant au constat de l'huissier où sont consignées les déclarations de la dame Pilarek relatives au nombre d'heures qu'elle avait consacrées à ce travail et au taux horaire auquel elle l'estimait, a pu fixer comme il l'a fait le montant des honoraires [dus].

[C.50] Com., 21 juin 1977

LA COUR: [Attendu] qu'il résulte des énonciations de l'arrêt déféré [que] Lafitte s'est engagé à acheter annuellement, pendant une durée de six années, une certaine quantité de lubrifiants à la société Labo-industrie, et ce, en contrepartie d'un prêt à lui consenti par cette société, prêt dont dame Lafitte a cautionné le remboursement; qu'il était prévu au contrat que les prix en vigueur au jour de celui-ci varieraient 'dans une proportion égale à la moyenne des pourcentages de hausse ou de baisse pratiqués à compter de ce jour par les trois plus importantes sociétés de vente de lubrifiants sur le marché français sur leurs huiles de marque en bidons de deux litres telles qu'elles figurent sur leurs tarifs confidentiels; par sociétés importantes, il faut entendre celles qui, au cours de leur exercice clos l'année précédant l'expiration de chaque période annuelle, auront possédé le capital nominal le plus élevé'; que Lafitte n'ayant pas acheté les quantités promises, la société Labo-industrie l'a assigné en résiliation à ses torts du contrat susvisé, en paiement de dommages et intérêts et, solidairement avec son épouse, en remboursement du solde du prêt; que les époux Lafitte lui ont opposé la nullité dudit contrat, en raison de l'indétermination du prix des produits qui en étaient l'objet; Attendu que, pour accueillir cette exception et débouter en conséquence la société Labo-industrie de ses demandes, la cour d'appel retient, d'une part, que l'expression 'sociétés de vente de lubrifiants' est équivoque et peut, en l'absence d'indication plus précise, avoir un sens restrictif et désigner les seules sociétés qui ne vendent que de lubrifiants, ou, au contraire, un sens extensif comme visant toute société qui vend de façon habituelle de tels produits, d'autre part, que 'la moyenne des pourcentages de hausse ou de baisse pratiqués sur les prix par les trois plus importantes sociétés de vente de lubrifiants est impossible à calculer en raison des remises individuelles couramment consenties par les entreprises de ce genre'; Attendu qu'en décidant par de tels motifs que le prix des marchandises en cause n'était pas déterminable, sans rechercher, d'une part, le sens qu'il convenait de donner aux termes 'les trois plus importantes sociétés de vente de lubrifiants', et d'autre part, si les prix qui, selon ses propres constatations, étaient, non pas ceux pratiqués en fait, mais des prix théoriques fixés par les 'tarifs confidentiels' des sociétés susvisées, pouvaient être déterminés, la cour d'appel n'a pas donné de base légale à sa [décision].

[C.51] Com., 14 janvier 1980

LA COUR: Vu l'article 1129 du Code civil; Attendu qu'en vertu de ce texte, il faut pour la validité du contrat que la quotité de l'objet de l'obligation qui en est issue puisse être déterminée; Attendu que, selon l'arrêt attaqué, Collinet, débitant de boissons, par contrat du 16 avril 1968, s'est engagé à s'approvisionner exclusivement en boissons auprès de Boudet, dépositaire à Verdun de la S.E.B., qui s'était porté caution de lui envers cette société et qui lui avait consenti un prêt; que ce contrat prenait effet du jour de sa conclusion et devait durer jusqu'au 19 décembre 1972, point de départ d'un autre contrat d'exclusivité conclu directement le 29 avril 1968 avec la S.E.B., aux termes duquel Collinet s'est engagé à vendre une quantité minimale de 1 250 hl de bière en dix ans, en contrepartie d'un prêt bancaire de 30 000 F obtenu avec le cautionnement de la S.E.B.; que Boudet s'engageait à livrer des produits de qualité loyale et marchande aux prix pratiqués habituellement par lui à Verdun pour des marchandises de pareille qualité fournies aux clients de même catégorie; qu'estimant que Collinet n'avait pas tenu ses engagements, Boudet l'a assigné le 18 mai 1972 en dommages-intérêts; Attendu que pour rejeter l'exception tirée de la nullité de la convention du 16 avril 1968, opposée par Collinet qui faisait valoir l'indétermination du prix des livraisons, la cour d'appel, qui a constaté que les marchandises devaient être livrées 'au prix habituellement pratiqué par Boudet à Verdun, pour marchandises de pareille qualité fournies aux clients de même catégorie', énonce que ces prix 'sont fixés par la concurrence particulièrement vive qui est notoirement celle existant entre brasseurs respectivement entrepositaires de boissons, si bien que Collinet n'était nullement exposé à l'arbitraire ou au procédé discriminatoire de l'entrepositaire Boudet et avait la certitude de ne pas payer plus que les prix normaux du marché local'; Attendu qu'en se déterminant par de tels motifs, sans préciser comment, en vertu de la convention litigieuse, le prix de l'ensemble des fournitures prévues par celle-ci étaient soumis, malgré l'obligation d'exclusivité assumée par Collinet, au libre jeu de la concurrence et ne dépendait donc pas de la seule volonté de Boudet, la cour d'appel n'a pas donné de base légale à sa [décision. Par ces motifs, casse].

[C.52] Civ., 7 juin 1983

LA COUR: Vu l'article 1174 du Code civil; Attendu qu'il résulte de ce texte que toute obligation est nulle lorsqu'elle a été contractée sous une condition potestative de la part de celui qui s'oblige; Attendu selon l'arrêt attaqué que par acte sous seing privé du 11 octobre 1977, les époux Burgraff ont 'vendu' aux époux Ramond une maison d'habitation sous les conditions suspensives de la délivrance d'un certificat d'urbanisme et de l'obtention d'un prêt; que l'acte stipulait que les conditions réalisées, le consentement du vendeur à la vente et la mutation de propriété étaient subordonnés à la condition de la signature de l'acte authentique avec le paiement du prix dans un délai fixé et que si l'acquéreur ne pouvait pas ou ne voulait pas passer l'acte et en payer le prix, le présent accord serait nul et non avenu de plein droit; Attendu qu'après avoir retenu l'existence d'une condition potestative de la part de l'acquéreur qui pouvait, de sa seule volonté, accepter ou refuser de passer l'acte authentique et de payer le prix, l'arrêt décide que la nullité de cette condition n'affectait pas la validité de la convention en raison de la réciprocité des obligations, qu'en statuant ainsi, alors que, contractée sous une condition potestative, l'obligation des époux Ramond de signer l'acte authentique de vente et de payer le prix était nulle et que cette nullité entraînait, par voie de conséquence, celle de la vente, la cour d'appel a violé le texte [susvisé].

[C.53] Civ., 7 décembre 1983

LA COUR: [Attendu], selon les énonciations des juges du fond, que par acte notarié du 9 déc. 1976, Jean Mosnier a vendu à Mme Ravaux un appartement et une cave moyennant une rente à servir pendant douze années à compter du 1er janv. 1977, d'un montant annuel de 21 000 F, diminué des 5/21 à compter du 1er janv. 1983; que par acte sous seing privé du 30 sept. 1977, le même Jean Mosnier a également vendu à Mme Ravaux la plus grande partie du mobilier garnissant l'appartement moyennant le prix de 30 000 F payable en douze annuités d'un montant chacune de 2 500 F, à compter du 1er oct. 1977; que ces diverses annuités étaient indexées et que les deux actes de vente contenaient une clause stipulant que tout règlement serait éteint et amorti et l'acquéreur entièrement libéré soit à l'expiration du terme de douze années, soit encore au jour du décès du vendeur, si ce décès survenait avant cette date; que Jean Mosnier est décédé le 8 déc. 1978, laissant pour seule héritière sa fille, Mme Michèle Mosnier, épouse Berthelot; que sur l'assignation de cette dernière, l'arrêt infirmatif attaqué a prononcé la nullité de la clause insérée dans les deux actes de vente et sus-rapportée, comme constituant des pactes sur succession future; Attendu que Mme Ravaux fait grief à l'arrêt attaqué d'avoir vu dans la clause litigieuse un pacte sur succession future alors que cette clause, qui prévoyait que la dette de l'acheteur s'éteindrait soit à l'expiration d'une période de douze années soit au décès du vendeur si celui-ci intervenait avant ce terme revêtait un caractère aléatoire, exclusif de toute qualification de pacte sur succession future et qu'en statuant comme elle l'a fait, la juridiction du second degré aurait violé l'art. 1130, al. 2, c. civ.; Mais attendu que la cour d'appel, qui a retenu que le contrat n'avait pas un caractère aléatoire et que la clause litigieuse avait pour seul but de priver la succession de Jean Mosnier des annuités du prix de vente échues postérieurement au décès du vendeur, en a justement déduit que celle-ci avait pour effet de faire échec aux règles successorales et constituait un pacte sur succession future en ce qu'elle attribuait à Mme Ravaux un droit privatif sur une créance qui appartenait normalement à la succession; d'où il suit que le moyen ne peut être [accueilli].

[C.54] Civ., 27 novembre 1984

LA COUR: [Attendu,] selon les énonciations des juges du fond, que par acte sous seing privé du 30 décembre 1976 intitulé 'contrat de présentation de clientèle', MM. Millant et Camérani, docteurs en médecine, se sont engagés à l'égard de leur confrère, M. Allerat, à le présenter à leur clientèle, à l'ensemble de leurs correspondants ou confrères comme leur seul associé, à lui faciliter les conditions de son installation et à lui garantir jusqu'au 30 avril 1978 un revenu minimum mensuel brut de 15 000 F; qu'en contrepartie, M. Allerat s'est engagé à verser la somme de 93 400 F à chacun de ses cocontractants; que, le même jour, a été conclu un 'contrat d'équipe' par lequel les trois médecins sont convenus d'exercer en commun leur profession, M. Allerat étant devenu, en outre, par cession de parts, associé de la société civile de moyens existant entre ses confrères; que, par acte du 31 mai 1979, il était mis fin à la collaboration entre MM. Millant et Camérani, d'une part, et M. Allerat, d'autre part; qu'il était stipulé que M. Allerat pouvait faire valoir devant la juridiction compétente les griefs qu'il alléguait quant à l'inexécution par ses confrères de leur engagement de le présenter à leur clientèle; que M. Allerat a assigné MM. Millant et Camérani en résolution à leurs torts exclusifs du contrat dit de 'présentation de clientèle' et en remboursement de la somme de 186 800 F; que le tribunal de grande instance l'a débouté de sa demande; que la cour d'appel, après avoir invité les parties à s'expliquer sur le moyen susceptible d'être relevé d'office tiré de l'illicéité des clauses de ce contrat, a déclaré nulles, comme contraires à l'ordre public, les clauses stipulant l'engagement par MM. Millant et Camérani de 'présenter' M. Allerat à leur clientèle moyennant rémunération et a condamné chacun d'eux à lui payer la somme de 65 000 F; [Attendu] qu'il est également reproché à la cour d'appel d'avoir estimé que le versement d'une somme par M. Allerat à chacun de ses cocontractants a été opéré non en rémunération d'un droit de présentation mais pour le rachat d'une part de clientèle, alors, selon le moyen, que, d'une part, il est expressément constaté par l'arrêt que MM. Millant et Camérani s'étaient engagés par le contrat annulé à présenter leur confrère à leur clientèle comme 'leur seul associé', et, en outre, par un autre contrat, à exercer en commun leur profession 'au service du groupe'; qu'il existait donc, entre les associés, une association représentée par le 'cabinet des docteurs Millant, Camérani et Allerat', ainsi dénommé aux conventions, auquel cette clientèle était attachée; que si, par le contrat de présentation, MM. Millant et Camérani s'engageaient à faciliter l'intégration de leur associé au sein de la clientèle, cet engagement était assorti d'une clause de non-concurrence exclusive de toute cession prohibée, de sorte que la cour d'appel a faussement qualifié les conventions et n'a pas déduit de ses constatations de fait les conséquences légales qu'elles comportaient; alors, d'autre part, que les juges du second degré n'ont pas caractérisé en quoi la clause de présentation portait atteinte au principe du libre choix du médecin par le malade, principe expressément réservé par une clause du contrat d'équipe, et que, de ce chef, la cour d'appel n'a pas légalement justifié sa décision; et alors, de troisième part, que le praticien, déjà installé, qui s'associe et qui, indépendamment de toute cession prohibée, prend l'engagement de présenter son associé à la clientèle, tout en respectant le principe de libre choix du médecin, contracte à l'égard de cet associé une obligation qui présente une valeur patrimoniale et justifie une équitable rémunération et que, de ce point de vue, l'arrêt attaqué n'a pas déduit de ses constatations de fait les conséquences qui en découlaient; Mais attendu que la cour d'appel a d'abord relevé qu'aux termes du contrat litigieux, MM. Millant et Camérani se sont engagés à présenter M. Allerat à leur clientèle 'comme leur seul associé' et que, continuant à exercer l'un et l'autre dans les mêmes lieux, M. Allerat n'était pas leur successeur; qu'elle a, ensuite, énoncé qu'il n'était pas établi que MM. Millant et Camérani aient entendu faciliter à leur confrère la création de sa propre clientèle; que de ces constatations et énonciations elle a souverainement estimé que le versement effectué par M. Allerat à chacun de ses confrères a été opéré non en rémunération d'un droit de présentation mais pour le rachat d'une part de clientèle, ce qui impliquait une atteinte possible au libre choix du médecin par le malade; que c'est à bon droit qu'elle en a déduit que la clause du contrat qui prévoyait cette rémunération était nulle comme contraire à l'ordre public, la clientèle médicale étant incessible et hors du commerce; que, par ces motifs, elle a légalement justifié sa [décision].

[C.55] Civ., 8 janvier 1985

LA COUR: [Attendu,] selon les énonciations des juges du fond, que M. Guiraud, docteur en médecine, a conclu en 1978 avec son confrère M. Sibiude un contrat d'exercice en commun de la profession médicale et a constitué avec lui une société civile de moyens destinée à faciliter l'exercice de leur profession; que, le 30 août 1978, les deux médecins ont signé un contrat dit de 'transmission de clientèle' aux termes duquel M. Sibiude devrait verser à son confrère la somme de 200 000 F; qu'à la suite de la mésentente des deux praticiens, M. Sibiude a assigné M. Guiraud en remboursement de cette somme, en soutenant que celui-ci ne respectait pas ses engagements et que la somme litigieuse représentant le prix de rachat d'une partie de sa clientèle, le contrat était frappé de nullité; Attendu que M. Sibiude fait grief à l'arrêt infirmatif attaqué de l'avoir débouté de sa demande au motif que, malgré l'intitulé du contrat, il ne s'agissait pas d'une cession de clientèle, alors, selon le premier moyen, que le tribunal de grande instance, pour retenir qu'il s'agissait d'une cession partielle de clientèle, et que M. Sibiude, dans ses conclusions, 'avait invoqué l'existence d'un contrat de prêt' par lui souscrit aux termes duquel ledit prêt avait pour objet 'le financement partiel de l'acquisition de la moitié de la clientèle du docteur Jean-Paul Guiraud', de sorte qu'en s'abstenant de répondre à ce moyen la cour d'appel n'a pas justifié sa décision et alors, d'autre part, selon le deuxième moyen, que le contrat prévoyait que M. Sibiude devait verser 200 000 F contre l'engagement pris par M. Guiraud de le présenter comme associé à ses clients, étant précisé à l'acte qu'il 'ne règle que le sort de la clientèle' dans le cadre d'une association médicale, de sorte que ce contrat était entaché d'une nullité d'ordre public et qu'en refusant de l'admettre les juges du second degré ont violé l'art. 1134 du Code civil; Mais attendu que la cour [d'appel] a d'abord relevé que M. Guiraud ne s'était pas engagé à céder et n'avait pas cédé partie de sa clientèle, la seule obligation qu'il avait souscrite étant celle de présenter M. Sibiude comme son associé, d'engager ses clients à reporter sur lui la confiance qu'ils lui accordaient et de tenir à sa disposition les fiches relatives à la clientèle; qu'elle a ensuite rapproché l'acte litigieux du 30 août 1978 du contrat d'exercice en commun de la profession médicale, précédemment signé, aux termes duquel les associés mettaient en commun les dossiers et documents médicaux mais devaient se garder de toute mesure de nature à entraver le libre choix du médecin par le malade; qu'elle en a déduit que par le versement de la somme litigieuse M. Sibiude avait acquis le droit d'exercer son activité dans le cabinet d'un médecin connu, de profiter de ses connaissances et de le remplacer durant ses absences et que, dès lors, le contrat n'était pas entaché de la nullité invoquée; qu'elle a ainsi légalement justifié sa décision et qu'aucun des deux moyens n'est [fondé].

[C.56] Civ., 20 mars 1986

LA COUR: [Vu] l'article 1128 du Code civil, ensemble l'article 1er du décret No 55-603 du 20 mai 1955; Attendu que, par acte sous seing privé, M. Bosquet, inscrit sur la liste de la cour d'appel pour exercer les fonctions de syndic et d'administrateur judiciaire auprès du tribunal de commerce de Roubaix, a 'cédé à M. Duquesnoy sa charge de syndic-administrateur judiciaire près ce tribunal, à l'exclusion de tout droit au bail et d'éléments corporels', moyennant le prix de 700 000 F payable comptant; que, par cet acte, le cédant s'engageait 'à ne plus accepter sa désignation comme syndic ou administrateur judiciaire dès l'inscription de M. Duquesnoy au tableau, [à] présenter M. Duquesnoy au tribunal de commerce comme étant son successeur et à faire en sorte que lui soit témoignée la confiance dont il a bénéficié personnellement, [il] accompagnera M. Duquesnoy dans les visites d'usage'; que le procureur de la République a assigné MM. Bosquet et Duquesnoy en nullité de ce contrat de cession; Attendu que pour déclarer la cession valable et débouter le Parquet de son action, la cour d'appel retient qu'à raison, d'une part, de la complexité des tâches à accomplir dans les procédures de règlement judiciaire ou de liquidation des biens et, d'autre part, de la nécessité de confier ces tâches à des personnes qualifiées, la charge de syndic ou d'administrateur judiciaire constitue une réalité, et qu'en l'espèce, la convention ne donne naissance à des obligations qu'entre les parties, le cédant s'engageant, moyennant paiement, à renoncer à figurer sur la liste de la cour d'appel, et à présenter son successeur au tribunal de commerce afin que celui-ci ait seulement une vocation, et non un droit, à figurer parmi les personnes pouvant être désignées comme syndics ou administrateurs aux règlements judiciaires, sans que cette présentation, qui est une condition nécessaire à l'agrément du tribunal, puisse limiter le pouvoir d'appréciation de cette juridiction et constituer un élément déterminant de la désignation, de sorte que l'objet de la convention est réel, possible, et non contraire à l'ordre public; Attendu, cependant, que les tâches à accomplir par les syndics et administrateurs judiciaires ne constituent que l'exécution de mandats de justice, qui ne sont pas des choses dans le commerce et ne peuvent pas faire l'objet d'une convention;

qu'en l'absence de tout droit de présentation prévu par les textes, et à défaut de clientèle attachée aux fonctions de syndic ou d'administrateur judiciaire, toute personne réunissant les conditions requises peut solliciter et obtenir son inscription sur la liste de la cour d'appel et avoir ainsi vocation à être désignée comme syndic ou administrateur judiciaire, sans avoir à faire l'objet d'une présentation au tribunal de commerce qui, pour proposer un candidat à l'inscription sur la liste de la cour d'appel, ne peut prendre une telle présentation en considération, de sorte que celle-ci ne peut avoir aucun effet; qu'en se déterminant comme elle l'a fait, la cour d'appel a violé les textes [susvisés].

[C.57] *Civ., 13 décembre 1989*

LA COUR: [Attendu], selon les juges du fond, que l'association 'Alma Mater' a pour objet de faciliter la solution des problèmes qui se posent aux couples dont la femme est stérile, désireux d'accueillir un enfant à leur foyer et aux 'mères porteuses volontaires'; qu'il est proposé à la 'mère porteuse' d'être inséminée artificiellement par la semence du mari ou du concubin, de porter et de mettre au monde l'enfant qui sera déclaré sur les registres de l'état civil sans indication du nom de la mère, reconnu par le père et accueilli au foyer de celui-ci en vue de son adoption par l'épouse ou la compagne; que l'association intervient tout au long de ce processus qualifié de 'prêt d'utérus' ou de 'don d'enfant'; qu'ainsi après avoir contrôlé la réalité de la stérilité du couple demandeur et des facultés de fécondation de la 'mère porteuse', généralement recrutée par elle, l'association fait procéder à l'insémination, surveille la grossesse et l'accouchement, s'occupe de faire diligenter la procédure d'adoption; qu'elle verse ensuite à la mère une somme forfaitaire – qui, en 1987, était fixée à 60 000 F – remise par le couple demandeur dès le début de la grossesse; que l'arrêt confirmatif attaqué estimant que cette association avait un objet illicite, contraire aux lois et aux bonnes moeurs, en a prononcé la nullité sur le fondement de l'art. 3 de la loi du 1er juill. 1901 [relative au contrat d'association];

Sur le moyen unique, pris en sa première branche: Attendu que l'association 'Alma Mater' fait grief à la cour d'appel d'avoir ainsi statué alors que, selon le moyen, n'est ni illicite ni contraire aux bonnes moeurs l'association qui, dans un but humanitaire non lucratif, met en relation un couple demandeur dont la femme est stérile et une femme qui accepte d'être inséminée artificiellement par le mari, de porter l'enfant et de le remettre à la naissance à ce couple qui l'indemnisera des contraintes et de la gêne occasionnées par la grossesse, de sorte que la juridiction du second degré aurait violé les art. 3 et 7 de la loi du 1er juill. 1901; Mais attendu qu'il résulte des constatations des juges du fond que l'objet même de l'association est de favoriser la conclusion et l'exécution de conventions qui, fussent-elles verbales, portent tout à la fois sur la mise à la disposition des demandeurs de fonctions reproductrices de la mère et sur l'enfant à naître et sont donc nulles en application de l'art. 1128 c. civ.; que ces conventions contreviennent au principe d'ordre public de l'indisponibilité de l'état des personnes en ce qu'elles ont pour but de faire venir au monde un enfant dont l'état ne correspondra pas à sa filiation réelle au moyen d'une renonciation et d'une cession, également prohibées, des droits reconnus par la loi à la future mère; que l'activité de l'association, qui tend délibérément à créer une situation d'abandon, aboutit à détourner l'institution de l'adoption de son véritable objet qui est, en principe, de donner une famille à un enfant qui est dépourvu; que c'est dès lors à bon droit que l'arrêt attaqué a décidé, sur le fondement de l'art. 3 de la loi du 1er juill. 1901, que cette association était nulle en raison de l'illicéité de son objet; que la première branche du moyen est donc sans [fondement].

[C.58] Assemblée Plénière, 31 mai 1991

LA COUR: Sur le pourvoi dans l'intérêt de la loi formé par M. le procureur général près la Cour de cassation; Vu les art. 6 et 1128 c. [civ.]; Attendu que la convention par laquelle une femme s'engage, fût-ce à titre gratuit, à concevoir et à porter un enfant pour l'abandonner à sa naissance contrevient tant au principe d'ordre public de l'indisponibilité du corps humain qu'à celui de l'indisponibilité de l'état des personnes, selon l'arrêt infirmatif attaqué que Mme X, épouse de M. Y, étant atteinte d'une stérilité irréversible, son mari a donné son sperme à une autre femme qui, inséminée artificiellement, a porté et mis au monde l'enfant ainsi conçu; qu'à sa naissance, cet enfant a été déclaré comme étant né de Y sans indication de filiation maternelle; Attendu que, pour prononcer l'adoption plénière de l'enfant par Mme Y, l'arrêt retient qu'en l'état actuel des pratiques scientifiques et des moeurs, la méthode de la maternité substituée doit être considérée comme licite et non contraire à l'ordre public, et que cette adoption est conforme à l'intérêt de l'enfant, qui a été accueilli et élevé au foyer de M. et Mme Y pratiquement depuis sa naissance; qu'en statuant ainsi, alors que cette adoption n'était que l'ultime phase d'un processus d'ensemble destiné à permettre à un couple l'accueil à son foyer d'un enfant, conçu en exécution d'un contrat tendant à l'abandon à sa naissance par sa mère, et que, portant atteinte aux principes de l'indisponibilité du corps humain et de l'état des personnes, ce processus constituait un détournement de l'institution de l'adoption, la cour d'appel a violé les textes [susvisés. Par ces motifs, casse mais] seulement dans l'intérêt de la loi et sans renvoi.

[C.59] Amiens, 22 octobre 1992

Le tribunal de grande instance d'Amiens a déclaré recevable l'action introduite par François Y et Nadine Z, déclaré Floris X responsable de la violation et de la destruction de la sépulture de la famille X-L sise à Moyencourt-les-Poix, condamné Floris X à faire exhumer les corps qui y reposent, à reconstituer le monument funéraire, à faire inhumer les corps et transférer le monument funéraire au cimetière communal de Moyencourt-les-Poix à ses frais (le tout sous astreinte provisoire de 500 F par jour de retard à l'expiration d'un délai d'un an à compter de la signification du jugement), et condamné Floris X à payer à François Y et à Nadine Z une somme d'un F à titre de dommages et intérêts en réparation de leur préjudice moral. Appelant, Floris X demande à la Cour de débouter les demandeurs de leurs prétentions et de les condamner à lui payer une somme de 30 000 F à titre de dommages et intérêts à raison du préjudice par lui éprouvé. Il prétend qu'il n'est pas établi qu'il y ait des corps à l'emplacement des fragments de pierres, enfouis dans les broussailles, qu'il a dû faire déplacer pour permettre l'accès au hangar qu'il a fait construire, étant ajouté que selon les demandeurs qui se réfèrent à une croix portée sur un plan, la tombe se trouverait en réalité à l'emplacement d'un premier hangar construit bien antérieurement. Il soutient que compte tenu des incertitudes concernant d'une part la présence des corps, dont l'identité est partiellement indéterminée et d'autre part l'emplacement de la tombe abandonnée depuis de nombreuses années, les premiers juges ne pouvaient accueillir la demande de ses adversaires. François Y et Nadine Z concluent à la confirmation sauf à limiter à trois mois à compter de la signification de l'arrêt le délai accordé à Floris X pour exécuter les condamnations mises à sa charge.

LA COUR: [Attendu] que le long d'un bois à l'extrémité de la propriété de X ont été découverts les restes d'un monument funéraire dont la partie centrale surmontée d'un Christ en croix portait l'inscription 'Famille Y et [illisible]' et comportait de chaque côté une pierre tombale de 2 m de haut sur 1,05 m de large sur lesquelles était écrit d'une part, sur l'une d'elles: 'Ici repose le corps de M. Honoré Y âgé de 58 ans 10 mois et 22 jours, décédé le 9 avr. 1826' et, d'autre part, sur l'autre: 'Ici repose le corps de dame Angélique Marie Louise Angélique L âgée de 56 ans et 2 mois, décédée le 1er août 1824 épouse de M. Honoré Y'; Attendu que ces inscriptions établissent l'existence d'une sépulture; Attendu que Floris X sur la propriété duquel avaient été inhumés les défunts, anciens propriétaires, a reconnu lors de son audition par la gendarmerie avoir déplacé ce 'caveau de famille'; qu'il n'a jamais fait état d'un précédent transfert imputable à un tiers alors qu'il occupe les lieux depuis 1964; qu'il n'a mis personne d'autre en cause; que le caveau se trouvait sur ses terres; Attendu qu'en utilisant dans sa déclaration les mots 'caveau de famille' et 'tombe', il a ainsi reconnu qu'il s'agissait d'une sépulture, contenant donc des corps, ce que d'ailleurs indiquaient sans erreur possible les inscriptions portées sur les pierres tombales; qu'il est dans ces conditions malvenu à soutenir aujourd'hui que la preuve de la présence de corps inhumés n'est pas rapportée; que seule l'épreuve du temps pourrait expliquer l'absence de corps; Attendu que les vendeurs d'une propriété sur laquelle se trouve édifiée une sépulture ne peuvent être considérés comme ayant renoncé à leurs droits sur celle-ci, la sépulture par son incessibilité et son inaliénabilité se trouvant réservée de droit; Attendu que le droit d'usage et de jouissance attaché à une sépulture est insusceptible de prescription comme étant hors du commerce; Attendu qu'il importe peu dès lors que le caveau de la famille Y, qui, compte tenu de son importance, ne pouvait passer inaperçu, n'ait pas été mentionné dans le titre de propriété de X et qu'il ait été laissé à l'abandon des années durant; Attendu que X n'est pas davantage fondé à reprocher aux descendants de la famille de ne pas justifier d'une autorisation administrative nécessaire à l'implantation d'une tombe sur un terrain privé alors que l'inhumation est très ancienne et remonte à une époque où il était permis et courant de se faire enterrer sur ses terres; Attendu que X ne peut non plus se prévaloir de l'incertitude quant à l'identité des personnes inhumées, ce point qui ne peut intéresser que les descendants de la famille Y étant sans incidence sur sa responsabilité; Attendu que le jugement sera donc confirmé; Attendu cependant que compte tenu de l'ancienneté des sépultures qui indépendamment des agissements de X rend incertaine la découverte de dépouilles, il convient de limiter les recherches à l'endroit indiqué par chacune des parties comme étant celui de la sépulture (les descendants des défunts devant en principe connaître, sauf à supporter les conséquences de leur ignorance dont ils seraient seuls responsables, l'endroit de la tombe de leurs aïeux) et de dire que ces fouilles s'effectueront en présence des parties où elles dûment appelées, à une profondeur maximale de 2 m dans un rayon de 5 m du point indiqué par chacune d'elles; Attendu qu'eu égard à l'ancienneté de l'affaire, à l'importance des travaux et démarches à effectuer il convient de limiter à six mois le délai accordé à X; Attendu que les premiers juges ont équitablement arbitré à un F le préjudice moral subi par François Y et Nadine Z; Attendu que X sera débouté de l'ensemble de ses [prétentions].

8 *CAUSE*

The fourth essential condition for the validity of a contract is that there must be a purpose of, a reason for, an end to be pursued in, the contract (*cause*) and that the *cause* of the contract must not be unlawful (*une cause licite dans l'obligation*). A contract which has no *cause* or where there is a *fausse cause* cannot have effect. *Cause* is, therefore, important in the formation of a contract for two reasons:

first, there must be a *cause* and, second, that *cause* must not be illicit (*Code civil*, Articles 1108, 1131 [C.1]).

The *cause* must exist. In other words there must be a valid purpose, a reason for, an end to be pursued in the contract which can be carried out by the person who is under a duty to perform the contract and which confers an advantage on the other party which that other party can only gain because of the contract. The *cause* in a contract of sale for the purchaser is the acquisition of property rights in and the conveyance or delivery of the *objet* of the contract. The *cause* in a contract for a bank loan to buy a house is the furnishing of the money so that the house may be bought. In most situations, the purpose of the contract will be for the economic or commercial advantage of both parties but this is not necessary and the *cause* may be a '*devoir de conscience*' rather than the performance of a duty (eg, an agreement to maintain a child by a person who genuinely believes himself to be the child's father [C.77]). In some situations there will be no valid purpose in the contract because there is no '*objet*' which a party can deliver and, therefore, the reciprocal obligation of the other party has no purpose [C.73] [C.74]. It may, however, happen that the '*objet*' does exist (and the contract cannot be void for want of *objet*) but confers no advantage on the other party. Case law here prefers to consider the validity of the contract on the basis of absence of *cause* (or *fausse cause*, below).

Sometimes a contract will be made in the knowledge that there is a risk of a gain or loss to the parties because of the occurrence of an event in the future but which at the time the contract is made is uncertain. Such a contract is called a *contrat aléatoire* (*aléa* is a risk or hazard) (Article 1104 [C.1]). In such a contract the purpose is, in effect, to bet on the risk, and the *aléa* is the *cause*. If the risk continues to exist there is a *cause* but if there is no risk there is no *cause*. A fairly typical use of the *contrat aléatoire* is a contract for an annuity to be payable to a person (X) during his or her life (*une rente viagère*) in return for the transfer of property to the person (Y) contracting to pay the annuity. Obviously there is a risk of a gain or a loss. The annuitant (X) may live for a long time and receive far more than the value of the property transferred (a gain for X and a loss for Y). Conversely, the annuitant (X) may die very quickly (a loss for X and a gain for Y). The *Code civil* has legislated to the effect that an annuity contract created for the benefit of an ill person who dies within 20 days of the date of the contract has no legal effect (Article 1975), and in such a case legislation has decreed there is no *cause* in the case of someone known to be terminally ill as there is no risk. If X dies more than 20 days after the contract, it is for the courts to decide whether there was a risk [C.72].

The contract may be annulled because of the concept of '*fausse cause*' (or, as it is sometimes called, '*erreur sur la cause*'). The two concepts are intertwined because if there is an *erreur sur la cause*, there is no *cause*. In essence, the concept of *fausse cause* relates to situations where there is a purpose in making the contract, but had one party known of the existence of certain relevant facts or legal rules that party would have no need or purpose in making the contract [C.60] [C.66] [C.75]. Is there much of a difference between *fausse cause* and *erreur sur la substance* and, if so, what is it?

For there to be a valid contract there must be a lawful purpose (*une cause licite*) and the purpose of a contract is unlawful if it is prohibited by a rule of law or if it is contrary *'aux bonnes moeurs ou à l'ordre public'* (Articles 1131, 1133 [C.1]). In these cases, the type of activity contemplated is lawful in itself (eg, the sale of a house or the creation of a policy of life insurance) but its purpose may be unlawful in the particular circumstances. Whether or not this is so involves an analysis of the parties' intentions. For example, if the parties intend to sell a house for use as a *maison de débauche* or a *maison de tolérance*, this will be unlawful [C.63], but if there is no such intention the *cause* will not be *illicite* [C.67]. Examples of contracts which have been held to be unlawful include a contract whereby a gift was extorted [C.61], a contract with intent to deceive [C.62] [C.65], a contract to provide drinks during an election campaign [C.64], a contract creating an insurance policy for adulterous reasons [C.68], a contract containing a *clause de célibat* [C.69] [C.71], a contract restricting the freedom to exercise a profession [C.70] and a contract relating to payment for adoption [C.76].

Materials

[C.60] Req., 30 juillet 1873

LA COUR: [Attendu] qu'il résulte, en fait, des déclarations de l'arrêt attaqué [que] Ronet, lorsque Michel a pris, par la convention du 13 septembre 1871, l'obligation de le remplacer au service, avait déjà cessé légalement de faire partie de l'armée active, comme appartenant à la classe de 1870, dont la loi du 5 septembre 1871 venait de réduire le contingent à 120 000 hommes et comme ayant tiré, l'année précédente, un numéro qui le plaçait en dehors de ce contingent; [que] si, à la date de la convention, les parties pouvaient connaître la loi modificative du contingent de 1870, elles ignoraient certainement l'une et l'autre la libération de Ronet; qu'elles le croyaient encore soumis au service, et que c'est l'erreur où elles étaient à cet égard qui a été l'unique cause de ce traité; qu'il suit de là que l'engagement de Michel étant sans objet et celui de Ronet n'ayant point de cause ou n'ayant qu'une fausse cause, le contrat ne pouvait produire aucun effet, et que la cour de Besançon, en le décidant ainsi, n'a fait qu'une juste application des principes écrits dans les articles 1128 et 1131 du Code [civil].

[C.61] Req., 15 juillet 1878

(A) Bordeaux, 4 août 1876

LA COUR: [Attendu] que, quelle que soit la qualification donnée à un acte, les tribunaux saisis d'une demande tendant à le faire annuler, ont le droit d'examiner sa nature, de déterminer son véritable caractère, et de rechercher s'il réunit les conditions que la loi exige pour sa validité; Attendu que l'acte en date du 27 juillet 1874, par lequel Boyancé a donné tous ses biens aux époux Duffau, à condition de le nourrir et de lui servir une rente viagère de 150 F par an, a été fait dans des conditions qui enlèvent à cet acte les caractères d'un contrat de bienfaisance, et ne lui laissent que le titre et l'apparence d'une donation; Attendu en effet, qu'il résulte de la procédure criminelle instruite contre les époux Duffau et qu'il est d'ailleurs reconnu que le 26 juillet 1874, le nommé Boyancé se rendit, à onze heures du soir, chez la femme Duffau, qui lui avait promis de le recevoir en l'absence de son mari; que, sur la foi d'un signal convenu entre eux, il pénétra dans la chambre; mais qu'à ce moment, il se trouva en présence de Duffau, qui le [frappa] violemment, lui passa autour du cou une corde [et] le menaça de le tuer;

que Boyancé, éperdu, consenti alors à faire aux époux Duffau une donation de tous ses biens; qu'on alla immédiatement chercher le [notaire], et, qu'en l'attendant, Boyancé fut placé dans une chambre et gardé à vue; que le notaire étant arrivé, le 27 au matin, fut immédiatement introduit dans cette chambre, où toute la famille Duffau se trouvait réunie, et qu'il dressa, séance tenante, un acte de donation, acceptant sans examen la fable par laquelle Boyancé cherchait à expliquer sa présence dans cette maison, les conditions dont il était convenu et la détermination soudaine qu'il avait prise de disposer de tous ses biens au profit des époux Duffau; Attendu qu'on ne saurait trouver dans cet acte la volonté libre de gratifier, qui est le caractère essentiel de la donation; que l'affectation et la bienfaisance n'y ont aucune part; que le soin pris par les époux Duffau de garder Boyancé chez eux, la surveillance qu'ils ont exercée sur lui, la précipitation qu'ils ont mise à appeler un notaire pour dresser dans leur maison, sous leurs yeux, l'acte par lequel Boyancé devait se dépouiller à leur profit, prouvent, d'ailleurs, suffisamment qu'ils ne se croyaient pas en droit de compter sur les dispositions libérales du prétendu donateur;

Attendu que si cet acte n'a pas le caractère d'une donation, il ne vaut pas non plus comme obligation, qu'à quelque point de vue qu'on se place, soit qu'on l'envisage comme l'exécution d'un promesse antérieurement faite à la femme Duffau, soit qu'on veuille l'expliquer comme une réparation de l'atteinte portée à l'honneur de son mari, il n'a pas de cause licite et doit être dépourvu de toute efficacité juridique; Attendu, en effet, que, s'il est vrai, comme les époux Duffau l'allèguent, que Boyancé ait promis à la femme Duffau de lui faire une donation afin de la déterminer à de coupables complaisances, il serait déraisonnable que cette pensée eut survécu à la mystification dont il avait été victime; que, dans tous les cas, l'acte qui serait la réalisation d'une pareille promesse, serait nul comme contraire à bonnes moeurs; Attendu, d'autre part, qu'en s'associant aux manoeuvres de sa femme pour attirer Boyancé chez elle dans un but de débauche, en cherchant dans le rendez-vous qu'elle avait donné à ce vieillard infirme un prétexte pour le rançonner, en prenant enfin, de concert avec elle, les mesures destinées à le faire tomber dans un guet-apens, Duffau avait perdu le droit de se plaindre de l'outrage fait à son honneur et de réclamer une indemnité à titre de réparation, qu'il serait contraire à la morale et à l'ordre public de sanctionner un engagement obtenu par ces moyens honteux; Attendu que, la cause de l'obligation étant illicite, l'acte du 27 juillet 1874 est absolument sans valeur, qu'il est entaché d'une nullité radicale et ne pourrait être [ratifié].

(B) Req., 15 juillet 1878

LA COUR: [Attendu], en fait, que par acte du 27 juillet 1874, Boyancé ayant fait donation de tous ses biens aux époux Duffau, une instruction correctionnelle a d'abord été suivie contre ceux-ci pour extorsion de signature, et que, cette instruction correctionnelle ayant abouti à une ordonnance de non-lieu Boyancé a demandé aux tribunaux civils la nullité de l'acte du 27 juillet 1874; Attendu, en droit, que les juges civils ont pu, sans excès de pouvoirs, puiser des éléments de conviction dans les faits établis par la procédure correctionnelle, ces faits étant d'ailleurs reconnus par les parties; qu'ils ont pu constater souverainement que Duffau s'était associé aux manoeuvres de sa femme pour attirer Boyancé chez elle, et en conclure que l'acte du 27 juillet 1874 était nul comme ayant une cause illicite; enfin, qu'ils [ont] fait une juste application de [l'article 1131].

[C.62] Civ., 23 juin 1879

LA COUR: [Attendu] qu'il résulte de l'arrêt attaqué, que les caramels colorants vendus par Levray à Villacèque fils ainé et compagnie, sont propres à communiquer aux vins une couleur artificielle, que leur emploi donne lieu à des produits certainement nuisibles, et que la convention intervenue entre les parties a eu pour objet, dans leur intention commune, l'oeuvre de falsification à opérer au moyen de la substance vendue; Attendu que, la convention ainsi appréciée, ayant pour cause déterminante une fraude concertée en vue d'une opération délictueuse, l'arrêt l'a déclarée à bon droit illicite, et par conséquent sans effet, au regard des deux parties; qu'en statuant ainsi, loin d'avoir violé [l'article 1131], il en a fait au contraire une juste [application].

[C.63] Req., l avril 1895

(A) Tribunal de la Seine, 30 janvier 1893

LE TRIBUNAL: [Attendu] que les consorts Benoist, comme héritiers de la dame Berthier demandent contre les époux Faivre comme débiteurs pour prêt, envers la dame Berthier, d'un capital de 100 000 F et intérêts, condamnations au remboursement dudit capital et des intérêts depuis le 1er janvier 1891; que les époux Faivre, après avoir offert 1 500 F,05 pour intérêts, et demandé la validité de leurs offres, demandent actuellement la nullité du prêt, pour cause illicite et contraire aux moeurs; Attendu que l'immoralité commune aux parties contractantes est une cause de nullité absolue des [contrats]; Attendu que par acte sous seing privé du 1er juillet 1890, qui sera enregistré, les époux Faivre se sont reconnus débiteurs de 100 000 F envers la dame Berthier, pour l'achat d'un fonds de commerce, tel que marchand de vins, hôtel ou autre; Attendu que le sens dudit contrat s'explique par la position des parties au moment où il a été passé; que la dame Berthier tenait une maison de [tolérance]; que les époux Faivre y avaient été à son service pendant plusieurs années; qu'ils sont maintenant propriétaires d'une autre maison de [tolérance]; Attendu qu'il est allégué que c'est la dame Berthier qui a traité elle-même de l'achat de cette dernière maison, au prix de 30 000 F, payé par elle; que la preuve contraire n'est pas rapportée; Attendu qu'en tout cas, il est certain que la destination portée au contrat du 1er juillet 1890 s'appliquait principalement à l'achat d'une maison de tolérance, et que les parties avaient cette commune intention; Attendu que, la cause immorale du contrat n'étant pas douteuse, le contrat ne peut avoir aucun [effet].

(B) Paris, 26 janvier 1894

Sur appel des consorts Benoist, la Cour d'appel de Paris confirme ce jugement par adoption de motifs.

(C) Req., 1 avril 1895

LA COUR: [Attendu qu'aux termes de l'article 1131], toute convention dont la cause est contraire aux bonnes moeurs ne peut avoir aucun effet; Attendu qu'il résulte des constatations de l'arrêt attaqué que l'obligation souscrite le 1er juillet 1890 par les époux Faivre au profit de la dame Berthier avait pour cause l'acquisition d'une maison de tolérance; que chacune des parties contractantes a pris une part égale à cette convention dont les héritiers de la dame Berthier ont poursuivi l'exécution; que c'est à bon droit, dès lors, que la Cour de Paris a; déclaré mal fondée la demande formée par ces derniers, tant à titre de remboursement de la somme prêtée qu'à titre de répétition de cette même somme comme ayant été indûment payée; qu'en statuant ainsi, par un arrêt régulièrement motivé, elle n'a nullement violé les dispositions légales invoquées au [pourvoi].

[C.64] Tribunal de Tarbes, 14 mars 1899

LE TRIBUNAL: [Attendu] qu'il résulte des documents de la cause que, dans le courant des mois d'avril et mai 1898, à l'occasion d'une élection législative qui avait lieu dans la deuxième circonscription de Tarbes, Conte, restaurateur et débitant de boissons, a délivré de nombreuses consommations à des personnes se présentant ou regardées par lui comme des partisans de la candidature de Fould et ce, sur l'ordre de Lasserre, agissant comme agent électoral de ce dernier pour le canton de Maubourguet; Attendu qu'au cours des débats, le demandeur a déclaré que Dusser et consorts (membres du comité électoral) et Lasserre ont reconnu, et qu'en tout cas il appert, à l'évidence, de toutes les circonstances et des pièces du procès, que les libations dont s'agit avaient pour but, dans la pensée des parties, de procurer à Fould les suffrages de ceux qui y prendraient part; que, dès lors, la cause de l'obligation, dont Conte réclame l'exécution, est illicite comme contraire à la fois aux lois, à l'ordre public et aux bonnes moeurs; que, par suite, toute action en justice doit être refusée au prétendu créancier, lequel a participé à la turpitude commune, puisqu'il connaissait pleinement le but desdites libations; que cela résulte et des termes mêmes de son assignation et d'une lettre du sieur Lasserre, produite par le demandeur, ladite lettre annonçant le versement de sommes évidemment applicables à des fournitures antérieures, et contenant en outre les passages suivants: 'Pour aujourd'hui, voulant continuer la lutte aussi énergiquement que possible, je décide de faire boire chez vous; je vous ouvre le crédit nécessaire; je payerai la note que vous me porterez'; Attendu que vainement le demandeur voudrait distinguer entre la 'cause' de la dette des défendeurs, cause qui, d'après lui, résiderait dans la livraison de marchandises, et la destination desdites marchandises, qui serait seul le 'motif' de l'obligation; Attendu, en effet, que la jurisprudence repousse avec raison cette distinction, quand il est certain, comme en l'espèce, que l'objet du contrat doit, dans l'intention des parties au moment de la convention, servir à un usage prohibé, car alors le motif est en connexion si étroite avec la cause que le caractère illégal ou immoral de l'un affecte l'autre nécessairement; ainsi peut on dire au cas actuel, que ce que Conte a entendu livrer et les défendeurs ont entendu obtenir, c'est un instrument, sinon de corruption, au sens du droit pénal, tout au moins de dépravation électorale, et l'on ne saurait déclarer licite un tel marché; Attendu qu'il y aurait peut-être une distinction à faire entre les boissons servies aux électeurs et les repas fournis aux agents électoraux; que, dans la rétribution de ces derniers, peut faire fond le remboursement, par le candidat ou par ses mandataires, des dépenses faites par les agents dont s'agit pour leur nourriture personnelle; Mais attendu qu'il résulte du compte établi par le demandeur qu'il a reçu somme supérieure à la valeur des dépenses de cette nature engagées chez lui. Par ces [motifs, déclare] Conte non recevable dans sa [demande].

[C.65] Civ., 4 décembre 1929

LA COUR: [Attendu] que par contrat en date du 16 octobre 1923, Croizé, publiciste, a cédé à Veaux, docteur en médecine, la licence exclusive d'exploitation des marques 'Faid' et 'Biorane' pour produits pharmaceutiques et méthode thérapeutique, ainsi que de la clinique Faid, sise à Lille, moyennant le versement d'une somme de 240 000 F par an, Veaux s'engageant en outre à faire dans les journaux de Lille et de la région au moins 6 000 F de publicité par mois; Attendu que l'arrêt attaqué déclare que l'un des buts du contrat est de faire prescrire par Veaux, docteur en médecine, les produits dénommés 'Faid' et 'Biorane'; qu'il a pour objet principal l'exploitation par Veaux de la méthode 'Biorane'; que, d'après les prospectus répandus à foison dans le public, cette méthode a pour effet de guérir toutes sortes de maladies; qu'elle a été imaginée par des personnes qui ne sont munies d'aucun diplôme médical et qu'elle paraît n'avoir aucune valeur scientifique; qu'il en est de même de la méthode 'Faid' qui n'en est que l'accessoire et qui a été imaginée par Croizé qui n'est pas docteur en médecine; Attendu que l'arrêt attaqué constate, d'autre part, qu'avant de gagner pour lui la moindre somme, Veaux doit se faire remettre par ses clients des honoraires d'au moins 26 000 F par mois pour lui permettre de tenir ses engagements vis-à-vis de Croizé; Attendu qu'en l'état de ces constatations souveraines, la cour d'appel a pu décider, par une interprétation de la convention, dont elle n'a point dénaturé les termes, que le contrat litigieux avait pour objet l'exploitation des malades au moyen d'une publicité intense et par l'emploi de qualificatifs destinés à impressionner le public; Attendu qu'en décidant qu'une convention ayant un tel objet était nulle comme contraire à l'ordre public, la cour d'appel a appliqué aux faits constatés les conséquences légales qu'ils comportaient; Attendu qu'il résulte des termes de l'article 1133 du Code civil, que la cause est illicite quand elle est contraire à l'ordre public, sans qu'il soit nécessaire qu'elle soit prohibée par la loi; que, par suite, la nullité du contrat litigieux pouvait être prononcée sans qu'il eût été passé en violation de l'article 16 [de] la loi du 30 novembre 1892; qu'il est dès lors sans intérêt de rechercher si la cour d'appel a pu, dans un motif surabondant, invoquer une violation de ce texte de [loi].

[C.66] Civ., 18 avril 1953

LA COUR: [Attendu qu'il] résulte que le docteur M étant décédé le 8 septembre 1944 B, généalogiste, fut chargé le jour même du décès, par le notaire de la famille, de faire des recherches en vue de retrouver l'héritière du de cujus; que, le 26 nov. 1944, B a fait signer à la dame P, nièce et unique héritière du docteur M, un contrat en vertu duquel il s'engageait à lui révéler toute succession venant à lui échoir, contre l'abandon à lui fait par elle d'une quote-part importante de l'actif de la succession; qu'après la signature de la convention, il lui a fait connaître l'ouverture de la succession du docteur M et sa vocation héréditaire; Attendu que le pourvoi reproche à la cour d'appel d'avoir, à la demande des époux P prononcé la nullité de ladite convention pour défaut de cause, alors que la dame P courait le risque d'ignorer à la fois l'existence de la succession et sa vocation héréditaire, et que, sans l'intervention du généalogiste il aurait été impossible de découvrir le nom et l'adresse de ladite héritière; Mais attendu que [l'arrêt] a constaté que l'adresse de la dame P était connue de l'entourage du docteur M et du notaire; que ce dernier, avec trop de hâte et sans consulter auparavant les pièces se trouvant entre ses mains et ses archives, avait inutilement chargé B de faire des recherches et qu'il lui avait donné tous renseignements lui permettant de retrouver, à coup sûr, la trace de la dame P; que B n'avait rendu à celle-ci aucun service et qu'il n'avait couru aucun aléa; que l'existence de la succession devait normalement parvenir à la connaissance de l'héritière sans l'intervention du généalogiste; que de ces constatations, la cour d'appel a pu déduire qu'il n'y avait aucune révélation de secret et que la convention du 26 nov. 1944 était sans cause; qu'en conséquence, elle a, à bon droit, prononcé la nullité de ladite [convention].

[C.67] Civ., 4 décembre 1956

LA COUR: [Attendu qu'il est fait grief à l'arrêt attaqué] d'avoir refusé d'annuler pour cause immorale ou illicite le bail, assorti d'une promesse de vente, consenti aux époux Bony, le 12 juillet 1919 par la veuve Royan, aujourd'hui décédée, et représentée par les consorts Cahen, ses légataires universels, ainsi que l'acte du 16 décembre 1926 constatant la prorogation jusqu'en 1965 du bail susvisé, alors qu'un contrat est nul, même s'il n'a pas pour objet l'établissement d'une maison de tolérance, dès lors qu'il n'a été envisagé, par l'une des parties au moins, qui en réclame l'exécution, que comme un moyen de parvenir à ce but immoral et illicite; Mais, attendu que seule l'obligation sur une cause illicite ne peut avoir d'effet; Attendu que les juges du fond ont constaté 'que la preuve n'est aucunement rapportée que lors de la passation du bail, comme lors de sa prorogation conventionnelle, les parties aient convenu de l'exploitation dans les lieux loués d'une maison de tolérance'; qu'en déduisant de ces constatations souveraines l'absence d'une cause illicite dans les contrats litigieux, la cour d'appel n'a violé aucun des textes visés au [moyen].

[C.68] Civ., 8 octobre 1957

LA COUR: [Attendu] qu'il est constant que Guenebaud, titulaire de deux polices d'assurance-vie souscrites par son employeur auprès de la Caisse nationale d'assurances en cas de décès et de Secours-Vie, avait désigné comme bénéficiaire, dans la première, sa maîtresse, dame Avenia, dans la seconde ladite dame 'ou ses ayants droit'; qu'au décès de Guenebaud, sa veuve prévint les assureurs qu'elle faisait opposition au paiement des capitaux stipulés entre les mains de qui que ce fut; que le Secours-Vie paya cependant dame Avenia et que la Caisse nationale sursit à tout paiement; Attendu que veuve Guenebaud ayant, tant en son nom personnel que comme tutrice naturelle et légale de ses deux enfants mineurs, poursuivi la nullité, pour cause immorale et illicite des stipulations souscrites en faveur de dame Avenia, il est fait grief à l'arrêt attaqué d'avoir accueilli sa demande et décidé que les capitaux assurés profiteraient à la succession de Guenebaud, alors que les contrats, ne prenant effet qu'aux décès du stipulant, ne pouvaient avoir pour cause la poursuite de relations coupables; qu'il n'a pas été répondu aux conclusions soutenant que les libéralités litigieuses étaient licites comme ayant pour objet la réparation d'un préjudice, et qu'à tout le moins un des contrats devait bénéficier 'aux ayants droit' de dame Avenia – donc à sa fille – et ne pouvait à l'égard de celle-ci procéder d'une cause immorale; Mais attendu que la cour d'appel, statuant au vu des documents qu'elle a analysés, a souverainement apprécié que 'c'est pour décider dame Avenia – plus jeune que lui de 20 ans – à demeurer auprès de lui à poursuivre des relations adultères que Guenebaud l'a désignée comme bénéficiaire des deux contrats'; qu'elle a ainsi écarté nécessairement le moyen pris d'un préjudice à réparer; qu'elle a, de même, rejeté l'allégation d'une obligation naturelle à l'égard [de la fille]; qu'en l'état de ces constatations elle a pu décider que l'ensemble des désignations était frappé de nullité pour cause immorale et que, dès lors, en l'absence de bénéficiaire désigné, les capitaux stipulés faisaient partie de la succession du [contractant]; que ces moyens ne sauraient donc être [retenus].

[C.69] Paris, 30 avril 1963

LA COUR: [Considérant] qu'Anne-Marie Domergue a été engagée par la Compagnie Air France, en qualité d'hôtesse stagiaire, le 13 février 1956; qu'elle fut titularisée dans son emploi par la suite, puis nommée chef de cabine; Considérant que le 21 novembre 1959, demoiselle Domergue ayant informé son employeur de son mariage avec Barbier, steward à la même compagnie, fixé au 28 décembre 1959, en même temps qu'elle sollicitait le congé de six jours prévu pour cette occasion, se vit notifier qu'elle serait, à compter dudit jour, rayée des contrôles de la compagnie; que cette décision, qui était prise en application de l'article 72 du règlement fixant les conditions du travail du personnel navigant commercial, lui fut confirmée le 15 janvier 1960; que c'est dans ces conditions que [fut] introduite la présente [instance]; Considérant que le droit au mariage est un droit individuel d'ordre public qui ne peut se limiter ni s'aliéner; qu'il en résulte que, dans le domaine des rapports contractuels de droit privé à titre onéreux – d'où doit être exclue toute analogie abusive avec la construction élaborée au sujet des clauses de viduité insérées dans une libéralité – la liberté du mariage doit, en principe, être sauvegardée et qu'à moins de raisons impérieuses évidentes, une clause de non-convol doit être déclarée nulle comme attentatoire à un droit fondamental de la [personnalité].

[C.70] *Aix en Provence, 23 février 1965*

Statuant sur l'appel interjeté par Leroux, marchand de tableaux, à Saint-Paul-de-Vence, d'un jugement du tribunal de grande instance de Nice qui a prononcé la résolution à ses torts exclusifs d'un contrat intervenu entre lui et Damiano, artiste-peintre, et a débouté celui-ci de sa demande de dommages-intérêts.

LA COUR: [Attendu] que par acte sous seing privé du 26 août 1961, enregistré, Leroux s'est engagé à verser chaque mois à Damiano, à dater d'octobre 1961, 'une mensualité de 500 F contre cinquante points de peinture sur toile de bonne qualité marchande à choisir sur toute la production en première vision'; Attendu qu'il était stipulé, en outre, que Damiano donnait à Leroux 'l'exclusivité totale sur toute sa production artistique' sans limitation de genre et de pays et s'engageait à 'garder une qualité de peinture au moins égale à la qualité antérieure et à n'exercer que cette profession d'artiste-peintre'; Attendu que Leroux se réservait de fixer les prix de vente des oeuvres de Damiano, le produit des ventes devant après déduction des frais être partagé par moitié tous les trois mois; Attendu qu'il était d'autre part convenu qu'en garantie du contrat, Damiano laisserait en permanence à la disposition de Leroux 30 toiles de 25 à 8 points et 40 gouaches, à remplacer au fur et à mesure des ventes et que Damiano devrait seconder Leroux et se mettre à sa disposition tous les après-midi; Attendu que le contrat était conclu pour une durée d'une année renouvelable par tacite reconduction, Leroux pouvant sans autorisation céder tout ou partie de ses droits; Attendu que par lettre du 26 avril 1962, Damiano avisa Leroux, qui dirigeait la galerie 'La vieille échoppe' à Saint-Paul-de-Vence, qu'il ne retournerait plus dans cette localité; qu'il faisait notamment état dans cette lettre de rupture du besoin de liberté qui lui était nécessaire pour s'exprimer et de ce qu'il ne pouvait vivre dans la [servitude]; Attendu que de tels contrats notamment lorsqu'ils comportent à la fois le versement de mensualités fixes et un partage de bénéfices permettent à des artistes et en particulier à de jeunes artistes de se livrer à leur art dans des conditions favorables en les dégageant des contingences matérielles; Mais attendu que ces contrats qui concernent des oeuvres de l'esprit doivent tenir compte du caractère particulier de celles-ci, respecter les principes posés par la [loi] et sauvegarder la liberté créatrice de l'artiste ainsi que son droit moral d'auteur;

[Attendu que] le contrat litigieux imposait à Damiano un rythme de production puisqu'en échange de la mensualité de 500 F, celui-ci devait fournir cinquante points de peinture par mois, le point étant l'unité de mesure de la surface peinte et que, d'autre part, en l'obligeant à laisser en permanence à la disposition de Leroux 30 toiles et 40 gouaches à remplacer au fur et à mesure des ventes, il le contraignait à produire un nombre d'oeuvres qui était fonction de la cadence des ventes; Attendu que la convention attaquée entravait ainsi la liberté créatrice de l'artiste, lequel ne pouvait se soumettre à sa seule inspiration, mais devait rechercher un rendement déterminé, ce qui était de nature à compromettre gravement la qualité de son oeuvre, sa réputation et son avenir; Attendu que le rythme de production imposé portait en outre atteinte au droit moral de Damiano puisque, tenu de fournir une certaine quantité de toiles, celui-ci pouvait se trouver obligé de livrer des oeuvres qu'il considérait comme inachevées ou imparfaites; Attendu qu'il s'ensuit que le contrat litigieux, dont les clauses essentielles ne respectaient pas la personnalité intellectuelle du peintre, sa liberté créatrice et son droit moral, est nul, d'une nullité absolue, comme contraire aux principes d'ordre public qui régissent la propriété [artistique].

[C.71] Soc., 7 février 1968

Mlle Noirot was employed, by the *Fédération de la Mutualité Agricole de l'Aube*, as a welfare officer under a contract which stipulated that her functions as a welfare officer in a country district were incompatible with those of a married woman, and that her marriage would result in instant dismissal. Mlle Noirot informed the *Fédération* that she was getting married on St George's Day 1960 and was dismissed on the eve of that day. The lower court ordered the *Fédération* to pay her damages for breach of the contract of employment on the grounds that the *'clause de célibat'* was void as being contrary to public policy and in contempt of current public opinion (*contraire à l'ordre public et attentoire à la morale et aux bonnes moeurs*).

LA COUR: [Mais] attendu que les juges du fond ont constaté que bien qu'absorbant, et nécessitant de fréquents déplacements, son emploi n'exigeait pas 'une disponibilité constante' à toute heure du jour et de la nuit et n'était pas en soi inconciliable avec les obligations de la vie familiale; que le mariage ne la mettait pas nécessairement dans l'impossibilité d'exécuteur de manière normale les stipulations de son contrat de travail; d'où il suit qu'il n'avait pas été justifié en l'espèce par la Fédération de la Mutualité Agricole de l'Aube de nécessités impérieuses, tirées de la nature des fonctions ou de leurs conditions d'exercice d'appliquer la clause litigieuse qui, restrictive du droit au mariage et de la liberté du travail, était d'une portée exceptionnelle; que dès lors, la décision des juges du fond de la condamner au paiement des indemnités de rupture est légalement [justifiée].

[C.72] Civ., 6 novembre 1969

LA COUR: [Attendu qu'il ressort des énonciations de l'arrêt attaqué] que Devillers, atteint d'une grave maladie, a vendu la nue-propriété de sa ferme à Chabe, le 30 décembre 1963, et qu'il est décédé le 21 janvier suivant; que dame François, sa veuve, a assigné Chabe pour faire prononcer la nullité de la vente qui comportait la conversion immédiate du prix en rente viagère; Attendu qu'il est fait grief à l'arrêt d'avoir accueilli cette demande, aux motifs qu'il résultait de l'enquête et des documents versés aux débats qu'à l'époque de la conclusion du contrat, le vendeur était gravement malade, qu'une issue fatale était à redouter et que l'acquéreur était parfaitement au courant de cette situation, alors que les constatations des juges du fond ne permettraient pas de caractériser l'absence de tout aléa; qu'un premier jugement, devenu définitif, impliquait la certitude d'un décès, à brève échéance, du vendeur; que d'autre part, selon le demandeur en cassation, les juges du fond ont dénaturé les témoignages recueillis, desquels il ne résultait nullement que la maladie du vendeur donnait à redouter une fin prochaine; Mais attendu que les juges du fond constatent que, selon deux certificats médicaux, l'état de Devillers s'était subitement aggravé dans les derniers mois de l'année 1963 et laissait craindre une issue fatale à brève échéance et que, selon certains témoignages, l'état du malade était devenu alarmant à l'époque où le contrat a été conclu; que, notant que Devillers et Chabe vivaient dans la même habitation, ils relèvent encore que ce dernier a déclaré à un des témoins que 'Devillers ne passerait pas l'hiver' et à un autre, en décembre 1963 ou janvier 1964, 'qu'il n'irait pas plus loin'; qu'en l'état de ces constatations les juges d'appel, sans dénaturer aucun des éléments de la cause, ni se contredire, ont souverainement estimé que cette vente était dépourvue d'aléa; d'où il suit que le moyen ne peut être [accueilli].

[C.73] Civ., 20 février 1973

LA COUR: [Attendu] que, selon les énonciations de l'arrêt attaqué, la dame Nivesse, désireuse de succéder à Caillet comme gardienne d'immeuble, a signé à son bénéfice une reconnaissance de dette dont la cause n'était pas exprimée; que le montant de cette reconnaissance correspondait, selon Caillet, au prix du mobilier cédé à la dame Nivesse et selon cette dernière pour partie au prix dudit mobilier et pour l'essentiel à la rémunération de Caillet pour la présentation de dame Nivesse au propriétaire de l'immeuble comme successeur au poste de gardien; que la cour d'appel, statuant sur la demande en paiement de Caillet et en validation de la saisie pratiquée par lui, a déclaré sans cause la reconnaissance en ce qu'elle rémunérait l'exercice par Caillet d'un droit qu'il ne possédait pas; Attendu qu'il est fait grief à la cour d'appel d'avoir ainsi statué alors que, selon les conclusions de la dame Nivesse et les constatations de l'arrêt attaqué, la contrepartie de la reconnaissance consistait non dans la cession d'un droit au poste de gardien, mais dans l'engagement du gardien démissionnaire de présenter son successeur; qu'il s'agissait d'un contrat aléatoire, dûment causé; qu'un tel engagement de bons offices, que l'arrêt aurait dénaturé, était valable ainsi que l'avaient décidé les premiers juges en des motifs auxquels la cour d'appel aurait dû répondre, dès lors que les époux Caillet avaient demandé la confirmation du jugement; Mais attendu que les juges du second degré, en énonçant que la reconnaissance de dette était pour une partie importante 'causée par le prix de l'intervention de Caillet représentée comme déterminante et susceptible de fonder un droit au profit de dame Nivesse à occuper le poste que Caillet quittait' et que ce dernier ne détenait aucun droit qu'il puisse céder à l'obtention dudit poste, ont souverainement apprécié les éléments de fait établissant la cause véritable de l'acte et ainsi, sans dénaturer celui-ci, répondu implicitement mais nécessairement aux motifs que les premiers juges avaient retenus dans le jugement infirmé; que le moyen n'est pas [fondé].

[C.74] Civ., 6 octobre 1981

LA COUR: [Attendu] que la société Télé Union Production (T.U.P.), prétendant avoir créé un procédé appelé 'visage mystérieux', support d'un jeu télévisé, consistant à faire reconnaître aux téléspectateurs le visage dissimulé d'une personnalité, a reproché à la société nationale de télévision en couleurs Antenne 2 d'avoir diffusé une émission intitulée 'la tirelire', utilisant ce même jeu; que la société Antenne 2 a donné son accord pour verser à la société T.U.P. 300 F par émission litigieuse; que la société Antenne 2 ayant refusé d'exécuter son engagement au motif que celui-ci était dépourvu de cause, le procédé 'visage mystérieux' étant une idée de jeu qui ne pouvait pas bénéficier de la protection de la loi du 11 mars 1957, la société T.U.P. l'a assignée en paiement de la somme de 43 041,60 F; Attendu que, pour accueillir cette demande, la cour d'appel a énoncé qu'il était sans intérêt de rechercher si la société T.U.P. avait ou non un droit acquis sur le procédé en cause et de savoir s'il constituait une oeuvre au sens de la loi du 11 mars 1957 ou une simple idée non protégeable, dès lors que la société Antenne 2 avait reconnu que son utilisation par elle justifiait un dédommagement; Attendu cependant qu'un engagement ne peut avoir aucun effet s'il a été pris sans cause ou pour une fausse cause et que le fait que la société Antenne 2 ait donné son accord pour un dédommagement ne lui interdit pas de prétendre que son engagement est nul en vertu de l'article 1131 du Code civil; qu'ainsi la cour d'appel, en n'examinant pas ce moyen, n'a pas donné de base légale à sa [décision].

[C.75] Soc., 9 octobre 1985

LA COUR: [Attendu] que Mme Rumiz, coiffeuse dans le salon de coiffure exploité par Mme Chanoine, a souscrit une clause de non-concurrence aux termes de laquelle, elle s'engageait à ne prendre à la fin de son emploi, pendant une durée d'une année, aucune part directe ou indirecte à l'exploitation d'aucun salon situé dans un rayon d'un kilomètre; qu'au moment où M. Chanoine, qui avait succédé à son épouse décédée, envisageait de céder le fonds, elle lui fit part de son intention de démissionner; que M. Chanoine ayant refusé de la délier de la clause de non-concurrence, elle revint sur sa décision, conserva son emploi au service du cessionnaire mais réclama à son ancien employeur paiement de dommages-intérêts; Attendu que pour faire droit à cette demande, l'arrêt attaqué a retenu que si la convention collective de la coiffure ne prévoyait pas, dans ses dispositions ayant fait l'objet d'un arrêté d'extension, l'existence d'une contrepartie à la clause de non-concurrence, il apparaissait juste que le bénéfice retiré par l'employeur d'une telle clause eût sa contrepartie, qu'en tout cas l'article 1131 du Code civil subordonnait la validité de toute obligation à l'existence d'une cause et que la clause signée par Mme Rumiz, quand la conclusion du contrat remontait à plus de quatre ans, mettait à sa charge une nouvelle obligation sans qu'aucune obligation corrélative fût imposée à l'employeur, notamment sous forme de majoration de salaire; qu'ainsi M. Chanoine avait induit Mme Rumiz en erreur sur ses droits en lui opposant la clause de non-concurrence et en lui écrivant 'qu'elle n'avait droit en conséquence à rien', ce qui avait empêché la salariée d'accepter les offres qui lui étaient faites et d'exercer son métier dans des conditions plus avantageuses; Attendu cependant que la validité d'une clause de non-concurrence n'est pas subordonnée à l'octroi au salarié d'une compensation pécuniaire si celle-ci n'est pas prévue par une convention collective; qu'il n'y a pas à distinguer selon que la clause était contenue dans le contrat originaire ou a été ultérieurement souscrite, ni selon que la contrepartie consisterait en une indemnité compensatrice après l'expiration du contrat de travail ou en une majoration de salaire au cours même de son exécution; qu'il s'ensuit que la cour d'appel, qui n'était pas fondée à substituer des considérations d'équité à la force obligatoire de la convention des parties, en imputant à faute à M. Chanoine le fait de s'être prévalu de la clause litigieuse, a violé [l'article 1134].

[C.76] Civ., 22 juillet 1987

LA COUR: [Vu] les art. 1131 et 1133 c. civ.; Attendu que celui qui a servi d'intermédiaire en vue d'une adoption est seulement en droit de réclamer le remboursement de ses frais et débours; que toute convention ayant pour objet de déterminer la somme qui devra lui être versée en rémunération de ses services a une cause illicite et ne peut avoir aucun effet; Attendu que Mme Marie-Claude D, qui voulait adopter un enfant, est entrée en rapport, à ce sujet, avec Mme Luz [B], qui lui a proposé son aide en vue de faire les démarches nécessaires auprès de la 'Casa del Niño' organisme de l'État Chilien qui recueille les enfants abandonnés; que Mme D a adressé à Mme B, le 9 févr. 1981, une somme de 650 dollars en règlement du montant de ses frais; que le 23 février suivant Mme B a fait connaître à Mme D que le choix de l'enfant était fait et les démarches pratiquement terminées et lui a réclamé le paiement d'honoraires d'un montant de 5 000 dollars des États-Unis d'Amérique; que Mme D lui a alors fait parvenir une somme de 605 dollars; qu'elle s'est peu après rendue au Chili où elle a signé le 27 mars 1981 un acte aux termes duquel le montant total des honoraires dus par elle à Mme B était ramené à 4 000 dollars; qu'il y était précisé que Mme D, avait versé aussitôt 400 dollars de sorte que le reliquat de sa dette se trouvait réduit à 3 000 dollars; que Mme D a accepté une lettre de change de ce montant; qu'elle est rentrée en France avec l'enfant le 29 mars 1981 et, après son retour, a avisé Mme B de son refus de payer cette somme; Attendu que pour accueillir la demande de Mme B en paiement de la somme de 3 000 dollars, l'arrêt attaqué a retenu que les honoraires fixés correspondaient, non seulement aux frais et avances exposés par la demanderesse, mais aussi à la rémunération des diligences accomplies par elle; Attendu qu'en se déterminant ainsi, la cour d'appel a violé les textes [susvisés. Par ces motifs, casse].

[C.77] Civ., 9 mai 1988

LA COUR: [Attendu] que, selon l'arrêt confirmatif attaqué et les productions, le divorce des époux M ayant été prononcé aux torts partagés, Mme Pichard étant déboutée de sa demande de prestation compensatoire, M. M a postérieurement signé un document aux termes duquel Mme P devait continuer à percevoir la pension alimentaire fixée pour la procédure de divorce; que cet engagement n'ayant pas été tenu, Mme P a assigné M. M en exécution de cette obligation devant un tribunal de grande instance qui a fait droit à sa [demande]; Attendu qu'il est [reproché] à l'arrêt d'avoir retenu que M. M avait contracté une obligation naturelle, alors qu'en n'indiquant pas quels étaient les éléments de fait qui permettaient d'induire l'existence d'une telle obligation, la cour d'appel aurait privé sa décision de base [légale]; Mais attendu que l'arrêt retient [que] l'obligation naturelle de M. M trouvait sa source dans l'acte lui-même et suffisait à donner une cause valable à l'engagement, civilement obligatoire, qu'il avait pris pour remplir un devoir de conscience; que, par ces énonciations, la cour d'appel a légalement justifié sa [décision].

CHAPTER 4

TRAFFIC ACCIDENTS

1 A LEGAL BASIS FOR CIVIL LIABILITY

Towards the end of the 19th century the people of France saw their first motor car. Many cheered but some cynics would say that those who cheered the loudest and longest were the lawyers. At that time, there was no separate legal régime specifically designed to regulate the compensation of those who suffered personal injury or injury to property as a result of a car accident. What then existed (as it had since 1804) was a part of the *Code civil* entitled *'des délits et des quasi-délits'*, itself a sub-division of a title of the *Code civil* called *'des engagements qui se forment sans convention'* [D.1]. In other words a small part of the *Code civil* was devoted to obligations which arose out of the fact that one person has caused harm to another, either because of the direct fault of that person or because of the indirect fault of a person in that the harm was actually caused by another person, thing, animal or building, for which he or she was deemed to be responsible. The traditional view of civil responsibility (and hence civil liability to repair any damage caused) was that of fault (*faute*), which is expressly referred to in Article 1382 and, by implication, in Article 1383, which can be read as a gloss on Article 1382, emphasising that fault can be either intentional (*responsabilité civile délictuelle*) or negligent (*responsabilité civile quasi-délictuelle*). There is no express reference to fault in articles 1384 (responsibility for other persons and things), 1385 (responsibility for animals) or 1386 (responsibility for buildings), but traditional theory had it that these three latter articles established a presumption of fault. Fault, therefore, was the basis of civil liability and, in order to obtain reparation or compensation, the injured party had to prove either the fault of the other party or that circumstances existed which raised a presumption of fault. This was deemed to be a sufficient legal basis for regulating civil liability at the time the *Code civil* was promulgated and for some decades thereafter.

However, during the second half of the 19th century French society became more machine-based, the number of situations in which injury could be caused increased (eg, mechanised factories, railways, and cars) and often it was more difficult to prove the existence of a fault (eg, a mechanical breakdown or an explosion in a mine). The legal regulation of this changing world had to be amended and developed. Sometimes this was statute based and a number of statutes imposed a civil liability to compensate for injury even where no fault could be proved (*responsabilité sans faute*). *Responsabilité sans faute* was imposed in schemes for workmen's compensation for industrial accidents and diseases, for compensation for the escape of noxious substances from buildings, and, more recently, for aeroplanes and nuclear installations, sometimes coupled with the imposition of compulsory insurance.

In particular, however, developments were initiated and extended by the courts, which took advantage of the extremely vague and non-specific wording of the articles of the civil code to legislate judicially for the society then rapidly becoming so dependent on machines. The courts, as in England, created the doctrine of *res ipsa loquitur*, that in certain circumstances the very fact that an accident (eg, a railway collision or an explosion in a factory) had taken place proved a fault on behalf of someone or other. In appropriate circumstances, the courts developed the concept that, if a contract existed between the victim of an accident and another party (eg, a contract to travel by train, to ride at a riding school, or to have a vehicle repaired in a garage), that other party had a duty to perform that contract with care and to compensate the first party if the contract was badly executed (eg, there was a railway accident, a horse was unsupervised or the brakes failed immediately after the vehicle left the garage). However, this would not compensate the victim of a traffic accident where there was no contractual relationship. If such a victim could prove that a traffic accident was due to the fault of someone, civil liability could be based on fault.

However, where no such fault could be proved, a victim could be left without any remedy and there were strong social reasons for protecting persons injured by machines (including the car). As has already been stated, new dangers and risks were being created – a far cry from the agricultural tools and handcarts in use in 1804 – and the owner or user of the machine had, in addition to creating the danger or risk, acted to his or her own advantage (eg, in the case of a piece of factory machinery, there was an obvious pecuniary advantage, and there was a convenience or enjoyment advantage in the case of the car). Furthermore, it was often argued that such owners or users not only could afford to own and use the machine, but could afford to insure against injury caused by the machine, whereas many victims were not able to bear the financial burden of that injury.

Consequently, commencing with a decision in 1896, the courts demonstrated the creative genius of case law technique by using the provisions of Article 1384, paragraph 1 (*on est responsable [du] dommage [qui] est causé par le fait [des] choses que l'on a sous sa garde*). In the instant case, the *Cour de cassation* held that the victim of an accident resulting from the explosion of a boiler must be compensated for the injury caused by the boiler because the boiler was a *'chose'*, it had by its explosion caused personal injury, it was under the *'garde'* of a legal person, who was therefore civilly liable. The key question was that of the burden of proof – instead of the victim having to prove the fault of (eg, a factory owner, a car driver, someone opening a bottle of champagne, or the owner of a tree), the burden of proof was reversed. Article 1384, paragraph 1, lays down a presumption of fault which is laid at the feet of the *'gardien de la chose'*. This presumption can only be rebutted if the *gardien de la chose* can prove (the burden of proof being on the *gardien*) that there were exonerating factors (see head 3 below). Article 1384, paragraph 1, was soon sought as a basis for determining civil liability for accidents involving the motor car and, after some vacillation between the lower courts and the *Cour de cassation*, the principle was consecrated definitively in the famous *Jand'heur* case [D.4].

A *'chose'* does not have to be intrinsically dangerous in itself. A key, a tree, or a bottle of beer are not intrinsically dangerous but in certain circumstances such objects can be the instrument of injury, and a car with faulty brakes may cause injury when being driven but not if parked in a garage until repaired. A *'chose'* does not necessarily have to be in motion or to be directed by a person to cause injury but must have contributed to the occurrence of the injury to person or property. The courts have used phrases such as a *'cause génératrice'* of the injury and the *'instrument du dommage'*. It is not necessary for there to have been a physical contact between the *'chose'* and the victim and neither is it necessary for the *'chose'* to have played an active role in that the *'chose'* moved towards a non-moving (or slower-moving) victim. A stationary object, such as a glass door, may be the instrument of the injury if the victim could not have realised that it was there. The courts have often emphasised the abnormal condition of a *'chose'* at the time of an accident, distinguishing between a normally polished floor and a floor made more likely to be an instrument of injury by the fact of it being wet. The courts have applied these generalities to motor vehicles. Any attempt to limit civil liability under Article 1384, paragraph 1, to cases where a car is being driven or is in a dangerous condition, was firmly quashed in the second *Jand'heur* case [D.4]. Note the subtle but deliberate change in language by the *Cour de cassation* in that the second case did not use the word *'danger'*, which had been used in the first case [D.2] and emphasised by the *cour de renvoi* [D.3].

In the vast majority of road accidents the vehicle will in fact have played an active role by being in motion, by suddenly stopping, by being driven in a manner which causes a person or another driver to take evasive action (even though there is no contact with the other vehicle) and by being situated in an abnormal position, such that that abnormal position was an instrument of the injury. All these factors relate to the way in which the motor vehicle is being used (driven or double parked) and not to the vehicle's intrinsic character. Consequently, in *Jand'heur*, the *Cour de cassation* attached civil liability not to the *'chose'* itself but to its *'garde'*. It is therefore necessary, in order to impose liability on a person or body, to determine who is the *'gardien'* of the vehicle and then, if a person or body is the *'gardien d'une chose'*, is his, her or its liability absolute or can the presumption of civil liability be rebutted so as to exonerate him, her or it, in whole or in part, from the obligation to compensate the victim (see head 2).

From then on until 1985, the legal basis for civil liability for road accidents was that of Article 1384, paragraph 1, as interpreted by the courts. That civil liability will be examined below for two reasons. First, it gives an opportunity to look, albeit very briefly and solely from the perspective of road accidents, at general principles of civil liability under Article 1384, paragraph 1, again albeit that that article is only one of those listed under the heading of *délits et quasi-délits*. Second, although it will be seen below that in 1985 the long awaited special régime for regulating civil liability for road accidents was enacted, that régime does not provide a completely autonomous system covering every single situation where injury is caused to persons or property as a result of a road accident, and that, if the 1985 régime does not apply to a particular situation, recourse may still have to be had to the general principles (the *droit commun*) of Article 1384, paragraph 1.

These matters are discussed below, but first it will be useful to explain (briefly) the types of harm which can be compensated (under both the *Code civil* and the 1985 régime) and the terms used in the case law. An award of damages will normally include both material loss (*préjudice matériel*) and non-material loss (*préjudice moral*) [D.6]. *Préjudice matériel* will include such things as hospital expenses, medical and pharmaceutical expenses, economic loss because of a period of hospitalisation or convalescence leading to interruption of earning capacity, loss or diminution of earning capacity, expenditure of third parties (eg, social security benefits or any wages paid by an employer during a period of incapacity for work) and loss of or damage to property [D.8]. Non-material loss relates to those matters resulting from an accident which result in a diminution of the enjoyment of life entertained before the accident. This may include the *pretium doloris* (the price of grief and suffering) (eg, the loss of a child [D.7] or emotional shock followed by a miscarriage [D.5]), a *préjudice esthétique* (something which disfigures a person [D.8]) or *préjudice d'agrément* (loss of the ability to perform normal activities [D.8]).

Materials

[D.1] *Code civil – Des délits et des quasi-délits*

Article 1382 – Tout fait quelconque de l'homme, qui cause à autrui un dommage, oblige celui par la faute duquel il est arrivé, à le réparer.

Article 1383 – Chacun est responsable du dommage qu'il a causé non seulement par son fait, mais encore par sa négligence ou par son imprudence.

Article 1384 – On est responsable non seulement du dommage que l'on cause par son propre fait, mais encore de celui qui est causé par le fait des personnes dont on doit répondre, ou des choses que l'on a sous sa garde.

Le père et la mère, en tant qu'ils exercent le droit de garde, sont solidairement responsables du dommage causé par leurs enfants mineurs habitant avec eux.

Les maîtres et les commettants, du dommage causé par leurs domestiques et préposés dans les fonctions auxquelles ils les ont employés.

Les instituteurs et les artisans, du dommage causé par leurs élèves et apprentis pendant le temps qu'ils sont sous leur surveillance.

La responsabilité ci-dessus a lieu, à moins que les père et mère et les artisans ne prouvent qu'ils n'ont pu empêcher le fait qui donne lieu à cette responsabilité.

En ce qui concerne les instituteurs, les fautes, imprudences ou négligences invoquées contre eux comme ayant causé le fait dommageable, devront être prouvées conformément au droit commun, par le demandeur à l'instance.

Article 1385 – Le propriétaire d'un animal, ou celui qui s'en sert, pendant qu'il est à son usage, est responsable du dommage que l'animal a causé, soit que l'animal fût sous sa garde, soit qu'il fût égaré ou échappé.

Article 1386 – Le propriétaire d'un bâtiment est responsable du dommage causé par sa ruine, lorsqu'elle est arrivée par une suite du défaut d'entretien ou par le vice de sa construction.

[D.2] *Civ., 21 février 1927*

LA COUR: [Vu] l'article 1384, al. 1er, c. civ.; Attendu que la présomption de faute établie par cet article à l'encontre de celui qui a sous sa garde la chose mobilière inanimée qui a causé un dommage à autrui ne peut être détruite que par la preuve d'un cas fortuit ou de force majeure, ou d'une cause étrangère qui ne lui soit pas imputable; qu'il ne suffit pas de prouver qu'il n'a commis aucune faute ou que la cause du fait dommageable est demeurée inconnue; Attendu que, le 22 avril 1925, un camion automobile appartenant à la société anonyme dite Maison Bumsel a renversé et gravement blessé la mineure Lise Jand'heur; que l'arrêt attaqué a refusé d'appliquer le texte susvisé sous le prétexte qu'au moment de l'accident le camion était actionné par S, chauffeur au service du propriétaire et que, dès lors, pour obtenir réparation du préjudice, la victime était tenue d'établir, à la charge du conducteur, une faute qui lui fût imputable dans les termes de l'article [1382]; Mais attendu que la loi, pour l'application de la présomption qu'elle édicte, ne distingue pas suivant que la chose qui a causé le dommage était ou non actionnée par la main de l'homme; qu'il suffit qu'il s'agisse d'une chose soumise à la nécessité d'une 'garde' en raison des dangers qu'elle peut faire courir à autrui; d'où il suit qu'en statuant comme il l'a fait, l'arrêt attaqué a interverti l'ordre légal de la preuve et violé le texte de loi susvisé; par ces motifs, casse [renvoie] devant la cour d'appel de Lyon [D.3].

[D.3] *Lyon, 7 juillet 1927*

LA COUR: [Attendu] que le tribunal civil de Belfort a déclaré applicable au cas qui lui était déféré la disposition de l'article 1384, al. [1er]; Attendu que le jugement frappé d'appel est basé sur les motifs que le texte précité crée une présomption de faute à la charge de celui qui a sous sa garde une chose pouvant être, par sa nature même, dangereuse ou nocive, qu'elle soit d'ailleurs abandonnée à elle-même ou dirigée par l'homme; que, partant, cette présomption doit s'appliquer au cas d'un accident causé par une voiture automobile dont la direction exige nécessairement le fait de l'homme mais qui, à raison de sa force interne, n'est pas toujours dépendante de la maîtrise du conducteur; que dans l'espèce on doit retenir contre la société Bumsel le principe de responsabilité établi par l'article 1384, l'automobile, cause de l'accident litigieux, se trouvant sous la garde de son préposé; Attendu que cette décision ne paraît conforme ni à la lettre, ni à l'esprit de la loi;

Attendu d'abord qu'il est certain que les rédacteurs du Code civil, en réglant la matière des délits et quasi-délits, ont voulu placer à la base de la responsabilité en dérivant, la faute de celui contre qui la victime du dommage entend agir en réparation; qu'après avoir posé dans les articles 1382 et 1383 le principe primordial que chacun répond, en dehors de l'exercice normal d'un droit, de son fait ou de son abstention préjudiciable, ils ont érigé une présomption de faute en cas de dommage émanant du fait soit des personnes qu'on a sous sa dépendance, soit des choses nécessitant une garde; que, manifestement, dans la pensée du législateur de 1804, l'article 1384, al. 1er, a eu pour unique objet d'affirmer en principe les présomptions de faute dont les articles suivants devaient préciser l'application au regard du dommage causé par un animal ou la ruine d'un édifice; Attendu que, dans le droit commun, la faute directe ou indirecte est ainsi seule génératrice d'imputabilité délictuelle ou quasi-délictuelle; que les dispositions mêmes du chapitre du Code civil sur cette matière attestent que l'idée de la faute aquilienne prouvée, assise logique de toute responsabilité, loin d'avoir été répudiée, a reçu une consécration [formelle]; Attendu que de ces considérations, il appert, d'une façon générale, que la responsabilité quasi-délictuelle prévue par l'article 1384 ne peut procéder du dommage provenant d'un organisme ou conduit par la main de l'homme, alors que la direction imprimée comporte à tous les instants et pendant tout le trajet des précautions nécessaires à la sécurité d'autrui, mais uniquement du dommage produit par l'effet d'un vice propre de la machine, dont, néanmoins, on peut être comptable; qu'ainsi, la présomption légale de faute est réservée au cas où la lésion a été réalisée directement par la chose, abstraction faite de l'activité présente de l'homme; mais qu'alors apparaît la notion de prévisibilité constante du danger, le gardien de la chose étant légalement tenu de se prémunir contre les périls auxquels elle peut exposer les tiers par son dynamisme apparent et ses énergies latentes;

Attendu que, dans ces conditions, les termes de l'article 1384, al. 1er, ont toute leur valeur quand il s'agit d'un dommage provoqué directement par une chose qui, à raison des mesures devant être prises pour éviter de nuire, n'a pas cessé d'être soumise au contrôle du propriétaire ou de son préposé, soit, du reste qu'elle ait été ou non dirigée, la direction étant alors sans influence sur la responsablité; que cette interprétation large d'un texte légal, dont la portée est pourtant limitative, repose sur des motifs d'utilité pratique et ne se trouve pas contredite par l'esprit de la loi; Attendu que, par suite, on conçoit l'application de ce texte à l'explosion de la machine en marche ou en station, à l'éclatement d'un pneu, à la rupture du frein ou du volant, à toutes les fois que l'accident est dû au vice grave qui rendait dangereux l'usage normal de la chose, ces événements devant entraîner l'imputabilité, sauf exonération basée sur une conjoncture imprévisible ou inéluctable; qu'ainsi, suivant les distinctions susindiquées, il incombe au demandeur de justifier du grief allégué à la charge du conducteur d'une voiture automobile, comme il appartient au gardien du véhicule qui a méconnu le commandement légal emportant présomption de faute, de prouver, pour se décharger de la responsabilité, le fait extinctif de son obligation de garde mobile ou [sédentaire; Attendu] que le fait de l'automobile dirigée se confond nécessairement avec celui de l'homme, alors qu'au contraire le fait propre à la chose, établissant une relation de causalité entre elle et l'atteinte portée, est, au fond, l'action dommageable de cette chose prise isolément, et qu'ainsi le danger de l'activité humaine se différencie du danger objectif; que, si la voiture automobile n'est pas, certes, en tant que mode de locomotion immuablement docile, on peut dire que, presque jamais, elle ne devient dangereuse qu'entre les mains d'un agent inhabile ou imprudent; qu'à la vérité, elle apparaît comme un instrument obéissant à la manoeuvre humaine, et constituant en cas d'accident un moyen de transmission d'un dommage subjectivement produit; que c'est bien aussi cette responsabilité purement personnelle que vise la loi quand elle exige des garanties d'âge et d'aptitude pour la conduite des automobiles;

Attendu en outre, qu'il n'est point superflu de remarquer que l'interprétation donnée par le tribunal de Belfort aux termes de l'article 1384, al. 1er, vient en restreindre le champ d'application, la présomption de faute ne devant désormais peser sur le gardien que s'il s'agit de choses dangereuses, distinction qu'en vain on chercherait dans le texte légal, dont la compréhension porte moins sur la chose dangereuse que sur le danger d'accident ou le risque de dégât pouvant résulter de certaines choses ou de l'instinct de l'animal inefficacement [surveillé]; Attendu, d'ailleurs, d'après le système adopté en première instance, que la présomption de faute peut être détruite seulement par la preuve d'un cas fortuit ou de force majeure, ou d'une cause étrangère non imputable à l'homme et qu'il ne suffirait pas, pour la décharge de l'auteur de l'accident, de la démonstration qu'il n'a commis aucune faute; Attendu cependant que notre droit ne fait aucune différence pour l'admission de la preuve, entre les faits positifs et les faits négatifs, alors que la simple probabilité tirée de ce qui arrive ordinairement ne doit pas être considérée comme suffisante pour justifier une [condamnation];

Attendu, somme toute, que le système sur lequel se fonde le jugement attaqué tend, en réalité, en rendant la responsabilité civile presque irréfragable, à étendre dans notre droit, sans l'aisance législative nécessaire, la notion sociale du risque créé, alors que cette conception est étrangère au principe qui a fait instaurer la faute présumée dans l'article 1384, à telle enseigne qu'une loi spéciale, celle du 31 mai 1924, a dû la consacrer pour les aéronefs; que, d'ailleurs, on ne conçoit guère la fonctionnement d'un tel régime sans la constitution d'un fonds de garantie; qu'au surplus, la théorie admise par le tribunal de Belfort en faisant presque table rase du principe de la preuve, aurait, dans la plupart des cas, pour résultat de faire considérer, en fait, le propriétaire de l'automobile comme responsable en cette seule qualité;

Attendu, par contre, que la règle, si judicieux dans son fondement de justice de l'article 1382, régit, grâce à une ample souplesse, toute responsabilité subjective que l'automobiliste ait agi avec une imprévoyance coupable ou perdu inhabilement la direction de sa machine; qu'aussi bien est-on forcé de se rattacher au système traditionnel en cas de faute commune d'accidents avec dégâts simplement matériels, ou au cours d'un transport bénévole, ou à raison d'une collision de véhicules; que, spécialement dans ce dernier cas, il paraîtrait singulier de retenir une présomption bilatérale de faute; que, sans doute, la série de restrictions auxquelles est voué le système qui sert de support à la décision entreprise n'est pas de nature à en favoriser le développement pratique; Attendu qu'on objecterait vainement qu'en l'état de la doctrine traditionnelle la victime d'un accident peut se trouver dans l'impossibilité d'obtenir réparation du dommage, à défaut d'être en mesure de rapporter la preuve de la faute mais qu'il importe d'observer que l'obligation légale de la preuve n'est en rien influencée par la plus ou moins grande difficulté de prouver, et que, si dignes d'intérêt que puissent être les situations lésées, il n'appartient pas au pouvoir judiciaire d'ajouter des présomptions de faute à celles décrites expressément ou d'une façon virtuelle par notre grande charte civile; Attendu, enfin, que, quelle que soit la puissance des considérations d'ordre social déduites de la multiplicité des accidents et du souci protecteur de la vie humaine, on ne peut souscrire à une application jurisprudentielle qui risque d'aboutir à frapper des personnes non fautives par crainte de voir demeurer sans sanction quelques [responsabilités];

Par ces motifs, réformant le jugement frappé d'appel, dit que l'accident imputé à une voiture automobile en mouvement sous l'impulsion et la direction de l'homme, alors qu'aucune preuve n'existe qu'il soit dû à un vice propre de la voiture, ne constitue pas un dommage causé par une chose que l'on a sous sa garde dans les termes de l'article 1384, al. [1er]; déclare, en conséquence, que l'accident dont la mineure Jand'heur a été victime ne peut engager la responsabilité du conducteur ou du commettant qu'autant qu'il est la suite d'une faute établie; que, partant, la charge de prouver une faute à l'encontre du conducteur incombe à la victime ou à ses représentants [légaux].

[D.4] Chambres réunies, 13 février 1930

Conclusions du Procureur général Matter

Aux termes de l'article 1384 c. civ. dans son 1er alinéa, chacun est responsable du dommage causé par la chose dont il a la garde. Cette prescription est-elle applicable aux accidents causés par les automobiles en marche? Telle est la question très brève et nette, posée à votre haute juridiction. Elle se présente devant vous, d'ailleurs, en fait, dans les conditions les plus simples. [Cette] question qui paraît si claire, qui semble se présenter dans des conditions si simples est, à coup sûr l'une des plus importantes et des plus délicates dont vous ayez eu à connaître depuis de longues années. Importante elle est en raison du développement de l'automobilisme, du nombre sans cesse croissant des accidents, partant du nombre même des instances en réparation. Or, de votre solution dépendra le caractère de la preuve à exiger du demandeur et, par conséquent, la plupart du temps, la solution même de l'instance engagée par la victime. Importante, la question est infiniment discutée. Il n'est pas de problème de droit qui ait soulevé plus de controverses, qui ait fait répandre des flots plus tumultueux d'encre juridique, qui ait été l'objet d'arrêts plus nombreux. Il n'y a, pour ainsi dire, pas de fascicule de nos grands périodiques qui comprenne une nouvelle décision, toujours fortement annotée.

La présomption de l'article 1384 applicable si la lésion a été réalisée directement par la chose, l'explosion du moteur, l'éclatement d'un pneu, la rupture d'un frein ou du volant bref, un vice qui rendait dangereux l'usage normal de la chose, est inadmissible au cas où la machine est sous la conduite de l'homme, ou (je cite l'arrêt attaqué) 'le fait de l'automobile dirigée se confond nécessairement avec celui de l'homme'. Et l'arrêt de développer très fortement cette argumentation: dans les actes du conducteur, il n'y a plus seulement fait de la chose, mais responsabilité personnelle d'un agent, car alors il y a conduite, acte de volonté et non simple garde.

Présentée avec luxe par l'arrêt attaqué, cette argumentation paraît se tenir, mais il y a longtemps qu'on en a fait raison. Elle se heurte, en effet, à trois objections inséparables. D'une part, elle repose sur une distinction que notre alinéa ne comporte [nullement]. D'autre part, elle est jugée et condamnée par les conséquences mêmes, tout à fait extraordinaires auxquelles elle aboutit. Elle a été mise à mal, de la manière la plus forte par M. Josserand, dans son récent article [D.1930.7]: 'Il serait surprenant, en vérité, que la responsabilité du gardien fût atténuée par la mise en marche du véhicule, c'est-à-dire au moment précis où son utilisation devient vraiment dangereuse. On ne distingue pas, pour les dommages causés par une batteuse mécanique, par une locomotive ou par un bateau, selon que le dommage survient pendant la marche de ces appareils ou alors qu'ils étaient au repos; on ne voit pas pourquoi on traiterait autrement les accidents de locomotion automobile; la distinction entre la garde et la conduite est une distinction factice et presque byzantine; une automobile n'est jamais autant sous la garde de son propriétaire que lorsque celui-ci est au [volant'].

Mais c'est qu'il y a toujours un fait personnel sous le dommage causé par la personne ou la chose dont on répond. Dans la responsabilité de l'article 1384, de l'instituteur, du père, du commettant, ne peut-on relever une faute originaire du père qui a mal élevé son enfant, du commettant qui a mal choisi son commis, du maître ou de l'instituteur qui a mal surveillé les élèves confiés à sa garde? Dans la responsabilité prévue par l'article 1385, c'est l'animal qui a été mal dressé ou mal gardé par son propriétaire. Lorsqu'il s'agit de la ruine d'un bâtiment, c'est le fait du propriétaire qui l'a mal entretenu et l'a laissé tomber en ruines, ou de l'architecte qui l'a mal [construit]. Il en est de même dans les nombreuses espèces où, antérieurement à la jurisprudence sur les automobiles vos Chambres civiles se sont prononcées. S'agit-il d'une machine qui fait [explosion]? Mais c'est le fait du mécanicien qui l'a mal entretenue, ou du conducteur qui l'a mal établie. S'agit-il de l'explosion de grenades à main, soit de l'entrepositaire qui les a mal conservées, ou du constructeur qui les a mal [préparées]. Il en est de même, dirons-nous, pour l'automobile. Sous le fait de la voiture en marche, ayant même son dynamisme propre, c'est l'action du conducteur mal maître de sa [machine]. J'en ai assez dit pour démontrer tout ce que la distinction admise par la cour de Lyon a d'arbitraire, contraire à la loi, fondé sur des principes inexacts, donc [inadmissible].

Mais ajoute la cour de Lyon, la Chambre civile, en 1927, aurait 'violé la tradition'. La tradition? Quelle tradition? Comme le disait spirituellement M. l'avocat général Langlois, jusqu'en 1896, il n'y a point eu de tradition, il n'y a eu que des contradictions. C'est depuis 1896 que, lentement, sûrement, pas à pas, comme vous le faites avec prudence et sagesse, c'est depuis votre arrêt de principe du 16 juin 1896 qu'une tradition jurisprudentielle s'est [formée]. Cette jurisprudence dépasse-t-elle les termes de la loi? Nullement. Dans son texte même, elle a cherché son principe et sa base. Tout au plus peut-on dire qu'elle a adapté à des besoins nouveaux un texte dont les arrêts précédents n'avaient pas envisagé toute la portée, et cela encore est dans vos traditions. Peut-être conviendrait-il ici de vous rappeler les phrases qu'à ce sujet consacrait justement un grand magistrat quand il disait que la jurisprudence opère une oeuvre créatrice; qu'en présence de tous les changements opérés dans les idées, dans les moeurs, dans les institutions, dans l'état économique de la France, on doit adapter libéralement, humainement, le texte aux réalités et aux exigences de la vie moderne. Avez-vous jamais manqué à ce devoir? N'êtes-vous point, par des revirements parfois bien plus brusques que l'actuel, n'êtes-vous point revenus en arrière pour rectifier une jurisprudence erronée? Mais vous avez, il n'y a pas bien longtemps, fait ainsi dans une matière importante, la matière des chemins de fer. Pendant longtemps, il était admis que les transports par voie de chemins de fer tombaient uniquement sous la responsabilité délictuelle du voiturier et, dans une rapide évolution, votre Chambre civile a [fait] application, désormais, aux transports par chemins de fer, de la responsabilité contractuelle. Si quelques arrêtistes s'en sont indignés, cette règle de droit est entrée maintenant dans les moeurs judiciaires. Où est la proposition faite pour la contester? Où sont les protestations actuelles? Tout le monde l'accepte maintenant et, pourtant, c'est en trois ans que s'est faite cette modification profonde.

Le 1er alinéa de l'article 1384 a été édicté à une époque bien ancienne, au temps des [diligences], mais au temps aussi où l'on savait rédiger un texte, non point seulement pour l'heure actuelle, pour les besoins du moment, mais pour [l'avenir]. [Toutes] les fois qu'on en parle avec un jurisconsulte étranger, toute les fois qu'on discute avec lui sur la portée de tel article de notre Code civil, spécialement dans son titre 'Des obligations', il ne manque pas de dire l'admiration profonde qu'il a pour des textes qui contiennent des formules si souples et si précises en même temps, si larges et si compréhensives que, formulées au temps du cabriolet, elles sont aussi bien applicables à l'automobile ou même à [l'avion]. Je conclus à la cassation.

LA COUR: [Vu] l'art. 1384, alin. 1er; Attendu que la présomption de responsabilité établie par cet article à l'encontre de celui qui a sous sa garde la chose inanimée qui a causé un dommage à autrui ne peut être détruite que par la preuve d'un cas fortuit ou de force majeure ou d'une cause étrangère qui ne lui soit pas imputable; qu'il ne suffit pas de prouver qu'il n'a commis aucune faute ou que la cause du fait dommageable est demeurée inconnue; Attendu que, le 22 avr. 1925, un camion automobile appartenant à la Société Aux Galeries belfortaises a renversé et blessé la mineure Lise Jand'heur; que l'arrêt attaqué a refusé d'appliquer le texte susvisé par le motif que l'accident causé par une automobile en mouvement sous l'impulsion et la direction de l'homme, ne constituait pas, alors qu'aucune preuve n'existe qu'il soit dû à un vice propre de la voiture, le fait de la chose que l'on a sous sa garde dans les termes de l'art. 1384, al. 1er et que, dès lors, la victime était tenue, pour obtenir réparation du préjudice, d'établir à la charge du conducteur une faute qui lui fût imputable; Mais attendu que la loi, pour l'application de la présomption qu'elle édicte, ne distingue pas suivant que la chose qui a causé le dommage était ou non actionnée par la main de l'homme; qu'il n'est pas nécessaire qu'elle ait un vice inhérent à sa nature et susceptible de causer le dommage, l'art. 1384 rattachant responsabilité à la garde de la chose, non à la chose elle-même; d'où il suit qu'en statuant comme il l'a fait, l'arrêt attaqué a interverti l'ordre légal de la preuve et violé le texte de loi susvisé; [Casse].

[D.5] Civ., 17 mai 1973

LA COUR: [Attendu] qu'il résulte de l'arrêt [attaqué] qu'au cours d'une collision entre l'automobile conduite par [A] et celle pilotée par [D], ce dernier a été blessé; que les époux, soutenant que le choc émotionnel ressenti par dame D, alors enceinte, à la vue de son mari rentrant à son domicile les vêtements déchirés et maculés de sang, était à l'origine d'une interruption de sa grossesse, survenue quelques semaines plus tard, ont assigné [A] et son [assureur] en réparation du préjudice moral par eux subi de ce fait; que les premiers juges, devant qui il n'était plus contesté que l'accident, dont D avait été victime, était entièrement imputable à [A], ont fait droit à cette demande; que, sur le seul appel de dame D et l'appel incident de [A] et de son assureur, dirigé contre cette dernière, les juges du second degré ont confirmé la décision entreprise tout en majorant le montant des dommages-intérêts alloués; Attendu qu'il est fait grief à l'arrêt ainsi statué, alors, d'une part, que les juges d'appel auraient dénaturé le rapport d'expertise qui aurait fait les plus extrêmes réserves sur l'existence d'un lien de causalité entre le choc émotionnel ressenti par dame D et son avortement, et [d'autre] part, que le fait pour [A] et son assureur de n'avoir pas relevé appel contre D, bénéficiaire d'une très modeste indemnité pour le même chef de préjudice, ne pourrait être assimilé à un acquiescement au principe d'où procédait la condamnation; Mais attendu que les juges du second degré, après avoir analysé, sans le dénaturer, le rapport de l'expert, énoncent que jusqu'à l'accident la grossesse était normale, que les hémorragies sont apparues immédiatement après l'accident et se sont ensuite succédées pour provoquer rapidement l'avortement [et] établissant que l'émotion provoquée par l'accident chez la dame D a joué un [rôle] déterminant dans l'évolution de sa grossesse et qu'il y a bien relation de cause à effet entre cet accident et l'avortement; qu'en l'état de ces seules constatations et [énonciations], la Cour d'appel, qui ne s'est pas contredite et qui n'était pas tenue de suivre les conclusions de l'expert, a légalement justifié sa [décision].

[D.6] Civ., 23 mai 1977

LA COUR: [Vu] l'article 1382 du Code civil; Attendu que cet article par la généralité de ses termes, s'applique aussi bien au dommage moral qu'au dommage matériel; qu'il faut et qu'il suffit que ledit dommage soit personnel, direct et certain; Attendu qu'il résulte de l'arrêt [attaqué] que, Martin René, ayant été victime d'un accident de la circulation dont Michelon avait été déclaré responsable, son fils Christian assigna celui-ci pour obtenir, sur le fondement personnellement subi, du fait de l'état de santé de son père; Attendu que, pour rejeter la demande tendant à la réparation du préjudice moral subi par le fils, l'arrêt énonce que la nature indirecte ou réfléchie dudit préjudice exigerait pour sa réparation 'la preuve d'une gravité exceptionnelle' qui, en l'espèce ne résulterait pas des expertises médicales, aux termes desquelles le père, bien qu'atteint d'une incapacité permanente partielle de cent pour cent, ne serait ni grabataire, ni, par suite, incapable de donner à son fils conseils et marques d'affection et que celui-ci ne prouverait pas que cet état d'infirmité aurait eu des conséquences pathologiques et dommageables sur sa personnalité; qu'en statuant ainsi, alors que la seule preuve exigible était celle d'un préjudice personnel, direct et certain subi par le fils, la Cour d'appel a violé, par refus d'application, le texte susvisé; [Casse].

[D.7] Crim., 12 février 1979

LA COUR: [Attendu] qu'il appert de l'arrêt attaqué que Jean-Luc Foulquier a été victime à l'âge de quatorze ans d'un accident mortel de la circulation dont Roualdes a été déclaré entièrement responsable; que dame Foulquier, mère de la victime, a réclamé au prévenu la réparation du préjudice matériel qu'elle alléguait avoir subi, du fait de la privation de l'aide financière que son fils lui aurait accordée, dès qu'il aurait eu une activité salariée; Attendu que pour rejeter la demande de la partie civile, de ce chef, la Cour d'appel, qui a infirmé sur ce point la décision des premiers juges, a précisé que l'enfant était encore écolier à la date de son décès et ne pouvait apporter aucune aide financière à sa mère; qu'elle en a déduit que le préjudice matériel allégué par la demanderesse était éventuel et incertain; Attendu qu'en l'état de ces motifs desquels il se déduit que, selon l'appréciation souveraine des juges du fond, la preuve n'a pas été apportée par la partie civile demanderesse de la perte effective d'un chance sérieuse d'amélioration de ses ressources, la Cour d'appel a, sans encourir les griefs du moyen, justifié sa décision; d'où il suit que le moyen ne saurait être accueilli; [Rejette].

[D.8] Paris, 3 mai 1994

LA COUR: [Considérant] que le droit à indemnisation de Roger Lledo n'est pas contesté:

Sur le préjudice corporel de Roger Lledo: Considérant que Roger Lledo propose d'évaluer son dommage corporel en distinguant les préjudices économiques patrimoniaux des préjudices moraux extrapatrimoniaux; qu'il fait notamment figurer dans la rubrique préjudices moraux extra patrimoniaux le poste 'préjudice fonctionnel d'agrément'; Considérant que cette méthode d'évaluation qui n'est d'ailleurs pas contestée par les appelants est fondée; qu'en effet, conformément à la nature subrogatoire du recours des tiers payeurs, il est juste que l'objet des recours (créances à récupérer) et l'assiette de ceux-ci (créances sur lesquelles ils s'exercent) portent sur les mêmes chefs de préjudices; qu'ainsi les préjudices économiques patrimoniaux sur lesquels les organismes sociaux peuvent exercer leurs recours subrogatoires ne sont pas proportionnels au taux d'incapacité. Ils englobent l'ensemble des pertes subies et des gains manqués; que les préjudices moraux sont, par contre, attachés à la personne de la victime ou de ses ayants droit et donc exclus du recours des tiers payeurs; qu'ils sont essentiellement constitués du pretium doloris, du préjudice esthétique et du préjudice fonctionnel d'agrément proportionnel au taux d'incapacité fonctionnelle de la victime;

Considérant que Roger Lledo a présenté à la suite de l'accident du 11 avr. 1988 un grave traumatisme crânien avec un hématome extra-dural droit et des lésions hémorragiques frontales gauches responsables d'un coma et d'une hémiplégie gauche en partie régressive; que l'hématome extra-dural a été opéré le 21 avr. 1988 mais a évolué vers le développement d'une importante dilatation triventriculaire ayant justifié une dérivation ventriculo-péritonéale qui a dû être comprimée au printemps 1989 à l'occasion d'une méningite; que le blessé a subi une longue hospitalisation et une rééducation prolongée en raison de lourdes séquelles d'ordre neurologique (déficit moteur hémicorporel gauche), amnésique, phasique, auxquelles s'associent de l'apragmatisme et un syndrome frontal; qu'il y a eu une première hospitalisation continue jusqu'au 27 sept. 1988 suivie d'une rééducation prolongée et trihebdomadaire à l'hôpital de Salpêtrière, puis une seconde hospitalisation du 22 mars au 19 avr. 1989 en raison de la méningite sur drainage ventriculo-péritonéal; que compte tenu de la nature des blessures et de l'évolution vers de graves séquelles l'ITT [incapacité totale temporaire] a duré vingt mois soit jusqu'au 20 déc. 1989 date de la consolidation des blessures; que si la victime reste atteinte d'un syndrome déficitaire moteur hémicorporel gauche discret, elle est essentiellement handicapée par ses troubles psychiques dominés par un syndrome amnésique de type korsakovien avec oubli des faits récents et importantes erreurs, des séquelles aphasiques avec gêne manifeste de la dénomination et un syndrome psychique avec syndrome frontal entraînant de l'apragmatisme, des steréotypies, une labilité manifeste de l'humeur; que l'ensemble de ces séquelles justifie un déficit fonctionnel de 75%; que le blessé a perdu en partie son autonomie personnelle et a besoin de l'assistance d'une tierce personne non spécialisée; qu'il n'est plus en état de poursuivre son activité professionnelle au ministère de la Défense et a d'ailleurs, été réformé; qu'il n'y a pas d'élément permettant de retenir un préjudice d'agrément indépendant du déficit fonctionnel; que les souffrances physiques sont assez importantes (5/7) et le préjudice esthétique modéré (3/7);

Au vu de l'ensemble des éléments versés aux débats le préjudice subi par Roger Lledo, âgé de cinquante-quatre ans lors de la consolidation de ses blessures et exerçant lors de l'accident la profession de technicien sous statut ouvrier au ministère de la Défense, sera réparé ainsi qu'il suit:

Préjudices économiques patrimoniaux.

A Créance de la sécurité sociale: non contestée

Frais médicaux et frais d'hospitalisation	301 923,11 F
Frais futurs	73 630,66 F
	375 555,77 F

B Créance de la Mutuelle chirurgicale de Paris: [les] frais médicaux exposés par la Mutuelle doivent être inclus dans le préjudice économique: 3 160,00 F

C Tierce personne: considérant que Michèle Courtiol [soutient] sans l'établir que Roger Lledo n'aurait besoin d'une tierce personne que quatre heures par jour; qu'il résulte au contraire tant de l'ensemble des certificats médicaux versés aux débats que du rapport d'expertise que le blessé présente des troubles neurologiques et comportementaux graves, une incapacité totale de gérer ses affaires, des troubles du langage et de la mémoire ainsi qu'une incontinence; que dans ces conditions, la demande de Roger Lledo qui ne porte que sur cinq heures par jour, le rôle de la tierce personne étant actuellement assumé par son épouse, est extrêmement modérée; qu'il convient donc d'y faire droit: 789 254,63 F

D Préjudice professionnel: calculé sur la base de l'attestation établie par le ministère de la Défense

ITT: non contestée 258 920,00 F

Préjudice professionnel après consolidation [20 déc. 1989]

- perte de salaires du 20 déc. 1989 au 31 déc. 1989 sur la base d'un salaire mensuel net de 13 542.73 F = 5 242,32 F
- perte de salaires du 1er janv. 1990 au 31 oct. 1990 sur la base d'un salaire mensuel net de 13 542,73 F soit 13 542,73 x 10 = 135 427,30 F
- perte de salaires du 1er nov. 1990 au 1er avr. 1994 sur la base d'un salaire mensuel net de 14 052,34 F soit 14 052,34 F x 41 = 576 145,94 F
- perte de salaires du 1er avr. 1994 au 31 mai 1995 (date de la retraite) 14 052,34 F x 12 x 1,772 = 298 808,96 F

Sous-total des pertes de salaires 1 015 624,52 F

Perte sur le montant de la retraite: la pension sera de 10 271,70 F soit une perte de 714,63 F/mois et de 8 575,56 F/an. Compte tenu du franc de rente viagère à l'âge de soixante ans, ce poste de préjudice sera de 8 575,56 F x 8,658 = 74 247,20 F

Total 2 516 762,12 F

Sur la demande du Trésor public: Considérant que le Trésor public réclame le remboursement de la somme de 116 282,27 F correspondant aux salaires qu'il a versés à Roger Lledo du 21 avr. 1988 au 30 avr. 1989 ainsi que le remboursement des charges patronales qui se sont élevées à 29 565,34 F; qu'il sera fait droit à cette prétention, cette créance ne faisant l'objet d'aucune contestation;

Sur la demande de la Caisse des dépôts et consignations: Considérant [qu'il convient] de faire droit à la demande de capitalisation des intérêts formée par la Caisse des dépôts et consignations [à] compter du 2 sept. 1993, date des conclusions formulant cette prétention:

Considérant dans ces conditions que le montant des créances des organismes bénéficiant d'un recours subrogatoire s'élève à:

CPAM de Paris	375 555,77 F
Trésor public: salaires versés	116 282,27 F
Charges patronales	29 565,34 F
	145 847,61 F
Caisse des dépôts et consignations	1 996 797,69 F
Total	2 518 201,07 F

Préjudices moraux extrapatrimoniaux

1   Préjudice fonctionnel d'agrément. Ce poste de préjudice est proportionnel au déficit fonctionnel chiffré à 75% et fonction de l'âge de la victime. Il résulte de la perte de qualité de vie de Roger Lledo dont les fonctions mentales et physiologiques sont considérablement diminuées. Il est différent de l'incidence professionnelle qui a été indemnisée dans le cadre du préjudice économique soumis au recours des tiers payeurs et des organismes sociaux. Il sera justement indemnisé par l'allocation de la somme de 500 000 F;

2   Pretium doloris. Il est constitué par les souffrances consécutives au grave traumatisme crânien, à la dérivation ventriculo-péritonéale, à la longue rééducation motrice et de langage puis à la méningite ayant justifié l'ablation de la dérivation. Il sera évalué à 80 000 F;

3   Le préjudice esthétique en rapport avec la cicatrice d'intervention sur l'hématome extra-dural droit, fronto-temporal en lisière des cheveux, de 15 cm de long sur 12 cm de large mais dissimulée dans les cheveux: 15 000 F

[Total] 595 000 [F].

2 CIVIL LIABILITY UNDER ARTICLE 1384 AND THE PRELUDE TO LEGISLATIVE REFORM

Since civil liability is imposed on the person who has the *'garde de la chose'*, it is of vital importance to determine who that person (the *gardien*) is. *'Gardien'* is used, first of all, in the sense of a person who has the legal right to control the operation or use of the *chose* (*droit de contrôle et de direction*). So very often this will be owner, and there is a presumption that an owner is the *gardien* (below), but it also includes some other person (X) who hires the *chose*, borrows it with permission of the owner or who is a garage mechanic road-testing a vehicle after repair, provided that the owner can prove that, at the time of the accident, the *droit de contrôle et de direction* has been transferred to X. However, this legalistic definition of the gardien can break down and cause injustice if the *chose* is stolen, since theft does not confer a legal right of control and direction on the thief. The celebrated *Franck* case (which took an inordinately long time to decide because of initial vacillations between courts wishing to confine the definition to the legalistic one and courts wishing to take a pragmatic attitude) finally accepted the absurdity of the legalistic definition (by which the legal owner of a stolen car might still be the owner 10 years after the theft) and held that Franck, who had by the theft been deprived of the 'use (note the extra word), direction and control' of his car was not its *gardien* [D.9]. This was applied not just to theft but to 'borrowings' without permission [D.16]. The owner is still presumed to be the *gardien*, but the owner can escape the status of *gardien* (and civil liability) if he, she or it can prove that either direction or control of the *chose* has been transferred, or that he, she or it has been deprived of its use, direction or control [D.12] [D.15].

Having established that Article 1384, paragraph 1, raised a presumption against the *gardien d'une chose*, the *Cour de cassation* in *Jand'heur* laid down an equally restrictive interpretation of the circumstances in which that presumption could be rebutted. The presumption could only be rebutted if there had been a '*cas fortuit ou de force majeure, ou d'une cause étrangère qui ne lui soit imputable*' [D.4]. If the *gardien* could rebut the presumption, he, she or it would be completely exonerated from civil liability. *Force majeure* involved the idea that 'something happened' which was proved [D.13], which was not connected with the vehicle involved in a road accident (ie, a mechanical defect did not necessarily exonerate the *gardien* [D.10]), which was unforseeable (such as exceptional, but not normal, weather conditions [D.17] or exceptional road conditions caused by, eg, a lorry suddenly shedding its load into the path of following traffic), and which was inevitable in the sense that there was nothing that the *gardien* (almost exclusively the driver) could have done to prevent the accident (or reduce its seriousness) if the *gardien* were using the vehicle in a normal manner [D.11].

It often happened that the act of a third party (ie, someone who was neither the *gardien* nor the victim) played an important part in a road accident. Such a third party might be a pedestrian or another driver. Such an act was obviously not connected with the vehicle and if the act of the third party was unforseeable and inevitable it could be treated as a form of *force majeure*, exonerating the *gardien* (although leaving the third party civilly liable [D.14]). If the act of the third party did not amount to the equivalent of *force majeure*, then the *gardien* was not exonerated from the duty to compensate the victim. The victim had to be totally compensated by the *gardien*, but the *gardien* then had the right to bring an action against the third party to recover the proportion of the compensation appropriate to the third party's involvement. Finally, there were the cases (so many) where the fault of the victim was, in whole or in part, the cause of the accident. As with a third party, if the act of the victim was unforseeable and inevitable it could be treated as a form of *force majeure*, exonerating the *gardien* completely [D.11]. However, gradually many courts moved away from the simplicity of the *Jand'heur* solution (if the presumption is not rebutted the *gardien* is totally liable, if the presumption is rebutted the *gardien* is totally exonerated) by holding that a system of partial exoneration could be determined in cases where the victim and the *gardien* were both partially to blame for the accident. The courts did not follow the solution devised for third parties, but themselves performed the book-keeping exercise that where the *gardien* was partially exonerated by the victim's fault the compensation to the victim was to be reduced proportionally with the seriousness of the victim's act and its effect on the cause of the accident [D.18].

Although this solution perhaps mirrored the morality or blameworthiness of the situation, it did not provide a just compensation for the victim. It was suggested by certain reformers, in particular, that a system of partial exoneration did not take account of the fact that the *gardien* would have motor insurance which would fund the *gardien*'s share of the compensation, but the cyclist or pedestrian victim would rarely be insured. It may be noted that a *Fonds de garantie* was established to provide compensation if a person was injured by a motor vehicle which could not be traced. It was alleged that the courts were partially exonerating the *gardien* for quite trivial acts of inadvertance on the part of the victim and that, although the reduction of the victim's compensation would be proportionally small, the victim would, nevertheless have to pay that whole amount. Those who created the risks were treated better than the victim for whom the principle of civil liability for fault was applied with all its force.

In the 1960s certain reformers suggested a new approach to the rapidly increasing car ownership and consequent accidents on overcrowded roads, the tightening up of the law of compulsory insurance, and to the fact that victims so often had to undertake litigation, based on Article 1384, paragraph 1, by suggesting a system of no-fault (or at least less-fault) compensation with the victim's first port of call being the insurance company rather than the courts. From 1965 to 1981, there was commission after commission of inquiry and proposed law after proposed law. One (of many) reasons for not acting to create a special régime of compensation for road accidents was the fact that the case-law system of partial exoneration of the *gardien* and the apportionment of compensation according to the respective faults of the victim and *gardien* provided a just solution. In 1982, the *Cour de cassation* took a decisive step in the process of reform and overturned the case law based on partial exoneration [D.19]. This overturning (*revirement*) was intended to force Parliament to act to create a specific system of road accident compensation and Parliament duly complied in 1985. That system will be examined below, but it is significant to note that as soon as their objective was achieved, the *Cour de cassation* performed another U-turn when, in 1987, they overturned the 1982 decision [D.20].

Materials

[D.9] Chambres réunies, 2 décembre 1941

LA COUR: [Attendu] qu'il résulte des énonciations de l'arrêt attaqué que, dans la nuit du 24 au 25 déc. 1929, une voiture automobile, appartenant au Dr. Franck, et que celui-ci avait confiée à son fils Claude, alors mineur, a été soustraite frauduleusement par un individu demeuré inconnu, dans une rue de Nancy où Claude Franck l'avait laissée en stationnement; qu'au cours de la même nuit, cette voiture, sous la conduite du voleur, a, dans les environs de Nancy, renversé et blessé mortellement le facteur Connot; que les consorts Connot, se fondant sur les dispositions de [l'article 1384, al. 1er], ont demandé au Dr. Franck réparation du préjudice résultant pour eux de la mort de Connot; Attendu que, pour rejeter la demande des consorts Connot, l'arrêt déclare qu'au moment où l'accident s'est produit, Franck, dépossédé de sa voiture par l'effet du vol, se trouvait dans l'impossibilité d'excercer sur ladite voiture aucune surveillance; qu'en l'état de cette constatation, de laquelle il résulte que Franck, privé de l'usage, de la direction et du contrôle de sa voiture, n'en avait plus la garde et n'était plus dès lors soumis à la présomption de responsabilité édictée par [l'article 1384, al. 1er], la cour d'appel, en statuant ainsi qu'elle l'a fait, n'a point violé le texte précité; Par ces motifs, déclare le moyen mal [fondé].

[D.10] Req., 22 janvier 1945

LA COUR: [Attendu] que Droulez, qui avait heurté avec sa voiture automobile et blessé mortellement sur le trottoir où il marchait, le piéton Delcroix, ayant été acquitté par la juridiction correctionnelle au motif que l'accident avait eu pour cause de détachement de la rotule de la direction de sa voiture, les ayants droit de la victime l'ont assigné devant la juridiction civile en dommages-intérêts pour la réparation du préjudice subi sur le fondement de l'article 1384, al. 1er, c. civ.;

Attendu que le pourvoi fait grief à l'arrêt attaqué d'avoir accueilli cette demande, sous le prétexte que le cas fortuit ou de force majeure de nature à faire écarter la présomption de responsabilté découlant de cet article impliquerait nécessairement un fait ou une circonstance externe à la chose et indépendante de la volonté de son gardien, et qu'il ne pourrait résulter d'une construction ou d'un montage défectueux de la chose, notamment pour une automobile d'un vice interne, alors que si le cas fortuit ou de force majeure suppose nécessairement un événement non imputable au gardien de la chose, l'extériorité de cet événement par rapport à cette chose n'est pas une condition distincte de la non-imputabilité au gardien; que si l'événement qui a pris naissance dans la chose par suite d'une faute ou d'une négligence de ce dernier ne saurait le dégager de la présomption de responsabilité pesant sur lui, il n'en pouvait être de même, lorsque, comme dans l'espèce, non seulement aucune faute n'était susceptible d'être relevée à cet égard, à l'encontre de Droulez à raison de la chose jugée, résultant en sa faveur du jugement de relaxe, mais encore, il était établi que l'événement de nature à faire écarter la présomption en question était exclusivement imputable au fait d'un tiers; Mais attendu qu'il résulte des constatations de l'arrêt attaqué que l'accident a eu pour cause le détachement de la rotule de la direction de l'automobile de Droulez, lequel, par suite de la défaillance de cette pièce, au moment où il dépassait un autre véhicule n'a pu redresser sa voiture et est venu heurter deux piétons, dont la victime Delcroix, qui se trouvaient 22 mètres plus loin sur le trottoir;

Attendu que se fondant sur ces constatations, la cour d'appel a décidé à bon droit, que le vice inhérent à la chose qui avait causé le dommage ne constituait pas au regard de Droulez, gardien de cette chose, un cas fortuit ou de force majeure, lequel implique un fait ou une circonstance extérieure à la chose de nature à l'exonérer de la présomption de responsabilité de [l'article 1384, al. 1er]; que la circonstance relevée par l'arrêt correctionnel de relaxe que le montage défectueux de la pièce défaillante était imputable à l'ouvrier demeuré inconnu, qui eut dû la river et non la braser, ne liait point le juge civil et restait sans influence quant à l'application dudit article 1384, alors même que Droulez n'avait commis aucune faute pénale; d'où il suit qu'en condamnant Droulez à réparer le dommage causé par sa voiture automobile aux ayants droit de la victime Delcroix, la cour d'appel a rendu une décision légalement justifiée et n'a violé aucun des textes visés au moyen; [rejette].

[D.11] Civ., 23 janvier 1945

LA COUR: [Attendu] que, pour l'application de [l'article 1384], la chose incriminée doit être la cause du dommage; que si elle est présumée en être la cause génératrice dès lors qu'elle est intervenue dans sa réalisation, cette présomption est détruite par la preuve que la chose, inerte ou non, n'a joué qu'un rôle passif et a seulement subi l'action étrangère génératrice du dommage; Attendu qu'il résulte des énonciations de l'arrêt [attaqué] que Deyssieu, débouchant à motocyclette d'un chemin joignant la route de Gradignan à Léognan, a, en tournant à droite pour se rendre à Gradignan, dérapé sur le sable et le gravier qui recouvrait le virage en déclivité à cet endroit et, après avoir parcouru ainsi une distance de 7 m, s'est mortellement blessé en venant se jeter sur l'aile gauche arrière de l'automobile de Desbons qui abordait les lieux en tenant régulièrement sa droite; que l'arrêt ajoute 'qu'une haie empêchait Deyssieu d'apercevoir les usagers venant de la direction de Gradignan; qu'habitué à effectuer ce parcours, dont il connaissait toutes les particularités, il devait se montrer particulièrement prudent, de façon à céder le passage à tout conducteur venant sur sa droite'; Attendu qu'en l'état de ces constatations, d'où il résulte que l'automobiliste occupait sa place normale sur la route et n'a joué qu'un rôle passif dans l'accident, l'arrêt attaqué a néanmoins décidé sans donner aucun motif de ce partage, que l'imprudence de la victime n'exonérait le conducteur gardien de l'automobile que dans la proportion de moitié de la présomption de responsabilité édictée par l'art. 1384, paragr. 1er, c. civ.; d'où il suit qu'en statuant ainsi, l'arrêt attaqué n'a pas légalement justifié sa [décision].

[D.12] Civ., 11 juin 1953

LA COUR: [Attendu] que la présomption de responsabilité édictée à l'encontre du gardien d'une chose qui a causé un dommage, est fondée sur l'obligation de garde corrélative aux pouvoirs d'usage, de direction et de contrôle qui caractérisent le gardien; que la personne qui a reçu une chose à titre de locataire, et qui en est ainsi devenue le nouveau gardien, en assume désormais vis-à-vis des tiers tous les risques dommageables, même ceux provenant d'un vice de la chose, sauf son recours contre celui dont il la tient; que, dès lors, le conducteur auquel est abandonnée la libre disposition d'un véhicule en vertu d'un contrat de louage en est également le gardien pendant la durée du contrat, sans qu'il puisse être objecté que la garde dudit véhicule est demeurée à son propriétaire du fait que s'est produit un accident causé par un vice de la chose louée; Attendu qu'en déclarant que Bouchaid devait être considéré comme présumé responsable d'un accident survenu à Schneider au cours d'un transport effectué dans une voiture dont il était propriétaire et qu'il avait donnée en location à Lugassy, au motif que, l'accident étant dû aux défauts de ce véhicule, il en avait conservé la garde, la cour d'appel l'a condamné à payer à Schneider une somme de 336,350 F à titre de dommages-intérêts; Mais attendu que, par l'effet du contrat de louage, la garde de la voiture avait été transférée à Lugassy qui en avait l'usage, la direction et le contrôle, et que le vice de la chose louée ne pouvait créer à l'encontre de Bouchaid une présomption de responsabilité qui pesait sur Lugassy seul, en sa qualité de gardien; d'où il suit que l'arrêt attaqué a violé le texte ci-dessus visé; [casse].

[D.13] Chambre mixte, 20 décembre 1968.

LA COUR: [Vu] l'art. 1382 c. civ.; Attendu que pour attribuer la responsabilité de l'accident à Tarbouriec, la Cour d'appel, statuant uniquement sur le fondement de l'article susvisé, a retenu que le dérapage de l'automobile était nécessairement dû à un défaut de maîtrise du conducteur, dès lors que la preuve n'était pas rapportée que l'accident était imputable à une circonstance étrangère et que le fait que la chaussée était rendue glissante par la pluie, parfaitement connu du conducteur, aurait dû, au contraire, l'inciter à plus de prudence et caractérise encore davantage son manque de maîtrise; qu'en se fondant ainsi sur cette seule déduction purement hypothétique pour admettre l'existence d'une faute qui n'est pas directement constatée, la cour d'appel n'a pas donné une base légale à sa décision; [casse].

[D.14] Civ., 4 mars 1970.

LA COUR: [Attendu] qu'il résulte des énonciations de l'arrêt [attaqué] que, de nuit et sur une voie urbaine, une collision se produisit entre l'automobile de Séguier, lequel avait obliqué à gauche pour éviter la voiture en stationnement de Martin et la motocyclette de Cavelier qui le suivait et transportait, à titre bénévole, demoiselle Sfolcini; qu'un choc se produisit également entre la voiture de Séguier et celle de Martin; que demoiselle Sfolcini, blessée, a réclamé la réparation de son préjudice notamment à Séguier et à Cavelier; Attendu que le pourvoi fait grief à l'arrêt d'avoir déclaré que Séguier devait, en qualité de gardien de son véhicule, réparer l'entier dommage de demoiselle Sfolcini alors que cet automobiliste ne saurait être tenu envers la victime que dans la mesure du partage de responsabilité institué entre lui et Cavelier; Mais attendu que le gardien de la chose qui a été l'instrument d'un dommage, hors le cas où il établit un événement de force majeure totalement exonératoire, est tenu, dans ses rapports avec la victime, à réparation intégrale, sauf son recours éventuel contre le tiers qui aurait concouru à la production de ce dommage; [rejette].

[D.15] Civ.,18 octobre 1973

LA COUR: [Attendu] selon l'arrêt attaqué et les productions que, de nuit, la voiture automobile de Lafleur, prêtée par celui-ci à Jean Paul Cayuela et dans laquelle avait pris place Jacques Merveille fit une embardée et tomba dans une rivière; que les deux frères furent tués; que les parents de Jacques Merveille, ses frères et sa soeur, demandèrent réparation de leur dommage à Lafleur et à son [assureur] en se prévalant de l'article 1384 alinéa 1 du Code civil; Attendu que l'arrêt ayant rejeté la demande, le moyen du pourvoi est pris de la violation [de l'article 1384 alinéa 1 du Code civil:] renversement de la charge de la [preuve], en ce que l'arrêt infirmatif attaqué a débouté les exposants de leur demande en réparation du préjudice causé par la mort accidentelle de leur parent, dirigée contre le propriétaire et gardien du véhicule instrument du dommage, aux motifs que sur le plan des principes le gardien de la chose n'est présumé responsable que vis-à-vis des tiers, ce qui impliquerait notamment que la victime doive prouver qu'elle ne conduisait pas, comme par exemple pour le préposé accidenté vis-à-vis de son employeur, qu'en effet le demandeur doit établir sa qualité de tiers transporté contre le propriétaire gardien; qu'en l'espèce donc où il serait certain que peu avant l'accident un changement de pilote aurait placé la victime non autorisée au volant, la charge de la preuve du tiers transporté au moment de l'accident incombait à ses ayants droit qui n'établissaient pas un nouveau changement de pilote, alors que la victime, qui se prévaut de la responsabilité de plein droit édictée par l'article 1384 alinéa 1 du Code civil, justifie suffisamment de sa qualité pour agir par la seule preuve que la chose soumise à garde est intervenue dans la réalisation de son dommage; que le propriétaire de cette chose en est présumé gardien, tant qu'il n'apporte pas la preuve contraire qu'il en a transféré la garde, en sorte que toute incertitude sur l'identité du conducteur ou les conditions de son utilisation du véhicule au moment du dommage doit jouer au profit de la victime et contre le gardien; qu'en particulier sans autorisation par la victime, doit rapporter la preuve et de cette conduite et de son caractère indu; qu'en l'espèce l'arrêt attaqué ayant admis l'incertitude existant sur la personne du conducteur au moment de l'accident, incertitude qui devait bénéficier à la victime, le juges du fond ont renversé la charge de la preuve en imposant à la victime de démontrer qu'elle ne conduisait pas le véhicule au moment de l'accident et violé l'article 1384, alinéa 1 en lui refusant pour ce motif le droit d'agir en réparation contre le propriétaire présumé gardien, et qui n'a jamais allégué avoir transféré la garde au jeune Cayuela; Mais attendu que l'arrêt constate que Lafleur qui ne confiait jamais sa voiture à Merveille, l'avait confiée à

Jean Paul Cayuela le soir de l'accident et que celui-ci avait fait monter Merveille, qu'après avoir au vu des déclarations recueillies par la police, reconstitué l'emploi du temps des deux jeunes dans le quart d'heure ayant précédée l'accident, il en déduit que si l'automobile avait d'abord été conduite par Cayuela il y avait eu un changement de pilote quelques minutes auparavant et que rien ne permettait de supposer une nouvelle mutation au cours de celles-ci; Attendu qu'au vu de ces énonciations et constatations exemptes de contradiction, d'où il résulte qu'au moment où l'accident s'est produit Lafleur n'exerçait plus, les pouvoirs d'usage, de direction et de contrôle constitutifs de la garde, les juges d'appel, sans renverser la charge de la preuve, ont pu décider que les consorts Merveille ne pouvaient qu'être déboutés de leur [demande].

[D.16] Civ., 27 octobre 1975

Mme Rossdeutsch's brother, Robert Meyer (a minor) had borrowed her car without her permission and, in order to perform 'une démonstration de virtuosité', had driven around Strasbourg in an alarming manner. The car skidded as it was going round a corner at excessive speed and Robert's passenger, Francine (also a minor) was injured. Robert was convicted of a number of traffic offences. Francine's mother brought an action for damages not only against Robert but also against Mme Rossdeutsch, as owner of the vehicle. The lower court declared Mme Rossdeutsch partially responsible for the accident on the grounds that she had herself acted negligently in not taking all steps reasonably necessary to stop her brother from using her car.

LA COUR: Vu l'art. 1384, alin. 1er, c. civ.; Attendu que la responsabilité prévue par ce texte suppose un rapport de causalité certain entre la faute et le dommage; Attendu que pour retenir, in solidum, avec celle de Meyer, la responsabilité de dame Rossdeutsch et de la Garantie Mutuelle des Fonctionnaires, l'arrêt [énonce] qu'en ne prenant pas les précautions utiles pour empêcher son frère d'utiliser sa voiture, dame Rossdeutsch avait commis une faute de négligence se trouvant à l'origine de l'accident, et que Meyer étant dépourvu du permis de conduire, son défaut de maîtrise, était [parfaitement] prévisible; qu'en statuant par ces seuls motifs, alors que la faute commise par Meyer dans la conduite du véhicule étant indépendante du fait originaire, les facilités sans relation de cause à effet avec le préjudice invoqué, la Cour d'appel a violé le texte susvisé; par ces motifs, [casse], mais seulement en ce qu'il a retenu la responsabilité de dame Rossdeutsch et de la Garantie Mutuelle des [Fonctionnaires].

[D.17] Crim, 18 décembre 1978

LA COUR: [Attendu] qu'il résulte des constatations de l'arrêt attaqué et de celles du jugement qu'il a confirmé et dont il a adopté les motifs non contraires que, le 16 janvier à trois heures du matin, la voiture automobile conduite sur une autoroute par Theurier a dérapé sur une plaque de verglas et a quitté la route; que Barthe, passager de cette voiture, a subi des blessures entraînant une incapacité pendant plus de trois mois; Attendu que pour relaxer Theurier des fins de la poursuite exercée contre lui des chefs de blessures involontaires et de défaut de maîtrise de son véhicule et débouter Barthe de son action civile, les juges du fond énoncent que le prévenu, qui roulait depuis deux heures et avait parcouru une centaine de kilomètres, n'avait pu prévoir l'existence d'une plaque de verglas en l'absence de toute signalisation et alors qu'il n'était pas établi, contrairement aux allégations de la partie civile, que dans la nuit où s'est produit l'accident, la chaussée de l'autoroute ait été glissante d'une manière généralisée ni que les conditions atmosphériques aient permis au conducteur de soupçonner qu'elle ait pu le devenir sur le parcours suivi par lui; qu'au demeurant, il n'a été constaté à la charge de Theurier ni manoeuvre fautive ni excès de vitesse;

Attendu que par ces énonciations qui répondent aux conclusions de la partie civile et qui relèvent du pouvoir souverain d'appréciation par les juges du fond des faits et des circonstances de la cause ainsi que de la valeur des éléments de preuve soumis aux débats contradictoires, la Cour d'appel a donné une base légale à sa décision; qu'en effet, si la présence de verglas sur une route ne saurait, de façon générale et absolue, constituer le fait imprévisible et inévitable caractérisant la force majeure il n'en est pas de même lorsque, comme en l'espèce, les juges du fond constatent que le danger en résultant s'est trouvé, en raison des conditions atmosphériques, subitement localisé sur une surface réduite; d'où il suit que le moyen ne saurait être [accueilli].

[D.18] Civ., 27 avril 1979

LA COUR: [Attendu] qu'il est fait grief à l'arrêt, confirmatif de ce chef, de n'avoir retenu que pour partie la responsabilité de dame Baudens par application de l'article 1384, alinéa 1er, du Code civil, au motif que dame Remolu n'avait pas utilisé la ceinture de sécurité, alors, d'une part, qu'il résulterait des constatations de la Cour d'appel que le fait générateur du dommage n'était point le défaut de ceinture de sécurité mais l'accident produit par la voiture qui avait heurté un poteau sur le bord de la route et alors, d'autre part, que, selon le pourvoi, le défaut d'utilisation de la ceinture de sécurité n'avait pas nécessairement pour conséquence la production d'un dommage et pouvait, par contre, éviter d'autres dommages plus graves, suivant les circonstances de l'accident; que la victime ne pouvait ni prévoir, ni même deviner, et qu'ainsi le dommage n'aurait pas été inhérent au fait par la victime de n'avoir pas utilisé sa ceinture, et qu'aucune faute ne saurait lui être reprochée, et alors, enfin, que, la ceinture de sécurité faisant partie du véhicule dont le gardien est responsable, il aurait appartenu à dame Baudens de donner les instructions nécessaires à son utilisation; Mais attendu qu'ayant relevé que le règlement applicable rendait obligatoire le port de la ceinture de sécurité à la place avant occupée par dame Remolu, la Cour d'appel retient que celle-ci, par suite de l'arrêt brutal de la voiture, 'fut précipitée tête la première dans le pare-brise qui vola en éclats' et énonce que ses blessures, qui se situaient uniquement sur la face, étaient caractéristiques de cette projection dans une surface vitrée que, sans aucun doute, le port de la ceinture de sécurité aurait évité; Attendu que, de ces constatations et énonciations la Cour d'appel qui n'était pas tenue de s'expliquer sur une faute qu'aurait pu commettre dame Baudens, gardienne de la voiture, a pu déduire que le comportement de dame Remolu avait contribué à la production de son propre dommage, exonérant ainsi dame Baudens de responsabilité dans une proportion qu'elle a souverainement appréciée; d'où il suit que le moyen n'est pas [fondé].

[D.19] Civ., 21 juillet 1982

LA COUR: Sur le moyen unique pris en ses quatre premières [branches]; Attendu, selon l'arrêt infirmatif attaqué, qu'à la tombée de la nuit, dans une agglomération, la voiture automobile de Desmares heurta et blessa les époux Charles qui traversaient la chaussée à pied; que lesdits époux ont réclamé à Desmares et à son [assureur] la réparation de leur [préjudice]; Attendu qu'il est fait grief à l'arrêt d'avoir, par application de l'art. 1384, al. 1er, c. civ., retenu la responsabilité de Desmares; Attendu qu'après avoir énoncé, par une appréciation souveraine, que l'on ne pouvait accorder grand crédit aux affirmations d'un témoin qui n'avait pas vu l'accident, mais seulement ses suites, l'arrêt relève que les époux Charles avaient été projetés à quelques mètres du passage protégé et retient, au vu des traces laissées sur la chaussée, que, compte tenu du 'temps de réflexe' ayant précédé le freinage et du fait que Desmares n'avait vu les piétons qu'à l'instant du choc, celui-ci ne pouvait s'être produit qu'au niveau du passage réservé ou à proximité immédiate de celui-ci; que par ces constatations et énonciations la cour d'appel, qui ne s'est pas déterminée par un motif hypothétique ou dubitatif et qui, en les rejetant, a répondu aux conclusions, a légalement justifié sa décision du chef critiqué.

Sur le moyen pris en ses deux dernières branches: Attendu qu'il est reproché à l'arrêt d'avoir statué comme il l'a fait, alors, d'une part, que la cour d'appel n'aurait pas répondu aux conclusions soutenant que les victimes ne s'étaient pas conformées à l'art. R.219 c. route qui les obligeait à ne traverser la chaussée qu'après s'être assurées qu'elles pouvaient le faire sans danger immédiat, et alors, d'autre part, que la cour d'appel aurait omis de réfuter les motifs des premiers juges selon lesquels les époux Charles avaient commis une seconde imprudence en entreprenant la traversée de la chaussée sans s'assurer qu'ils pouvaient le faire sans danger et sans tenir compte de la vitesse et de la distance du véhicule circulant à ce moment, et également selon lesquels la distance à laquelle se trouvait la voiture de Desmares était insuffisante pour permettre aux piétons de traverser sans danger et que ceux-ci n'auraient donc pu s'engager sur la chaussée dans de telles conditions d'autant que leur présence avait été masquée aux yeux de Desmares par la voiture se trouvant à droite de celui-ci; Mais attendu que seul un événement constituant un cas de force majeure exonère le gardien de la chose, instrument du dommage, de la responsabilité par lui encourue par l'application de l'art. 1384, al. 1er, c. civ.; que, dès lors, le comportement de la victime, s'il n'a pas été pour le gardien imprévisible et irrésistible, ne peut l'en exonérer, même partiellement; Et attendu qu'après avoir relevé que l'accident s'était produit à une heure d'affluence, dans un passage réservé aux piétons ou à proximité de celui-ci, sur une avenue qui, dotée d'un éclairage public fonctionnant normalement, comprenait quatre voies de circulation, deux dans chaque sens, l'arrêt retient que, circulant sur la voie de gauche, la voiture de Desmares avait heurté les époux Charles lesquels traversaient la chaussée de droite à gauche par rapport au sens de marche de l'automobiliste; que, par ces énonciations d'où il résulte qu'à la supposer établie, la faute imputée aux victimes n'avait pas pour Desmares le caractère d'un événement imprévisible et insurmontable, la cour d'appel, qui, par suite, n'était pas tenue de rechercher, en vue d'une exonération partielle du gardien, l'existence de ladite faute, a légalement justifié sa [décision].

[D.20] Civ., 6 avril 1987

LA COUR: [Vu] l'article 1384, alinéa 1er du code civil; Attendu que le gardien de la chose instrument du dommage est partiellement exonéré de sa responsabilité s'il prouve que la faute de la victime a contribué au [dommage].

3 THE SCOPE OF THE 1985 STATUTE – A TRAFFIC ACCIDENT

As was seen in head 2, a specific scheme was enacted in 1985 and, for ease of expression and to emphasise that it derogates from the *droit commun* of the *Code civil*, this is referred to as 'the 1985 statute' [D.21]. The first article of the 1985 statute defines its scope with regard to the compensation of victims of traffic accidents. This envisages a motor vehicle (*un véhicule terrestre à moteur*), a traffic accident (*un accident de la circulation*), a victim of the accident, and the involvement of the motor vehicle in the traffic accident (*un accident de la circulation dans lequel est impliqué un véhicule terrestre à moteur*).

The definition of a motor vehicle was taken from the then existing law of motor insurance. It includes all land vehicles with an engine (cars, lorries, busses, fire engines, dustcarts [D.41], motor scooters and motor bicycles), together with any trailer or other object being towed [D.25], but not ordinary bicycles (as these have no engine). Specifically excluded are railway trains and trams travelling on their own system of rails [D.22]. With regard to other 'machines' the definition has been extended to certain agricultural implements capable of moving independently [D.43], to a machine for firming down snow on a ski slope [D.23], but not a free-standing cement-mixer [D.25].

There must be a traffic accident and this involves an appreciation of where the motor vehicle was at the time of the accident and what it was doing. Obviously a traffic accident can take place on a motorway, on a road and in a street which is able to be used by other motorists and road users, but there are other locations where a motor vehicle might cause an injury. Case law has held that a traffic accident can take place on a ski slope open to the public [D.23], at a moto-cross rally on private land but, on the occasion, open to the public, and in a field [D.43]. The essence of a traffic accident is that the vehicle is being used for the purposes of movement or transportation [D.26]. It does not matter that, at the time of an accident, any movement has ceased (eg, a car can be stationary at traffic lights and cause an accident as can a car which has broken down in the outside lane of a motorway [D.28]). But if the vehicle is not being used for these purposes (eg, a motor cycle is simply parked [D.27]), there may not be a traffic accident as such.

There are two important factors to note with regard to which persons can be the victim under the 1985 statute. First, in addition to the victim who is him or herself injured (*victime directe*), other persons who suffer loss because of the injury caused to the *victime directe* have a right to compensation (these are usually called '*victimes par ricochet*' and many of the cases concern the parent or surviving spouse of someone killed in an accident). Second, there is a great difference between a non-driver victim and a driver victim. Whether a person is a driver of a motor vehicle or not is important for two reasons. First, the right to compensation is restricted to non-drivers (Article 3, paragraph 1) and, second, if a driver relies on the *droit commun*, a fault committed by the driver of a motor vehicle can have the effect of limiting or excluding compensation for any damage or loss suffered by him or her (Article 4 [D.29] [D.30]). It is therefore necessary to determine who is a driver. The general proposition is that, to be a driver, the person must be in (or on in the case of a scooter) the motor vehicle and it does not matter whether the motor vehicle is moving or not. A person getting into a car is still a pedestrian. Difficulties have arisen in determining at what point a driver who leaves the motor vehicle becomes a non-driver. A motorcyclist is deemed to be a pedestrian if he or she picks it up and crosses the road or falls off it, but remains a driver if he or she is trying to restart a stopped cycle or simply stops the engine at traffic lights. Once the driver has deliberately got out of the car, he or she is a pedestrian (whether it is to help another [D.24], to change a tyre, or to push a broken down car off the road).

The people for whom the 1985 statute is designed are, therefore, pedestrians, those riding horses, cyclists, passengers in motor vehicles (whether or not they are passengers by reason of a contractual relationship), and skiers [D.23]. These are often referred to as protected persons and are compensated automatically unless they have committed an inexcusable fault (see head 5 below). If they have actually caused an accident (in whole or in part), then this is not governed by the 1985 statute but by the *droit commun* of the *Code civil* (see head 6 below). What the non-driver victim has to prove is not the fault of another person but that he or she was the victim of a traffic accident in which a motor vehicle was 'involved'. This concept has, because of its importance to victims, drivers and their insurance companies, been the subject of so much litigation that it is examined in detail in head 4 below.

Materials

[D.21] Loi No 85-677 du 5 juillet 1985

Tendant à l'amélioration de la situation des victimes d'accidents de la circulation et à l'accélération des procédures d'indemnisation

Chapitre 1er. – Indemnisation des victimes d'accidents de la circulation

Article 1er – Les dispositions du présent chapitre s'appliquent, même lorsqu'elles sont transportées en vertu d'un contrat, aux victimes d'un accident de la circulation dans lequel est impliqué un véhicule terrestre à moteur ainsi que ses remorques ou semi-remorques, à l'exception des chemins de fer et des tramways circulant sur des voies qui leur sont propres.

Section I. – Dispositions relatives au droit à indemnisation

Article 2 – Les victimes, y compris les conducteurs, ne peuvent se voir opposer la force majeure ou le fait d'un tiers par le conducteur ou le gardien d'un véhicule mentionné à l'article 1er.

Article 3 – Les victimes, hormis les conducteurs de véhicules terrestres à moteur, sont indemnisées des dommages résultant des atteintes à leur personne qu'elles ont subis, sans que puisse leur être opposée leur propre faute à l'exception de leur faute inexcusable si elle a été la cause exclusive de l'accident.

Les victimes désignées à l'alinéa précédent, lorsqu'elles sont âgées de moins de seize ans ou de plus de soixante-dix ans, ou lorsque, quel que soit leur âge, elles sont titulaires, au moment de l'accident, d'un titre leur reconnaissant un taux d'incapacité permanente ou d'invalidité au moins égal à [80%], sont, dans tous les cas, indemnisées des dommages résultant des atteintes à leur personne qu'elles ont subis.

Toutefois, dans les cas visés aux deux alinéas précédents, la victime n'est pas indemnisée par l'auteur de l'accident des dommages résultant des atteintes à sa personne lorsqu'elle a volontairement recherché le dommage qu'elle a subi.

Article 4 – La faute commise par le conducteur du véhicule terrestre à moteur a pour effet de limiter ou d'exclure l'indemnisation des dommages qu'il a subis.

Article 5 – La faute, commise par la victime a pour effet de limiter ou d'exclure l'indemnisation des dommages aux biens qu'elle a subis. Toutefois, les fournitures et appareils délivrés sur prescription médicale donnent lieu à indemnisation selon les règles applicables à la réparation des atteintes à la personne. Lorsque le conducteur d'un véhicule terrestre à moteur n'en est pas le propriétaire, la faute de ce conducteur peut être opposée au propriétaire pour l'indemnisation des dommages causés à son véhicule. Le propriétaire dispose d'un recours contre le conducteur.

Article 6 – Le préjudice subi par un tiers du fait des dommages causés à la victime directe d'un accident de la circulation est réparé en tenant compte des limitations ou exclusions applicables à l'indemnisation de ces dommages.

Section II. – Dispositions relatives à l'assurance et au fonds de garantie.

[V. Code des assurances [D.52]].

Section III. – De l'offre d'indemnité.

[V. Code des assurances [D.52]].

Chapitre II. – Des recours des tiers payeurs contre les personnes tenues à réparation d'un dommage résultant d'une atteinte à la personne.

Article 28 – Les dispositions du présent chapitre s'appliquent aux relations entre le tiers payeur et la personne tenue à réparation d'un dommage résultant d'une atteinte à la personne, quelle que soit la nature de l'événement ayant occasionné ce dommage.

Article 29 – Seules les prestations énumérées ci-après versées à la victime d'un dommage résultant des atteintes à sa personne ouvrent droit à un recours contre la personne tenue à réparation ou son assureur:

1   Les prestations versées par les organismes, établissements et services gérant un régime obligatoire de sécurité sociale et par ceux qui sont mentionnés aux [certains articles] du Code rural;

2   Les prestations énumérées [par une ordonnance] relative aux actions en réparation civile de l'État et de certaines autres personnes publiques;

3   Les sommes versées en remboursement des frais de traitement médical et de rééducation;

4   Les salaires et les accessoires du salaire maintenus par l'employeur pendant la période d'inactivité consécutive à l'événement qui a occasionné le dommage;

5   Les indemnités journalières de maladie et les prestations d'invalidité versées par les groupements mutualistes régis par le Code de la mutualité.

Article 30 – Les recours mentionnées à l'article 29 ont un caractère subrogatoire.

Article 31 – Ces recours s'exercent dans les limites de la part d'indemnité qui répare l'atteinte à l'intégrité physique de la victime, à l'exclusion de la part d'indemnité de caractère personnel correspondant aux souffrances physiques ou morales par elle endurées et au préjudice esthétique et d'agrément ou, s'il y a lieu, de la part d'indemnité correspondant au préjudice moral des ayants droit.

Article 32 – Les employeurs sont admis à poursuivre directement contre le responsable des dommages ou son assureur le remboursement des charges patronales afférentes aux rémunérations maintenues ou versées à la victime pendant la période d'indisponibilité de celle-ci. Ces dispositions sont applicables à [l'État].

Article 33 – Hormis les prestations mentionnées aux articles 29 et 32, aucun versement effectué au profit d'une victime en vertu d'une obligation légale, conventionnelle ou statutaire n'ouvre droit à une action contre la personne tenue à réparation du dommage ou son assureur.

Toute disposition contraire aux prescriptions des articles 29 à 32 et du présent article est réputée non écrite à moins qu'elle ne soit plus favorable à la victime.

Toutefois, lorsqu'il est prévu par contrat, le recours subrogatoire de l'assureur qui a versé à la victime une avance sur indemnité du fait de l'accident peut être exercé contre l'assureur de la personne tenue à réparation dans la limite du solde subsistant après paiements aux tiers visés à l'article 29. Il doit être exercé, s'il y a lieu, dans les délais impartis par la loi aux tiers payeurs pour produire leurs créances.

Article 34 – L'organisme de sécurité sociale chargé du remboursement des soins représente auprès du responsable des dommages ou de l'assureur de celui-ci, et pour la conclusion d'une transaction, les organismes de sécurité sociale chargés de la couverture des autres risques et du versement de prestations familiales.

[D.22] Civ., 17 mars 1986

LA COUR: Sur le moyen [en] ce qui concerne l'atteinte à la personne des époux Servas; Attendu, selon l'arrêt [attaqué], que, de nuit, à un passage à niveau non gardé, une collision se produisit entre la locomotive d'un train de la S.N.C.F. et l'automobile conduite par M. Servas aux côtés duquel avait pris place son épouse; que ceux-ci furent blessés, M. Servas mortellement; que Mme Servas a assigné la S.N.C.F. en réparation; [que] la S.N.C.F. a formé une demande reconventionnelle pour obtenir la réparation de son préjudice matériel; Attendu qu'il est fait grief à l'arrêt d'avoir déclaré M. Servas seul responsable de la collision alors que, d'une part, les premiers juges avaient retenu que celle-ci n'ayant pas eu de témoins on ne pouvait affirmer que M. Servas n'avait pas respecté le signal 'Stop' implanté à proximité du passage à niveau; que, devant les juges d'appel, Mme Servas avait souligné qu'aucune preuve n'était rapportée de la violation de ce signal; que la cour d'appel avait ainsi privé sa décision de base légale au regard de l'art. 1382 c. civ. en présupposant que M. Servas n'avait pas respecté l'obligation de s'arrêter au panneau 'Stop' pour la seule raison que s'il l'avait fait, l'accident ne se serait pas produit, et alors que, d'autre part, la cour d'appel aurait entaché sa décision du même vice au regard de l'art. 1384, al. 1er, du même code en ne précisant pas en quoi la faute imputée à M. Servas avait constitué pour la S.N.C.F. un événement imprévisible et irrésistible; Mais attendu qu'après avoir relevé que si la visibilité en direction de la voie ferrée était réduite sur la route empruntée par l'automobiliste jusqu'au signal 'Stop', en raison de la présence de hautes herbes, cette visibilité devenait excellente à hauteur de ce signal et s'étendait sur plusieurs centaines de mètres sans qu'il soit besoin de s'avancer dangereusement sur le passage à niveau où les trains bénéficient d'une priorité absolue, l'arrêt retient que si M. Servas avait respecté l'obligation d'arrêter son véhicule, il n'aurait pas manqué d'apercevoir l'arrivée du train dont, outre le signal sonore, la lumière des phares annonçait la présence et ce d'autant plus que le convoi circulait à faible vitesse; que de ces constatations et énonciations, la cour d'appel a pu, justifiant légalement sa décision, déduire que M. Servas avait commis une faute qui avait présenté pour la S.N.C.F. un caractère imprévisible et irrésistible de nature à l'exonérer de sa responsabilité de gardien;

Sur le moyen, en ce qui concerne les dommages matériels invoqués par la S.N.C.F.: Attendu qu'il est fait grief à l'arrêt [d'avoir] condamné Mme Servas et son assureur à réparer l'entier dommage matériel subi par la S.N.C.F.; Mais attendu qu'en vertu de l'art. 5 de la loi No 85-677 du 5 juill. 1985, [l'indemnisation] des dommages aux biens subis par la victime d'un accident dans lequel est impliqué un véhicule terrestre à moteur n'est limitée ou exclue que si la victime a commis une faute; Et attendu qu'après avoir constaté l'état de la signalisation mise en place sur la route, celui de la visibilité des automobilistes en direction de la voie ferrée, près du passage à niveau, et les conditions dans lesquelles le convoi ayant heurté le véhicule de M. Servas avait abordé ce passage, l'arrêt retient que le conducteur du train avait satisfait aux exigences de prudence qui étaient les siennes et qu'on ne saurait reprocher à la S.N.C.F. d'avoir violé la réglementation qui lui était imposée ni d'avoir fait preuve d'une négligence ou d'une imprudence qui aurait concouru à la réalisation de l'accident; que, par ces constatations et énonciations, l'arrêt se trouve légalement justifié au regard du texte susvisé; par ces motifs, [rejette].

[D.23] *Grenoble, 9 février 1987*

Robert Fiat ayant été victime d'un accident de ski le 22 mars 1982 à Risoul, par collision avec un engin de damage, a fait assigner la Soc. Foncière de la vallée des Allues pour la faire déclarer responsable de cet accident et la faire condamner, ainsi que son assureur, à réparer intégralement son préjudice. Par jugement rendu le 14 mars 1985, le tribunal de grande instance de Gap a déclaré la Soc. Foncière de la vallée des Allues responsable pour trois quarts et, avant dire droit sur le préjudice corporel, a ordonné une expertise. Robert Fiat a interjeté appel de ce jugement. Il demande à la cour de le reformer, de déclarer la Soc. Foncière de la vallée des Allues seule responsable de l'accident litigieux, de dire qu'elle doit l'indemniser, ainsi que son assureur, de l'intégralité de son préjudice par application des articles 3 et 5 de la loi du 5 juillet 1985, de la condamner à lui payer 1 590 F en réparation de son préjudice matériel.

LA COUR: Attendu qu'il résulte des éléments du dossier que Robert Fiat, titulaire d'un forfait journalier délivré par la Soc. Foncière de la vallée des Allues qui exploitait les remontées mécaniques de la station de ski de Risoul (Hautes-Alpes) et entretenait les pistes de cette station, descendait vers 13 heures la piste rouge dite de la Plate de la Noue lorsqu'après avoir 'décollé' au passage d'une rupture de pente, il heurtait un engin de damage de la station qui remontait la piste en son milieu; que l'enquête de gendarmerie établissait que l'engin large de 7 m se trouvait à 17 m sous la ligne de rupture de pente, que le skieur ne pouvait déceler sa présence qu'à 10 m avant d'arriver sur cette ligne et que la présence de l'engin n'était pas spécialement signalée aux skieurs qui empruntaient la piste laissée ouverte; Attendu que l'engin de damage est bien un véhicule terrestre à moteur au sens de la loi du 5 juill. 1985 qui n'exclut de son champ d'application que les trains et tramways circulant sur des voies qui leur sont exclusivement réservées; que par ailleurs l'accident est bien un accident de la circulation au sens de ladite loi puisque la piste de neige sur laquelle avançait l'engin était ouverte au public et régulièrement empruntée par les skieurs; qu'enfin Robert Fiat glissant sur ses skis peut être considéré comme une victime protégée au sens de l'art. 3-1 de la loi susvisée au même titre que les piétons ou cyclistes puisqu'il n'était pas lui-même conducteur d'un véhicule terrestre à moteur; que la Soc. Foncière de la vallée des Allues, gardienne du véhicule impliqué dans l'accident, ne peut donc échapper à l'obligation de réparer intégralement le préjudice corporel de Fiat qu'en prouvant que l'accident dont ce dernier a été victime serait dû à sa faute inexcusable et exclusive; qu'en fait si l'on peut admettre que Robert Fiat a manqué de prudence et commis une faute ayant concouru à son dommage en s'élançant sans ralentir au-delà de la rupture de pente de la piste alors que sa visibilité était réduite il n'apparaît pas que cette faute fût inexcusable; qu'en tout cas elle n'a pas été exclusive car la Soc. Foncière de la vallée des Allues a commis également une faute grave en relation directe avec l'accident en faisant circuler un engin particulièrement encombrant sans aucune précaution sur une piste restée ouverte aux skieurs et qui plus est à une heure ou cette piste était très fréquentée et au milieu de cette piste; que la société susnommée devra en conséquence indemniser intégralement Robert Fiat de son préjudice corporel; Attendu par contre que Robert Fiat peut se voir opposer la faute ci-dessus caractérisée pour voir limiter son droit à indemnisation de son préjudice matériel (art. 5 de la loi du 5 juill. 1985); que compte tenu de l'importance de cette faute, il apparaît équitable de laisser à sa charge le quart de ce préjudice, lequel peut être effectivement évalué à 1 590 F; Attendu qu'avant dire droit sur son préjudice corporel, il y a lieu de confirmer l'expertise ordonnée par les premiers [juges].

[D.24] Civ., 20 juillet 1987

LA COUR: [Attendu], selon l'arrêt [attaqué], que Mlle Heouairi conduisant un taxi de la Société Taxibel a été victime d'une crevaison sur la 4e voie d'une autoroute, et y a immobilisé son véhicule; que M. Chapin, qui la suivait, s'est arrêté pour lui porter secours, et, étant descendu de sa voiture, a été heurté et blessé par l'automobile de M. Padovan; que M. Chapin a demandé la réparation de son préjudice à M. Padovan et à son assureur, la Garantie mutuelle des fonctionnaires [G.M.F.]; Attendu que la G.M.F. fait grief à l'arrêt d'avoir condamné M. Padovan et son assureur à réparer intégralement le préjudice de M. Chapin sur le fondement de l'art. 3 de la loi du 5 juill. 1985, alors que le dommage causé à celui-ci aurait été en relation immédiate avec la faute qu'il avait commise en qualité de conducteur en immobilisant son véhicule irrégulièrement, de sorte que la cour d'appel aurait violé par refus d'application l'art. 4 de cette loi; Mais attendu que la cour d'appel, constatant qu'au moment de l'accident M. Chapin était descendu de sa voiture, en a déduit exactement qu'il se trouvait dans la situation d'un non-conducteur auquel étaient applicables les dispositions des art. 1 et 3 de la loi précitée; d'où il suit que le moyen n'est pas [fondé].

[D.25] Civ., 7 juin 1989

LA COUR: [Vu] l'art. 1er de la loi du 5 juill. 1985; Attendu que, n'est pas une remorque au sens de ce texte un appareil non attelé à un véhicule terrestre à moteur; Attendu, selon l'arrêt [attaqué, que] le mineur Gérard Phillippon circulant à bicyclette se blessa en heurtant une bétonnière laissée sur la chaussée par son propriétaire M. Rivoire qui effectuait des travaux pour le compte de M. Thizy; que le père de l'enfant demanda réparation du préjudice à M. Rivoire et à M. Thizy ainsi qu'à leurs assureurs [respectifs]; Attendu que pour condamner M. Rivoire et son assureur à indemniser la victime sur le fondement de la loi du 5 juill. 1985, l'arrêt énonce que si la bétonnière est principalement un engin de chantier destiné à mélanger du mortier ou de béton, elle est occasionnellement, pour les déplacements de chantiers, un engin remorque derrière un véhicule à moteur et devient ainsi une remorque de véhicule; qu'en décidant que la bétonnière détachée d'un véhicule terrestre à moteur constituait une remorque au sens de l'art. 1er de la loi du 5 juill. 1985, la cour d'appel a violé le texte susvisé; par ces motifs, [casse].

[D.26] Civ., 8 janvier 1992

LA COUR: [Attendu, selon l'arrêt attaqué, qu'un] incendie se déclara dans l'automobile d'Antoine Kleindienst conduite par son fils Alphonse ayant pour passager M. Ambos; que, celui-ci ayant été victime de brûlures mortelles, les consorts Ambos demandèrent à MM. Alphonse et Antoine Kleindienst la réparation de leur préjudice; Attendu qu'il est fait grief à l'arrêt d'avoir déclaré les consorts Kleindienst entièrement responsables du sinistre alors que, d'une part, en faisant application à M. Ambos, victime d'un incendie survenu à bord du véhicule, des dispositions de la loi du 5 juill. 1985, la cour d'appel aurait violé les art. 1er à 6 de cette loi par fausse application, alors que, d'autre part, en décidant, sans autre précision, que le véhicule dans lequel se trouvait la victime était impliqué dans l'accident, la cour d'appel aurait violé l'art. 1er du texte [susvisé]; Mais attendu que l'arrêt, après avoir constaté que l'automobile circulait lorsqu'elle avait pris feu et que la victime n'avait pu être dégagée à temps, énonce à bon droit que le véhicule des consorts Kleindienst est impliqué dans un accident de la circulation dont a été victime M. Ambos et qu'il importe peu que l'incendie soit la cause du sinistre; d'où il suit que le moyen n'est pas fondé; par ces motifs, rejette.

[D.27] Civ., 26 mai 1992

LA COUR: [Attendu, selon l'arrêt attaqué], qu'un immeuble a été endommagé par un incendie qui s'était déclaré sur une motocyclette en stationnement contre une de ses façades; que la compagnie La Concorde, assureur de la société propriétaire des bâtiments, ayant indemnisé celle-ci, a assigné, en remboursement des sommes versées, le motocycliste, M. Mizzi, et son [assureur]; Attendu qu'il est fait grief à l'arrêt d'avoir débouté La Concorde de sa demande, alors que, la cour d'appel, en déniant le fait de circulation, découlant nécessairement de ce que l'accident était survenu au cours d'un stationnement sur la voie publique du véhicule dont le moteur a été le siège de l'incendie, aurait violé les art. 1er et 2 de la loi du 5 juill. 1985; Mais attendu que l'arrêt constate que l'incendie a pris naissance, pour une cause inconnue, sur la motocyclette, adossée au mur d'un immeuble; que, de ce seul motif, la cour d'appel a pu déduire, justifiant ainsi légalement sa décision, qu'il n'était pas établi que les dommages causés au bâtiment puissent se rattacher, de quelque façon que ce soit, à un accident de la circulation; par ces motifs, rejette.

[D.28] Note de Jean-Luc Aubert sur Civ., 20 janvier 1993

Les juridictions du fond éprouvent encore quelque difficulté, semble-t-il, à consacrer la très large portée de la notion d'accident de la circulation au sens de la loi du 5 juill. 1985. En l'espèce un automobiliste avait immobilisé son véhicule en feu sur la bande d'arrêt d'urgence d'une autoroute et l'incendie avait endommagé l'asphalte avant de se communiquer à la végétation qui bordait la voie. Les juges du fond avaient repoussé la demande d'indemnisation de la société d'autoroute au motif que la loi de 1985 ne pouvant être que d'interprétation restrictive comme étant dérogatoire au droit commun, il n'était pas possible de considérer le sinistre en cause comme ayant été causé par un accident de la circulation. C'était assurément méconnaître la notion fixée par la loi et l'interprétation très compréhensive qu'en donne la Cour de cassation: il y a accident de la circulation dès l'instant que l'événement générateur du dommage peut être rattaché à la circulation, peu important notamment que le véhicule concerné soit en mouvement ou à l'arrêt, et sans qu'il soit besoin d'une quelconque [collision]. La Cour de cassation avait déjà eu l'occasion de consacrer une telle application du régime des accidents de la circulation au cas d'une communication d'incendie par un véhicule en flammes, dans des circonstances de fait d'ailleurs plus [complexes]. On voit mal, au demeurant, en vertu de quoi une telle sorte d'accidents, manifestement liés à la circulation des véhicules terrestres à moteur, devrait échapper au régime de la loi du 5 juill. 1985.

[D.29] Civ., 7 juillet 1993

LA COUR: [Attendu, selon l'arrêt confirmatif], que, de nuit, sur une route, une collision a eu lieu entre l'automobile conduite par M. Brun et le cyclomoteur de M. Brassier, qui, arrivant en sens inverse, effectuait un virage à gauche; que, blessé, M. Brassier a demandé à M. Brun réparation de son préjudice; Attendu qu'il est fait grief à l'arrêt d'avoir débouté M. Brassier de sa demande, alors qu'en se bornant à constater que l'accident était inévitable, sans rechercher, ainsi que l'y invitaient les conclusions de M. Brassier, si l'automobiliste, qui avait reconnu dans le procès-verbal de gendarmerie avoir vu le cyclomoteur et avoir deviné la manoeuvre qu'il allait effectuer, n'aurait pu éviter l'accident, la cour d'appel aurait privé sa décision de base légale au regard de l'art. 4 de la loi No 85-677 du 5 juill. 1985; Mais attendu que l'arrêt, qui énonce que le cyclomoteur avait, avant de tourner à gauche, l'obligation de céder le passage aux véhicules venant en sens inverse, retient que M. Brun circulait à vitesse normale, que son véhicule était normalement éclairé et que M. Brassier avait coupé la route à très courte distance de l'automobile comme s'il ne l'avait pas vue; que, de ces constatations et énonciations, la cour d'appel a pu déduire, répondant aux conclusions et justifiant légalement sa décision sans avoir à rechercher si M. Brun aurait pu éviter l'accident, que M. Brun n'avait commis aucune faute et que celle de M. Brassier excluait son indemnisation; par ces motifs, rejette.

[D.30] Civ., 20 juillet 1993

LA COUR: [Attendu, selon l'arrêt attaqué], que, de nuit, une voiture conduite par Mme Madiot a heurté par l'arrière la motocyclette de M. Goulay qui venait de quitter un stationnement sur le bas côté droit et qui traversait la chaussée pour s'engager dans une voie située à gauche; que M. Goulay, blessé, a demandé réparation de son préjudice à Mme Madiot et à son [assureur]; Attendu qu'il est fait grief à l'arrêt d'avoir rejeté cette demande, alors que, d'une part, l'arrêt s'abstient de préciser si le véhicule de Mme Madiot était régulièrement éclairé et que, s'agissant d'un accident de nuit, les circonstances essentielles de la collision demeuraient indéterminées et ne pouvaient permettre d'imputer une faute exclusive à M. Goulay; que, par suite, la cour d'appel aurait privé sa décision de toute base légale au regard de l'art. 4 de la loi du 5 juill. 1985; et alors que, d'autre part, en excluant toute indemnisation de M. Goulay sans rechercher si sa faute rendait l'accident objectivement inévitable pour Mme Madiot, la cour d'appel aurait privé sa décision de base légale au regard de l'art. 4 de la loi du 5 juill. 1985; Mais attendu que l'arrêt retient que M. Goulay s'était engagé sur la chaussée en s'apprêtant à virer immédiatement à gauche au moment où la voiture de Mme Madiot survenait derrière lui et que cette manoeuvre n'a pu que surprendre Mme Madiot qui ne circulait pas à vitesse excessive; que, de ces énonciations, la cour d'appel, qui n'aurait pas dû rechercher si Mme Madiot pouvait éviter l'accident, a pu déduire, justifiant légalement sa décision, que Mme Madiot n'avait pas commis de faute et que celle de M. Goulay excluait son indemnisation; par ces motifs, [rejette].

4 THE INVOLVEMENT OF A MOTOR VEHICLE

The basis of the right to compensation for a non-driver victim is that a motor vehicle has been involved (*impliqué*) in a traffic accident. The burden of proving involvement lies on the victim [D.31] [D.32]. The question arose early on as to whether involvement merely repeated the concept of civil liability for causing damage because of the presumed fault of the *gardien* (eg, in the way the motor vehicle was being driven or was parked) or whether the deliberate use of the word *'impliqué'* (a neutral word neither in itself nor in conjunction with other concepts of the 1985 statute necessarily implying fault), in a statute seeking to derogate from the *droit commun* of the civil code and to provide an element of automatic compensation for non-driver victims, has a wider meaning. The economic language used (one word) has had to be amplified by the case law and the reader should also follow the writings of commentators which are appended to many of the cases as those commentators wrestled with the problem. In a negative sense, involvement is different to active causation. To be involved, the motor vehicle does not have to have caused the accident in an active sense of making contact with the victim while the vehicle is in motion (although in so many cases this will have happened [D.38]). On the other hand, the mere fact that a motor vehicle was in the vicinity of an accident does not involve that motor vehicle. The test appears to be a 'but for' test: but for the presence of the motor vehicle would the injury to the victim have occurred or would the injury to the victim have been the same irrespective of the presence of the motor vehicle [D.43]?

If the motor vehicle is moving and there is contact with a person, another motor vehicle or a tree, then there is no doubt that the vehicle is involved. But for the collision the pedestrian would not have been run over or the driver's passenger would not have been thrown through the windscreen. There is here an element of irrefutable presumption of implication. However, the court must investigate the matter (eg, as to whether a man was already dead as a result of an earlier accident when he was killed by a following lorry [D.36]) and if there is no evidence of a collision a court may hold that the motor vehicle is not involved [D.32]. Even if there is no contact, the motor vehicle can still be involved if, but for the motor vehicle's actions, the accident would not have occurred [D.43]. For example, if the presence or manner of driving of the vehicle made it necessary for the victim to take evasive action resulting in injury, the vehicle is involved [D.42]. If vehicle A cuts up vehicle B which has to slow down and, in doing so, vehicle B come into contact with vehicle C, vehicle A is involved [D.35].

Difficulties have arisen with regard to stationary vehicles. At one time it was argued that the notion of responsibility and fault meant an automatic distinction between a motor vehicle which was stationary in an abnormal or illegal situation (which automatically resulted in implication) and a motor vehicle which was perfectly normally situated (which did not). However, this has been superceded by the 'but for' test and, if the motor vehicle is parked illegally, this is a factor to be taken into account only if this factor contributed to the accident. In the case of a motor vehicle which is in no way illegally stopped or parked, the *Cour de cassation* dealt with the question early on and based its decisions on whether the motor vehicle had [D.33] or had not [D.34] disrupted (*perturbé*) the normal free flow of traffic that another person with a right to use the road might reasonably expect. If the vehicle seriously disrupts normal traffic flow to such an extent that it is dangerous, the vehicle is involved [D.39], but, with regard to vehicles parked lawfully and without disruption, the courts appeared at first to be influenced by the fact that such an act of parking implied no idea of fault or blame [D.37] [D.41]. However, the current view is that a stationary motor vehicle may be involved even if there is no disruption [D.40] [D.44].

Materials

[D.31] Civ., 28 mai 1986

LA COUR: [Attendu, selon l'arrêt infirmatif attaqué], que de nuit, sur une route, l'automobile conduite par Mlle Guyolot aux côtés de laquelle avait pris place Mme Guyolot, dérapa à la suite d'une manoeuvre de freinage et heurta un arbre; que Mme et Mlle Guyolot blessées soutenant que cette manoeuvre avait été entreprise pour éviter une collision avec l'automobile de Mlle Rameau qui, sortant d'un parking, s'était engagée sur la route, ont assigné celle-ci en réparation; Attendu qu'il est fait grief à l'arrêt d'avoir débouté Mme et Mlle Guyolot de leurs demandes alors que, d'une part, le jugement infirmé ayant retenu que Mlle Rameau s'était engagée sur la route, dont la chaussée mouillée rendait tout freinage brusque dangereux, après avoir vu selon ses propres déclarations l'automobile de Mlle Guyolot à une distance d'environ 150 mètres, la cour d'appel n'aurait pu, en raison de ces faits constants, décider que la survenance du véhicule de Mlle Rameau était sans lieu de causalité avec la manoeuvre dommageable entreprise par Mlle Guyolot et alors que, d'autre part, en faisant état d'une éventuelle réaction de panique de Mlle Guyolot pour exprimer un doute sur 'le rôle causal', quand une telle réaction impliquait nécessairement l'existence de ce rôle causal et quand il n'était pas constaté que cette réaction avait été imprévisible et irrésistible pour Mlle Guyolot, la cour d'appel n'aurait pas donné de base légale à sa décision; Mais attendu que si, en vertu des art. 1er à 6 de la loi No 85-877 du 5 juill. 1985, la victime d'un accident de la circulation dans lequel est impliqué un véhicule terrestre à moteur doit être indemnisée des atteintes à sa personne qu'elle a subies, c'est à la condition qu'elle rapporte la preuve de cette implication; et attendu, qu'après avoir relevé que les circonstances n'étaient connues que par les déclarations des parties, l'arrêt énonce qu'en l'absence de tous indices ou témoignages, on pouvait se rallier aussi bien à la version de Mlle Rameau, prétendant qu'elle s'était depuis longtemps engagée sur la route et y avait même pris une vitesse normale lorsqu'elle avait aperçu dans son rétroviseur, à une certaine distance, la voiture de Mlle Guyolot en perte de contrôle qu'à la version de Mmes Guyolot soutenant de façon imprécise que Mlle Rameau leur avait coupé la route; qu'en l'état de ces énonciations d'où il résulte que la cour d'appel a souverainement estimé que Mmes Guyolot ne rapportaient pas la preuve, qui leur incombait, de l'implication de l'automobile de Mlle Rameau, la cour d'appel a légalement justifié sa [décision].

[D.32] Civ., 21 juillet 1986

LA COUR: [Attendu, selon l'arrêt attaqué], qu'une collision se produisait entre l'automobile de M. Gervais et un véhicule en stationnement sur le trottoir, que M. Gervais fut blessé, que, soutenant avoir été heurté préalablement par l'automobile de M. Buis qui le suivait, M. Gervais a reclamé à M. Buis la réparation de son préjudice; Attendu qu'il est fait grief à l'arrêt d'avoir débouté M. Gervais de sa demande alors que, en ne recherchant pas si le véhicule de M. Buis n'était pas impliqué dans l'accident, la cour d'appel aurait privé sa décision de base légale au regard des art. 1er à 5 de la loi No 85-677 du 5 juill. 1985; Mais attendu que si la loi susvisée s'applique aux victimes d'un accident de la circulation dans lequel est impliqué un véhicule terrestre à moteur, il appartient à celles-ci de rapporter la preuve de cette implication; Et attendu que l'arrêt, pour exclure toute indemnisation du préjudice subi par M. Gervais, après avoir écarté comme suspecte une déclaration tardive d'un témoin et relevé que la déclaration initiale de M. Buis pensant avoir également heurté l'arrière du véhicule de M. Gervais lorsque celui-ci a freiné ne traduit qu'une hypothèse contredite par les faits, retient que les gendarmes n'ont constaté aucune trace de choc sur la voiture de M. Buis et que les passagers les mieux placés pour juger des circonstances de l'accident n'ont ressenti aucun choc; qu'en l'état de ces énonciations, excluant l'implication de l'automobile de M. Buis dans l'accident, la cour d'appel a légalement justifié sa [décision].

[D.33] Civ., 21 juillet 1986

LA COUR: [Vu les art. 1er et 3 de la loi du 5 juill. 1985; Attendu, selon l'arrêt attaqué], que le cyclomoteur de M. Salles heurta et blessa Mme De Bono qui, à pied, traversait une chaussée en dehors d'un passage protegé; qu'un autobus de la Régie Autonome des Transports de la Ville de Marseille (R.A.T.V.M.) était en stationnement sur le passage protegé qu'il obstruait totalement; que Mme De

Bono a assigné M. Salles, la compagnie d'assurances Le Continent et la R.A.T.V.M. en réparation de son [préjudice]; Attendu que, pour décharger le cyclomotoriste de toute responsabilité et ne retenir que pour partie celle de la R.A.T.V.M., l'arrêt énonce que la victime avait commis une faute qui avait concouru à son propre dommage; qu'en l'état de ces énonciations d'où il résulte que le véhicule de la R.A.T.V.M., dans les conditions où il stationnait, avait perturbé la circulation de Mme De Bono et s'était ainsi trouvé également impliqué dans l'accident, l'arrêt doit être annulé par application des textes [susvisés].

[D.34] Civ., 21 juillet 1986

LA COUR: [Attendu, selon l'arrêt attaqué], que Bruno Boisgerault, circulant à cyclomoteur dans une agglomération, est entré en collision avec l'arrière d'un camion en stationnement appartenant à M. Vedrenne, qu'il est décédé des suites de ses blessures, que ses parents ont assigné M. Vedrenne en réparation de leur préjudice; Attendu qu'il est fait grief à l'arrêt d'avoir, sur le fondement de l'art. 1384, al. 1er c. civ., exonéré M. Vedrenne de toute responsabilité, alors qu'en ne précisant pas si le véhicule était visible distinctement à une distance suffisante en raison d'éclairage public au moment de l'accident, il aurait privé sa décision de base légale; Mais attendu que l'arrêt relève que le camion stationnait régulièrement, qu'à l'endroit où il se trouvait la rue était correctement éclairée, que la visibilité était bonne, que les témoins ont presque unanimement déclaré avoir été en mesure d'apercevoir d'assez loin la présence de ce véhicule; qu'en l'état de ces énonciations, la décision est légalement justifiée au regard de l'art. 1384, al. 1er c. civ.; Et attendu qu'il résulte desdites énonciations que les conditions dans lesquelles le camion stationnait n'étant pas de nature à perturber la circulation du cyclomotoriste, ce véhicule ne s'était pas trouvé impliqué dans l'accident; qu'ainsi la loi No 85-677 du 5 juill. 1985 est sans application en l'espèce; par ces motifs, [rejette].

[D.35] Civ., 12 novembre 1986

LA COUR: [Attendu, selon l'arrêt infirmatif attaqué], qu'une collision se produisit entre le camion conduit par M. Bernardot et appartenant à M. Prieur et celui de M. Meule qui le précédait lors d'un croisement avec un autocar conduit par M. Persol et appartenant à M. Benvenuto; que M. Prieur a réclamé la réparation de son préjudice matériel à M. Persol, à M. Benvenuto et à leur [assureur]; Attendu qu'il est fait grief à l'arrêt d'avoir débouté M. Prieur de sa demande, alors que, en refusant d'examiner l'hypothèse envisagée par M. Persol et M. Benvenuto selon laquelle l'autocar aurait surgi devant le véhicule de M. Meule en empiétant sur l'axe médian de la route, la cour d'appel aurait méconnu l'objet du litige, violé l'art. 1382 c. civ. et omis de répondre aux conclusions;

Mais attendu qu'en vertu des art. 4 et 5 de la loi No 85-677 du 5 juill. 1985, rendus applicables par l'art. 47 de ce même texte aux affaires pendantes devant la Cour de cassation, la faute commise par le conducteur d'un véhicule terrestre à moteur a pour effet de limiter ou d'exclure l'indemnisation des dommages qu'il a subis; que cette faute peut être opposée au propriétaire pour l'indemnisation des dommages causés à son véhicule; Et attendu que pour débouter M. Prieur de sa demande, l'arrêt relève que la faute alléguée à l'encontre du conducteur de l'autocar ressort essentiellement des déclarations dactylographiées de M. Meule qui ne sont ni spontanées, ni convaincantes, ni probantes, ayant été faites un mois après l'accident sur les instances de l'inspecteur de la compagnie d'assurances qui fait lui-même état des réticences de M. Meule pour 'signer les documents présentés'; qu'il retient que la croix figurant sur le constat amiable pour situer l'emplacement de l'autocar sur la chaussée apparaît être d'une encre différente de celle utilisée par les cosignataires, qu'il énonce que la preuve n'est pas rapportée que, sur la route étroite et sinueuse, ne comportant aucune marque de voies, où s'est produite la collision, l'autocar se soit déporté sur sa gauche tandis qu'il est manifeste que le chauffeur de M. Prieur n'a pas modéré son allure pour se tenir à une distance suffisante du camion qui le précédait; que de ces constatations et énonciations, desquelles il résulte que la faute commise par le chauffeur de M. Prieur a été la cause exclusive des dommages, la cour d'appel, sans méconnaître les termes du litige et qui a répondu aux conclusions, a légalement justifié sa [décision].

[D.36] Civ., 26 novembre 1986

LA COUR: [Vu les art. 1er et 3 de la loi du 5 juill. 1985; Attendu, selon l'arrêt attaqué], que l'automobile de M. Illy, qui circulait sur une autoroute, a heurté la glissière centrale et s'est renversée sur la voie de gauche où elle s'est immobilisée; qu'un camion, conduit par M. Ranc et appartenant à la Soc. [Locavic], a heurté, sur la voie de droite, le corps de M. Illy et l'a trainé sur une longue distance; que la veuve de M. Illy a assigné M. Ranc, la Soc. Locavic et son [assureur en réparation de son préjudice]; Attendu que, pour débouter Mme Illy de ses demandes, l'arrêt retient qu'il est impossible de déduire des éléments du débat que M. Illy ait été encore vivant lorsqu'il a été accroché par le camion, et qu'en conséquence Mme Illy n'établit pas que l'intervention du camion ait été la cause du décès de son mari; qu'en l'état de ces seules énonciations, l'arrêt qui n'a pas recherché si le camion était impliqué dans l'accident doit être annulé par application des textes [susvisés].

[D.37] Civ., 18 novembre 1987

LA COUR: [Vu les art. 1er et 3 de la loi du 5 juill. 1985; Attendu, selon l'arrêt attaqué], que, sur une route, une collision se produisit entre la bicyclette de M. Beyer et l'automobile de M. Cornu, en stationnement en partie sur un chemin et en partie sur l'accotement de la chaussée; que, blessé, M. Boyer demanda à M. Cornu et à la Mutuelle Assurance des Instituteurs de France la réparation de son [préjudice]; Attendu que pour déclarer que l'automobile de M. Cornu n'était pas impliquée dans l'accident et débouter M. Beyer de sa demande, l'arrêt se borne à énoncer que l'automobile de M. Cornu se trouvait régulièrement stationnée sur l'accotement bordant la route nationale, dans une position telle qu'elle n'empiétait en rien sur la chaussée, c'est-à-dire sur la portion de la route devant être normalement utilisée pour la circulation des véhicules; qu'en statuant ainsi, sans rechercher si l'automobile de M. Cornu dans les conditions où elle stationnait n'avait pas perturbé la circulation du cycliste, la cour d'appel n'a pas donné de base légale à sa décision au regard des textes susvisés; par ces motifs, [casse].

Note de M. le Professeur Hubert Groutel

En ce qu'il reproche aux juges du fond de n'avoir pas recherché si dans les conditions où elle stationnait une automobile n'avait pas perturbé la circulation du cycliste victime, cet arrêt paraît n'être qu'une banale application de la jurisprudence du 21 juill. 1986 [[D.34]]. Pourtant il ne manque pas d'intérêt, et constitue sans doute l'amorce d'une évolution qui, de toutes les manières, devra se faire, même si ce n'est pas pour cette fois. Les arrêts du 21 juill. 1986 [[D.33] [D.34]] ne permettaient pas de savoir clairement si un véhicule en stationnement régulier peut, dans certaines circonstances, être considéré comme impliqué. Il fut dit, à l'époque, que si la [Cour de cassation] avait retenu le critère de la perturbation de la circulation, c'était pour éviter que, dans certains cas de stationnement irrégulier, l'implication ne soit retenue alors que l'irrégularité n'avait rien à voir dans l'accident.

A cet égard, les conclusions de M. l'avocat général Charbonnier étaient révélatrices. En voici quelques extraits. 'Exclure les véhicules en stationnement du champ de l'implication aurait pour résultat de cantonner la loi nouvelle dans son domaine propre. Reste cependant la question de savoir si cette exclusion doit être générale, si elle doit concerner indistinctement tous les véhicules qui stationnent ou si, au contraire, une réserve doit être introduite en ce qui concerne ceux dont la position serait irrégulière, contraire aux règlements de la [circulation]. Bien qu'en position de stationnement, un véhicule peut continuer à être source de danger s'il a été immobilisé dans des conditions irrégulières. Il ne peut s'agir là d'une irrégularité quelconque (par exemple un dépassement horaire sur un parking payant), mais d'une anomalie de nature à perturber la circulation des autres véhicules (stationnement en un endroit interdit, absence de feux de position) [. En] revanche, je persiste à penser, pour ma part, qu'il serait fâcheux de traiter conformément aux principes nouveaux les véhicules en stationnement [regulier'].

Si nous avons bien compris, le caractère perturbateur serait une condition supplémentaire de l'implication, une fois constatée l'irrégularité du [stationnement]. S'agissant d'un véhicule en stationnement régulier, on aurait alors pu expliquer son régime de deux manières: soit il est irréfragablement réputé ne pas pouvoir perturber la circulation des autres, puisque le code de la route a été conçu pour que chaque usager ait en quelque sorte, à chaque instant, son espace privatif où personne n'a à venir; soit il peut en fait être perturbateur, mais on n'en tiendra pas compte car, par hypothèse, la perturbation n'est pas de son fait: par exemple, dans une rue étroite, à stationnement unilatéral, un véhicule vient se placer irrégulièrement de l'autre côté, de telle sorte que, à eux deux, les véhicules créent une gêne pour les autres usagers.

Aucune de ces explications ne résiste à un examen sérieux. La première manque de réalisme, car il faut compter avec la configuration des lieux propre à chaque espèce. La seconde reste trop imprégnée de l'idée de faute. L'implication, dans l'ésprit de la loi, est une circonstance purement objective, et l'on peut se trouver impliqué malgré soi. Les circonstances de la présente espèce sont très révélatrices à cet égard. L'automobile était stationnée sur l'accotement d'une route nationale destiné à l'arrêt et au stationnement des véhicules. Mais il était allégué par la victime que les cyclistes empruntaient ce bas-côté lorsque le flux des véhicules sur la chaussée était important, spécialement les jours fériés. En somme, les cyclistes avaient créé une piste cyclable de fait. Du point de vue du code de la route, l'automobiliste était en règle. En revanche, sur ce site particulier, il gênait la progression des cyclistes, et spécialement celle de la victime. Certes, la [Cour] ne dit pas elle-même que l'automobile est impliquée, mais l'invite à la cour de renvoi est pressante.

Le pas en avant fait par elle est intéressant, mais timide, encore que, à la réflexion l'arrêt va peut-être plus loin qu'il n'y paraît dès l'abord. Si un véhicule, en stationnement régulier en un endroit que les cyclistes n'avaient pas théoriquement à fréquenter peut être impliqué, à plus forte raison doit-il en aller de même lorsque le véhicule se trouve sur la chaussée ouverte à tous les usagers. Si, dans l'espèce commentée, le véhicule était perturbateur pour s'être trouvé devant le cycliste au moment où celui-ci arrivait, on peut en dire autant dans tous les autres cas. Et la plus mauvaise réponse à cela serait qu'il n'y a de perturbation que dans le cas où la victime, un cycliste par exemple, ne pouvait éviter le heurt, car on conclurait inévitablement que, dans les autres cas, l'absence d'implication est déduite en fait d'une faute de la victime.

Nous avons eu l'occasion de souligner l'étroite relation entre la notion de faute inexcusable et [l'implication]. En application de la jurisprudence du 20 juill. 1987

[[D.46]] sur la faute inexcusable, un cycliste qui grille un feu rouge et heurte un véhicule passant normalement au vert sera indemnisé: le véhicule est impliqué et la faute n'est pas [inexcusable (V. Civ., 14 avr. 1988, Dame Michel c. Bessolat]: ne commet pas une faute inexcusable le cycliste qui ne respecte pas un panneau 'stop'). En vertu de la jurisprudence du 21 juill. 1986 [[D.33] [D.34]], si elle devait se maintenir, le cycliste distrait qui heurte un véhicule en stationnement régulier sur la chaussée ne serait pas indemnisé pour cause d'absence d'implication. Aux catégories de victimes instituées par la loi, il faudrait en ajouter une, inventée par la Cour de cassation, et sans doute la plus détestable de toutes puisque motivée, en fait, par le souci de ne pas pénaliser le conducteur qui, en garant régulièrement son véhicule, ne commet pas de faute, alors que la loi a institué un régime de réparation sans égard à la responsabilité.

[D.38] Civ., 28 février 1990

LA COUR: [Attendu, selon l'arrêt attaqué], qu'une pierre tombée d'un talus a traversé le pare-brise de l'automobile conduite par M. Gaidet et blessé le mineur Laurent Liothaud, passager du véhicule; que les parents du mineur ont assigné M. Gaidet en dommages-intérêts; Attendu qu'il est fait grief à l'arrêt d'avoir accueilli cette demande en retenant que l'automobile était impliquée dans l'accident, alors que la blessure de la victime par une pierre détachée d'un ouvrage public dépourvu de protection appropriée n'engagerait que la responsabilité de l'administration et ne constituerait pas un dommage résultant d'un accident de la circulation, l'atteinte corporelle subie par la victime étant étrangère à une activité liée à la circulation; que, dès lors, faute d'implication du véhicule, la cour d'appel aurait violé la loi du 5 juill. 1985; Mais attendu que l'arrêt, par motifs adoptés, après avoir énoncé exactement qu'un véhicule est impliqué dans un accident de la circulation dès lors qu'il est intervenu d'une manière ou d'une autre dans cet accident, retient que l'automobile conduite par M. Gaidet a eu un rôle actif dans la production et la gravité du préjudice, puisque sa vitesse s'est conjuguée avec celle de la pierre pour entraîner les dommages; que, de ces énonciations, la cour d'appel a pu déduire que l'automobile était impliquée dans un accident de la circulation et que la loi du 5 juill. 1985 était applicable; d'où il suit que le moyen n'est pas fondé; [par ces motifs, rejette].

[D.39] Civ., 9 mai 1990

LA COUR: [Attendu, selon l'arrêt attaqué], que l'automobile conduite par M. Schott, qui avait pour passager M. Planes, a, de nuit, heurté l'arrière d'un camion appartenant à la société Manor Transports et conduit par M. Madge, qui était en stationnement sur la route, immobilisé par un barrage de transporteurs routiers; que M. Schott et M. Planes ont été blessés, ce dernier mortellement; que M. Schott et le Groupe des assurances nationales, qui avait indemnisé les ayants droit de M. Planes, ont demandé à M. Madge et à son employeur la réparation de leur [préjudice]; Attendu qu'il est fait grief à l'arrêt d'avoir retenu que le camion était impliqué dans l'accident, alors que, d'une part, l'implication d'un véhicule en stationnement suppose une perturbation de la circulation des autres usagers, et qu'en l'espèce le camion stationnait par ordre de la police sur une route fermée à la circulation, avec une bonne visibilité, muni d'une plaque minéralogique réfléchissante, de sorte qu'il ne pouvait être considéré comme impliqué, alors que, d'autre part, la cour d'appel n'aurait pas recherché si ce stationnement avait perturbé la circulation de l'automobile qui avait heurté le camion avec violence, et alors qu'enfin elle n'aurait pas indiqué en quoi le camion avait participé activement à la réalisation des dommages; qu'il est encore soutenu que les infractions au code de la route, retenues par l'arrêt, n'étaient pas caractérisées, compte tenu des circonstances ci-dessus mentionnées et du fait que d'autres poids lourds stationnaient dans les mêmes conditions sur ordre des autorités de police; Mais attendu que l'arrêt retient que le camion stationnait de nuit, tous feux éteints sur une route nationale et obstruait dangereusement un couloir de circulation, à un endroit où n'existait aucun éclairage public, et où la circulation restait ouverte, alors que les autres camions étaient arrêtés sur l'accotement; que de ces seules énonciations, la cour d'appel a justement déduit que le camion de la société Manor était impliqué dans l'accident au sens de l'art. 1er de la loi du 5 juill. 1985; d'où il suit que le moyen n'est pas [fondé.]

[D.40] Civ., 21 mai 1990

LA COUR: [Vu] l'art. 1er de la loi du 5 juill. 1985; Attendu qu'est impliqué dans une collision tout véhicule terrestre à moteur en mouvement qui a participé matériellement à la réalisation du dommage; Attendu, selon le jugement [attaqué], que, sur un parc de stationnement, la voiture de Mme Gavand qui y était garée a été projetée par un véhicule inconnu, sur celle de M. Muylle qui y était également garée et qui a été endommagée; que celui-ci a demandé l'indemnisation de son préjudice à Mme Gavand et à son [assureur]; Attendu que, pour débouter M. Muylle de sa demande, le jugement retient qu'il ne rapporte pas la preuve que le véhicule en stationnement de Mme Gavand ait perturbé la circulation; qu'en statuant ainsi, alors qu'il constatait qu'il n'était pas contesté que la voiture de Mme Gavand avait heurté celle de M. Muylle, d'où il résultait qu'elle était impliquée dans l'accident, le tribunal a violé le texte susvisé; par ces motifs, [casse].

[D.41] Civ., 7 juin 1990

LA COUR: [Attendu, selon l'arrêt infirmatif attaqué, qu'une] collision s'est produite, de nuit, dans une agglomération, entre l'automobile de M. Douifi et un camion de ramassage des ordures, éclairé par ses feux de croisement et un girophare, appartenant à l'entreprise de M. Siurolles; que M. Douifi ayant été mortellement blessé, sa veuve a demandé réparation de son préjudice à M. Siurolles qui a reconventionnellement sollicité l'indemnisation de son dommage matériel; Attendu qu'il est fait grief à l'arrêt d'avoir rejeté la demande de Mme Douifi et retenu l'entière responsabilité de son époux, alors qu'en s'abstenant de relever qu'en stationnant à gauche de la chaussée dans son sens de marche, le camion se trouvait dans une position anormale et, par la même, perturbait nécessairement la circulation de la voiture de M. Douifi, la cour d'appel aurait violé les art. 1er et 4 de la loi du 5 juill. 1985; Mais attendu que l'arrêt retient qu'au moment de l'accident le camion était arrêté sur un côté de la rue où le stationnement n'était pas interdit, que l'accident se serait produit de la même façon s'il avait été arrêté dans l'autre sens et que, dans cette hypothèse, il aurait même été moins visible puisque l'arrière du camion n'aurait été équipé que de feux rouges et que le girophare aurait été plus éloigné; qu'en l'état de ces constatations et énonciations, d'où il résulte que les conditions de l'arrêt du camion de M. Siurolles n'étaient pas de nature à perturber la circulation du véhicule de M. Douifi et qu'en conséquence il n'était pas impliqué dans l'accident, la cour d'appel a légalement justifié sa [décision].

Note de Jean-Luc Aubert

Les circonstances dans lesquelles peut se produire un accident de la circulation sont assurément très diverses. On comprend, dans ces conditions, que l'approche de la notion d'implication, et sa définition, puissent varier. Il est permis d'estimer, cependant, que la Cour de cassation, dans l'orientation actuelle de son interprétation opère une distinction qui n'a pas lieu d'être et qui est source de distorsions et d'arbitraire.

Il semble bien en effet, que, pour la deuxième Chambre civile, la notion d'implication doit être appréhendée différemment selon que le véhicule est, ou non, en mouvement. Le véhicule en mouvement est, en principe, impliqué; celui qui est à l'arrêt ne le sera que s'il apparaît que les conditions de son stationnement étaient de nature à perturber la circulation, et plus précisément celle du 'véhicule-victime'. Tel est, croyons nous, l'enseignement que l'on peut tirer des quatre décisions [[D.38] [D.39] [D.40] [D.41]]. A priori, semblable ligne de jurisprudence paraît satisfaisante. Un examen plus attentif des décisions permet cependant d'en douter très sérieusement.

Il convient d'observer, en premier lieu, que l'implication du véhicule en mouvement, si elle est, apparemment, acquise en principe, ne l'est pas toujours de la même manière. Selon l'arrêt du 21 mai 1990 [[D.40]], l'implication est certaine lorsque le véhicule 'a participé matériellement à la réalisation du dommage'. L'arrêt du 28 févr. 1990 [[D.38]] est, en revanche, beaucoup plus large: il suffit qu'il soit 'intervenu d'une manière ou d'une autre' dans l'accident. A vrai dire, cette seconde formule, qui englobe la première devrait lui être préférée, d'autant que celle-ci comporte une référence sans doute périlleuse – en ce qu'elle peut donner lieu à des mises en oeuvre contradictoires – à une nécessaire participation matérielle à la réalisation du dommage, ce qui n'est pas loin de la causalité traditionnelle. On pourrait, au demeurant, s'étonner de la très grande différence des formules ainsi consacrées. L'explication réside dans les circonstances de l'accident: dans l'arrêt du 21 mai 1990 [[D.40]], il s'agissait d'un véhicule qui avait été projeté par un autre – ce pourquoi il était en mouvement! – sur un troisième. Le dommage était donc matériellement relié au véhicule. Semblable circonstance ne se retrouvait pas, du tout, dans l'espèce qui a donné lieu à l'arrêt du 28 févr. 1990 [[D.38]], où le passager du véhicule avait été blessé par une pierre qui, tombée d'un talus, avait traversé le pare-brise de l'automobile. Dans un système d'indemnisation qui récuse toute référence à la causalité, il aurait sans doute été préférable de retenir, pour tous les cas, la formule de ce dernier arrêt qui semble beaucoup mieux adaptée à un tel système.

Cela étant, force est d'observer que la Haute juridiction traite encore d'une autre manière – toute différente – les situations où le véhicule – dont on recherche l'implication – est demeuré immobile. Dans cette hypothèse, et conformément à une jurisprudence qui a pris corps assez rapidement, le véhicule en stationnement est impliqué, ou ne l'est pas, selon qu'il a perturbé la circulation, ou non. La solution est tout à fait contestable à différents égards. D'abord, parce que sans le dire – et encore! – elle réintroduit la faute dans un système qui, plus encore que la causalité, entend soustraire le principe de l'indemnisation à toute recherche de cette sorte de circonstance. Ensuite, parce que – comme la faute, et c'est inévitable – la notion de perturbation peut donner lieu, dans son appréciation à des interprétations divergentes et à des solutions contradictoires. A cet égard les arrêts du 9 mai [[D.39]] et du 7 juin 1990 [[D.41]] sont exemplaires.

Le premier [[D.39]] a été rendu sur une espèce dans laquelle une automobile avait, de nuit, heurté l'arrière d'un camion à l'arrêt. Pour décider que ce camion était impliqué les juges avaient relevé qu'il stationnait de nuit, tous feux éteints sur une route nationale, et qu'il obstruait dangereusement un couloir de circulation, à un endroit où n'existait aucun éclairage public, et où la circulation restait ouverte. La Cour de cassation estime cette motivation satisfaisante. Assurément! Même dans un régime de faute prouvée, la responsabilité aurait été acquise! Qui peut le plus peut, sans aucun doute, le moins. Le second arrêt, celui du 7 juin 1990 [[D.41]], refuse au contraire l'implication du véhicule en stationnement parce que celui-ci ne perturbait pas la circulation de l'automobile qui était entrée en collision frontale avec lui. Soit. Qu'en était-il en fait? La lecture de l'arrêt fait apparaître que cette automobile avait percuté un camion de ramassage d'ordures, éclairé pas ses feux de croisement et un gyrophare, alors qu'il stationnait dans la partie gauche de la chaussée dans son sens de marche, donc sur la partie droite de la chaussée réservée à l'automobiliste. Pour refuser l'implication, les juges du fond avaient observé que le camion était arrêté sur un côté de la rue où le stationnement n'était pas interdit; que l'accident se serait produit de la même façon s'il avait été arrêté dans l'autre sens; et que, dans cette hypothèse, il aurait même été moins visible puisque l'arrière du camion n'aurait été équipé que de feux rouges et que le gyrophare aurait été plus éloigné. On admirera, au passage, avec le luxe des détails et des supputations, la perspicacité des juges du fond. Pour approuver leur décision la Haute juridiction énonce que 'les conditions d'arrêt du [camion] n'étaient pas de nature à perturber la circulation du véhicule [et] qu'en conséquence il [le camion] n'était pas impliqué dans l'accident'. Une telle solution – qui marque un retour à l'époque du rôle passif de la chose, sinon, plus simplement encore à la responsabilité sur faute prouvée – peut surprendre: on voit mal, en particulier, comment le stationnement du camion litigieux pouvait ne pas 'perturber la circulation du véhicule' dès lors qu'il contraignait le conducteur à un écart et que précisément ce conducteur était mort pour ne pas l'avoir opéré.

Cette sorte de solution, et le type des discussions qu'elle peut engendrer, démontrent à eux seuls la perversité du principe de solution retenu.

Cette jurisprudence de la Haute juridiction est d'autant plus regrettable qu'elle aboutit à introduire une difficulté dans le seul cas où l'implication ne devrait pas poser de problème: celui où il y a eu contact entre la victime et le véhicule terrestre à moteur. Dans un tel cas, en effet, parce que ce véhicule représente un antécédent nécessaire du dommage – une condition sine qua non de celui-ci – il est forcément impliqué.

C'est pourquoi, à notre avis, la distinction qu'il convient de faire n'est pas celle des véhicules en mouvement ou à l'arrêt, mais bien celle qui oppose les situations selon qu'il y a eu, ou non, contact entre le véhicule et le siège du dommage. Lorsqu'il y a contact, l'implication s'impose nécessairement, pour la raison qui a été évoquée précédemment. En l'absence de contact, en revanche, l'implication du véhicule doit être recherchée positivement. C'est évidemment là que se pose la véritable question d'une définition de l'implication. Celle que donne l'arrêt du 28 févr. 1990 [[D.38]] peut, assurément, être retenue, selon laquelle il y a implication dès l'instant que le véhicule est intervenu d'une manière ou d'une autre dans l'accident. Mais la formule peut être utilement éclairée par une observation complémentaire, à savoir que l'implication suppose l'existence d'une relation entre le véhicule et l'accident, relation qui peut être soit un lien de causalité, soit un lien de simple éventualité, et pour l'établissement de laquelle l'idée de perturbation peut présenter quelque utilité, parfois, dans ce dernier cas. Cela signifie qu'il suffit que le véhicule ait pu jouer un rôle dans la production de l'accident pour que l'implication se trouve établie. Dès l'instant, par conséquent, que les circonstances démontrent que le véhicule a pu intervenir dans la production du dommage – ce qui est sûr lorsqu'il y eu contact avec le siège du dommage, mais ce qu'il faut démontrer en l'absence d'un tel contact – son implication est acquise. Il n'est pas besoin d'établir l'effectivité de ce rôle. Il ne saurait davantage être question de remettre en question l'implication ainsi démontrée par la preuve de l'absence de toute relation causale.

[D.42] Note de Jean-Luc Albert sur Civ., 20 janvier 1993

Un piéton, traversant une rue, est tombé au moment où un véhicule s'arrêtait, après avoir effectué une marche arrière. Les juges du fond, saisis d'une demande d'indemnisation du piéton contre l'automobiliste ont rejeté cette demande faute de preuve du rôle actif du véhicule. Leur décision est censurée par la Cour de cassation: ayant relevé qu'un témoin avait déclaré avoir vu le piéton traverser sans regarder en direction du véhicule qui reculait et qu'en l'apercevant déjà arrêté ce piéton avait eu un mouvement de recul et était tombé sur la chaussée, il en résultait que l'automobile était impliquée dans l'accident.

Pour être de cassation, l'arrêt [n'est] pas de ceux qui permettront de clore le débat sur la notion d'implication et son exacte portée! [Selon] la décision de la Cour de cassation, le véhicule à l'arrêt et qui n'est aucunement entré en contact avec la victime est impliqué par cela seul que l'on a pu voir celle-ci marquer une réaction physique à la vue du véhicule. Présentée ainsi la solution se situe à des années-lumière de la théorie soutenue naguère de la légitimité d'une responsabilité renforcée des automobilistes compte tenu de l'énergie cinétique développé par leurs véhicules! Elle est en revanche bien ancrée dans le système mis en place par la loi du 5 juill. 1985, même si elle n'est pas très éclairante en ce qui concerne la notion même d'implication. Les faits de l'espèce tels que constatés par les juges, donnaient prise, en effet, à une analyse causale, compréhensive sans doute mais néanmoins classique: le véhicule avait bien, selon le constat des juges, joué un rôle dans la survenance de l'accident. L'arrêt semble plus intéressant au regard des conditions de la démonstration de l'implication du véhicule. De ce point de vue, la solution consacrée nous paraît bonne en ce qu'elle admet l'implication d'un véhicule avec lequel la victime n'est pas entrée en contact, sur la justification-en l'occurrence un simple témoignage – de ce que le véhicule a bien constitué un antécédent de l'accident. Ainsi compris, l'arrêt peut effectivement être rapproché d'un précédent arrêt du 10 mai 1991 [Bull. civ. II, No 136] selon lequel des juges du fond ne pouvaient pas déduire l'implication d'un véhicule dans la chute d'un cyclomotoriste de la seule concomitance entre cette chute et le dépassement qu'avait entrepris ledit véhicule. Les deux décisions paraissent aller dans le sens d'une observation que nous avions faite il y a quelque temps et selon laquelle, sans qu'il y ait à distinguer selon que le véhicule considéré est en mouvement ou à l'arrêt, son implication dans l'accident suppose, en l'absence de contact, une démonstration positive de ce que le véhicule a joué un rôle dans l'accident (V. notre note [[D.41]]). Cette preuve était faite dans l'espèce qui a donné lieu à l'arrêt du 20 janv. 1993; elle ne l'avait pas été dans celle de l'arrêt du 10 mai 1991.

La situation est différente lorsqu'il y a eu, au contraire, contact entre le véhicule et la victime, le contact établissant alors, selon nous, de manière automatique l'implication du vehicule (cf. notre note préc.). Un autre arrêt de la Cour de cassation semble aller en ce sens, selon lequel le seul constat par le juge de la réalisation d'un contact entre le véhicule et le piéton établissait l'implication du véhicule dans l'accident [Civ., 10 avr. 1991, Bull. civ. II, No 116]. Mais il est vrai que ce dernier arrêt n'est pas aussi net que cela. Tout d'abord, il vise expressément le cas d'un véhicule 'en mouvement', de telle sorte que l'implication automatique qu'il consacre pourrait bien être liée au cumul d'un contact avec la circonstance du mouvement du véhicule. Ensuite, il porte une référence, qui peut surprendre, à l'absence de faute du piéton. Mais il semble bien qu'il n'y ait là qu'un souci de justification de la réparation intégrale allouée au piéton car c'est en réalité l'absence d'allégation de toute faute du piéton qui se trouve visée.

On retiendra de tout cela, avec beaucoup de prudence, que l'arrêt du 20 janv. 1993 pourrait s'inscrire dans une tendance de la jurisprudence à distinguer, quant à la preuve de l'implication, selon qu'il y a eu, ou non, contact du véhicule avec la victime, l'implication étant acquise dans le premier cas alors qu'elle devrait être positivement démontrée, dans le second, par la justification d'un rôle du véhicule dans la réalisation de l'accident (V. une application implicite de cette exigence par l'arrêt [Civ., 31 mars 1993 [D.43]]).

[D.43] Note d'Anne Penneau sur Civ., 31 mars 1993

Justifie légalement sa décision la cour d'appel qui, pour déclarer un agriculteur responsable d'un accident et condamner son assureur pour les accidents de la circulation à le garantir, retient que celui-ci circulait dans son champ, conduisait un tracteur auquel était attelé un giro-broyeur et que cet engin a projeté une pierre dans l'oeil de la victime, d'où il résulte que la remorque d'un véhicule terrestre à moteur était impliquée dans un accident de la circulation. Encore un arrêt relatif à l'implication au sens de la loi du 5 juill. 1985! Il mérite pourtant d'être signalé parce qu'il complète la casuistique de la matière à laquelle la deuxième Chambre civile ne résiste [pas].

Pour les juges du fond, l'accident s'interprétait comme un accident de la circulation au sens de la loi du 5 juill. 1985 et le véhicule se trouvait impliqué. C'est ce que conteste le pourvoi qui soutient en résumé qu'"en l'absence de tout contact de la victime avec le véhicule terrestre à moteur, la cour d'appel [ne pouvait] décider qu'il s'agissait d'un accident de la circulation'. Cette argumentation amalgamait conditions d'application de la loi et condition de mise en oeuvre du droit à la réparation pour la [victime], ce que la deuxième Chambre civile rétablit habilement en bon ordre dans son dispositif. Elle rappelle en effet que l'accident causé par la remorque d'un tracteur circulant dans un champ est un accident de la circulation causé par un véhicule terrestre à moteur, ce qui définit le champ d'application de la loi du 5 juill. 1985. Ce n'était d'ailleurs pas directement contesté par le pourvoi tant la jurisprudence semble fixée sur le cas [d'espèce].

L'objet du pourvoi concernait donc, en réalité, l'appréciation d'implication dans cette espèce où il y avait absence de contact direct entre le véhicule et la victime, c'est-à-dire qu'il concernait la mise en oeuvre du droit à réparation. La deuxième Chambre civile considère à cet égard que la cour d'appel a 'légalement justifié sa décision' en déduisant de ses constatations qu'on était en présence d'un cas d'implication. Attentive à ne pas fusionner causalité et implication, elle se refuse à introduire dans son vocable l'expression 'absence de contact' utilisée dans le pourvoi et, quant à elle, directement issue de la problématique de la causalité stricto sensu. Mais cette rigueur terminologique ne suffit pas à épargner aux juges la nécessité de recourir, bon gré mal gré, à une recherche de causalité pour apprécier l'implication en cas d'absence de contact. Il devient en effet nécessaire de rechercher si le véhicule est intervenu comme cause du dommage pour dire s'il a été impliqué dès lors que se trouve exclu le jeu d'une présomption [d'implication]. Malgré cela, la deuxième Chambre civile a choisi d'adopter une conception extensive de la notion d'implication. En l'espèce, l'existence d'un intermédiaire ayant pris contact avec le véhicule puis la victime – la pierre projetée-favorisait nettement l'appréciation d'implication. D'autres arrêts vont encore plus loin dans la souplesse d'interprétation en cas d'absence de contact (cf. [Civ., 20 janv. 1993 [D.42]]). De ce point de vue, ils répondent à l'esprit de la loi du 5 juill. 1985 de protection des victimes. On souhaiterait cependant que la deuxième Chambre civile le fasse savoir plus nettement sous forme de directives générales, et, par exemple, qu'elle réitère l'affirmation faite dans un arrêt antérieur [Civ., 28 février 1990 [D.38]] selon laquelle 'un véhicule est impliqué dans un accident de la circulation dès lors qu'il est intervenu d'une manière ou d'une autre dans cet accident'.

[D.44] Civ., 23 mars 1994

LA COUR: [Attendu, selon l'arrêt attaqué], que M. Fourdrin, circulant à cyclomoteur, a accroché avec son guidon l'arrière de la camionnette en stationnement devant le garage Dumont, chargé de son entretien, et a été heurté par l'automobile de M. Cailleux, arrivant en sens inverse; que, M. Fourdrin ayant été mortellement blessé, sa veuve et son fils ont assigné en réparation M. Cailleux et son [assureur] et la Sté Vimeu emballages, propriétaire de la camionnette; Attendu qu'il est fait grief à l'arrêt d'avoir rejeté cette demande des consorts Fourdrin alors que, d'une part, serait impliqué dans l'accident au sens de l'art. 1er de la loi No 85-677 du 5 juill. 1985 tout véhicule même en stationnement régulier heurté par la victime; qu'ainsi, en déduisant de la circonstance que la camionnette Saviem en stationnement heurtée par M. Fourdrin n'avait pas constitué un obstacle à la circulation, l'absence d'implication de celle-ci dans l'accident, la cour d'appel aurait violé par refus d'application le texte susvisé; alors que, d'autre part, en déduisant de la seule circonstance qu'il n'avait commis aucune faute l'exonération de M. Cailloux de toute responsabilité sans rechercher si, pour celle-ci, la faute de la victime avait bien revêtu un caractère imprévisible et irrésistible, la cour d'appel n'aurait pas mis en évidence le caractère exclusif de la faute de la victime et aurait privé son arrêt de base légale au regard des art. 4 et 6 de la loi du 5 iuill. 1985;

Mais attendu que le fait qu'un véhicule terrestre à moteur soit en stationnement sans perturber la circulation n'exclut pas son implication dans un accident, au sens de l'art. 1er de la loi du 5 juill. 1985; Et attendu que l'arrêt retient, d'une part, qu'il n'est pas établi que M. Cailleux ait roulé à une vitesse excessive ou trop loin du bord de la chausée et que la camionnette de la Sté. Vimeu emballages était en stationnement régulier, le long du trottoir, bien visible compte tenu de l'éclairage public en fonctionnement et de celui dispensé par les vitrines des magasins, d'autre part, que M, Fourdrin avait serré de trop près la camionnette qu'il avait heurtée à hauteur de l'arrière gauche avec la partie droite de son guidon; qu'en l'état de ces constatations et énonciations, dont il résulte que les véhicules de M. Cailleux et de la Sté. Vimeu emballages, heurtés par le cyclomoteur, étaient impliqués dans l'accident sans que leurs conducteurs aient commis de fautes, la cour d'appel a exactement décidé que la faute de M. Fourdrin excluait l'indemnisation de ses ayants droit; que par ces seuls [motifs] l'arrêt se trouve légalement justifié au regard des art. 1er à 4 de la loi du 5 juill. [1985].

5 EXCLUSION FROM THE RIGHT TO COMPENSATION

As has already been seen in head 2, the liability of the *gardien* under Article 1384, paragraph 1, could be nullified by *force majeure* or the act of a third party. The 1985 statute changed this rule completely and victims cannot be confronted with the defence of *force majeure* or the act of a third party to deny them the right to compensation (Article 2: [D.21]).The *Cour de cassation* was given the chance to pronounce upon this because of the transitional provisions of Article 47, which applied the 1985 statute to cases already pending before the *Cour de cassation*. A number of cases came to the *Cour de cassation* which had naturally commenced on the basis of Article 1384, paragraph 1, and in which the lower court had found the driver or *gardien* of the motor vehicle not liable because of the *faute imprévisible et irrésistible* committed by the non-driver victim (ie, by an application of the principle of *force majeure*). As this finding was incompatible with Article 2, the decisions were quashed [D.45].

However, even though the 1985 statute has given this privileged position to non-driver victims, the 1985 statute did not institute a complete no-fault system of compensation which would be applied irrespective of any contributive behaviour on the part of the victim. The individual contribution of the victim to a traffic accident still has a limited role to play and a victim is deprived of the right to compensation if he or she commits an inexcusable fault (*faute inexcusable*) which was the exclusive (ie, not partial) cause of the traffic accident (Article 3, paragraph 2). The idea of an inexcusable fault was not a complete novelty in the law of civil liability. It had for long been part of the law relating to industrial accidents whereby the normal obligation of the employer to compensate an injured employee was affected by the inexcusable fault of the worker (*une faute d'une gravité exceptionnelle, dérivant d'un acte ou d'une omission volontaire, de la conscience du danger que devait en avoir son auteur, de l'absence de toute cause justificative*). The concept was incorporated into the 1985 statute with the additional qualification that, to deprive a victim of the right to compensation, the inexcusable fault had to be the sole (exclusive) cause of the accident. Since the right to compensation is eliminated by an inexcusable fault and since in so many situations a victim has made some contribution to the accident and the consequent injury, there has been much litigation, especially where the driver has, often with some justification, claimed that, but for that contribution, there would have been no accident or the effects of the accident would not have been so severe.

In 1987, the *Cour de cassation* laid down a definition of inexcusable fault, prefacing several decisions with words which have been repeated continually (*seule est inexcusable la faute volontaire d'une exceptionnelle gravité exposant sans raison valable son auteur à un danger dont il aurait dû avoir conscience*) [D.46]. This phraseology has been repeated ever since [D.49] [D.51], and is a good example of a *jurisprudence constante* having normative effect equivalent to that of a statute. Two factors are of particular importance, namely exceptional seriousness of the conduct and appreciation of a danger.

The proposal of the Minister of Justice to Parliament was that an inexcusable fault should relate to some form of antisocial conduct relating to the use of roads and other places where motor vehicles operated (he gave the example of the drunken cyclist going the wrong way down a one-way street without lights), but excluding from the notion of inexcusable fault any inadvertent or imprudent acts. The *Cour de cassation* has followed this perspective and given a narrow interpretation of the seriousness of the victim's conduct. It has declared not to be an inexcusable fault the pedestrian who runs across a road without looking, the pedestrian who steps into the road from behind a parked vehicle without looking, the pedestrian who does not use a pedestrian crossing, the pedestrian who crosses a road even though the traffic lights are red for him or her and green for motor vehicles. The exceptional seriousness of conduct appears to be limited to cases where a pedestrian or cyclist crosses or walks along a motorway or other main road where it would be normal for motorists to travel at high speeds and to have just cause for thinking that the road is reserved to that sort of traffic [D.47].

For an act to be an inexcusable fault it must be shown that the victim ought to have appreciated that his or her conduct was dangerous, taking into account the situation (eg, a busy motorway or driving conditions). Certain people such as young children and elderly people may not appreciate the dangers of modern day road traffic, and these are excluded from the inexcusable fault exception to the right to compensation (Article 3, paragraph 2) (and for this reason are often referred to as super-protected persons). Problems have, however, arisen to those victims who are under the influence of alcohol (and by analogy other drugs). On the one hand, such people may simply not appreciate a danger (eg, because alcohol impairs the ability to judge the speed of an oncoming car) but, on the other hand, such people can be a great danger to themselves and to the drivers of motor vehicles. An alcoholic state is not deemed necessarily to be an inexcusable fault [D.48] and, although lower courts showed a hardening of attitude, emphasising the anti-social nature of the conduct [D.49], this hardening of attitude has recently been reversed [D.51].

For an inexcusable fault to deprive the non-driver victim of the right to compensation, that fault must be the exclusive or sole cause of the accident. Often the question of sole cause of an accident will depend on the activity of other parties, especially a fault committed by a driver (eg, driving too fast or disobeying traffic signs) and here any fault of the victim cannot be the sole cause of the accident. However, it must be emphasised that, since the article refers to the cause of the accident, the absence of fault on the part of the driver does not necessarily render the act of the victim as the sole cause. The real question is one of causation and whether the driver was able to do anything to avoid the happening of the accident (or ought to have been so able) [D.47] [D.50].

The victim can only be denied the right to compensation if there is an inexcusable fault and that fault is the sole cause of the accident. It can happen that the act of a victim is undoubtedly the sole cause of the accident (eg, a cyclist acts in such a way that a lorry driver can do nothing to prevent the accident), but if the act of the cyclist is not an inexcusable fault but the result of a momentary inadvertence, the victim is not denied the right to compensation.

The essence of an excusable fault is inadvertence, the essence of an inexcusable fault is an element of recklessness, and in both cases there is no intention. If, however, a victim has intentionally sought to be injured in a traffic accident, the victim (and this also includes the super-protected victim) loses the right to be compensated (Article 3, paragraph 3) and, therefore, the widow or widower of a person who has committed suicide by means of a traffic accident has no right to be compensated.

Materials

[D.45] Civ., 28 janvier 1987

LA COUR: [Vu] l'art. 47, al. 2, de la loi No 85-677 du 5 juill. 1985; Attendu qu'en vertu de ce texte, les dispositions des art. 1er à 6 s'appliquent dès la publication de la loi aux accidents ayant donné lieu à une action en justice introduite avant cette publication; Attendu, selon l'arrêt infirmatif [attaqué] rendu le 19 sept. 1985, qu'une collision se produisit entre l'automobile de M. Epaillard, conduite par l'épouse de celui-ci, et le cyclomoteur de Mme Munier; que Mme Munier, blessée, a assigné en réparation de son préjudice les époux Epaillard et leur [assureur]; Attendu que pour débouter Mme Munier de sa demande, l'arrêt retient que la victime avait commis des fautes imprévisibles et irrésistibles qui exonéraient l'automobiliste de sa responsabilité de gardien; qu'en statuant ainsi, par application de l'art. 1384, al. 1er c. civ., la cour d'appel a, par refus d'application, violé le texte susvisé; par ces motifs, [casse].

[D.46] Civ., 20 juillet 1987

LA COUR: [Vu] l'art. 3 de la loi No 85-677 du 5 juill. 1985; Attendu que seule est inexcusable au sens de ce texte la faute volontaire d'une exceptionnelle gravité exposant sans raison valable son auteur à un danger dont il aurait dû avoir conscience; Attendu, selon l'arrêt [attaqué], que dans une agglomération, l'automobile de M. Gabet heurta M. Ouradi qui, à pied, traversait la chaussée; que, blessé, M. Ouradi demanda à M. Gabet la réparation de son [préjudice]; Attendu que pour débouter M. Ouradi de sa demande en retenant à sa charge une faute inexcusable, l'arrêt énonce que la victime, en courant et sans prendre la moindre précaution, a traversé la chaussée et s'est jetée sur le véhicule de M. Gabet; qu'en l'état de ces énonciations d'où ne résulte pas l'existence d'une faute inexcusable à la charge de la victime, la cour d'appel a violé le texte [susvisé].

[D.47] Note sur Civ., 13 février 1991, Civ., 8 janvier 1992 et Paris 12 juin 1991

La définition de la faute inexcusable donnée en 1987 par la deuxième Chambre civile de la Cour de cassation [[D.46]] et constamment reprise depuis cette date est très restrictive. L'interprétation de l'un ou l'autre des éléments constitutifs de cette définition permet très souvent d'écarter cette qualification et par là même d'indemniser la victime. La faute est-elle volontaire? La faute est-elle d'une exceptionnelle gravité? L'auteur s'est-il exposé sans raison valable à un danger dont il aurait dû avoir conscience? et naturellement la faute est-elle la cause exclusive du dommage? Il suffit d'une seule réponse négative pour que l'indemnisation de la victime soit assurée. Pourtant, de temps à autre, la deuxième Chambre civile reconnaît dans certaines circonstances des fautes [inexcusables]. Les deux arrêts [de la Cour de cassation] en sont des exemples. Peut-être même un léger frémissement vers une extension de la notion est-il entamé! Quant à l'arrêt de la Cour d'appel de Paris, il constitue une originalité intéressante.

Dans les deux décisions de la Cour suprême, une même cour d'appel, celle d'Aix-en-Provence, avait retenu des fautes inexcusables de piétons. Les pourvois sont rejetés.

Si on analyse rapidement la jurisprudence antérieure, on constate que la plupart des hypothèses où la deuxième Chambre civile retient la faute inexcusable d'un piéton concernent principalement des accidents sur autoroute ou sur des voies très larges à grande circulation, lieux où la présence d'un piéton est non seulement interdite mais extrêmement dangereuse. Parmi les dix fameux arrêts du 20 juill. [1987], le seul où était retenue la faute inexcusable était relatif à un piéton qui avait traversé de nuit une chaussée à double sens de circulation séparée par un terre-plein surmonté d'un muret qu'il avait escaladé, et ce à 75 m d'un passage protégé. Il en fut de même plus tard pour la traversée d'une large voie à circulation intense près de la sortie d'un tunnel ([Civ., 15 juin 1988, Bull. civ. II, No 138; Civ., 7 mars 1990, Bull. civ. II, No 53]) et pour celle d'une autoroute de nuit ([Civ., 28 juin 1989, Bull. civ. II, no 137]). Selon l'expression du

Doyen Carbonnier [les] conducteurs exercent dans certains espaces une souveraineté sans partage.

C'est à nouveau une traversée d'autoroute de nuit (curieusement dans une agglomération) par un piéton qui est considérée comme une faute inexcusable et cause exclusive de l'accident dans l'arrêt du 13 févr. 1991. Le pourvoi qui fait l'objet d'un rejet portait essentiellement sur le caractère exclusif ou non de la faute. Mais l'arrêt d'appel relevait lui-même que la précipitation du piéton ne permettait pas au conducteur d'effectuer une manoeuvre utile et qu'à l'endroit de la traversée il y avait trois glissières de sécurité. La faute est bien inexcusable et cause exclusive de l'accident.

Dans l'affaire soumise [le] 8 janv. 1992 le piéton renversé marchait sur une autoroute dans le sens de la circulation, précisément sur la limite séparant la voie de circulation réservée aux camions et la bande d'arrêt d'urgence. Le pourvoi faisait état de la santé déficiente de la victime qui s'était désintéressée du danger auquel elle s'exposait et de son absence de conscience incompatible avec une faute volontaire. Un fait est apparu déterminant aux magistrats de la Cour de cassation: un agent de service avait demandé à la victime de ne pas rester sur l'autoroute et l'avait même menacée de prévenir la patrouille si elle restait en ces lieux. De cette mise en garde s'induit la conscience du danger. La faute est inexcusable.

Les conditions de l'accident dans l'arrêt de la Cour d'appel de Paris du 12 juin 1991 sont assez différentes mais il ne fait guère de doute que la Cour de cassation retiendrait aussi la faute inexcusable. Une personne est tuée par un automobiliste alors qu'elle se trouvait de nuit et par temps de pluie sur un toboggan réservé exclusivement à la circulation automobile. Pour se trouver là, elle avait dû franchir les glissières de sécurité ce qui s'est produit à la suite d'une dispute. Un témoin l'avait même prévenue du danger qu'elle encourrait. La faute inexcusable ne faisait aucun doute même si comme le note l'arrêt la victime était dans un 'état passionnel'. L'arrêt retient un comportement suicidaire, ce qui n'est tout de même pas la recherche volontaire du dommage comme s'il s'agissait d'un suicide, mais la limite entre la faute inexcusable de l'al. 1er de l'art. 3 de la loi de 1985 et la faute intentionnelle de l'al. 3 est ici étroite.

[D.48] Note sur Civ., 10 avril 1991, Civ , 10 mai 1991 et Civ., 24 mai 1991

Trois décisions coup sur coup pour confirmer que l'ivrogne piéton et victime d'un accident de la circulation doit être indemnisé. Sa faute n'est pas [inexcusable]. La sévérité du législateur envers l'alcoolique au volant laisse place à la pitié jurisprudentielle à l'égard de l'alcoolique à pied. Il n'est pas indifférent de constater que la deuxième Chambre civile prononce à chaque fois la cassation. Les cours d'appel différentes, Douai, Rennes et Reims, avaient toutes trois dans des circonstances relativement voisines considéré que la faute du piéton était inexcusable. C'est-à-dire qu'en la matière la résistance des juges du fond reste tenace, malgré la position constante de la Cour de cassation.

Dans la première espèce, la victime, dans un état alcoolique proche du coma éthylique en voulant ouvrir la portière de sa voiture garée sur le trottoir et dans un mouvement de recul en faisant irruption sur la route est blessée par la remorque d'un poids lourd en circulation. Dans la seconde affaire, la victime en état d'ébriété est tuée en traversant une chaussée de nuit hors agglomération et sans éclairage public. Dans la troisième espèce, c'est en sortant d'un débit de boissons, tout en négligeant d'emprunter un passage pour piétons situé devant la porte du café que la victime tombe sur la chaussée où elle s'est avancée sans se préoccuper des voitures en circulation dont l'une l'écrase. C'est toujours l'état alcoolique du piéton qui a conduit les trois cours d'appel à retenir à sa charge une faute inexcusable et par voie de conséquence à exclure l'indemnisation de son préjudice ou de celui de ses proches. On peut pourtant relever des nuances importantes, car l'état alcoolique proche du coma éthylique, visé dans un cas, n'est pas l'état d'ébriété et encore moins le comportement d'un homme ivre constatés dans les autres cas. Mais à cet état dont il est difficile de mesurer l'intensité faute de prise de sang, s'ajoutent dans chaque affaire des circonstances particulières qui en dérivent l'irruption brusque sur la route, la chute même sur la rue ou encore la traversée de nuit sans aucun éclairage qui constituent des actes ou des faits qui ne seraient pas réalisés si la victime avait été en pleine possession de ses moyens. De plus aucune faute n'est relevée à la charge des automobilistes, si bien que la faute inexcusable peut être considérée par les juges du fond comme la cause exclusive des accidents. La Cour de cassation affirme qu'il ne résulte nullement de ces énonciations l'existence d'une faute inexcusable à la charge des [victimes].

[D.49] Paris, 16 mars 1994

Conclusions de M. Gilbert Paire, substitut général

Le 25 oct. 1986 vers 20 h 05, un piéton, M. Yves Larher, âgé de cinquante et un [ans], qui allait vers son domicile, se trouvait de nuit, en un endroit dépourvu d'éclairage public, sur le milieu de la [chaussée], lorsqu'il a été heurté par une automobile Renault, conduite par M. Vivier, et qui a été elle-même, aussitôt après, percutée à l'arrière par la camionnette Renault de la Sté Harscoat. Le piéton a été retrouvé sous la première voiture, derrière la roue avant gauche. Il présentait un taux d'alcoolémie de 1,90 gl. Il a assigné en réparation de son préjudice M. Vivier, lequel a appelé en garantie la Sté Harscoat. M. Larher est décédé le 9 sept. 1989. L'affaire était alors en cause d'appel devant la Cour de Rennes qui, par arrêt du 30 janv. 1990 confirmant le jugement du Tribunal de grande instance de Morlaix en date du 1er juin 1988, a débouté les consorts Larher de leur demande. Cet arrêt a été frappé de pourvoi par Mme Delourme, veuve [Larher]. La Cour de cassation a cassé ledit arrêt en lui reprochant d'avoir retenu à tort une faute inexcusable à la charge de M. Larher. Cet arrêt appelle des observations quant à la notion de 'faute inexcusable'.

Par des décisions célèbres en date du 20 juill. 1987 [[D.46]], la deuxième Chambre civile de la Cour de cassation a décidé que seule est inexcusable, au sens de l'art. 3 de la loi du 5 juill. 1985, la faute volontaire d'une exceptionnelle gravité, exposant sans raison valable son auteur à un danger dont il aurait dû avoir conscience. Par la suite, la faute grave du piéton en état d'ivresse a été déclarée par la Cour de cassation étrangère au domaine de la faute inexcusable. Nous avons relevé au Juris-Classeur [Civil]: 'La Cour de cassation ne semble pas disposée à traiter plus sévèrement que les autres les piétons en état d'imprégnation alcoolique. On peut le regretter. Par leur faute, ils mettent en péril volontairement leur vie – et en cela leur attitude est quasiment suicidaire – et ils peuvent également provoquer des accidents gravissimes lorsque les conducteurs, surpris par leur comportement totalement irrationnel, tentent des manoeuvres de sauvetage désespérées afin de les éviter'. M. H. Groutel, pour sa part, dénonce 'les incertitudes de la jurisprudence sur la faute inexcusable du piéton ivrogne' (Resp. civ. et assur., 1989, No 308) et cite deux arrêts concernant deux individus sous l'emprise d'un état alcoolique ayant eu le même comportement incohérent en traversant la chaussée: l'un n'a pas admis la faute inexcusable ([Civ., 7 juin 1989]) et l'autre l'a admise ([Civ., 12 juill. 1989]).

En l'occurrence, il est établi que M. Larher souhaitait être emmené par une voiture de passage jusqu'à son domicile. Il s'est engagé sur la chaussée, et il a été évité de justesse par un premier véhicule. Il a continué sa progression et a surpris

M. Vivier qui a réussi à s'arrêter très rapidement. La voiture de la Sté Harscoat, surprise par cet arrêt brutal, n'a pu faire autrement que heurter la voiture Vivier qui a passé sur les jambes du piéton. Le déroulement de ces événements montre, en plus, que la causalité de cet accident est à rechercher uniquement dans le comportement anormal du piéton qui a heurté la voiture [Vivier]. C'est dans ces conditions que j'ai l'honneur de conclure à la confirmation du jugement du Tribunal de Morlaix.

LA COUR: [Considérant] que seule est inexcusable, au sens des dispositions de l'art. 3 de la loi du 5 juill. 1985, la faute volontaire d'une exceptionnelle gravité exposant sans raison valable son auteur à un danger dont il aurait dû avoir conscience; qu'ainsi les éléments constitutifs d'une telle faute sont au nombre de quatre, savoir son caractère volontaire, son exceptionnelle gravité, l'absence de raison valable de son existence et la conscience du danger qu'aurait dû en avoir son auteur; Considérant qu'il résulte en l'espèce des éléments du dossier, non discutés par les parties et provenant pour l'essentiel des témoignages recueillis à l'occasion de l'enquête de police diligentée à l'issue de l'accident, qu'Yves Larher, juste avant d'être renversé, a traversé la [chaussée] et s'est maintenu sensiblement au milieu de cette voie, non par égarement inadvertance ou inconscience, mais dans le but, selon son propre aveu, d'arrêter un automobiliste et de se faire prendre à son bord pour regagner son domicile, élément qui caractérise une démarche volontaire, a ainsi agi, hors agglomération, sur une route dépourvue d'éclairage, à une heure de fréquentation importante (20 h), habillé de sombre, de nuit et par temps pluvieux, élément qui caractérise l'exceptionnelle gravité de ce comportement, normalement imprévisible et inévitable en ses conséquences, à la limite de l'attitude suicidaire et pouvant être de nature à provoquer des accidents, voire des carambolages gravissimes mettant en péril l'intégrité physique ou même la vie d'autres usagers de la route, contraints devant un tel comportement inattendu à des manoeuvres de sauvetage désespérées, sans raison valable, en l'absence de tout malaise, de toute nécessité ou de tout péril en la demeure, mais par simple commodité (pour éviter de rentrer à pied chez lui en étant pris en 'auto-stop'), en s'exposant à un danger dont il aurait dû avoir conscience, par son maintien sur l'axe médian de la chaussée, alors qu'il venait déjà précédemment, en s'apprêtant à gagner le centre de cette voie, d'éviter d'être renversé par un autocar (dont le chauffeur a déclaré ne l'avoir ainsi évité que parce qu'il roulait à gauche de son couloir de circulation) et alors que son imprégnation alcoolique n'était pas telle qu'elle ait pu le priver de tout discernement, à preuve ses propres déclarations à la police où il décrit dans un récit cohérent et logique, moins de quinze jours après l'accident, les circonstances dans lesquelles celui-ci est intervenu; Considérant que les quatres éléments caractérisant la faute inexcusable sont donc réunis en l'espèce; Considérant par ailleurs qu'aucune faute de conduite n'étant rapportée, ni même invoquée, à l'encontre des conducteurs de l'automobile et de la camionnette, il s'ensuit que la faute inexcusable d'Yves Larher est également la cause exclusive de l'accident; que le jugement sera donc [confirmé]. [Mais V. [D.51]].

[D.50] Paris, 6 septembre 1994

Le 29 janvier 1990, à la suite d'une panne sur une voie expresse (RN.20) vers 19 h 45, Olivier Bleuze, cinquante-neuf ans, qui avait abandonné le véhicule qu'il conduisait sur le bas-côté, entreprit de partir à pied pour se rendre à la station-service située de l'autre côté de la route et enjamba, après avoir fait quelques centaines de mètres, le muret central en béton séparant les deux sens de circulation. Il fut heurté par un véhicule circulant en sens inverse conduit par Mme Bastide, seule dans son véhicule, et décéda immédiatement des suites de cet accident. L'épouse de la victime, sa mère et ses deux soeurs ont assigné Mme Bastide et son assureur en réparation de leur préjudice moral et économique devant le Tribunal de grande instance d'Evry, réclamant, s'agissant de Mme Bleuze, un préjudice économique d'un montant de 2 422 858 F, le remboursement de frais funéraires 11 890 F et un préjudice moral d'un montant de 80 000 F, la mère de la victime et ses deux soeurs sollicitant respectivement 50 000 F, 30 000 F et 30 000 F au titre de leur préjudice moral. Ce tribunal les a déboutés de toutes leurs demandes, retenant le moyen soulevé par Mme Bastide et son assureur selon lequel la victime avait commis une faute inexcusable exclusive de toute indemnisation pour les victimes par ricochet, cette faute étant volontaire, d'une exceptionnelle gravité, exposant sans raison valable son auteur à un danger dont il aurait dû avoir conscience. Les demanderesses avaient invoqué le fait que Mme Bastide roulait à une vitesse de 110 km/h, au moment de l'accident dépassant de 20 km/h la vitesse autorisée et allègué également que l'état de nécessité avait conduit M. Olivier Bleuze à chercher à se dépanner au-dessus de la voie expresse située peu après la station-service. Le tribunal a relevé que l'éclairage public de la voie ne fonctionnait pas à ce moment là, que l'accident avait eu lieu en dehors de toute agglomération, que le prélèvement sanguin effectué sur la victime avait revelé la présence d'alcool dans le sang et qu'aucune manoeuvre d'évitement n'était possible de la part de l'automobiliste.

LA COUR: [Considérant] que la faute commise par la victime revêt le caractère d'inexcusabilité requis par la loi dès lors qu'elle a été exclusive; qu'en l'espèce elle a été d'une exceptionnelle gravité, puisque la circulation des piétons est interdite sur une telle voie où les véhicules circulent de nuit à une vitesse importante et en grand nombre à cette heure; que le caractère volontaire de cette faute – à moins que la victime ait été dans un état d'inconscience lié à son état d'imprégnation alcoolique – ce qui ne peut être à sa décharge – est manifeste puisqu'elle aurait pu et dû attendre que les véhicules arrivant en ligne droite soient suffisamment loin de l'endroit où elle se proposait de traverser pour franchir la voie; qu'elle s'est exposée ainsi à un danger certain dont elle devait avoir d'autant plus conscience que l'existence du muret la cachait et rendait improbable la survenance d'un piéton même téméraire; Considérant que le caractère inopiné du franchissement et l'impossibilité pour l'automobiliste d'éviter la victime ou même d'avoir le temps de ralentir résultent des constatations matérielles (absence de traces de freinage) ce qui indique que l'effet de surprise pour Mme Bastide a été total d'autant plus que les feux de croisement éclairent davantage sur la partie droite de la route que sur la partie gauche de laquelle venait Olivier Bleuze; qu'ainsi la vitesse légèrement supérieure à celle autorisée à laquelle roulait Mme Bastide n'a eu aucune incidence sur le caractère fatal de l'accident; Considérant ainsi qu'il y a lieu de confirmer le jugement déféré dans toutes ses [dispositions].

[D.51] Assemblée plénière, 10 novembre 1995

Conclusions de M. Michel Jéol, premier avocat-général

Il est fréquent que le législateur utilise des notions un peu floues, laissant au juge le soin d'en préciser le sens et la portée. Si commode soit-il au moment de l'élaboration de la loi, ce procédé oblige notre cour à définir abstraitement la norme juridique à en contrôler concrètement l'application judiciaire: deux missions qui ne sont pas normalement les siennes, puisqu'elle se trouve ainsi conduite, dans le premier cas, à remplacer le Parlement, dans le second, à substituer son appréciation des faits à celle des juges du fond. L'affaire soumise à votre Assemblée plénière illustre bien ces inconvénients. Dix ans après l'entrée en vigueur de la loi du 5 juillet 1985, dite loi Badinter, vous allez devoir mettre un terme aux controverses et aux conflits persistants soulevés par la 'faute inexcusable' qu'ont pu commettre les victimes, autres que les conducteurs, d'un accident de la circulation et qui les prive exceptionnellement – selon l'article 3, alinéa 1 – de la réparation de leurs dommages corporels. C'est dire l'importance de votre décision. D'abord d'un point de vue pratique: il y va du sort fait à des victimes de la route que la loi voulait spécialement protéger, en particulier les piétons et les cyclistes. Ensuite d'un point de vue théorique: dans un texte de compromis – et peut-être de transition – où le législateur s'est trouvé partagé entre la séduction du 'risque' et la nostalgie de la 'faute' il s'agit de délimiter clairement les domaines respectifs de la réparation automatique et de la responsabilité civile.

A la vérité, le terrain est déjà bien déblayé et votre tâche va s'en trouver simplifiée. Après une période un peu anarchique où les juges du fond, livrés à eux-mêmes, ont interprété et appliqué diversement le texte litigieux, votre deuxième chambre civile a dit assez rapidement quelle était sa religion: par onze [arrêts] rendus le 20 juillet 1987, elle a défini la faute inexcusable en même temps qu'elle marquait sa volonté de limiter son admission [[D.46]]. Selon une formule maintes fois répétée depuis [lors], 'est inexcusable la faute volontaire d'une exceptionnelle gravité exposant sans raison valable son auteur à un danger dont il aurait dû avoir conscience'. En soi, cette définition paraît acceptable – encore que ses éléments interfèrent un peu et manquent parfois de précision – mais ce qui peut surprendre, en revanche, c'est l'application très [stricte], spécialement en ce qui concerne le piéton.

Il faut évidemment exclure de notre examen la victime qui se jette sous une voiture avec une intention suicidaire: elle relève d'une autre disposition de la loi de 1985, l'alinéa 3 de l'article 3, qui la prive également de toute indemnisation ([Civ., 24 févr. 1988: Bull. civ. II, No 49 et 21 juin. 1992: Bull. civ. II, No 218]). On peut également mettre à part le piéton d'occasion qui saute d'un véhicule en marche et tombe littéralement du ciel: un comportement aussi inattendu est habituellement qualifié d'inexcusable ([Civ., 19 janv. 1994: Bull. civ. II, No 27; Crim., 28 juin 1990: Bull. crim., No 268).

Reste le cas général du piéton ordinaire, celui qui n'est ni candidat au suicide, ni amateur de cascade, mais qui se conduit de manière imprudente, voire aberrante: nos chambres spécialisées le traitent avec une certaine indulgence et ne retiennent à son encontre une faute inexcusable que très exceptionnellement et dans des circonstances étroitement délimitées. Avec une belle constance en effet, les arrêts restreignent pratiquement l'application de l'alinéa 1 de l'article 3 de la loi de 1985 aux cas où la victime s'est engagée sans raison valable sur une voie réservée aux véhicules automobiles – telle qu'une autoroute, une voie à circulation rapide ou une sortie de tunnel – dont l'interdiction d'accès est généralement matérialisée par des barrières, des murets, des glissières de sécurité, ces obstacles étant d'ailleurs de nature à inquiéter le piéton qui les franchit et à rassurer l'automobiliste qui roule sous leur protection ([Civ., 20 juill. 1987: Bull. civ. II, No 161; 15 juin 1988: Bull. civ. II, No 138; 7 juin 1989: Bull. civ. II, No 120; 28 juin 1989: Bull. civ. II, No 137; 7 mars 1990: Bull. civ. II, No 52; 13 févr. 1991: Bull. civ. II, No 50; 8 janv. 1992: Bull. civ. II, No 1; 23 juin 1993: Bull. civ. II, No 217; 27 oct. 1993: Bull. civ. II, No 295; Crim., 14 févr. 1989: Bull. crim., No 70; Civ., 12 mai 1993: Bull. civ. II, No 173]).

En dehors de ces lieux protégés, où sa présence est radicalement bannie, le piéton est comme toléré sur le reste du réseau routier. Même s'il a un comportement fautif, sa faute n'est pas jugée inexcusable, quelles que soient les [circonstances]. Peu importent les données extérieures qui auraient dû l'inciter à la prudence:

l'état de la route, la faiblesse de la visibilité, la densité du trafic. Rien de tout cela n'est estimé déterminant. Peu importe que l'intéressé se soit engagé sans précaution sur la chaussée, qu'il n'ait pas respecté les feux de signalisation ni emprunté les passages protégés. L'indiscipline est l'un de nos travers nationaux. Peu importe, enfin, l'état d'ivresse de la victime ([Civ., 11 juin. 1988: Bull. civ. II, No 162; 10 avr. 1991: Bull. civ. II, No 115 [D.48]; 10 mai 1991: Bull. civ. II, no 133 [D.48]; 24 mai 1991: Bull. civ. II, No 152 [D.48]; 23 juin 1993: Bull. civ. II, No 218]). Sans doute l'ébriété ne fait-elle jamais disparaître, pour manque de discernement, le caractère 'volontaire' de la faute ou la 'conscience' que le piéton aurait dû avoir du danger – ce qui serait quand même paradoxal à une époque où l'on sanctionne plus sévèrement le conducteur intempérant – mais elle ne caractérise pas, à elle seule, quel que soit le taux d'alcoolémie, la faute inexcusable. L'ivrogne déambulant sur la route fait partie du paysage français.

Au regard de cette jurisprudence, que penser des faits qui sont à l'origine de la présente affaire?

Au moment où il a été blessé par une voiture, elle-même projetée en avant par la camionnette qui la suivait – ce qui 'implique' dans l'accident deux véhicules dont les conducteurs n'ont apparemment commis aucune faute -, M. Lahrer marchait sous la pluie, de nuit, au milieu d'une route départementale dépourvue d'éclairage. Sa conduite insolite s'expliquait, semble-t-il, à la fois par le désir d'arrêter un automobiliste, qui le prendrait à son bord et par un taux d'alcoolémie de 1,9 g/l. A l'évidence, en l'état de la position très stricte de notre cour, le comportement de la victime, pour imprudent et dangereux qu'il ait été, ne revêtait pas un caractère [inexcusable]. Dans l'arrêt qui vous est déféré, la Cour d'appel de Paris [ne] se rebelle pas contre cette définition. Elle y distingue même [quatre] 'éléments constitutifs' du comportement inexcusable mais elle s'efforce de montrer, en revanche, qu'ils se trouvent réunis en l'espèce. A la vérité, sa démonstration n'est convaincante que pour trois d'entre eux: le caractère volontaire de la faute, l'absence de raison valable de son existence et la conscience du danger qu'aurait dû en avoir son auteur. Encore peut-on regretter s'agissant de ce dernier élément, le motif selon lequel l'imprégnation alcoolique de M. Lahrer 'n'était pas telle qu'elle ait pu le priver de tout discernement'. Faut-il comprendre a contrario qu'à partir d'un certain taux d'alcoolémie, la faute de la victime deviendrait excusable? Ce serait évidemment peu compatible avec l'invitation faite au juge d'apprécier in abstracto la conscience du danger encouru.

Reste le quatrième élément constitutif de la faute inexcusable: son exceptionnelle gravité. L'arrêt attaqué recense ici toutes les circonstances, objectives ou subjectives, qui rendent lourdement fautif le comportement de M. Lahrer. Mais ces données, même additionnées, demeurent en deçà des critères concrets habituellement retenus par nos chambres spécialisées pour qualifier 'l'inexcusable'. C'est d'ailleurs sur ce seul terrain que se place le moyen unique du pourvoi formé par les ayants droit de M. Lahrer, décédé entre-temps. Sans contester que le comportement de leur auteur ait pu être 'la cause exclusive de l'accident' – comme l'exige l'article 3, alinéa 3, de la loi de 1985 – et tout en reconnaissant que la victime avait commis une 'grave imprudence', les demandeurs reprochent à la cour d'appel d'avoir jugé, à partir de ses constatations souveraines, que la faute était d'une 'exceptionnelle gravité'.

Ainsi, la présente affaire est plus qu'un cas d'espèce, qui pourrait être tranché dans un sens ou dans un autre. Elle pose, au contraire, deux questions de principe. La définition de la faute inexcusable est-elle satisfaisante (1)? La rigueur imposée à sa mise en oeuvre est-elle justifiée (2)?

1   Sans doute, ni les demandeurs au pourvoi, ni leurs adversaires ne contestent-ils la définition habituelle de la faute inexcusable, mais vous disposez – entre le relèvement d'un moyen d'office et la substitution de motifs – de techniques qui vous permettraient, le cas échéant, de la modifier. Il est évidemment inquiétant qu'à partir des mêmes critères d'appréciation la deuxième chambre civile et la cour de renvoi aboutissent, avec une égale conviction, à des résultats diamétralement opposés. Ces critères ne sont-ils pas trop lâches et ne faudrait-il pas en resserrer les mailles? S'agissant plus particulièrement du degré de la faute inexcusable – qui est la source principale de la résistance des juges du fond à la position de notre cour – en quoi sommes-nous plus éclairés d'apprendre qu'elle serait d'une 'exceptionnelle gravité'? Cette indication permet, tout au plus, de la situer quelque part – mais où, exactement? – entre la faute 'lourde' et la faute 'intentionnelle' sur l'échelle de Richter des comportements répréhensibles. Je ne crois pas pour autant qu'il soit souhaitable d'amender la formule actuelle. Pour deux raisons.

a)   La première raison est d'ordre déontologique. La définition retenue pour l'application de l'article 3, alinéa 3, de la loi de 1985 n'a rien d'original, elle reproduit – à quelques mots près sans importance – celle adoptée depuis longtemps dans cette maison en matière d'accidents du travail lorsque l'employé a commis une faute [inexcusable]. Elle se retrouve également dans les textes régissant les transports, aériens ou maritimes, où la tendance actuelle de notre jurisprudence est de reconnaître à ses éléments constitutifs la même [signification]. Or, malgré la spécificité de l'accident de la circulation et bien qu'il s'agisse ici du comportement de la victime et non de celui de l'auteur du dommage, il ne paraît pas souhaitable de donner de la faute inexcusable des définitions différentes selon les matières. Car il n'est pas de bonne technique juridique, pour l'interprète de la loi, d'exprimer des concepts identiques sous des formules à géométrie variable.

b)   La seconde raison de conserver la définition actuelle malgré ses ambiguïtés, est d'ordre pratique. Comment être plus précis, en effet, sans être plus concret, c'est-à-dire sans faire référence à des éléments factuels, sinon matériels, tenant notamment à la nature de la route et à ses conditions d'accès. Faudrait-il préciser par exemple, lorsque la victime est un piéton, que l'accident doit s'être produit sur une voie réservée à la circulation automobile et protégée par des barrières? Ce faisant, on enfermerait la décision du juge dans des critères trop étroits, trop circonstanciés et ne laissant pas de place à des hypothèses différentes – telle que sauter en marche d'un véhicule – où le comportement de l'intéressé paraît tout aussi inexcusable. On passerait de la définition au catalogue. Or dresser l'inventaire des cas possibles, ce n'est plus interpréter la loi, c'est se préparer à l'appliquer.

2   Vous serez donc conduits – je crois – à vous prononcer seulement sur l'application plus ou moins stricte de la formule définissant la faute inexcusable, notamment en ce qui concerne sa 'gravité exceptionnelle'. Le choix est un peu entre le 'hard' et le 'soft'. L'application 'hard' correspond, grosso modo, à la jurisprudence acquise de notre cour. Elle est d'une rigueur extrême pour le conducteur du véhicule impliqué et son assureur. Le piéton, même ivrogne, n'est privé de la réparation de ses dommages corporels que s'il s'aventure sur une voie de circulation spécialement protégée, où sa présence est aussi inadmissible qu'imprévue. L'application 'soft' est parfaitement illustrée par l'arrêt attaqué. Elle est moins rigoureuse et surtout

moins étroite, car elle prend en compte des circonstances de nature diverse dont le cumul peut caractériser, sur n'importe quelle voie publique, la faute inexcusable de la victime. Entre ces deux attitudes, l'hésitation est permise.

A première vue, le choix de la Cour d'appel de Paris, fortement motivé en l'espèce, paraît être celui du bon sens. Il conduit le juge à apprécier globalement une situation et un comportement. Il n'est pas condamné par les travaux préparatoires de la loi, au cours desquels le Garde des sceaux a évoqué des [exemples] qui étaient assez proches de notre espèce et où l'ivrognerie était traitée sans indulgence (JO AN, CR, 17 déc. 1984, p. 7025; JO Sénat, CR, 10 avr. 1985, p. 184). Il a été largement partagé, au demeurant, par beaucoup de cours d'appel dont les arrêts ont été cassés depuis 1985. Enfin, sur le plan de son incidence économique, il fait peser sur les assureurs et, partant, sur l'ensemble des assurés une charge moindre. Malgré tous ces arguments – qui sont importants et qui expliquent la résistance des juges du fond à la position adoptée dès 1987 dans cette maison – je pencherais plutôt vers le maintien de notre jurisprudence. Pour deux sortes de considérations qui paraissent avoir guidé nos chambres spécialisées et qui correspondent aux deux objectifs de la loi de 1985.

a) L'objectif premier du législateur, on le sait, était de mettre en oeuvre ouvertement – car la jurisprudence avait déjà fait en ce sens des avancées considérables, la dernière avec l'arrêt Desmares du 21 juillet 1982 [[D.19]], – la fameuse théorie du risque dans un des domaines où elle se justifiait le plus, celui des accidents de la circulation routière. Entre l'automobiliste et les autres usagers de la route, en effet, le rapport est très inégalitaire: il est celui du pot de fer contre le pot de terre. L'idée majeure était donc de faire indemniser automatiquement et rapidement par un système d'assurance obligatoire les victimes de dommages corporels autres que les conducteurs, et c'est seulement à titre exceptionnel – peut être pour ménager les étapes – que certaines limites ont été apportées à cette indemnisation systématique, notamment dans le cas où la victime commet une faute inexcusable. Il en est résulté un texte où peuvent s'affronter – a-t-on dit – une 'logique de réparation' et une 'logique de responsabilité'. Soit, mais l'esprit de la loi de 1985 est bien celui du principe de l'indemnisation, les exceptions qui lui sont apportées devant être appliquées aussi étroitement que possible.

b) Le second objectif de la loi de 1985 était de réduire de manière drastique le nombre des procès concernant les accidents de la route. Or il est évident que l'on plaidera d'autant moins en justice l'exclusion de réparation prévue par le texte litigieux que la notion de faute inexcusable sera entendue de manière plus restreinte et cantonnée, en pratique, à des hypothèses bien délimitées, repérables à des signes objectifs. Il est remarquable, à cet égard, que la jurisprudence rigoureuse de notre cour, au fur et à mesure qu'elle s'imposait aux juges du fond, a eu sur le contentieux judiciaire lié à l'application de la loi Badinter un effet déflationniste important, qui s'est répercuté jusqu'à nous. Assouplir cette jurisprudence, ce serait rouvrir la boîte de Pandore des affaires de circulation. Ce serait aussi, par un effet pervers indirect, rendre plus aléatoire l'octroi d'une provision à la victime, le juge des référés pouvant légitimement avoir des hésitations sur l'absence de 'contestation sérieuse' et, partant, sur sa compétence.

En définitive, malgré les réserves que peut susciter la portée plus que stricte, restrictive, délibérément donnée par nos chambres spécialisées à l'article 3, alinéa

1, de la loi de 1985, il ne serait guère opportun de la remettre en cause, surtout à un moment où la controverse soulevée par ce texte, en doctrine comme au Palais, s'est largement apaisée. Aussi est-ce pour des raisons de politique législative et judiciaire que je vous engage – un peu à regret, il est vrai, car il est déplaisant de condamner un choix auquel on n'est pas loin d'adhérer – à casser l'arrêt attaqué.

Cette cassation serait d'autant plus significative que les circonstances fautives réunies en l'espèce étaient très défavorables à la victime et que la Cour d'appel de Paris en fait bien ressortir l'interférence et la gravité. Votre décision devrait donc se référer à l'ensemble des motifs invoqués, car il s'agit de condamner globalement une application estimée trop large de la faute inexcusable de la victime. Faut-il réserver un sort particulier à l'affirmation selon laquelle M. Lahrer aurait conservé un certain discernement malgré son imprégnation alcoolique? Je crois préférable de la viser avec le reste de l'argumentation critiquée, car l'en exclure pourrait donner à penser, soit que vous approuvez le raisonnement a contrario qu'elle suscite, soit, au contraire, que vous estimez l'état d'ivresse sans influence sur l'existence d'un comportement fautif: ce qui serait, dans les deux cas, à la fois fâcheux et contraire à la position nuancée de notre cour. Quoiqu'il en soit de ce motif – qui n'était d'ailleurs pas nécessaire pour établir la conscience que la victime aurait dû avoir du danger – la présente affaire est si exemplaire par les circonstances de l'accident que le sens de votre message devrait être clair. Et, espérons-le, définitif.

LA COUR: [Vu] l'article 3, alinéa 1, de la loi du 5 juillet 1985; Attendu que seule est inexcusable au sens de ce texte la faute volontaire d'une exceptionnelle gravité exposant sans raison valable son auteur à un danger dont il aurait dû avoir conscience; Attendu, selon l'arrêt attaqué, rendu sur renvoi après cassation, que M. Larher, qui se trouvait sur la chaussée d'un chemin départemental, a été heurté par une voiture automobile conduite par M. Vivier, laquelle a été elle-même percutée à l'arrière par une camionnette appartenant à la société Harscoat; que, blessé, M. Larher a assigné en réparation de son préjudice M. Vivier, qui a appelé en garantie cette société; que M. Larher étant décédé, ses héritiers ont repris la procédure; Attendu que, pour retenir à la charge de M. Larher une faute inexcusable et débouter ses ayants droit de leur demande, l'arrêt retient que M. Larher a traversé la chaussée et s'est maintenu sensiblement au milieu de cette voie afin d'arrêter un automobiliste et de se faire prendre à son bord pour regagner son domicile, élément qui caractérise une démarche volontaire, qu'il a ainsi agi, hors agglomération sur une route dépourvue d'éclairage, à une heure de fréquentation importante, habillé de sombre, de nuit par temps pluvieux, élément qui caractérise l'exceptionnelle gravité de son comportement, sans raison valable, par simple commodité, et s'est exposé par son maintien sur l'axe médian de la chaussée à un danger dont il aurait dû avoir conscience, alors qu'il venait déjà précédemment d'éviter d'être renversé par un autocar, et que son imprégnation alcoolique n'était pas telle qu'elle ait pu le priver de tout discernement; qu'en l'état de ces énonciations, d'où ne résulte pas l'existence d'une faute inexcusable, la cour d'appel a violé le texte susvisé; par ces motifs: casse et annule, dans toutes ses dispositions, l'arrêt rendu le 16 mars 1994, entre les parties, par la Cour d'appel de Paris [[D.49]]; remet, en conséquence, la cause et les parties dans l'état où elles se trouvaient avant ledit arrêt et, pour être fait droit, les renvoie devant la Cour d'appel de [Versailles].

6 THE COMPENSATION PROCESS

The 1985 statute (and implementing provisions) laid down a number of measures designed to ameliorate the process whereby a victim, once found to be such, is compensated in practical terms. It imposed a system whereby, in practice, the first step is not an action in the courts but an attempt for the insurer of the responsible person (or, if necessary, the *Fonds de garantie*) and the victim to agree compensation. It sought to speed up the process of compensation (under the previous system the average time between an accident and the payment of compensation was some two and a half years) by imposing strict time limits and penalties for breach of those time limits. (It also amended the existing system of compulsory motor vehicle insurance by making it more comprehensive and extended the guarantee functions of the *Fonds de garantie* [D.52].) The compensation procedure is governed by the *Code des assurances* (consolidating many articles of the 1985 statute) [D.52] [D.53]. This involves first an offer of compensation by the insurer and second the acceptance of that offer by the victim. The insurer (whether an insurance company or the state, in the case of an accident involving a motor vehicle of a public authority) (or, if necessary, the *Fonds de garantie*) must (unless the victim has only suffered injury to property) make an offer of compensation within specified time limits and will be penalised financially if this rule is not complied with. The offer is made to the victim (or, if the victim has died, to the victim's heirs or widow or widower). The victim must be given, in the first letter from the insurer, certain specified information free of charge, the name of the person in charge of the case file and be informed that the victim may seek assistance from a lawyer or a medical expert. In turn, the victim must furnish the insurer with specified information in order to speed up the process. The offer must indicate the amount offered with respect to each item of compensation claimed (personal injury, loss of earnings, loss of ability to enjoy life, medical expenses, psychological harm), together with the sums claimed by any third parties (eg, medical costs, social security benefits paid, and any salary paid by an employer during a period of incapacity for work [D.8]). The offer must particularly state the fact that the victim has a period of 15 days within which to accept or reject the offer. The payment of the compensation must take place within one month of the expiry of that period, otherwise there is a financial penalty. The 1985 statute also imposes (on the Ministry of Justice) the periodical duty to compile a publication giving the amounts of compensation determined by settlements (and any litigation). This was already done by specialist periodicals with regard to the quantum of damages in cases coming before the courts, but the system now emphasises that it is the initial offer that is so important in that the victim and the insurer can both see the going rate and settle. The offer and settlement system contemplates the situation where it is accepted that there was a traffic accident and that the victim is not denied the right to compensation. If this is not accepted by the insurer, then, as the cases in heads 3, 4 and 5 show, there will have to be resort to litigation in the courts.

Materials

[D.52] Code des assurances

Livre II, Titre 1er – L'assurance des véhicules terrestres à moteur et de leurs remorques et semi-remorques

Chapitre 1er, Section VI. – Procédures d'indemnisation

L.211-8 – Les dispositions de la présente section s'appliquent, même lorsqu'elles sont transportées en vertu d'un contrat, aux victimes d'un accident de la circulation dans lequel est impliqué un véhicule terrestre à moteur ainsi que ses remorques ou semi-remorques, à l'exception des chemins de fer et des tramways circulant sur des voies qui leur sont propres.

L.211-9 – L'assureur qui garantit la responsabilité civile du fait d'un véhicule terrestre à moteur est tenu de présenter dans un délai maximal de huit mois à compter de l'accident une offre d'indemnité à la victime qui a subi une atteinte à sa personne. En cas de décès de la victime, l'offre est faite à ses héritiers et, s'il y a lieu, à son conjoint.

Une offre doit aussi être faite aux autres victimes dans un délai de huit mois à compter de leur demande d'indemnisation.

L'offre comprend tous les éléments indemnisables du préjudice, y compris les éléments relatifs aux dommages aux biens lorsqu'ils n'ont pas fait l'objet d'un règlement préalable.

Elle peut avoir un caractère provisionnel lorsque l'assureur n'a pas, dans les trois mois de l'accident, été informé de la consolidation de l'état de la victime. L'offre définitive d'indemnisation doit alors être faite dans un délai de cinq mois suivant la date à laquelle l'assureur a été informé de cette consolidation.

En cas de pluralité de véhicules, et s'il y a plusieurs assureurs, l'offre est faite par l'assureur mandaté par les autres.

Les dispositions qui précèdent ne sont pas applicables aux victimes à qui l'accident n'a occasionné que des dommages aux biens.

L.211-10 – A l'occasion de sa première correspondance avec la victime, l'assureur est tenu, à peine de nullité relative de la transaction qui pourrait intervenir, d'informer la victime qu'elle peut obtenir de sa part, sur simple demande, la copie du procès-verbal d'enquête de police ou de gendarmerie et de lui rappeler qu'elle peut à son libre choix se faire assister d'un avocat et, en cas d'examen médical, d'un médecin.

Sous la même sanction, cette correspondance porte à la connaissance de la victime les dispositions du quatrième alinéa de l'article L.211-9 et celles de l'article L.211-12.

L.211-11 – Dès lors que l'assureur n'a pu, sans qu'il y ait faute de sa part, savoir que l'accident avait imposé des débours aux tiers payeurs visés à l'article 29 de la loi [du] 5 juillet 1985 et à l'article L.211-25, ceux-ci perdent tout droit à remboursement contre lui et contre l'auteur du dommage. Toutefois, l'assureur ne peut invoquer une telle ignorance à l'égard des organismes versant des prestations de sécurité sociale.

Dans tous les cas, le défaut de production des créances des tiers payeurs, dans un délai de quatre mois à compter de la demande émanant de l'assureur, entraîne déchéance de leurs droits à l'encontre de l'assureur et de l'auteur du dommage.

Dans le cas où la demande émanant de l'assureur ne mentionne pas la consolidation de l'état de la victime, les créances produites par les tiers payeurs peuvent avoir un caractère provisionnel.

L.211-12 – Lorsque, du fait de la victime, les tiers payeurs n'ont pu faire valoir leurs droits contre l'assureur, ils ont un recours contre la victime à concurrence de l'indemnité qu'elle a perçue de l'assureur au titre du même chef de préjudice et dans les limites prévues à l'article 31 de la loi [du] 5 juillet 1985. Ils doivent agir dans un délai de deux ans à compter de la demande de versement des prestations.

L.211-13 – Lorsque l'offre n'a pas été faite dans les délais impartis à l'article L.211-9, le montant de l'indemnité offerte par l'assureur ou allouée par le juge à la victime produit intérêt de plein droit au double du taux de l'intérêt légal à compter de l'expiration du délai et jusqu'au jour de l'offre ou du jugement devenu définitif. Cette pénalité peut être réduite par le juge en raison de circonstances non imputables à l'assureur.

L.211-14 – Si le juge qui fixe l'indemnité estime que l'offre proposée par l'assureur était manifestement insuffisante, il condamne d'office l'assureur à verser au fonds de garantie prévu par l'article L.421-1 une somme au plus égale à 15p. 100 de l'indemnité allouée, sans préjudice des dommages et intérêts dus de ce fait à la [victime].

L.211-16 – La victime peut par lettre recommandée avec demande d'avis de réception, dénoncer la transaction dans les quinze jours de sa conclusion.

Toute clause de la transaction par laquelle la victime abandonne son droit de dénonciation est nulle.

Les dispositions ci-dessus doivent être reproduites en caractères très apparents dans l'offre de transaction et dans la transaction à peine de nullité relative de cette dernière.

L.211-17 – Le paiement des sommes convenues doit intervenir dans un délai d'un mois après l'expiration du délai de dénonciation fixé à l'article L.211-16. Dans le cas contraire, les sommes non versées produisent de plein droit intérêt au taux légal majoré de moitié durant deux mois, puis, à l'expiration de ces deux mois, au double du taux légal.

L.211-18 – En cas de condamnation résultant d'une décision de justice exécutoire, même par provision, le taux de l'intérêt légal est majoré de 50p 100 à l'expiration d'un délai de deux mois et il est doublé à l'expiration d'un délai de quatre mois à compter du jour de la décision de justice, lorsque celle-ci est contradictoire et, dans les autres cas, du jour de la notification de la décision.

L.211-19 – La victime peut, dans le délai prévu par l'article 2270-1 du Code civil, demander la réparation de l'aggravation du dommage qu'elle a subi à l'assureur qui a versé l'indemnité.

L.211-20 – Lorsque l'assureur invoque une exception de garantie légale ou contractuelle, il est tenu de satisfaire aux prescriptions des articles L.211-9 à L.211-17 pour le compte de qui il appartiendra; la transaction intervenue pourra être contestée devant le juge par celui pour le compte de qui elle aura été faite, sans que soit remis en cause le montant des sommes allouées à la victime ou à ses ayants [droits].

L.211-23 – Sous le contrôle de l'autorité publique, une publication périodique rend compte des indemnités fixées par les jugements et les transactions.

Livre IV, Titre II. – Le fonds de garantie

L.421-1 – Il est institué un fonds de garantie chargé, lorsque le responsable des dommages demeure inconnu ou n'est pas [assuré] ou lorsque son assureur est totalement ou partiellement insolvable, d'indemniser les victimes des dommages résultant des atteintes à leur personne nés d'un accident dans lequel est impliqué un véhicule terrestre à moteur en circulation, ainsi que ses remorques et semi-remorques, à l'exclusion des chemins de fer et des tramways circulant sur des voies qui leur sont propres. Le fonds de garantie paie les indemnités qui ne peuvent être prises en charge à aucun autre titre, allouées aux victimes ou à leurs ayants droit, lorsque l'accident ouvre droit à réparation. Les versements effectués au profit des victimes ou de leurs ayants droit et qui ne peuvent pas donner lieu à une action récursoire contre le responsable des dommages ne sont pas considérés comme une indemnisation à un autre titre.

Le fonds de garantie peut également prendre en charge, dans les conditions et limites fixées par un décret en Conseil d'État, les dommages aux biens nés d'un accident dans lequel est impliqué un véhicule défini à l'alinéa précédent, lorsque l'auteur identifié de ces dommages n'est pas [assuré] ou lorsque, l'auteur étant inconnu, le conducteur du véhicule accidenté ou toute autre personne a subi un préjudice résultant d'une atteinte à sa personne.

Le fonds de garantie est également chargé, lorsque le responsable des dommages demeure inconnu ou n'est pas assuré, de payer, dans les conditions prévues au premier alinéa, les indemnités allouées aux victimes de dommages résultant des atteintes à leur personne ou à leurs ayants droit, lorsque ces dommages, ouvrant droit à réparation, ont été causés accidentellement par des personnes circulant sur le sol dans les lieux ouverts à la circulation publique.

Les indemnités doivent résulter soit d'une décision judiciaire exécutoire, soit d'une transaction ayant reçu l'assentiment du fonds de garantie.

[D.53] Décret No 88-261 du 18 mars 1988

R.211-37 – La victime est tenue, à la demande de l'assureur, de lui donner les renseignements ci-après:

1 Ses nom et prénoms;

2 Ses date et lieu de naissance;

3 Son activité professionnelle et l'adresse de son ou de ses employeurs;

4 Le montant de ses revenus professionnels avec les justifications utiles;

5 La description des atteintes à sa personne accompagnée d'une copie du certificat médical initial et autres pièces justificatives en cas de consolidation;

6 La description des dommages causés à ses biens;

7 Les noms, prénoms et adresses des personnes à charge au moment de l'accident;

8 Son numéro d'immatriculation à la sécurité sociale et l'adresse de la caisse d'assurance maladie dont elle relève;

9 La liste des tiers payeurs appelés à lui verser des prestations;

10 Le lieu où les correspondances doivent être adressées.

R.211-38 – Lorsque l'offre d'indemnité doit être présentée aux héritiers de la victime, à son conjoint ou aux personnes mentionnées au deuxième alinéa de l'article L.211-19, chacune de ces personnes est tenue, à la demande de l'assureur, de lui donner les renseignements ci-après:

1 Ses nom et prénoms;

2 Ses date et lieu de naissance;

3 Les nom et prénoms, date et lieu de naissance de la victime;

4 Ses liens avec la victime;

5 Son activité professionnelle et l'adresse de son ou de ses employeurs;

6   Le montant de ses revenus avec les justifications utiles;

7   La description de son préjudice, notamment les frais de toute nature qu'elle a exposés du fait de l'accident;

8   Son numéro d'immatriculation à la sécurité sociale et l'adresse de la caisse d'assurance maladie dont elle relève;

9   La liste des tiers payeurs appelés à lui verser des prestations ainsi que leurs adresses;

10   Le lieu où les correspondances doivent être adressées.

A la demande de l'assureur, les mêmes personnes sont tenues de donner également ceux des renseignements mentionnés à l'article R.211-37 qui sont nécessaires à l'établissement de l'offre.

R.211-39 – La correspondance adressée par l'assureur en application des articles R.211-37 et R.211-38 mentionne, outre les informations prévues à l'article L.211-10, le nom de la personne chargée de suivre le dossier de l'accident. Elle rappelle à l'intéressé les conséquences d'un défaut de réponse ou d'une réponse incomplète. Elle indique que la copie du procès-verbal d'enquête de police ou de gendarmerie qu'il peut demander en vertu de l'article L.211-10 lui sera délivrée sans frais.

Cette correspondance est accompagnée d'une notice relative à l'indemnisation des victimes d'accidents de la circulation dont le modèle est fixé par arrêté conjoint du garde des sceaux, ministre de la justice, du ministre chargé des assurances et du ministre chargé de la sécurité sociale.

R.211-40 – L'offre d'indemnité doit indiquer, outre les mentions exigées par l'article L.211-16, l'évaluation de chaque chef de préjudice, les créances de chaque tiers payeur et les sommes qui reviennent au bénéficiaire. Elle est accompagnée de la copie des décomptes produits par les tiers payeurs.

L'offre précise, le cas échéant, les limitations ou exclusions d'indemnisation retenues par l'assureur, ainsi que leurs motifs. En cas d'exclusion d'indemnisation, l'assureur n'est pas tenu, dans sa notification, de fournir les indications et documents prévus au premier alinéa.

R.211-41 – La demande adressée par l'assureur à un tiers payeur en vue de la production de ses créances indique les nom, prénoms, adresse de la victime, son activité professionnelle et l'adresse de son ou de ses employeurs. Elle rappelle de manière très apparente les dispositions des articles L.211-11 et L.211-12. A défaut de ces indications, le délai de déchéance prévu au deuxième alinéa de l'article L.211-11 ne court pas.

R.211-42 – Le tiers payeur indique à l'assureur pour chaque somme dont il demande le remboursement la disposition législative, réglementaire ou conventionnelle en vertu de laquelle cette somme est due à la victime.

Dans le cas prévu au troisième alinéa de l'article L.211-11, les créances réclamées n'ont un caractère provisionnel que si le tiers payeur le précise expressément.

R.211-43 – En cas d'examen médical pratiqué en vue de l'offre d'indemnité mentionnée à l'article L.211-9, l'assureur ou son mandataire avise la victime, quinze jours au moins avant l'examen, de l'identité et des titres du médecin chargé d'y procéder, de l'objet, de la date et du lieu de l'examen, ainsi que du nom de l'assureur pour le compte duquel il est fait. Il informe en même temps la victime qu'elle peut se faire assister d'un médecin de son choix.

R.211-44 – Dans un délai de vingt jours à compter de l'examen médical, le médecin adresse un exemplaire de son rapport à l'assureur, à la victime et, le cas échéant, au médecin qui a assisté celle-ci.

7 THE 1985 STATUTE AND THE *CODE CIVIL*

An important question, both in theory (because of the desire to have a coherent and complete theory of civil liability) and in practice (because all injury to person or goods suffered as a result of a road accident should be compensated), has been to what extent the 1985 statute provides a completely autonomous system of law of compensation and to what extent it is one of two systems of compensation (the other being the *Code civil*).

If one looks to the stated purpose of the 1985 statute (amelioration of victims and acceleration of the compensation procedures) and to the rules expressly stated therein, the 1985 statute is autonomous with regard to the compensation of victims who are not drivers and who have suffered personal injury. Case law has continually emphasised that implication is not the same as responsibility (head 4 above). The non-driver victim is only excluded from automatic compensation if there is an intentional fault or an inexcusable fault (strictly interpreted) which is the sole cause of the accident (head 5 above). Since automatic compensation only relates to non-driver victims with regard to personal injury (head 3 above), all other damage or injury following a traffic accident continues to be governed by the normal rules (the *droit commun*) of the *Code civil*. The 1985 statute, therefore, does not apply in situations where the only motor vehicle involved belongs to its driver and the only person injured is that driver, or in situations where a driver suffers personal injury consequent upon the action of a pedestrian. Therefore, once the non-driver victim is compensated, it is open to the person who compensated that victim (or the person's insurer) to invoke the *droit commun* to regain some or all of that compensation to compensate for injury caused to him or her by the non-driver victim or by a third party.

The logic of this proposition has caused some difficulty with regard to parents of children who are killed or injured in traffic accidents. Civil liability may be imposed not only on the person who has committed a fault, but on a person who is responsible for another person. Thus parents are responsible for the acts of their children who have not achieved their majority and who are living with and in the custody of their parents (Article 1384, paragraph 3 [D.1]). Parents are granted the right to compensation for their child's death or injury (under Article 6 of the 1985 statute [D.21]) but it may be alleged they have not exercised sufficient vigilance over the child (and this is particularly important with regard to children under 16 who are normally super-protected). The problem is exacerbated because it is not expressly catered for in the 1985 statute. On the one hand, since Article 6 expressly gives the parent the right to compensation by ricochet, this would be nullified (in whole or in part) by permitting a claim against the parent under Article 1384, paragraph 3. Since an action against a parent is not expressly permitted by the 1985 statute, such an action should not be allowed. Furthermore, since Article 6 states that the loss or injury to a third party because of the injury to the direct victim of a traffic accident is compensated on the basis of any limiting or exclusionary rules applicable to the compensation of the injury to the direct victim, then in the case of a victim aged 16 or over who has committed no inexcusable fault and in the case of any victim under 16, the parents must be given complete compensation because the direct victim would have been so compensated. On the other hand, Article 6 can be read restrictively in that it only refers to 'limitations' or 'exclusions' and that the status of the super-protected is not a limitation or exclusion, it is an exception to the general rule of inexcusable fault, and is only available to the direct victim and not to a third party such as parents. After some time, the *Cour de cassation* gave its solution to the problems posed above [D.54] [D.55] [D.56]. *Que pensez vous?*

Materials

[D.54] Civ., 5 février 1992

LA COUR: [Attendu selon l'arrêt attaqué], que dans une agglomération, le cyclomoteur de M. Benard heurta la mineure X qui, à pied, traversait la chaussée; que Mlle X et M. Benard furent blessés; que M. X et sa fille devenue majeure demandèrent à M. Benard la réparation de leur préjudice; que celui-ci fit une demande [reconventionnelle]; Attendu qu'il est fait grief à l'arrêt d'avoir condamné pour partie Mlle X à indemniser M. Benard alors [que], l'indemnité allouée à une victime âgée de moins de seize ans échappant à tout recours de nature à réduire cette indemnité à laquelle elle a droit dans tous les cas, en statuant comme elle l'a fait, la cour d'appel aurait violé l'art. 3 de la loi [du 5 juill. 1985]; Mais attendu que le conducteur, victime d'un accident de la circulation, peut demander sur le fondement de l'art. 1382 c. civ. à un non-conducteur, qu'il soit ou non victime, la réparation de son préjudice; Et attendu que la cour d'appel retient par motifs non critiqués que Mlle X a commis une faute qui a contribué pour partie au dommage subi par M. [Benard]; par ces motifs, [rejette].

[D.55] Civ., 4 mars 1992

LA COUR: [Attendu, selon le jugement attaqué], que la mineure Sania X, qui traversait la chaussée, fut blessée par l'automobile de la Société d'exploitation de chauffage (SEC); que celle-ci a demandé à M. X, père de l'enfant, la réparation de son dommage matériel; Attendu qu'il est fait grief au jugement d'avoir condamné M. X à réparer pour partie le dommage subi par la SEC, alors que recours exercé par le coauteur de l'accident ayant pour effet de priver directement ou indirectement la victime de la réparation intégrale de son préjudice, le tribunal aurait violé les art. 1er et 3 de la loi [du] 5 juill. 1985; Mais attendu que la responsabilité d'un piéton envers un conducteur de véhicule terrestre à moteur est régie par les dispositions des art. 1382 et s. c. civ.; Et attendu que le jugement retient, par des motifs non critiqués, que l'enfant avait traversé la chaussée alors que les feux de signalisation autorisaient le passage des véhicules; que, de ces constatations et énonciations, d'où il résulte que la mineure avait commis une faute, le tribunal, qui énonce à bon droit que la loi du 5 juill. 1985 ne s'applique pas au dommage causé par l'enfant, a pu déduire justifiant légalement sa décision, que M. X en était pour partie responsable; par ces motifs, [rejette].

[D.56] Civ., 19 janvier 1994

LA COUR: [Attendu, selon l'arrêt attaqué], que, dans une agglomération, le cyclomoteur de M. Paulus a heurté M. Buzy qui, à pied, traversait la chaussée et a fait une chute; que, blessé, M. Paulus a demandé à M. Buzy la réparation de son préjudice sur le fondement de l'art. 1382 c. [civ.]; Attendu qu'il est fait grief à l'arrêt, qui a partagé la responsabilité de l'accident entre le cyclomotoriste et le piéton, d'avoir dit que la loi du 5 juill. 1985 n'était pas applicable et que la responsabilité de M. Buzy ne pouvait être examinée que sur le fondement de l'art. 1382 c. civ., alors que, d'une part, l'art. 1er de la loi du 5 juill. 1985 visant les victimes d'un accident de la circulation dans lequel est impliqué un véhicule à moteur et les art. 4 et 5 de ce texte énonçant que la faute du conducteur du véhicule impliqué a pour effet de limiter ou [d'exclure] ses indemnisations, en déclarant inapplicable la loi du 5 juill. 1985 la cour d'appel l'aurait violée, alors que, d'autre part, la cour d'appel, qui n'établissait pas que si le piéton avait traversé dans le passage protégé l'accident aurait été évité, n'aurait légalement justifié sa décision au regard de l'art. 1382 c. civ. à supposer applicable; Mais attendu que l'indemnisation des dommages causés par un piéton au conducteur d'un véhicule terrestre à moteur ne peut être fondée que sur les dispositions de l'art. 1382 et s. c. civ. à l'exclusion de celles de la loi du 5 juill. 1985; Et attendu qu'après avoir retenu une faute contre M. Paulus, l'arrêt énonce par motifs [propres], que le choc s'est produit à six mètres en avant du passage protégé dans le sens de circulation du véhicule et à moins d'un mètre du bord droit du trottoir; que, de ces constatations, la cour d'appel a pu déduire que le piéton avait commis une faute ayant contribué, pour partie, au dommage de la victime; d'où il suit que le moyen n'est pas [fondé].

CHAPTER 5

DIVORCE

1 INTRODUCTION

Divorce was introduced into the French legal vocabulary at the time of the 1789 revolution. Prior to this, marriage and the rights and duties of married persons were directly governed by the ecclesiastical law which maintained the indissolubility of marriage. Divorce did not exist and the canon law only recognised two escape routes from the matrimonial obligation to live together until parted by death, namely, the annulment of a marriage (if there was some recognised defect in the marriage) and a decree of separation (whereby the parties continued to be married but were otherwise permitted to live separate lives). The 1789 revolutionary spirit was dominated by the concept of individual freedom of the citizen to chose to live his or her life in any way provided that this freedom did not impinge on the freedom of others also to so choose. Since it was considered that the perpetual and indissoluble bond of marriage was an unjustified restriction on that freedom, a statute of 1792 introduced the legal right to terminate that bond by means of divorce. Divorce was available, first, by a declaration of mutual consent and, second, at the request of one of the parties based on the alleged fault of the other party which rendered impossible the continuance of communal married life.

Divorce was then abolished for much of the 19th century (from the restoration of the monarchy in 1816 until well on into the Third Republic). Divorce was reintroduced by a statute of 1884 and was governed by that statute from 1884 until 1976. Divorce, however, could be based on fault only and there was no provision for divorce by mutual consent. A divorce was only permitted if one party proved the fault of the other. There were three categories of fault: adultery and conviction for a particularly serious criminal offence (in these cases if either of the faults was proved the court was bound to grant the divorce), together with a breach of matrimonial obligation of a sufficiently serious nature as to render the maintenance of the bond of marriage intolerable (where the court had power to determine whether that fault should lead to the grant of a divorce).

The existence of a fault-based only system of divorce, whereby the guilty party was punished with regard to property rights, made divorce proceedings very acrimonious and, although divorce by mutual consent was not permitted in law, in practice there were many collusive divorce proceedings whereby parties who no longer wished to remain married concocted a fault on which divorce proceedings could be based. Divorce was reformed fundamentally by a statute of 1975 (now consolidated in articles of the *Code civil*). These reforms were an attempt to align the law with contemporary moral philosophy and everyday practicality. Divorce based on fault (*faute*) was retained, with some significant changes (adultery no longer being a peremptory ground (*cause péremptoire*) for divorce but merely recognised as one factor rendering intolerable the continuance of married life) but to this were added two further grounds, namely, divorce by mutual consent (*consentement mutuel*) and divorce based on the existence of an irreversible breakdown of marriage evidenced by a long separation (*divorce pour rupture de la vie commune*) (*Code civil*, Article 229). These grounds for divorce are discussed in detail in heads 2–4 below. There are 105,000–110,000 divorces each year, with divorce by mutual consent accounting for some 49–54%, divorce for fault accounting for some 45–48%, and divorce for breakdown accounting for some 1–2%.

The 1975 reforms also introduced new procedural rules designed to eliminate, as far as possible, acrimony in divorce proceedings. Divorce proceedings are governed by three sets of provisions. There are the rules in the Code of civil procedure which govern civil actions in general and which may, if appropriate, be applied in divorce proceedings; there are specific rules relating to divorce proceedings in the Code of civil procedure (inserted by the 1975 statute); and there are certain specific rules in the *Code civil*. A number of these rules are discussed at appropriate places below. However, at this point, mention must be made of the first instance court which hears divorce proceedings. As a matter of principle the only competent first instance court to grant (or reject) a divorce and to pronounce upon the ancillary orders consequent on such a grant is the local *tribunal de grande instance*. However, foremost among the 1975 reforms was the establishment within each *tribunal de grande instance* of a specialised judge with the duty of supervising the divorce proceedings (the presentation of the petition, granting the parties time to reconsider their position, attempting reconciliation in certain circumstances, and determining ancillary matters, such as where the parties should live, who should have custody of any children, and on whom should maintenance obligations be imposed). This judge was originally known as the *juge aux affaires matrimoniales*, but in 1993 the title was changed to that of *juge aux affaires familiales* (or JAF). This indicated a new emphasis on the need to protect the interests of children, a task which is now specifically entrusted to the JAF. Note that most of the cases in this Chapter, being pre-1994, refer to the former title. The JAF has jurisdiction to grant a divorce on any ground (mutual consent, breakdown or fault) but may transfer the case to the tribunal de grande instance (and either party has the right to have the case heard by the full court) (*Code civil*, Article 247). Because the divorce proceedings may, depending on the circumstances, be heard by either the *tribunal de grande instance* or the JAF, both of those authorities are referred to below as 'the divorce court'.

The granting of a divorce naturally has considerable consequences on the two elements of private law introduced, albeit very briefly, by this chapter, namely, the law of personal status and the law of property rights. Both of these were essential features of the revolutionary settlement and form the bulk of the *Code civil*. The law of personal status had pride of place in that the first book of the *Code civil* and deals with such matters as nationality, marriage, parenthood, adoption and the protection of children and adults incapable of managing their own affairs. (It may be noted that this first book has been the subject of extensive revision in accordance with prevailing social attitudes and, in reality, consists of statutes enacted over the last 30 years and which have been consolidated into the *Code civil*.) Divorce has, of course, an effect on the legal status of both the divorcing parties and any children. With regard to the law of property, much of the *Code civil* was (and is) devoted to ownership of property, the acquisition, management and disposal of property, and a special part is reserved for the marriage contract and matrimonial property. Divorce, of course, has an effect on the property rights of the divorcing parties. Furthermore, since property (used in its widest sense to include capital, income and the matrimonial home) is used to maintain the family, divorce has an effect on the obligations which are imposed by the *Code civil* to maintain the members of the family during the existence of the marriage. The 1975 reforms attempted to institute the idea of the 'clean break', whereby the consequences (personal and financial) of a divorce should be settled by the divorce court at the time of the granting of the divorce, so that, as far as possible, there should be no need constantly to reinvestigate and redetermine that settlement. The consequences of a divorce are discussed in heads 5 to 8 below.

2 DIVORCE BY MUTUAL CONSENT

French law permits the parties to a marriage to obtain a divorce by mutual consent, provided that the parties have been married for six months. Divorce by mutual consent is governed by the *Code civil*, articles 230 to 236 [E.1]. There are three methods of obtaining such a divorce. In the case of a joint petition (*divorce sur demande conjointe des époux*), there is no need to specify a reason for the divorce, no need to prove that the marriage has broken down or that one party has committed a fault, there is no mutual recrimination in court. All the parties have to do is to agree on the fact that they wish to divorce and as to the effects of that divorce on the disposal of matrimonial property, maintenance obligations and the custody and control of any children. The petition must contain a temporary contract regulating their rights and obligations during the proceedings (which may take some time). The petition must also contain a draft divorce contract (*projet de convention*), detailing in full the arrangements which will take effect after divorce. Such long-term factors, as the use of the husband's name, where the parties will live, if the matrimonial home is leased to whom will the lease be transferred, the use of furniture, ownership of property, arrangements for the custody of children, in what religion they should be brought up, the right to visit children, the manner and amount of any maintenance arrangements (*prestations compensatoires*) for parties and children and, most important [E.38], whether the *prestation compensatoire* can be varied, will be very relevant and must be specified in full [E.3].

There are two hearings. First, the judge will interview the parties (first separately and then together), and determine whether or not to ratify the temporary contract (having close regard to the interests of any children and making certain that both parties are in agreement). There may be an attempt at a reconciliation. If the parties are determined to continue the divorce proceedings the judge instructs them to present the petition again after a period of three months has elapsed. This period is imposed to give the parties further time to consider their position (*un délai de réflexion*). If the petition is not in fact presented within six months of the expiry of the *délai de réflexion*, the petition will lapse. The resubmitted petition must have annexed to it the final divorce contract (*convention définitive*) containing the complete post-divorce arrangements. At the second hearing, the judge ensures to his or her own satisfaction that both parties freely wish to continue with the divorce and proceeds to ratify (*homologuer*) the *convention définitive*, which, because of the control exercised by the judge during the ratification process, will bind the parties in the future [E.4]. The judge can refuse to ratify the *convention définitive* (and, therefore, not grant the divorce) if it is not sufficiently clear and precise or if it does not sufficiently protect the interests of any children or one of the parties, and may adjourn the proceedings to have those interests protected in a modified *convention*, presented by the parties at a later date. If the *convention* satisfies the judge the divorce will be granted. (Note, also [E.38] [E.62] [E.63] [E.64] [E.66].)

One party may bring a divorce petition based on facts which are alleged to make the continuation of married life intolerable (eg, adultery or mutual incompatibility) and if the other party admits that these facts have the alleged result, this, in effect, turns the action for divorce into one of mutual consent (*divorce demandé par un époux et accepté par l'autre*). If any attempted reconciliation fails and both parties declare that the continuation of married life is intolerable, this joint declaration (*double aveu*) will, subject to any appeal, bind the parties [E.5] [E.6]. There is no finding that one or other of the parties is the guilty party and the divorce is treated as one of shared responsibility (*aux torts partagés*). If the other party disputes the facts and argument of the first party, the divorce cannot be granted and the declarations of the parties during the (now aborted) proceedings cannot be used as evidence in other legal proceedings.

As a general rule, it is not permitted to substitute one ground for divorce for another during the divorce proceedings. However, there is an exception to the general rule [E.2]. It may happen that, during the course of proceedings for divorce based on facts rendering the continuation of married life intolerable, on breakdown or on fault, the parties accept the reality of the situation and decide, in effect, to turn the proceedings into one of mutual consent. Provided that the court has made no ruling on the substance of the case, the parties may ask the judge to record their agreement and to ratify the draft divorce contract. In such a case, the consequences of the divorce are the same as if the divorce were by mutual consent. This type of proceeding is often referred to as the '*passerelle*' (literally a footbridge or gangplank) which turns a contested divorce into one of mutual consent.

Materials

[E.1] Code civil – *Du divorce par consentement mutuel*

1. Du divorce sur demande conjointe des époux

Article 230 – Lorsque les époux demandent ensemble le divorce, ils n'ont pas à en faire connaître la cause; ils doivent seulement soumettre à l'approbation du juge un projet de convention qui en règle les conséquences.

La demande peut être présentée, soit par les avocats respectifs des parties, soit par un avocat choisi d'un commun accord.

Le divorce par consentement mutuel ne peut être demandé au cours des six premiers mois de mariage.

Article 231 – Le juge examine la demande avec chacun des époux, puis les réunit. Il appelle ensuite le ou les avocats.

Si les époux persistent en leur intention de divorcer, le juge leur indique que leur demande doit être renouvelée après un délai de réflexion de trois mois.

A défaut de renouvellement dans les six mois qui suivent l'expiration de ce délai de réflexion, la demande conjointe sera caduque.

Article 232 – Le juge prononce le divorce s'il a acquis la conviction que la volonté de chacun des époux est réelle et que chacun d'eux a donné librement son accord. Il homologue, par la même décision, la convention réglant les conséquences du divorce.

Il peut refuser l'homologation et ne pas prononcer le divorce s'il constate que la convention préserve insuffisamment les intérêts des enfants ou de l'un des époux.

2. Du divorce demandé par un époux et accepté par l'autre

Article 233 – L'un des époux peut demander le divorce en faisant état d'un ensemble de faits, procédant de l'un et de l'autre, qui rendent intolérable le maintien de la vie commune.

Article 234 – Si l'autre époux reconnaît les faits devant le juge, celui-ci prononce le divorce sans avoir à statuer sur la répartition des torts. Le divorce ainsi prononcé produit les effets d'un divorce aux torts partagés.

Article 235 – Si l'autre époux ne reconnaît pas les faits, le juge ne prononce pas le divorce.

Article 236 – Les déclarations faites par les époux ne peuvent être utilisées comme moyen de preuve dans aucune action en justice.

[E.2] *Nouveau Code de Procédure civile*

Article 1077 – En cours d'instance, il ne peut être substitué à une demande fondée sur un des cas de divorce définis à l'article 229 du Code civil, une demande fondée sur un autre cas.

Toutefois, s'ils parviennent à un accord en cours d'instance, les époux peuvent saisir le juge, dans les conditions prévues par l'article 246 du Code civil [[E.20]], d'une requête établie selon les formes réglées à la section II du présent chapitre [demande conjointe].

[E.3] *Tribunal de grande instance de Strasbourg, 26 mars 1979*

NOUS, JUGE AUX AFFAIRES MATRIMONIALES: [Attendu que les époux] L ont déposé une demande en divorce par requête conjointe; Attendu qu'à cette requête sont joints une convention provisoire et un projet de convention définitive; Mais attendu que le projet de convention définitive censé réglementer les conséquences du divorce des époux L est ainsi libellé:

'Entre les susvisés, soussignés, il a été convenu ce qui suit:

A   Domicile. Le domicile des parties dépendra en grande partie de l'acte de partage de la communauté, qui sera établi par devant notaire, et qui sera joint à la convention définitive. Il dépendra aussi de l'endroit où Madame L aura éventuellement trouvé un emploi salarié;

B   Garde des enfants. Comme il a été précisé dans la convention temporaire, la garde des enfants sera éventuellement revue entre les parties à l'expiration du stage que doit effectuer Mme L à Bruxelles;.

C   Nom de l'épouse. Il sera décidé lors de la réitération de la requête en divorce si Mme L pourra ou non, voudra ou non, garder le nom de L, en l'adjoignant éventuellement à son nom de jeune fille;

D   Biens immobiliers et mobiliers. Le partage de la communauté s'effectuera par acte notarié: cet acte notarié sera joint à la convention définitive;

E   Prestations compensatoires. Lors de l'établissement du partage de la communauté, les parties décideront des modalités et du montant de la prestation compensatoire que M. L sera éventuellement amené à verser à son épouse;

F   Affiliation à une caisse de sécurité sociale. M. L s'engage à effectuer toutes les démarches nécessaires pour que, postérieurement au divorce, et en cas de non-emploi salarié de Mme L, cette dernière puisse bénéficier d'un régime de sécurité sociale;

G   Frais et honoraires. Les frais et honoraires de la présente procédure sont pris en charge pour moitié chacune des parties, la part de Mme L devant s'imputer sur sa part de communauté, M. L s'engageant à en acquitter totalement le montant, dans un but de simplification.

Fait à Strasbourg, le 31 janvier 1979'.

Qu'il est manifeste que cette pièce n'a d'un projet que le nom; qu'il résulte en effet de sa lecture que les parties ne sont encore parvenues à un accord quelconque sur les conséquences de leur divorce; qu'elles ont déclaré à l'audience qu'elles ne pouvaient conclure le moindre accord en raison de l'incertitude qui pèse sur la requérante, qui n'a à l'heure actuelle aucun emploi et ne peut en conséquence faire aucun projet quant à son lieu de résidence dont dépendent en partie l'attribution du domicile conjugal, la liquidation de la communauté, l'attribution du droit de garde, l'existence d'une éventuelle prestation compensatoire; Attendu qu'il résulte des art. 230 et s. c. civ. [que] les requérants doivent soumettre au juge un projet de convention définitive; qu'il s'agit là d'une condition de recevabilité de la requête puisque le juge doit examiner le projet et faire connaître que l'homologation de celui-ci sera soumise à telle ou telle condition, qu'il estime utile notamment quant à la garde et aux prestations après divorce; qu'en l'espèce l'absence de tout projet réel de convention définitive ne permet pas au juge aux affaires matrimoniales d'exercer le contrôle que la loi lui fait un devoir d'assumer; qu'il y a donc lieu en conséquence de déclarer irrecevable la requête des [époux].

[E.4] *Tribunal de grande instance de Paris, 18 mai 1981*

Le juge des affaires matrimoniales de Paris a prononcé, sur leur demande conjointe, le divorce de Jean-Claude L et de Halima D et a homologué la convention définitive signée par les époux devant un notaire. Cette convention prévoyait le versement à Halima D d'une soulte de 63 000 F, étant précisé à cet égard 'que Mme L n'aura rien à toucher de son mari lors de la réalisation de la présente convention si le divorce est prononcé, ayant déjà reçu cette somme de ce dernier, dès avant ce jour et hors la comptabilité du notaire'. Prétendant n'avoir reçu qu'une somme de 19 000 F, Halima D a assigné Jean-Claude L en paiement de la différence. La demanderesse fait essentiellement valoir que 'terrorisée par la pression et la violence morale de son mari' qui menaçait de 'reprendre l'enfant issu de leur union', elle aurait accepté de signer sans les lire les documents de la requête en divorce et qu'elle aurait réitéré dans les mêmes conditions son accord sur les modalités du divorce devant l'avocat et le notaire choisi par son mari ainsi que devant le juge des affaires matrimoniales. Elle soutient enfin que l'homologation du partage de la communauté ne peut être considérée comme une décision ayant acquis l'autorité de la chose jugée et que son action, qui tend simplement à réparer une inexactitude quant au paiement de la soulte, est recevable. Tout en contestant l'existence de la 'violence morale' ainsi que du non-paiement partiel invoqué par son épouse, Jean-Claude L conclut à l'irrecevabilité de la demande et soutient qu'Halima D ne peut pas revenir sur un accord indissociable du jugement définitif qui a été prononcé.

LE TRIBUNAL: [Attendu] que, contrairement à ce que soutient Halima D, la convention homologuée par le juge des affaires matrimoniales doit être assimilée à une décision judiciaire, l'art. 279 c. civ. [[E.35]] précisant à cet égard 'qu'elle a la même force exécutoire qu'une décision de justice'; Attendu que, devenue indivisible du jugement qui lui donne force exécutoire, cette convention ne peut être remise en cause séparément ni par d'autres voies que les recours susceptibles d'être introduits contre les décisions juridictionnelles statuant en matière de divorce; Attendu par ailleurs que le contrôle du juge sur l'efficacité du consentement mutuel des époux, et la préservation de leurs intérêts respectifs, interdit aux parties d'invoquer par la suite un vice du consentement; Attendu qu'il doit donc être considéré comme définitivement jugé qu'Halima D, dont les déclarations relatives au paiement de la soulte ont été vérifiées par le juge, a été remplie de ses droits; qu'il convient dès lors de déclarer la demande [irrecevable].

[E.5] Paris, 4 mars 1983

Par ordonnance de non-conciliation du 10 juin 1982, le juge aux affaires matrimoniales du tribunal de grande instance de Paris, saisi par Mme C d'une requête en divorce fondée sur l'article 233, a constaté le double aveu par les époux de faits qui rendent intolérable le maintien de la vie commune. La Cour statue sur l'appel interjeté par M. C de cette ordonnance de non-conciliation. En cause d'appel, M. C a demandé à la cour de 'constater que l'épouse a volontairement quitté le domicile conjugal sans aucune raison et a emporté le mobilier' et de 'substituer à la décision entreprise les motifs' constatant l'abandon du domicile conjugal par la femme. Mme C a conclu au débouté de l'appel. Elle a demandé acte de ce qu'elle dénie les accusations formulées par M. C. M. C a demandé acte de son refus de suivre sur une action en divorce fondée sur l'article 233. Il a exprimé son intention de 'revenir' à l'article 242 [E.20]. Mme C a soutenu que faute de prouver un vice de consentement, son mari ne peut rétracter son aveu.

LA COUR: [Considérant] qu'en vertu de l'art. 1077 nouv. c. pr. civ., il ne peut être substitué, en cours d'instance, à une demande fondée sur un des cas de divorce définis à l'art. 229 c. civ., une demande fondée sur un autre cas, sauf pour adopter la faculté ouverte par l'art. 246 c. civ. et présenter une demande conjointe, en application des art. 230, 231 et 232 c. civ.; Considérant que l'appelant n'est donc pas recevable en sa demande tendant à substituer un divorce pour faute à la procédure en cours, sur demande acceptée; Considérant que M. C a 'reconnu' devant le magistrat conciliateur l'ensemble de faits procédant l'un de l'autre, exposés dans les mémoires, rendant intolérable le maintien de la vie commune; que le 'double aveu' des époux a été constaté par le juge aux affaires matrimoniales, dans les formes légales; Considérant [que] l'aveu judiciaire ne peut être révoqué à moins de prouver qu'il a été la suite d'une erreur de fait; Considérant que M. C ne conteste pas avoir exprimé librement cet aveu; qu'il se contente d'alléguer, en cause d'appel, qu'il n'a rien à se reprocher, mais n'expose pas en quoi son aveu devant le premier juge aurait été contraint ou consécutif à une erreur de fait; qu'il n'invoque aucun fait nouveau ou ignoré lors de la comparution à l'audience de conciliation; Considérant que l'existence de la cause du divorce a été établie par le double aveu judiciaire des parties; [que] l'ordonnance entreprise doit être [confirmée].

[E.6] Civ., 26 janvier 1984

LA COUR: [Attendu] qu'il est fait grief à [l'arrêt] attaqué d'avoir, sur la demande en divorce de la femme acceptée par le mari, prononcé le divorce des époux G, alors, d'une part, que s'agissant d'un divorce par consentement mutuel, le consentement des deux époux aurait dû exister et être constaté par le tribunal lorsqu'il a statué sur le divorce, qu'à défaut de consentement actuel du mari au moment où le tribunal a statué, la demande de la femme aurait dû être déclarée irrecevable, alors, d'autre part, que le mémoire de la femme n'aurait comporté qu'une appréciation subjective de la situation familiale et aurait invoqué comme seul fait une prétendue cessation de cohabitation déniée par le mari, de sorte que la cour d'appel n'aurait pu déclarer ce mémoire suffisamment précis et régulier en la forme, et alors, enfin, qu'aucun fait n'étant allégué, il n'y aurait eu aucun fait à reconnaître et qu'ainsi la cour d'appel n'aurait pas dû prononcer le divorce; Mais attendu qu'il résulte de l'art. 1135 nouv. c. pr. civ. [que] celui-ci rend une ordonnance par laquelle il constate qu'il y a un double aveu des faits qui rendent intolérable le maintien de la vie commune et renvoie les époux à se pourvoir devant le tribunal pour qu'il prononce le divorce et statue sur ses effets, la cause du divorce demeurant acquise; que cette ordonnance est susceptible d'appel dans le délai de 15 jours à compter de sa notification; Et attendu que l'ordonnance rendue par le juge aux affaires matrimoniales en application de ce texte n'ayant pas été frappée d'appel, c'est à bon droit que l'arrêt retient que, la cause du divorce se trouvant définitivement acquise, le mari ne pouvait plus contester la sincérité ou la pertinence de son aveu, ni rétracter son acceptation du divorce; d'où il suit, [que] le moyen n'est pas [fondé].

3 DIVORCE FOR BREAKDOWN OF MARRIED LIFE

Divorce based on breakdown is governed by the *Code civil*, articles 237 to 241 [E.7]. One party may bring a divorce action by reason of the prolonged breakdown of married life (*rupture prolongée de la vie commune*) if the two parties have in fact lived apart for at least six years. In such a case, the petitioner must prove that in fact (and irrespective of the reasons [E.12]) there has been a continuous period of six years, commencing with the date of the petition [E.12], during which the two parties ceased to live together and to share their married lives [E.17] (brief periods of cohabitation for attempted reconciliation may be ignored by the court). A divorce for breakdown may also be brought when the mental faculties of the other party have, for a continuous period of six years, been so seriously altered that no real communal married life exists any longer between the parties and that, in the reasonably foreseeable future, the breakdown of communal life will not be restored. The court may, on its own initiative or at the request of the legal representative of the mentally ill spouse, reject the petition if it finds, on the basis of the written evidence which the petitioner must produce and on the basis of a medical report made by three medical experts – it is obligatory to seek and use this report – that the grant of the divorce will have serious consequences on the state of health of the mentally ill spouse [E.8]. The petitioner bears the financial burden of the consequences of the divorce and in the petition he or she must state, for the information of the court and the other party, the methods whereby he or she will carry out any financial obligations towards the other party and any children which may result from the divorce being granted.

It must be emphasised that a divorce for breakdown is not based on fault (as this is covered by head 4, below) but on the *'rupture de la vie commune'*, based on either six years' separation or six years of altered mental faculty, and entailing an element of repudiation of the communal married life and an intention and desire, at least in the mind of the petititoner, to live apart (and often to contract a marriage with another person). There must be an attempt at reconciliation (see head 4, below). Because of this element of repudiation on the part of the petitioner, the other party may seek to have the petition dismissed if she (the normal case) or he is able to prove that the divorce will have, either for that party, because of his or her age and the length of the marriage, or for any children, consequences of an exceptional hardship (*des conséquences matérielles ou morales d'une exceptionnelle dureté*). This is known as the '*clause de dureté*'. Six years' separation, therefore, does not automatically result in a divorce [E.17]. Whether there will be exceptional hardship is determined by the court [E.14] [E.16] and the court must examine the facts alleged [E.l9]. The emphasis is on an 'exceptional hardship'.

With regard to material consequences, such as financial maintenance, the courts have been loth to invoke the hardship clause because, as will be seen (head 7 below), the petitioner will be under an obligation to maintain the former spouse and any children according to their respective resources and needs, and often there will in fact be no diminution of the family's financial situation (because the maintenance obligation is a continuation of the maintenance obligation already in existence by reason of the fact of marriage and parentage) [E.12]. However, one factor which can be held indicative of exceptional hardship, if applicable to the case, is the fact that a party, once divorced, may lose the right to a widow's or widower's pension [E.12].

With regard to the ethical or mental consequences, the courts have refused to grant divorces because of the two expressed factors of age and length of marriage, on a spouse's genuine religious convictions [E.15] [E.17] and on the health of the spouse, taking into account the opinion of a medical report [E.14] [E.17]. However, the courts have emphasised that in so many cases the divorce is only a recognition of a breakdown that has already taken place [E.11] [E.16], that the spouses have lived without the moral support of the other spouse for a prolonged period, that a civil divorce does not terminate a religious marriage, and that the family life of any children has already been disrupted. Furthermore, and more recently, the courts have recognised that the stigma of being a divorced person is no longer as strong as it was [E.18].

It is open to a party faced with a petition based on breakdown to bring a counter-petition (*demande reconventionnelle*) for a divorce based on the fault of the petitioner who brought the original petition (*demande principale*). The fault alleged will often be desertion (equally often coupled with adultery). If the court accepts the validity of the facts and argument contained in the counter-petition, the court will reject the *demande principale* and grant the divorce against the original petitioner (*aux torts de l'époux qui en a pris l'initiative*) [E.8] [E.9] [E.10] [E.12]. This is not a step to be taken lightly or automatically, because of the different consquences to the parties of a divorce based on breakdown and a divorce based on fault (discussed in heads 6 and 7 below) and if the counter-petition is successful, the counter-petitioner cannot subsequently seek, by means of an appeal, a divorce based on breakdown [E.13].

Materials

[E.7] Code civil – Du divorce pour rupture de la vie commune

Article 237 – Un époux peut demander le divorce, en raison d'une rupture prolongée de la vie commune, lorsque les époux vivent séparés de fait depuis six ans.

Article 238 – Il en est de même lorsque les facultés mentales du conjoint se trouvent, depuis six ans, si gravement altérées qu'aucune communauté de vie ne subsiste plus entre les époux et ne pourra, selon les prévisions les plus raisonnables, se reconstituer dans l'avenir.

Le juge peut rejeter d'office cette demande, sous réserve des dispositions de l'article 240, si le divorce risque d'avoir des conséquences trop graves sur la maladie du conjoint.

Article 239 – L'époux qui demande le divorce pour rupture de la vie commune en supporte toutes les charges. Dans sa demande il doit préciser les moyens par lesquels il exécutera ses obligations à l'égard de son conjoint et des enfants.

Article 240 – Si l'autre époux établit que le divorce aurait, soit pour lui, compte tenu notamment de son âge et de la durée du mariage, soit pour les enfants, des conséquences matérielles ou morales d'une exceptionnelle dureté, le juge rejette la demande.

Il peut même la rejeter d'office dans le cas prévu à l'article 238.

Article 241 – La rupture de la vie commune ne peut être invoquée comme cause du divorce que par l'époux qui présente la demande initiale, appelée demande principale.

L'autre époux peut alors présenter une demande, appelée demande reconventionnelle, en invoquant les torts de celui qui a pris l'initiative. Cette demande reconventionnelle ne peut tendre qu'au divorce et non à la séparation de corps. Si le juge l'admet, il rejette la demande principale et prononce le divorce aux torts de l'époux qui en a pris l'initiative.

[E.8] Tribunal de grande instance de Lyon, 15 décembre 1977

T et G ont contracté mariage le 6 juin 1925. Un enfant actuellement âgé de 50 ans est issu de cette union. En vertu d'une ordonnance de non-conciliation du 5 janvier 1977, la femme a fait assigner son conjoint en divorce en application de l'article 238. T conclut au rejet de la demande concernant l'altération de ses facultés mentales et très subsidiairement forme une demande reconventionnelle tendant à voir prononcer le divorce aux torts de l'épouse sur le fondement de l'article 241 et à obtenir le versement par son épouse d'une pension mensuelle de 200 F à titre de devoir de secours et d'assistance.

LE TRIBUNAL: [Sur] la demande principale: Attendu qu'il résulte du rapport d'expertise des docteurs X , Y et Z que T a été placé en internement d'office à l'hôpital S le 26 juill. 1933, à la suite d'un état dépressif l'ayant conduit à une tentative de suicide au cours de laquelle il s'est tranché la gorge et la main gauche, que son état de santé s'est amélioré en quelques mois, qu'en date du 19 févr. 1974, il allait 'tout à fait bien, avait un comportement normal, aurait pu être remis en liberté, mais, en raison de son infirmité ne pouvait reprendre son ancien métier, qu'on l'a fait travailler à la ferme de l'hôpital S; qu'il s'est adapté à une existence monotone et sans soucis sans aucune fugue ni tentative pour rejoindre sa famille, que durant ces quarante ans les visites de sa femme, échange de courrier ont été extrêmement réduits, qu'il est actuellement un homme âgé, timide, taciturne et résigné, et bien adapté aux travaux agricoles de l'hôpital; qu'il est opposé au divorce par conviction religieuse, mais admettrait néanmoins une décision judiciaire de divorce, qui ne modifierait guère les conditions pratiques dans lesquelles il vit', qu'en conclusion, les médecins indiquent: [que] T ne présente pas une grave altération de ses facultés mentales, celles qu'il présente n'étant 'guère différentes de celles des hommes de son âge'; [que] la reprise d'une vie conjugale, après 44 ans de séparation, n'apparaît guère possible, bien que T ne la refuse pas a priori; [que] la reprise d'une vie commune ne peut améliorer l'état psychique de T; [qu'un] divorce n'est pas de nature à altérer l'état psychique de T; Attendu que le rapport d'expertise établit que l'une des conditions d'application de l'art. 238 n'existe pas, à savoir la grave altération des facultés mentales de T, qu'il échet en conséquence de rejeter la demande principale;

Sur la demande reconventionnelle: Attendu que T est recevable à former une demande reconventionnelle sur le fondement de l'art. 241 c. civ., étant observé qu'en l'occurrence, l'admission éventuelle de cette demande n'aura pour effet d'entraîner le rejet de la demande principale, déjà antérieurement intervenu; Attendu qu'il résulte des documents produits par T que sa femme l'a complètement abandonné à la suite de son hospitalisation, ne venant pratiquement pas le voir et ne demandant pas de ses nouvelles en l'espace de quarante ans; Attendu que ces faits constituent de graves violations des devoirs et obligations du mariage, rendant intolérable le maintien de la vie commune et justifiant la demande reconventionnelle;

Sur la demande de pension alimentaire: Attendu que le divorce étant prononcé pour faute met fin à l'obligation de secours, que l'époux demandeur n'a pas donc droit à une pension alimentaire, qu'au surplus la femme ne dispose que d'une somme modique de l'ordre de 1 000 F par mois pour vivre, alors que T se trouve entièrement pris en charge par la Sécurité [sociale].

[E.9] Paris, 25 avril 1978

Robert L, qui s'était marié avec Ginette S le 15 septembre 1941, a formé une demande en divorce pour rupture de la vie commune sur le fondement de l'article 237. L'épouse a, alors, présenté une demande reconventionnelle en invoquant les torts de son mari. Elle réclamait le paiement d'une pension alimentaire mensuelle de 700 F en exécution du devoir de secours, d'une prestation compensatoire de 150 000 F [E.36] et d'une somme de 80 000 F à titre de dommages-intérêts, en vertu de l'article 266 [E.30]. Elle demandait en outre à conserver l'usage du nom de son mari [E.30]. Le tribunal de grande instance de Pontoise a prononcé le divorce des époux aux torts exclusifs du mari.

LA COUR: [Considérant] qu'il est établi et qu'il n'est du reste pas contesté que Robert L entretient une liaison depuis 1949; qu'il vit en concubinage avec sa maîtresse depuis de nombreuses années; qu'ainsi, c'est à bon droit que les premiers juges, constatant que ces faits constituent une violation grave et renouvelée des devoirs et obligations du mariage rendant intolérable le maintien de la vie commune, ont accueilli la demande reconventionnelle en divorce pour faute, formée par Ginette S, sur le fondement de l'art. 241 c. civ.; Considérant qu'aux termes de cet article, lorsque le juge, à la suite d'une demande principale en divorce pour rupture de la vie commune, admet une demande reconventionnelle fondée sur les torts du demandeur, il 'rejette la demande principale et prononce le divorce aux torts de l'époux qui en a pris l'initiative'; qu'il suit de là qu'il convient, en l'espèce, de prononcer le divorce aux torts exclusifs de Robert L et de repousser sa demande principale qui, du fait même de l'admission de la demande reconventionnelle, est devenue sans objet; que le divorce n'étant pas prononcé en raison de la séparation prolongée des époux mais en raison des faits imputables au mari, il emporte tous les effets d'un divorce pour faute et non ceux d'un divorce pour rupture de la vie [commune]; par ces motifs, et ceux non contraires des premiers juges, confirme le jugement entrepris en ce qu'il a prononcé le divorce des époux L-S aux torts exclusifs du [mari].

[E.10] Paris, 19 mai 1978

LA COUR: [Considérant] que Charles D a demandé le divorce en raison d'une rupture prolongée de la vie commune sur le fondement de l'art. 237 c. civ.; qu'Arlette R ayant présenté une demande reconventionnelle en invoquant les fautes commises par son mari, le tribunal, faisant droit à cette demande, a prononcé le divorce aux torts exclusifs du demandeur initial; Considérant que Charles D, tout en admettant le bien-fondé de la demande reconventionnelle, vient maintenant prétendre [que] son épouse a une part de responsabilité dans la désunion du ménage et demande en conséquence à la cour de prononcer le divorce aux torts partagés, par application du 3e alinéa de l'art. 245 c. civ.; Mais considérant que l'art. 241 de ce code dispose que, lorsque le juge admet la demande reconventionnelle, 'il rejette la demande principale et prononce le divorce aux torts de l'époux demandeur'; que ce texte n'autorise pas le demandeur initial – lequel a accepté, en agissant en divorce sur le fondement de la rupture de la vie commune, d'assumer l'entière responsabilité de la dissolution du mariage – à invoquer à son tour sinon pour défendre sur la demande reconventionnelle les fautes qu'aurait pu commettre l'époux défendeur, ce qui exclut le prononcé d'un divorce aux torts partagés, éventualité qui a été formellement écartée par le Parlement lors du vote de la loi du 11 juill. 1975; que [l'article 245], qui permet aux tribunaux de prononcer le divorce aux torts partagés, même en l'absence de demande reconventionnelle, si les débats font apparaître des torts à la charge de l'un et de l'autre des époux, est une disposition particulière au divorce demandé sur la base des art. 242 et s. c. civ.; qu'il ne peut donc être étendu au divorce pour rupture de la vie commune; qu'au demeurant, en l'espèce, Charles D, qui avait été débouté en 1966 d'une demande en divorce pour faute, n'articule aucun grief sérieux à l'encontre de son épouse; qu'il convient en conséquence de confirmer le jugement entrepris en ce qu'il a prononcé le divorce aux torts exclusifs du [mari].

[E.11] Paris, 10 novembre 1978

Le tribunal de grande instance de Créteil a prononcé, pour rupture de la vie commune, et à la demande du mari, le divorce des époux. L'appelante ne conteste pas qu'elle vit séparée de son mari depuis plus de six ans mais demande néanmoins à la cour de le débouter de son action, car le prononcé du divorce aurait pour elle des conséquences d'une exceptionnelle dureté.

LA COUR: [Considérant] qu'il n'est pas contesté que Jean-Marie J a définitivement quitté le domicile conjugal en 1962 et que, depuis cette époque, les époux vivent séparés; Considérant cependant qu'Henriette S expose qu'elle est mariée depuis près de cinquante ans et qu'elle est maintenant âgée de 70 ans; que la rupture du lien conjugal venant consacrer l'abandon de son foyer par son mari 'ne lui laisse que la solitude jusqu'à la fin de sa vie' et constitue pour elle 'un événement d'une exceptionnelle dureté'; Mais considérant que Jean-Marie J vit depuis plus de quinze ans avec une autre femme dont il a eu un enfant, aujourd'hui âgé de plus de 20 ans; que le prononcé du divorce ne fera que tirer les conséquences juridiques d'une situation de fait préexistante sans modifier en quoi que ce soit les conditions de vie de l'épouse qui n'entretient du reste aucune illusion quant aux chances de reprise de la vie commune; qu'Henriette S ne soutient pas que le divorce aura pour elle des conséquences d'ordre matériel; Considérant dès lors que la défenderesse n'est pas fondée à invoquer la clause d'exceptionnelle dureté et qu'il y a lieu de prononcer le divorce par application des dispositions de [l'article 237. Sur les conséquences pécuniaires du divorce, V. [E.54]].

[E.12] *Paris, 16 février 1979*

Sur la demande de C un jugement du tribunal de grande instance de Paris en date du 8 juin 1978, a prononcé le divorce des époux C, en application de l'article 237, pour rupture prolongée de la vie commune, après avoir rejeté l'exception tirée de l'article 240 relative à l'exceptionnelle dureté. Cette décision a constaté que Mme C avait le droit de conserver l'usage du nom de son époux [E.31] et a condamné C, au titre du devoir de secours, à payer à sa femme une pension alimentaire mensuelle indexée de 4 000 F; à lui laisser la jouissance de l'appartement sis à Paris, dont il continuera à supporter les charges. Mme C a interjeté appel de ce jugement. Elle a conclu à l'irrecevabilité de la demande en divorce basée sur la rupture de la vie commune, au motif que l'ordonnance de non-conciliation rendue le 18 juin 1971, assignant aux époux une résidence séparée, avait substitué à la séparation de fait intervenue en 1970, un régime de séparation légale. A titre subsidiaire, elle a sollicité le rejet de la demande par application de l'article 240 en soutenant que, compte tenu de la durée du mariage et de son âge (74 ans, soit 12 ans de plus que son époux), le divorce aurait pour elle des conséquences d'une exceptionnelle dureté. Elle fait valoir, en particulier, qu'elle perdrait ses avantages en matière de prévoyance sociale. Plus subsidiairement encore, elle s'est portée reconventionnellement demanderesse en divorce en invoquant l'adultère de son époux. Elle réclame, en conséquence, le paiement d'une somme de 150 000 F à titre de dommages-intérêts sur le fondement de l'article 266 [E.31], ainsi qu'une prestation compensatoire [E.37].

LA COUR: [Sur] le moyen 'd'irrecevabilité' tiré du caractère légal de la séparation des époux: Considérant qu'aux termes de l'art. 237 c. civ., 'un époux peut demander le divorce, en raison d'une rupture prolongée de la vie commune, lorsque les époux vivent séparés de fait depuis six ans'; Considérant que la constatation de cette séparation de six années constitue la cause même du divorce et non une condition de recevabilité; qu'il importe donc préalablement d'observer que le moyen invoqué par dame C suivant lequel la séparation de fait, intervenue en 1970, aurait été interrompue par l'ordonnance de non-conciliation conférant à la séparation un caractère légal doit être qualifié de défense au fond; Considérant que le texte susvisé n'effectue aucune distinction quant aux circonstances ayant accompagné la séparation des époux; qu'il suffit pour que les conditions prévues par la loi soient remplies que la communauté de vie, tant matérielle qu'affective, ait cessé entre les conjoints; qu'il suit de là que l'ordonnance du magistrat conciliateur autorisant les époux à résider séparément est sans incidence sur l'existence de la séparation; que l'on comprendrait mal, au demeurant, que la séparation consacrée par un juge produise moins d'effets qu'une situation qui se perpétue, par la seule volonté privée des époux, en violation des dispositions de l'art. 215, al. 1er, c. civ.; qu'en l'espèce, l'absence de vie commune avait duré plus de six années au moment de la demande en divorce introduite en 1977, ce qui répond à la condition exigée par l'art. 237;

Sur la clause d'exceptionnelle dureté: Considérant qu'il est constant que le prononcé du divorce constitue pour l'appelante, âgée de 74 ans, une redoutable épreuve, après une longue vie commune; que cependant elle n'établit pas que cette mesure, qui consacre une situation préexistante, aura pour elle des conséquences matérielles ou morales d'une exceptionnelle dureté; que les arguments invoqués par dame C à l'appui de cette prétention ci-dessus énoncés manquent de pertinence; [qu'en] ce qui concerne la prévoyance sociale, l'art.

L.352 c. sécur. soc. dispose que 'les titulaires d'une pension ou rente vieillesse' qui n'effectuent aucun travail salarié ont droit et ouvrent droit aux prestations [sans] limitation de durée pour tout état de [maladie]; que sous réserve de la décision devant être prise par l'organisme compétent, dame C apparaît susceptible de bénéficier de ces dispositions, puisqu'elle a occupé un emploi dans l'administration pendant une durée approximative de quinze années; qu'il convient encore de remarquer que l'appelante pourrait, le cas échéant, bénéficier d'une pension de réversion en cas de prédécès de son époux (art. L. 45 c. pensions); qu'au demeurant les préjudices d'ordre matériel invoqués par dame C ne pourraient être retenus que s'ils ne pouvaient être compensés par les obligations pécuniaires mises à la charge du conjoint demandeur; que l'argument tiré du fait que C envisagerait d'épouser sa maîtresse, qui est formulé d'une manière générale, sans qu'il soit précisé en quoi, dans la présente espèce, ce remariage entraînerait pour l'appelante des conséquences exceptionnellement dures, supérieures à la normale, ne peut davantage être pris en considération, alors surtout que, comme le montrent les travaux préparatoires de la loi du 11 juill. 1975, le législateur a entendu permettre la régularisation d'unions de [fait].

Sur la demande reconventionnelle formulée à titre subsidiaire, par dame C: Mais considérant que dame C forme [une] demande reconventionnelle basée sur l'adultère de son époux; que l'existence des relations adultères est établi par un procès-verbal de constat dressé le 24 mars 1972, sur commission rogatoire du juge d'instruction; que ces faits constituent une violation grave des devoirs et obligations résultant du mariage et rendent intolérable le maintien de la vie commune; qu'il convient donc, en application de l'art. 241, al. 2, c. civ., de rejeter la demande principale et de prononcer le divorce aux torts du [mari].

Par ces motifs, [rejette] le moyen tiré de l'exceptionnelle dureté; reçoit dame C en sa demande reconventionnelle; prononce le divorce des époux C-P aux torts du [mari].

[E.13] Civ., 19 juin 1980

LA COUR: [Sur le premier moyen]: Attendu qu'il est reproché à l'arrêt attaqué d'avoir déclaré irrecevable, en ce qui concerne le prononcé du divorce, l'appel interjeté par dame D d'un jugement qui a rejeté la demande principale en divorce pour rupture de la vie commune de son mari et qui, faisant droit à sa demande reconventionnelle, a prononcé le divorce aux torts de D, alors, d'une part, que la partie au profit de laquelle une décision de divorce a été rendue peut y renoncer et pourrait en interjeter appel si elle y a un intérêt, alors, d'autre part, qu'ainsi que le soutenait dame D dans des conclusions qui auraient été délaissées la demande reconventionnelle de l'art. 241 c. civ. ne transformerait pas le divorce engagé sur le fondement de la rupture de la vie commune en un divorce pour [faute]; Mais attendu que dame D n'ayant devant les premiers juges soulevé aucune contestation sur la recevabilité de la demande principale de son mari, ni sur l'existence des conditions légales du divorce pour rupture et n'ayant pas soutenu que celui-ci aurait pour elle des conséquences matérielles ou morales d'une exceptionnelle dureté, c'est à bon droit que l'arrêt énonce qu'elle est sans intérêt à critiquer une décision qui, rejetant la demande de son mari, accueille sa demande reconventionnelle; que par ce seul motif la cour d'appel a légalement justifié sa décision; Sur le second [moyen]: Attendu qu'il est fait grief à l'arrêt d'avoir refusé d'allouer à la femme une pension alimentaire fondée sur le devoir de secours, alors, d'une part, que la demande reconventionnelle de l'art. 241 c. civ. ne transformerait pas le divorce engagé sur le fondement de la rupture de la vie commune en un divorce pour faute, et alors, d'autre part, que le divorce prononcé sur une demande fondée sur la rupture de la vie commune laisserait subsister à la charge du demandeur le devoir de secours, même en présence d'une demande reconventionnelle formée par le défendeur; Mais attendu que l'arrêt énonce exactement que le divorce n'étant pas prononcé en raison de la rupture de la vie commune, mais en raison de faits imputables à l'époux fautif, il emporte les effets d'un divorce pour faute et met fin au devoir de secours; d'où il suit que le moyen n'est pas [fondé].

[E.14] Civ., 1er juin 1983

La cour d'appel retient les déficiences constatées d'une femme de 56 ans par le médecin expert: 'état général médiocre, hypertension, arthrose des poignets, état dépressif sous-jacent'.

LA COUR: [Attendu que P] fait grief à l'arrêt [attaqué] d'avoir rejeté sa demande en divorce pour rupture de la vie commune, alors qu'en se bornant à décrire les conditions de vie et l'état de santé de l'épouse sans constater quelles seraient les conséquences matérielles ou morales résultant de cet état si le divorce était prononcé, la cour d'appel n'aurait pas donné de base légale à sa décision; Mais attendu que l'arrêt retient, au vu du rapport de l'expert désigné, que le divorce aurait, pour la santé de l'épouse, des conséquences d'une exceptionnelle dureté; que, par cette appréciation souveraine, la cour d'appel a légalement justifié sa décision; d'où il suit que le moyen n'est pas [fondé].

[E.15] Tribunal de grande instance de Perpignan, 29 février 1984

LE TRIBUNAL: [Attendu] que l'époux demandeur soutient que les époux vivent séparés de fait depuis six ans et qu'il y a lieu en conséquence de prononcer le divorce en raison de cette rupture prolongée de la vie commune; Attendu que l'époux défendeur conteste la durée de la séparation de fait alléguée par son conjoint; Attendu que l'époux défendeur soutient que le divorce aurait des conséquences d'une exceptionnelle dureté; qu'il expose en effet que le divorce entraînera une aggravation de sa situation matérielle et qu'il en résultera de graves conséquences morales tant en raison de son état de santé que de ses convictions religieuses; Attendu qu'il résulte d'une requête déposée par la [défenderesse] que, depuis le 29 juin 1976, T vit séparé de son épouse; Attendu que les époux [ont] été tous les deux élevés selon les préceptes de la religion catholique qui prévoit l'indissolubilité du mariage, qu'ils se sont unis le 7 sept. 1950 par les liens du mariage devant l'officier de l'état civil de Perpignan, mais également devant 'Dieu et les hommes' à la Paroisse Saint-Jacques de cette ville et qu'ils ont vécu ensemble pendant vingt-six ans élevant trois enfants; Attendu qu'il résulte de deux attestations [que] dame N exerce au sein de la Paroisse Saint-Jacques des fonctions de catéchiste et est membre du Tiers Ordre du Carmel, qu'il est certain que cette femme qui souffre déjà d'avoir été abandonnée par son mari va être victime de la réprobation du milieu qu'elle fréquente du fait du prononcé du divorce quand bien même celui-ci ne serait pas prononcé sur le fondement d'une faute et qu'il apparaît ainsi que celui-ci aurait pour elle des conséquences d'une exceptionnelle dureté sur le plan moral; Attendu qu'en conséquence il n'y a pas lieu à prononcer le divorce; [par ces motifs, déboute] le mari de sa demande en [divorce. V. aussi [E.17]].

[E.16] Civ., 9 juillet 1986

LA COUR: [Attendu] que Mme L reproche à [l'arrêt] attaqué d'avoir, sur la demande du mari, prononcé le divorce des époux pour rupture prolongée de la vie commune, alors qu'en se fondant sur l'existence d'une précédente procédure de divorce et sur la durée de la séparation de fait qui constituait la cause et non la conséquence de la rupture, la cour d'appel aurait privé sa décision de base légale; Mais attendu que c'est dans l'exercice de son pouvoir souverain pour apprécier si le divorce a pour l'épouse des conséquences matérielles ou morales d'une exceptionnelle dureté, qu'après avoir relevé l'ancienneté de la séparation des époux, l'absence de toute considération morale ou religieuse alléguée par la femme, le fait qu'après dissolution de la communauté Mme L disposera d'un important capital auquel s'ajouteront la pension alimentaire versée par son mari et la jouissance de l'ancien domicile conjugal, la cour d'appel retient, justifiant ainsi légalement sa décision, que le divorce n'aura pas pour Mme L de telles conséquences; [par ces motifs, rejette].

[E.17] Montpellier, 16 février 1987

Suite à la requête en divorce pour rupture de la vie commune présentée par Hervé T, le tribunal de grande instance de Perpignan, par jugement en date du 29 février 1984 [E.15], a débouté le mari de sa demande en divorce, fixé le montant de la pension alimentaire due par le mari au titre de la contribution aux charges du mariage, à la somme de 2 000 F. Hervé T a régulièrement interjeté appel de cette décision. L'appelant demande à la cour de reformer le jugement entrepris, prononcer le divorce en application de l'article 237 et fixer à la somme de 2 000 F par mois la pension due au titre du devoir de secours. Il fait valoir que son épouse ne justifie pas des conséquences d'une exceptionnelle dureté qu'aurait pour elle le prononcé du divorce, ni sur le plan matériel, ni sur le plan moral. Il estime en effet que les arguments avancés par son épouse pour refuser le divorce, l'aggravation de son état de santé (qui n'est nullement établie) et ses convictions religieuses ne sont pas des motifs suffisants pour faire jouer la clause d'exceptionnelle dureté. Renée N, en réponse, conclut à la confirmation de la décision déférée. Elle fait valoir que la rupture de la vie commune ne remonte pas à six ans, car postérieurement à la séparation, son époux lui a adressé diverses correspondances démontrant la persistance de son attachement envers elle; que, dans ces conditions l'élément intentionnel exigé pour prononcer le divorce en application de l'article 237 n'existant pas, la demande ne saurait être accueillie. Elle soutient que le prononcé du divorce aurait pour elle des conséquences d'exceptionnelle dureté, et sur le plan matériel et sur le plan moral. Elle soutient que son mari l'a abandonnée sans ressources, après trente-cinq ans de mariage, après qu'elle ait eu élevé les trois enfants communs et aidé son mari dans sa profession, en assurant le secrétariat du cabinet médical; qu'elle a dû saisir le tribunal d'instance de Perpignan pour voir fixer une contribution aux charges du mariage; qu'étant donné ses profondes convictions religieuses et son activité au sein de sa Paroisse, comme catéchiste et membre du tiers ordre, elle ne peut accepter que la séparation de fait devienne une situation de droit irrémédiable, alors surtout qu'elle est toujours attachée à son époux et à l'espoir d'une réconciliation; que de plus, le prononcé du divorce ne ferait qu'aggraver son état de santé particulièrement fragile.

LA COUR: [Attendu], tout d'abord, qu'il convient de noter que l'épouse soutient, en réponse à la demande du mari fondée sur l'art. 237 c. civ., que son époux n'a pas eu l'intention de rompre définitivement avec elle, bien qu'il ait abandonné son foyer en 1976; Mais attendu que depuis cette époque, il est indéniable qu'il n'y a plus eu aucune intimité d'existence entre les époux; que s'il s'évince de diverses correspondances que Hervé T ait eu quelques scrupules d'ordre moral à la suite de la séparation, les termes de ces missives ne suffisent pas à faire douter de la réalité d'une rupture [prolongée]; Attendu que la seule constatation de cet élément objectif ne peut cependant entraîner le prononcé du divorce ipso facto; qu'en effet, le juge peut rejeter la demande, lorsque l'autre conjoint, invoquant les dispositions de l'art. 240 c. civ., établit que ce divorce aurait pour lui des conséquences matérielles ou morales d'une exceptionnelle dureté, compte tenu notamment de son âge et de la durée du mariage; qu'il est de jurisprudence que ses conséquences s'apprécient au regard de la situation des époux après la séparation, les juges devant prendre en considération, pour rejeter la demande, les faits auxquels le divorce apporte un changement; Attendu qu'en l'espèce, il est constant que l'épouse, âgée de cinquante-huit ans, a été abandonnée après vingt-six ans de vie commune, les trois enfants du couple étant aujourd'hui majeurs; que son conjoint, médecin, est mal fondé à soutenir que le prononcé du divorce n'aurait pas des conséquences traumatisantes pour elle, étant donné la nature des maladies dont elle est atteinte; Attendu que, par ailleurs, l'épouse [est] farouchement opposée au principe du divorce; qu'elle fait état de ses profondes convictions religieuses, que le mari reconnaît avoir partagées avec elle, pendant les vingt-six ans de vie commune, et du fait qu'elle est catéchiste et membre d'un 'tiers ordre'; que, pour elle, le principe de l'indissolubilité du mariage ne saurait être remis en cause; que le statut de femme divorcée qui lui serait imposé, contre ses convictions et en l'absence de tout reproche, serait particulièrement douloureux à assumer socialement, pour une personne de sa génération qui a vécu la plus grande partie de sa vie selon les perspectives de l'ancienne législation, assimilant le divorce à une sanction et l'entourant de réprobation; Attendu, en définitive, que les éléments ci-dessus analysés permettent d'établir que le divorce entraînerait pour elle de graves répercussions non seulement sur son état de santé déjà déficient, mais également sur son équilibre moral et social; Attendu, dès lors, que les circonstances particulières de la cause conférant à cette épreuve un caractère d'exceptionnelle dureté, la demande d'Hervé T doit être [rejetée].

[E. 18] Paris, 19 septembre 1991

LA COUR: [Considérant] qu'il est constant que la vie commune connaît une rupture prolongée, les époux X étant séparés de fait depuis plus de six ans; Considérant que l'exceptionnelle dureté [implique] que la dureté soit d'une intensité particulière et que le divorce intervienne dans les circonstances telles que l'épreuve imposée au conjoint qui la subit revêt un caractère anormal dépassant la commune mesure des souffrances qu'il entraîne habituellement; que l'exceptionnelle dureté doit, d'autre part, découler d'une aggravation de la condition matérielle et morale du conjoint qui la subit par rapport à la situation qui existait durant la séparation de fait; Considérant que les convictions religieuses et les activités militantes exercées par Mme X au sein de l'Église catholique sont établies et ne peuvent être mises en doute; Mais considérant que la présente instance est engagée à la seule initiative du mari et ne concerne que le mariage civil, que l'épouse, qui ne fait que subir cette procédure, ne peut aucunement s'en voir imputer la responsabilité; Considérant que le divorce ne prononce que la dissolution d'une union civile mais n'est d'aucun effet sur le plan du mariage religieux auquel chacun des époux peut rester attaché; que, si aux yeux de la femme, les liens civils et religieux ont consacré un seul et même mariage au caractère indissoluble, une telle conviction ne saurait être imposée au mari; Considérant qu'en l'état actuel des moeurs, le fait d'être divorcée ne peut soumettre la femme à l'opprobre social, alors surtout qu'elle conservera le nom du mari; que l'Église catholique elle-même considère le cas du conjoint contraint au divorce, alors qu'il était conscient de l'indissolubilité du mariage comme 'un témoignage de fidélité et de cohérence chrétienne [d'une] valeur toute particulière pour le monde et pour l'Église'; Considérant enfin, et bien que cette hypothèse soit très improbable, que le prononcé du divorce ne pourrait empêcher dans l'avenir une reprise de la vie commune entre les époux, accompagnée d'un nouveau mariage civil; qu'en conséquence, Mme X n'apporte pas la preuve que le divorce aurait pour elle des conséquences morales d'une exceptionnelle [gravité].

[E.19] Civ., 23 octobre 1991

LA COUR: [Attendu] que, pour rejeter la demande de Mme X, qui opposait à la demande de divorce formée par son mari pour rupture de la vie commune l'exceptionnelle gravité des conséquences de ce divorce, l'arrêt retient que l'état de santé de la femme est déficient depuis une date antérieure à celle de la séparation de fait, que le prononcé du divorce n'aura pas, pour Mme X, de conséquences particulièrement graves puisque son existence sera identique à celle qu'elle poursuit depuis une dizaine d'années, et que la cause de l'exceptionnelle gravité invoquée par l'épouse n'est pas le prononcé du divorce, mais l'absence de communauté de vie qu'elle subit depuis une dizaine d'années; qu'en statuant ainsi, sans examiner, par des motifs spéciaux, le moyen invoqué par Mme X relatif à l'atteinte portée par le prononcé du divorce à ses convictions morales relatives au mariage, la cour d'appel a violé [l'article 240].

4 DIVORCE BASED ON FAULT

Divorce based on fault is governed by the *Code civil*, articles 242 to 246 [E.20]. There are two important features of the current system. First, a wide definition is given to fault (*faits [qui] constituent une violation grave ou renouvelée des devoirs et obligations du mariage et [qui] rendent intolérable le maintien de la vie commune*). Second, there are no longer any *'causes péremptoires'* (even adultery no longer brings with it the automatic grant of a divorce), which means that the divorce court possesses a relatively wide power of interpretation of the meaning of a *'violation grave ou renouvelée des devoirs et obligations du mariage'* (always subject to the supreme interpretative role of the *Cour de Cassation*) and a considerable power to determine whether the fault is of a sufficient seriousness (given the parties' circumstances), or whether the facts alleged have been repeated, or whether the fault has the consequence that the continuance of married life is intolerable (and here the *Cour de Cassation* continually emphasises that such decisions are within the remit (*souveraine appréciation*) of the divorce court). These features of the current system are illustrated in a survey of the first 10 years of the new system [E.23].

The concept of fault necessarily brings with it the fact that the act(s) complained of must have been done knowingly or voluntarily (but not necessarily with the deliberate intention of causing harm to the injured party). Illness and disability (even severe) are burdens and not faults (but prolonged mental incapacity may form the basis of a divorce for breakdown: head 3). Furthermore, it must be emphasised that, since fault relates to the obligations arising from the marital status, these obligations continue until the marriage is dissolved by divorce and, of course, can be committed during the course of divorce proceedings (which can often be protracted) even though, to all intents and purposes, the parties have ceased to act as man and wife. A necessary part of the procedure is an attempt at reconciliation [E.21]. If there is a genuine reconciliation (below) subsequent to the alleged facts, these facts cannot be relied on as a ground for the current divorce, but if there is a new petition based on facts which have occurred or been discovered since the reconciliation, the earlier facts can be invoked in support of the new petition. The idea of a 'genuine reconciliation' involves knowledge of the fault(s) of the other party, the act of forgiving those faults, and the acceptance of that act of forgiveness.

The fact that a petitioner has him or herself committed any fault does not automatically negate the petition and those facts may be used to excuse (or at least mitigate) the seriousness of the faults of the other party (eg, a complaint of desertion by one party may be excused by the adultery of the other). On the other hand, the faults of the petitioner may be too serious and it has been held quite often that acts of violence, with or without weapons, cannot be excused by the infidelity of the other party [E.25]. Furthermore, the faults of the petitioner may be invoked by the other party to support a counter-petition (*demande reconventionnelle*) (for cases where a counter-petition failed, see [E.25] [E.27] – a case relating to judicial separation). If both petition and counter-petition are well founded, the divorce is granted on the basis of joint responsibility (*aux torts partagés*). Finally, even if there is no *demande reconventionnelle*, the court has the power to grant the divorce *aux torts partagés* if, in the opinion of the court, this is warranted by facts established in the oral stage of the divorce procedure.

The fault(s) of either party must, of course be proved. The normal civil procedure methods of proving facts are applied, subject to certain modifications [E.22]. In particular, in order to protect children of the parties, the evidence of such children cannot be entertained and this rule is extended to the reporting by a third party of what any such child stated [E.24]. The court will often use the services of a *huissier* to obtain evidence (particularly in relation to adultery) but the written report (*constat*) cannot be used in contravention of rights of privacy [E.26] [E.28].

Materials

[E.20] Code civil – Du divorce pour faute

Article 242 – Le divorce peut être demandé par un époux pour des faits imputables à l'autre lorsque ces faits constituent une violation grave ou renouvelée des devoirs et obligations du mariage et rendent intolérable le maintien de la vie commune.

Article 243 – Il peut être demandé par un époux lorsque l'autre a été condamné à l'une des peines prévues par l'article 131-1 du Code pénal.

Article 244 – La réconciliation des époux intervenue depuis les faits allégués empêche de les invoquer comme cause de divorce.

Le juge déclare alors la demande irrecevable. Une nouvelle demande peut cependant être formée en raison de faits survenus ou découverts depuis la réconciliation, les faits anciens pouvant alors être rappelés à l'appui de cette nouvelle demande.

Le maintien ou la reprise temporaire de la vie commune ne sont pas considérés comme une réconciliation s'ils ne résultent que de la nécessité ou d'un effort de conciliation ou des besoins de l'éducation des enfants.

Article 245 – Les fautes de l'époux qui a pris l'initiative du divorce n'empêchent pas d'examiner sa demande; elles peuvent, cependant, enlever aux faits qu'il reproche à son conjoint le caractère de gravité qui en aurait fait une cause de divorce.

Ces fautes peuvent aussi être invoquées par l'autre époux à l'appui d'une demande reconventionnelle en divorce. Si les deux demandes sont accueillies, le divorce est prononcé aux torts partagés.

Même en l'absence de demande reconventionnelle, le divorce peut être prononcé aux torts partagés des deux époux si les débats font apparaître des torts à la charge de l'un et de l'autre.

Article 246 – Lorsque le divorce aura été demandé en application des articles 233 à 245, les époux pourront, tant qu'aucune décision sur le fond n'aura été rendue, demander au juge aux affaires familiales de constater leur accord et d'homologuer le projet de convention réglant les conséquences du divorce.

Les dispositions des articles 231 et 232 seront alors applicables.

[E.21] Code civil – De la conciliation

Article 251 – Quand le divorce est demandé pour rupture de la vie commune ou pour faute, une tentative de conciliation est obligatoire avant l'instance judiciaire. Elle peut être renouvelée pendant [l'instance].

Article 252 – Lorsque le juge cherche à concilier les époux, il doit s'entretenir personnellement avec chacun d'eux séparément avant de les réunir en sa présence.

Les avocats doivent ensuite, si les époux le demandent, être appelés à assister et à participer à l'entretien.

Dans le cas de l'article 238 [[E.7]] et dans le cas où l'époux contre lequel la demande est formée ne se présente pas devant le juge, celui-ci doit néanmoins s'entretenir avec l'autre conjoint et l'inviter à la réflexion.

Article 252-1 – La tentative de conciliation peut être suspendue et reprise sans formalité, en ménageant aux époux des temps de réflexion dans une limite de huit jours.

Si un plus long délai paraît utile, le juge peut décider de suspendre la procédure et de recourir à une nouvelle tentative de conciliation dans les six mois au plus. Il ordonne, s'il y a lieu, les mesures provisoires nécessaires.

Article 252-2 – Lorsqu'il ne parvient pas à les faire renoncer au divorce, le juge essaye d'amener les époux à en régler les conséquences à l'amiable, notamment en ce qui concerne les enfants, par des accords dont pourra tenir compte le jugement à intervenir.

Article 252-3 – Ce qui a été dit ou écrit à l'occasion d'une tentative de conciliation, sous quelque forme qu'elle ait eu lieu, ne pourra pas être invoqué pour ou contre un époux ou un tiers dans la suite de la procédure.

[E.22] Code civil – Des preuves

Article 259 – Les faits invoqués en tant que causes de divorce ou comme défenses à une demande peuvent être établis par tout mode de preuve, y compris l'aveu.

Article 259-1 – Un époux ne peut verser aux débats les lettres échangées entre son conjoint et un tiers qu'il aurait obtenues par violence ou fraude.

Article 259-2 – Les constats dressés à la demande d'un époux sont écartés des débats s'il y a eu violation de domicile ou atteinte illicite à l'intimité de la vie privée.

Article 259-3 – Les époux doivent se communiquer et communiquer au juge ainsi qu'aux experts désignés par lui tous renseignements et documents utiles pour fixer les prestations et pensions et liquider le régime matrimonial.

Le juge peut faire procéder à toutes recherches utiles auprès des débiteurs ou de ceux qui détiennent des valeurs pour le compte des époux sans que le secret professionnel puisse être opposé.

[E.23] Impressions de recherche sur les fautes causes de divorce

[La] recherche 'exploratoire' a porté sur les décisions déjà publiées ou enregistrées dans les banques de données. Le corpus de l'étude fut en définitive, de 449 arrêts et jugements, dont seuls 371 furent utilisables: 28 jugements, 256 arrêts de cours d'appel et 87 arrêts de la Cour de [Cassation].

A   La liste des obligations légales du mariage ne prête guère à controverse: fidélité, secours et assistance (art. 212 c. civ.), contribution aux charges du mariage (art. 214 c. civ.) et cohabitation (art. 215 c. civ.). On regroupera les devoirs personnels, puis ceux de nature pécuniaire.

Parmis les devoirs personnels, se situe d'abord la fidélité. Bien que l'adultère ne soit plus une cause péremptoire de divorce il est encore à l'origine de plus de la moitié d'entre eux: 201 décisions le retiennent. Globalement, hommes et femmes sont aussi infidèles: on dénombre 122 maris volages, et 113 femmes légères. Mais les 'types' d'adultère sont différents: les 'liaisons' sont le fait des hommes (16 cas) plus que les femmes (9 seulement); il en est de même du concubinage (25 pour les maris, 18 pour les épouses), ce qui laisserait supposer que les femmes 's'installent' moins dans l'adultère. [La] notation la plus intéressante est, en définitive, le nombre d'adultères qui ne sont pas considérés comme fautifs; dans cinq cas le divorce fut refusé bien que l'adultère de l'un, voire des deux époux, fut établi! Il faut encore ajouter neuf divorces prononcés aux torts exclusifs d'un conjoint malgré l'adultère de l'autre. Ces décisions concernent des infidélités commises de connivence avec l'autre conjoint, mais surtout des adultères postérieurs à un abandon par l'autre conjoint, ou à un stade avancé de la procédure de divorce. La jurisprudence n'est d'ailleurs pas très nette de ce point de vue, car les adultères 'tardifs' sont sanctionnés ou excusés sans que la raison en soit toujours évidente. Aucune distinction ne semble avoir été faite par la jurisprudence entre les adultères masculins ou féminins, qui sont également considérés comme excusables. Ces décisions confirment donc la prévision selon laquelle l'adultère demeurerait une faute intrinsèquement grave, mais ne rendant pas toujours la vie commune intolérable. Elles infirment la crainte de ce que le pouvoir d'appréciation des juges réintroduise une inégalité entre époux.

Le second devoir important des époux est la cohabitation, sous ses deux aspects: devoir conjugal et vie sous un même toit. Les relations charnelles entre époux sont très rarement évoquées. Pudeur ou absence de problèmes? Le lit conjugal est le grand absent des débats. Le refus du devoir conjugal est la faute de sept femmes et de deux hommes seulement. Un mari ayant péché par excès, fut absous. La contraception n'apparaît pas. L'interruption volontaire de grossesse est visée une seule fois: un mari se voyait reprocher d'avoir contraint sa femme à y recourir. Au contraire, la vie sous un même toit est l'objet de nombreux litiges. Deux concernent le choix de la résidence: ils sont liés à des reproches concernant la vie professionnelle des époux. Le refus de cohabiter apparaît dans 117 décisions, soit près d'un tiers des espèces. On est peu surpris de constater que ce refus prend plus souvent la forme d'un abandon de domicile (112 cas) que d'une expulsion du conjoint (5 hypothèses, pourtant). Si la désertion est plus souvent le fait des épouses (65 cas) on note pourtant 47 abandons de la part du mari. Les expulsions se répartissent de façon plus égalitaire. Surtout, les femmes sont plus fréquemment excusées que les hommes; quatorze fugitives ont obtenu le divorce aux torts exclusifs du mari, alors qu'un seul époux déserteur bénéficia de cette indulgence.

Enfin, le devoir d'assistance est bien moins souvent évoqué: cinq décisions seulement sanctionnent sa violation. Il s'agit alors d'un conjoint ayant négligé de soigner ou de visiter son époux malade ou hospitalisé. Plutôt que de violation du devoir d'assistance, les magistrats parlent parfois d'abandon moral.

Les rapports pécuniaires entre époux n'apparaissent que dans vingt-neuf décisions. Les maris se voient reprocher de ne pas contribuer aux charges du mariage (15 cas) ou d'avoir obligé la femme à recourir à la justice pour obtenir un versement d'une pension. Aucune épouse, par contre, ne se voit reprocher un défaut de contribution financière. Contre elles, les griefs d'ordre pécuniaire sont autres: détournements, chèques sans provision, infractions contre les biens. Maris et femmes se reprochent mutuellement d'être dépensiers et d'avoir des goûts de luxe. Il faut rapprocher de l'obligation de contribuer aux charges du mariage deux autres types de griefs: la 'paresse', et 'l'instabilité professionnelle', qui entraînent une carence dans l'exécution de ce devoir. Paresse et oisiveté ne sont reprochés aux maris que dans trois cas. Il s'agit de paresse professionnelle, qui peut être rapprochée du grief 'd'instabilité professionnelle', également réservé aux hommes. En revanche, la paresse des femmes est tout autre: invoquée dans seize cas elle s'entend toujours de la paresse ménagère. Conformément à la jurisprudence la plus traditionnelle l'obligation ménagère pèse donc exclusivement sur l'épouse. L'idée que des activités extérieures puissent justifier quelques imperfections n'apparaît que dans un seul [arrêt].

B   Les obligations dégagées par les tribunaux sont bien difficiles à systématiser. On peut essayer de distinguer des 'offenses' et des 'carences'.

Parmi les offenses, on dénombre les violences physiques et verbales, les injures, insultes, comportements outrageants vis-à-vis de la famille et attitudes dégradantes. Les violences physiques sont fréquentes; peut-être moins cependant qu'on ne le supposerait. Evoquées dans 83 décisions, elles émanent du mari dans 71 cas, mais sont imputables au sexe dit 'faible' dans 16 espèces! Il n'existe aucun cas de refus du divorce en cas de brutalités physiques; mais parmi les soixante et onze maris violents, quarante et un ont cependant obtenu le partage des torts. Corrélativement, les menaces sont plus souvent le fait d'hommes que de femmes. Les 'injures' verbales, scènes de ménage, accusations, propos grossiers ou diffamatoires fournissent aussi un abondant contentieux. 72 décisions les évoquent. Sous diverses appellations, elles sont reprochées 59 fois aux maris et 79 fois aux épouses. Si l'on retranche tous les cas où le mari est coupable à la fois de violences physiques et verbales, on s'aperçoit que la spécificité de l'injure est plutôt féminine. Les femmes ont, en particulier, le monopole des 'scènes' sur le lieu de travail du [conjoint]. Le comportement d'un époux vis-à-vis de la famille peut être une faute à l'égard de l'autre conjoint. 36 décisions concernent les rapports avec les enfants, 14 avec les beaux-parents. Les enfants victimes de mauvais traitement le doivent autant à leur père qu'à leur mère; de même les enlèvements d'enfants sont également répartis. En revanche, le fait d'utiliser les enfants contre son conjoint est une faute féminine. Si les épouses ne s'entendent pas avec leurs beaux-parents ou dépendent trop de leur propre famille, les maris se voient reprocher d'imposer la cohabitation avec leurs parents. Ce tour d'horizon montre bien les caractéristiques de la famille d'aujourd'hui: les rapports avec les parents engendrent deux fois moins de litiges que ceux avec les enfants, et le grief principal est de leur être trop attachés! Les attitudes dégradantes ou déshonorantes sont aussi des offenses à l'encontre du conjoint. Les plus graves sont sanctionnées par des condamnations pénales non criminelles: les 17 cas font apparaître des fautes généralement de nature familiale, violences ou abandons de famille. Ces fautes sont toujours imputées au mari. Les autres infractions, moins nombreuses, sont des atteintes aux biens et, dans quatre cas sur cinq, elles ont été commises par la femme! Autre attitude dégradante, l'alcoolisme apparaît dans 24 décisions. [L'alcoolisme] féminin (et lui seul) est considéré comme non fautif dans 3 cas alors que celui du mari est toujours sanctionné: il est vrai que ce dernier commet toujours d'autres fautes graves, en sus. Deux décisions font grief à une épouse de trop jouer dans les casinos. [On] note encore un cas de toxicomanie, féminine. Enfin, l'exhibitionnisme est reproché à un mari alors qu'une femme était accusée de faire son ménage dans le plus simple appareil!

Autour de la notion de carence on peut tenter de regrouper toute une série d'hypothèses dans lesquelles un conjoint, sans commettre véritablement d'offenses, a un comportement 'injurieux' parce qu'il réserve trop peu d'attention à sa vie familiale, parce qu'il ne fait pas assez d'efforts pour en rendre le déroulement harmonieux et heureux. D'abord, il est illégitime d'être trop souvent absent: ce grief est retenu par 12 décisions, presque toujours à charge du mari. Ensuite, il convient de ne pas se laisser trop accaparer par des activités extérieures, religieuses, politiques, syndicales ou même professionnelles. Il existe toute une jurisprudence concernant les 'excès' religieux perturbant la vie familiale, et quelques décisions sur les 'abus' politiques ou syndicaux. Ces décisions concernent presque exclusivement des femmes. Et il est encore plus notable que les juges refusent parfois d'admettre comme fondés les reproches des maris, pour des raisons de principe tenant à la liberté individuelle de l'épouse. La compatibilité de la vie professionnelle avec celle de la famille est aussi source de tensions: soit que l'épouse 'abuse de sa situation d'employeur de son mari', soit qu'elle refuse de déménager pour faciliter la vie professionnelle de ce dernier. Inversement, n'est pas fautif le fait, pour le mari, d'empêcher son épouse de [travailler]. Sont encore relevées, les carences caractérielles. 72 décisions visent le mauvais caractère de l'un et/ou de l'autre époux. Cette jurisprudence suscite deux ordres de réflexions. La première concerne la différence des défauts selon le sexe des époux. Les épouses ont le monopole du caractère 'acariâtre'. Les maris sont 'brutaux' ou 'violents', et encore 'autoritaires'. [On] est plus surpris d'apprendre que les deux conjoints sont également boudeurs. Les reproches sont variés: il n'y a pas moins de 33 défauts différents relevés dans les décisions étudiées. La seconde est relative à la gravité des faits reprochés. Certains ne prêtent pas à contestation. Violence ou brutalité, jalousie excessive ou agressivité ne peuvent guère être excusées, surtout quand ils viennent s'ajouter à d'autres manquements graves. En revanche, qu'un époux se voit reprocher sa bouderie ou son caractère 'vif et nerveux' ne paraît pas correspondre aux exigences posées par [l'article 242]. Face à un mari coupable de violences, le caractère 'acariâtre et dépressif' de l'épouse suffira à faire partager les torts; de même un caractère 'difficile et acariâtre' vis-à-vis d'un époux adultère. Dans certaines hypothèses les fautes tiennent, des deux côtés, aux seules aspérités de caractère: le mari 'irascible' s'opposant à une femme 'sans affection' ou le conjoint 'autoritaire et violent' à une épouse qui n'a pas 'un comportement attentif et [patient']. Enfin, et c'est probablement la découverte la plus surprenante de cette étude, les carences affectives sont expressément considérées comme fautives par les magistrats. [A] défaut d'éprouver de l'affection, les conjoints ont l'impérieux devoir d'en montrer 31 décisions sanctionnent expressément le défaut d'affection ou d'intérêt envers le conjoint. Parfois, le grief est proche d'un manquement au devoir d'assistance: ainsi lorsqu'on reproche à une épouse de ne pas avoir visité suffisamment son époux hospitalisé. Dans d'autres espèces, le manque d'affection mutuelle est la seule cause du divorce. Il est peut-être encore plus frappant que 'l'indifférence' soit reprochée à des conjoints qui ont aussi commis une faute aussi grave qu'un adultère, ou un abandon de domicile conjugal. Ces deux dernières fautes, manquements à des devoirs expressément imposés par le Code, sont parfois excusées. L'indifférence ne l'est jamais; et l'époux qui en est coupable sera toujours sanctionné par l'attribution des 'torts'. Dans le même ordre d'idées 'l'abandon moral' ou 'l'absence d'efforts pour préserver l'harmonie du couple' sont reprochés 14 fois. Ces arrêts manifestent une très haute exigence quant à la qualité morale et affective de l'union des époux. On n'est donc pas surpris que le devoir de sincérité soit aussi rappelé. Dans un tel contexte, la volonté seule de rompre l'union est déjà une offense pour l'autre conjoint; le fait 'd'autoriser son mari à vivre comme un célibataire' loin d'être une sympathique manifestation de libéralisme se voit qualifié 'd'excès'. Aboutissement logique de ce raisonnement, la demande de divorce formée par un époux est une injure qui peut justifier celle formée ensuite par [l'autre].

[E.24] *Civ, 23 mars 1977*

Les magistrats de la cour d'appel fondent leur décision sur deux griefs adressés au mari, qui consacre tous ses loisirs au rugby et qui dresse l'enfant commun contre sa mère. En retenant le second grief, les magistrats commettent l'imprudence de le fonder sur le témoignage de la mère de l'intimée, qui a rapporté les propos tenus par l'enfant.

LA COUR: [Vu l'art. 205, al. 2, Nouv. c. pr. civ.]; Attendu, d'après ce texte, que les descendants des époux ne peuvent pas être entendus comme témoins dans une procédure de divorce; que cette prohibition formelle, inspirée par un souci de décence et de protection des intérêts moraux de la famille, doit s'entendre en ce sens qu'aucune déclaration de descendant obtenue sous quelque forme que ce soit ne peut être produite au cours d'une procédure de cette nature; Attendu que, pour prononcer le divorce entre les époux B aux torts du mari, l'arrêt [attaqué] retient notamment, tant par motifs propres que par ceux des premiers juges qu'il adopte, la manière dont 'B dressait son fils contre sa mère', un témoin ayant déclaré qu'il excitait cet enfant à faire des scènes devant sa mère; Attendu, cependant, qu'il résulte de l'enquête figurant au dossier de la procédure, que ce témoin ne faisait que rapporter un propos tenu par l'enfant selon lequel son père lui avait dit d'agir ainsi; Attendu qu'en prenant ce témoignage en considération, la cour d'appel a violé le texte susvisé; [par ces motifs, casse].

[E.25] *Tribunal de grande instance d'Albertville, 27 novembre 1979*

Mme B a formé une demande en divorce en application de l'article 242. M a conclu au débouté de la demande principale et s'est porté reconventionnellement demandeur au divorce.

LE TRIBUNAL: [Sur] la demande principale de la femme: Attendu qu'entre autres griefs, Mme B expose que son mari s'est révélé d'un caractère particulièrement coléreux et exceptionnellement brutal; qu'il est progressivement passé des gifles aux coups de poing et coups de pied; Attendu que ces faits particulièrement graves sont établis par les documents produits et notamment par des certificats médicaux; Attendu que ces faits sont également démontrés par un procès-verbal de la brigade de gendarmerie [ayant] abouti à un jugement du tribunal de police [du] 10 juin 1977, condamnant le mari à deux amendes de 800

F chacune pour violence et voie de fait sur la personne de son épouse et d'une amie de celle-ci; Attendu que ces faits constituent une violation particulièrement grave et renouvelée des devoirs et obligations du mariage et rendent intolérable le maintien de la vie commune; Sur la demande reconventionnelle du mari: Attendu qu'entre autres griefs M expose que les coups qu'il a pu porter à sa femme résultent de l'inconduite et de l'infidélité de cette dernière; Attendu que M verse aux débats, comme soutien de ces griefs, un constat d'adultère en date du 3 mai 1978 [rapportant] le comportement frivole de Mme B durant l'hiver 1976-1977; Attendu que les attestations produites ne relatent aucun fait précis démontrant l'infidélité de Mme B; Attendu que le constat d'adultère dressé à l'encontre de Mme B le 3 mai 1978, soit un an après le début de la procédure, n'apporte pas la preuve d'un comportement frivole de cette dernière, à l'origine de la désunion du couple; Attendu que le caractère brutal et les accès réitérés de violence de M ne pouvaient que conduire sa femme à rechercher ailleurs un climat plus serein; Attendu que M doit être, de ce fait, débouté de sa demande reconventionnelle; Attendu qu'il convient de prononcer le divorce aux torts du [mari].

[E.26] *Paris, 5 novembre 1981*

Le tribunal de grande instance d'Evry a prononcé le divorce des époux Phillipe S et Annick B. Entre autres dispositions, ce jugement a condamné le mari à payer à la femme, pour l'entretien des enfants, une pension alimentaire mensuelle et à verser à Annick B, à titre de prestation compensatoire, une rente. Phillipe S, prétendant que sa situation et celle de son ancienne épouse s'étaient sensiblement modifiées depuis le prononcé du divorce, a sollicité la suppression de la prestation compensatoire et la réduction de la pension alimentaire. Par ailleurs, Phillipe S, soutenant que Annick B vivait en concubinage et que le concubinage notoire de l'intéressée devait produire à son égard les mêmes effets juridiques qu'un remariage, a obtenu du président du tribunal de grande instance d'Evry la commission d'un huissier de justice à l'effet de constater les conditions d'occupation de l'ancien domicile conjugal. Le constat ordonné a été effectué mais le tribunal de grande instance d'Evry a rétracté l'ordonnance sur requête au motif que 'quelque puisse être l'intérêt que Phillipe S pourrait avoir d'établir que Annick B vit ou non en concubinage, il ne pouvait être ordonné, sans qu'il soit porté atteinte à l'intimité de la vie privée de celle-ci, telle qu'elle est protégée par l'article 9 du code civil, que soient constatées ses conditions de vie'. Phillipe S a interjeté appel du jugement et soutient qu'il n'existe en l'espèce aucune violation de la vie privée de l'intimée puisque le constat établi n'est pas destiné à être publié; qu'au surplus, il appartient au juge de résoudre le conflit pouvant exister entre le respect de la vie privée d'une partie et le droit pour l'autre d'obtenir les informations de nature à assurer la protection de ses intérêts légitimes.

LA COUR: [Sur] la demande de rétractation de l'ordonnance sur requête: Considérant que la commission d'un huissier de justice à l'effet de constater les relations adultères de l'un des époux, dans une procédure de divorce ou en prévision de celle-ci, trouve sa justification dans le légitime désir de l'époux trompé de faire établir de manière irréfutable la violation par son conjoint du devoir de fidélité qui est l'une des obligations essentielles du mariage; Considérant, en revanche, qu'un constat d'huissier du moins lorsqu'il a pour objet d'établir de façon directe les relations sexuelles de l'un des anciens époux avec un tiers, ce qui suppose l'accès à l'intérieur du domicile et la visite de ses parties les plus intimes, constituerait une immixtion intolérable dans la vie privée de cet ancien époux dégagé de son devoir de fidélité; qu'un tel acte ne peut être justifié, en raison de sa gravité, par le seul souci pour le requérant de préserver ses intérêts patrimoniaux, alors surtout qu'il lui est loisible, comme en l'espèce, de produire d'autres moyens de preuve, notamment des témoignages, pour démontrer l'existence d'un concubinage qu'il qualifie de notoire; que le fait que le constat ne soit pas publié ne saurait lui enlever son caractère d'immixtion intolérable; que la décision des premiers [juges] doit, en conséquence, être [confirmée].

[E.27] *Douai, 12 octobre 1984*

R et S se sont mariés le 9 avril 1977. Après ordonnance de non-conciliation du 22 octobre 1980, l'épouse a fait assigner son mari en séparation de corps. R s'oppose à la demande et forma une demande reconventionnelle en divorce. Le tribunal de grande instance a débouté le mari de sa demande reconventionnelle en divorce, et, accueillant la demande principale de l'épouse, a prononcé la séparation de corps des époux aux torts du mari, avec toutes conséquences de droit et a condamné ce dernier aux dépens. R a interjeté appel de cette décision demandant à la cour de débouter S de sa demande principale en séparation de corps et accueillant sa propre demande reconventionnelle en divorce, de prononcer le divorce aux torts de l'épouse et de condamner S aux entiers dépens.

LA COUR: [Attendu] que l'épouse fait grief à son mari de ses rentrées tardives au domicile conjugal, de ne pas s'être soucié d'elle, de ne pas avoir subvenu aux besoins du ménage et de lui avoir laissé le soin de travaux d'entretien de la maison et du jardin; que, de son côté, le mari reproche à l'épouse d'avoir refusé de reprendre la vie commune alors qu'il lui en avait fait sommation le 26 oct. 1981.

Sur la demande en séparation de corps de l'épouse: Attendu qu'il résulte tant des attestations produites par l'épouse que de celles même versées par le mari aux débats; que depuis plusieurs années le mari se livrait à des activités syndicales qui l'amenaient trois ou quatre fois par semaine à participer dans la soirée à des réunions durant deux ou trois heures et aussi à des réunions syndicales le dimanche matin, ainsi qu'à des permanences un dimanche sur six au siège de la radio de la C.G.T. à Auby; que des activités aussi absorbantes l'ont assurément amené à des absences prolongées de son domicile, qui ont été constatées par son beau-frère S, à négliger son épouse dont le caractère dépressif est attesté par D et à obliger son épouse à demander à son frère S de faire dans la maison des travaux de peinture, tapisserie et même de toiture et de cimentage, ainsi que celui-ci l'atteste; Attendu qu'un tel comportement a été justement apprécié par les premiers juges comme constituant des violations graves ou renouvelées des obligations résultant du mariage ayant rendu intolérable le maintien de la vie commune; qu'il convient donc de confirmer le jugement déféré en ce qu'il a fait droit à la demande principale en séparation de corps de l'épouse.

Sur la demande reconventionnelle en divorce du mari: Attendu qu'à l'appui de cette demande R n'invoque qu'un unique fait, savoir le refus par son épouse de reprendre la vie commune, après sommation du 26 oct. 1981, alors que celle-ci, après l'ordonnance de non-conciliation qui avait autorisé les époux à résider séparément (la femme au domicile conjugal), n'avait pas assigné devant le tribunal aux fins de sa demande en séparation dans les six mois de l'ordonnance de conciliation, ce qui avait rendu caduques les mesures provisoires de ladite [ordonnance]; Attendu que dans la sommation en question, délivrée à Montrouge où la femme résidait provisoirement, il était indiqué que l'épouse avait quitté le domicile conjugal [sans] précision de date, pour se [rendre] à Montrouge; que le mari avait intérêt à connaître sa décision définitive et qu'il lui était d'ores et déjà fait sommation de réintégrer sans délai ledit domicile; qu'à cela l'épouse répondit à l'huissier: 'j'ai mon domicile que j'ai fixé à … Je n'ai pas l'intention de retourner vivre avec mon mari'; Attendu que, quant à l'adresse considérée par lui comme étant celle du domicile conjugal, le mari a expliqué qu'il avait trouvé, depuis l'ordonnance de non-conciliation, un logement plus confortable que l'ancien domicile [conjugal]; Attendu dès lors que l'épouse était fondée à refuser de venir habiter en un lieu qui n'avait pas été choisi d'accord entre les époux, ainsi qu'il est prescrit à l'art. 215 c. civ. et où elle n'avait jamais habité et qu'en ce qui concerne son refus de reprendre la vie commune il ne saurait être considéré comme fautif alors qu'il est fait droit, en suite de l'ordonnance de non-conciliation, à sa demande en séparation de corps; Attendu dès lors qu'il convient de débouter le mari de sa demande en [divorce].

[E.28] Paris, 14 novembre 1985

Mme L a interjeté appel d'une ordonnance rendue à sa requête par le président du tribunal de grand instance de Paris qui a désigné un huissier avec mission de se rendre au domicile de Mme A et de constater les conditions dans lesquelles Mme A et M. L cohabitent éventuellement dans cet appartement pour permettre à la juridiction compétente de vérifier si l'adultère allégué par Mme L existe ou non. Le premier juge a dit que l'huissier commis pourrait se faire assister d'un officier de police judiciaire mais a refusé l'assistance d'un serrurier. A la suite de cette déclaration d'appel, le premier juge a maintenu sa décision. Mme L soutient que l'assistance d'un serrurier s'impose, qu'en effet, l'appartement de Mme A est situé dans un immeuble collectif, comportant une porte commune, fermée et munie d'un téléphone, et que l'huissier ne pourra obtenir l'ouverture de la porte qu'en s'adressant à Mme A. Mme L fait valoir que l'ouverture de cette porte commune ainsi que celle de la porte de l'appartement pourra être refusée par Mme A, que tout au moins en ce qui concerne la porte commune, Mme A, si elle accepte de l'ouvrir, sera prévenue de l'arrivée de l'huissier et pourra prendre toute disposition permettant d'éviter des constatations compromettantes. Mme L demande à la cour d'autoriser l'assistance d'un serrurier, sans laquelle elle soutient que l'adultère risque d'être impossible à constater.

LA COUR: [Considérant] que l'art. 212 c. civ. prévoit que les époux se doivent mutuellement fidélité; Considérant que la violation de ce devoir né du mariage peut à bon droit être invoquée à l'appui d'une demande en divorce; Mais considérant que l'époux qui allègue l'adultère de son conjoint doit l'établir et qu'il est fondé à solliciter toutes mesures de nature à lui apporter la preuve dont il a besoin et notamment un constat par huissier dont la mission aura beaucoup plus de chance de réussite s'il peut se faire assister d'un serrurier; Considérant que la personne, sans l'intervention de laquelle l'adultère ne pourrait se commettre, ne peut se plaindre des inconvénients auxquels l'expose sa liaison avec un partenaire marié et notamment de constatations effectuées à son domicile par un huissier, avec au besoin l'assistance d'un serrurier; Considérant, en revanche, qu'en ce qui concerne la porte commune de l'immeuble, il ne peut être imposé aux autres habitants, étrangers au problème du couple, le préjudice résultant des dommages et troubles nécessairement provoqués par l'intervention d'un serrurier; Considérant qu'il convient en conséquence d'autoriser l'assistance d'un serrurier, si besoin est, pour l'ouverture de la porte de l'appartement occupé par Mme A, mais non pour l'ouverture des serrures extérieures de la porte commune de l'immeuble; [par ces motifs, émendant] l'ordonnance entreprise en ce qui concerne l'assistance d'un serrurier, dit que l'huissier commis pourra se faire assister d'un serrurier, si besoin est, pour l'ouverture uniquement de la porte de l'appartement occupé par Mme A à l'exclusion des serrures extérieures de la porte commune de [l'immeuble].

5 GENERAL CONSEQUENCES OF DIVORCE

There are a number of general rules consequent upon the granting of a divorce. These relate to the date on which the effects of a divorce take place with regard to the personal status of the parties and their property rights, the use by the woman of her former husband's name, and to an action for damages.

It will be convenient to commence with a brief examination of the date on which the effects of a divorce take place with regard to the personal status of the parties and their property rights (the latter discussion will also introduce certain concepts of matrimonial property law which are referred to in the *Code civil* and the case law). With regard to the personal status of the parties, the marriage of the parties is dissolved from the date on which the judgment becomes final (*prend force de chose jugée*) (ie, when there can no longer be an appeal against, or an action to quash, the decision, or, if there has been an action to quash the decision, if that action has been dismissed). Divorce has the effect that the two parties are treated as not married (but it should be noted in advance that one party may have imposed on him or her an obligation to maintain the other (see heads 6 and 7) and that arrangements have to be made for the exercise of parental authority over, and the maintenance of, any children (see head 8)). If the parties wish to re-marry each other a new celebration is needed. The obligation of *'fidélité'* (imposed by the *Code civil*, Article 212) ends when the divorce becomes *chose jugée*. The husband may contract a new marriage as from that date but the general rule is that the wife cannot contract a new marriage until after 300 days have elapsed since the dissolution of the marriage. This is in order to ensure that the parentage of any child subsequently born is not that of the former husband. However, there are a number of exceptions to the general rule (*Code civil*, articles 260 to 263 [E.29]).

When two people marry, their property rights may be governed by one of a number of *'régimes matrimoniaux'*, depending on whether they have specified a particular *régime* in the marriage contract or whether the *régime* is imposed by law. Their property rights may be governed by the *régime en communauté*, which takes two forms. First, in default of a specific contract (or where the parties simply declare that they are marrying under the *régime de la communauté*), the law imposes a *communauté légale*. This is composed of two elements: the *'actif de la communauté'* (which comprises, with some exceptions, the property acquired by the parties, together or separately during the marriage) and the *'passif de la communauté'* (which comprises income for the maintenance of the parties and debts contracted by them for the maintenance of the household and the education of any children). The parties may, in their marriage contract, modify the *communauté légale* and, in such a case, their property rights are governed by the contract itself (*la communauté conventionnelle*). Thirdly, the parties may, in their marriage contract, stipulate that their property is to be governed by the *régime de séparation de biens* (whereby each party is free to administer, enjoy and freely dispose of his or her own property). If the parties have married in accordance with a *régime de communauté*, the divorce has the effect of dissolving the *communauté*. During the divorce proceedings, the parties may, by contract, make their own arrangements for realising the assets of the *communauté* (*liquidation*) and for dividing these assets between them (*partage*) (and in the case of a divorce by joint petition the contract must be drawn up by a *notaire*). In order to make things easier for the parties the court may arrange for a *notaire* to draw up a draft contract. Such contracts are suspended, with regard to their legal consequences, until the divorce is granted and cannot be executed until the divorce decision is final. It may happen that the divorce judgment alters the basis on which the contract was drawn up (eg, the judgment allocates property held in common to one of the parties), and, in such a case, a party may request that the divorce judgment modifies the originally agreed contract (*Code civil*, articles 1400–1440, 1497–1535, 1536–1568, 1473–1476, 1441–1442, 1450–1451, respectively). The date from which the divorce takes effect with regard to the parties' property rights is important principally in relation to the dissolution of the community of property. As a general rule, the divorce takes effect with regard to property from the date of the original notice of intended divorce proceedings (*assignation*) which led to the divorce judgment. However, a party may ask that the effect of the divorce be back-dated to the date when the parties ceased to live together (or share a common commercial activity together), but this facility is not available to a party by whose fault the separation was caused (*Code civil*, article 262-1 [E.29]).

It is normal, on marriage, for a woman to be known by her husband's name (although she has the right to use her maiden name). The general, logical, rule is that each party takes up his or her own name after divorce. However, if the wife has obtained a divorce because of breakdown, she may keep her husband's name without having to establish any special interest and, if the divorce has been granted on any other ground, the wife may keep her husband's name if the husband agrees or, provided that she can establish a special interest (*intérêt particulier*) either for herself or for any children, with the court's permission (*Code civil*, article 264 [E.29]). The special interest may be because of having used her husband's name for a long time, or because she has achieved a reputation in her profession (such as a writer, doctor or lawyer) and does not wish to relinquish the name by which she has become known, or because of the desire for wife and children to bear the same name [E.30] [E.31].

It is important to note that, except in the case of a divorce based on a joint petition (where the consequences of the divorce are governed by the duly ratified divorce contract), both property and maintenance rights and obligations are influenced (sometimes drastically) by the question as to whether the divorce was granted solely on the responsibility of one party (eg, the fault of that party) (*aux torts exclusifs*) or whether it was granted because of the joint responsibility of the parties (*aux torts partagés*) by reason of the operation of article 234 or article 245 (*Code civil*, article 265 [E.29]). If the divorce is granted *aux torts exclusifs* of one party, that party can be ordered to pay damages in order to compensate for any injury suffered as a result of the dissolution of the marriage (*Code civil*, article 266 [E.29]). This does not apply if the divorce is granted *aux torts partagés* and it does not apply in the case of a divorce granted for breakdown [E.32].

The claim for damages must be made as part of the divorce proceedings [E.33]. The party seeking damages must prove that he or she has suffered a '*préjudice matériel ou moral*' as a result of the dissolution of the marriage. A '*préjudice matériel*' may include the loss of material wealth and a '*préjudice moral*' may include the mental difficulties of adjusting to the status of being divorced.

It is important to note that the amount of damages is based on the injury and not on the resources of the guilty party, and that, subject to an appeal, the damages cannot be modified to take account of any subsequent alteration in the resources and needs of the parties. It is open, of course, to a party to bring an action against the other party, on the basis of the general civil responsibility discussed in Chapter 4, for an injury which, although relating to the marriage (eg, selling property of the *communauté*), does not specifically result from the dissolution of the marriage [E.30]. Such an action may be brought at the same time as the divorce proceedings (and irrespective of whether the divorce is granted *aux torts exclusifs*) or at a later date [E.34].

Materials

[E.29] Code civil – Des conséquences du divorce

Article 260 – La décision qui prononce le divorce dissout le mariage à la date à laquelle elle prend force de chose jugée.

Article 261 – Pour contracter un nouveau mariage, la femme doit observer le délai de trois cent jours prévu par l'article 228.

Article 261-1 – Si les époux ont été autorisés à résider séparément au cours du procès, ce délai commence à courir à partir du jour de la décision autorisant la résidence séparée ou homologuant, en cas de demande conjointe, la convention temporaire passée à ce sujet.

La femme peut se remarier sans délai quand le divorce a été prononcé dans les cas prévus aux articles 237 et 238 [[E.7]].

Article 261-2 – Le délai prend fin si un accouchement a lieu après la décision autorisant ou homologuant la résidence séparée ou, à défaut, après la date à laquelle le jugement de divorce a pris force de chose jugée.

Si le mari meurt, avant que le jugement de divorce n'ait pris force de chose jugée, le délai court à compter de la décision autorisant ou homologuant la résidence séparée.

Article 262-1 – Le jugement de divorce prend effet dans les rapports entre époux, en ce qui concerne leurs biens, dès la date d'assignation.

Les époux peuvent, l'un ou l'autre, demander, s'il y a lieu, que l'effet du jugement soit reporté à la date où ils ont cessé de cohabiter et de collaborer. Celui auquel incombent à titre principal les torts de la séparation ne peut pas obtenir ce report.

Article 262-2 -Toute obligation contractée par l'un des époux à la charge de la communauté, toute aliénation de biens communs faite par l'un d'eux dans la limite de ses pouvoirs, postérieurement à la requête initiale, sera déclarée nulle, s'il est prouvé qu'il y a eu fraude aux droits de l'autre conjoint.

Article 263 – Si les époux divorcés veulent contracter entre eux une autre union, une nouvelle célébration du mariage est nécessaire.

Article 264 – A la suite du divorce, chacun des époux reprend l'usage de son nom.

Toutefois, dans les cas prévus aux articles 237 et 238 [[E.7]], la femme a le droit de conserver l'usage du nom du mari lorsque le divorce a été demandé par celui-ci.

Dans les autres cas, la femme pourra conserver l'usage du nom du mari soit avec l'accord de celui-ci, soit avec l'autorisation du juge, si elle justifie qu'un intérêt particulier s'y attache pour elle-même ou pour les enfants.

Article 264-1 – En prononçant le divorce, le juge aux affaires familiales ordonne la liquidation et le partage des intérêts patrimoniaux des [époux].

Article 265 – Le divorce est réputé prononcé contre un époux s'il y a eu lieu à ses torts exclusifs. Il est aussi réputé prononcé contre l'époux qui a pris l'initiative du divorce lorsqu'il a été obtenu en raison de la rupture de la vie commune.

L'époux contre lequel le divorce est prononcé perd les droits que la loi ou des conventions passées avec des tiers attribuent au conjoint divorcé.

Ces droits ne sont pas perdus en cas de partage des torts ou le divorce par consentement mutuel.

Article 266 – Quand le divorce est prononcé aux torts exclusifs de l'un des époux, celui-ci peut être condamné à des dommages-intérêts en réparation du préjudice matériel ou moral que la dissolution du mariage fait subir à son conjoint.

Ce dernier ne peut demander des dommages-intérêts qu'à l'occasion de l'action en divorce.

[E.30] Paris, 25 avril 1978 [V. aussi [E.9]]

LA COUR: [Sur] le nom: Considérant que Ginette S ne peut conserver de plein droit l'usage du nom de son mari, comme l'a pensé à tort le tribunal, le 2e alin. de l'art. 264 c. civ. n'étant pas applicable en la cause; qu'il lui est cependant loisible de demander au juge du divorce, conformément au 3e alin. de cet article, l'autorisation de porter ce nom si elle justifie qu'un intérêt particulier s'y attache pour elle-même ou pour les enfants; Considérant que le mariage des époux L-S a été célébré en septembre 1941; qu'ainsi, l'épouse porte le nom de son mari depuis plus de trente six ans; qu'elle a toujours été connue sous ce nom par son employeur, ses collègues de travail et les services administratifs ou sociaux avec lesquels elle a été en rapport; que ces seuls faits suffisent à établir qu'un intérêt particulier s'attache pour elle au port du nom de [L. Par ces motifs, autorise] Ginette S à conserver l'usage du nom de [L].

L'épouse réclamait le paiement d'une somme de 80 000 F à titre de dommages-intérêts, en vertu de l'article 266. Le tribunal a jugé enfin que le divorce étant prononcé aux torts exclusifs du mari, l'épouse était en droit de demander des dommages-intérêts par application de l'article 266 et a fixé à 20 000 F le montant de ces dommages et intérêts.

LA COUR: [Sur] les dommages-intérêts: Considérant [que] Ginette S a subi un préjudice certain, d'ordre matériel et moral, du fait de l'infidélité puis de l'abandon du domicile conjugal par son mari; que, même si celui-ci a contribué aux charges du mariage, elle a dû prendre un emploi de secrétaire afin de pouvoir subvenir plus complètement à ses besoins et à ceux des ses enfants, alors que la situation professionnelle de son époux lui permettait d'espérer une vie plus agréable et plus aisée; que, cependant, le dommage subi par l'appelante ne trouve pas sa source dans la dissolution du mariage, laquelle n'est que la conséquence juridique tirée de fautes préexistantes et n'aggrave pas le préjudice antérieur découlant de l'adultère et de l'abandon de foyer imputables à Robert L; qu'ainsi, l'appelante n'est pas fondée à invoquer l'art. 266 c. civ. pour obtenir réparation; qu'elle est néanmoins en droit, par application de l'art. 1382 du même code, d'obtenir une indemnité réparatrice pour le préjudice que lui a causé, dès avant l'introduction de l'instance en divorce, le comportement fautif de son conjoint; Considérant que la cour estime, comme le tribunal, qu'il y a lieu, eu égard aux éléments de la cause, de fixer cette indemnité réparatrice à 20 000 [F.

Par ces motifs, condamne] Robert L à payer à son épouse une somme de 20 000 F à titre de [dommages-intérêts].

[E.31] Paris, 16 février 1979 [V. aussi [E.12]]

Sur la demande de C, un jugement du tribunal de grande instance de Paris a prononcé le divorce des époux C pour rupture prolongée de la vie commune. Mme C a interjeté appel de ce jugement. Plus subsidiairement, Mme C s'est portée reconventionnellement demanderesse en divorce en invoquant l'adultère de son époux. Elle réclame le paiement d'une somme de 150 000 F à titre de dommages-intérêts sur le fondement de l'article 266.

LA COUR: [Sur] la demande relative au paiement de [dommages-intérêts]; Considérant que la dissolution du mariage, les conditions de son abandon par son époux, au moment où il parvenait au faîte de la réussite sociale, la perspective d'une vieillesse solitaire après une longue vie commune occasionnent à dame C un important préjudice moral qui n'a pas été pris en considération pour l'évaluation de la prestation compensatoire; qu'il y a lieu de lui allouer [la] somme de 80 000 F à titre de dommages-intérêts; [par ces motifs, condamne] C à payer à son ancienne épouse la somme de 80 000 F à titre de [dommages-intérêts; Sur] la demande relative à l'usage du nom du mari: Considérant que dame C porte le nom de son époux depuis 1950, année de leur mariage; qu'elle est connue de son entourage et des services administratifs avec lesquels elle se trouve en rapport sous le patronyme de C, qui est celui du fils adoptif du ménage; qu'elle justifie ainsi d'un intérêt particulier à conserver l'usage de ce nom; qu'il convient de lui accorder l'autorisation [sollicitée].

[E.32] Civ., 23 janvier 1980

LA COUR: [Attendu] que dame G reproche à l'arrêt attaqué, qui sur la demande de son mari a prononcé le divorce des époux pour rupture de la vie commune de l'avoir [déboutée] de sa demande en réparation du préjudice matériel et moral résultant pour elle de la dissolution du mariage, alors, d'une part, que selon l'art. 265 c. civ., le divorce est réputé prononcé contre l'époux qui en a pris l'initiative lorsqu'il a été obtenu en raison de la rupture de la vie commune et que, par suite, rien n'interdirait au défendeur à une action en divorce pour rupture de solliciter et d'obtenir les dommages-intérêts prévus à l'art. 266 c. civ. et destinés à compenser le préjudice que lui cause la rupture du lien conjugal, laquelle serait réputée prononcée aux torts exclusifs du conjoint, et alors, d'autre part, que l'art. 239 c. civ. dispose que celui qui demande le divorce pour rupture de la vie commune doit en supporter toutes les charges, et que, parmi celles-ci, devrait nécessairement être comprise la réparation du préjudice que cause à son conjoint le divorce qui lui est imposé et que ce serait par suite à tort que la cour d'appel aurait déclaré irrecevable la demande en dommages-intérêts de la femme au prétexte qu'elle n'avait pas formé une demande reconventionnelle en divorce; Mais attendu [que] l'arrêt relève exactement que, sur le fondement de l'art. 266 dudit code, l'époux demandeur ne peut être condamné à des dommages-intérêts; d'où il suit que le moyen n'est pas [fondé].

[E.33] Paris, 14 novembre 1980

Le tribunal de grande instance de Créteil a prononcé aux torts exclusifs du mari le divorce des époux X-Y. Y a assigné son ancien mari en paiement d'une somme de 150 000 F à titre de dommages-intérêts. Elle faisait état, pour justifier cette demande, de la perte de sa qualité de femme mariée et des 'conditions scandaleuses' dans lesquelles le mari aurait quitté le domicile conjugal. Elle ajoutait que cette prétention trouvait aussi sa cause dans l'impossibilité à laquelle elle se heurtait, X étant artisan, de pratiquer une saisie-arrêt sur salaires pour avoir paiement de la pension alimentaire mensuelle de 1 500 F qui lui avait été allouée pour l'entretien des trois enfants communs dont elle assurait la garde. Le tribunal de grande instance de Créteil a débouté Y de son action au motif que sa demande n'avait pas été formée au cours de l'instance en divorce. Y a interjeté appel de cette décision. Elle fait valoir, en ce qui concerne les dommages-intérêts, que 'la faute qui en est le support est celle de laisser volontairement de manière continue à ce jour son ex-épouse et ses enfants dans le besoin, et, ce, au mépris d'une décision de justice passée en force de chose jugée'.

LA COUR: [Considérant] que le second alinéa de l'art. 266 c. civ. énonce expressément que les dommages-intérêts prévus au premier alinéa de ce texte ne peuvent être réclamés 'qu'à l'occasion de l'action en divorce'; Considérant, sans doute, que dans ses conclusions devant la cour, l'appelante [précise] que la faute qu'elle invoque à l'encontre de son ancien mari consiste à l'avoir laissée volontairement dans le besoin, ainsi que ses enfants, au mépris d'une décision de justice; Mais considérant, en tout état de cause, que la preuve de la faute ainsi alléguée par l'intéressée n'est pas apportée; que si [Y] établit, en effet, que [X] a fait l'objet de poursuites pour abandon de famille, elle ne démontre pas qu'il ait été condamné pour ce délit ou, en tout cas, qu'il se soit abstenu de mauvaise foi, de payer la pension mise à sa charge pour l'entretien des enfants et lui ait causé de ce fait un préjudice personnel; que la demande de dommages-intérêts n'est donc pas fondée et que la décision attaquée doit [être] confirmée sur ce [point].

[E.34] Versailles, 31 octobre 1994

Le divorce de Joe Y et Josseline X a été prononcé par jugement du Tribunal de grande instance de Pontoise, confirmé par arrêt de la cour. Joe Y n'a pas déféré le 28 janvier 1992 à la convocation du Tribunal rabbinique de Paris saisi par Josseline X pour se voir consentir par son ex-mari le 'Gueth' ou répudiation nécessaire à la dissolution du mariage religieux et donc à un remariage dans les mêmes formes. Josseline X l'a donc fait assigner devant le Tribunal de grande instance de Pontoise en paiement de dommages-intérêts et délivrance du 'Gueth' sous astreinte. Ce tribunal a condamné Joe Y à lui payer 100 000 F de dommages-intérêts mais a rejeté le surplus des demandes. Josseline X a régulièrement interjeté appel de ce jugement. L'appelante prie la cour par voie d'infirmation d'arrêter les dispositions suivantes: constater que le refus maintenu de Y de procéder aux formalités de répudiation prévues par le Tribunal rabbinique, conséquence de l'union des époux selon la loi religieuse, constitue à son égard un abus de droit puisqu'elle ne peut se dégager des liens de son mariage religieux et contracter une nouvelle union selon le rite hébraïque; condamner Y au paiement d'une 'astreinte comminatoire' de 1 000 F par jour de retard à compter de l'arrêt tant qu'il n'aura pas délivré l'acte dénommé 'Gueth'; de le condamner à 400 000 F de dommages-intérêts complémentaires eu égard à 'son intention évidente de nuire'. Joe Y conclut au rejet des prétentions adverses et demande à la cour: de le décharger des condamnations prononcées par le tribunal et subsidiairement de limiter à 10 000 F le montant des dommages-intérêts.

LA COUR: [Considérant] qu'il n'est pas discuté que Joe Y et Josseline X qui s'étaient [mariés] devant l'officier d'état civil de Sarcelles ont également contracté leur union selon la loi mosaïque; qu'il s'ensuit que la dissolution du mariage religieux obéit à la même loi qui implique la comparution du mari devant le Tribunal rabbinique pour délivrer le 'Gueth'; Considérant qu'il est justifié par les courriers produits émanant du Tribunal rabbinique de Paris que Joe Y n'a pas répondu aux convocations délivrées à la demande de Josseline X; qu'il ne discute d'ailleurs pas cette carence volontaire justifiée selon lui par ses convictions de 'juif laïque et athée'; qu'ainsi il oppose n'avoir consenti au mariage religieux selon le rite mosaïque 'que pour ne pas heurter les convictions religieuses de sa belle-famille'; qu'il soutient encore que son épouse partageait alors cette conception laïque du mariage même si elle a évolué depuis vers la pratique religieuse; Considérant que la remise du 'Gueth' par le mari est une formalité indispensable à la dissolution du mariage selon la loi mosaïque, laquelle l'impose quelles que soient en définitive les convictions de l'intéressé; que dès lors que Joe Y s'est soumis à la loi mosaïque du mariage et quelles que soient sa conviction et ses motivations réelles d'alors, son refus de délivrer le Gueth à l'épouse dont il est civilement divorcé constitue un comportement abusif caractérisé et préjudiciable en ce qu'il interdit à celle-ci de se remarier religieusement en harmonie avec sa tradition familiale et l'évolution de sa pratique religieuse; Considérant toutefois qu'il n'appartient pas aux juridictions de l'État d'assurer par une injonction sous astreinte l'exécution d'une obligation qui procède de la loi religieuse du mariage; qu'ainsi les premiers juges doivent être approuvés pour avoir écarté cette demande de Josseline X; Mais considérant que le comportement abusif de Joe Y [est] constitutif d'une faute délictuelle en ce qu'il porte atteinte à un sentiment religieux tel qu'il résulte de la démarche de son ex-épouse en vue d'une dissolution du mariage selon la loi mosaïque; que cette faute est génératrice d'un dommage moral certain en ce qu'elle met obstacle à tout remariage conforme à la même religion dont il résulte des productions que Josseline X et les enfants issus du mariage suivent régulièrement les pratiques; qu'à cet égard l'évaluation du dommage par le tribunal doit être réformée et la somme de 200 000 F [allouée].

6 FINANCIAL SETTLEMENTS

The parties to a marriage owe each other a duty to maintain each other during the marriage according to their means (*devoir de secours*). As a general rule (below) a divorce puts an end to the *devoir de secours*. However, one of the parties may be ordered to make over to the other a financial settlement (*prestation compensatoire*) designed to compensate, as far as possible, the disparity which the divorce creates in their respective financial situations, provided that there exists such a financial disparity. The rules on *prestations compensatoires* are contained in the *Code civil*, articles 270 to 280-1 [E.35]. It must be noted that the rules relating to *prestations compensatoires* do not apply if the divorce is granted for breakdown. In this case the maintenance element is by way of a *'pension alimentaire'* [E.36] (see head 7). The rules vary according as to whether the divorce was granted following a joint petition (below) or on the basis of fault or accepted facts (below).

As stated in head 1, one of the features of the new divorce law was to introduce an element of finality or clean break. It should be noted that the *prestation compensatoire* must be claimed during the divorce proceedings, and if a party does not make such a claim he or she cannot subsequently bring an action against his or her former spouse once the divorce has become final [E.48]. Another feature of the new divorce law was the recognition that the financial situation of the former spouses may change and that there was a desire to ensure that a weaker party should, in such circumstances, be protected financially. These paradoxical themes have resulted in much litigation.

In the case of a divorce following a joint petition (*demande conjointe*), the parties themselves determine the financial settlement (see head 2). This will include whether one party should make a *prestation* to the other and, if so, the amount, or whether no *prestation* should be made. The divorce contract must be ratified by the court and the court can always refuse to ratify that contract (and not grant the divorce or adjourn the case) if that contract purports to determine the rights and obligations of the parties in an inequitable manner. The duly ratified contract, in accordance with the general principle of freedom of contract and binding nature of contract between the contracting parties already noted in Chapter 3, has the same validity, with regard to its effects, as a decision of the court. The contract, according to the strict letter of the law, can only be modified by a new contract between the parties and this, in turn, must be ratified by the court. However, the parties have nevertheless the power to stipulate in their divorce contract that each of them can, if there is an unforeseen change in their financial resources and needs, petition the court to modify the *prestation compensatoire*. This is a useful power, provided that the parties agree to it, to safeguard the future position of either party in case of unemployment or disability [E.38].

In the case of a divorce based on *faute* the rule is that if the divorce is granted *aux torts exclusifs* of one party, that party has no right to a *prestation compensatoire*, but there is an exception if, in the opinion of the court, to refuse such a party a *prestation* would be manifestly unjust [E.44] [E.45]. A *prestation compensatoire* may, therefore, be awarded to the party who has been granted a divorce on the *torts exclusifs* of the other party or where the divorce has been granted *aux torts partagés*, or, by an interesting piece of judicial law-making, if the marriage is annulled for bigamy [E.46].

The purpose of the *prestation compensatoire* is to compensate, as far as is possible, the disparity which the divorce creates in the respective financial situations of the parties. The *prestation* is assessed according to the needs of the party to whom it is granted and the resources of the other party, taking into account the situation at the moment of the divorce and any developments in that situation in the foreseeable future, particularly certain specified factors. In order to assist the process, the court has the power to demand the production of documents relating to the financial situation of the parties [E.38] and may use its general powers to nominate an expert (such as a *notaire*) to report on that financial situation (if the court considers this necessary [E.37]). This assessment is in the *appréciation souveraine* of the court but the court must investigate all factors raised by the parties [E.42]. The *prestation compensatoire* takes effect as from the date the divorce becomes final [E.43]. Because of the desire of a clean break, the *prestation compensatoire* is, in principle, a one-off settlement (*caractère forfaitaire*) [E.39], it being the intention to put an end to the previous situation where there was constant litigation to modify financial settlements. Consequently the general principle is that the *prestation* cannot be revised even in the case of an unforeseen change in the resources and needs of the parties [E.39]. However, the *prestation* can be revised if the absence of such revision would lead to consequences of an exceptional seriousness (*conséquences d'une exceptionnelle gravité*) for one of the parties (the burden of proof being on that party [E.39]) or for the heirs of the *époux débiteur* [E.47].

As a paramount principle, if the financial resources of the party ordered to pay the *prestation* (*l'époux débiteur*) permit, the *prestation* takes the form of a capital settlement. The court determines the method by which the capital settlement is to be achieved (such as a sum of money to be invested to produce income, borrowing money against property which cannot immediately be sold, the sole right to live in a house which they own or the right to receive the rent from other property owned by them) [E.36] [E.37]. If the *époux débiteur* does not have any or insufficient capital as, in practice, is the normal situation, the *prestation compensatoire* takes the form of the grant of income (*rente*) [E.38]. It is for the court to determine whether or not there is sufficient capital [E.50]. The *rente* is normally allocated for a period equal to the life of the beneficiary (*l'époux créancier*) but it may, if the parties agree, be for a shorter period. Since, on the death of the *époux débiteur*, the burden passes to his or her heirs [E.47], the parties may agree that the *rente* terminates on the death of the *époux débiteur*. The court may determine that the *rente* is to end of the death of the *époux débiteur* [E.49] but cannot make it subject to a condition that it ceases to be payable on remarriage [E.40] or that it can be reduced on retirement [E.41]. It is obligatory for the *rente* to be indexed to the cost of living [E.37]. Even though the *époux débiteur* has no capital or insufficient capital, the court may order him or her to provide some form of security to guarantee payment of the *prestation* in the form of a *rente* (eg, an attachment of earnings order but not an insurance policy [E.51]).

Materials

[E.35] Code civil – Des prestations compensatoires

Article 270 – Sauf lorsqu'il est prononcé en raison de la rupture de la vie commune, le divorce met fin au devoir de secours prévu par l'article 212 du Code civil; mais l'un des époux peut être tenu de verser à l'autre une prestation destinée à compenser, autant qu'il est possible, la disparité que la rupture du mariage crée dans les conditions de vie respectives.

Article 271 – La prestation compensatoire est fixée selon les besoins de l'époux à qui elle est versée et les ressources de l'autre en tenant compte de la situation au moment du divorce et de l'évolution de celle-ci dans un avenir prévisible.

Article 272 – Dans la détermination des besoins et des ressources, le juge prend en considération notamment:

– l'âge et l'état de santé des époux;

– le temps déjà consacré ou qu'il leur faudra consacrer à l'éducation des enfants;

– leurs qualifications professionnelles;

– leur disponibilité pour de nouveaux emplois;

– leurs droits existants et prévisibles;

– la perte éventuelle de leurs droits en matière de pensions de réversion;

– leur patrimoine, tant en capital qu'en revenu, après la liquidation du régime matrimonial.

Article 273 – La prestation compensatoire a un caractère forfaitaire. Elle ne peut être révisée même en cas de changement imprévu dans les ressources ou les besoins des parties, sauf si l'absence de révision devait avoir pour l'un des conjoints des conséquences d'une exceptionnelle gravité.

Article 274 – Lorsque la consistance des biens de l'époux débiteur de la prestation compensatoire le permet, celle-ci prend la forme d'un capital.

Article 275 – Le juge décide des modalités selon lesquelles s'exécutera l'attribution ou l'affectation de biens en capital:

1 Versement d'une somme d'argent;

2 Abandon de biens en nature, meubles ou immeubles, mais pour l'usufruit seulement, le jugement opérant cession forcée en faveur du créancier;

3 Dépôt de valeurs productives de revenus entre les mains d'un tiers chargé de verser les revenus à l'époux créancier de la prestation jusqu'au terme fixé.

Le jugement de divorce peut être subordonné au versement effectif du capital ou à la constitution des garanties prévues à l'article 277.

Article 275-1 – Si l'époux débiteur de la prestation compensatoire ne dispose pas de liquidités immédiates, il peut être autorisé, sous les garanties prévues à l'article 277, à constituer le capital en trois annuités.

Article 276 – A défaut de capital ou si celui-ci n'est pas suffisant, la prestation compensatoire prend la forme d'une rente.

Article 276-1 – La rente est attribuée pour une durée égale ou inférieure à la vie de l'époux créancier.

Elle est indexée; l'indice est déterminé comme en matière de pension alimentaire.

Le montant de la rente avant indexation est fixé de façon uniforme pour toute sa durée ou peut varier par périodes successives suivant l'évolution probable des ressources et des besoins,

Article 276-2 – A la mort de l'époux débiteur, la charge de la rente passe à ses héritiers.

Article 277 – Indépendamment de l'hypothèque légale ou judiciaire, le juge peut imposer à l'époux débiteur de constituer un gage ou de donner une caution pour garantir la rente.

Article 278 – En cas de demande conjointe, les époux fixent le montant et les modalités de la prestation compensatoire dans la convention qu'ils soumettent à l'homologation du juge.

Le juge, toutefois, refuse d'homologuer la convention si elle fixe inéquitablement les droits et obligations des époux.

Article 279 – La convention homologuée a la même force exécutoire qu'une décision de justice.

Elle ne peut être modifiée que par une nouvelle convention entre les époux, également soumise à homologation.

Les époux ont néanmoins la faculté de prévoir dans leur convention que chacun d'eux pourra, en cas de changement imprévu dans ses ressources et ses besoins, demander au juge de réviser la prestation compensatoire.

Article 280 – Les transferts et abandons prévus au présent paragraphe sont considérés comme participant du régime matrimonial. Ils ne sont pas assimilés à des donations.

Article 280-1 – L'époux aux torts exclusifs de qui le divorce est prononcé n'a droit à aucune prestation compensatoire.

Toutefois, il peut obtenir une indemnité à titre exceptionnel, si, compte tenu de la durée de la vie commune et de la collaboration apportée à la profession de l'autre époux, il apparaît manifestement contraire à l'équité de lui refuser toute compensation pécuniaire à la suite du divorce.

[E.36] Paris, 25 avril 1978 [V. aussi [E.9]]

Robert L a formé une demande en divorce pour rupture de la vie commune sur le fondement de l'article 237. L'épouse a, alors, présenté une demande reconventionnelle en invoquant les torts de son mari. Elle réclamait le paiement d'une prestation compensatoire de 150 000 F. Le tribunal de grande instance de Pontoise a prononcé le divorce des époux L-S aux torts exclusifs du mari. Estimant néanmoins que l'admission de la demande reconventionnelle n'avait pas pour effet de substituer le divorce pour faute au divorce pour rupture de la vie commune sur lequel était articulée la demande initiale, le tribunal a condamné Robert L à verser à son épouse une pension alimentaire indexée de 500 F par mois en application des articles 281 et 282 et a déclaré la femme irrecevable en sa demande de prestation compensatoire.

LA COUR: [Considérant] qu'aux termes de l'art. 270 c. civ., le divorce – sauf lorsqu'il est prononcé en raison de la rupture de la vie commune – met fin au devoir de secours; que, toutefois, l'un des époux peut être tenu de verser à l'autre – à moins que le divorce n'ait été prononcé aux torts exclusifs de celui-ci – une prestation compensatoire destinée à compenser, autant qu'il est possible, la disparité que la rupture du mariage crée dans les conditions de vie respectives; qu'en conséquence, la cour ne peut accueillir la demande de paiement d'une pension alimentaire – en exécution du devoir de secours – formée par l'épouse et doit seulement examiner sa demande de prestation compensatoire; Considérant que Ginette S réclame, à ce titre, le versement d'une somme de 150 000 F; que Robert L offre de verser à son épouse une rente indexée de 500 F par mois; Considérant que les ressources de Robert L, âgé de 65 ans, consistent en une pension civile de retraite d'un montant mensuel, en 1977, de 6 127 F; que Ginette S, qui travaille, perçoit un salaire de 4 500 F par mois environ; qu'il convient encore de tenir compte, pour la détermination du montant de la prestation compensatoire, du fait que l'épouse – qui est présentement âgée de 57 ans – verra ses revenus diminuer, d'une façon importante, lorsqu'elle atteindra, dans quelques années, l'âge de la retraite; que, cependant, en cas de prédécès de son ancien époux, elle aurait droit, eu égard à la durée du mariage, à une pension de réversion substantielle; Considérant que la prestation compensatoire [est] fixée selon les besoins de l'époux à qui elle est versée et les ressources de l'autre – en tenant compte de la situation au moment du divorce et de l'évolution de celle-ci dans un avenir prévisible – prend [la] forme d'un capital lorsque la consistance des biens de l'époux débiteur le permet; que Robert L est propriétaire indivis, avec sa mère, qui est âgée de 96 ans, d'un patrimoine immobilier constitué notamment par une propriété rurale dans la Sarthe d'une contenance de 22 hectares, de quatre immeubles anciens dans le centre du Mans, comportant des locaux commerciaux, des locaux d'habitation et des garages, de quatre appartements dans un immeuble collectif situé également au Mans; que si ces biens, qui sont grevés d'usufruit au profit de sa mère, ne laissent présentement aucun revenu à Robert L, ils n'en constituent pas moins un capital important qui peut lui permettre, le cas échéant, en empruntant ou en réalisant une partie de l'actif, de verser une prestation compensatoire en capital; que la cour estime, en fonction des éléments d'appréciation qu'elle [possède], qu'il convient de fixer cette prestation à 80 000 F; que cependant Robert L, ne disposant pas de liquidités immédiates pour s'acquitter de sa dette, il convient de lui accorder pour se libérer un délai jusqu'au 1er nov. [1978. Par ces motifs, déboute] Ginette S de sa demande en paiement d'une pension alimentaire en exécution du devoir de secours; accueille sa demande de prestation compensatoire et condamne Robert L à lui verser à ce titre une somme de 80 000 F; accorde à Robert L, pour se libérer de cette dette, un délai jusqu'au 1er nov. [1978].

[E.37] Paris, 16 février 1979

Sur la demande de C, un jugement du tribunal de grande instance de Paris a prononcé le divorce des époux C pour rupture prolongée de la vie commune. Mme C a interjeté appel de ce jugement. Elle s'est portée reconventionnellement demanderesse en divorce en invoquant l'adultère de son époux [E.12]. Elle réclame, en conséquence, le paiement d'une prestation compensatoire sous la forme d'une rente mensuelle égale à la moitié des salaires, traitement, indemnités, profits et droits divers perçus par C et ce avec fourniture d'une caution bancaire ou d'une garantie hypothécaire. Pour déterminer le montant des revenus perçus par le mari et la valeur de ses biens, afin de fixer le montant de la prestation compensatoire, l'appelante a sollicité une expertise immobilière et comptable préalable. Elle a demandé qu'en l'état la pension mensuelle qui lui est servie soit portée (à titre de rente) à la somme de 10 000 F, indexée en fonction des variations du traitement de C, conseiller d'État. C offre, à titre de prestation compensatoire, le droit pour Mme C à la jouissance, sa vie durant, de l'appartement sis à Paris, l'engagement de régler 'tous frais et charges' concernant cet appartement et une rente mensuelle indexée de 4 000 F. Mme C a signifié des conclusions additionnelles pour demander qu'il lui soit donné acte de ce que 'C lui abandonne la propriété de tout le mobilier garnissant l'appartement, ensemble l'argenterie, les tapis, les tableaux, tapisseries et meubles anciens qu'il contient' et solliciter l'attribution en toute propriété de cet appartement et de ses annexes – biens immobiliers personnels à son époux – dans un délai de six mois.

LA COUR: [Considérant] que la prestation compensatoire est, suivant [l'article 271], 'fixée selon les besoins de l'époux à qui elle est versée et les ressources de l'autre, en tenant compte de la situation au moment du divorce et de l'évolution de celle-ci dans un avenir prévisible'; qu'elle prend, aux terms de l'art. 274, la forme d'un capital lorsque la consistance des biens de l'époux débiteur le permet, mais que l'art. 275, relatif à l'attribution ou l'affectation de biens en capital, ne prévoit l'abandon de biens en nature, meubles ou immeubles, que 'pour l'usufruit seulement', le jugement opérant cession forcée en faveur du créancier; qu'il s'ensuit que la demande de dame C tendant à lui voir attribuer en toute propriété l'appartement sis à [Paris], bien personnel à son époux, doit être rejetée, en l'absence d'accord de celui-ci; Considérant que C offre à sa femme de lui attribuer, sa vie durant, la jouissance de cet appartement en réglant lui-même les frais et charges de propriété, et de lui servir, en outre, une rente mensuelle indexée de 4 000 F; Considérant que si l'art. [275] prévoit l'attribution d'un bien en usufruit, ce texte n'interdit nullement de limiter le droit du créancier à l'usage et à l'habitation de ce bien, droits présentant un caractère personnel puisqu'aux termes de l'art. 634 son titulaire ne peut le céder ni louer l'immeuble; que, dans les circonstances de l'espèce, cette limitation est justifiée puisqu'en sus du capital représenté par ce droit C offre à son épouse 'la propriété de la totalité du mobilier se trouvant dans l'appartement' [ainsi] qu'un complément de prestation compensatoire consistant en une rente mensuelle de 4 000 F indexée; Considérant que pour la détermination du montant de cette rente il n'y a pas lieu d'ordonner une mesure d'instruction; qu'en effet, la consistance des biens de l'intimé est connue et que ses différentes sources de revenus ont fait l'objet de communications régulières; que C possède [l'appartement], occupé par son épouse, un autre appartement de cinq pièces principales sis à [Paris], moyennant le prix de 470 000 F, ainsi qu'une petite propriété de campagne et diverses parcelles de terres, en Haute-Loire, dont l'ensemble est évalué par dame C à la somme de 70 000 F; qu'en ce qui concerne les revenus de l'intimé, ceux-ci s'élevaient, en 1977, à titre de traitement brut et d'avantages en nature liés à sa qualité de trésorier payeur général, à la somme de 341 419 F; que C avait en outre perçu des droits [d'auteur] d'un montant de 40 125 F, ainsi que des tantièmes et vacations s'élevant globalement à 27 645 F en qualité d'administrateur de sociétés; [que] C, nommé [conseiller], reçoit actuellement un traitement inférieur à ce qu'il percevait antérieurement dans l'exercice de ses anciennes fonctions en raison de la perte des avantages particuliers accordés aux trésoriers payeurs généraux; que ses bulletins de paye afférents à l'année 1978 mentionnent un traitement brut imposable de 196 387,43 F, ce qui représente une diminution particulièrement sensible par rapport aux années précédentes; Considérant qu'eu égard à ces éléments d'appréciation et au fait que dame C, n'exerce pas de profession mais sera logée gratuitement dans d'excellentes conditions, avec l'usage du mobilier garnissant l'appartement, il convient de fixer la rente mensuelle devant être versée par C, à la somme de 4 000 F, indexée sur l'indice des prix à la consommation, lequel est le mieux adapté à l évolution du coût de la vie; [par ces motifs, reçoit] dame C en sa demande reconventionnelle; prononce le divorce des époux C-P aux torts du mari; [condamne] C à payer à P, à titre de prestation compensatoire, une rente mensuelle de 4 000 F indexée sur l'indice national des prix à la consommation publié mensuellement par l'I.N.S.E.E., et réajustée le 1er janv. de chaque année en fonction de l'évolution subie au cours de l'année précédente par cet indice; dit qu'il devra en outre, au titre de la prestation compensatoire, laisser à Georgette P la jouissance de l'appartement sis à Paris, dont il continuera à supporter tous frais et charges de copropriété – ainsi que la pleine propriété des meubles meublants qui le [garnissent].

[E.38] Tribunal de grande instance de Nanterre, 17 décembre 1980

Le juge aux affaires matrimoniales du tribunal de grande instance de Paris a, sur requête conjointe, prononcé le divorce entre les époux Francis F-Nicole A et homologué la convention définitive portant règlement complet des effets du divorce. Aux termes de la convention définitive, la garde des deux enfants était confiée à la mère. Le père s'engageait à lui servir, au titre de sa part contributive à leur éducation et à leur entretien, la somme de 1 000 F par mois et par enfant, soit 2 000 F par mois au total. En outre, il était prévu que le mari verserait 2 500 F par mois à titre de prestation compensatoire. En outre, les époux F-A convenaient en visant l'article 279 que la prestation compensatoire pourrait être révisée en justice. Francis F assigne Nicole A et expose que ses charges professionnelles, personnelles et familiales ont augmenté dans le même temps que ses revenus diminuaient, notamment à la suite de son remariage. Il fait état en outre de ce que Nicole A, qui était sans profession lors du divorce, exerce un metier salarié et dispose de ressources lui permettant de faire face à ses besoins. Il demande en conséquence la suppression pure et simple de la prestation compensatoire et subsidiairement sa réduction à 500 F par mois. La défenderesse conteste qu'en fait il y ait eu une diminution des ressources et une augmentation imprévue des charges de Francis F. Elle affirme qu'en droit, compte tenu de la rédaction de l'article 279, alinéa 3, le tribunal n'a pas à tenir compte des changements intervenus dans ses propres ressources et se refuse en conséquence à communiquer la justification de ses revenus.

LE TRIBUNAL: [Attendu] que la prestation compensatoire, création originale de la loi du 11 juill. 1975 portant reforme du divorce [est] par nature forfaitaire et ne peut être en principe révisée même lorsqu'elle prend la forme d'une rente; Attendu que l'art. 279, al. 3, apporte une exception notable à ce principe en disposant que les époux ont la faculté de prévoir dans leur convention que chacun d'eux pourra, en cas de changement imprévu dans ses ressources et ses besoins, demander au juge de réviser la prestation compensatoire; [Attendu] toutefois que, d'après la demanderesse, la révision de la prestation compensatoire serait subordonnée à la survenance d'un changement dans les ressources et les besoins de celui qui la demande, à l'exclusion de celui intervenu dans les ressources et besoins du défendeur; Attendu que cette interprétation étroite ne serait fondée que si la rédaction donnée à cette disposition procédait de l'intention arrêtée du législateur d'établir un mécanisme de révision spécifique; que les travaux préparatoires de la loi ne permettent pas cette conclusion; qu'il paraît au contraire à la fois conforme à l'intention des parties et à l'équité de donner à la clause sa portée la plus grande en prenant en considération toutes les circonstances nouvelles intervenues dans les situations financières respectives des parties; Attendu qu'il y a lieu d'ordonner en conséquence une mesure d'instruction sur les ressources et les charges de Nicole A et d'en confier le contrôle [au] juge de la mise en état; [par ces motifs, avant] dire droit au fond ordonne une mesure d'instruction afin d'éclairer le tribunal sur les ressources et les charges de Nicole [A].

[E.39] Paris, 27 janvier 1983

Le 16 janvier 1979, le tribunal de grande instance de Paris a prononcé aux torts du mari et sur le fondement de l'article 242, le divorce des époux Claude C et Michèle J. Cette décision a alloué à la femme, à titre de prestation compensatoire, une rente mensuelle de 5 500 F indexée sur l'indice des prix à la consommation des ménages urbains dont le chef est ouvrier ou employé, série parisienne. Le 26 mars 1981, Claude C a assigné son ancienne épouse en réduction du montant de la prestation compensatoire. Il a été débouté de sa demande par un jugement du tribunal de grande instance de Paris en date du 9 mars 1982. Claude C a interjeté appel de cette décision. Il prétend qu'en statuant comme ils l'ont fait, les premiers juges n'ont pas tenu compte de ses charges réelles; que le commerce de librairie qu'il exploite ayant traversé une passe difficile, ses revenus n'auraient pas suivi l'évolution du coût de la vie, alors que la rente, par l'effet de l'indexation, atteindrait actuellement la somme de 9 000 F par mois; que, par ailleurs, la situation de l'intimée, qui était précaire à l'époque du divorce, serait devenue importante après qu'elle ait reçu sa part de la succession de sa grand-mère paternelle. L'appelant demande à la cour de dire que l'absence de révision de la prestation compensatoire entraînerait pour lui des conséquences d'une exceptionnelle gravité et de réduire à 2 500 F par mois le montant de la rente accordée à son ancienne épouse.

LA COUR: [Considérant] qu'aux termes de [l'article 273] 'la prestation compensatoire a un caractère forfaitaire. Elle ne peut être révisée même en cas de changement imprévu dans les ressources ou les besoins des parties, sauf si l'absence de révision devait avoir pour l'un des conjoints des conséquences d'une exceptionnelle gravité'; Considérant qu'en raison du caractère forfaitaire de la prestation compensatoire, qui interdit en principe sa révision, l'exceptionnelle gravité visée par ce texte ne doit être appréciée qu'au regard de la situation de celui qui l'invoque, la situation personnelle de l'autre partie étant sans influence sur l'appréciation du caractère intolérable ou non des difficultés alléguées par le requérant; Considérant qu'il n'y a donc lieu d'examiner en l'espèce dans quelle mesure la situation de Michèle [J] s'est améliorée depuis le prononcé du divorce; Considérant qu'il résulte des pièces régulièrement versées aux débats que Claude C exerce sa profession de libraire et d'expert près les commissaires-priseurs; que selon sa déclaration de revenus afférente à l'année 1979, il a perçu pour ladite année une somme de 223 834 F; que l'avertissement fiscal concernant les revenus de 1980 fait apparaître des encaissements de 257 155 F; que d'après l'avertissement afférent aux revenus de 1981, il a perçu, au cours de cette dernière année, la somme de 303 305 F; qu'il a contracté un second mariage, mais qu'il convient d'observer, pour apprécier ses charges à cet égard, que sa nouvelle épouse, qui est salariée, a perçu 12 030 F en 1980 et 28 872 en 1981; Considérant qu'il apparaît ainsi que les revenus de l'appelant, même s'ils sont grevés de diverses charges, ont régulièrement progressé depuis l'année 1979; qu'il convient au surplus d'observer que l'évolution de la rente indexée, dont Claude C avait accepté le montant ainsi qu'il ressort du jugement de divorce, était prévisible aussi bien pour le mari lui-même que pour le tribunal qui a fixé forfaitairement ladite rente; qu'eu égard à ces éléments et à l'ensemble des renseignements fournis sur les ressources et les charges de l'appelant, il apparaît que celui-ci ne rapporte pas la preuve de ce que l'absence de révision de la prestation compensatoire aurait pour lui des conséquences d'une exceptionnelle [gravité].

[E.40] Civ., 2 mai 1984

LA COUR: [Vu] les art. 271, 273 et 276-1 c. civ.; Attendu qu'il résulte de la combinaison de ces textes que lorsque la prestation compensatoire qui a un caractère forfaitaire prend la forme d'une rente, celle-ci, si elle peut être attribuée pour une durée inférieure à la vie de l'époux créancier, ne peut pas être assortie d'une condition; Attendu que statuant sur appel d'un jugement [qui] avait prononcé, à leurs torts partagés, le divorce des époux M, l'arrêt attaqué [a] alloué à la femme, à titre de prestation compensatoire, une rente exigible jusqu'à son remariage éventuel; qu'en subordonnant ainsi le service de la rente dans l'avenir à la condition que l'époux ne se remarie pas la cour d'appel a violé les textes susvisés; [par ces motifs, casse].

[E.41] Civ., 2 mai 1984

LA COUR: [Vu] les art. 271, 273 et 276-1 c. civ.; Attendu, selon les deux premiers textes, que la prestation compensatoire a un caractère forfaitaire et qu'elle est fixée en tenant compte de la situation au moment du divorce et de l'évolution de celle-ci dans un avenir prévisible; qu'il résulte du troisième que si, lorsqu'il alloue la prestation sous forme de rente, le juge peut faire varier celle-ci par périodes successives suivant l'évolution probable des ressources et des besoins, c'est à la condition de fixer pour chaque période le montant de ladite rente; Attendu qu'après avoir énoncé que la réduction dès à présent prévisible, des ressources du mari lors de son départ à la retraite rendait équitable la réduction proportionnelle de la rente mise à sa charge, l'arrêt attaqué, rendu sur appel d'un jugement ayant prononcé, aux torts du mari, le divorce des époux K, a fixé le montant de la rente allouée à la femme à titre de prestation compensatoire à une certaine somme, en précisant dans son dispositif que cette rente pourrait être réduite à la prise de retraite du débiteur dans la mesure où ses revenus professionnels seront limités à sa pension; En quoi, la cour d'appel a violé les textes susvisés; [par ces motifs, casse].

[E.42] Civ., 28 janvier 1987

LA COUR: [Vu] les art. 270 et 271 c. civ.; Attendu que pour fixer la prestation compensatoire que devra verser C à son épouse, l'arrêt se borne à énoncer que les premiers juges en ont exactement et justement apprécié, au vu des éléments qui leur étaient soumis quant aux charges et aux ressources respectives des parties et quant aux conditions de vie respectives des anciens époux après le divorce, le montant; qu'en statuant ainsi sans rechercher si la mise en position d'invalidité de C, postérieure au jugement, n'était pas de nature à modifier la prestation compensatoire allouée à la femme, la cour d'appel n'a pas donné de base légale à sa décision; [par ces motifs, casse].

[E.43] Civ., 4 février 1987

LA COUR: [Vu] les art. 260 et 271 c. civ.; Attendu que la prestation compensatoire est fixée en tenant compte de la situation des époux au moment du divorce; Attendu que pour rejeter la demande de prestation compensatoire formée par la femme, l'arrêt attaqué, qui prononce le divorce des époux H-J, retient que 'la rupture du lien conjugal' remonte à 1979; qu'en fixant ainsi la rupture du lien conjugal à une date autre que celle du divorce, et en appréciant la situation des époux à la date de leur séparation de fait, et non à celle du divorce, la cour d'appel a violé les textes susvisés; [par ces motifs, casse], mais seulement en ce qui concerne la prestation [compensatoire].

[E.44] Civ., 20 mars 1989

LA COUR: Sur le premier [moyen]: Attendu que, pour allouer à Mme L'H une indemnité sur le fondement de l'art. 280-1 c. civ., l'arrêt attaqué, qui a prononcé le divorce des époux L'H-A aux torts exclusifs de la femme, retient que, ayant déjà exercé le métier d'agricultrice chez ses parents, Mme L'H a collaboré avec son mari dès le mariage à une exploitation agricole et énonce qu'en raison de ce travail durant la longue vie commune, il apparaît nécessaire de lui allouer à titre exceptionnel une somme mensuelle; que, par ces constatations et énonciations, la cour d'appel, qui n'avait pas à rechercher si cette collaboration avait enrichi le mari et appauvri la femme, a estimé, dans l'exercice de son pouvoir souverain d'appréciation, qu'il eût été manifestement contraire à l'équité de ne pas allouer cette indemnité; d'où il suit que le moyen n'est pas fondé; Sur le second moyen: Attendu que M. L'H fait grief à l'arrêt d'avoir violé l'art. 280-1 c. civ. en indexant l'indemnité exceptionnelle allouée à Mme L'H sur le fondement de cet article, lequel exclut que l'indemnité qu'il prévoit puisse revêtir les formes prévues pour la prestation compensatoire; Mais attendu que la cour d'appel, hors de toute référence aux règles refusant la prestation compensatoire, n'a fait qu'user de son pouvoir souverain d'apprécier les modalités de l'indemnité qu'elle allouait; d'où il suit que le moyen n'est pas [fondé].

[E.45] Civ., 28 avril 1990

LA COUR: [Attendu] qu'il est fait grief à l'arrêt confirmatif attaqué, d'avoir débouté X de sa demande tendant à l'annulation ou à la révision de l'obligation mise à sa charge de verser à son ex-épouse une rente mensuelle accordée sur le fondement de l'art. 280-1 c. civ., alors que, d'une part, en estimant que le régime juridique de cette indemnité était identique à celui d'une prestation compensatoire et en exigeant, notamment pour sa révision, la preuve de conséquences d'une exceptionnelle gravité, la cour d'appel aurait violé ce texte, alors que, d'autre part, à supposer même que cette preuve eût dû être rapportée, en se bornant à faire état de ce qu'aucune modification imprévue dans la situation des parties n'était susceptible d'être prise en considération, sans rechercher si la situation du mari n'était pas d'une exceptionnelle gravité, la cour d'appel aurait privé sa décision de base légale au regard de ce même texte et de l'art. 273 c. civ.; Mais attendu qu'étant une compensation allouée en équité par le juge, à raison de la durée de la vie commune et de la collaboration apportée à la profession de l'époux qui en est débiteur l'indemnité [au] profit du conjoint aux torts exclusifs de qui le divorce est prononcé n'est pas révisable; que par ce motif de pur droit substitué à ceux qui sont critiqués, la décision déférée se trouve légalement justifiée; [par ces motifs, rejette].

[E.46] Civ., 23 octobre 1990

LA COUR: [Vu] les art. 270 s. c. civ.; Attendu que les dispositions de ces textes, qui prévoient qu'en cas de dissolution du mariage par divorce l'un des époux peut être tenu de verser à l'autre une prestation destinée à compenser, autant qu'il est possible, la disparité que la rupture du mariage crée dans les conditions de vie réciproques et en règlent les modalités, sont aussi applicables, en tant que de raison, lorsque la rupture du mariage résulte de la nullité de l'union; Attendu que M. Y s'est marié en 1963 en Algérie, en la forme coranique, avec Mme H; qu'il a, avant que cette union ne fut dissoute, contracté un nouveau mariage, le 13 févr. 1971, devant un officier de l'état civil français, avec Mme X; qu'en 1982 M. Y a assigné Mme X en nullité du mariage pour cause de bigamie; que, par jugement du 11 mai 1984, le tribunal de grande instance a prononcé le nullité du mariage, admis la commune bonne foi des époux et a condamné le mari à verser à sa femme, à titre de prestation compensatoire, une rente mensuelle indexée; Attendu que, pour dénier à l'épouse tout droit à prestation compensatoire, l'arrêt attaqué énonce que si celle-ci était seule de bonne foi elle pourrait, sur le fondement de l'art. 1382 c. civ., obtenir réparation du préjudice que lui cause l'annulation du mariage; qu'en l'espèce, étant admis que le mariage a été contracté de bonne foi par les deux époux, Mme X ne saurait prétendre à une prestation compensatoire; Attendu qu'en se déterminant ainsi la cour d'appel a violé les textes susvisés; [par ces motifs, casse].

[E.47] Civ., 24 mai 1991

LA COUR: [Attendu], selon l'arrêt attaqué, [que] Mme X a fait assigner les héritiers de son ex-mari décédé, Jacques Y, en paiement de la rente mensuelle viagère allouée à son profit, à titre de prestation compensatoire, par la décision ayant prononcé le divorce des époux X-Y et a demandé et obtenu la transformation de cette rente en capital; Attendu qu'il est fait grief à l'arrêt d'avoir accueilli la demande reconventionnelle des héritiers en révision de la prestation compensatoire et décidé la réduction du capital constitutif de celle-ci sur le fondement de l'art. 273 c. civ., alors que, d'une part, en déclarant que les héritiers de l'époux débiteur, tenus au paiement de la rente au décès de ce dernier, disposent également de la faculté d'en demander la révision, la cour d'appel aurait violé les art. 273 et 276-1 c. civ.; alors que, d'autre part, en retenant que l'absence de révision de la prestation compensatoire due à Mme X aurait des conséquences d'une exceptionnelle gravité dès lors que la charge transmise aux héritiers de M. Y absorberait plus des trois cinquièmes de l'actif successoral, au motif erroné que la rente de 2 000 F représente en capital une somme de 942 000 F, la cour d'appel aurait privé sa décision de base légale au regard de l'art. 273 c. civ.; Mais attendu qu'à la mort de l'époux débiteur, la charge de la rente passant à ses héritiers, ceux-ci peuvent, comme le conjoint débiteur, demander la révision de la prestation compensatoire si l'absence de révision doit avoir pour eux des conséquences d'une exceptionnelle gravité; Et attendu que l'arrêt énonce que la rente, après sa transformation en capital, absorberait plus des trois-cinquièmes de l'actif successoral, que le décès du débiteur a eu pour conséquence la suppression définitive des revenus sur lesquels la fixation de la prestation avait été fondée; que par ces énonciations, la cour d'appel a usé de son pouvoir souverain pour apprécier si l'absence de révision aurait des conséquences d'une exceptionnelle gravité; d'où il suit que le moyen n'est pas [fondé].

[E.48] Pau, 12 juin 1991

LA COUR: [Attendu] que sur appel relevé par Mme A, née P, [la] Cour d'appel de Pau, par arrêt du 26 mars 1991 a [débouté] Mme A de son appel et confirmé le jugement en ce qu'il a fixé et indexé la contribution d'A à l'entretien et à l'éducation de ses [enfants]; avant dire droit sur la demande de prestation compensatoire formée par Mme P pour la première fois devant la cour, invité les parties à conclure sur la recevabilité de cette [demande]; Attendu que Mme A a conclu [en] demandant qu'il lui soit alloué le bénéfice de ses précédentes conclusions et la condamnation de M. A à lui payer 200 000 F au titre de la prestation compensatoire et au motif qu'elle a limité son appel aux conséquences pécuniaires de son divorce en ce compris la prestation compensatoire, le divorce ayant été prononcé en application de l'art. 248-1 c. civ.; que sa demande est donc recevable; Attendu que M. A a conclu [en] demandant à la cour de déclarer irrecevable comme nouvelle en cause d'appel [la] demande de prestation compensatoire formée par Mme P, de la déclarer irrecevable comme non formulée dans le cadre de l'instance en divorce, de lui adjuger le bénéfice de ses précédentes écritures; Attendu que l'appel était limité dans la déclaration aux conséquences du prononcé du divorce, c'est-à-dire à celles ayant trait à la part contributive de M. A à l'entretien et l'éducation de ses enfants; Attendu que le prononcé du divorce n'ayant pas fait l'objet de l'appel est donc devenu définitif; Attendu qu'il résulte de l'art. 270 c. civ. que la demande de prestation compensatoire ne peut être présentée qu'au cours de la procédure de divorce; qu'en l'espèce cette demande présentée pour la première fois en cause d'appel, mais alors que le divorce était devenu définitif, est [irrecevable].

[E.49] Civ., 28 octobre 1992

LA COUR: [Attendu] que pour accueillir la demande reconventionnelle en divorce formée par le mari, l'arrêt [attaqué], qui a prononcé le divorce des époux Y à leurs torts partagés, retient qu'il est démontré que Mme X a délaissé son mari, victime de deux accidents, à compter du mois de décembre 1986; [Attendu] qu'il est reproché à l'arrêt d'avoir alloué à la femme une prestation compensatoire sous la forme d'une rente mensuelle jusqu'au décès de son mari, alors qu'en attribuant ainsi une rente dont la durée du service était incertaine, la cour d'appel aurait violé les art. 271, 273 et 276-1 c. civ.; Mais attendu que la fixation d'une prestation compensatoire pour la durée de la vie du créancier ou du débiteur n'est pas contraire aux exigences des dispositions des articles visés au moyen; d'où il suit que le moyen n'est pas [fondé].

[E.50] Civ., 24 février 1993

LA COUR: [Attendu] que, pour condamner l'ex-mari au versement d'une prestation compensatoire, l'arrêt attaqué, statuant après un arrêt ayant prononcé le divorce des époux Z-Y à leurs torts partagés et sursis à statuer sur les mesures accessoires, retient, après avoir relevé que l'ex-épouse soutenait ne bénéficier que d'une faible somme pour son activité professionnelle et que M. Z déclarait percevoir, en sa qualité d'enseignant travaillant pour la coopération, un traitement mensuel précisé, l'arrêt retient que Mme Y n'a d'autre activité salariée que celle de garder des personnes âgées et que M. Z bénéficie d'un revenu relativement élevé, même s'il est exact que le coût de la vie dans les pays de coopération dépasse celui de la France et qu'il a vocation à revenir dans ce pays avec un salaire moindre; que par ces constatations et énonciations, la cour d'appel, qui a apprécié, au vu des documents produits, la situation financière des parties, qu'elle a précisée, au moment du prononcé du divorce et dans un avenir prévisible et qui, en allouant une prestation compensatoire sous forme d'une rente, a nécessairement estimé que la consistance des biens de l'époux ne permettait pas de donner à cette prestation la forme d'un capital, a légalement justifié sa [décision. Par] ces motifs, rejette.

[E.51] Civ., 24 novembre 1993

LA COUR: [Vu] l'art. 277 c. civ.; Attendu que pour garantir le paiement de la rente allouée à titre de prestation compensatoire, le juge, indépendamment de l'hypothèque légale ou judiciaire, ne peut imposer à l'époux débiteur que de constituer un gage ou de donner une caution; Attendu que l'arrêt attaqué, statuant sur un appel limité aux conséquences financières du divorce des époux X-Y, a condamné le mari à verser à son épouse une prestation compensatoire sous forme d'une rente mensuelle avec obligation pour le débiteur de contracter au profit de la créancière une assurance garantissant le versement de la rente en cas de décès ou d'invalidité permanente et absolue; qu'en statuant ainsi, alors que cette obligation ne figure pas parmi les garanties prévues par l'article susvisé, la cour d'appel l'a violé; [par ces motifs, casse].

7 MAINTENANCE ORDERS

During the subsistence of the marriage both parties are subject to the *devoir de secours*. When a divorce is granted on the basis of breakdown, the party who took the initiative to bring the marriage to an end on that ground remains completely bound by that duty (see head 3). The fulfilment of the duty takes the form of a maintenance order (*pension alimentaire*) and, unlike the case of the *prestation compensatoire*, a *pension alimentaire* can always be modified to take account of the changing financial resources and needs of each party. The rules relating to the *pension alimentaire* are governed by the *Code civil*, articles 281 to 285 [E.52]. Unlike the case of the *prestation compensatoire*, the court is not expressly bound to take into consideration specific factors. However, in practice, those factors are taken into account as they are the obvious ones. There is, of course, a balancing act. *The devoir de secours* continues and a starting point may be the standard maintained during the marriage (including any steps to enforce the maintenance obligations during the marriage). The court may order the parties to produce documents showing their respective needs and resources during the divorce proceedings, and may use their general power to nominate an expert (such as a *notaire*) to enquire into the parties' property. The court has wide powers in determining the amount and method of payment [E.53].

If the financial resources of the *époux débiteur* lend themselves to it, the *pension alimentaire* can be replaced, in whole or in part, by a capital settlement. This is governed by the same rules which relate to a *prestation compensatoire* but it must be emphasised that, in legal terms, this is still a *pension alimentaire* and one cannot have at the same time both a *pension alimentaire* and a *prestation compensatoire*. If the capital settlement subsequently becomes insufficient to cover the needs of the beneficiary (eg, because of inflation or a change in the personal circumstances of the beneficiary), the beneficiary can request that the remainder of his or her needs be met in the form of a grant of income (*rente*) [E.54]. Unlike the case of a *rente* allocated in lieu of capital as a *prestation compensatoire*, there is no express obligation to index the *pension alimentaire* but, as it is normal to so index any *pension alimentaire* ordered during the marriage, it is normal to do so on divorce. The indexing may be in accordance with minimum wages provisions (*salaire minimum de croissance* – SMIC), which are themselves indexed to reflect the cost of living, or one of a number of monthly indexes of household expenditure (such as the one produced by the Institut National de la Statistique des Études Économiques – INSEE) [E.37]. The purpose of indexing is that the *rente* payable automatically follow the index and there is, in theory and probably in practice, therefore, no need constantly to ask the court to vary the *rente*. The court will specify in the judgment both the particular index determined, its starting point and the frequency (usually monthly) with which the *rente* is to be revalued. Since the *pension alimentaire* on divorce is a continuation of the *devoir de secours*, the amount of the *pension* may be revised at any time in accordance with the actual resources and needs of each party. The resources and the needs of the parties may be affected by such matters as unemployment, illness or disability, bankruptcy, obtaining a better paid employment, inheriting property, or the inexorable increase in the cost of living. The court may also take account of the remarriage by, and the birth of other children of, the *époux débiteur*.

As the *pension alimentaire* is a judicial continuation of the *devoir de secours*, the *pension* is payable to the beneficiary (*époux créancier*) for life (and the *pension* ceases to be payable to the *époux créancier* on his or her death). The *pension* automatically ceases to be payable if the beneficiary contracts a new marriage, as that marriage creates a new mutual *devoir de secours*. The duty to pay the *pension* may be ended if the *époux débiteur* proves to the satisfaction of the court that the *époux créancier* is living in a state of '*concubinage notoire*'. On the death of the *époux débiteur*, the responsibility for continuing the payment of the *pension alimentaire* is imposed on his or her heirs (if they accept the succession). But, since the *pension* can always be modified, the heirs (who, in practice, are quite often children or young persons with little or no earning power of their own) may request the modification of the *pension* because of new circumstances (including the loss of earning power of the now deceased *époux débiteur*).

Materials

[E.52] *Code civil – Du devoir de secours après le divorce*

Article 281 – Quand le divorce est prononcé pour rupture de la vie commune, l'époux qui a pris l'initiative du divorce reste entièrement tenu au devoir de secours.

Dans le cas de l'article 238 [[E.7]], le devoir de secours couvre tout ce qui est nécessaire au traitement médical du conjoint malade.

Article 282 – L'accomplissement du devoir de secours prend la forme d'une pension alimentaire. Celle-ci peut toujours être révisée en fonction des ressources et des besoins de chacun des époux.

Article 283 – La pension alimentaire cesse de plein droit d'être due si le conjoint qui en est créancier contracte un nouveau mariage.

Il y est mis fin si le créancier vit en état de concubinage notoire.

Article 284 – A la mort de l'époux débiteur, la charge de la pension passe à ses héritiers.

Article 285 – Lorsque la consistance des biens de l'époux débiteur s'y prête, la pension alimentaire est remplacée, en tout ou partie, par la constitution d'un capital, selon les règles des articles 274 à 275-1 et 280 [[E.35]].

Si le capital devient insuffisant pour couvrir les besoins du conjoint créancier, celui-ci peut demander un complément sous forme de pension alimentaire.

[E.53] *Civ., 16 juillet 1976*

LA COUR: [Attendu qu'il résulte de l'arrêt attaqué] que dame M a relevé appel d'un jugement ayant prononcé le divorce d'entre elle et son mari aux torts [partagés] des époux et lui ayant alloué, pour la durée de l'instance, une pension mensuelle par application de l'art. 212 c. civ.; qu'en cause d'appel, elle a formé un [incident] afin d'obtenir une augmentation de la pension, au motif que son époux avait cessé de payer les arrérages relatifs aux emprunts contractés par le ménage afin d'acquérir l'immeuble où elle vivait avec ses enfants dont elle avait obtenu la garde; que déboutée de sa demande au motif que la pension alimentaire était seulement destinée à permettre à la femme de se procurer des aliments et ne pouvait pas avoir pour obligation le remboursement d'emprunts immobiliers, elle a déféré l'ordonnance à la cour d'appel; Attendu que le pourvoi fait grief à l'arrêt qui a admis que l'obligation alimentaire incluait 'toutes les dépenses normalement nécessaires à l'entretien du créancier d'aliments et que le logement de la famille en faisait partie', d'avoir condamné le mari à verser directement entre les mains des organismes prêteurs, à titre d'obligation alimentaire, 'les arrérages des emprunts faits pour l'habitation de la famille M', alors que les juges du fond étant tenus en toutes circonstances de faire observer et d'observer eux-mêmes le principe de la contradiction et ne pouvant fonder leur décision sur les moyens de droit qu'ils ont relevés d'office sans avoir, au préalable, invité les parties à présenter leurs observations, la cour d'appel aurait violé ces règles en condamnant M à payer une partie de la pension alimentaire entre les mains des tiers 'puisqu'aussi bien dame M, pas plus que son mari, n'avaient demandé à la cour d'appel de statuer en ce sens et que M n'a pas été mis à même de s'expliquer sur ce moyen'; Mais attendu que les juges d'appel, en estimant que la partie de la pension alimentaire correspondant aux arrérages des emprunts devait être directement versée entre les mains des organismes prêteurs, n'ont nullement relevé d'office un moyen et n'ont fait, dans l'exercise du pouvoir souverain dont ils disposaient en la matière qu'instituer une modalité de paiement de ladite pension; d'où il suit que le moyen n'est pas [fondé].

[E.54] *Paris, 10 novembre 1978*

Le tribunal de grande instance de Créteil a prononcé, pour rupture de la vie commune, et à la demande du mari, le divorce des époux J-S. Après avoir refusé d'entériner l'offre faite par le mari, acceptée par l'épouse, d'abandonner à cette dernière la pleine propriété de sa part dans deux pavillons communs au motif que, selon l'article 275-2o, l'abandon de biens en nature ne peut se faire que 'pour l'usufruit seulement' le tribunal a condamné J à verser à son épouse une pension alimentaire mensuelle de 700 F. Henriette S, appelante de ce jugement, ne conteste pas qu'elle vit séparée de son mari depuis plus de six ans mais demande néanmoins à la cour de le débouter de son action, car le prononcé du divorce aurait pour elle des conséquences d'une exceptionnelle dureté [E.11]. A titre subsidiaire, elle prie la cour de constater l'accord intervenu entre les parties consistant en l'abandon par le mari à la femme de sa part sur les deux pavillons communs sis à Montmorency et à Créteil et de condamner son époux à lui servir une pension alimentaire indexée de 700 F par mois. Plus subsidiairement encore, pour le cas où la cour ne croirait pas devoir entériner l'accord des parties quant à l'abandon à la femme des deux pavillons, elle sollicite une pension alimentaire indexée de 2 500 F par mois. J se borne à reprendre devant la cour ses conclusions de première instance qui tendaient au prononcé du divorce pour séparation de fait prolongée. Il maintient l'offre par lui faite d'abandonner à son épouse sa part indivise dans les deux pavillons communs demandant seulement que la pension alimentaire mensuelle de 700 F prenne fin à la liquidation de la communauté.

LA COUR: [Considérant que] Jean-Marie J a offert à son épouse d'exécuter son devoir de secours par la constitution d'une maintenance en capital en lui abandonnant la pleine propriété de sa part indivise dans les deux pavillons acquis par les époux durant le mariage et qui constituent l'essentiel des biens communs; qu'il s'est en outre engagé à lui verser une pension de 700 F jusqu'à la date de liquidation de la communauté, date à partir de laquelle elle pourra disposer et jouir librement de ces biens; qu'Henriette S a accepté cette proposition se bornant à demander que la pension de 700 F lui soit servie sa vie durant; Considérant que les premiers juges ont motivé leur refus d'entériner l'accord des parties quant à l'abandon par le mari à sa femme des deux pavillons communs en invoquant l'art. 275, 2o, c. civ. applicable non seulement en matière de prestation compensatoire mais aussi, selon l'art. 285 du même code, en cas de constitution d'une maintenance au titre du devoir de secours qui dispose que l'attribution de biens en capital à l'un des époux pour le remplir de ses droits peut se faire par l'abandon de biens en nature 'mais pour l'usufruit seulement'; Considérant cependant que cette disposition, si elle interdit au juge de décider, malgré la volonté contraire de l'époux débiteur, de transférer à l'autre conjoint la propriété d'un de ses biens – auquel il peut être sentimentalement attaché – ne s'oppose nullement à ce que cet époux débiteur fasse abandon à son conjoint, pour satisfaire aux obligations que la loi met à sa charge, de la pleine propriété d'un bien dont il a la libre disposition; qu'ainsi c'est à tort que le tribunal a cru devoir refuser de retenir l'offre faite par Jean-Marie J et acceptée par son épouse, pour déterminer le montant de la maintenance et de la pension qu'il y a lieu d'allouer à cette dernière; Considérant que l'attribution à Henriette S, en pleine propriété, des deux pavillons communs de Montmorency et de Créteil constitue pour elle un avantage important puisque, d'une part, contrairement à une pension alimentaire qui est toujours révisible et peut donc être diminuée ou supprimée, cette attribution aura un caractère définitif et que, d'autre part, elle pourra jouir et disposer librement de ces biens; que sans doute elle affirme que les pavillons sont vétustes et ne donnent présentement qu'un revenu peu élevé; qu'il n'en reste pas moins que les terrains sur lesquels ils sont édifiés ont une valeur qui est loin d'être négligeable; qu'elle reconnaît elle-même, implicitement, dans ses écritures l'importance de l'avantage qui lui sera fait puisqu'elle demande, à titre subsidiaire, pour le cas où la cour ne croirait pas devoir lui attribuer ces pavillons une pension plus élevée que dans le cas contraire [2 500 F par mois au lieu de 700 F]; Considérant que Jean-Marie J, qui est retraité, perçoit des pensions dont le montant total est légèrement supérieur à 4 000 F par mois; qu'Henriette S est, selon l'affirmation non contestée de son mari, propriétaire du pavillon où elle [habite]; qu'elle ne verse aux débats aucune pièce relative à ses ressources se bornant à [indiquer] qu'elle touche une pension de retraite de 1 350 F par mois; que la cour estime que l'attribution des biens communs que son mari a décidé de lui abandonner suffira à pourvoir aux besoins de l'appelante; qu'il y a donc lieu de la débouter de sa demande de pension alimentaire de 700 F pour la période postérieure à la liquidation de la communauté; Considérant que, compte tenu du caractère temporaire de la pension de 700 F, il n'y a pas lieu d'en ordonner [l'indexation]. Par ces motifs, [donne] acte aux parties de ce que Jean-Marie J s'engage à abandonner à son épouse, lors du partage de la communauté, la pleine propriété de sa part indivise dans les deux pavillons dépendant de la communauté sis à Montmorency et à Créteil, au titre de l'exécution du devoir de secours dont il demeure tenu; fixe à 700 F par mois le montant de la pension alimentaire [que] Jean-Marie J devra servir à son épouse jusqu'à la liquidation de la [communauté].

8 CONSEQUENCES OF DIVORCE FOR CHILDREN

The consequences of a divorce have legal effects on any children with regard to the exercise of parental authority, on maintenance obligations and on the matrimonial home.

Children must honour their parents and remain under their control (*l'autorité parentale*) until they achieve their majority (at 18) or, if earlier, until they otherwise are released from *l'autorité parentale* (eg, on marriage). In turn, the parents have the obligation to maintain the children and must protect the children's health, morality and education (*Code civil*, articles 203; 371–387; 476; 488). The natural object of the divorce legislation is to protect the children as much as possible from the consequences of the marital breakdown, and this protection has recently been strengthened. On divorce, the rights and duties of parents with regard to parental authority continue to remain in existence but subject to certain modifications resulting from the fact of divorce [E.55].

On divorce, the general rule is that parental authority is exercised jointly by the two parents, but if the interests of any particular child demand it, the court can confer the exercise of parental authority on one parent only. The parties may, of course, either on their own initiative or at the request of the court, give their own views as to the exercise of parental authority. If there is no agreement (or if there is an agreement but this does not appear to be in the best interests of any child), the court will determine with which parent any child should reside. The court has wide powers [E.64]. Although it is normal for all the children of a family to be placed with their mother [E.59], the court can place children with their father. It is possible to place a child with the party whose fault caused the divorce, one child may be placed with the father and another with the mother, and, in rare situations, children may be placed with a third party (eg, if both parents are unfit or unable to care for the children).

Before making any determination (whether provisional or final) with regard to the exercise of parental authority, the right of a parent to visit a child, or whether to entrust a child to a third party, the court may (ie, there is no obligation) establish a social inquiry to obtain information about the financial or other circumstances of the family, the conditions in which any children live or are raised and on any measures which, in the interests of the children, it will be necessary to take [E.59]. The parties must be kept informed as to the progress of the inquiry, and if one of the parties wishes to contest the recommendations of the inquiry he or she may ask for a second inquiry. It must be emphasised that the social inquiry report cannot be used to form the basis of any ground for divorce (eg, the court cannot grant a divorce to one party on facts which can only have come from the report).

The parent who is not granted the exercise of parental authority has a number of rights and duties. He or she has the duty to contribute to the expenses of maintaining any child (taking into account the resources of both parents). He or she keeps the right to oversee the upbringing and education of any child and consequently must be informed of any important decisions affecting the child (eg, the choice of school and important medical treatment). He or she has the right to visit the child (*droit de visite*) and to have the child living with him or her for a certain period (eg, during school holidays) (*droit d'hébergement*). These rights will normally be agreed between the parties. If there is no agreement the question will be determined (eg, as regards time, length and place), by the court [E.59] [E.66]. The court can only refuse these two rights for serious reasons (*motifs graves*) (eg, if there is a danger to the child from a party or of taking a child out of metropolitan France) [E.57] [E.58] [E.65]. Furthermore the *juge des enfants* has wide powers to act in the interests of any child [E.66].

In the case of a divorce based on a joint petition, as has already been seen (head 2), the parties themselves may make arrangements for the exercise of parental authority in the divorce contract. However, these arrangements may be modified, on the request of one of the parents (or the *ministère public*) for serious reasons (*motifs graves*). It has been held, in its application to requests to modify maintenance agreements for the benefit of children, that 'serious' means 'serious' [E.63], but an alternative method of approach sidesteps this principle [E.61]. In a case where the parental authority is exercised jointly, the parent at whose home any child does not normally reside has the duty to contribute to the costs of maintaining and educating the child (taking into account the resources of both parents). The contribution to the maintenance and education of any child takes the form of a *pension alimentaire*, to be paid, as appropriate, to the parent with whom the child normally resides or who exercises parental authority (or, more rarely, to the third party to whom the child has been entrusted, in which case, both parents contribute according to their means). If the financial circumstances of any party under the obligation to maintain lend themselves, the *pension alimentaire* may be replaced, in whole or in part (and in accordance with the rules relating to *prestations compensatoires*), by the payment of a sum of money into the hands of an approved organisation to produce an indexed income for the child, by the grant of the use of property, or by assigning property which can produce an income. Should such a capital settlement subsequently become insufficient to cover the needs of any child (eg, the child's education becomes more expensive or the child is disabled) the parent who has the exercise of parental authority or with whom the child has his or her normal residence (or the third party with whom the child is placed) may request that the capital settlement be supplemented by a *pension alimentaire*.

The *pension alimentaire* will be based on the needs of any child and each parent will be asked to contribute to the pension proportionately to his or her resources [E.61]. Before fixing the respective contributions, the court must obtain information as to the respective resources of the parents. The method of payment and its amount are determined by the divorce judgment (together with any methods of guaranteeing payment of the *pension*). In the case of a divorce based on joint-petition, the *pension* is determined by the ratified divorce contract. The *pension* may be indexed in order to achieve its purpose of catering for the needs of the child and in order to avoid constant applications for revision [E.63]. However, there is always an opportunity to request that the *pension* be subsequently modified [E.61] [E.62]. It may be noted that recourse may have to be had to the provisions of the social security system relating to maintenance of the family and that the social security authorities may grant benefit to one parent and then bring an action to recover it from the defaulting parent.

The divorce judgment will normally determine that the *pension alimentaire* should cease to be payable when the child attains his or her majority. Unless so determined, the *pension* does not automatically cease to be payable on the child attaining majority. However, since the *pension* is designed to contribute to the costs of both maintenance and education, the court may order that it should continue until the child's education has terminated, even though the child has attained his or her majority, provided that the child cannot meet those needs (eg, because of disabilities or because of engagement in full-time studies) [E.59].

Decisions will obviously have to be made about the matrimonial home. The rules applied are the general rules relating to property rights contained in the *Code civil*, and there is one divorce special rule (below). If the home is rented, then, whatever the *régime matrimonial* and even if the lease (*bail*) was contracted before the marriage, the general law of property states that the lease will be deemed to belong to both parties. The lease can be transferred, taking into account the appropriate social and family factors, by the court before which the divorce is heard, to one of the parties. As a matter of practice, it is normal to transfer the lease to the wife if she has the custody of any children of the marriage. It may be noted that this power may be used not only where the parties formerly lived under a *régime de la communauté* but also where they formerly lived under a *régime de la séparation de biens*. If the home is owned by the parties under a *régime de la communauté*, they may, of course, determine that the matrimonial home should, on the dissolution of the *communauté*, be vested in one or other of them, or be sold and the proceeds divided, or they may draw lots for the home. Alternatively, either party may request the court to vest the home in him or her and the court will come to its decision by taking into account the needs of the party and, in particular, which of the parties has custody of any children (*Code civil*, articles 1751, 1471, 832). If the home belongs to only one of the parties, the court has a special power to grant to the other party a lease (*concéder à bail*) [E.56].

Materials

[E.55] *Code civil – Des conséquences du divorce pour les enfants*

Article 286 – Le divorce laisse subsister les droits et les devoirs des père et mère à l'égard de leurs enfants, sous réserve des règles qui suivent.

Article 287 – L'autorité parentale est exercée en commun par les deux parents. Le juge désigne, à défaut d'accord amiable ou si cet accord lui apparaît contraire à l'intérêt de l'enfant, le parent chez lequel les enfants ont leur résidence habituelle.

Si l'intérêt de l'enfant le commande, le juge peut confier l'exercice de l'autorité parentale à l'un des deux parents.

Les parents peuvent, de leur propre initiative ou à la demande du juge, présenter leurs observations sur les modalités de l'exercice de l'autorité parentale.

Article 287-1 – A titre exceptionnel et si l'intérêt des enfants l'exige, le juge peut décider de fixer leur résidence soit chez une autre personne choisie de préférence dans leur parenté, soit, si cela s'avérait impossible, dans un établissement d'éducation. La personne à qui les enfants sont confiés accomplit tous les actes usuels relatifs à leur surveillance et à leur éducation.

Article 287-2 – Avant toute décision, provisoire ou définitive, fixant les modalités de l'exercice de l'autorité parentale et du droit de visite ou confiant les enfants à un tiers, le juge peut donner mission à toute personne qualifiée d'effectuer une enquête sociale. Celle-ci a pour but de recueillir des renseignements sur la situation matérielle et morale de la famille, sur les conditions dans lesquelles vivent et sont élevés les enfants et sur les mesures qu'il y a lieu de prendre dans leur intérêt.

Si l'un des époux conteste les conclusions de l'enquête sociale, il peut demander une contre-enquête.

L'enquête sociale ne peut être utilisée dans le débat sur la cause du divorce.

Article 288 – Le parent qui n'a pas l'exercice de l'autorité parentale conserve le droit de surveiller l'entretien et l'éducation des enfants et doit être informé, en conséquence, des choix importants relatifs à la vie de ces derniers. Il y contribue à proportion de ses ressources et de celles de l'autre parent.

Un droit de visite et d'hébergement ne peut lui être refusé que pour des motifs graves.

[En] cas d'exercice en commun de l'autorité parentale, le parent chez lequel les enfants ne résident pas habituellement contribue à leur entretien et à leur éducation à proportion de ses ressources et de celles de l'autre parent.

Article 289 – Le juge statue sur les modalités de l'exercice de l'autorité parentale ou décide de confier l'enfant à un tiers, à la demande de l'un des époux, d'un membre de la famille ou du ministère public.

Article 290 – Le juge tient compte:

1   Des accords passés entre les époux;

2   Des renseignements qui ont été recueillis dans l'enquête et la contre-enquête sociale prévues à l'article 287-1;

3   Des sentiments exprimés par les enfants mineurs dans les conditions prévues à l'article 388-1.

Article 291 – Les décisions relatives à l'exercice de l'autorité parentale peuvent être modifiées ou complétées à tout moment par le juge, à la demande d'un époux, d'un membre de la famille ou du ministère public.

Article 292 – En cas de divorce sur demande conjointe, les dispositions de la convention homologuée par le juge relatives à l'exercice de l'autorité parentale peuvent être révisées, pour des motifs graves, à la demande de l'un des époux ou du ministère public.

Article 293 – La contribution à l'entretien et à l'éducation des enfants prévue à l'article 288 prend la forme d'une pension alimentaire versée, selon le cas, au parent chez lequel les enfants ont leur résidence habituelle ou qui exerce l'autorité parentale ou à la personne à laquelle les enfants ont été confiés.

Les modalités et les garanties de cette pension alimentaire sont fixées par le jugement ou, en cas de divorce sur demande conjointe, par la convention des époux homologuée par le juge.

Article 294 – Lorsque la consistance des biens du débiteur s'y prête, la pension alimentaire peut être remplacée, en tout ou partie, selon les règles des articles 274 à 275-1 et 280 [[E.35]], par le versement d'une somme d'argent entre les mains d'un organisme accrédité chargé d'accorder en contrepartie à l'enfant une rente indexée, l'abandon de biens en usufruit ou l'affectation de biens productifs de revenus.

Article 294-1 – Si le capital ainsi constitué devient insuffisant pour couvrir les besoins des enfants, le parent qui a l'exercice de l'autorité parentale ou chez lequel les enfants ont leur résidence habituelle ou la personne à laquelle les enfants ont été confiés peut demander l'attribution d'un complément sous forme de pension alimentaire.

Article 295 – Le parent qui assume à titre principal la charge d'enfants majeurs qui ne peuvent eux-mêmes subvenir à leurs besoins peut demander à son conjoint de lui verser une contribution à leur entretien et à leur éducation.

[E.56] Code civil – Du logement

Article 285-1 – Si le local servant de logement à la famille appartient en propre ou personnellement à l'un des époux, le juge peut le concéder à bail à l'autre conjoint:

1 Lorsque l'autorité parentale est exercée par celui-ci sur un ou plusieurs enfants ou, en cas d'exercice en commun de l'autorité parentale, lorsqu'un ou plusieurs enfants ont leur résidence habituelle dans ce logement;

2 Lorsque le divorce a été prononcé à la demande de l'époux propriétaire, pour rupture de la vie commune.

Dans le cas prévu au 1o ci-dessus, le juge fixe la durée du bail et peut le renouveler jusqu'à la majorité du plus jeune des enfants.

Dans le cas prévu au 2o, le bail ne peut être concédé pour une durée excédant neuf années, mais peut être prolongé par une nouvelle décision. Il prend fin, de plein droit, en cas de remariage de celui à qui il a été concédé. Il y est mis fin si celui-ci vit en état de concubinage notoire.

Dans tous les cas, le juge peut résilier le bail si des circonstances nouvelles le justifient.

[E.57] Observations de Jean Hauser

S'agissant du droit de visite pour le parent, moins égal que l'autre, avec lequel l'enfant ne réside pas, [les] juges disposent de techniques de modulation qui laissent plus de souplesse quand une difficulté se présente et il ne leur serait pas interdit de brandir une menace de suppression pour rappeler l'importance des modalités [prévues]. Pour autant il ne sera pas toujours facile de décider, spécialement pour le juge saisi d'une demande d'exercice d'un droit de visite quand le demandeur présente certaines particularités qui tiennent plus à sa vie personnelle qu'à ses qualités de parent, même s'il doit toujours garder à l'esprit la précieuse indication de l'article 288 alinéa 2 'un droit de visite et d'hébergement ne peut lui être refusé que pour des motifs graves'. On peut établir progressivement une typologie de ces [difficultés]. La vie sexuelle du demandeur est sans doute le plus ancien motif de refus avec bien entendu une évolution (un progrès?) dans la nature des motifs indiqués. Le concubinage du demandeur n'est plus jamais invoqué sauf si la concubine était atteinte de séropositivité (Aix-en-Provence, 25 juin 1991, [prescrivant] une expertise, et même juridiction 5 oct. 1993, [accordant] ce droit de visite et d'hébergement au vu de l'expertise constatant l'absence de danger réel). Plus souvent on trouvera l'argument de la vie sexuelle du demandeur ou de la demanderesse soit pour cause de transsexualisme (Nancy, 15 mai [1992]) soit pour cause d'homosexualité ([Agen], 8 juill. 1987). [Dans] le même sens la prostitution de la mère n'a pas été retenue (Limoges, 13 juin 1991, D.1993. Somm.122, obs. Petit-Bayaert). La vie pénale du demandeur n'est pas non plus sans créer des doutes quand il est incarcéré. On saluera le délicat euphémisme sous la plume de la cour d'Aix (30 mars 1993) qui constate qu'une maison d'arrêt n'est certes pas un lieu idéal pour un enfant âgé de 4 ans mais n'en rétablit pas moins un droit de visite du père en relevant le caractère imprescriptible de ce droit, la sécurité assurée par le personnel pénitentiaire et l'existence de lieux spécialement prévus. En sens inverse la cour de Pau le 22 octobre [1992] n'a pas cru devoir accorder ce droit de visite sur une enfant âgée de trois ans de santé délicate et de nature angoissée. Il ne sera enfin pas plus facile de décider quand le demandeur a une santé mentale fragile (Pau, 30 sept. [1991], supprimant le droit du père qui avait fait l'objet d'un arrêté d'hospitalisation d'office). Est-on bien sûr que l'intérêt social et psychologique de l'enfant ne cède pas trop facilement parfois devant ce si discutable droit à l'enfant?

[E.58] Observations de Jean Hauser

La cour de Dijon le 21 janvier 1994 [nous] permettra de sortir des motifs souvent [pénibles] invoqués à l'appui d'une demande de suppression de droit de visite et d'hébergement puisqu'ici la mère de l'enfant naturel invoquait pour justifier son refus le fait que le père élevait [un] python à son domicile dont la cour note (sic) 'que c'est un animal qui appartient à la famille des grands reptiles constricteurs et que sa captivité actuelle ne fera pas obstacle à ce qu'il atteigne sa taille adulte de l'ordre de 7 mètres'. Sans doute d'ailleurs le père avait-il reporté son affection sur son python car la cour note insidieusement qu'il n'utilisait pas son droit de visite et ne manifestait pas clairement son désir d'obtenir un nouveau droit d'hébergement.

[E.59] Tribunal de grande instance de Nevers, 28 avril 1976

Le tribunal a prononcé le divorce entre les époux S-B, au profit du mari et maintenu la garde des enfants, celle de la fille aînée à la mère et des deux garçons au père. Cécile B souhaitant obtenir en sus la garde de l'enfant Thierry tandis que le père s'y opposait, le tribunal a ordonné une enquête sociale qui fut effectuée. Cécile B, divorcée S, non seulement réclame la garde de Thierry le plus jeune des enfants, mais aussi celle de Michel, âgés respectivement: le premier de 12 ans, le deuxième de 15 ans. Elle souhaite en outre que son ex-mari soit condamné à lui verser 600 F de pension pour les trois enfants avec indexation de cette pension. René S fait observer que le rapport social lui est aussi favorable et que rien ne commande un changement de garde.

LE TRIBUNAL:– [L'intérêt] de l'enfant doit être pris seul en considération par les juges pour l'examen d'une demande tendant à l'attribution à l'un ou l'autre époux de la garde des enfants. C'est le plus grand bien de ceux-ci qui doit guider les juges, dans le sens du meilleur avantage pour l'enfant quant à son mode de vie, son développement, son éducation, son avenir, son bonheur, son équilibre. Cet intérêt de l'enfant est fonction d'un certain nombre d'éléments objectifs. Le gardien traditionnel ne peut être dessaisi de cette garde que dans la mesure où des événements nouveaux, sérieux, graves sont survenus dans l'un ou l'autre foyer ayant une répercussion préjudiciable au bon équilibre et au développement normal de l'enfant – et l'opinion des enfants intéressés, si elle ne doit pas dicter la décision du magistrat, n'en doit pas moins être connue de celui-ci, lorsque les enfants sont en âge de comprendre et de se décider. En fait la situation des parties telle qu'elle résulte de l'enquête sociale est la suivante: d'un côté, un père, chef d'équipe, honnête travailleur, qui a depuis le 4 juill. 1974 la garde de ses 2 fils: Michel, âgé de 15 ans, et Thierry, âgé de 12 ans et qui s'est occupé de ses enfants jusqu'en novembre 1975 avec l'aide de sa propre mère – mais qui depuis cette époque vit maritalement avec une personne de 13 ans plus jeune que lui, divorcée, mère et gardienne de ses deux jeunes enfants issus d'une première union – père qui n'a nullement l'intention de régulariser sa situation actuelle; d'un autre côté, une mère, ouvrière d'usine, dont le passé n'a peut-être pas été irréprochable mais, qui à N, où elle vit, ne fait nullement parler d'elle et est entourée de sa fille âgée de plus de 16 ans dont elle a la garde et d'une personne âgée dont elle s'occupe. D'un côté comme d'un autre les deux parents ont des logements suffisants pour recevoir leurs enfants.

Les événements nouveaux survenus entre fin 1975 et ce jour dans ces foyers sont les suivants: d'une part, S n'est plus aidé par sa propre mère qui 's'occupait très bien des deux garçons qui lui étaient très attachés' - son amie ayant pris sa place et cet élément est essentiel. De plus, S et son amie travaillent tous deux et les enfants sont (ou mieux étaient) souvent seuls à la maison et livrés à eux-mêmes. En outre les deux garçons non seulement souhaitent vivement vivre auprès de leur mère, mais l'aîné Michel vit en fait auprès de sa mère depuis au moins le début de la présente année et Thierry va retrouver sa mère aussi souvent qu'il le peut toutes les semaines. En outre les deux garçons trouvent 'auprès de leur mère plus d'affection et plus de compréhension' qu'auprès de leur père; Cécile S est considérée comme une jeune femme courageuse, dévouée, plus capable que son mari de s'occuper des enfants; elle paraît être en mesure de leur offrir un foyer plus chaleureux et des soins attentifs que leur père. Ainsi lorsque l'assistante sociale suggère un changement de droit de garde en faveur de la mère, cette solution paraît on ne peut plus souhaitable. Et non seulement Michel doit être confié à sa mère, tel que cette situation existe maintenant, mais il doit en être de même de Thierry, car on ne concevrait pas que ces deux garçons qui ont toujours vécu ensemble soient dissociés. Cependant la modification de garde concernant ce dernier ne prendra effet qu'à l'issue des grandes vacances scolaires 1976, la scolarité du garçon ne devant pas être perturbée en cours d'année scolaire. Il est équitable par ailleurs étant donné les ressources des parties et les besoins des enfants de condamner S à verser pour chacun de ses enfants une pension de 180 F par [mois].

Par ces motifs, confie la garde de Michel et Thierry à la mère avec effet en septembre 1976 en ce qui concerne l'enfant Thierry; accorde au père un droit de visite suivant à défaut d'accord amiable: les premier et troisième dimanches de chaque mois de 10 h à 18 h, et pour les vacances avec la répartition suivante: la 1re année: mi-février, deuxième moitié des grandes vacances, nöel; la 2e année: pâques, première moitié des grandes vacances, toussaint et ainsi de suite, alternativement les années suivantes; condamne S à payer à son ex-femme une pension de 180 F par enfant et par mois, soit 540 F pour les 3 en sus des allocations familiales, pension indexée sur le S.M.I.C. avec paiement de la pension pour Thierry au mois de septembre [1976].

[E.60] Paris, 26 juin 1979

Le tribunal de grande instance de Corbeil, par un jugement du 4 juin 1976, a prononcé le divorce des époux M-B et a fixé à 800 F par mois et par enfant le montant de la pension alimentaire indexée mise à la charge du père pour l'entretien, jusqu'à leur majorité, des deux enfants issus du mariage. Par requête du 13 avril 1978, Bernadette B a demandé au juge aux affaires matrimoniales du tribunal de grande instance de Créteil de dire que la pension alimentaire due pour l'enfant Valérie lui serait versée après la majorité de l'enfant jusqu'à son établissement ou, en tout état de cause, jusqu'à la fin de ses études. Elle demandait aussi que la pension pour l'enfant Guerrie, devenu majeur en décembre 1977, dont le père avait interrompu le service, soit rétablie à compter de la date de la majorité de l'enfant et soit versée jusqu'à l'établissement de celui-ci ou, en tout état de cause, jusqu'à la fin de ses études. Enfin elle priait le tribunal de dire que, par le jeu de l'indexation, la pension de Valérie s'élevait à 920 F par mois et de condamner son ancien mari à lui verser un arriéré de 17 900 F. Didier M s'opposait à ces demandes en soulevant l'incompétence du juge aux affaires matrimoniales de Créteil et en soutenant qu'elles étaient mal fondées. Par ordonnance du 27 juin 1978, le juge aux affaires matrimoniales a rejeté les exceptions d'incompétence territoriale et en raison de la matière, soulevées par le défendeur, a dit que la pension pour l'enfant Valérie serait due après la majorité de celle-ci tant qu'elle resterait à la charge de sa mère et ne serait pas en mesure de gagner sa vie, a rétabli à compter du 13 avril 1978, date de la demande en justice, la pension due pour l'entretien de Guerrie en l'assortissant des mêmes conditions de durée que la pension mise à la charge du père pour l'entretien de Valérie. La même décision a débouté Bernadette B de ses demandes relatives au paiement de l'arriéré et à la fixation des pensions au taux résultant de l'indexation. Didier M, appelant de ce jugement, reprend, devant la cour, les moyens qu'il avait soulevés en première instance, tirés de l'incompétence du juge aux affaires matrimoniales, en raison de la matière. Il soutient que ce magistrat, qui est seulement compétent pour la modification des pensions alimentaires, n'a pas qualité pour allouer, en application de l'article 295, une pension pour un enfant devenu majeur. Il affirme encore que le juge aux affaires matrimoniales ne pouvait décider que la pension due pour l'enfant Valérie serait exigible après sa majorité, alors que celle-ci n'était pas encore majeure. Subsidiairement au fond, il demande à la cour de réduire dans de notables proportions le montant des pensions allouées par le premier juge à son ancienne épouse. Bernadette B conclut à la confirmation de l'ordonnance entreprise. Elle fait observer que même si la cour décidait que le juge aux affaires matrimoniales de Créteil n'était pas compétent et estimait que l'affaire relève du tribunal de grande instance, statutant en formation collégiale, elle devrait statuer sur le fond du litige, puisqu'elle est également juridiction d'appel relativement à ce tribunal.

LA COUR: [Considérant] d'abord que le juge peut être saisi par l'un des père et mère sur le fondement de l'art. 295 c. civ. d'une demande de pension pour un enfant, payable postérieurement à la majorité de celui-ci, même avant que cet enfant n'atteigne l'âge de la majorité; Considérant ensuite que le nouvel art. 247, dernier alinéa, c. civ. dispose que le juge aux affaires matrimoniales est compétent, après le prononcé du divorce, pour statuer sur la modification de la pension alimentaire; que cette disposition doit s'entendre, en l'absence de toute distinction dans le texte, non seulement de la modification de la pension en ce qui concerne son montant mais aussi en ce qui concerne ses modalités et sa durée; que la compétence du juge aux affaires matrimoniales s'étend même à la suppression d'une pension alimentaire ou à l'octroi d'une telle pension lorsque le jugement de divorce n'en a point prévue, la volonté expresse du législateur ayant été de concentrer entre les mains d'un magistrat spécialisé, statuant selon une procédure rapide et peu coûteuse, tous les litiges relatifs aux pensions alimentaires, mesures à caractère provisoire et le plus souvent urgentes; Considérant dès lors que c'est à bon droit que le juge aux affaires matrimoniales de Créteil s'est déclaré compétent pour statuer sur les demandes qui lui étaient présentées par Bernadette B et qui tendaient, d'une part, à la prolongation de la pension alimentaire due pour l'enfant Valérie postérieurement à la majorité de celle-ci et, d'autre part, au rétablissement de la pension due pour l'entretien de Guerrie que le père avait cessé de payer le jour où cet enfant avait atteint l'âge de 18 ans; [par ces motifs, confirme] l'ordonnance entreprise en toutes ses [dispositions].

[E.61] Paris, 15 janvier 1981

Le juge aux affaires matrimoniales du tribunal de grande instance de Bobigny a prononcé, en application des articles 230 à 232 [E.1], le divorce des époux Gérard C et Francine C, et a homologué la convention définitive en date du 4 décembre 1978 réglant les conséquences de cette décision. Il était notamment précisé, dans ladite convention, que la mère assurerait la garde des deux enfants issues du mariage, Jennifer et Géraldine, le père disposant, de son côté, d'un droit de visite et d'hébergement. A titre de contribution aux frais d'entretien et d'éducation de ses deux filles, Gérard C, s'engageait à verser à la mère, pour chacune d'elles, une somme de 2 000 F par mois. Il était convenu que ces pensions continueraient d'être dues pendant les vacances ou périodes au cours desquelles le père exercerait son droit de visite ou d'hébergement, et qu'elles seraient indexées sur l'indice mensuel des prix à la consommation des ménages urbains dont le chef est ouvrier ou employé (série parisienne). Gérard C a sollicité la réduction de sa part contributive à la somme mensuelle de 900 F par enfant et le juge aux affaires matrimoniales du tribunal de grande instance de Meaux a rejeté la demande. Gérard C a relevé appel de cette décision. Il soutient que la pension qui, par suite de l'application de l'indice, atteint aujourd'hui 2 250 F par enfant, excède considérablement ses facultés contributives, compte tenu de la réduction de ses revenus professionnels et de l'accroissement de ses charges. Exerçant la profession de médecin, il fait valoir que cette pension avait été fixée en fonction de ses revenus de l'année 1977 qui s'étaient élevés à 152 000 F; que ses gains se sont trouvés réduits à 133 600 F en 1978 et sont demeurés stationnaires en 1979. Il ajoute que, depuis le divorce, ses charges se sont accrues du fait, notamment, qu'il a contracté un second mariage, et qu'il a fait l'objet d'un redressement fiscal de 30 000 F. Il souligne qu'il assume les frais d'habillement des deux enfants et que, pendant les périodes au cours desquelles il exerce son droit d'hébergement, il continue à verser à la mère l'importante pension fixée dans la convention définitive. Il soutient que cette contribution excède les besoins actuels des enfants, alors surtout que son ancienne épouse dispose pour sa part de revenus professionnels non négligeables. Il sollicite la réduction du montant de la pension à 1 000 F par mois et par enfant, et demande à être dispensé du versement de cette somme pendant les périodes au cours desquelles il exerce son droit d'hébergement. Il réclame, au surplus, une modification de l'indexation en raison du fait que les tarifs médicaux ont évolué, ces derniers temps, dans une proportion moindre que le coût de la vie. Il sollicite donc que sa part contributive soit indexée 'sur le taux d'augmentation des caisses d'assurance maladie sur la moyenne des actes médicaux au premier janvier de chaque année'. Francine C, qui soutient notamment que les affirmations de l'appelant relatives à la diminution de ses revenus et à l'accroissement de ses charges se trouvent démenties par les éléments de son train de vie actuel, conclut à la confirmation de la décision déférée.

LA COUR: [Considérant] que la pension fixée par la convention définitive, dans le cas du divorce par consentement mutuel, est susceptible de révision, ainsi qu'il ressort de l'art. 247 c. civ., qui, définissant les pouvoirs du juge aux affaires matrimoniales, énonce que ce magistrat est compétent pour statuer, après le prononcé du divorce, 'quelle qu'en soit la cause', sur la garde des enfants, et la modification de la pension alimentaire; Mais considérant qu'en raison du caractère contractuel de l'obligation du débiteur et de la nécessité de respecter l'équilibre de la convention librement conclue par les époux, la pension ne peut être modifiée par le juge, dans le cas considéré, que si sa révision s'impose pour des motifs graves que n'ont pu prévoir les parties au moment où est intervenu leur accord; Considérant, en l'espèce, que Gérard C ne saurait sérieusement soutenir qu'en janvier 1979, ou en tout cas en décembre 1978, date de la convention définitive, il ignorait la diminution de ses revenus au cours de l'année 1978 par rapport à ceux de 1977; [que] le second mariage de l'appelant, à supposer même qu'il n'ait pas été prévu par lui au jour du divorce, ne peut être considéré comme une charge, alors qu'il n'est fourni aucun renseignement sur la fortune et les revenus éventuels de la nouvelle épouse de l'intéressé; que le redressement fiscal et les autres charges invoquées n'apparaissent pas d'une importance telle qu'ils soient de nature à réduire sensiblement les facultés contributives de l'appelant; que par ailleurs, il n'est pas établi que les revenus de l'intimée aient évolué d'une manière notable depuis le prononcé du divorce; que la demande de révision de la pension n'est donc pas fondée; Considérant qu'il n'est pas non plus justifié de motifs qui imposeraient de modifier la convention des parties en ce qui concerne le service de cette contribution pendant l'exercice du droit d'hébergement du père; Considérant enfin qu'il apparaît, en l'état, que l'indexation de la pension sur l'indice mensuel des prix à la consommation, sans entraîner pour le débiteur une charge hors de proportion avec ses facultés contributives, est la plus propre à assurer l'adaptation des versements à l'évolution du coût de la vie et à sauvegarder, par conséquent, l'intérêt des enfants; que la décision entreprise doit, dès lors, recevoir [confirmation. Par ces motifs, confirme] dans toutes ses dispositions l'ordonnance [rendue] par le juge aux affaires matrimoniales du tribunal de grande instance de [Meaux].

[E.62] Civ., 21 avril 1982

LA COUR: [Attendu] qu'il est fait grief à l'arrêt infirmatif attaqué, rendu sur appel d'une ordonnance d'un juge aux affaires matrimoniales, d'avoir réduit le montant de la contribution à l'éducation et à l'entretien des enfants communs mise à la charge du père par la convention définitive homologuée par un précédent jugement, prononçant, sur leur demande conjointe, le divorce des époux G, alors, d'une part, que la cour d'appel n'aurait pas répondu aux conclusions par lesquelles dame G avait soutenu que la convention des parties homologuée par le juge du divorce ne pouvait être ultérieurement révisée par le juge aux affaires matrimoniales sauf raisons exceptionnelles; alors, d'autre part, qu'il résulterait de la combinaison des art. 230, 279, 292 et 293 c. civ. que la pension, versée aux enfants nés du mariage selon les modalités fixées par la convention définitive homologuée par le juge, ne pourrait, sous couvert d'équité, ou de toute autre considération, être modifiée ultérieurement par le juge aux affaires matrimoniales; alors, encore, que la cour d'appel aurait réduit la pension alimentaire au seul motif que les besoins des mineurs et les ressources respectives des époux le postulaient, sans relever de motifs graves ou de circonstances exceptionnelles justifiant pareille réduction, alors, enfin, que la cour d'appel n'aurait pas répondu aux conclusions soutenant que G s'était remarié avec une enseignante, agrégée de géographie, qui, à ce titre, apportait au nouveau foyer une rémunération importante; Mais attendu qu'en cas de divorce prononcé sur demande conjointe, aucune disposition légale ne supprime ni ne soumet à des conditions particulières le droit pour les parties de demander au juge de modifier, en considération des changements intervenus, le montant de la contribution à l'entretien et à l'éducation des enfants communs, mise par la convention homologuée à la charge de celui des parents qui n'en a pas la garde; Et attendu que l'arrêt relève que, si les parents disposent d'un traitement sensiblement équivalent, le père doit faire face à de nouvelles obligations familiales; que par ces énonciations, la cour d'appel, qui, en les rejetant, a répondu aux conclusions, a légalement justifié sa [décision].

[E.63] Basse-Terre, 19 juillet 1982

Le juge aux affaires matrimoniales du tribunal de grande instance de Pointe-à-Pitre a prononcé, sur leur demande conjointe, le divorce de Gabin R et de Maryline D et a homologué la convention définitive de divorce laissant à leur mère la garde des trois enfants Karine, Sabrina et Frida, et fixant la part contributive du père à l'entretien et l'éducation des enfants à la somme de 500 F par mois, révisable au mois de mai de chaque année en fonction de la variation des prix de détail à la consommation courante, publiée par l'I.N.S.E.E., à condition que ladite variation soit d'au moins 5%. Par ordonnance du juge aux affaires matrimoniales du tribunal de grande instance de Pointe-à-Pitre du 6 novembre 1978, sur demande de Maryline D, cette somme a été portée à 800 F par mois. Maryline D a demandé une nouvelle augmentation de la contribution du père. Par ordonnance du 16 octobre 1981, le juge aux affaires matrimoniales a fixé à 1 350 F par mois la part contributive de R à l'entretien des enfants, soit 450 F par enfant. Gabin R a interjeté appel de cette ordonnance. Il expose que la contribution mise à sa charge est excessive eu égard à sa situation actuelle et à celle de l'intimée qui perçoit un traitement mensuel de 6 213 F alors que son salaire est de 5 840 F et non de 6 300 F comme l'avait indiqué le premier juge; qu'outre ses dépenses personnelles, il subvient aux besoins de deux enfants de sa mère qui n'a pas de ressources. Il soutient qu'aux termes de l'article 279, la convention homologuée ne peut être modifiée que par une nouvelle convention entre les époux, également soumise à homologation; qu'il convient toutefois de ranger la contribution à l'entretien et l'éducation des enfants parmi les dispositions relatives à l'exercice de l'autorité parentale que l'article 292 permet de réviser pour motifs graves. Il demande à la cour de dire qu'en l'absence de motifs graves en l'espèce, sa contribution sera égale au montant de la contribution fixée en 1978 et acceptée par lui, soit la somme de 956 F compte tenu de la variation de l'indice conventionnel. Maryline D fait valoir que les ressources réelles de R sont nettement supérieures au salaire dont il a fait état; que les besoins des enfants sont en augmentation; que ses propres ressources stagnent du fait de ses charges; que la contribution à l'entretien et à l'éducation des enfants enfin doit être considérée comme échappant au caractère forfaitaire de la convention. Elle demande à la cour de fixer à 1 800 F la contribution de R.

LA COUR: [Attendu] qu'en cas de divorce sur requête conjointe, la convention homologuée ne peut être modifiée que par une nouvelle convention entre les époux, également soumise à homologation; Attendu que la contribution à l'entretien et à l'éducation des enfants, librement convenue et acceptée par les parties et visée dans le jugement prononçant le divorce et homologuant la convention définitive, revêt la même intangibilité que cette convention; Attendu que même en considérant la contribution à l'entretien et à l'éducation des enfants faisant partie des dispositions de la convention homologuée relatives à l'exercice de l'autorité parentale, aux terms de l'art. 292 c. civ. elle ne pourrait être révisée que pour des motifs graves; Attendu qu'en l'espèce aucun motif grave ne justifie l'augmentation de la contribution de Gabin R dans les proportions fixées par le premier juge; Attendu qu'il y a lieu de fixer la contribution de R au montant retenu par l'ordonnance du juge aux affaires matrimoniales du tribunal de grande instance de Pointe-à-Pitre rendue le 6 nov. 1978 et acceptée par R, soit la somme totale de 956 F, compte tenu de la variation de l'indice conventionnel. Par ces motifs, infirme l'ordonnance du 16 oct. 1981 du juge aux affaires matrimoniales du tribunal de grande instance de Pointe-à-Pitre; fixe à 956 F par mois la part contributive de Gabin R à l'entretien et l'éducation des enfants mineurs; dit que la pension est payable d'avance au domicile de Maryline D en sus des prestations familiales qu'elle percevra directement; dit que la pension sera révisée chaque année au mois de mai en fonction de la variation des prix de détail à la consommation courante publiée par l'I.N.S.E.E. pour le mois de décembre de l'année [précédente].

[E.64] Civ., 21 mars 1983

LA COUR: [Attendu] qu'il est fait grief à l'arrêt attaqué d'avoir confirmé l'ordonnance par laquelle, saisi d'une demande conjointe en divorce des époux D, le juge aux affaires matrimoniales avait refusé d'homologuer la convention définitive des parties prévoyant que la garde de leur enfant commun serait conjointement exercée par ses père et mère, et avait ajourné sa décision jusqu'à présentation d'une convention modifiée, alors, d'une part, que l'art. 287 c. civ. n'interdirait pas aux parents de convenir que l'enfant sera sous leur garde conjointe à la condition que les modalités d'exercice assurent à chaque parent une influence égale sur l'enfant, et qu'en l'espèce les périodes de séjour de l'enfant chez chacun de ses parents, lesquels avaient pris soin, malgré les changements intervenus dans leur situation, de résider dans deux immeubles voisins, puis dans deux appartements du même immeuble, étaient de durée égale, et alors, d'autre part, que la cour d'appel se serait déterminée par des motifs généraux et abstraits, hypothétiques et dubitatifs et aurait procédé par voie de simple affirmation; Mais attendu qu'après avoir relevé que la clause par laquelle, pour la période scolaire, les parents proposaient que l'enfant aille de l'un à l'autre, selon un tableau de quinzaine, sacrifiait sa stabilité, que la clause 'pénale', qui prévoyait qu'au cas où l'un des parents quitterait volontairement l'arrondissement, il devrait remettre l'enfant à l'autre, pouvait être contraire à l'intérêt du mineur, et que rien n'était prévu pour le cas, courant chez les fonctionnaires, où l'un des parents, tous deux professeurs, devrait changer de résidence par obligation professionnelle, le juge de fond a souverainement estimé que la convention préservait insuffisamment les intérêts de l'enfant; que par ces seules constatations et énonciations [la] cour d'appel, qui ne s'est pas déterminée par des motifs abstraits, généraux, hypothétiques ou dubitatifs, et qui n'a pas procédé par voie de simple affirmation, a légalement justifié sa [décision].

[E.65] Civ., 26 janvier 1994

LA COUR: [Attendu] que M. X, de nationalité algérienne, fait grief à l'arrêt [attaqué] de lui avoir refusé tout droit de visite et d'hébergement à l'égard des deux enfants nés de ses relations avec Mme Y; qu'il reproche à la cour d'appel d'avoir omis de caractériser en l'espèce, d'une part, l'existence d'un danger pour la santé physique ou morale des enfants dans les termes de la Convention franco-algérienne du 21 juin 1988, dont l'application est invoquée en tant que moyen de pur droit, et, d'autre part, le motif grave exigé par [l'article 288 sur lequel] la juridiction du second degré a déclaré fonder sa décision; Mais attendu, d'abord, que la Convention franco-algérienne du 21 juin 1988 relative aux enfants issus de couples mixtes séparés franco-algériens concerne les seuls enfants légitimes, et se trouve donc sans application en la cause; Attendu, ensuite, que la cour d'appel a souverainement énoncé que M. X avait imposé aux jeunes enfants la circoncision dans des conditions menaçant leur équilibre, cependant que Mme Y pouvait craindre non sans raison que l'exercice d'un droit de visite et d'hébergement ne soit l'occasion de soustraire les enfants à l'autorité de leur mère; qu'elle a pu en déduire, faisant à bon droit application de la seule loi française, qu'il existait en l'espèce des motifs graves, et qu'elle a ainsi légalement justifié sa décision; qu'aucun des moyens n'est donc [fondé].

[E.66] Civ., 26 janvier 1994

LA COUR: [Attendu], selon les énonciations des juges du fond, qu'un jugement du 20 juin. 1989 a prononcé le divorce des époux X, sur leur requête conjointe, et homologué la convention définitive portant règlement des conséquences du divorce; que cette convention a notamment prévu l'exercice conjoint de l'autorité parentale sur l'enfant Ophélie, dont la résidence a été fixée au domicile de la mère, et a attribué au père un droit de visite et d'hébergement les première, troisième et cinquième fins de semaine de chaque mois, ainsi que pendant la moitié des grandes vacances et certaines petites vacances scolaires; qu'il a été toutefois précisé que M. X s'engageait à n'exercer son droit de visite qu'en présence de la mère et dans un lieu à convenir, cet engagement étant valable tant que l'enfant ne manifesterait pas elle-même le désir de venir chez son père; qu'ayant reçu, en août 1989, un signalement faisant état de sévices sexuels que M. X aurait infligés à l'enfant, le parquet a ordonné une enquête de police qui a fait l'objet d'un classement sans suite; que, dans le même temps, M. X a saisi le juge des enfants qui a prescrit le 6 oct. 1989, une mesure de consultation et d'orientation éducative; qu'au vu du rapport établi à cette occasion, le même magistrat a ordonné une mesure d'assistance éducative en milieu ouvert pendant une durée de six mois et décidé que M. X exercerait son droit de visite hors la présence de la mère, au domicile de la grand-mère paternelle ou d'une tante paternelle, que la cour d'appel [a] confirmé cette décision; Attendu que Mme X fait grief à l'arrêt attaqué d'avoir statué comme il a fait sur l'exercice du droit de visite alors, selon le moyen, d'une part, qu'en cas de divorce sur requête conjointe, les dispositions relatives à l'autorité parentale peuvent être modifiées, à la demande de l'un des époux ou du ministère public, par le juge aux affaires matrimoniales; qu'ainsi les juges du fond, qui n'avaient pas compétence pour ordonner une telle modification, auraient violé les dispositions des art. 291 s. c. civ.; alors d'autre part, qu'il était expressément précisé dans la convention définitive que l'engagement de M. X resterait valable tant que l'enfant ne manifesterait pas elle-même le désir de venir chez son père; qu'en refusant de faire application d'une disposition faisant la loi des parties, et sans constater la réalisation de la condition prévue, la cour d'appel aurait violé l'art. 1134 c. [civ.]; Mais attendu qu'aux termes de l'art. 375-1 c. civ., le juge des enfants est compétent, à charge d'appel, pour tout ce qui concerne l'assistance éducative; qu'il résulte de l'art. 375-3, al. 2, du même code qu'il peut prendre, à ce titre, des mesures qui aboutissent à imposer des modalités différentes, quant à l'exercice de l'autorité parentale, de celles prévues par le juge aux affaires matrimoniales ou par la convention de divorce des époux, lorsqu'un fait de nature à entraîner un danger pour l'enfant s'est révélé ou est survenu postérieurement; qu'en l'espèce l'arrêt relève qu'il résulte de l'enquête de police diligentée en août 1989, ainsi que du rapport de consultation et d'orientation éducative, établi ensuite, que les relations perturbées de la jeune Ophélie avec ses parents et le caractère excessif des liens l'unissant à sa mère menacent l'équilibre de l'enfant et risquent d'entraîner de graves perturbations psychologiques; qu'ayant ainsi constaté l'existence de faits, révélés après le jugement de divorce, de nature à entraîner un danger pour l'enfant, la cour d'appel, qui a en outre retenu que la situation commandait d'aménager les modalités d'exercice du droit de visite prévu par la convention définitive a légalement justifié sa [décision].

FURTHER READING

INTRODUCTION

1 Original sources of French law

Legislation

The official texts of legislation (*lois, décrets* and *arrêtés*) may be found in the *Journal officiel, Lois et décrets*, which is published daily. Legislation is given a number which indicates the year of enactment and the number of the particular document (eg, loi no 85–677 [D.21]). Legislation may be found in Dalloz and JCP (below). The principal codes (the *Code civil*, the *Code de procédure civile*, the *Code pénal*, the *Code de procédure pénale*, and the *Code de Commerce*), in their current amended form, are published (usually annually or every two years) by Dalloz and LITEC, in each case there are excellent cross-references to relevant case law and learned articles. Other collections of legislation are compiled into Codes by Dalloz and LITEC (eg, *Code du travail*). Official collections of legislation are compiled by a special commisssion into codes (eg, the *Code de la consommation* [C.2]). These codes contain both *lois* and *règlements*, with the *règlements* following the provisions of the *loi* which they implement. If a provision emanates from a *loi*, the article will be prefixed with L, and if the provision emanates from *règlement*, the article will be prefixed by R (eg, the *Code des assurances* [D.52]).

Decisions of the courts

The official source of decisions of the *Cour de cassation* may be found in the *Bulletin des arrêts de la Cour de cassation*, divided into: *Assemblée Plénière* and *Tribunal des Conflits*; part I (*Première Chambre Civile*); part II (*Deuxième Chambre Civile*); part III (*Troisième Chambre Civile*); part IV (*Chambre Commerciale et Financière*); part V (*Chambre Sociale*) (cases are referred to as: (year) *Bull. civ.* + part + number + page) and the *Bulletin des arrêts de la Cour de cassation, Chambre Criminelle* (cases are referred to as: (year) *Bull. crim.* + number + page). The official source of decisions of the *Conseil d'État* may be found in the *Recueil des arrêts du Conseil d'État et du Tribunal des Conflits* (the *Recueil Lebon*), which gives in chronological order the main decisions of the *Conseil d'État* (*Assemblée* or *Section*) and certain conclusions of the *commissaire du gouvernement*, together with selected decisions of the *Cours Administratives d'Appel* and *Tribunaux Administratifs*, plus summaries of other decisions according to subject matter (cases are referred to as: (year) *Rec.* + page). The official source of decisions of the *Conseil constitutionnel* is the *Recueil des décisions du Conseil constitutionnel* (cases are referred to as: (year) *Rec.* + page). Important and interesting cases of the *Tribunal des Conflits*, the *Cour de cassation*, the *Conseil d'État* and the *Conseil constitutionnel*, together with important cases of lower courts, may be found in Dalloz and JCP (below).

2 Principal periodicals

There are two general periodicals of particular importance.

Juris-Classeur Périodique, La Semaine Juridique (*édition générale*) (JCP), is published weekly. The JCP is divided into sections: Current developments; *Chronique* (in depth articles) (JCP + year + I + number of item); *Jurisprudence*, often followed by doctrinal notes, sometimes with the *conclusions* of the *ministère public* or *commissaire du gouvernement*, and sometimes with the submissions (*plaidorie*) of the parties (JCP + year + II + number of item); *Législation* (certain *lois*, *arrêtés* and *décrets*) (JCP + year + III + number of item); together with lists of legislation appearing in the *Journal officiel*, and selected lists of articles appearing in other journals. JCP has two supplements, each published weekly. First, *Cahiers de droit de l'entreprise* (concentrating on banking, fiscal matters, intellectual property, competition, labour law and company law) and, second, *Édition notariale et immobilière* (concentrating on information of a practical nature and precedents for the professions).

The *Receuil Dalloz-Sirey* (D) is published weekly. *Dalloz* is divided into sections: *Chronique* (longer articles) (D + year + *Chron.* + page); *Jurisprudence* (cases and notes) (D + year + J. + page); *Législation* (*Lois, décrets* and *arrêtés*) (D + year + L. + page); *Sommaires commentées* (summaries of cases according to subject matter, sometimes several taken together, and commentaries) (D + year + Somm. + page) and *Informations rapides* (brief summaries of recent cases) (D + year + IR + page)

There are a number of specialist periodicals.

The *Revue du Droit Public et de la Science Politique en France et à l'Étranger* (RDP), is published every two months, and contains lengthy articles on constitutional and administrative law, including European and foreign law, notes of cases and lengthy comments, *conclusions* of the *commissaire du gouvernement*, and a bibliography of books and articles in public law.

The *Revue française de droit administratif* (RFDA), is published every two months, and contains decisions of the *Conseil d'État*, sometimes with the *conclusions* of the *commissaire du gouvernement*, and other administrative courts, together with summaries of cases of the *Conseil d'État* determined in the previous two months.

The *Revue française de droit constititionnel* (RFDC), is published four times a year, and contains in depth articles, a statement of constitutional and political events of the previous three months (events in Parliament, debates of Parliament and newspaper articles), decisions of the *Conseil constitutionnel*, the most significant of which are the object of a note or commentary, together with decisions of the European Court of Human Rights.

L'Actualité Juridique: Droit Administratif (AJDA) is published monthly and contains articles, legislation and cases with notes.

The *Revue trimestrielle de droit civil* (RTDC) is published four times a year and contains long articles and a bibliography of books and of articles in other periodicals. Of immense importance to the subject matter of this work is the regular series of commentaries (*observations*) on case-law on such subjects as family law, *régimes matrimoniaux*, general contracts, special contracts (such as sale and contracts of employment), civil liability and traffic accidents.

The *Revue trimestrielle de droit commercial et de droit économique* (RTDComm) is published four times a year and contains legislation and case law on such matters as commercial law, commercial property, intellectual property, company law, commercial contracts and competition law.

3 Introductory reading

Introductory textbooks: Jean-Luc Aubert: *Introduction au droit et thèmes fondamentaux du droit civil*, Armand Colin, 6th ed, 1995 (Aubert); Jacques Ghestin, Gilles Goubeaux, Muriel Fabre-Magnan: *Traité de Droit Civil: Introduction Générale, Librairie générale de droit et de jurisprudence* (LGDJ), 4th ed, 1994 (Ghestin 1); Roger Perrot: *Institutions judiciaires*, Montchrestien, 5th ed, 1993 (Perrot).

On the French systems of courts, see Aubert, pp 126–164; Ghestin 1, nos 431–464; Perrot, pp 95–218 and pp 218–267. On the legal profession, see Perrot, pp 313–454. On sources of law: on *loi*, see Aubert, pp 69–111; Ghestin 1, nos 255–271; on *règlement*, see Ghestin 1, nos 272–284; on *coutume*, see Aubert, 112–117; Ghestin 1, nos 547–572; on *jurisprudence*, see Aubert, pp 164–171; Ghestin 1, nos 465–540; on the creation of the *Code civil*, see Aubert, pp 234–238; Ghestin 1, nos 139–148.

4 Further reading

In what follows, the textbooks and sourcebooks are linked to the chapters and heads of chapters of this work. Furthermore, certain important decisions have been commented upon by leading academics and practitioners and, for those fortunate enough to have access to adequate library facilities, references to notes and commentaries in the principal periodicals referred to above are linked to those decisions.

CHAPTER 1: CONSTITUTIONAL LAW

Textbooks: Jacques Cadart: *Institutions Politiques et Droit Constitutionnel*, 3rd ed, 1990 (Cadart); Charles Debbasch, Jean-Marie Pontier, Jacques Bourdon, Jean-Claude Ricci: *Droit Constitutionnel et Institutions Politiques*, Economica, 3rd ed, 1990 (Debbasch); Jean Gicquel: *Droit constitutionnel et institutions politiques*, Montchrestien, 11th ed, 1991 (Gicquel).

Casebooks on the *Conseil constitutionnel*: Sonia Dubourg-Lavroff, Antoine Pantélis: *Les décisions essentielles du Conseil constitutionnel*, L'Harmattan, 1994 (contains some 160 decisions); Louis Favoreu, Loïc Philip: *Les grandes décisions du Conseil constitutionnel*, 8th ed, Dalloz, 1995 (decisions are referred to below as 'G.D. no x'). Documents sourcebook: La documentation française: *Les grands textes de la pratique institutionnel de la Ve République*, 1993.

1 The events of 1958

On the history of French constitutions, see Cadart, nos 843–908; Gicquel, pp 476–555. On the creation of the 1958 Constitution, see Debbasch, pp 495–510; Gicquel, pp 565–571. On the nature of the Constitution, see Debbasch, pp 511–572.

2 President, Government and Parliament

On the President, see Cadart, nos 1115–1172; Debbasch, pp 633–732; Gicquel, pp 619–684. On the Government, see Cadart, nos 1174–1213; Debbasch, pp 733–764. On Parliament and legislation, see Cadart, nos 1214–1295; Debbasch, pp 775–842 and pp 855–890.

3 The Constitutional Council

On the control of constitutionality, see Cadart, nos 1296–1304.

[A.9] Rec., p 29; G.D. no 19; RDP.1971.1171 (Robert); D.1972.Chron.265 (Rivero); D.1974.Chron.83 (Hamon).

[A.10] Rec., p 25; G.D. no 21; D.1974.Chron.83 (Hamon); RDP.1974.531, 1099 (Philip).

[A.13] Rec., p 33; G.D. no 26; RDP.1978.821 (Favoreu); D.1978.J.173 (Hamon).

[A.14] Rec., p 42; G.D. no 27; RDP.1978.830 (Favoreu); RDP.1979.65, 85 (Plouvin).

[A.17] Rec., p 33; G.D. no 29; RDP.1979.1705 (Favoreu); D.1980.J.333 (Hamon); JCP.1981.II.19547 (Beguin).

[A.20] J.O. du 29 juillet 1994; RDP.1994.1647 (Luchaire); RFDA.1994.1019 (Mathieu); D.1995.J.237, note Mathieu.

[A.21] J.O. du 2 août 1994; RDP.1994.1663, note Camby; JCP.1995.II.22359 (Debbasch).

4 Emergency powers

See La documentation française: *L'article 16 de la Constitution de 1958; documents d'études* no 1.07, 1994.

[A.26] Rec., p 69; G.D. no 10; JCP.1961.I.1711 (Larmarque); RDP.1961.613 (Lamarque); D.1962.Chron.109 (Morange).

[A.31] Rec., p 143; D.1962.Chron.109 (Morange); JCP.1962.II.12613, concl. Henry; RDP.1962.288, note Berlia; RDP.1962.294, concl. Henry; G.A. no 100.

5 Referenda

See Cadart, nos 1029–1055.

[A.43] Rec., p 552; D.1962.J.687; JCP.1963.II.13068, note Debbasch; G.A. no 101.

[A.46] Rec., p 27; G.D. no 14; RDP.1962.931 (Berlia); D.1963.J.348 (Hamon).

CHAPTER 2: ADMINISTRATIVE LAW – THE RECOURS POUR EXCÉS DE POUVOIR

Textbooks: Guy Braibant: *Le droit administratif français*, Dalloz, 3rd ed, 1992 (Braibant); René Chapus: *Droit administratif général*, Montchrestien, 6th ed, 1992 (Chapus); Charles Debbasch, Jean Claude Ricci: *Le contentieux administratif*, Précis Dalloz, 5th ed, 1990 (Debbasch); André de Laubadère, Jean-Claude Venezia, Yves Gaudemet: *Traité de Droit administratif*, Tome 1, 13th ed, 1994, LGDJ (de Laubadère); Jean Rivero et Jean Waline: *Droit administratif*, Précis Dalloz, 14th ed, 1992 (Rivero).

Casebook: Marcel Long, Prosper Weil, Guy Braibant, Pierre Delvolvé, Bruno Genevois: *Les grands arrêts de la jurisprudence administrative*, Sirey, 10th ed, 1993 (decisions are referred to above and below as 'G.A. no x').

1 Introduction

For a very good overview within which to place the *recours pour excès de pouvoir*, see Braibant and Rivero. For the *'principe de légalité'* and grounds for review, see Braibant, pp 199–260; Chapus, pp 740–797; Debbasch, pp 787–832; de Laubadère, pp 493–509.

2 What acts of the administration may be the subject of the *recours pour excès de pouvoir*?

On *acte de gouvernement*, see de Laubadère, pp 612–619.

[B.1] Rec., p 155, concl. David; D.1875.3.18, concl. David; G.A. no 3.

[B.2] Rec., p 652; RDP.1950.418, concl. Odent, note M. Waline; JCP.1950.II.5542, note Rivero; G.A. no 76.

[B.3] Rec., p 149; RDP.1955.995, concl. Grévisse; D.1955.J.555, note de Soto et Léauté.

[B.4] Rec., p 553; D.1962.J.701; RDP.1962.1181, concl. Bernard.

[B.5] Rec., p 607; D.1969.J.386, note Silvera; RDP.1969.686, note M. Waline.

[B.8] Rec., p 28; RDP.1984.483, concl. Genevois.

[B.9] Rec., p 135; D.1988.J.413, note Labayle.

[B.11] Rec., p 171; AJDA.1990.621, concl. Abraham; D.1990.J.560, note Sabourin; JCP.1990.II.21579, note Tercinet.

[B.12] Rec., p 268, concl. Vigouroux.

[B.14], [B.15] D.1995.J.381, note Belloubet-Frier; JCP.1995.II.22426, note Lascombe, Bernard.

[B.16] AJDA.1995.684, note Stahl, Chauvaux.

3 *Incompétence* and *Vice de forme*

[B.17] Rec., p 379; AJDA.1969.553, chron. Dewost, de Saint-Marc.

4 *Violation de la loi*

[B.29] Rec., p 133; D.1945.J.110, concl. Chenot, note de Soto; RDP.1944.256, concl. Chenot, note Jèze; G.A. no 65.

[B.30] Rec., p 50; RDP.1947.68, concl. Odent, note Waline; JCP.1947.II.3508, note Morange; G.A. no 69.

[B.31] Rec., p 308, concl. Letourneur; D.1954.J.594, note Morange; RDP.1954.149, concl. Letourneur, note M. Waline; G.A. no 90.

[B.32] Rec., p 274; D.1975.J.393, note Tedeschi; RDP.1974.467, note M. Waline.

[B.33] Rec., p 493; D.1979.J.661, note Hamon.

[B.35] Rec., p 315, concl. Delon; D.1985.J.592, note Hamon.

[B.36] Rec., p 119, concl. Lasserre; D.1985.J.592, note Hamon; JCP.1986.II.20675, note Maublanc.

[B.43] D.1989.J.591, note Tedeschi.

[B.46] Rec., p 389; D.1993.J.108, note Koubi; JCP.1993.II.21998, note Tedeschi; RDP.1993.221, note Sabourin; RFDA.1993.118, concl. Kessler.

[B.47] RDP.1995.221, note de Lajartre.

[B.50] D.1995.J.365, note Koubi.

[B.51] D.1995.J.483, note Koubi; RFDA.1995.585, concl. Aguila.

5 *Détournement de pouvoir*

[B.52] Rec., p 934; G.A. no 4.

[B.53] Rec., p 693; D.1960.J.171, note Weil; JCP.1961.II.11898, note Mimin; G.A. no 97.

[B.54] Rec., p 412, concl. Heumann; D.1960.J.744, note Robert; RDP.1960.815, concl. Heumann; JCP.1960.II.11734, note Gour; G.A. no 98.

[B.55] Rec., p 558, concl. Chardeau.

[B.56] Rec., p 484; D.1962.J.664, concl. Henry.

6 *Erreur manifeste*

[B.62] Rec., p 488; G.A. no 32.

[B.63] Rec., p 15; RDP.1917.463, concl. Corneille, note Jèze; G.A. no 33.

[B.64] Rec., p 65; RDP.1922.81, concl. Rivet, note Jèze.

[B.66] Rec., p 409, concl. Braibant; D.1972.J.194, note Lemasurier; RDP.1972.454, note M. Waline; JCP.1971.II.16873, note Homont; G.A. no 107.

[B.67] Rec., p 657, concl. Morisot; RDP.1973.843, concl. Morisot; JCP.1973.II.17470, note Odent.

[B.68] Rec., p 611; D.1974.J.432, note Pellet; JCP.1974.II.17642, concl. Braibant, note Drago; G.A. no 108.

[B.70] Rec., p 516; AJDA.1987.91, chron. Azibert et de Boisdeffre.

[B.75] RDP.1995.1347, concl. Martinez.

7 *Enfin* ...

[B.76] D.1995.J.599.

CHAPTER 3: THE FORMATION OF A CONTRACT

Textbooks: Jean Carbonnier: *Droit Civil*, Tome 4: *Les Obligations*, Presses Universitaires de France, 18th ed, 1994 (Carbonnier); Jacques Ghestin, Gilles Goubeaux, Muriel Fabre-Magnan: *Traité de Droit Civil: Introduction Générale*, LGDJ, 4th ed, 1994 (Ghestin 1); Jacques Ghestin: *Traité de droit civil: La formation du contrat*, LGDJ, 3rd ed, 1993 (Ghestin 2); F.Terré, P Simler, Y Lequette: *Droit civil*, Précis Dalloz, 5th ed, 1993 (Terré). Annotated codes: the current Dalloz and LITEC editions of the Code civil.

1 Contract and the civil code

On the classification of contracts, see Carbonnier, pp 37–42; Ghestin 2, nos 12–35; Terré, pp 48–63. On the principle of *'autonomie de la volonté'*, see Carbonnier, pp 50–55; Ghestin 2, nos 36–61; Terré, pp 23–25. On restrictions on freedom to contract (*ordre public et les bonnes moeurs*), see Ghestin 2, nos 104–167. On the *'acte authentique'* and the *'acte sous seing privé'*, see Ghestin 1, nos 680–685 and 686–704 and Ghestin 2, nos 429–472. On *'consentement'*, see Carbonnier, pp 61–85.

2 Offer and acceptance

See Ghestin 2, nos 291–317 and 318–328; Terré, pp 84–102.

[C.7] D.1970.J.104, note GCM.

[C.9] Bull. civ. I, no. 89; RTDC.1986.100, obs. Mestre.

[C.10] JCP.1988.II.21113, concl. Montanier.

[C.11] Bull. civ. I, no. 8; RTDC.1988.521, obs. Mestre.

[C.12] D.1993.J.493, note Virassamy; D.1992.Somm.397, obs. Aubert.

[C.13] D.1994.J.69, note Moury.

3 *Erreur*

See Carbonnier, pp 86–88; Ghestin 2, nos 497–534 and 535–541; Terré, pp 164–172; *De l'erreur déterminante et substantielle*: RTDC.1992.305 (Vivien).

[C.16] D.1953.J.334, note M.F.

[C.17] D.1959.J.495, note Cornu.

[C.19] JCP.1971.II.16916, note Ghestin; RTDC.1971.131, obs. Loussouarn.

[C.20] Bull. civ. II, no. 91; D.1973.J.2, note Robert; JCP.1972.II.17189, note Level.

[C.21] D.1974.J.538, note Ghestin.

[C.24] (A) D.1973.J.410, note Ghestin et Malinvaud; JCP.1973.II.17377, note Lindon; (B) Paris, 2 février 1976: D.1976.J.325, concl. Cabannes; JCP.1976.II.18358, note Lindon; Civ., 22 février 1978: D.1978.J.601, note Malinvaud; RTDC.1979.126, obs. Loussouarn; Amiens, 1 février 1982:

JCP.1982.II.19916, note Trigeaud; RTDC.1982.416, obs. Chabas; Civ., 13 décembre 1983: D.1984.J.940, note Aubert; JCP.1984.II.20184, concl. Gulphe; (C) D.1987.J.485, note Aubert; JCP.1988.II.21121, note Ghestin; RTDC.1987.741, obs. Mestre.

[C.25] D.1987.J.489, note Aubert.

4 *Violence*

See Carbonnier, pp 90–92; Ghestin 2, nos 579–592; Terré, pp 185–192.

[C.30] D.1960.J.187, note Holleaux.

5 *Dol*

See Carbonnier, pp 88–90; Ghestin 2, nos 549–578; Terré, pp 177–184.

[C.36] JCP.1953.II.7435, note JM.

[C.37] D.1953.J.440; RTDC.1955.128, obs. Carbonnier.

[C.38] D.1970.J.297, note Alfandari; JCP.1971.II.16609, note Loussouarn; RTDC.1970.755, obs. Loussuarn.

[C.42] D.1984.J.457, note Ghestin.

[C.45] D.1995.J.282, note Mozas.

[C.46] D.1995.J.180, note Atias.

6 *Capacité*

See Carbonnier, p 103; Terré, pp 77–83.

[C.48] D.1994.J.523, note Massip.

7 *Objet*

See Carbonnier, pp 103–110; Ghestin 2, nos 682–703; Terré, pp 205–226; *L'indétermination du prix*: RTDC.1992.269 (Frison-Roche).

[C.52] RTDC.1984.713, obs. Mestre.

[C.53] D.1984.J.563, note Mayaux; RTDC.1985,184, obs. Patarin.

[C.54] D.1986.J.448, note Penneau.

[C.55] D.1986.J.448, note Penneau; RTDC.1987.91, obs. Mestre.

[C.56] D.1986.J.189, note Carbonnier.

[C.57] D.1990.J.273, rapp. Massip; JCP.1990.II.21526, note Sériaux.

[C.58] D.1991.J.417, rapp. Chartier, note Thouvenin; RTDC.1991.517, obs. Huet-Weiller; JCP.1991.II.21752, concl. Dontenwille, note Terré; RTDC.1991.489 (Gobert).

[C.59] D.1993.J.370, note Plateau.

8 *Cause*

On existence or absence of *'cause'*, see Carbonnier, pp 111–114; Ghestin 2, nos 841–878; Terré, pp 250–263. On *'cause illicite'*, see Carbonnier, pp 115–117; Ghestin 2, nos 879–896; Terré, pp 263–270. On *'ordre public and bonnes moeurs'*, see Terré, pp 270–280.

[C.67] JCP.1957.II.10008, note Mazeaud.

[C.68] D.1958.J.317, note Esmein.

[C.69] D.1963.J.428, note Rouast.

[C.70] D.1966.J.166, note Savatier.

[C.72] JCP.1970.II.16502, note Bénabent.

[C.73] D.1974.J.37, note Malaurie.

[C.75] RTDC.1986.342, obs. Mestre.

[C.76] D.1988.J.172, note Massip.

CHAPTER 4: TRAFFIC ACCIDENTS

Textbooks: Jean Carbonnier: *Droit Civil*, Tome 4: *Les Obligations*, Presses Universitaires de France, 18th ed, 1994 (Carbonnier); H. Roland, L. Boyer: *Les Obligations*, Tome 1: *Responsabilité délictuelle*, LITEC, 4th ed, 1991 (Roland); F. Terré, P. Simler, Y. Lequette: *Droit civil*, Précis Dalloz, 5th ed, 1993 (Terré). Annotated codes: the current Dalloz and LITEC editions of the *Code civil.*

1 A legal basis for civil liability

On responsibility for *'faute'*, see Carbonnier, pp 355–376; Roland, nos 182–461; Terré, pp 523–542. On responsibility for *'choses'*, see Carbonnier, pp 397–427; Roland, nos 462–981; Terré, pp 543–588. On responsibility for *'fait d'autrui'*, see Carbonnier, pp 376–397; Roland, nos 982–1191; Terré, pp 588–620. On damages, see Roland, nos 90–181; Terré, pp 518–522.

[D.4] D.1930.1.57, rapport Le Marc'hadour, concl. Matter, note Ripert.

[D.8] D.1994.J.516, note Lambert-Faiure.

2 Civil liability under article 1384 and the prelude to legislative reform

See Terré, pp 678–687.

[D.9] D.1942.25, note Ripert; JCP.1942.II.1766, note Mihura.

[D.11] D.1945.J.317, note Savatier.

[D.12] D.1954.J.21, note Rodière; JCP.1953.II.7825, note Weill.

[D.19] D.1982.J.449, concl. Charbonnier, note Larroumet; JCP.1982.II.19861, note Chabas; RTDC.1982.607, obs. Durry; D.1983.Chron.102 (Lambert-Faiure); *L'arrêt Desmares: une provocation ... à quelles réformes?*: D.1983.Chron.1 (Aubert).

[D.20] Bull. civ. II, no. 86; D.1988.J.32, note Mouly; JCP.1987.II.20828, note Chabas; RTDC.1987.767, obs. Huet.

3 The scope of the 1958 statute – a traffic accident

See Carbonnier, pp 428–441; Roland, nos 761–867; Terré, pp 687–697.

[D.22] D.1987.J.49, note Groutel.

[D.23] D.1987.J.245, note Chabas.

[D.25] D.1990.J.116, note Légier.

[D.26] RTDC.1992.774, obs. Jourdain; D.1993.J.375, note Dagorne-Labbe.

[D.27] D.1993.J.376, note Dagorne-Labbe; JCP.1992.II.21941, note Dejean de la Bâtie.

[D.28] D.1994.Somm.16.

[D.29] D.1994.J.347, note Dagorne-Labbe; JCP.1993.I.3727, obs. Viney.

4 The involvement of a motor vehicle

[D.31] D.1987.J.160, note Groutel.

[D.34] JCP.1987.II.20769, note Durry.

[D.37] D.1988.J.373, note Groutel.

[D.38] - [D.41] D.1991.J.124, note Aubert.

[D.42] D.1994. Somm.17, note Aubert.

[D.43] D.1994. Somm.17, obs. Penneau.

[D.44] JCP.1994.II.22292, note Conte; D.1994.J.299, note Groutel.

5 Exclusion from the right to compensation

See Roland, nos 868–894; Terré, pp 701–713; *La faute inexcusable de la victime*: D.1986.Chron.97 (Légier); *Faute inexcusable*: D.1987.Chron.234 (Mouly).

[D.47] D.1992.Somm.208.

[D.48] D.1992.Somm.209.

[D.49] D.1994.J.277, concl. Paire; D.1994.J.470, note Alibert.

[D.50] D.1995.394, note Deschamps.

[D.51] JCP.1996.II.22564, concl. Jéol, note Viney.

6 The compensation process

See Roland, nos 927–981.

7 The 1985 statute and the Code civil

See Roland, nos 895–926; *De la loi du 5 juillet 1985 et son caractère autonome*: D.1986.Chron.255 (Wiederkehr); *La loi du 5 juillet 1985 et son caractère exclusif*: D.1994.Chron.109 (Camproux).

[D.54] D.1993.J.396, note Dagorne-Labbe; JCP.1992.II.21941, obs. Dejean de la Bâtie.

[D.56] D.1994.J.574, note Deschamps.

CHAPTER 5: DIVORCE

Textbooks: Alain Bénabent: *Droit civil: La Famille*, LITEC, 7th ed, 1995 (Bénabent); Jean Carbonnier: *Droit civil*, Tome 2: *La Famille*, Presses Universitaires de France, 16th ed, 1993 (Carbonnier); Gérard Cornu: *Droit civil: La famille*, Montchrestien, 4th ed, 1994 (Cornu); Jean Hauser and Danièle Huet-Weiller: *Traité de Droit Civil: La Famille*, LGDJ, 1991 (Hauser); Philippe Malaurie: *Cours de Droit civil*, Tome III: *La Famille*, Éditions Cujas, 4th ed, 1993 (Malaurie). Annotated codes: the current Dalloz and LITEC editions of the *Code civil*.

1 Introduction

On marriage, see Bénabent, nos 60–147 and 148–170; Carbonnier, pp 55–103; Cornu, pp 219–270; Malaurie, nos 73–127. On the 1975 divorce reforms, see Hauser, nos 95–97; Malaurie, nos 159–168.

2 Divorce by mutual consent

See Bénabent, nos 278–299; Carbonnier, pp 209–225; Cornu, pp 433–480; Hauser, nos 119–177; Malaurie, nos 203–214.

[E.3] D.1981.J.12, note Lienhard.

[E.6] D.1984.J.390, note Groslière; RTDC.1985.142, obs. Rubellin-Devichi.

3 Divorce for breakdown of married life

See Bénabent, nos 300–313; Carbonnier, pp 195–208; Cornu, pp 510–539; Hauser, nos 244–273; Malaurie, nos 231–236.

[E.9] JCP.1979.II.19187, note Lindon; D.1979.J.35, note Massip.

[E.10] JCP.1979.II.19188, note Lindon; D.1978.J.587, note Massip.

[E.15] D.1984.J.520, note Sériaux, Villacèque.

[E.17] D.1988.J.5, note Villacèque.

4 Divorce based on fault

See Bénabent, nos 236–277; Carbonnier, pp 182–195; Cornu, pp 487–509; Hauser, nos 178–243; Malaurie, nos 215–230.

[E.23] D.1985.Chron.220, Françoise Dekeuwer-Defossez.

[E.25] JCP.1981.II.19609, note RL; D.1981.J.16, note AB.

[E.27] D.1985.J.523, note Blary-Clément.

5 General consequences of divorce

On divorce procedure, see Carbonnier, pp 225–244. On the *régimes matrimoniaux*, see Bénabent, nos 194–200; Carbonnier, pp 158–168. On the effects of divorce, see Cornu, pp 561–582; Carbonnier, pp 244–272; Hauser, nos 391–428; Malaurie, nos 197–199.

[E.32] D.1980.J.281, note Revel.

[E.34] D.1995.J.245, note Agostini.

6 Financial settlements

On the *'prestation compensatoire'*, see Bénabent, nos 365–369-1; Hauser, nos 439–469; Malaurie, nos 188–196.

[E.39] D.1983.J.495, note Massip.

[E.44] D.1989.J.582, note Massip; D.1990.Somm.118, obs. Bénabent.

[E.45] D.1991.J.126, note Mayaux; RTDC.1991.305, obs. Hauser.

[E.46] D.1991.J.214, note Mascala; JCP.1991.II.21774, note Monéger; RTDC.1991.299, obs. Hauser.

[E.47] D.1991.J.608, note Hauser; JCP.1992.I.3547, obs. Ferré-André.

[E.49] D.1993.J.423, note Massip; JCP.1993.II.22124, note Philippe.

[E.51] D.1995.J.11, note Groutel, Hauser.

7 Maintenance orders

On the *'pension alimentaire'*, see Hauser, nos 470–478; Malaurie, nos 187–188.

8 Consequences of divorce for children

See Carbonnier, pp 272–289. On the exercise of *'l'autorité parentale'*, see Bénabent, nos 604–638; Cornu, pp 122–166; Malaurie, nos 425–455; Hauser, nos 493–531. On the obligation to maintain children, see Hauser, nos 537–550; Malaurie, nos 479–497. *La famille et le droit au logement*: RTDC.1992.245 (Rubellin-Devichi).

[E.57] RTDC.1994.92.

[E.58] RTDC.1994.836.

[E.59] D.1977.J.326, note Almairac.

[E.62] D.1983.J.198, note Floro.

[E.63] D.1982.J.587, note Floro.

[E.65] D.1995.J.226, note Choain.

[E.66] D.1994.J.278, note Huyette.